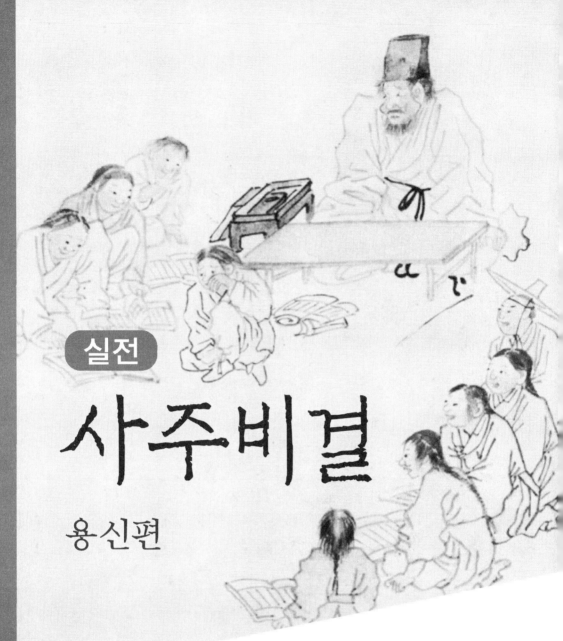

실전

사주비결

용신편

사주학 전문가 **김갑진** 지음

보고사
BOGOSA

서문

　세상의 모든 학문이 그러하겠지만 이 역술학이란 분야는 특히 인내와 열정과 노고와 집념이 없이는 조금만큼의 성취도 이루어내기가 어려운 학문이라는 생각이 든다. 많은 세월을 이 역술공부에 매달렸지만 아직도 어느 하나 내세울 것이 없으니 깨우침은 여전히 요원하기만 한 것이다.

　참된 나의 인생의 길을 알기 위해 역술학 공부에 뛰어든 지도 어느덧 30여 년의 세월이 흘렀지만, 지금 돌이켜 보면 모든 것이 虛像이고 책 몇 권 저술했다는 虛名만 남아있을 뿐인 것이다.

　역술학 공부는 홀로 외롭게 산길을 걸어가는 것에 비유된다. 동반자도 없고, 이정표도 없는 길을, 앞서 간 先人들이 걸어갔던 길을 잃어버리지 않고 따라가기 위해, 그리고 자신과의 싸움에서 지지 않기 위해, 주변의 여러 방해요소들을 물리치고, 묵묵히 갈 길만을 재촉해야 하는 험준한 산길인 것이다.

　그동안 실전 『실전사주비결 1, 2, 3권』, 『실전 기문둔갑(이론편)』, 『실전 육임신과(이론편)』, 『실전풍수지리(양택편)』, 『실전 생활명리』에 이어 금번 여덟 번째 책인 『실전사주비결(용신편)』을 출간하게 된 것은, 이제부터라도 역술학 공부를 시작하려는 후학들에게, 보다 자세하고, 보다 정확한 이정표를 알려주기 위한 마음과, 우리나라 역술학 발전에 조금이라도 보탬이 되고 싶은 소박한 마음이 있어서이다.

　그동안 대학의 평생교육원에서 역술학을 가르치며 또한 후학들을 지도하는 과정에서 가장 많은 질문을 받은 것은, 역술학 공부를 시작하는데 있어 처음에 무엇부터 시작해야 하고, 또한 어느 분야까지 공부하여야 하느냐는 질문이다. 이에 역술공부를 먼저 시작한 여러 선배님들의 고견을 취합정리해본 결과, 다음과 같은 수순으로 공부함이 가장 효과적인 방법일 것이라 사료된다.

① 四柱命理

② 奇門遁甲

③ 六壬神課

④ 紫微斗數

⑤ 風水地理

⑥ 觀相學

⑦ 周易

⑧ 其地(六爻. 姓名學. 河洛理數)

역술학 분야는 매우 방대하고 난해한 학문의 집합체이지만, 한발 한발 묵묵히 쉬지 않고 전진한다면, 언젠가는 필히 고지가 눈앞에 펼쳐질 것이라는 것에 의심의 여지가 없는 것이다.

또한 역술공부를 하는데 있어 이러저러한 마음의 장애가 생긴다면 朱子의 "十悔訓"을 되뇌어 보면 많은 도움이 될 것이라 사료된다.

1. 不孝父母 死後悔
   불효부모 사후회
   부모에게 효도하지 않으면 돌아가신 후에 후회한다.

2. 不親家族 疎後悔
   불친가족 소후회
   가족과 친함이 없으면 멀어진 후에 후회한다.

3. 少不勤學 老後悔
   소불근학 노후회
   젊어서 부지런히 공부하지 않으면 나이 든 후에 후회한다.

4. 安不思難 敗後悔
   안불사난 패후회
   편안할 때 어려움을 생각하지 않으면 실패한 후에 후회한다.

5. 富不儉用 貧後悔
   부불검용 빈후회
   부유할 때 검소하지 않으면 가난한 후에 후회한다.

6. 春不耕種 秋後悔
   춘불경종 추후회
   봄에 농사를 경작함이 없으면 가을이 된 후에 후회한다.

7. 不治垣墻 盜後悔
   불치원장 도후회
   담장을 미리 고쳐놓지 않으면 도둑맞은 후에 후회한다.

8. 色不勤愼 病後悔
   색불근신 병후회
   여색을 삼가하지 않으면 병든 후에 후회한다.

9. 醉中妄言 醒後悔
   취중망언 성후회
   술 취해서 한 망령된 말은 술 깬 후에 후회한다.

10. 不接賓客 去後悔
    부접빈객 거후회
    손님을 잘 접대하지 않으면 떠난 후에 후회한다.

인생사 어느 것이건 땀과 고통과 번뇌 없이 이루어지는 것이 하나라도 있을 것인가? 많은 갈등 속에서 역술공부를 택하고 기왕 한 발짝을 내디뎠으니, 이제는 유종의 미를 거두어야겠다는 마음가짐이 있어야 하지 않을까? 그래야 다음 생애에서는 역술공부라는 운명의 굴레에서 벗어날 수 있지 않을까? 하는 생각도 하여 본다.

이제까지의 삶에 여러 우여곡절이 많았지만, 역술공부를 중단 없이 할 수 있었고 또한 여러 권의 책을 출간할 수 있었던 것은, 묵묵히 長男의 집필과정을 지켜보시고 응원을 아끼지 않으신 연로하신 어머님 덕분이었고, 음으로 양으로 도움을 준 가족들과 여러 제자 분들의 지지가 있어서이다. 아울러 비인기서적이지만 변함없이 출간을 허락해주신 보고사출판사 김흥국 사장님과 출판까지의 과정을 세세하게 보살펴주신 직원 여러분들께 심심한 감사의 말씀을 올립니다.

壬寅年 巳月 구궁연구회 사무실에서
김갑진 배상

목차

제1장

甲木 日干

⊙ 甲木 寅月

* 春節(춘절)의 甲木은 반드시 丙火, 壬水, 庚金으로만 용신을 삼는다.
* 봄철의 나무는 점차 생장하여 가는 형상이다. 初春(초춘:立春~雨水)엔 아직 찬 기운이 남아 있으니 당연히 丙火로써 온난케 하면 뻗어나가게 되는 이점이 있다.
* 水가 많으면 尅으로 변하니 精神(정신)을 손상시킨다.
* 生旺하면 庚金으로 枝葉(지엽)을 다듬어 주는 것이 좋다. 이렇게 하면 가히 棟樑 材木(동량재목)을 만들 수 있는 것이다.
* 寅月에는 火가 없는데 물을 더하면, 陰濃(음농)하고 氣가 弱(약)하게 되므로, 뿌리가 상하고 잎은 말라 건강치 못하므로, 요컨대 水火의 調和(조화)가 있어야 格을 이룬다.
* 寅月과 卯月의 甲木은 月令(월령)에 建祿(건록)과 帝旺(제왕)을 본래 가지고 있으

니, 從殺格(종살격), 從財格(종재격) 등 從格(종격)의 이치가 없다.

- 庚辛金이 사주에 重重(중중)하면 일생에 勞苦(노고)가 많고, 자신과 妻(처)를 刑傷(형상)한다.

- 지지에 火局을 이루면 洩氣(설기)가 太過(태과)하니, 어리석고 겁이 많고, 어려서는 驚氣(경기)를 많이 하고 잘 울며, 災難(재난)과 질병이 몸에 얽힌다.

- 지지에 水局을 이루고 戊土가 透出(투출)하면 貴하다. 만약 丙丁火의 투출이 없고, 戊己土의 制剋(제극)이 없으면, 水泛木浮(수범목부)라 하여 貧賤(빈천)하며 죽어서도 棺槨(관곽)이 없다.

◎ 用神(용신)

- 月令을 寅木이 차지하고 있으니 지지 寅午의 반합화국은 化合됨이 失氣(실기)한 것이다. 寅月은 아직 前月인 丑月의 寒氣(한기)가 남아 있으니 丙火를 用하여 온난케 하면 생육됨이 큰 것이다. 용신은 時干 丙火이다.

- 용신 丙火는 月令 寅木에 長生(장생)을 得(득)하고, 日支 午火에 帝旺(제왕)을 得하니 용신이 旺强(왕강)한 것이라 사주가 貴格(귀격)인 것이다.

  用神 : 丙火
  喜神 :   木
  忌神 :   水
  閑神 :   土
  仇神 :   金

◎ 甲午日柱 通辯(통변)

- 日柱 甲午는 甲午旬 中의 旬首(순수)이다. 이런 경우는 자녀 중에서 長男이라 판단하는 것이다. 만약 장남이 아니라면, 그 母가 첫 아이를 유산 혹은 낙태한 것이라 판단한다.

- 日柱 甲午는 日支 午가 十二胞胎運星(십이포태운성)의 死이다. 또한 간합되는 己土가 妻星(처성)인데, 己土는 午火가 祿星(녹성=건록)이다. 甲己 合의 관계에서 처성인 己土의 祿星(녹성) 午火가 日干 甲木의 日支에 있는 것이니, 이것이 나타내는 象(상)은 무婚(조혼)함이 이롭다는 것이며, 妻(처)가 旺하고 夫가 衰(쇠)할 것임을 의미한다.

- 月干 庚金이 男兒(남아)인데 月令 寅木에 絕地(절지)이다. 또한 庚金의 祿星(녹성)

이 申金이고, 日主 甲木의 녹성은 寅木이다. 寅申 相沖(상충)되니 父子간의 緣(연)이 돈독하지 못할 것임이 암시된다. 각자 分家하여 살게 되면 다툼이 적을 것이라 사료된다.

- 月, 日, 時支의 寅午寅의 관계는 戌土 偏財를 끌어와 暗合(암합)하여 寅午戌 삼합화국의 食傷局을 형성하려 하는 의도가 있는 것이다. 日主 甲木이 有氣하고 戌土 偏財가 암합하여 食傷局으로 化火되어 용신이 왕강해지므로 富格(귀격)의 命造(명조)라 판단하는 것이다.

- 時柱 丙寅은 坐下 寅木이 長生이고, 日干 甲木의 녹성이 역시 寅木이다. 時干 丙火는 암암리에 辛金 正官과 간합하여 살림을 차리려는 의도가 있는 것인데, 辛金의 官貴學官(관귀학관)이 역시 寅木이다. 이것은 丙火 食神이 辛金 正官과 합을 이루어 印星으로 化되는 것인데, 나타내는 象은 食과 官印을 모두 얻을 수 있는 것이니 富貴雙全(부귀쌍전)하고 福祿之人(복록지인)임을 암시하는 것이다.

◉ 甲木 寅月

- 初春(초춘=立春~雨水)에는 아직 寒氣(한기)가 남아 있으니 丙火가 尊貴(존귀)하다.
- 丙火, 癸水가 出干(출간)하면 富貴雙全(부귀쌍전)이다.
- 丙火가 출간하고 癸水가 暗藏(암장)되면 寒木向陽(한목향양)이니 富貴(부귀)가 크다. 만약 風水가 不及(불급)하더라도 儒林才士(유림재사)이다.
- 丙火, 癸水가 없으면 평범하다.
- 寅月과 卯月의 甲木은 月令에 通根(통근)한 것이니 從格(종격)의 이치가 없다.

⊙ 用神(용신)

- 甲木이 寅月에 生하여 建祿地(건록지)라 得氣(득기)했으니 身旺(신왕)하다. 寅月
  은 三陽이 生하여 땅속에서는 온기가 왕성해지는 시기이니, 씨앗이 發芽(발아)
  하여 땅거죽을 뚫고나와 잎과 줄기가 번성해지는 開泰(개태)의 형상이나, 天地
  는 아직도 寒(한)한 기색이 많다. 따라서 먼저는 丙火의 따뜻함이 있어야 하겠
  고, 原局(원국)에 火勢(화세)가 旺(왕)하면 癸水의 扶助(부조)가 있어야 하며, 比劫
  이 重重(중중)하여 木氣가 旺하면 庚金의 剋制(극제)가 필요한 것이다.
- 상기는 甲木이 得氣(득기)하여 旺(왕)하나, 庚辛金이 寅月에 絕地(절지)에 해당하
  여 無力하니 用할 수 없고, 旺한 木氣를 洩(설)하는 寅宮의 丙火를 용신으로
  잡는다.

    用神(용신) : 丙火
    喜神(희신) :　木
    忌神(기신) :　水
    閑神(한신) :　土
    仇神(구신) :　金

⊙ 日柱 甲午는 甲午旬 中의 旬首(순수)이다. 이것이 나타내는 象은 형제자매 중에서
  長女인 것이다.

⊙ 時柱가 癸酉로 正印과 正官이다. 官印相生(관인상생)되니 교육직 공무원의 명조
  이다.

⊙ 천간의 庚金 偏官과 辛金 正官이 지지 申酉金에 通根(통근)하여 투출하니 官殺混
  雜(관살혼잡)된 것이다. 여명의 官星은 夫星(부성)이니 官殺混雜(관살혼잡)된 경우에
  는 남편과의 緣(연)이 薄(박)한 것이다.

⊙ 巳火대운은 用神運(용신운)이니 이 대운의 시기에 결혼을 한 것이다. 다만 巳火가
  入局하며 寅巳申 三刑殺(삼형살)을 형성하여 凶兆(흉조)가 암시되나, 다행인 것은
  年, 時支 丑酉와는 巳酉丑의 삼합금국을 형성하여 寅木을 破(파)하니 三刑殺(삼형
  살)이 不成하게되어 大禍(대화)는 없었던 것이다.

⊙ 甲木대운은 희신운이나 月干 庚金 官星과는 甲庚 沖하여, 寅月인 絕地(절지)에
  자리한 無力한 庚金을 손상시키니 남편의 자리가 위태로운 것이다. 식품회사 영
  업사원으로 수금 업무를 끝낸 후 歸社(귀사) 도중에 강도에게 피습당해 사망한 것
  이다.

◉ 午火대운은 月支 寅木과 寅午 반합화국의 용신운이니 이때 재혼한 것이다. 그러나 안타까운 것은 반합화국으로 火勢(화세)가 旺해지니 夫星인 庚辛金 官星이 무력해지는 것이고, 다시 日支 夫宮의 午火와 午午 自刑殺(자형살)이 되니 다시 남편의 자리가 위태로운 것이다. 午火대운에 재혼한 남편이 차사고로 사망한 것이다.

◉ 官星이 중중하여 偏官으로 化된 것인데, 制殺(제살)하는 丁火가 不透(불투)하니 偏官의 난동을 막을 수가 없어 凶禍(흉화)가 거듭 발생했던 것이다.

◉ 女命에서 남편과의 緣(연)은 먼저 官星과 日支宮의 五行의 吉凶(길흉)과 용신의 旺衰(왕쇠)로 夫婦緣(부부연)의 길흉을 판단한다. 官星이 無力하고 용신이 太弱(태약)하고 日支宮의 오행이 손상당했는데, 다시 運路(운로)에서 재차 흉함이 도래하면 필히 부부연에 흉함이 발생하는 것이다.

◉ 참고로 남편복이 없는 命造(명조)는 아래와 같다.

  • 官殺이 微弱(미약)하고 財星이 없으며 日主가 旺(왕)하고 食傷이 旺한 경우.
  • 官殺이 미약하고 財星이 없고 比劫이 왕한 경우.
  • 官殺이 약하고 財星이 없으며 日主가 왕한데 다시 印星이 중중한 경우.
  • 官殺이 미약하고 財星이 태왕하고 身弱四柱(신약사주)는 이혼수가 높다.
  • 官殺이 太旺하고 印星이 약한 경우.
  • 比劫이 왕하고 官殺이 없으며, 食傷이 輕微(경미)하고 印星이 왕한 경우.
  • 食傷이 왕하고 官殺이 경미하고 印星이 있되 財星에 의해 破剋(파극)된 경우.
  • 日支에 있는 官殺이 他 地支와 沖된 경우.
  • 사주에 辰, 戌이 많거나 他 지지와 刑沖(형충)이 많은 경우.
  • 사주에 比劫 및 羊刃殺(양인살)이 여러 개 있거나, 干合 및 六合이 많은 경우는, 여자 본인이 情이 많아 바람을 피우는 경우가 많다. 이로 인해 이혼수가 있다.
  • 財多身弱格(재다신약격)의 사주.
    女命(여명)에서 財星은 결혼 후는 시어머니로 논한다. 따라서 財가 많으면 시어머니가 많은 것으로 판단하니, 당연히 重婚(중혼)의 소지가 있으며 결국 남편복이 없다 판단하는 것이다.
  • 年柱와 日柱의 干支가 同一한 五行으로 구성되었을 때도 이혼수가 높다.
  • 사주에 印星이 太旺(태왕)한데 食傷이 微弱(미약)할 경우.
  • 사주에 比肩 또는 劫財가 있고 官殺(관살)이 있으면 남편에게 情婦(정부)가 있게

되니 남편 복이 없다.

- 比肩이 官殺과 합이 되거나, 日主가 약하고 比劫이 왕하면 남편이 妻(처)보다는 妾(첩)을 더 사랑하고, 혹은 여자 본인이 情夫(정부)의 첩이되기 쉽다.
- 日主가 지나치게 왕하고 官殺이 없던지, 官殺混雜(관살혼잡)되고 사주가 濁(탁)하던지, 傷官이 태왕한 경우도 本妻(본처)로서의 역할을 못한다.
- 偏官과 桃花殺(도화살)과 同柱(동주)하거나 沐浴殺(목욕살)과 同柱(동주)하여도 남편의 바람기로 인해 이별수가 높다.
- 官星과 日支宮의 오행이 空亡(공망)되어도 대체로 남편 복이 적다.

◎ 用神

- 甲木이 寅月에 建祿(건록=녹성)을 得하고 印星이 重重하니 身强(신강)하다. 年, 月干 壬水는 年支 子水에 通根(통근)된다 하나, 月令 寅木에 病地(병지)이니 失氣(실기)한 것이고, 다시 日, 時支 戌土의 剋(극)을 받으니 汪洋(왕양)한 勢(세)는 아니다. 능히 甲木으로 納水(납수)가 가능한 것이다.
- 立春 後 8日에 生하여 丙火가 當令(당령)했으나, 前月인 丑月의 寒氣(한기)가 남아 있으니 調候(조후)가 필요한 것이다. 月支 寅宮의 丙火를 용하면 사주가 中和(중화)를 이룰 수 있는 것이다. 용신은 丙火다.

```
用神 : 丙火
喜神 :   木
忌神 :   水
閑神 :   土
仇神 :   金
```

⊙ 寅月이라 水氣가 旺하지는 않으나 壬子가 있어 重하니 印星이 太弱(태약)한 것은 아니다. 女命(여명)의 印星은 결혼 후엔 시어머니로 논하니 고부간의 갈등이 암시되는 것이다.

⊙ 여명의 官星은 남편성인데, 日, 時支 戌宮의 辛金이 正官으로 남편성이다. 혐의가 되는 것은 月支 寅木과 寅戌의 반합화국으로 化되어 손상되니 부부연은 박하다 판단하는 것이다.

⊙ 결혼을 子水대운 忌神運(기신운)에 했으니 연애결혼이라 판단하는 것이다.

⊙ 亥水대운은 기신운으로 原局(원국)의 壬子에 水氣를 더하여 弱變強(약변강)으로 기신의 勢(세)가 왕하게 되니, 남편성에 해당하는 용신인 丙火를 剋하여 이때 남편이 자살로 생을 마감한 것이다.

⊙ 女命 甲日干의 夫星(부성=남편성)은 庚金이다. 日主 甲木의 長生(장생)은 亥水이고, 夫星인 庚金의 長生(장생)은 巳火이다. 巳亥 相沖하니 夫와의 緣(연)이 적은 것이고, 夫인 庚金의 祿星(녹성)이 申金이고 甲 日干의 祿星은 寅木으로 寅申 相沖(상충)되며, 다시 月令(월령) 寅木과도 寅申 상충되어 庚金의 祿星이 손상되니 부부연은 없는 것이다.

⊙ 戊戌丁대운은 閑神(한신)과 用神運(용신운)이니 직장생활을 하는데 무애무덕한 것이다.

⊙ 酉金대운은 仇神運(구신운)이다. 月支 寅木 喜神(희신)과는 相剋(상극)되어 喜神의 역할이 손상되고, 日, 時支 戌土와는 酉戌 害殺(해살)로 凶하니 자식들과의 갈등의 골이 깊어져 상호 연락을 끊고 떨어져 살고 있는 것이다.

⊙ 자식들과 다시 和合(화합)하여 한 집에 같이 살 수 있을 것인가? 를 문의한 것이다.
 • 丙火대운은 용신운이니 매사 순탄하게 풀려 가족들과의 결합이 가능할 것이라 판단된다.
 • 이후 申金대운은 구신운이니 가족 상호간 화합에 노력하지 않으면 다시 자식들과의 사이가 소원해질 것이 암시되는 것이다.

◎ 甲木 卯月

- 庚金, 丁火, 丙火를 쓴다.
- 卯月의 甲木은 月에 羊刃(양인)을 得(득)하여 木氣가 旺(왕)하니 庚金으로 剋伐(극벌)하고, 丁火가 있어 木火通明(목화통명)의 象(상)을 이루면 吉하다. 또한 卯月은 잎과 줄기가 생육되어지는 계절로 온난함이 요긴하니 丙火를 참작하여 쓴다.
- 卯月 甲木은 成木이라 능히 庚金을 두려워하지 않는다.
- 卯月의 甲木은 月令(월령)에 得氣(득기)한 것이니 從格(종격)의 이치가 없다.
- 庚金 七殺(칠살=편관)을 얻으면 이름이 羊刃駕殺(양인가살)이라 小貴(소귀)는 할 수 있고, 文官(문관)보다는 武官(무관)이나 이공계 쪽에 가깝고 財星으로 도와줌을 要한다.
- 丙丁火가 없고 壬癸水가 重重한데, 戊己土의 剋制(극제)가 없으면, "水泛木浮(수범목부)"라 하니 下賤格(하천격)이고, 한 곳에 정착하지 못하며 떠돌이 생활을 하게 되고, 貧賤夭壽(빈천요수)하게 되며, 죽어서도 棺槨(관곽)이 없게 된다.
- 庚辛金이 重重하면 官殺이 太旺(태왕)한 것이니 일생을 困苦(곤고)하게 지내며, 처자식을 刑剋(형극)한다. 다시 地支에 金局이면 夭壽(요수)하지 않으면 貧賤(빈천)을 면치 못한다.
- 사주에 官星이 있고 財星을 만나며 吉格이면, 영웅이 홀로 萬人(만인)을 제압하는 象이다. 그러나 만약 癸水 印星을 보면 財殺을 피곤하게 하니 吉함이 감소하게 된다.
- 偏官이 重하게 되면 반드시 凶厄(흉액)을 만나게 되고, 剋洩(극설)하거나 제압하는 오행이 없으면 성질과 언행이 흉폭하게 된다.
- 庚辛金이 없고 丁火가 투출되면, 학문을 숭상하고 木火通明(목화통명)의 象이라 하겠으니 총명하고 淸秀(청수)한 인물이다. 단 癸水가 있으면 丁火를 傷(상)하게

되니, 이런 경우는 학문이 심오한 큰 학자가 될 수 있다.

- 丁火가 出干하고 사주에 癸水가 중중하면 滋助(자조)나 丁火를 傷하게 되니 曹操(조조)와 같은 奸雄(간웅)이 된다.
- 지지에 金局을 이루고 庚辛金이 여럿 透出(투출)하면 官殺이 旺하여 불길하게 되니, 이를 木被傷金(목피상금)이라 부른다. 이런 경우 丙丁火가 없어 金을 극제하지 못하면 貧賤夭壽(빈천요수)하거나 殘疾(잔질)만 있다.
- 지지에 火局이면 洩氣(설기)가 太多(태다)하니, 어리석고 겁이 많고, 어려서는 驚氣(경기)가 심하고, 평생 몸에 殘疾(잔질)이 떠나지 않는다.
- 지지에 水局을 이루고 戊土가 투출하면 貴(귀)하게 된다. 그러나 戊土의 制剋(제극)이 없으면 貧賤(빈천)하다.
- 甲木이 뿌리가 없으면 오직 申子辰의 印星을 바라니, 天干에 財와 殺이 透出(투출)하면 自手成家(자수성가)하며, 뜻이 靑雲(청운=현재의 고시합격)에 이른다.
- 戊己土가 重重하면 "財多身弱(재다신약)"이니 富屋貧人(부옥빈인)이다. 일생이 困苦(곤고)하고 결혼도 늦게 하고 자식도 늦게 둔다. 또한 妻(처)가 家權(가권)을 장악하는 경우가 많다.
- 一, 二月의 甲木은 庚金, 戊土가 있으면 上命(상명)인데, 丁火의 투출이 있으면 木火通明(목화통명)이 되니 大富貴(대부귀)할 命이다.
- 木이 旺하면 旺神宜洩(왕신의설)이라 하여, 火로서 秀氣流行(수기유행)하여 빛나게 해 줌이 좋으니 이리되면 국가고시에 합격한다.
- 木이 春節(춘절)에 生하면 대체로 평안하다.

⊙ 用神
- 日主 甲木이 月令에 羊刃(양인)을 得하여 왕한데, 다시 卯未의 반합목국이 扶助(부조)하니 木의 勢(세)가 태왕해진 것이다.
- 木氣를 洩(설)하는 年干 丁火는 月干 癸水의 剋을 받아 용할 수 없고, 왕한 木氣를 剋伐(극벌)하는 日支 申宮의 庚金을 용해야 한다.
- 丁火가 출간하여 木火通明(목화통명)의 象을 이루나 癸水가 丁火를 傷하게 하니 일점 흠이 있는 것이다.

　　用神 : 庚金

```
喜神 :    土
忌神 :    火
閑神 :    水
仇神 :    木
```

⊙ 甲申日柱 특성

• 무뚝뚝하고, 부드러운 면이 적고, 융통성이 적으며, 간혹 물불 안 가리는 난폭한 기질이 있다.

• 자기의 재주를 믿고 남을 무시하는 경향이 있으며 그로 인해 배신과 실패를 당하기 쉽다.

• 신체가 다소 허약하며, 단명과 불구폐질의 염려가 있다.

• 他 柱(주)에 官星이 있어 혼잡되면, 부부이별, 손재수, 관재구설, 사고, 질병 등이 따른다.

• 예기치 않은 사고로 인한 수술과 타박상 등을 조심해야 하고, 술을 즐기는 경우가 많아 간질환이나 치질 등으로 고생할 수 있다.

• 무관직, 운동선수, 도살업, 기술자, 운전직, 유흥업 등의 종사자가 많다.

⊙ 月干 癸水는 印星으로 閑神(한신)에 해당하며 坐下 卯木에 長生(장생)을 得하니 약하지 않다. 따라서 두뇌는 총명했으나 銀露(운로)가 巳午未 남방화국의 기신운으로 흐르니 학업과의 緣(연)이 薄(박)했던 것이다.

⊙ 時干 己土가 財星으로 喜神(희신)에 해당하니 理財(이재)에 밝고, 부동산투자로 다소의 재물을 얻을 수 있었던 것이다.

⊙ 용신 庚金이 日支宮에 있으니 비록 女命이나 자수성가의 命造이다.

⊙ 日主 甲木이 日支 申金에 絶地(절지)인데 용신에 해당한다. 나타내는 象은 부부연이 이혼까지는 가지 않으나 薄(박)하다 판단한다.

⊙ 日支에 偏官이 있으니, 맡은 일에 책임감이 있고, 행동이 민첩하고, 생각이 단순하고 명쾌한 면이 있다.

⊙ 月柱가 癸卯로 印星과 比劫이니 부모 代나 조부모 代에 이복형제문제가 있는 것이다.

⊙ 時柱가 己巳로 食神生財가 되니 말년에는 재물 복이 기약되는 것이다.

⊙ 戊申대운의 운세를 문의한 것이다.

- 戊土대운은 본시 喜神運(희신운)이나, 原局(원국)의 癸水와 간합화국의 忌神運 (기신운)이 되니 길하지 못하다. 부동산과 상가건물에 투자를 조금씩 해놓았으 나 큰 이득이 없었다.
- 申金대운 중 庚子세운은 歲支 子水가 日支 申金과 申子 반합수국의 印星運이 되어 학업운이 도래하여 늦은 나이에 방송통신대학에 진학한 것이다.
- 申金대운은 용신운이다. 원국의 巳火 食神은 본시 기신인데, 대운 申金과는 巳 申 육합수국의 한신운이 되니 흉변길이 된 것이다. 재개발지역의 투기로 다소 의 이득을 얻을 수 있었던 것이다.
⊙ 말년의 己酉, 庚戌 대운은 용신과 희신운이니 평안할 것이라 사료된다.

⊙ 用神
- 甲木이 卯月에 생하여 羊刃(양인)을 득하고 다시 年干에 一位의 甲木이 透出(투 출)하여 扶助(부조)하니 日主 甲木의 勢가 왕강하다. 庚金을 용하여 劈甲(벽갑)하 여 中和(중화)를 이루어야 하는데, 時支 巳宮에 일점 庚金이 있으나 同宮한 丙火 의 剋을 받아 무딘 金이 됐으니 用할 수가 없다.
- 月干 丁火를 용하여 甲木의 氣를 洩(설)하면 木火通明(목화통명)의 象을 이루게 되니 용신은 月干 丁火이다. 혐의가 되는 것은 용신 月干 丁火가 坐下 月令 卯 木에 病地(병지)이니 旺하지 못한 것이다. 또한 劈甲(벽갑)하는 庚金이 不透(불투) 하니, 아궁이불에 땔감을 보탤 수 없는 형국이라 용신 丁火가 長久(장구)하지 못한 것이다.
    用神 : 丁火

```
喜神 : 木
忌神 : 水
閑神 : 土
仇神 : 金
```

◉ 丁火 傷官을 용하는 경우에 丁火는 아궁이불에 비유되니, 직업으로는 요식업과 연관되는 경우가 많다. 양식요리점 주방장인 것이다.

◉ 時干 己土 正財는 日主 甲木과 甲己 간합토국으로 化되고, 日支 辰土 偏財는 年支 子水와 辰子 반합수국으로 化되니, 이런 경우는 財星의 역할에 손상이 오는 것이라 판단하는 것이다. 먼저는 재물복이 적은 것이고 다음에는 결혼연이 薄(박)해지는 것이다.

◉ 庚金대운은 구신운이니 길하지 못하다. 양식요리점 주방장 보조로 취직한 것이다.

◉ 午火대운은 본시 용신운이나 年, 月支 子와 卯와 沖破되니 용신 역할의 吉함에 감쇠 요인이 되는 것이다. 다소 규모가 큰 곳으로 직장을 옮겨 주방장 보조의 역할을 하고 있는 것이다.

◉ 辛金대운에 양식요리점 개업의 길흉을 문의한 것이다.

　• 辛金은 구신에 해당하니 吉하지 못하다.

　• 辛丑세운은 歲干(세간) 辛金은 구신이고, 歲支(세지) 丑土는 日支 辰土 偏財와 破殺(파살)이 되니 損財數(손재수)가 들어오는데, 시비다툼, 官災口舌(관재구설)이 태동된다. 또한 時支 巳火와는 巳丑의 반합금국의 구신운이 되니 길하지 못하다. 巳火는 食神으로 밥그릇이니, 밥그릇이 손상되어 현재의 직업을 잃게 되는 문제가 발생하는 것이다.

　• 壬寅세운은 壬水가 月干 丁火와 丁壬 간합목국의 희신운, 寅木은 地支 卯辰과 寅卯辰 방합목국의 희신운이 되니 창업이 가능하다고 보나, 대운 辛金이 구신으로 세운을 부조해주지 못하니 심사숙고할 것을 권고했다.

◉ 官星이 太弱(태약)하니 자신을 통제하고 구속하는 힘이 약하다 판단한다. 따라서 재물의 절약과 飮酒(음주)의 절제를 하지 못해 損財數(손재수)가 많은 것이다.

⊙ 用神

- 卯月의 甲木은 羊刃(양인)을 得(득)한 것이니 기세가 旺强(왕강)하여 庚金을 두려워하지 않는다.
- 천간에 庚金이 투출하면 羊刃駕殺(양인가살)이라 하여 小貴(소귀)하나, 異途(이도=무관, 기술, 문필..)로 功名(공명)을 얻는다.
- 甲木이 卯月에 생한 경우에는 대체로 庚金, 丙火, 丁火를 떠나 용신을 생각하기 힘든 것이다.
- 상기는 甲木이 月令에 卯木 羊刃(양인)을 得한 것이고, 다시 壬水의 生助(생조)를 받으니 身强(신강)하다. 抑扶法(억부법)을 적용하여 年干 庚金을 용신으로 잡아 旺한 甲木을 剋制(극제)하면 中和(중화)를 이룰 수 있는 것이다.

  用神 : 庚金
  喜神 :　土
  忌神 :　火
  閑神 :　水
  仇神 :　木

⊙ 時柱가 壬申으로 官印相生되니 본시는 공직자의 명조이다. 혐의가 되는 것은 月干 己土가 壬水를 剋하므로 己土濁壬(기토탁임)되어, 壬水가 불순물이 가득한 상태가 된 것이라 印星이 손상된 것이다. 따라서 공직자의 길을 가지 못하고 대학입시학원 강사의 길을 간 것이다.

⊙ 천간의 甲己 간합은 坐下(좌하)에 午卯가 있어 土氣가 통근됨이 태약하니 合而不化(합이불화)의 상황이다. 따라서 陰干(음간)인 己土 財星이 羈絆(기반)된 것이다. 女命(여명)의 財星은 결혼 전에는 아버지, 결혼 후에는 시어머니로 논하는데 기반된 것이니, 시어머니가 일찍 작고했거나, 시부모가 이혼한 집으로 시집가게 되거

나, 결혼 후 얼마 되지 않아 시어머니가 작고할 수 있음을 암시하는 것이다.

⊙ 局에 庚申金 官星이 重重(중중)하니 오히려 多官無官(다관무관)이라 남편과의 연이 적은 것이라 판단된다.

⊙ 日, 月支의 午卯 破殺(파살)은, 卯木 濕木(습목)이 午火의 불꽃을 끄는 것이다. 먼저는 남편과 친정식구들과의 갈등 요소가 나오고, 다음은 남편과의 이혼수가 나오거나 남편의 단명수가 암시되고, 다음은 가까이 있는 동료, 동창들과의 시비구설, 陰害(음해) 등이 발생하고, 또한 직업의 변동이 있게 됨을 암시하는 것이다.

⊙ 성격은 자존심이 강하고 다소 교만하기도 하나 남에게 잘 베풀기도 하는 성격이다.

⊙ 日支 午火가 紅艷殺(홍염살)을 帶同(대동)하니 美貌(미모)이다.

⊙ 運路(운로)가 丑子亥戌酉申의 한신과 용신운이니 비교적 순탄한 일생을 살게 될 것이다.

⊙ 甲木 辰月

• 辰月은 다음의 火旺節로 進氣(진기)하는 계절이라 甲木의 木氣가 다하니, 먼저 庚金을 取(취)하고 다음으로 壬水를 쓴다. 庚金이 용신이면 木을 다듬어 棟樑(동량)을 만들고, 壬水로 庚金을 洩氣(설기)하여 木을 윤택하게 하여 줄기와 잎을 무성하게 만든다.

• 庚金, 壬水가 倂透(병투)하면 국가고시에 합격한다. 다만 대운과 용신이 상생함을 요하니 風水蔭德(풍수음덕)이 있으면 富貴한다.

• 一, 二位의 庚金을 보면 官星이 旺한 것이니, 홀로 壬水 印星을 取하여 殺印相生(살인상생)해야 하는 것이고, 壬水가 투출하면 淸秀(청수)한 사람이다. 그리고

재주와 학식이 뛰어나다.

- 天干에 二位의 丙火가 출간하고 庚金이 地支에 감추어지면, 무딘 도끼가 날이 없는 격이니 富貴를 구하기가 어렵다. 만일 壬癸水 印星이 火氣 즉, 食傷을 破하면 秀才(수재)일 뿐이다.

- 原局(원국)에 印星이 全無하고, 戊己土가 天干에 투출하고, 地支에 土가 重重하면, 財星이 重疊(중첩)된 것이다. 이런 경우는 棄命從財格(기명종재격)이니 富貴를 누리고 처자가 모두 顯達(현달)한다.

- 戊己土를 보고 比劫이 많은 者는 이를 雜氣奪財(잡기탈재)라 하니, 이 사람은 늙도록 고생하고 사람이 용렬하여 가정을 꾸려나가지 못한다. 그러나 사주에 羊刃殺(양인살)이 있으면, 칼로 재산을 균등하게 분배해주는 역할을 하니 다툼의 소지가 적게 되어 흉사는 다소 줄어든다.

  女命이 이와 같으면, 남자의 권리를 쥐며 현명하게 내조하나, 만일 比劫이 더욱 중첩되면 이를 "群劫爭財(군겁쟁재)"라 하니 淫惡(음악)함이 심하고, 예기치 않은 凶事(흉사)가 자주 발생하고, 夭死(요사)하기 쉽다. 만일 運路(운로)에서 다시 比劫運(비겁운)이 도래시는 命을 보존하기가 힘들다.

- 地支 金局이면 官星이 太旺(태왕)하니 食傷의 剋制(극제)가 필요하여 丁火를 쓴다. 그 외에는 丁火를 쓰는 경우가 없다.

⊙ 用神
- 甲木 日主가 辰月에 生하여 失氣(실기)했고, 다시 局에 戊戌土가 重重하니 身弱(신약)하다. 즉, 財多身弱(재다신약)의 命造(명조)이다. 壬癸水 印星을 용하여 日主를 생하면 中和(중화)를 이룰 수 있다.

- 壬癸水가 不透(불투)하니 時支 亥宮의 壬水를 용신으로 잡는다. 壬水는 辰月에 失氣하였고 重土에 受剋(수극)되어 태약하니 용신이 왕하지 못한 것이다.

- 壬癸水가 용신인 경우에는 水源(수원)을 發(발)하는 庚辛金이 있어야 福祿(복록)이 장구하지만, 그렇지 않으면 금전의 입출은 많지만 정작 자신의 손에 쥐어지는 돈은 많지 않은 것이다. 이를 富屋貧人(부옥빈인=부잣집의 집사)이라 한다.

  用神 : 壬水
  喜神 : 金
  忌神 : 土

```
閑神 :   木
仇神 :   火
```

◉ 財多身弱格(재다신약격)이니 사회활동을 하여야 하는 명조이다. 자영업으로 키킨 점을 운영하고 있는 것이다.

◉ 日支 戌宮의 辛金이 正官으로 夫星(부성=남편성)인데, 희신에 해당하니 부부연은 무애무덕한 것이다.

◉ 原局(원국)에 偏財가 重重(중중)하니 친정 부모 중 한분이나 혹은 두 분 다 일찍 돌아가셨거나, 시부모가 그러한 경우의 집에 시집가게 될 암시가 있는 것이다.

◉ 月, 日支가 辰戌로 상호 相沖(상충)되니 시댁식구들과의 사이는 돈독하지 못할 것이라 판단한다.

◉ 年, 月支의 沖은 부모 代에서 고향을 떠나 왔음을 알 수 있는 것이다.

◉ 月干 丙火가 食神으로 子女星인데, 坐下(좌하) 辰土에 晦火(회화)되고, 또한 忌神(기신)에 해당하니 자녀들에게 큰 발전을 기대하기는 요원한 것이다.

◉ 亥水대운에 점포 이전시의 길흉을 문의한 것이다.

• 子水대운과 辛金대운은 用神(용신)과 喜神運(희신운)이니 다소의 得財(득재)가 있었다. 子水대운의 子水는 月支 辰土와 子辰 반합수국의 용신운이니 장사가 잘 되었고, 辛金대운은 辛金이 본시 희신이나 月干 丙火 忌神(기신)과 간합수국으로 化되어 용신운이 되니 역시 吉했던 것이다.

• 亥水대운의 亥水는 본시 용신이나, 지지의 重土(중토)에 受剋(수극)되어 손상되고, 時支 亥水 偏印과는 亥亥 自刑殺(자형살)이 되니 吉하지 못하다.

• 庚金대운 희신운에 이전할 것을 권했던 것이다.

⊙ 用神

• 日主 甲木이 辰月에 생하여 衰地(쇠지)이니 失氣한 것이다. 또한 辰月은 다음의 巳午未 화왕절로 進氣(진기)하는 계절이라 火氣가 왕하며, 다시 局에 巳午의 火氣가 重하여 日主의 氣를 洩(설)하니 신약한 것이다.

• 천간의 辛庚金은 官星으로 月令 辰土의 생을 받아 약하지 않은데, 日主 甲木을 핍박함이 심하니 日主는 심히 쇠약한 것이다. 印星인 水를 용하여 局의 왕한 火勢(화세)를 制火하고, 약하지 않은 官星인 金氣를 洩氣(설기)시키면 관인상생을 이루어 사주가 중화를 이룰 수 있다. 月干 壬水를 용신으로 잡는다.

• 壬水는 辰月에 墓宮(묘궁)에 들어 쇠약하나, 坐下 辰土가 水庫地(수고지)이니 태약하지는 않은 것이고, 투출된 庚辛金의 생조를 받으니 무력하지는 않아 능히 用할 수 있는 것이다.

```
用神 : 壬水
喜神 :  金
忌神 :  土
閑神 :  木
仇神 :  火
```

⊙ 通辯(통변)

• 천간에 辛金과 壬水의 官印이 투출했으니 공직자의 길이 분명하나, 庚金 偏官과 辛金 正官이 투출하여 官殺混雜(관살혼잡)되었고, 壬水 偏印이 좌하 辰土에 墓宮(묘궁)이라 무력하니 官祿(관록)이 길지 못했던 것이다.

• 다행인 것은 時干 庚金 偏官은 日.時支의 午火에 去殺되니, 年干의 辛金 正官 一位만 남게 되어 공직자의 길을 갈 수 있었던 것이다.

• 사주에 火金이 盛(성)하니 무관직으로도 볼 수 있으나, 용신이 壬水로 印星에 해당하니 기술계통의 공직으로 철도청공무원의 길을 간 것이다.

• 학업운은 看命에서 印星과 용신을 위주로 논하는데, 月令이 辰土 偏財로 巳午火 食傷의 생을 받아 왕하여, 자연 局의 壬水 印星을 破하게 되므로 학업의 끈이 길지 못했던 것이다. 또한 초년대운이 卯寅의 한신운으로 도래하니 비록 두뇌는 총명했으니 학업과의 緣(연)이 薄(박)했던 것이다.

• 재물운은 지지의 巳午火 食傷과 辰土 財星이 있어 食傷生財하여 富格을 이룬

것 같으나, 日主 甲木이 月令 辰土에 비록 뿌리는 내렸다 하나 衰地(쇠지)라 약하고, 다시 比劫의 부조가 미약하니 身旺하지 못하여 財를 감당하지 못하게 된 命造(명조)이다. 富格은 아닌 것이다.

• 年柱는 辛巳로 正官과 食神인데 상하 상극되어 正官의 吉星이 손상되었고, 年支 巳火는 空亡(공망)되었다. 그러나 다행인 것은 巳宮의 丙火가 年干 辛金과 암암리에 丙辛 간합수국의 印星局을 이루니 이른바 天合地者(천합지자)인 것이고, 이로써 印星을 引通(인통)시켜 脫(탈) 空亡이 되니 상하가 官印相生이 된 것이다. 따라서 조상대는 벼슬은 높지 않았으나 학덕이 있었던 유학자의 家門이었던 것이다.

• 年支 巳火가 空亡인데, 看命(간명)에서는 대체로 단명한 조상이 많을 것이라 판단한다. 또한 食神의 공망이니 자손의 數는 적었을 것이라 판단하며, 또한 본인 代에서는 자식의 손상이 오거나 연이 끊어지는 것인데, 前妻의 자식과는 연이 끊어진 상태인 것이다.

• 年支 巳火 食神이 공망되고, 다시 落井關殺(낙정관살)과 太白殺(태백살)을 대동하니 어려서 죽은 자식이 있을 것이라 판단한다.

• 月柱가 壬辰으로 상하 상극되고 月支 辰土가 공망이다. 月支는 비록 공망을 적용하지는 않으나 局의 전체에 미치는 영향이 쇠약하다 판단하는 것이다. 부모 형제자매간 어려서 고향을 떠나 뿔뿔이 흩어졌을 것이라 판단하고, 또한 일찍 죽은 사람이 있을 것이고, 화기애애하고 돈독함은 적었을 것이라 판단한다. 또한 月支의 空亡은 本家의 空亡이니 부모의 은덕이 크지는 않았을 것이라 판단하는 것이다.

• 月干 壬水 偏印은 月令 辰土의 中氣에 통근하고 있는데, 辰土가 空亡이니 壬水는 空陷(공함)된 것이다. 따라서 어머니와의 연이 적거나 어머니의 단명수가 나오는 것이다.

• 月支에 辰土 偏財가 있으니 본인은 일찍 사회에 진출하여 직업을 갖게 되었을 것이고, 행동과 생각이 민첩하고 기민하며, 理財(이재)에 밝았을 것이라 판단한다.

• 局에 正財가 없고 偏財만 있는 경우에는 부득이 偏財를 처로 논하나, 본처가 없는 것으로 판단하니 부부연은 대체로 좋지 못하다고 판단한다.

• 月支 辰土 偏財는 본시 사업가의 명조인데, 天殺(천살)이나 白虎殺(백호살)을 대

동하면 사업상 부침이 심하다 판단하고, 예기치 않은 損財數(손재수)가 발생하는 것이다. 또한 남명에서는 偏財를 부친으로 논하는데 空亡이고, 다시 白虎殺(백호살)과 病符殺(병부살)을 대동하니 부친이 예기치 않은 사고나 질병 등으로 단명했을 것이라 판단한다.

• 月支 辰土가 弔客殺(조객살)과 病符殺(병부살)을 대동하는데 이는 神氣와 연관된 殺이다. 조상대에 사찰에 극진히 공양을 올렸던 분이 계셨거나, 무속과 연관된 조상이 있었을 것이라 판단하고, 본인도 이와 연관이 깊어 중년의 용신운에 사찰의 신도회장을 맡았던 것이다. 그리고 병부살은 久病(구병)을 앓던 조상과 연관된 殺로써 月柱에 있으면 부모형제자매 代에 질병으로 고생하는 사람이 있을 것임을 암시하는 殺이다.

• 日支는 妻宮인데 午火 傷官이 있어 남편인 官星을 극하니 부부 사이의 이혼수가 발생하는 것이다.

• 日支 午火가 桃花殺(도화살)과 紅艶殺(홍염살)을 대동하고 있으니 처는 미모일 것이나, 구신에 해당하니 내조를 기대하기는 힘든 것이다.

• 日支 午火 傷官이 湯火殺(탕화살)을 대동하고 있다. 남명의 官星은 직업, 직장, 직책으로 논하는데 傷官은 이를 극하여 손상시키는 것이고, 탕화살은 불타 없어지고 財를 탕진하는 殺이니, 직장의 변동이 많았을 것이고, 인생의 부침 또한 심했을 것이라 판단한다.

• 日, 時支의 午午는 自刑殺(자형살)이다. 처자식과의 연이 적은 것이다. 본처와는 이혼하고 다른 여자와 재혼하여 살고 있는 것이다.

• 용신이 壬水로 偏印에 해당하니 두뇌회전이 빠르고 매사 사리판단이 정확하나, 끈기가 다소 부족하고, 학업과의 연은 길지 못한 것이다.

• 용신 壬水가 月柱에 있으니 부모형제자매 代에 가정형편이 풀려나갔을 것이라 판단한다.

• 기신이 辰土로 財星에 해당된다. 우선 처와의 사이가 화기애애하지 못했을 것이고, 또한 재물운도 금전의 입출만 빈번하고 정작 손에 쥐어지는 돈은 많지 않았을 것이라 판단한다.

• 구신이 巳午火로 食傷이다. 食傷은 수하인들이나 후배들로 논하는데 구신에 해당하니 이들의 조력을 얻기는 힘들었을 것이라 판단한다.

- 日柱 甲午의 성격은 재주가 많으며, 약삭빠르고 수완이 좋다. 그리고 다소 오만함이 있고, 남을 비평하기를 좋아하고, 멋 내고 꾸미는 일에 능숙하다. 대인관계에서 자기표현 능력이 좋고, 상대방을 무시하는 성격이 있으며, 언변이 좋고 행동이 민첩하고 경쾌한 특성이다. 또한 日支에 傷官을 깔고 있으니 다소 교만함이 있으며, 예기치 않은 사고나 시비다툼, 질병 등을 조심해야 한다.
- 구신이 巳午火니 고혈압 등 혈관계질환이 염려되고, 기신이 土니 위장 등 소화계통의 질환 등에 각별히 유의해야 한다.

◉ 大運
- 초년 辛卯대운은 희신과 한신운이라 무애무덕했고, 막내로써 부모의 보살핌 속에 무탈하고 편안하게 보냈던 것이다.
- 庚金대운은 희신운이라 길하다. 도시로 나와 무난히 중, 고등학교를 마칠 수 있었다.
- 寅木대운은 본시 한신운이나, 壬寅세운에 壬水가 용신운이니 철도공무원시험에 합격했던 것이다.
- 己土대운은 본시 기신운이나, 戊申세운에 지지와 巳申의 육합수국, 財星인 辰土와 辰申의 반합수국의 용신운이니 이때 결혼한 것이다.
- 丑土대운은 물기를 담뿍 담은 土라, 통변에서는 水로 논하니 용신운이라 무탈했다.
- 戊土대운은 기신운인데 財星이니 여자문제가 들어오는 것이다. 본처와 성격 차이로 별거에 들어가고, 다른 여자를 사귀게 된 것이다.
- 子水대운은 용신운인데 日支 午火와 子午 沖되니 자리의 변동수가 들어오는 것이다. 전처와의 이혼과정에서 송사에 연루되어 퇴직하게 됐고, 양계장과 家禽類(가금류)유통업을 시작했던 것이다. 이 대운 중 이혼건의 송사가 마무리되고 재혼한 것이다.
- 丁火대운은 壬水와 丁壬 간합목국의 한신운으로 바뀌니, 사업은 무탈하고 발전이 있었다.
- 亥水대운은 용신운이다. 巳亥 상충하니 밥그릇의 변동이 들어온다. 家禽類(가금류)유통업에서 육가공유통업으로 직업 전환을 했고, 용신운이니 사업이 번창

했고, 인근 사찰의 신도회장직도 맡았던 것이다.

- 丙火대운은 본시 구신운이나 年干 辛金과는 丙辛 간합수국의 용신운이니 社勢(사세)는 확장됐으나, 月干 壬水 偏印과는 丙壬 沖되어 용신인 壬水를 손상시키니 흉하다. 조류 독감으로 인해 닭고기 유통이 제한되어 막대한 손실을 입었던 것이다. 또한 냉동창고를 증축하기 위한 부지매입 과정에서 사기를 당해 손재수가 발생했는데 이는 偏印이 沖을 맞았기 때문이다.

- 戌土대운은 기신운이다. 年支 巳火 食神과는 巳戌 怨嗔(원진)되니 밥그릇이 손상되고, 辰土 財星과는 辰戌 沖되니 손재수가 발생하고, 日, 時支 午火와는 午戌 반합화국의 구신운이니 대흉하다. 대형 교통사고로 인해 6개월간 병원신세를 지게 되어 모든 사업을 정리하고 은퇴했던 것이다.

- 乙木대운은 한신운이다. 年干 辛金과는 乙辛 沖되어 흉하고, 時干 庚金과는 乙庚 간합 금국의 희신운으로 바뀌니 一喜一悲(일희일비)의 운이다. 친하게 지냈던 후배의 도움으로 기계부품 가공공장의 창고관리 일을 맡게 된 것이다.

- 酉金대운은 희신운이니 무탈하다.

- 甲申대운은 대체로 한신과 희신운이니 무탈하나, 申金대운은 年支 巳火와 巳申 육합수국의 용신운인데, 刑合이 되는 것이니 先刑後合(선형후합)으로 통변한다. 먼저는 刑殺을 맞으니 건강문제가 대두될 것이나, 後合은 水로 변하여 용신운이니 무탈하게 넘어갈 것이라 사료된다.

⊙ 甲木 巳月

- 巳月은 火旺節이라 木性이 虛焦(허초)하고, 巳宮의 丙火가 當令(당령)하여 權勢

(권세)를 잡게 되어, 줄기와 잎이 모두 시드니 하늘의 甘露水(감로수)인 癸水를 먼저 쓰고 뒤에는 丁火를 쓴다.

- 庚金이 太多(태다)하면 剋木(극목)함이 심하여 甲木이 病(병)이 되나 壬水를 얻으면 中和(중화)를 이룬다. 그러나 성질이 淸(청)함을 바라나 富貴(부귀)를 가장하고, 음흉한 면도 있으나 顯達(현달)한다. 또한 시비다툼을 잘 일으키고, 교묘한 말로 詭辯(궤변)을 일삼고, 詩文(시문) 짓기를 즐겨한다.
- 一位의 庚金과 一, 二位의 丁火가 있으면 木火通明(목화통명)의 象(상)으로 약간의 富貴가 있으나, 金이 많고 火가 적으면 制殺(제살)하지 못하니 下格이다.
- 癸水, 丁火, 庚金이 出干(출간)하면 국가고시에 합격하여 일신상의 榮達(영달)을 기약할 수 있고, 風水(풍수)가 不及(불급)하더라도 재주가 있다.
- 癸水가 天干에 투출되지 못했으면, 救濟(구제)의 힘이 약하니, 庚金과 丁火가 있더라도 富 中 小貴요 특수한 관직(정보, 수사, 비밀외교 등)에 근무한다. 壬水가 출간하면 富가 있다.
- 癸水가 없고, 또한 庚金과 丁火도 없고, 丙火, 戊土만 太多(태다)하면 下賤格(하천격)이다.

⊙ 用神
- 甲木이 巳火節에 生하여 洩氣(설기)가 심한데 이를 木火通明格(목화통명격)이라 하며, 天干의 己土가 月令 巳宮의 戊土에 通根(통근)하니 己土 正財가 旺(왕)하다.
- 따라서 日干은 자연 身弱(신약)하게 되고, 아울러 火旺之節이니 甲木이 살기 위해서는 水氣인 印星이 들어와 生助(생조)하여야 이 사주는 中和를 이룰 수 있다. 용신은 日支 申宮의 壬水를 用한다.

        用神 : 壬水
        喜神 :   金
        忌神 :   土
        閑神 :   木
        仇神 :   火

⊙ 夫婦緣(부부연)

여명의 日支는 남편궁인데 申金 偏官을 깔고 있으니 흉하진 않다고 판단할 수 있지만, 천간에 財星이 旺하니 시댁식구들과의 갈등요소가 항시 내재되어 있고,

月支 巳火와 時支 巳火가 巳申 刑合(형합)하여 남편궁의 申金 偏官을 손상시키니 예기치 않은 흉화로 부부해로 하기는 힘들다 판단된다. 그 시점은 火氣가 구신으로 旺하여 탈이 났으니 대운이나 세운에서 다시 火氣가 들어오는 시점이 될 것이다.

⊙ 子女運(자녀운)

•자식들의 운세는 女命(여명)에서는 食傷, 時柱, 그리고 희신을 보고 논한다. 특히 우선 食傷의 길흉을 보고 판단하는데, 여기서는 傷官인 巳火가 구신이니 자녀운은 크게 기대할 바가 되지 못한다.

•자녀인 巳火 傷官이 아버지인 申金 偏官과 刑合하니 부자간의 갈등이 심화 될 것이고, 누군가 하나는 흉화가 발생하는 문제가 발생하게 된다.

특히 아들 사주의 正財가 空亡이라면 이 아들이 결혼 후 부인과의 사별수가 나오든지, 아버지와의 이별수나 사별수가 나올 수도 있다.

또한 時柱의 오행이 吉神(用神, 喜神)에 해당하면 자녀운이 좋다 판단하는데, 상기는 己巳로 기신과 구신에 해당하니 길하지 못한 것이다.

⊙ 總評(총평)

•日支 申金 남편성이 月, 時支 巳火와 巳申 刑合되니, 예기치 않은 일로 인해 사별수 등을 특히 조심해야 할 것이다.

특히 申金 偏官이 亡神殺(망신살)과 病符殺(병부살)을 대동하여 巳申 刑合되니 사안이 중대하게 작동된다.

•자녀는 時柱가 食神生財되니 財星이 왕하게 되어 학업과의 연이 적고 장사나 사업가의 길을 갈 것이다.

⊙ 大運(대운)

•癸酉대운

대운의 地支 酉金은 본시 희신으로, 月支나 時支의 구신에 해당되는 巳火와 巳酉 반합금국의 희신으로 바뀌니 큰 틀에선 크게 흉하다 판단하지 않는다.

•대운의 地支 酉金과 局의 年支 酉金은 본시 酉酉 自刑殺(자형살)을 적용해야 하나, 月支 巳火가 암암리에 年支 酉金과 巳酉 半合金局(반합금국)의 희신으로 바뀌려 하니 크게 흉하지는 않다 할 수 있을 것이다. 그러나 문제는 2014년 甲午

세운은 甲木이 본시는 한신이지만, 천간의 己土와 甲己 간합토국이 되어 힘이 강화되어 기신운으로 들어오니 흉함이 크게 작동되는 것이다. 甲己 간합토국의 財星局으로 化되며 기신에 해당하니, 시부모나, 친정부모에게 흉액이 발생하거나, 혹은 예기치 않은 손재수, 사고수 등이 염려되는 것이다.

- 甲戌대운

  月柱 己巳와 비교시, 甲己 合土의 기신운, 戌土는 기신으로 月支 巳火와 巳戌 怨嗔殺(원진살)이 되어 母胎(모태)인 月支 巳火를 손상시켜 놓으니, 결국 月柱가 大運(대운)과 작동하여 凶하게 태동하는 것이니 災厄(재액)을 면하기 어려울 것이다.

◉ 歲運(세운)

甲戌대운 중 壬寅세운은 壬水는 희신이나, 寅木은 지지에서 寅巳申 三刑殺(삼형살)을 형성하여 용신인 申宮의 壬水를 손상시키니 크게 걱정스러운 일이 발생할 것이다.

◉ 用神

- 巳火節의 甲木은 巳宮의 丙火가 當令(당령)한 때이니 火氣가 炎炎(염염)하다. 調候(조후)가 급하니 하늘의 甘露水(감로수)인 癸水가 긴급하고, 또한 癸水의 水源(수원)을 發하는 庚金이 있어야 하고, 다음은 丁火를 用하여 甲木의 秀氣(수기)를 洩(설)하면 木火通明(목화통명)의 象(상)을 이룬다.

- 천간에 癸水, 庚金, 丁火가 透出(투출)하면 국가고시에 합격하고 일신상의 영달

이 기약 된다.

- 癸水 대신 壬水를 用하는 경우에는 偏印이니 蔭德(음덕)으로 명예를 얻으나, 假神(가신)이니 계획은 많으나 이루어지는 것이 적다.

- 庚金 대신 辛金이 투출하면 癸水를 長久(장구)하게 생하지 못하니 福祿(복록)이 짧다.

- 丁火가 不透(불투)하면 甲木의 秀氣(수기)를 洩(설)하지 못하니 비록 복록은 있더라도 貴命(귀명)이 되지 못한다.

- 상기는 月柱가 丁巳로 火勢(화세)가 旺하니 調候(조후)가 급하여 年干 癸水를 用神(용신)으로 잡아야 한다. 癸水는 月令 巳火에 失氣(실기)했으나, 日支 子水에 得地(득지)하고, 胎元(태원)이 戊申이라 申宮의 壬庚이 扶助(부조)하니 용신이 太弱(태약)하지 않다.

    用神 : 癸水
    喜神 : 金
    忌神 : 土
    閑神 : 木
    仇神 : 火

⊙ 甲子日柱의 日支 子水는 正印이며, 아울러 辛金 正官의 長生地(장생지)이니 官印相生(관인상생)의 吉格(길격)을 이룬 것이다. 또한 日支 子水는 암암리에 丑土와 合을 이루어 財星局을 형성하는데 丑土는 日干 甲木의 天乙貴人(천을귀인)이라 吉하다.

⊙ 月支 巳火가 文昌貴人(문창귀인)을 帶同(대동)하니, 총명지혜하고 학문을 좋아하여 성취감이 높다. 또한 巳火가 食神에 해당하니 변론에 능하고 미사여구를 잘 구사한다. 또한 月支 巳火가 天廚貴人(천주귀인)을 대동하니 食祿(식록)이 있고, 음식 솜씨가 좋고, 미식가의 성향이다.

⊙ 年支 卯木이 羊刃(양인)을 대동하고 있다. 양인살은 흉하게 작동하여 祖業(조업)을 破하게 되거나 자신보다 타인에게 피해를 입히는 경향이 많다.

⊙ 時支 戊土가 空亡(공망)이다. 空亡은 吉神(길신)이 공망이면 길신의 역할을 하지 못하고, 凶神(흉신)이 공망이면 흉신의 역할을 하지 못하는 것이다. 時支가 공망이니 고독하고 六親(육친)과의 緣(연)이 薄(박)한 것이다.

⊙ 六親關係(육친관계. 여명. 甲日干)

　　甲(日干=我) → 戊(偏財=父)
　　　　　　　　　癸(正印=母)
　　庚(偏官=夫) → 甲(比肩=媤父)
　　　　　　　　　己(正財=媤母)
　　丙(食神=男兒)
　　辛(正官=兒媳)
　　丁(傷官=女兒)
　　壬(偏印=女婿)

　・媤父(시부=시아버지). 媤母(시모=시어머니). 男兒(남아=아들). 兒媳(아식=며느리). 女
　　兒(여아=딸). 女婿(여서=사위)

⊙ 壬戌대운 中 癸巳세운

　・대운 壬戌은 戊土가 入되며 局의 空亡된 時支 戊土가 塡實(전실)되니 脫(탈) 空亡
　　된 것이라, 動하여 辰土를 沖하고 있다. 따라서 辰宮의 癸水 正印이 沖出(충출)
　　된다.

　・癸巳세운은 歲干(세간) 癸水가 암암리에 戊癸의 干合火局(간합화국)을 이루어 이
　　를 丙火가 대표하는데, 丙火의 祿星(녹성=건록)은 巳火이며 月支에 居(거)하고
　　있는 것이며, 아울러 甲木의 秀氣(수기)를 洩(설)하고 있다. 따라서 성품이 온화
　　하면서도 굳세고 재능과 학덕이 아름다운 것이다.

　・歲支(세지) 巳火는 庚金 官殺의 長生地(장생지)이다. 戊癸의 干合을 이룬 火가 庚
　　金을 煆煉(하련)하는데, 癸水가 담금질할 때 뿌리는 물의 역할을 하니 貴器(귀기)
　　를 완성할 수 있는 것이다.

　・癸水는 正印으로 用神(용신)이고, 庚金은 官殺로 喜神(희신)이니 殺印相生(살인상
　　생)되어 武職(무직)으로 권세를 얻게 되고, 局의 子卯 刑殺(형살)이 卯木 羊刃(양
　　인)을 動하게 하니 法을 집행하는 法官(법관)이 된 것이다.

⊙ 女命 巳火節의 甲木은 調候(조후)가 급하여 年干 癸水가 용신인데, 癸水는 夫宮인
　日支 子水에 通根(통근)하고, 辛金 正官의 長生(장생)에 해당되며 官印相生된 것이
　다. 이는 상기 女命이 결혼 후에 직업상 권위를 얻게 되고 발복됨을 의미한다.

⊙ 女命 甲子日柱의 日支 子水는 夫星(부성)인 辛金의 長生(장생)이며 調候(조후) 用神
　이다. 따라서 夫婦宮(부부궁)은 손상됨이 적을 것이라 판단된다.

⊙ 女命 甲日干의 長生은 亥水이고, 夫인 庚金의 長生은 巳火로 相沖(상충)되고 있다. 나타내는 象은 본시 부부연이 흉한 것은 아니나, 한 집에 함께 붙어 同居(동거)하는 것보다는 주말부부 식으로 보냄이 좋은 것이다.

⊙ 甲子日柱 通辯(통변)

• 甲子日柱의 子水는 父星(부성)인 戊土의 胎地(태지)이고, 母星인 癸水의 祿星(녹성)이다. 子水가 父星인 戊土의 羊刃殺(양인살) 午火와 相沖하니 부모 사이는 돈돈한 情(정)은 적은 것이다.

• 夫宮(일지궁)의 子水와 母星인 癸水의 祿星 子水는, 암암리에 申金과 申子 반합수국을 형성하는데, 申金은 夫星인 庚金 官殺의 祿星으로, 日干 甲木의 本氣(본기=건록)인 寅木을 沖하고 있다. 이는 어머니가 자녀교육에 엄격함을 의미하는 것이다.

• 甲日의 長生 亥水와 父인 戊土의 祿星 巳火와 相沖(상충)된다. 父는 女兒(여아) 얻음을 기뻐하지 않는 것이다. 아울러 亥水는 夫星인 庚金의 長生 巳火와 상충되고 있다. 또한 甲日의 祿星인 寅木과 夫星인 庚金의 祿星인 申金과 상충된다. 이는 부부연이 박하여 이혼하게 될 것임을 의미한다.

• 甲子旬 中의 庚午는, 庚金이 夫星으로 偏妻(편처)인 乙木의 長生인 午火의 上에 있고, 午火는 庚金의 沐浴殺(목욕살)에 해당하며, 또한 午火는 桃花殺(도화살)인 子午卯酉 中의 하나이다. 이것이 나타내는 象(상)은, 夫에게 二妻가 있게 되거나 재혼하게 됨을 의미하는 것이다.

• 日柱 甲子는 甲子旬 中의 旬首(순수)이다. 이는 長女임을 의미하며, 혹 그렇지 않다면 손위 형제자매 중 손상된 형제자매가 있어 長女가 됨을 의미한다.

• 女命 甲日의 子水는 沐浴殺(목욕살)과 桃花殺(도화살)을 대동한다. 子水는 偏夫인 辛金 正官의 長生이다. 이는 나이 적고 활력있는 남성을 좋아함을 의미하는데, 日柱 甲子가 암암리에 甲己 合土와 子丑 合土의 財星局을 이루어 官星을 生하기 때문이기도 하다.

• 夫宮인 日支 子水는 母인 癸水의 祿星이고, 子水는 암암리에 丑土와 육합토국을 이루는데, 丑土는 巳酉丑 삼합금국을 형성하여 化金되니 官殺庫(관살고)인 것이다. 官殺庫(관살고)인 丑土 財星이 官을 生하니 昇官(승관)의 조짐이 있는 것

이다. 한편으로 혐의가 되는 것은, 夫宮인 日支 子水가 암암리에 申子辰 삼합수
국을 형성하는데, 申子辰의 三殺(삼살)이 未土에 있어 丑未 沖하니, 病(병)을 얻
어 입원하게 됨을 암시하는 것이다.

日支	子	丑	寅	卯	辰	巳	午	未	申	酉	戌	亥
三殺	未	辰	丑	戌	未	辰	丑	戌	未	辰	丑	戌

• 癸水 母는 戊土 父와 간합되는데, 母인 癸水의 祿星은 子이고 이는 父인 戊土의
胎地(태지)인 것이다. 戊癸의 간합이 나타내는 象은 부모가 결혼은 하나, 比劫인
甲乙木이 生火하여 戊土 父의 印星이 되니 문서가 動하게 되어 재혼의 조짐이
있는 것이다.

• 女命 甲日의 長生은 亥水이고, 壬水는 父인 戊土의 偏妻(편처)이다. 偏妻인 壬
水의 祿星 亥水와 父인 戊土의 長生 寅木이 합목국을 형성하는데 甲木이 대표
한다. 이는 父의 長生과 偏妻의 祿星이 合되어 女命 日干 甲木을 생하는 것과
같다. 암시하는 바는 甲木 日主에 두 명의 母가 있게 됨을 의미한다.

• 夫宮인 日支 子水가 암암리에 申子辰 삼합국을 형성하는데 子水의 桃花殺(도화
살)은 酉에 있고, 또한 酉金은 辛金 兒媳(아식=며느리)의 祿星地(녹성지)인 것이
다. 따라서 酉金은 공히 丁火 女兒의 長生이고, 辛金 兒媳(아식=며느리)의 祿星
이며, 또한 丁火는 辛金 兒媳의 偏夫(편부)에도 해당된다.

그리고 酉金이 男兒인 丙火의 沐浴(목욕)과 桃花(도화)에 해당하는 卯木을 沖하
여 動하게 만드는데, 辛金 兒媳(아식=며느리)의 祿星이 酉金이다. 또한 辛金 兒
媳(아식=며느리)의 正夫는 丙火이고 男兒에 해당되며 偏夫는 丁火인데 女兒에
해당되는 것이다. 辛金 兒媳(아식=며느리)의 長生 역시 酉金인데, 酉金은 丁火
偏夫 기준하여 天乙貴人이다. 이것이 나타내는 象은 兒媳(아식=며느리)에게 두
명의 남편이 있게 되며, 貴夫(귀부)와의 연이 있을 것임을 의미하는 것이다.

⊙ 用神

- 巳火節의 甲木은 病地(병지)에 드니, 木氣가 물러나고 丙火가 권세를 잡은 때이며 뿌리와 잎이 메마르는 시점이라 調候(조후)가 급하다. 먼저는 하늘의 감로수인 癸水가 급한 것이며, 다음은 丁火를 취하여 木火通明(목화통명)을 이룬다. 그리고 庚金이 있어 癸水의 水源(수원)을 發(발)해야 한다.

- 癸水, 丁火, 庚金이 투출하면, 風水에 不及(불급)됨이 있더라도 국가고시에 합격하여 높은 관직에 오르게 된다.

  癸水가 不透(불투)하고 庚金과 丁火가 있으면 異途功名(이도공명=무관, 문필.)이다. 壬水가 透出(투출)하고 庚金과 丁火가 있으면 富는 있으나 貴는 없다. 이는 癸水는 자연상태의 물이나, 壬水는 江河(강하)의 물로 끌어다 쓰는데 노고가 필요하기 때문이다.

  癸水, 庚金, 丁火가 없고 丙火와 戊土가 있으면 빈천하다.

- 상기는 지지에 寅卯辰 방합목국을 형성하여 日主를 부조하니 日主 甲木이 太旺(태왕)한 것이다. 剋制(극제)하는 庚金을 용해야 하는데 不透(불투)하니, 月支 巳宮의 庚金을 용한다.

- 용신 庚金은 巳火節에 受剋(수극)되어 무딘 金이라 왕하지 못하나, 胎元(태원)이 戊申이라 申金이 암암리에 부조하니 용신이 太弱(태약)한 것은 아니다.

  用神 : 庚金
  喜神 :　土
  忌神 :　火
  閑神 :　水
  仇神 :　木

⊙ 甲木 日主는 庚金이 男兒이고 辛金이 女兒이다. 日柱 甲寅은 甲寅旬 中의 旬首

(순수)에 해당하니 위 명조자는 長男(장남)이라 판단한다.

◎ 甲寅日柱 특성
- 강인하고 배짱이 좋고, 매사 추진력이 강하고, 자비심이 있으며 독립심과 자아심이 강하다. 운동을 좋아한다.
- 두뇌가 총명하고 통솔력이 있으며, 영웅심이 있고 투지력이 왕성하다. 굳세고 화끈하나 다소 융통성이 부족하다.
- 정의로우나 독선적이고, 고집스러워서 대인관계에서 남과 충돌하기 쉽고, 부모와도 잘 충돌하는 편이다.
- 위장질환, 기관지질환, 예기치 않은 사고, 질병 등에 시달리기 쉽다.
- 운전직. 조경업, 건축업, 이, 미용업 등의 직업이 많고, 사주가 貴格이면 정치가, 법조계, 사업가로 성공한다.

◎ 六親關係(육친관계. 남명. 甲日干)

　　　甲(日干=我)　→　戊(偏財=父)
　　　　　　　　　　　癸(正印=母)
　　　己(正財=妻)　→　丁(傷官=丈母)
　　　　　　　　　　　壬(偏印=丈人)
　　　庚(偏官=男兒)
　　　乙(劫財=兒媳)
　　　辛(正官=女兒)
　　　丙(食神=女婿)

- 男兒(남아=아들). 兒媳(아식=며느리). 女兒(여아=딸). 女婿(여서=사위). 丈母(장모). 丈人(장인)

◎ 甲寅日柱 通辯(통변)
- 庚金이 男兒인데 祿星(녹성)은 申金이다. 日柱 甲寅과는 天剋地沖(천극지충)되니 그 자식이 悖逆不孝(패역불효)하거나, 이별, 사별수가 있거나, 첫 아이인 경우에는 유산, 낙태 등으로 인해 父子간의 緣(연)이 끊어지는 경우가 많다.
- 戊土 偏財가 父이다. 戊土의 長生은 寅木인데, 男兒 庚金의 祿星과 壬水 祖父의 長生이 申金이니 寅申 沖이 되는 것이다. 나타내는 象은 자녀들이 태어났을 때 조부모가 이미 작고했으니 얼굴을 볼 수 없다는 것이다.

• 妻宮(처궁)인 日支 寅木과 月支 巳火와는 寅巳 刑殺이다. 日主 甲木에서 庚金이 男兒인데 祿星은 申金이다. 따라서 妻宮의 寅木과 月支 巳火, 庚金 男兒의 祿星인 申金과는 寅巳申 三刑殺이 되는 것이다. 이것이 나타내는 象은, 그 처가 難産(난산)으로 인해 제왕절개 수술을 받거나, 혹은 유산될 수 있음을 암시하는 것이다.

• 庚金이 男兒이고 祿星이 申金이다. 따라서 庚金과 合이 되는 乙木은 며느리가 되는데, 乙木의 天乙貴人이 申金이니 庚金의 祿星地가 되는 것이다. 나타내는 象은 男兒가 早婚(조혼)하는 것이 이롭고 吉하다는 것이다.

• 甲木 日主는 乙木이 弟妹(제매)가 된다. 乙木의 祿星은 卯木인데, 卯木은 戊土와 卯戌의 合局이 되나, 戊土는 時支 辰土와 沖이 되는 것이다. 時干 戊土는 육친으론 父이고 사물로는 偏財로 재물인데, 坐下 辰土 水庫地(수고지)에 통근하고 있는 것이다. 辰戌 沖이 되니 辰庫가 開庫(개고)되어 辰土 財가 沖出되는 것이다. 辰土 財는 甲木인 兄(형)에게도 財가 되고 乙木인 弟(제=아우)에게도 재물에 해당되는 것이다. 따라서 辰戌 沖으로 나타내는 象은 형제간에 재물다툼이 있을 것임을 암시하는 것이다.

• 時支 辰宮에는 乙木(弟), 癸水(母), 戊土(父)가 暗藏(암장)되어 있다. 癸水(母)는 局에서 丁癸 沖 되어 去印된 것이다. 따라서 乙木(弟)과 戊土(父)만 남게 되니 乙木(弟)이 土財를 먼저 취득하게 됨이 암시되는 것이다. 즉 乙木(弟)의 財는 많고, 甲木(兄)의 財는 적은 것이다.

• 甲木 日主의 辛金은 女兒이며 酉金이 祿星이다. 辛金과 合이 되는 丙火는 夫이고 丁火는 偏夫가 된다. 丙火의 晝天乙貴人(주천을귀인)은 酉金이고 丁火의 夜天乙貴人(야천을귀인) 역시 酉金으로 모두 辛金 女兒의 祿星인 것이다. 이것이 나타내는 象은 향후 결혼 시에 夫건 偏夫건 모두 妻로 인해 財福(재복)이 亨通(형통)해진다는 것이다.

• 辛金 女兒의 祿星은 酉金이다. 支合이 되는 辰土와는 辰酉 육합합금의 官星局이 된다. 그리고 辰土는 甲木 日主의 偏財가 되니 父가 되는 것이며 또한 財庫가 되는 것이다. 이것이 나타내는 象은 위 명조자가 女兒를 얻은 후에 財官이 형통하게 됨을 암시하는 것이다.

• 癸水는 母로 長生은 卯木에 있다. 卯木은 火庫인 戊土와 合이 된다. 따라서 火

庫는 戌土이고 본시 火는 日主 甲木에서 보면 食傷庫인 것인데 卯戌 合火되어 다시 食傷局이 되어 官星인 庚金 男兒를 剋하는 것이다. 이것이 암시하는 것은 母子 간 不和가 있게 됨을 암시하는 것이다.

• 乙木은 弟(제=아우)인데 庚金 官殺과 合이 된다. 乙庚의 간합금국이 되어 化殺하게 되어, 日主 甲木을 극하니 형제간의 不和도 암시되는 것이다.

• 乙木 弟(제)의 祿星은 卯木이고, 癸水 母의 長生은 卯木이다. 만약 子水運이 도래시는 子卯 刑殺이 되니, 이때는 弟母(제모)간에 불화가 대두되고 母의 훈계를 듣지 않을 것임이 암시된다.

◉ 用神(용신)

• 巳火節의 甲木은 木氣가 退氣(퇴기)하고 丙火가 司令(사령)하여 火勢(화세)가 炎炎(염염)하니, 癸水, 丁火, 庚金을 參用(참용)한다.

• 甲木 日干이 火氣가 왕한 여름철 巳火節에 生하니 잎과 줄기가 메마르고 건조하다. 調候(조후)가 급하다. 하늘의 단비인 癸水가 없으면 甲木이 생존할 수가 없으므로 용신은 月干 癸水로 잡아야 한다.

    用神 : 癸水
    喜神 : 金
    忌神 : 土
    閑神 : 木
    仇神 : 火

◉ 學業運(학업운)

• 月干 癸水 正印이 용신이니 본시 두뇌가 비상하다. 그러나 癸水가 자기 자리에

巳火를 깔고 있어 火氣에 의해 전부 癸水가 증발해버리니 두뇌를 써먹을 수 없는 명조가 된 것이다.

- 辛卯대운은 학창시절이다.

  辛金은 본시 희신운이나, 日干 甲木, 時干 乙木과 상극되니 희신의 역할이 손상된 것이다. 따라서 공부에 두각을 나타내지는 못했을 것이라 판단된다. 卯木은 한신운이다. 용신운과 희신운이 아니니 학업운이 썩 좋지 못한 것으로 판단된다.

◉ 父母運(부모운)

- 印星과 月干支의 길흉으로 판단한다. 月柱는 부모궁인데 月干은 父, 月支는 母에 비유하기도 한다. 月干 癸水는 坐下에 巳火가 있어 胎地(태지)라 심히 쇠약하니 부모와의 연이 없는 것이다. 태어나 2살 때 父가 작고한 것이다.

- 局에 癸水 正印과 亥水 偏印이 있어 印星이 혼잡되었으니, 母나 祖母가 두 분으로 논하는데, 年. 月柱에 있으니 祖母가 두 분인 것이고, 다시 時干에 乙木 劫財가 투출했으니 이복형제가 있는 것이다.

- 父母 사이가 좋고 나쁨은 月柱의 길흉으로 판단하는데, 月干이 癸水이고 月支가 巳火로 水火相爭(수화상쟁)하니 부모 사이는 썩 좋지 못했을 것이라 판단한다.

◉ 생후 2살 때 父의 사망

- 月干은 父의 자리로 비유되는데, 좌하에 巳火가 있어 심히 무력하고 다시 年支 亥水와 巳亥 相沖되니 癸水의 뿌리가 끊어진 것이라 父의 단명수가 나오는 것이다.

- 小運法(소운법)을 적용하면 2세는 丁卯세운이다. 癸水가 심히 무력한데 다시 丁癸 沖하여 癸水를 손상시키니 父의 命을 재촉하게 되었던 것이다.

〈小運法(소운법)〉

- 小運은 行運歲數(행운세수=大運)가 도래하기 前의 流年(유년)을 말하는 것으로 유아기(幼兒期=생후~만1세)나, 유년기(幼年期=생후1년~만6세) 나이에 해당되는 어린 자녀들의 예기치 않은 사고나 질병 등의 발생 여부를 간명할 때 활용하는 방법이다. 근자에는 역술인들이 小運을 활용하는 경우가 많지 않은데, 유아기 때나

유년기 때 갑작스러운 흉액을 맞는 아이들의 사주간명을 하기 위해서는 小運의 적용을 간과해서는 안 된다.

• 제1법
　陽年生(양년생), 陰年生(음년생)을 막론하고 男命은 1세를 丙寅에서 시작하여, 2세는 丁卯, 3세는 戊辰, 4세는 己巳 순으로 順行시킨다. 女命은 1세를 壬申에서 시작하여, 2세는 辛未, 3세는 庚午, 4세는 己巳 순으로 逆行시킨다.

〈一說〉
남명 1세를 丙寅에서 시작하는 근원은, 남명은 陽에 속하며, 天干은 甲에서 1陽이 시작되니, 乙에 2陽, 丙에 3陽이 되는 연고로 丙을 사용하고, 地支는 子月에 1陽이 시작 되고, 丑月에 2陽, 寅月에 3陽이 뜨는 연고이니, 寅을 사용하여 丙寅에서 男命은 1세를 시작하는 것이다.
女命 1세를 壬申에서 시작하는 근원은, 여명은 陰에 속하며, 天干은 庚에서 1陰이 시작되고, 辛에 2陰, 壬에 3陰이 되는 연고로 壬을 사용하고, 地支는 午月에 1陰이 시작되고, 未月에 2陰, 申月에 3陰이 뜨는 연고이니, 申을 사용하여 壬申에서 女命은 1세를 시작하는 것이다.
〈二設〉
남명은 陽인데, 天干字 중 陽이 가장 旺한 것은 丙火이고 丙火의 長生은 寅木이다. 따라서 丙寅에서 1세를 시작하는 것이다.
여명은 陰인데, 天干字 중 陰이 가장 旺한 것은 壬水이고 壬水의 長生은 申金이다. 따라서 壬申에서 1세를 시작하는 것이다.

• 제2법
　사주원국의 時干支를 기준하여 陽年生 남자와 陰年生 여자는 順行하고, 陽年生 여자와 陰年生 남자는 逆行시키는 방법이다.
　필자의 경우 제2법을 활용시 적중률이 높았다.

• 男命 예제

壬	甲	丙	甲
偏印		食神	比肩
申	**午**	**寅**	**子**
偏官	傷官	比肩	正印

————————————————————

65 55 45 35 25 15 5歲 (大運:5歲)

癸 壬 辛 庚 己 戊 丁

酉 申 未 午 巳 辰 卯

70 60 50 40 30 20 10

————————————————————

　　　4　3　2　1歲 (小運:제1법)

　　　己 戊 丁 丙

　　　巳 辰 卯 寅

————————————————————

　　　4　3　2　1歲 (小運:제2법)

　　　丙 乙 甲 癸

　　　子 亥 戌 酉

————————————————————

• 현대는 의학이 발달하여 유아기(0세~만1세) 때나, 유년기(1세~만6세) 때에 질병으로 사망하는 경우는 많지 않다. 그러나 예기치 않은 사고로 인해 사망에 이르는 경우는, 불가항력적인 것이지만 주변에서 간혹 발생하고 있고, 또한 이러한 凶事도 어느 정도 예측이 가능하다고 판단한다.

이의 看命法(간명법)은 사주원국과 太歲(태세)와 大運(대운)과의 관계를 비교하여 판단하는 방법과 일맥상통한다. 단지 대운의 干支를 小運의 干支로 바꾸어 판단함이 다를 뿐이다.

• 小運과 太歲가 합이 되어 忌神(기신)이나 仇神運(구신운)으로 들어오면 틀림없이

凶厄(흉액)이 발생한다.

- 小運이 太歲를 生하며, 太歲가 기신, 구신운으로 들어올 때에도 틀림없이 흉액이 발생한다.
- 小運과 太歲가 比化되어 기신이나, 구신운으로 들어올 때에도 흉액이 발생한다.
- 사주원국에서 한신이 왕하면 흉액은 감소되나, 한신이 쇠약하면 흉액은 중대하다.
- 太歲가 기신에 해당하나 小運에서 太歲를 沖剋하면 흉액은 감소한다.
- 太歲가 기신이며 小運을 충극하고 들어오면 흉액은 중대하다.
- 太歲가 기신이나 小運을 生하면 흉액은 감소한다.
- 時柱의 干支가 기신 및 구신에 해당돼도 흉액이 발생한다. 이 경우에는 小運과 太歲와의 生化剋制(생화극제)의 관계를 면밀히 살펴서 輕重(경중)을 가려보아야 한다.
- 太歲의 干支가 日主와 刑沖되어도 흉액이 발생한다. 이 경우에도 他 干支와의 생화극제(生化剋制) 관계도 살펴보아야 輕重(경중)을 알 수 있다.

◉ 祖上運(조상운)
- 年干支의 길흉으로 판단하는데, 年干이 辛金 正官이고 年支 亥水가 偏印으로 官印이 상생되니 공직자의 집안이거나, 학자의 집안이거나, 시골의 명망있는 家門일 것이라 판단한다.
- 年支 亥水와 月支 巳火가 巳亥 相沖되니 부모 代에서 고향을 떠나 타향에서 자리 잡았을 것이라 판단한다.

◉ 兄弟姉妹運(형제자매운)
- 형제자매운은 比劫과 月柱의 길흉으로 판단한다.
- 日柱가 甲辰이라 寅卯가 공망이다. 比劫에 해당하는 寅卯가 공망이니 형제자매와의 연은 적은 것이다.
- 사주에 正印과 偏印이 있고, 時干에 乙木 劫財가 투출했으니 어머니가 두 분이거나 할머니가 두 분이고 이복형제가 있을 것이라 판단한다.

⊙ 夫婦運(부부운)

- 부부운은 妻宮인 日支宮과 財星의 길흉으로 판단한다.
- 日支宮 辰土 偏財와 時支宮 丑土 正財가 상호 破殺(파살)이 되니 처자식과의 연이 적은 것이다.
- 사주의 財星으로 妻를 논하는데, 己土 正財가 妻星으로 기신에 해당하니 부부 연이 박한 것이다.
- 사주에 財星이 丑과 辰으로 二位가 있으니 財星이 혼잡된 것이다. 이것은 부부 연이 박하니 이혼수가 많거나 별거생활을 하게 될 염려가 많은 것이다. 혹, 주말부부 식으로 살게 되면 이혼까지 안가는 경우도 많다.

⊙ 財物運(재물운)

- 재물운은 日干과 용신의 旺衰(왕쇠)와, 財星의 길흉과 食傷의 길흉, 運路(운로)의 길흉으로 판단한다.
- 日干 甲木은 巳火節에 생하여 왕하지 못하다. 따라서 큰돈을 버는 것과는 거리가 멀다.
- 財星이 丑辰으로 土에 해당하며 사주에서 기신에 해당한다. 이는 돈의 입출은 많으나 정작 내손에 쥐어지는 돈은 많지 않음을 의미한다.
- 그러나 49세 이후부터는 子水대운 용신이 들어오며 이후 亥戌酉의 용신과 희신운이 도래하니 금전적으로 질 풀려 나갈 것이라 판단된다.

⊙ 子女運(자녀운)

- 자녀들의 운세의 길흉은 官星과 時柱宮의 길흉, 말년운의 길흉으로 판단한다.
- 官星인 庚辛金이 자녀성인데 年干 辛金이 투출되었다. 辛金은 巳火節에 死地에 해당하여 失氣했으니 자녀와의 연이 적은 것이다. 결혼은 했으나 결혼기간이 짧아 자녀들을 두지 못하고 이혼한 것이다.
- 말년운이 子亥戌酉의 용신과 희신운이니, 혹 재혼하여 자녀들을 두게 된다면, 자녀들의 운은 매우 좋을 것이라 사료된다. 사회에 나가서 능히 자신의 몫을 할 것이라 판단된다.

⊙ 健康運(건강운)

* 건강은 용신의 왕쇠, 日柱의 길흉, 印星의 길흉, 刑, 沖, 破, 害의 동향, 凶殺의 동향 등으로 판단한다.
* 사주에 喪門殺(상문살), 鬼門關殺(귀문관살), 白虎殺(백호살), 囚獄殺(수옥살), 絞神殺(교신살) 등의 흉살이 많으니 건강은 썩 좋다 판단하지 못한다. 상기의 흉살들은 조상들 중에서 자살한 조상과 연관되는 흉살이다.
* 白虎殺(백호살)이 있으니 평생에 걸쳐 예기치 않은 사고, 질병 등으로 인해 수술건이 발생하는 것이다.

⊙ 職業運(직업운)

* 천간에 正官과 正印이 있으니 본시는 공직자의 命이다. 만약 그 길이 아니라면 지지에 丑辰土의 財星이 있으니 직장생활을 하다 개인사업가의 길을 걸어야 할 것이다.
* 日. 時支에 辰丑의 財星이 있어 印星을 破하니, 본시 두뇌는 총명하나 공부와의 연이 적으므로 봉급생활의 길을 가거나 개인사업의 길을 가야 하는 것이다.

⊙ 甲辰日柱 특성

* 다소 좌충우돌하고 격한 기질이 있으나, 신앙심이 두텁고, 남에게 지기를 싫어하며, 호탕하고 명쾌한 성격이어서, 풍류를 좋아하며 대범하고 통솔력과 융통성이 있다.
* 침착하고 사려가 깊으나, 성격이 강한 면이 있고 또한 고집도 있다.
* 대체로 건강하나 관절염, 중풍, 디스크질환 등에 걸리기 쉽다.
* 무관직, 토목건설업, 운수업, 투기업 등에 종사하는 경우가 많다.

⊙ 神殺 풀이

* 年支 亥水에 鬼門關殺(귀문관살)이 있으나 조상 중에 무속인이 있거나 僧道(승도)가 있을 것이라 판단한다.
* 月支 巳火에 驛馬殺(역마살)과 孤神殺(고신살)이 있으니 태어나서 죽은 형제자매가 있는 것으로 나오며, 형제자매간 타향으로 뿔뿔이 흩어져 생활하고 있음을 알 수 있다.

- 日支 辰土에 白虎殺(백호살)과 鬼門關殺(귀문관살)이 있다. 평생에 걸쳐 수술 건이 여러 번 발생할 것이고 항시 차 사고를 조심해야 한다.
- 時支 丑土에 喪門殺(상문살), 囚獄殺(수옥살), 絞神殺(교신살)이 있다. 먼저는 상문살, 교신살이 있으니 조상들 중에서 자살한 조상이 있다는 것이고, 수옥살은 병원신세를 지거나 소송 건이 발생하는 殺이니 사업, 계약관계, 혹은 금전거래에서 항시 만전을 기하도록 한다.

⊙ 大運(대운)
- 子水대운

  子水는 본시 용신이다. 日支 巳火 食神을 극하니 직업, 직장, 직책 등의 신변의 변동 수가 발생하던지 이사문제가 나오는 것이다.

  日支 辰土와는 子辰 반합수국의 용신운이 되니 매우 길하다. 직장생활자라면 승진이나 영전의 운이 들어오는 것이고, 개인사업자라면 得財의 운이 열리게 된다.

  時支 丑土 偏財와는 子丑 合土되어 기신운으로 化되니 예기치 않은 일로 인해 손재수가 발생하게 된다.

- 丁火대운

  丁火는 구신에 해당된다. 月干 癸水 正印과 沖되니, 문서와 연관되어 손재수가 발생하거나, 예기치 않은 사고, 질병 등이 발생하거나, 부모 중 한분의 건강상의 문제가 대두될 수 있다.

- 亥水대운

  亥水는 본시 용신이다. 年支 亥水와는 亥亥 自刑殺(자형살)이 되니 건강, 사고 등의 문제가 발생한다.

  月支 巳火와는 巳亥 相沖된다. 巳火가 食神으로 相沖되니 먼저는 직업, 직장의 변동수가 나오고, 다음은 부모형제자매 등과 연관하여 흉사가 발생한다.

  日支 辰土 正財와는 辰亥 怨嗔殺(원진살)이 되니, 먼저는 부부간 불협화음이 발생하고, 다음은 예상치 못한 곳에서 재물의 손실이 발생한다. 또한 차량 등의 사고수도 예상된다.

  時支 丑土 偏財와는 丑辰 破殺(파살)이 되니 자식 혹은 사회에서 만난 후배 등과

연관하여 재물의 손실이 발생한다.

• 丙火 대운

丙火는 본시 구신이나, 年干 辛金과 丙辛 간합의 水局으로 化되어 용신운이 되니 길하다. 매사 잘 풀려 나갈 것이다.

• 戊土 대운

戊土는 기신이다. 사주의 月支와는 巳戊 怨嗔殺(원진살), 日支 辰土와는 辰戊 沖殺(충살), 時支 丑土와는 丑戊 刑殺(형살)이 되니, 먼저는 건강문제가 따르고, 다음은 예상치 못한 사고 등으로 인해 命이 위태로울 수가 있다. 이는 대운의 干支와 局의 地支가 전부 相剋되기 때문이다.

• 乙酉 대운

한신과 희신운이니 무애무덕하고 매사 무탈하게 넘어갈 것이라 사료된다.

⊙ 歲運(세운)

• 壬寅 세운

寅木과 月支 巳火가 寅巳 刑殺이 된다. 직업, 직책과 연관하여 시비구설이 발생할 수 있다. 寅木이 幻神殺(환신살)과 弔客殺(조객살)을 대동하고 들어와 巳火 食神 밥그릇과 충돌하여 刑殺을 일으키는 것이니 밥그릇이 깨지는 것이라 손재수가 발생하거나 병원 신세를 져야 하는 문제가 발생할 수 있다.

• 癸卯 세운

癸水 용신과 卯木 한신운이니 무탈한 한 해가 될 것이다.

• 甲辰 세운

辰土가 忌神이니 흉운이다. 매사 조심하고 근신하며 남과 시비구설이 발생하지 않도록 조심해야 한다.

◎ 用神
- 巳月의 甲木은 巳宮의 丙火가 司令(사령)하니 천지가 燥熱(조열)하여 甲木이 困苦(곤고)하게 된다. 調候(조후)가 급하니 먼저는 하늘의 감로수인 癸水가 필요하고 나중은 癸水의 水源(수원)을 發하는 庚辛金이 補助(보조)이며, 木旺하면 丁火도 참작한다.
- 癸水, 庚金, 丁火가 투출하면 국가고시에 합격하여 높은 관직에 오르고 영달함이 기약되는 것이다.
- 癸水가 불투하니 日支 子中의 癸水를 용신으로 잡는다. 癸水는 지지 巳午火에 의해 衰渴(쇠갈)해지나 庚辛金의 생조가 있으니 태약하지는 않다.

    用神 : 癸水
    喜神 :　金
    忌神 :　土
    閑神 :　木
    仇神 :　火

◎ 용신과 희신이 水와 金의 印星과 官星으로 官印相生되니 공직자의 명조이다.
◎ 천간의 庚辛金은 偏官과 正官으로 官殺混雜(관살혼잡)되어 흉함이 있으나, 乙辛沖으로 辛金 正官이 去官되고, 庚金 偏官 一位만 남게 되어 이른바 去官留殺(거관유살)이니 凶變吉(흉변길)이 된 것이다.
◎ 용신이 癸水로 正印이니 본시 두뇌가 총명하나, 지지 子午 沖으로 子中의 癸水 용신이 손상되니 학업으로 성공하기는 힘들고 공직자의 길로 들어선 것이다.
◎ 時支 午火가 桃花殺(도화살)을 대동하니 미모인 것이다.
◎ 日, 時支가 子午 沖으로 상호 손상되니 남편 및 자식과의 연은 돈독함이 적을

것이라 판단한다.

◉ 乙木대운의 승진운을 문의한 것이다.

　　• 乙木은 본시 한신이나, 時干 庚金과 乙庚 간합금국의 희신운으로 化되니 길하다.

　　• 己亥세운은 歲支 亥水가 원국의 지지 子丑과 亥子丑 방합수국의 용신운으로 강하게 들어오니 반드시 승진수가 있는 것이다.

◉ 중년 이후의 운로가 酉戌亥子丑의 희신과 용신운으로 흐르니 매사 길하게 작동할 것이고, 말년도 안락한 삶을 영위하게 될 것이라 판단한다.

◉ 日支宮이 子水로 正印을 대동하니 고부간의 갈등이 염려되는 것이다.

◉ 月柱는 부모형제자매궁이다. 辛巳로 상하 상극되니 父와 母의 관계는 불협화음이 많아 이혼수가 있다 판단하는 것이다.

◉ 甲木 午月

　　• 午火節의 甲木은 木性이 虛焦(허초)하니, 먼저는 癸水의 滋養(자양)이 필요하고, 다음은 丁火이고, 庚金이 나중이다.

　　• 癸水가 없으면 丁火를 써도 되나, 運路가 亥子丑 북방수운으로 흐름을 좋아한다.

　　• 上半月(芒種~夏至)은 巳月과 같아 癸水가 필요하고, 下半月(夏至~小暑)은 未月과 같아 火氣가 退氣(퇴기)하므로 癸水가 꼭 필요한 것은 아니니 原局에 없으면 丁火를 쓴다.

　　• 癸水, 庚金이 투출하면 大富貴格을 이룬다.

　　• 一位 己土가 있어 甲己 化土格을 이루면, 運路(운로)가 火旺地로 흐르면 火가 土를 生하여 大富貴格을 이룬다. 이같이 甲己 化土格이 되면 火를 용신으로 잡

는다.

- 殺重身輕(살중신경)이면 先富後貧(선부후빈)이고, 救助(구조)의 神이 없으면 夭死(요사)하거나 貧賤(빈천)하다.

- 庚金이 중중한데 丙丁火가 있어 剋制하거나, 壬癸水가 있어 金氣를 洩(설)하면 先貧後富(선빈후부)이다.

- 木火傷官者(甲乙日 巳午月生)는 聰明(총명)하고 巧智(교지)하나, 남녀 공히 시기질투가 많고 一心이 없다.

- 原局에 土가 重重하고 乙木의 출간이 있으면, 日主 甲木이 통근하여 有氣하며 藤蘿繫甲(등라계갑)이니 從財格(종재격)의 이치는 없다.

- 月干과 時干에 己土가 출간하면 爭合(쟁합)이라 하며, 男命은 쓸데없이 분주하고 女命은 情이 많다.

- 甲木이 二位 출간하면 爭合이라 하지 않고 평범한 命이 된다.

- 局에 戊土가 있고, 천간에 甲木, 己土가 각각 二位이면 이는 從財格이니 부귀쌍전이다.

- 局에 戊土가 없고 己土가 있으면 假從格(가종격)이 된다. 이런 경우는 妻가 家權(가권)을 장악하고, 다시 印星이 없으면 빈천한 命이다.

◉ 用神

甲木이 午火節에 生하여 身弱(신약)한데, 다시 지지에 午戌 반합화국과 天干에 丙丁火가 투출하여 原局에 火勢(화세)가 太旺하니, 日主 甲木은 旺한 火勢(화세)를 좇을 수 밖에 없다. 從格 中 從兒格(종아격)으로 논하여 月干 丙火가 용신이다.

　　　用神 : 丙火
　　　喜神 :　木
　　　忌神 :　水
　　　閑神 :　土
　　　仇神 :　金

◉ 甲戌日柱 특성

- 인정이 많고 쾌활하며, 남의 일에 적극적이고 희생과 봉사정신이 강한 반면, 허영심이 강하고 욕심이 많고, 예지력이 있으며, 두뇌회전이 빠르다.

- 직선적이고 호쾌한 성품이나, 때 지난 일에 잘 손대고, 계획 없이 일을 잘 저지

른다.

- 대체로 부모와의 연이 적은 편이다.
- 사주에 刑沖이 많으면 충동적이고 황폭한 면이 있으며, 습이 많으면 가정에 충실하지 못하다.
- 身弱四柱(신약사주)이면 신경통, 신장염, 방광염, 골통 등의 증상이 나타날 수 있으나, 身强四柱(신강사주)면 대체로 건강하다.
- 대체로 직업의 변동이 많고, 투기업, 무역업, 흥행사업 등에 종사하는 경우가 많다.

⊙ 命造가 從兒格(종아격)이니 富格을 이루게 된 것이다.

⊙ 時干 庚金 官殺은 午火節에 沐浴殺(목욕살)에 해당하니 여러 시비구설과 陰害(음해)가 발생하게 되는 것이고, 또한 胎元(태원)이 丁酉라 年支 酉金 正官에 암암리에 힘이 실리게 되므로, 原局(원국)의 庚酉는 官殺混雜(관살혼잡)이 된 것이다.

⊙ 庚酉金이 官星으로 官殺混雜(관살혼잡)되니, 사업과 연관하여 시비구설과 陰害(음해)가 많이 발생했고, 재판을 통해 시비를 가려야 하는 문제가 多發했던 것이다. 이는 卯辰大運에 주로 발생했는데, 卯酉 沖과 寅酉 怨嗔(원진)되어 酉金 官星을 動하게 하며, 胎元(태원)이 丁酉라 年支 酉金을 胎元(태원)에서 암암리에 扶助(부조)하니, 酉金 官星이 太弱(태약)하지 않아 火金相爭(화금상쟁)의 저항이 거세었던 결과이다.

⊙ 男命에서 日支宮은 妻宮(처궁)이고 財星은 妻星이다. 日支宮의 오행과 他 宮의 오행이 습되거나, 財星에 해당되는 오행이 타 오행과 습되면 부부연은 적은 것이다. 看命上(간명상) 습되어 어떤 오행으로 바뀌건, 습된 경우에는 십중팔구 부부연이 적었던 것이다. 상기는 日支 戌土 財星이 月, 日支의 午火와 습되니 부부연이 적은 경우이다.

⊙ 상기 명조인은 4형제 중 맏이며, 토목사업으로 수백억의 재산을 이루었고, 동생들은 명문대학을 나와 대학교수, 의사, 법조인으로 활동하고 있으니 형제들의 發福(발복)이 있는 것이다.

⊙ 조상 대대로 韓醫業(한의업)에 종사해오며 주변에 善德을 많이 쌓은 결과이다.

⊙ 子亥戌運은 말년으로 기신운에 해당하니 자녀들의 운은 큰 기대에는 부응하지 못할 것이다.

◉ 用神

　• 夏至 後 4日에 생하였으니 未月과 같이 논하여 火勢(화세)가 退氣(퇴기)하는 시점이라 판단할 수 있으나, 지지에 巳午未의 남방화국을 형성하니 火氣의 炎炎(염염)한 勢(세)가 유지되고 있는 것이다. 調候(조후)가 급하니 하늘로부터 내려오는 雨露(우로)가 尊貴(존귀)한 것이다.

　• 日支 子中의 癸水를 용신으로 잡아야 하는데, 子水는 月支 午火와 상충되어 손상되고, 생을 해주는 庚金은 坐下의 午火에 受剋(수극)되니 癸水를 생해줄 여력이 없는 것이다. 용신이 太弱(태약)하니 남편과의 연이 적은 것이고 運 또한 왕하지 못한 것이다.

　　用神 : 癸水
　　喜神 :　金
　　忌神 :　土
　　閑神 :　木
　　仇神 :　火

◉ 日, 時干의 甲己 化土는 坐下 日支와 時支에 土氣가 미약하니 合而不化(합이불화)의 상황이다. 따라서 己土 正財는 羈絆(기반)된 것이다. 正財는 봉급생활자의 財인데 기반되어 써먹지를 못하니 자영업의 길로 가게 되는 것이다.

◉ 용신이 水니 유통업과 연관된다. 또한 木火傷官格은 의류계통과 연관되기도 하니, 동대문시장에서 인터넷을 활용한 의류유통업을 하고 있는 것이다.

◉ 女命의 용신은 夫星으로 논하기도 하는데 용신 癸水가 미약하고, 夫宮인 日支宮의 子水가 月支 午火와 子午 沖되고, 夫星인 庚金 偏官이 坐下 午火의 剋을 받아 손상되니 남편과는 이혼한 것이다. 戊土대운에 月支 午火와 午戌 반합화국의 구신운이 도래하는 시점인 것이다.

◉ 局에 己未土 財星이 중중하고, 日支에 正印이 자리하니 고부간의 갈등이 크다

판단한다. 이 문제로 인해 남편과 결별한 것이다.

◎ 癸水 正印이 용신이니 두뇌가 총명하고 창작성이 뛰어나다.

◎ 月柱 庚午와 日柱 甲子가 상하 공히 相沖된다. 결혼 전에는 本家의 부모형제자매와의 연이 적은 것이고, 결혼 후에는 시댁 식구들과의 緣(연)이 薄(박)하게 되는 것이다.

◎ 여명의 食傷은 자식인데, 巳午火가 食傷이다. 午火는 子午 沖되어 손상되니 巳火만 남게 되어 딸자식 하나 있는 것이다.

◎ 年柱 己未는 상하가 正財인데 이는 偏財로 化되는 것이다. 따라서 조상들은 상업활동을 했던 집안인 것이다.

◎ 甲木日主가 午火節에 생하니 木火傷官格이다. 이런 명조자는 남녀 공히 총명하고 두뇌 회전이 빠르나, 시기 및 질투가 많은 성격이다.

◎ 甲木 未月
  • 未月 甲木은 木性이 虛焦(허초)하니 癸水, 丁火, 庚金을 참작한다. 午月과 같은 맥락이다.
  • 未月은 三伏生寒(삼복생한)의 시점이니 火氣가 退氣(퇴기)하므로, 먼저는 丁火를 쓰고, 나중은 庚金을 쓰는데, 癸水는 없어도 좋다.
  • 庚金과 丁火가 出干하면 貴格이다.
  • 未月은 癸水가 없으면 丁火를 써도 좋으니, 運이 亥子丑의 북방수운으로 흐름을 좋아 한다.

◎ 用神
- 未月은 三伏에 生寒하는 시점이라 火의 쓰임이 요긴하나, 巳午月의 炎炎한 火氣가 아직 남아 있으니 癸水의 쓰임을 잘 살펴보아야 한다.
- 財星인 土氣가 중중하여 身弱하니 日主 甲木을 생하는 癸水를 용신으로 잡아야 한다. 月干 癸水가 용신이다. 癸水는 坐下가 未土로 墓宮(묘궁)이니 旺하지 못하여 吉한 명조는 되지 못한다.

    用神 : 癸水
    喜神 : 金
    忌神 : 土
    閑神 : 木
    仇神 : 火

◎ 財多身弱格(재다신약격)이니 금전의 입출은 많으나 정작 자기 손에 쥐어지는 돈은 많지 않은 것이다. 富屋貧人(부옥빈인=富家의 執事)에 비유된다.
◎ 正印인 癸水가 용신이라 본시 두뇌는 총명하나, 財星이 중중하여 印星을 破하니 학업과의 연은 박한 것이다.
◎ 原局에 財星이 중중하니 多財는 無財라 처와의 연은 박한 것이다.
◎ 財多身弱格의 명조는 富屋貧人(부옥빈인)에 비유되니, 성격이 狐假虎威(호가호위) 하는 면도 있다.
◎ 亥水대운은 時支 巳火 食神을 충극하니 직업의 변동이 발생한 것이다. 다니던 회사를 그만두고 음식점을 개업한 것이다.
◎ 子水대운은 본시 용신운이나 未土 財星과 巳火 食神과 상극되니 용신의 역할에 손상이 오는 것이다. 지방자치단체의 시장선거에 출마한 후보자의 선거참모로 활동했으나 좋은 결과를 얻지 못했다.
◎ 己丑대운은 기신운이다. 음식점을 다시 개업했으나 실패했다.
◎ 말년인 寅卯대운은 한신운이니 크게 기대할 바가 없는 것이다.

◎ 用神

• 未月의 甲木은 三伏生寒(삼복생한)하는 시점으로 墓宮(묘궁)이니 失氣(실기)한 것이다. 上半月(小暑~大暑)은 巳午火節의 火氣가 남아있으니 癸水가 尊貴(존귀)하고, 下半月(大暑~立秋)은 火氣가 점차 退氣(퇴기)하는 시점이니 丁火를 용하고 庚金으로 보조한다. 癸水는 없어도 무방한 것이다.

• 丁火와 庚金이 併透(병투)하면 貴格의 명조이다.

• 상기는 甲木이 未土月에 생하여 失氣했고, 지지에 巳午未 남방화국을 형성하니 甲木이 虛焦(허초)하여 하늘의 감로수인 癸水가 긴요하다. 日支 子中의 癸水를 用한다.

　　用神 ： 癸水
　　喜神 ：　金
　　忌神 ：　土
　　閑神 ：　木
　　仇神 ：　火

◎ 천간에 투출한 庚辛金 官星이 無根이니 직장생활과는 연이 적은 것이다.

◎ 甲子日柱는 裸體桃花(나체도화)에 해당하고, 다시 時支 午火가 紅艷殺(홍염살)에 해당하니 好色(호색)의 감정이 풍부한 것이다.

◎ 癸巳대운

• 月, 年支 未巳는 암암리에 未(午)巳의 방합화국을 형성하고 있다. 午火가 呑陷(탄함)된 것이다. 대운 巳火가 入되며 年支 巳火에 힘을 실어주니 이제는 탄함되었던 午火가 드러내놓고 巳午未 남방화국을 형성하는 것이다.

• 탄함된 午火가 時支 午火에 힘을 실어주어 日支 子水와 상충되니 桃花殺(도화살)이 태동되는 것이고, 月支 未土가 다시 子水를 극하니 桃花殺이 크게 動하여

女色으로 인한 흉화가 대두되는 것이다.

- 배속된 庚子세운은 歲干 庚金이 日主 甲木을 沖하니, 甲木이 未土月인 墓宮(묘궁)에 居하여 태약한데, 다시 受剋되니 이제는 손상되어 자신을 통제할 의지를 잃어버리게 되는 것이다.

- 歲支 子水는 月支 未土 財星과 子未 害殺 및 怨嗔(원진)되니, 未土 財星과 子水 印星이 動한 것이고, 다시 時支 午火와 子午 沖하여 午火가 대동한 紅艷殺(홍염살)을 動하게 하는데, 午未 合을 이루니 역시 女色(여색)으로 인한 문제가 대두되는 것이다.

- 歲支 子水가 月支 未土와 害殺(해살)과 怨嗔殺(원진살)이 됨은, 여러 醜聞(추문)으로 인해 고향을 떠나게 됨을 암시한다.

⊙ 男命의 月支 正財는 본시 현모양처와 연이 많다 했는데, 상기의 경우처럼 墓宮(묘궁)에 居하거나, 합국되어 타 오행으로 化되면 그러한 길조가 사라지는 것이다.

⊙ 用神

- 未土月은 三伏生寒(삼복생한)의 시점이다. 大暑 前 上半月은 午火節과 같은 이치로 木性이 虛焦(허초)하니 滋養(자양)하는 壬癸水가 긴요하고, 大暑 後 下半月은 寒氣(한기)가 漸昇(점승)하니 丙火와 癸水를 참작해야 한다.

- 상기는 大暑 前에 생하였고, 지지에 午未와 午戌의 火局이 있으니 火勢(화세)가 염염하여 調候(조후)가 급하다. 하늘의 감로수인 癸水를 용해야 하는데 不透(불투)하고, 時干에 壬水가 출간하니 부득이 이를 용신으로 잡는다.

    用神 : 壬水

喜神 :　金
忌神 :　土
閑神 :　木
仇神 :　火

◎ 時柱는 인생의 歸結(귀결) 시점이다. 壬申으로 官印相生되니 공직자의 명조이다.

◎ 夏節(하절)의 壬水는 장맛비에 비유된다. 日主 甲木을 쓸어버릴 기세이다. 夏節 甲木의 경우에는 감로수인 癸水가 필요한데, 장맛비인 壬水가 오는 것이니 격이 떨어지는 것이다. 직책이 높이 오르지 못하는 것이다.

◎ 局에 戊己土 財星이 중첩되니 財多身弱(재다신약)이다. 女命의 財星은 시어머니로도 논하니 자연 시어머니가 많다는 것은 결혼연이 薄(박)하다는 것이다. 또한 時支 申金 官星이 남편성인데, 日支에 午火가 있어 傷官見官(상관견관)되니 官星이 손상되는 것이라 결혼연이 薄(박)한 것이다.

◎ 癸水대운에 사무관 승진운을 문의한 것이다.
　• 癸水는 본시 용신이나, 年干 戊土와 戊癸 간합화국의 구신운으로 化되니 승진 운이 적은 것이다.
　• 癸水대운에는 庚寅, 辛卯, 壬辰, 癸巳. 甲午 등의 세운이 배속되는데, 이들 모두 歲干과 歲支가 공히 용신운으로 강하게 도래하지 못하니 승진운이 적다 판단하는 것이다.

◎ 用神
　• 未土月의 甲木은 木性이 虛焦(허초)하여 午火節과 같은 이치로 논한다.
　• 未土月은 三伏生寒(삼복생한)의 시점이라 火氣가 退氣(퇴기)하는 시점이니 먼저

는 丁火를 용하고 다음은 庚金이다.

• 상기는 局에 戊己土가 중중하니 財多身弱(재다신약)의 명조로 印星을 용하여 日主를 扶助(부조)해야 中和(중화)를 이룰 수 있는 것이다. 용신은 時支 子中 癸水이다.

• 日, 月干의 甲己의 간합은 비록 坐下에 戊未土가 있다 하나, 日干 甲木은 時干 甲木의 부조를 받고, 다시 時支 子水의 생을 받으니 왕해져서 化土하려 하지 않는 이치이다. 따라서 合而不化(합이불화)의 象으로 논하며 己土가 羈絆(기반)된 것이다.

    用神 : 癸水
    喜神 :   金
    忌神 :   土
    閑神 :   木
    仇神 :   火

◉ 土氣가 중첩된 명조의 특성은 다음과 같다.
• 종교에 심취하는 경향이 많은데 특히 불교와 무속신앙에 관심이 많다.
• 조상들 중에서 사찰의 공양주보살을 지냈거나 무속인으로 생활한 분이 있는 경우가 많다.
• 남녀 공히 대체로 두뇌가 총명하여 학업성적이 좋은 경우가 많으나, 사회생활에서는 예기치 않은 여러 사고, 질병, 관재구설 등의 풍파가 다발하게 된다.
• 남녀 공히 배우자나 자식과의 연이 박한 경우가 많다.
• 남녀 공히 문서, 계약 등과의 연이 적으니 이와 연관하여 손재수가 많이 따르게 된다.
• 밖으로는 대인관계가 원활하나 내적으로는 고독한 성향이 짙다.
• 일과 연관하여서는 진보적인 면 보다는 보수적인 면이 많다.
◉ 土가 중첩되어 偏枯(편고)된 사주이니 사고, 질병 등이 多發하게 된다.
• 卯木대운은 卯木이 본시 한신에 속하나, 時支 子水 正印과는 子卯 刑殺이 되어 손상되니, 正印이 이제 偏印의 역할을 하게 되어 흉액을 동반한 문서, 계약 등의 문제가 동하게 되는 것이다.
• 유방암 수술을 받게 된 것이다.

⊙甲木대운의 건강 문제를 문의한 것이다.
- 甲木은 본시 한신이나, 月干 己土와 간합토국의 기신운으로 바뀌니 凶禍(흉화)가 動하게 되는 것이다.
- 壬寅세운은 歲干 壬水가 비록 용신이나, 歲支 寅木은 局의 午戌과 寅午戌 삼합 화국의 구신운으로 化되니 凶하다. 다시 정밀한 건강검진이 요되는 것이다.

⊙甲木 申月
- 申宮의 庚金이 司令하여 日主 甲木을 핍박함이 심하니 旺한 金氣를 剋制(극제)하는 丁火가 尊貴(존귀)하고 다음으로는 劈甲(벽갑)하는 庚金이 필요하다. 庚金이 가히 적을 수가 없다.
- 庚金과 丁火가 出干하고 지지에 통근하면 大富貴格을 이룬다. 만약 丁火 대신 丙火가 出干하면 格이 떨어진다.
- 丁火가 출간했는데 水가 있어 火를 극제하면, 金을 製鍊(제련)하지 못하므로, 이런 경우에는 甲木과 庚金이 있어 劈甲引丁(벽갑인정)해야 한다.
- 丁火, 壬水가 倂透(병투)하면 壬水를 忌(기)하게 되나, 만약 가까이 있으면 干合을 이루려 하니, 戊土가 있어 制水하면 丁火를 보존하게 된다.
- 申宮에는 己土, 壬水, 戊土, 庚金이 暗藏(암장)되었는데, 庚金은 祿星地(녹성지)이고, 壬水는 長生地(장생지)이다. 日干 甲木에서는 庚金은 官殺이고, 壬水는 偏印이니, 결국 同宮에서 殺印相生을 이루는 것이다. 따라서 용신이 庚金이고 運路가 金水대운이면 大貴格을 이룬다.
- 庚金이 출간하고 丙火가 不透(불투)하면, 富만 있고 성격이 우유부단하다. 丁火가 출간하고 庚金이 암장되면 小富에 불과하다.

庚金이 重重한데 丁火가 없으면 잔병치레가 많다. 혹, 僧道(승도)로 가면 災厄 (재액)을 면할 수 있다.

• 庚金과 戊己土가 중중하면, 官殺과 財星이 旺한 것이니, 丁火가 출간하여 制金 하면 길하다.

만약 戊己土가 和暖(화난)하면 大富格이다.

만약 丁火가 암장되면 富貴가 작다.

만약 丁火가 암장되고 財星인 土氣가 出干한 경우라면 風水가 미흡하더라도 大富格을 이루게 된다.

丁火가 二位 출간한 경우, 死絶地가 아니면 富貴格을 이룬다.

◉ 用神

• 甲木이 申月에 생하여 絶地(절지)이고, 다시 地支 午酉의 洩氣(설기)와 受剋(수극) 됨이 있으니 身弱(신약)하다.

• 지지 申酉金이 日干을 핍박함이 심하니, 旺한 金氣를 丁火를 용하여 剋制함이 필요하다. 日支 午中의 丁火를 용신으로 잡는다.

> 用神 : 丁火
> 喜神 :　木
> 忌神 :　水
> 閑神 :　土
> 仇神 :　金

◉ 甲午日柱 特性

• 재주가 많으며 약삭빠르고 수완이 좋다.

• 오만함이 있고, 남을 비평하기를 좋아하고, 멋 내고 꾸미는 일에 능숙하다.

• 자기표현 능력이 좋고, 상대방을 무시하는 성격이 있으며, 언변이 좋고 행동이 경쾌하다.

• 사교술은 좋으나 남과 깊이 있게 사귀기가 어렵다.

• 대체로 건강한 편이나 예기치 않은 사고나 화상 등을 유의해야 한다.

• 직업의 변동이 많고, 교육자, 기자, 기술업, 상업 등의 종사자가 많고, 사주상 印星이 길신이면 과학자, 발명가 등의 직업에 관련된 경우가 많다.

• 두통, 요통, 어깨통증, 巫病(무병) 등이 따른다.

⊙ 年支 辰土가 空亡이니, 年, 月의 辰申이 月干 壬水를 끌어와 申子辰 三合水局을 형성하려 하나 성사되지는 못한다.

⊙ 癸水가 正印으로 母이고, 干合되는 戊土는 父인데, 辰土에 暗藏(암장)되어 무력하고 空亡되니 부친과 일찍 死別하게 된 것이다.

⊙ 申酉는 官星으로 官殺混雜(관살혼잡)되었다. 따라서 남편과의 연이 없는 것이다. 辰土가 空亡되지 않았다면 月干 壬水를 끌어와 申子辰의 印星局으로 바뀌게 되어 酉金만 남게 되는 즉, 合殺留官(합살유관)되어 凶變吉(흉변길)이 되었을 것이나 그렇지 못함이 안타까운 것이다.

⊙ 時支 酉金 正官은 가까이에 午火가 있어 傷官見官(상관견관)되니 역시 吉하지 못한 것이다. 女命에 官星이 전부 吉하지 못하니 부부연이 없는 것이다.

⊙ 天干의 壬癸水는 月令 申金에 통근하여 旺한데, 다시 酉金의 生助가 있고, 胎元(태원)이 癸亥라 扶助(부조)의 氣가 있으니 原局(원국)에 水氣가 太旺한 것이다. 女命에 水氣가 太旺하면 色慾(색욕)이 많다 판단하는 것이다.

또한 時支 酉金 正官이 桃花殺(도화살)을 대동하고 멀리 辰土와 辰酉 六合되니 비단 가까이 있는 日支와의 합은 아니더라도 "祿方桃花(녹방도화)"로 간주되는 것이다. 이렇게 되면 桃花殺(도화살)이 강하게 胎動(태동)되어 내 스스로 남자들을 찾아 다니는 사주가 되는 것이다.

⊙ 巳火대운은 申金 偏官과는 巳申 육합수국의 印星局으로 바뀌어 문서가 動하고, 巳酉는 반합금국의 官星局이 되니 이때 정식으로 결혼하게 된 것이다.

⊙ 戊土대운은 기신인 時干 癸水와 戊癸 合火의 용신운이 되니 남편과 이혼하고 다시 남자를 만나 동거하게 된 것이다.

⊙ 辰土대운은 年支 辰과 自刑(자형)되니 辰土가 脫(탈) 空亡(공망)되어 이제 月干 壬水를 끌어와 申子辰의 삼합수국을 형성하게 된 것이다. 水氣가 太旺해지니 바람기가 다시 動하게 되어 동거하던 남자와는 헤어지게 되고, 또한 時支 酉金과 합되어 官星局으로 바뀌게 되니 다시 다른 남자와 동거생활을 시작했으나 오래가지는 못했다.

⊙ 午火 傷官 子女星이 있으니 자녀는 둘을 둔 것이다.

⊙ 寅木대운은 日支 午火와 寅午 반합화국의 용신운이 되니 결혼연이 다시 도래한 것이다. 辛丑세운에 다소 財力이 있는 남자와 정식 결혼여부를 문의한 것이나,

두 사람의 사주를 분석하니 月, 日이 상호 相沖되니 권장할 바가 없어 심사숙고하라 했다. 상기 명조인은 명문여대를 졸업하였으나, 桃花殺(도화살)의 태동으로 인해 유흥업소를 전전하고 있는 명조이다.

⊙ 甲木 酉月

• 八月 甲木은 木氣가 休囚(휴수)되고, 金氣가 旺하므로 丁火가 우선이고, 다음은 丙火로 調候(조후)를 이루고, 그 다음이 庚金이다.

• 一位의 丁火, 庚金이 투출하면 국가고시에 합격한다. 그러나 癸水가 出干하면 丁火를 剋制(극제)하니 불안하다.

• 丙火, 庚金이 투출하면 大富小貴(대부소귀)이다. 丙火는 丁火 보다 煆煉(하련)하는 힘이 부족하고, 조후용신이 되므로 富는 크나 貴가 작은 것이다.
  丙.丁火가 없으면 僧道(승도)의 命이다.

• 丙火가 출간하고 癸水가 없으면 富貴兩全(부귀양전)이다.
  丙火가 출간하고 癸水가 있으면 평범한 명조다.

• 지지 金局에 庚金 투출이면, 나무가 傷함을 당한 格이니 夭折(요절)하거나 殘疾(잔질)이 많다.

• 지지 木局에 比劫이 투출되면 먼저는 庚金으로 剪伐(전벌)하고, 나중은 丁火로 木氣를 洩氣(설기)시킨다.

• 지지 火局이면 金을 制剋함이 심하여 官星이 상하니 假貴(가귀)에 불과하나, 戊己土가 하나라도 出干하면 富者가 되고, 이에 身旺하면 巨富(거부)의 命이다.

⊙ 用神

- 甲木이 金旺之節에 生하니 木氣가 衰絶(쇠절)하고 金氣가 旺한 것이다. 먼저는
  丁火를 用하여 旺한 金氣를 制하고, 다음은 丙火를 用하여 調候(조후)를 得해야
  한다.

- 상기는 지지에 酉丑의 반합금국이 있고, 時支에 酉金이 있어 扶助(부조)하니 金
  氣가 太旺한 것이다. 旺한 金氣를 剋制하는 丁火가 없으니, 殺印相生으로 旺한
  金氣를 洩(설)시키고 日主 甲木을 생조해야 사주가 中和를 이룰 수 있다. 용신
  은 月干 癸水이다.

  用神 : 癸水
  喜神 : 金
  忌神 : 土
  閑神 : 木
  仇神 : 火

- 용신 癸水는 坐下 酉金에 得氣(득기)하지는 못했으나, 日支 子水에 通根(통근)하
  고, 時干 癸水의 扶助(부조)가 있으니 太弱(태약)하지는 않다.

⊙ 지지에 酉丑의 반합금국이 있어 官星局을 이루니 직업은 기술직이다.

⊙ 年柱 己丑土가 財星이니 相續(상속)의 財가 있는 것이다.

⊙ 財星인 土가 기신에 해당하고, 日. 時支가 子酉 破되어 손상되니 처자식과의 연
  이 적은 것이다.

⊙ 六親關係(육친관계. 남명. 甲日干)

  甲(日干=我) → 戊(偏財=父)
              癸(正印=母)
  己(正財=妻) → 丁(傷官=丈母)
              壬(偏印=丈人)
  庚(偏官=男兒)
  乙(劫財=兒媳)
  辛(正官=女兒)
  丙(食神=女婿)

- 男兒(남아=아들). 兒媳(아식=며느리). 女兒(여아=딸). 女婿(여서=사위). 丈母(장모).
  丈人(장인)

⊙ 甲子日柱 통변

* 甲木 日主의 長生은 亥水이다.

* 남명의 偏官은 男兒인데 상기 명조에선 庚金이다. 庚金의 長生(장생)은 巳火인데, 甲木日主의 長生인 亥水와는 巳亥 相冲되니, 명주 본인과 자식 간 不和가 있게 됨을 암시하는 것이며, 또한 맨 먼저 출생한 자식은 양육되기 어려울 것임이 암시된다.

* 남명에서 偏財는 父星이다. 상기는 戊土가 偏財로 父星인데 祿星이 巳火이다. 甲日干의 長生인 亥水와는 역시 巳亥 상충되니 父와 命主 본인과는 不和가 있게 됨을 암시하는 것이다.

* 戊土 偏財가 父星인데 長生은 寅木이다. 甲日干의 長生인 亥水와는 寅亥 육합 목국이 되고 다시 木剋土하여 戊土 偏財를 剋하니, 아버지와 명조자인 본인 사이에 재산상의 다툼이 있을 것임이 암시되는 것이다.

* 남명에서 正印은 母이고 偏印은 偏母(편모)이다. 따라서 癸水가 母이고, 壬水가 偏母이다. 父星인 戊土 偏財의 長生이 寅木인데, 偏母인 壬水가 지지로는 亥水이니 寅亥合木 됨이 있는 것이다. 따라서 나타내는 象은 甲木 日主에게 偏母가 있음이 암시되는 것이다. 그런데, 父星인 戊土 偏財의 長生 寅木과, 偏母인 壬水 偏印의 長生 申金과는 寅申 相冲되니 父와 偏母와의 緣(연)이 장구하지 못할 것이라 판단하는 것이다.

* 壬水는 偏印으로 父星인 戊土 偏財에게는 偏妻(편처)가 되는 것이고, 甲木 日主 본인에게는 偏母인 것이다. 偏母인 壬水의 財는 丁火인데 丁壬이 간합목국을 형성하는 것이다. 木은 日主 甲木과 同氣이니 나타내는 象은 偏母가 甲木 日主 본인의 상속의 財를 貪(탐)하는 의도가 있는 것이다.

한편으론 丁壬 合木되어 父星인 戊土 偏財를 또한 剋하니 암시되는 象은, 부친 사후에 偏母와 명조자와의 사이에 재산상의 다툼이 있을 것임이 암시된다.

* 남명에서 偏官은 男兒(남아)이고 正官은 女兒(여아)이다. 상기는 辛金이 女兒인데 祿星(녹성)이 酉金에 있다. 또한 女兒인 辛金과 합이 되는 丙火는 夫이고 丁火는 偏夫(편부)이다. 女兒인 辛金의 祿星은 酉金인데, 夫인 丙火와는 酉金이 晝天乙貴人(주천을귀인)에 해당되고, 偏夫인 丁火와는 酉金이 夜天乙貴人(야천을귀인)에 해당되므로 晝·夜天乙貴人 모두 女兒인 辛金의 祿星에 해당되는 것이다.

- 女兒인 辛金의 祿星이 酉金이고, 酉金은 辰土와 辰酉 合金의 官星局이 된다. 甲木 日主에서 辰土는 財庫(재고)이며 合되어 官星局으로 化되는 것이다. 이것이 나타내는 象은 女兒를 낳은 후 財와 官이 형통해지리라는 것을 암시하는 것이다.

⊙ 日柱 甲子는 甲子旬 中의 旬首(순수)에 해당된다. 이런 경우에는 남녀 공히 장남이거나 장녀임을 나타내는 것이다.

⊙ 甲木 酉月

- 酉月의 甲木은 死木이니 木氣가 休囚(휴수)된 상태이며 金氣가 當令(당령)하여 왕한 때이다. 따라서 丁火를 용하여 왕한 金氣를 制剋하고 丙火로 調候(조후)를 得해야 한다.

- 丁火와 庚金이 투출하면 국가고시에 합격하고 榮華(영화)가 따르나, 癸水가 있으면 丁火를 극하여 庚金을 制하지 못하니 貴格이 되지 못한다.

- 丁火대신 丙火 그리고 庚金이 투출한 경우에는 富는 크나 貴가 작다. 이는 丙火가 丁火보다 煅煉(하련)의 힘이 약하기 때문이다.

- 丙火와 庚金이 없으면 僧道(승도)의 命이다.

- 丙火가 투출하고 癸水가 없으면 富貴兼全(부귀겸전)이다. 만약 癸水가 투출하면 평범한 命이다.

- 지지 火局이면 小貴한다. 이는 火가 왕하여 剋金함이 지나치기 때문이다. 지지 火局에 戊己土가 투출하면 傷官生財格(상관생재격)이 되니 財를 용한 경우에는 巨富(거부)가 되나 반드시 身旺해야 한다.

- 지지 金局이면 七殺로 化되어 日主를 핍박함이 크니, 예기치 않은 凶厄(흉액)과 夭折(요절)과 殘疾(잔질)이 따른다.

⊙ 用神
- 甲木이 金旺之節에 생하여 失氣(실기)했고, 局에 財星과 官星이 重重하니 身弱하다.
- 月令 酉金은 年支 辰土와 辰酉 육합금국을 이루어 官殺이 왕해지니, 丁火를 용하여 剋金하면 中和를 이루 수 있는 것이다. 丁火가 不透(불투)하니 日支 戌宮의 丁火를 용신으로 잡는다.
- 용신 丁火와 劈甲(벽갑)하는 庚金이 모두 불투하니 평범한 명조이다.

　　用神 : 丁火
　　喜神 :　木
　　忌神 :　水
　　閑神 :　土
　　仇神 :　金

⊙ 日柱 甲戌은 甲戌旬 中의 旬首이며 申酉가 공망이다. 日柱가 旬首에 해당하는 경우에는 장남이거나 장남의 역할을 하게 될 것이 암시되는 것이다.

⊙ 甲木 比肩이 二位 투출하여 희신이니, 대인관계와 형제자매 관계에서 불리함이 없는 것이다. 또한 천간의 比劫은 本業(본업) 이외의 또 다른 직업과도 연관되니, 일생에 걸쳐 본업 외에 2~3개의 부업을 겸했던 것이다.

⊙ 局에 辰戌土의 偏財가 중중하여 財星이 왕하다. 多財는 無財이며 남명의 偏財는 父로 논하니 父의 命이 짧을 것임이 암시한다. 또한 財星은 妻(처)로 논하니 처와의 연도 돈독하지 못할 것임이 암시된다.

⊙ 月支 酉金은 正官인데, 酉金은 가공한 금속으로 수술칼과도 연관된다. 辰酉 合金되어 왕해지니 官殺로 化되는 것이라, 시비다툼, 관재구설, 사고, 질병 등을 유발시키는 것이다. 酉金은 본시 空亡이나 辰酉 합되니 空亡이 잠복된 것이다.

⊙ 官星이 자식인데 구신에 해당하니, 자식대의 발복과 부자간의 돈독한 연은 기대하기 힘든 것이다.

⊙ 年支 辰土는 偏財로 상속의 財이다. 辰酉 합금되어 나타나는 象은, 財가 官殺로 化되는 것이다. 官殺은 직업, 직장, 직책과 연관되니, 상속받은 재물이 직업, 직

장과 연관되어 사용하게 됨을 의미하는 것이고, 金이 구신에 해당하니 損財數(손재수)가 예상되는 것이다.

⊙ 時支 戊土가 華蓋殺(화개살)을 대동하니 본인은 총명함을 타고 난 것이고, 佛家(불가)나 巫俗(무속)과 연관된 조상들이 있음을 알 수 있는 것이다.

⊙ 子水대운은 子水가 印星으로 기신이다. 月支 酉金 正官과는 子酉 破되니, 酉金은 차바퀴, 수술칼과 연관되어 사고 혹은 질병 등으로 인한 凶禍(흉화)가 암시된다.

⊙ 丑土대운은 丑土가 본시 한신이다. 丑土는 道路事(도로사)와 연관되고, 酉金은 수술, 차바퀴 등과 연관되는데, 酉丑 반합금국의 구신운인 官殺로 化됨은, 사고, 손재 등과 연관된 凶禍(흉화)가 암시된다. 또한 日, 時支 戊土와 丑戌 刑殺이 됨은, 처와의 불화, 신변의 변동, 부친과 연관된 凶厄(흉액) 등이 암시되는 것이다.

⊙ 寅木대운은 寅木이 본시 희신운이며 比肩으로 형제자매, 동업자, 동창, 동료 등에 비유된다. 年支 辰土 財星을 헀하니 상속의 財에 손상이 발생하는 것이다. 月支 酉金 正官과는 상극되어 손상되어 시비구설이 암시된다. 日, 時支 戊土 偏財를 헀하니 損財數(손재수)가 발생하는 것이다.

寅木대운에는 지인들과 같이 투자하여 부동산개발사업을 시작하였는데, 잘 풀리지 않아 많은 損財가 있었던 것이다.

⊙ 卯木대운의 운을 문의한 것이다.

・卯木은 본시 희신운이다. 月令 酉金 正官과 상충되니 직업의 변동이 발생하는 것이다.

・日, 時支 戊土와는 卯戌 육합화국의 용신운이니 매우 吉하다. 시골 고향의 면에서 조합장 선거에 출마하려 하는데, 戊土 財星과의 슴이라 자금의 융통이 가능하니 좋은 결과를 기대해 볼 수 있을 것이다.

◎甲木 戌月

  •戌月은 寒氣(한기)가 旺하니 甲木이 시들고 상한다. 丁火로 木氣를 洩氣(설기)하
  여 貴器(귀기)를 만들고, 壬癸水로 滋扶(자부)해야 한다.

  •戊土가 司令하여 土性이 旺强(왕강)하고 甲木이 囚되니, 原局(원국)에 土氣가 旺
  하면 먼저는 甲木으로 疎土(소토)하고, 나중은 壬癸水가 甲木을 자부함이 좋다.

  •丁火, 壬水, 癸水가 투출하고, 戊己土의 투출이 있으면, 자연 中和를 이루게
  되니 높은 관직을 차지함은 정연한 이치다.

  •庚金이 출간하여 지지 申酉에 통근하면 국가고시에 합격한다. 丙丁火가 많아
  金氣를 손상시키면 假道斯門(가도사문)에 불과하고, 壬癸水가 丙丁火를 破(파)하
  면 예술가 및 역술가이다.
  만약, 지지 火局인데 壬癸水의 制火가 없으면, 마르고 썩은 나무가 되어 庚金도
  소용 없고 下賤格(하천격)이다.

  •甲木이 중중하고 庚金이 투출하면 大貴한다.
  甲木이 중중한데 庚金이 암장되면 小貴한다.

  •甲乙木 比劫이 중중하고 다시 比劫運이 도래시 庚金의 制木이 없으면 群劫爭財
  (군겁쟁재)의 상황이다. 이런 경우에는 형제자매간 不和하고, 爭訟(쟁송) 件이 多
  發(다발)하고, 妻子(처자)를 刑傷(형상)하며, 형제자매간 나서 일찍 죽은 사람이
  있게 된다.

  •甲乙木 比劫이 중중한데 丁火의 洩氣(설기)와 庚金의 制剋이 없으면 貧賤(빈천)
  하거나 僧道(승도)이다.

◎用神

  •甲木이 戌月에 生하여 십이포태운성의 養(양)에 해당하니 失氣하였다.

  •戌月의 甲木은 死木이니 땔감으로 활용하기 위해서는 아궁이불인 丁火가 필요
  하고, 蘇生(소생)의 기미가 있으면 壬癸水 印星을 用하여 扶助(부조)해주면 中和
  를 이룰 수 있는 것이다.

  •지지에 土多하여 財多身弱(재다신약)이니 火를 쓰면 더욱 土旺해져 用할 수 없
  고, 癸水를 用하여 日主를 생하면 中和를 이룰 수 있다.
    用神: 癸水

```
喜神 :  金
忌神 :  土
閑神 :  木
仇神:   火
```

⊙ 지지 戌未 財星이 旺하니 日主가 衰하여 財多身弱의 명조로 扶助之氣(부조지기)인 印星이 요긴하니 용신은 時干 癸水이다.

⊙ 時干 癸水 正印은 두뇌, 학문, 지혜, 문서, 계약 등과 연관되는데, 原局에 財星이 重重하여 財破印綬(재파인수)되니 두뇌회전은 빠르나 학업으로 성공하기는 힘든 것이다.

⊙ 지지에 戌未 土의 財가 旺하니 土와 연관된 개인사업의 길을 찾아야 하는 것이다. 부동산투자와 연관된 사업을 하고 있다. 身旺財旺한 경우라면 大財의 획득이 가능하나 財多身弱하니 大財와는 거리가 멀다.

⊙ 財多身弱의 通辯(통변)
  • 어려서 조실부모하거나 부모 중 한분이 일찍 돌아가시는 경우가 많다.
  • 형제자매간 어려서 뿔뿔이 흩어져 타향생활을 하며 타향에서 정착하는 경우가 많다.
  • 부부가 공히 직장생활을 하는 가정인 경우가 많다.
  • 妻가 家權(가권)을 장악하는 경우가 많다.

⊙ 天干의 丁火 傷官과 庚金 官殺은 月令 戌土의 中氣와 餘氣에 통근하고 있다. 따라서 약하지 않으니 이와 연관된 사안이 인생에 중요하게 대두되는 것이다. 原局의 庚酉는 官殺混雜(관살혼잡)된 경우이다. 女命의 官星은 夫星으로 논하는데 이런 경우에는 부부 연이 薄(박)할 것이라 판단하는 것이다. 乙木대운의 乙木은 比劫에 해당되니 형제자매 외의 또 다른 처자로 논하기도 한다. 夫星인 月干 庚金과 干合되어 다시 官星局으로 化되니 남편에게 여자가 생기는 것이고 이 여자가 이제는 妻의 행세를 하고자 하는 것이다. 이때 이혼하게 된 것이다.

⊙ 年干 丁火는 地支 戌未土의 地藏干(지장간)에 微根(미근)이 있으니 太弱(태약)하지 않다. 천간에 透出(투출)되어 이제는 자신의 역할을 하려 하는 것이다. 丁火는 天氣로는 샛별에 비유되며 문화, 창조, 발명 등과도 연계된다. 또한 日主 甲木과 地支 戌未土 財星을 연결하니 토목 및 건축 설계와 연계된다. 설계사무실을 운영

하다 부동산투자로 진출한 것이다.

⊙ 女命의 食傷은 子女星이고 時支宮은 子女宮인데, 丁火 傷官은 구신에 해당하고, 日, 時支가 戌酉로 害殺(해살)이 되니 자식과의 연은 적은 것이다. 자식들은 전 남편이 키우고 있는 것이다.

⊙ 卯木대운에 부동산투자와 관련하여 投資(투자)의 길흉 여부를 문의한 것이다.

　• 卯木은 본시 한신운이나 月支 戌土와 卯戌 육합화국의 구신운으로 바뀌니 吉하 지 못하다.

　• 전원주택지 개발과 연관하여 많은 돈을 투자했으나 사업의 진행이 계획대로 되 지 못하고 지체되어 투자자금이 묶이어 곤란을 겪게 된 것이다.

⊙ 甲木 亥月

　• 亥月의 甲木은 少陽春(소양춘)의 시점이고, 亥宮에 甲木이 있어 甲木萌芽(갑목맹 아)라 하여 생조됨이 旺하니, 먼저는 극제하는 庚金으로 용신을 잡고, 다음에 丁火로 보좌한다. 丙火는 다음이고 壬水의 旺함을 꺼리니 戌土로 制剋(제극)해 야 한다.

　• 壬水가 투출하면 月令 亥水에 通根(통근)한 것이니 戌土의 制剋(제극)이 없으면 貴命(귀명)이 못된다.

　• 庚金, 丁火가 出干하고 역시 戌土가 투출하면 "去濁留淸(거탁유청)"이라 하여 富 貴가 極昌(극창)한다. 혹 丁火가 없어도 약간의 富貴는 있다.

　• 比劫이 많고 한 개의 庚金이 투출하면, 丁火의 洩氣(설기) 대신 이제는 庚金으로 剪伐(전벌)해야 하니 약간의 富貴가 있다. 이에 혹 地支에 申亥를 보면 支藏干

(지장간)에 戊己土가 있는 것이라 庚金, 丁火를 구출하니 국가고시에 합격한다. 만일 한 개의 己土가 투출하면 土勢(토세)가 약하니 낮은 관직을 한다.

◎ 用神
- 亥月 水旺之節(수왕지절)의 日主 甲木은 寒木(한목)이라 向陽(향양)함을 기뻐하니 우선 丙火가 필요하나, 蘇生(소생) 여부 역시 판단해야 한다.
- 蘇生(소생)의 기미가 없으면 쪼개서 땔감으로 써야하니 庚金으로 용신을 잡고, 소생의 기미가 있으면 火氣가 있어야 꽃피고 열매 맺는 것이니 丙火로 용신을 잡는다.
- 상기는 地支 午戌의 반합화국이 있으니 소생의 기미가 있다.
- 甲木이 왕하니 洩氣(설기)시키는 日支 午中의 丁火가 용신이다.

  用神 : 丁火
  喜神 :　木
  忌神 :　水
  閑神 :　土
  仇神 :　金

◎ 대운의 흐름이 未午巳辰卯의 희신과 용신운이니 吉한 사주이다. 지방자치단체의 시장직을 역임한 명조이다.
◎ 局의 중중한 癸亥水 印星은 偏印으로 化된 것이다. 따라서 두뇌회전이 빠르고 사리판단이 정확하고 신속했던 것이다.
◎ 천간에 癸水 正印이 二位 있고, 一位 甲木 比肩이 있으니 이복형제 문제가 나오고, 지지에 午戌 반합화국의 食傷이 있으니 예체능관련 교양과 관심이 많은 것이다.
◎ 年支 未土 正財는 상속의 財다. 부모로부터 많은 상속을 물려받은 것이다.
◎ 남명에서 官星이 자녀성인데, 時支 戌宮의 辛金이 官星이다. 時支 戌土는 日支 午火와 午戌 반합화국으로 官星의 역할에 손상이 오니, 자녀 代에 큰 발전을 기대하기 어려운 것이다.
◎ 年, 月의 未亥는 月令을 亥水가 차지하여 旺하니 반합목국으로 化되려 하지 않으니 失氣한 것이다. 合而不化(합이불화)의 형국인 것이다. 따라서 未土 財가 亥水를 혼탁하게 하니, 지방자치단체를 이끌어 감에 있어 財와 연관된 여러 혼탁한 잡음

이 끊이지 않았던 것이다.

⊙ 선거 관련하여서는 유권자들을 比劫으로 논하는데, 比劫인 甲乙木이 희신이니 선거에서 유권자들의 호응과 지지가 많았던 것이다.

⊙ 年, 時支 未戌 財星이 한신이니 처와의 사이는 무애무덕함이다.

⊙ 중년 이후인 未午巳辰卯寅대운은 용신과 희신운이니 길하여 官福이 많았다. 국회의원과 시장직을 다수 역임한 것이다.

⊙ 用神

• 亥月은 小陽節(소양절)로 땅속에서는 陽氣가 胎動(태동)을 준비하는 시점이니 甲木은 弱變强(약변강)으로 변화하는 추이이다. 亥月의 甲木은 亥宮의 甲木에 통근하니, 甲木萌芽(갑목맹아)라 하여 甲木이 旺해지므로, 먼저는 庚金의 극제가 필요하고 다음으로 丁火를 용하여 甲木의 旺氣를 洩氣(설기)시켜야 한다.

• 상기는 지지에 亥子水가 있어 水氣가 太旺하니 이를 생해주는 庚金을 용할 수 없다. 身旺하니 丁火를 용하여 日主의 氣를 洩(설)하면 中和를 이룰 수 있는 것이다. 용신은 月干 丁火이다.

　　用神 : 丁火
　　喜神 :　木
　　忌神 :　水
　　閑神 :　土
　　仇神 :　金

⊙ 지지에 印星이 중중하고 庚金 官星이 투출했으니 남을 가르치는 교육직의 길이

가하다. 다만 印星이 太重(태중)하여 多印無印(다인무인)의 상황이 되었으니 교육직 공무원이 아닌 국영기업체의 신입사원 교육담당의 길을 가게 된 것이다.

⊙ 癸水대운의 승진운을 문의한 것이다.

- 癸水는 기신이다. 용신 月干 丁火와는 丁癸 沖되어 丁火를 손상시키니 길하지 못하다.
- 年, 月은 尊長者(존장자)에 비유되는데, 기신인 水가 年, 月에 있는 것이다. 이는 직장 내에서 존장자와의 갈등 요소가 있을 것임을 암시하는 것이다.
- 직계 상급자와의 갈등이 고과점수에 불리하게 반영되어 승진이 좌절됐던 것이다.

⊙ 用神

- 亥月의 甲木은 亥宮의 甲壬이 扶助(부조)하니 약변강의 勢를 지니게 되어 甲木 萌芽(갑목맹아)라 한다. 따라서 먼저는 庚金의 劈甲(벽갑)이 있어야 하겠고, 다음에는 丁火의 보조가 있어야 한다.
- 庚金이 不透하고 日支 申宮의 庚金이 있는데, 지지의 巳火와는 巳申 육합수국으로 化되니, 申宮의 庚金은 용하기 어렵다. 따라서 月干 丁火를 용신으로 잡아야 한다.
- 용신 丁火는 月令에 失氣하였고, 지지에 扶助(부조)의 氣가 심히 태약하고, 단지 年干에 乙木이 있을 뿐이니 용신이 왕하지 못하여 사주가 吉하지 못한 것이다.

  用神 : 丁火
  喜神 : 木
  忌神 : 水
  閑神 : 土

仇神 : 金

⊙日, 時支 申巳의 刑合 水局은 처자식과의 緣(연)이 薄(박)할 것임을 암시한다.

⊙年支 未土는 空亡이며 墓宮(묘궁)에 해당된다. 먼저는 조상들에게 딘명수가 있음을 암시하고, 다음은 자신이 조상 墓(묘)를 돌봐야 하는 운명적 암시가 있는 것이다.

⊙日支宮은 妻宮인데, 日主 甲木이 日支 申金에 絕地이다. 다시 時支 巳火와 刑合 되니 처와는 이별, 혹은 사별 문제가 대두된다.

⊙午火 대운은 용신으로 原局(원국)의 巳未와 巳午未 남방화국의 용신운이 되니 크게 吉하다. 건축계통의 사업에 발전이 있었다.

⊙辛巳대운의 운을 문의한 것이다.

　•辛金은 구신으로 희신인 年干 乙木을 충극하니 흉하다. 사업이 하향세로 접어든 것이다.

　•月支 亥水 印星과는, 巳火가 본시 용신인데, 巳亥 相沖되어 손상되니 문서, 계약관계에서 흉함이 있어 계약의 파기나 예기치 않은 손재수가 대두된다.

　•日支 申金 偏官과는 巳申의 刑合이 된다. 偏官이 刑殺을 대동하는 것이니, 이제는 사업상 시비다툼과 관재구설이 발동하는 것이다.

　•日支는 妻宮이니 巳申의 刑合은 처와의 불화 및 처의 건강, 예기치 않은 사고수 등의 발생이 암시되는 것이다.

⊙이후 庚辰 대운도 크게 기대할 바가 없다.

⊙用神

　•亥月은 小陽節(소양절)이라 하여 땅속에서는 陽氣가 태동하는 시점이나 아직 밖

은 寒(한)한 계절이다.

- 日主 甲木은 月令 亥宮의 甲木에 통근하여 長生(장생)을 得(득)하니 甲木萌芽(갑목맹아)라 하며 약변강의 勢(세)를 지니고 있는 것이다. 따라서 먼저는 庚金을 용하고 나중은 丁火로 보조한다.

- 상기는 日主 甲木이 月令 亥水의 생을 받고, 다시 月干 乙木이 부조하여 藤蘿繫甲(등라계갑)이 되어 왕해지고, 時干 甲木의 부조가 있으니 身强(신강)한 것이다. 왕한 木氣를 극제하는 日支 申宮의 庚金을 용신으로 잡아야 한다.

  用神 : 庚金
  喜神 :　土
  忌神 :　火
  閑神 :　水
  仇神 :　木

◎ 年柱 己未土는 상하가 正財이니 偏財로 化된 것이다. 이런 경우는 상속의 財를 바탕으로 사업상의 財를 창출하고자 하는 의도가 있는 것이다.

◎ 辛金대운은 용신운이라 상속받은 땅에 돼지농장을 창업한 것이다.

◎ 未土대운은 본시 희신운이나, 月支 亥水와 亥未 반합목국의 구신운이 되니 사업상 실패수가 따르는 것이다. 이는 原局(원국)에 財星이 있는 것은 기쁘나, 食傷이 없어 財를 장구하게 생해주지 못하는 명조가 되면, 돈을 벌기 위해 수단방법을 가리지 않게 되는 경향이 많고, 종국에는 쉽게 돈을 벌 목적으로 도박에 빠지는 경우가 많은 것이다.

상기는 月支 亥水가 본시 食神이나, 年支 未土와 合木되어 比劫으로 化되어 食神의 역할을 하지 못하게 된 연유이다.

◎ 庚金대운의 운을 문의한 것이다.

- 庚金은 용신에 해당하니 길하다.

- 庚金이 月干 乙木과 간합금국의 용신으로 化되니, 결국 구신에 해당하는 甲乙木의 藤蘿繫甲(등라계갑)을 깨는 관계로 凶變吉(흉변길)이 된 것이다.

- 乙木이 劫財인데 合되어 용신이 되는 경우에는, 나에게 도움을 주는 귀인이 나타나는 것으로 판단한다. 다시 도약할 수 있는 운이 도래하는 것이다.

◎ 천간에 투출한 甲乙木은 比劫으로, 명조인이 본업 외의 또 다른 직업에 직간접적

으로 관여하게 됨을 암시하는 것이다.

◉ 甲木 子月

 • 子月은 天地가 寒凍(한동)하니 木性이 寒(한)하다. 丁火를 먼저 쓰고, 庚金을 뒤에, 그다음에 丙火를 쓴다.

 • 亥月의 甲木은 甲木萌芽(갑목맹아)로 甲木이 旺함을 얻으니 용신은 劈甲(벽갑)하는 庚金이 먼저고 다음이 丁火이나, 子月의 甲木은 寒氣(한기)가 太多(태다)하니 丁火가 먼저고 다음이 庚金이다.

 • 子月은 癸水가 司令(사령)하니 癸水가 투출한 경우라면 庚金의 氣를 洩(설)하고 丁火를 剋制(극제)하니 火金의 病이 되어 흉하다.

 • 庚丁이 천간에 투출하고 地支에 巳寅이 있으면 국가고시합격에 버금간다. 風水(풍수)가 不及(불급)하더라도 벼슬할 수 있으나, 만일 癸水가 투출하여 丁火를 傷하고 戊己土의 구조함이 없으면 殘疾(잔질)이 많은 사람이 된다.

 • 壬水가 重重하고 丁火가 全無한 사람은 凡俗(범속)한 사람이다. 그러나 丙火를 얻으면 調候(조후)를 이루니 발전의 象이 크다.

 • 壬水가 출간하였는데 丙火가 없으면 官運(관운)이 많지 못하다.

◉ 用神

 • 子月의 甲木은 天地가 寒凍(한동)한 상황이니 蘇生(소생) 여부를 판단해 보아야 한다. 소생이 가능하면 丙火가 유용하고 소생이 불가능하면 甲木을 쪼개어 아궁이의 땔감으로 써야 하니, 먼저는 丁火를 요하는 것이고 다음은 劈甲(벽갑)하는 庚金이 필요하다.

- 상기는 지지에 子水가 二位이고 다시 子辰 반합수국으로 水氣가 태왕하다. 다행인 것은 천간에 戊己土가 투출하여 왕한 水氣를 制水하고 있다. 천지가 얼어붙은 형국이라 解凍(해동)함이 없으면 만물이 생장할 수 없는 것이니, 月干 丙火를 용하여 해동함이 긴급한 것이다.

    用神: 丙火
    喜神 : 木
    忌神 : 水
    閑神 : 土
    仇神 : 金

⊙ 지지에 印星이 중첩되니 흉하여 예기치 않은 사고와 질병이 염려되는 것이다. 壬水대운 중 乙未세운에 탈이 난 것이다. 지지의 태왕한 水에 未土가 入되어 상극되니 原局(원국)의 旺한 水를 더욱 분노케 한 것이다. 이삿짐센터의 직원으로 일하던 중 사다리에서 떨어져 허리를 다쳐 하반신 불구가 된 것이다.

⊙ 時支 辰土 偏財가 急脚殺(급각살)을 대동하고 있다. 급각살은 실족하거나 낙상하여 몸을 다치는 殺인데, 月, 日支의 子水와 반합수국이 되어 왕하게 기신으로 들어오니 凶厄(흉액)을 면할 수 없었던 것이다.

⊙ 지지에 水가 太旺(태왕)하여 日主 甲木은 水泛木浮(수범목부)의 상황이나, 천간의 戊己土가 制水하니 단명은 면했던 것이다.

⊙ 用神

- 木氣가 寒(한)하니 丁火를 먼저 쓰고, 庚金을 뒤에, 그 다음에 丙火를 쓴다.
- 亥月의 甲木은 亥宮의 甲壬이 부조하니 甲木萌芽(갑목맹아)라 하며, 甲木이 약

변강의 勢(세)를 얻으니 용신은 庚金이 먼저고 다음이 丁火이다.

- 子月의 甲木은 寒氣(한기)가 太多(태다)하니 丁火가 먼저고 다음이 庚金이다.
- 癸水가 司令(사령)하니 火金의 病이 된다. 庚丁이 천간에 투출하고 地支에 巳寅이 있으면 국가고시합격에 버금간다. 墓(묘) 자리가 명당에 못 미치더라도 관직에 나아갈 수 있으나, 만일 癸水가 투출하여 丁火를 傷하고, 戊己土의 구조함이 없으면 殘疾(잔질)이 많은 사람이 된다.
- 壬水가 거듭 나오고 丁火가 全無한 사람은 凡俗(범속)한 사람이다. 그러나 丙火를 얻으면 調候(조후)를 득한 것이니 발전의 象이 크다.
- 壬水가 출간한 경우에는, 먼저는 丙火를 용하여 解凍(해동)하고, 戊土가 있어 制水하면 小富貴한다.
- 상기는 小寒 前 2日에 생하니 二陽으로 進氣(진기)하는 단계라 陽氣가 漸昇(점승)하는 시점이다.
- 子月은 天寒地凍(천한지동)하니 火氣가 없으면 발전의 象이 없는 格이니 火氣가 尊貴(존귀)한 것이다.
- 丙火가 不透(불투)하고 時干에 丁火가 투출했으니 이를 용신으로 잡는다.

    用神 : 丁火
    喜神 :　木
    忌神 :　水
    閑神 :　土
    仇神 :　金

◎ 甲木이 출간하여 劈甲引丁(벽갑인정)함이 없으니 貴格을 이루지는 못한 것이나, 지지에 卯戌과 午戌의 合火局이 있어 용신 丁火를 부조하니 衣食住(의식주)는 족한 명조이다.

◎ 時干 丁火 傷官이 용신이며 木火通明(목화통명)의 象을 이루니 길하다. 丁火는 등촉불, 샛별, 창조, 사상, 조명 등과 연관된다. 따라서 日, 時干의 甲丁의 象은 무대 연출, 무대 디자인 등과 연관되는 것이다. 홍보 관련 회사의 무대 디자인 담당이다.

◎ 乙木대운에 직장을 옮기는 문제의 길흉을 문의한 것이다.

- 乙木은 본시 희신이나 年干 庚金과 간합금국의 구신운이 되니 길하지 못하다.

- 年干 庚金은 偏官으로 합되어 흉하게 작동하면 시비다툼, 관재구설 건 등을 태동시키는 것이다.
- 酉金대운은 可하다 판단한다. 酉金은 본시 기신이나, 甲木 日干에 丁火가 용신인 경우에는 酉金이 剋木하니 微力하지만 劈甲引丁(벽갑인정)으로 용신 丁火를 살리니 길하게 작동하기 때문이다.
⊙ 月令 子水가 正印이니 두뇌가 총명하다. 그러나 기신에 해당하니 학업으로의 성공은 요원한 것이다.
⊙ 日支 戌土가 偏財이니 사고방식과 행동이 민첩하며 理財(이재)에 밝은 면이 있다. 財星이 土氣를 대동한 것이니, 건물, 토지, 상가 등의 부동산투자와 연관하여 得財(득재)할 수 있다.

⊙ 甲木 丑月
- 丑月은 천지가 寒凍(한동)하니 木性이 極寒(극한)하므로 發生의 象이 있고 없고를 분별해야 한다.
- 火氣가 있어 發生의 象이 있는 것이면 丙火를 용하고, 發生의 象이 없으면 땔감으로 써야 하니 丁火가 있어야 하고 다시 劈甲(벽갑)하는 庚金이 있어야 한다.
- 庚金으로 甲木을 쪼개어 丁火를 이끌면 비로소 木火通明(목화통명)의 象이 된다. 그러므로 丁火는 庚金의 다음이 된다.
- 庚金과 丁火가 없으면 평범하다.
- 庚金과 丁火가 모두 출간하면 국가고시에 합격한다.
  庚金이 투출하고 丁火가 암장되면 小貴한다.

丁火가 출간하고 庚金이 암장되면 小富貴한다.

丁火가 있고 庚金이 없으면 빈천하다.

庚金이 있고 丁火가 없으면 가난한 선비이다.

⊙ 用神

• 小寒 後 7日에 生하여 丑宮의 癸水가 當令(당령)했고, 다시 地支에 辰子의 반합 수국이 있으니 水氣가 太旺하다. 丑月은 寒凍(한동)한 계절이니 甲木이 살아남 기 위해서는 調候(조후)가 급하여 暖燥之氣(난조지기)인 火氣가 필요한 것이다.

• 原局에 일점 火氣가 없으니 運路가 巳午未 남방화국으로 흐른다 해도 火氣를 引通(인통)함에 어려움이 있는 것이다.

• 대운에서 丙火를 끌어와 용신으로 잡는다.

　　　用神 : 丙火
　　　喜神 : 　木
　　　忌神 : 　水
　　　閑神 : 　土
　　　仇神 : 　金

⊙ 甲子日柱 특성

• 직업과 주거의 변동이 다소 많고 끈기가 부족한 면이 있다. 외유내강하고, 담 백, 온화하고 옛 것을 좋아한다.

• 자존심이 강하고, 남에게 지기 싫어하며, 창의성이 있으나, 감정과 색정에 빠질 염려가 있다.

• 남자는 군자다운 성품이며 여자는 고집이 세다.

• 간질환, 위장질환 등에 시달릴 수 있다.

• 매매업, 중개업, 유통업 등에 종사하는 경우가 많고, 사주가 귀격이면 외교나 종교 계통에서 명성이 높다.

⊙ 혹자는, 月令 丑土가 日支 子水와 子丑의 육합토국을 이루어 太旺해지니 他 五行 과 충돌하여 필요한 것을 취하려 하는 의도가 있으므로, 따라서 "倒沖格(도충격)" 을 적용하여 旺한 丑土가 未를 沖하여 未中 丁火를 용해야 한다고 주장한다.

⊙ 原局에 水氣 印星이 旺하여 두뇌가 비상하나, 丑辰土가 있어 濁水(탁수)가 된 것

이라 학문으로 성공하지는 못했다. 명문대학을 나왔으나 사법고시에 합격하지는 못한 것이다.

⊙ 時支 酉金 正官은 癸子水에 洩氣(설기)되어 衰한 것 같으나, 丑辰을 끌어와 酉丑과 辰酉 合局의 官星局이 되어 약변강이 되니 이제는 官印을 써먹을 수 있게 된 것이다. 다만 丑辰土 財星의 氣가 약하지 않으니 혼탁함이 있어 임명직이 아닌 선출직의 국회의원에 당선된 것이다. 그러나 역시 財破印綬(재파인수)의 형국이니 여러 시비구설이 많았던 것이다.

⊙ 戊午대운에 戊土가 기신인 癸水와 戊癸 간합화국의 용신운이 되어 흉변길이 된 것이고, 午火는 본시 용신운이니 이때 국회의원에 당선된 것이다.

⊙ 戊午대운 中 甲申세운은, 歲干 甲木은 희신운, 歲支 申金은 原局의 辰子와 申子辰 삼합수국의 기신운이니 凶하다. 再選(재선)에 실패한 것이다.

⊙ 戊午대운 中 丙戌세운은, 歲干 丙火는 용신이나 天干 癸壬의 剋을 받아 손상되고, 歲支 戌土는 辰丑 財星과는 沖과 刑殺이 되니 財를 끌어오는 통로가 막힌 것이고, 子水 正印과는 土剋水하여 文書(문서) 運이 막히게 되고, 酉金 正官과는 害殺(해살)이 되어 명예를 얻지 못하게 되는 것이다. 道知事職(도지사직)에 도전했으나 黨(당)의 공천을 받지 못해 좌절된 것이다.

⊙ 庚申, 辛酉대운은 구신운이니 기대할 바가 없는 것이다.

⊙ 用神
• 丑月의 甲木은 천지가 寒凍(한동)하므로 甲木이 蘇生(소생)의 기미가 있는지 없는지를 살펴보아야 한다.

- 소생의 기미가 있으면 解凍(해동)하는 丙火를 용하고, 소생의 기미가 없으면 庚金을 용하여 劈甲(벽갑)하여 땔나무로 활용해야 한다.
- 상기는 立春 前 3日에 생하여 목왕지절로 進氣(진기)하는 시점이니 소생의 象이 있는 것이다. 이울러 丙火가 一位 투출하여 온난함을 더하여 해동하니 용신은 年干 丙火로 잡아야 한다.
- 용신 年干 丙火는 坐下 申金에 病地라 無力하나, 丑月은 二陽이 生하는 시점이라 丙火가 약변강의 勢를 지니고 있는 것이다.

  用神 : 丙火
  喜神 : 木
  忌神 : 水
  閑神 : 土
  仇神 : 金

◎ 甲辰日柱 특성
- 다소 좌충우돌하고 격한 기질이 있으나, 신앙심이 두텁고, 남에게 지기를 싫어하며, 호탕하고 명쾌한 성격이어서, 풍류를 좋아하며 대범하고 통솔력과 융통성이 있다.
- 침착하고 사려가 깊으나, 성격이 강한면이 있고 또한 고집도 있다. 대체로 건강하나 관절염, 중풍, 디스크질환 등에 걸리기 쉽다.
- 무관직, 토목건설업, 운수업, 투기업 등에 종사하는 경우가 많다.

◎ 月干 辛金이 年干 丙火와 干合되나 坐下 지지에 水氣가 태약하니 合而不化(합이불화)의 상황이라 辛金 正官이 羈絆(기반)된 것이다. 또한 印星인 水가 암장되고 다시 기신에 해당하니, 官과 印을 쓰지 못하게 되어 공직과의 연이 적고 봉급생활과도 연이 적은 것이다. 지지의 중첩된 土가 財星이니 부동산 투기로 돈을 번 것이다.

◎ 月, 日에 丑辰土 財星이 旺하고 丙丁火 食傷이 투출하였으니 정히 食傷生財格의 富格이다. 다만 火氣인 食傷이 地支에 통근하지 못하여 財를 生하는 힘이 부족하니 大財를 得하기는 거리가 먼 것이다.

◎ 용신이 丙丁火인데 局에 甲寅木이 있는 경우에는, 運路(운로)에서 구신이지만 庚金이 도래하여 劈甲(벽갑)하게 되면 丙丁火를 생하게 되니 오히려 흉하지 않은

것이다. 이러한 이치로 상기 명조인은 丁卯대운 이후로 길운이 도래하니 女命으로 수백억의 재산가가 된 것이다.

⦿ 月干 辛金이 正官으로 남편성인데, 年干 丙火와 丙辛 간합수국의 合而不火의 상황으로 化되어 羈絆(기반)되어 길하지 못한 것이다. 남편은 부인이 잡아놓은 토지에 건물을 지어 파는 건축업을 하고 있는 것이다.

⦿ 女命의 食傷은 자식인데, 丙火 食神은 간합수국으로 바뀌고, 丁火 傷官은 坐下에 濕木인 卯木을 깔고 있어 무력해지니 30세가 넘어 늦게 아들 하나를 두게 된 것이며, 자식代의 발복을 기대하기는 힘들 것이다.

⦿ 지지 丑辰土가 財星이니 土地와 연관된 부동산관련 사업으로 財를 得할 수 있는 것이다.

⦿ 丁丙대운 용신운에 발복하기 시작하여, 이후는 運路가 남방화지인 未午巳의 용신운으로 흐르니 富格(부격)의 命造이다.

⦿ 申金大運은 官殺運으로 구신에 해당하는데 丙丁火 용신과는 상호 상극되어 凶하고, 또한 丙丁火는 食傷으로 女命에서는 자식에 해당되니 자식으로 인해 損財數(손재수)가 발생하는 것이다.

대학원에 다니는 아들이 차 사고를 내어 남을 사망케 하는 사건이 발생하여 이를 수습하는 과정에서 많은 損財가 발생한 것이다. 이는 子女星인 丙火 食神이 辛金 官星과 슴되어 水局인 기신으로 바뀌면서 이미 예견되는 결과인 것이다.

⦿ 乙未대운은 原局의 月干支 辛丑과는 乙辛 沖과 丑未 沖의 관계이다. 대체로 대운의 干支와 原局에서 母胎(모태)에 해당하는 月干支의 沖은 흉사가 많으나, 상기의 경우처럼 용신과의 天干合이 있는 관계에서, 大運과의 沖으로 인해 合이 깨져 용신이 脫合(탈합)되면 오히려 용신이 자신의 역할에 매진할 수 있으니 吉事가 많은 것이다. 따라서 丙火 용신이 온전해지고 다시 丑未 沖으로 未土가 開庫(개고)되어 未中 丁火가 丙火를 부조하게 되니 용신이 旺하게 되어 부동산투자로 많은 돈을 벌었던 것이다.

⦿ 天干의 丙辛 간합수국은 坐下 申과 丑의 지장간인 壬癸 水氣에 통근하니 印星局으로 化되는 것이다. 印星은 문서, 계약, 두뇌, 학문 등과 연관되니 자연 부동산업과 연관되어 계약관계가 빈번하게 발생하게 될 것임을 암시하는 것이다.

⦿ 辛金 正官과 申金 偏官이 있으니 官殺混雜(관살혼잡)된 상황이다. 다시 丁火 傷官

이 투출하여 傷官見官(상관견관)의 형국이니 官星이 아름답지 못하게 되어 부부연은 길하지 못할 것이라 판단하는 것이다.

◉ 用神

• 丑月의 甲木은 天寒地凍(천한지동)하니 發生의 象이 있나 없나를 살펴 용신을 잡아야 한다.

• 발생의 象이 있으면 丙火를 용하여 解凍(해동)하여 甲木을 살리고, 발생의 象이 없는 경우에는 庚金을 용하여 劈甲(벽갑)하여 丁火를 이끌면 木火通明(목화통명)의 象이 되는 것이다.

• 지지에 申子辰 삼합수국이 있으니 水勢(수세)가 太旺하다.

• 상기는 立春 前 3日에 생하여 三陽이 생하는 시점에 가까우니 開泰(개태)의 象이 있다 판단하는 것이다. 따라서 丙丁火를 용하여 甲木을 살려야 하는 것이다. 調候(조후)가 급하니 年干 丙火를 용한다.

• 아쉬운 것은 용신 丙火가 月干 辛金과 干合하여 化水되어, 原局(원국)의 旺한 水에 다시 水氣를 더하니 용신의 역할에 일점 흠이 있는 것이다. 戊土가 출간하여 制水(납수)하고 甲木이 뿌리를 내릴 수 있게 되었다면 貴格(귀격)이 되었을 것이다.

　　用神 : 丙火
　　喜神 :　木
　　忌神 :　水
　　閑神 :　土
　　仇神 :　金

◎ 辛申은 正官과 偏官으로 본시 관살혼잡된 상황으로 길하지 못할 것이나, 辛金 正官은 丙火와 간합수국의 印星局이 되고, 申金 偏官은 申子辰의 삼합수국의 역시 印星局이 되니 官星이 전부 印星으로 化된 것이다. 따라서 官印相生의 행정직 공무원의 길로 가지 못하고, 印星이 태왕한 형국이 되었고 다시 丑辰의 財星이 있어 印星을 혼탁하게 하니 대학교 교직원의 길을 가게 된 것이다.

◎ 年干 丙火 正官은 자녀성인데, 月干 辛金과 간합되어 타 오행으로 바뀌니 자식과의 연이 없는 것이다.

◎ 月, 日支에 丑辰의 財星이 있다. 財星混雜(재성혼잡)된 것이라 吉한 중 凶함이 있는 것이다. 男命에서는 正財를 本妻로 논하고 偏財를 재혼시의 처나 첩, 또는 애인으로 논하는데, 상기의 경우에는 日支宮에 偏財가 있으니 재혼의 처 혹은 첩이 본 처 행세를 하려는 암시가 있는 것이다.

◎ 丑辰 破로 財星이 破된 것이니 처와의 연은 불미한 것이며, 다시 辰土 財星이 華蓋殺(화개살)을 대동하니 처가 神氣(신기)가 태동하여 神을 받고 무속인의 길을 가게 된 것이다.

◎ 지지 申子申 삼합수국은 다음과 같은 암시가 있다.
  • 申金은 偏官으로 자녀 중 아들로 논한다.
    辰土는 偏財로 妻宮에 있으니 본 처이다.
    子水는 時支에 있어 자녀궁이다.
  • 申子辰 반합수국은 아들을 데리고 있는 처와 결혼하게 됨을 암시하는 것이다.
  • 상기인은 자식이 있는 이혼한 여자와 결혼한 것이다.

◎ 官星은 자신을 통제하는 역할이니 직업, 직장, 직책과 연관되는데, 상기와 같이 印星으로 化되면 직장과의 연이 적고, 문서와의 연도 적으며, 직장 내의 구성원들과도 상호 돈독함이 적은 것이다.

◎ 남명에서 官星은 자식으로 논하는데, 상기와 같이 合이 되어 기신으로 바뀌게 되면 자식과의 연도 적어지는 것이다.

◎ 丙午대운은 본시 용신운이다. 그러나 丙火는 月干 辛金과 간합수국으로 바뀌고, 午火는 지지의 왕한 水氣에 剋을 당하니 용신의 역할을 하지 못하는 것이다. 금전적으로 어려움이 많았던 것이다.

◎ 丁火대운은 용신운이나, 月干 辛金 正官을 剋金하니 직업, 직장, 직책의 변동이

오는 것이다. 이때 교직생활 중 여러 불협화음으로 인하여 퇴직하게 된 것이다.

◉ 未土대운은 한신운이다. 月支 丑土와 상충되니, 丑宮의 癸水(忌神), 辛金(仇神), 己
土(閑神)가 튀어나와 흉하게 작동하는데, 丑土는 正財로 妻星이다. 처성에 흉함이
작동하는 것이니 이때 이혼하게 된 것이다.

◉ 用神
  • 丑月의 甲木은 天地가 寒凍(한동)하니 발생의 象의 유무를 살펴보아야 한다. 蘇
    生(소생)의 기미가 있으면 丙火를 용하고, 소생의 기미가 없으면 庚金을 용하여
    劈甲(벽갑)하여 땔나무로 써야하는 것이다.
  • 지지에 午戌의 반합화국이 있으니 소생의 기미가 있다 판단하는 것이다. 따라
    서 丙丁火를 용해야 하는데, 小寒 後 3日에 생하였으니, 午宮의 餘氣(여기)인
    丙火가 힘을 받아 火勢(화세)가 왕하니 丙火를 용신으로 잡는다.

    用神 : 丙火
    喜神 : 木
    忌神 : 水
    閑神 : 土
    仇神 : 金

◉ 日主 甲木이 지지에 통근하지 못하고 原局(원국)에 土氣가 중중하여 財多身弱(재
  다신약)의 형국인데, 다행인 것은 日主 甲木이 月令 丑土에 冠帶(관대)를 得하니
  태약 함은 면한 것이라, 財를 건사할 수 있게 된 것이다.
◉ 원국에 印星이 전무하니 학업과의 연은 박한 것이다.
◉ 辰土대운은 본시 한신운인데, 年支 및 時支의 戌土와 辰戌 沖하여 火庫(화고)인

戌土가 開庫(개고)되어 戌宮의 丁火 용신이 튀어나와 활용할 수 있게 되니, 이때 종합 도매 철물점을 창업하게 된 것이다.

⊙ 癸水대운은 기신운이니 사업상 큰 발전은 없었다.

⊙ 巳火대운은 용신운이다. 日支 午火와는 比和되어 午宮의 丙火에 힘을 실어주니 사업상 발전이 있었던 것이다.

⊙ 甲木대운은 본시 희신운이나 月干 己土와 간합토국의 한신이 되니 무애무덕한 運이다.

⊙ 午火대운은 용신운인데, 年, 時支의 戌土와 午戌 반합화국의 旺한 용신운으로 들어오니 사업상 비약적인 발전이 올 것이라 판단된다.

⊙ 年支 戌土 財星은 상속의 財로 논하는데, 日支 午火와 반합화국의 용신이 되니, 이제는 내가 활용할 수 있는 財가 되는 것이다. 사업자금으로 활용한 것이다.

⊙ 甲午대운 중 辛丑세운에 가택의 이사문제를 문의한 것이다.

　• 이웃의 마당이 넓은 단독 주택지를 매입하여 집을 새로 지어서 이사하는 것이다.

　• 大運 甲午는 용신운이니 可하다.

　• 歲運 辛丑은 歲干 辛金과 日干 甲木은 상극관계, 歲支 丑土와 日支 午火는 怨嗔殺(원진살)이 되니 이제는 내가 몸을 다른 곳으로 움직이게 됨을 암시하는 것이다.

　• 歲支 丑土와 年, 時支 戌土는 丑戌의 刑殺인데, 戌土 偏財가 刑을 맞으니 돈이 빠져 나가는 것이다. 주택지 매입과 집의 신축 과정에서 많은 돈이 지출됐던 것이다.

癸	甲	己	乙	(女)
酉	辰	丑	酉	

丁	丙	乙	甲	癸	壬	辛	庚
酉	申	未	午	巳	辰	卯	寅

⊙ 用神

- 丑月의 甲木은 천지가 寒凍(한동)하니 木性이 寒(한)하다. 먼저는 丙火의 解凍(해동)이 긴요하고, 다음은 庚金을 용하여 劈甲(벽갑)하고 丁火를 이끈다.
- 庚金이 없으면 貴를 取(취)하기 어렵고, 丁火가 없으면 富를 얻기 힘들다.
- 丁火가 없으면 丙火가 대신할 수 있으나, 庚金이 없는 경우에는 辛金이 이를 대신할 수 없다.
- 상기는 지지에 辰酉 금국과, 酉丑의 반합금국이 있어 官殺이 태왕하나, 日主 甲木은 時干 癸水의 생조와 年干 乙木의 부조가 있고, 坐下 辰土에 통근하니 從(종)하지 않는다.
- 丑月에 천지가 寒凍(한동)하니 먼저는 丙火의 解凍(해동)이 급하고, 局에 金氣가 태왕하니 丁火의 剋金이 필요하다.
- 局에 丙丁火가 전무하니 運路에서 火를 끌어와 용신으로 잡는다. 용신은 丙火이다

> 用神 : 丙火
> 喜神 :　木
> 忌神 :　水
> 閑神 :　土
> 仇神 :　金

⊙ 지지에 합이 중첩되어 官殺인 金氣가 태왕하다. 多官은 無官이니 남편과의 연이 박한 것이다.

⊙ 女命에 합이 중첩되고, 桃花殺(도화살)인 酉金이 年, 時에 二位 있으니 천박한 면이 있고, 감정이 풍부하여 이성간의 교제를 즐김이 있는 것이다.

⊙ 卯木대운 중 辛丑세운

- 대운 卯木이 年, 時支의 酉金과 상충되니, 酉金이 대동한 桃花殺(도화살)이 沖出되어 이성간 교제가 발동한 것이다.
- 歲干 辛金은 官星이고, 丑土는 官殺庫로, 지지의 酉金과 酉丑 반합금국의 七殺로 化되니, 세운의 간지가 모두 官星으로 入되는 것이라, 사귀자는 남자가 들어오는 것이다.

◉ 壬辰대운 중 壬子세운

- 대운의 천간 壬水는 기신으로 偏印에 해당된다. 문서, 계약 등과 연관하여 흉함이 발생하는 것이다.
- 대운의 지지 辰土는 한신으로, 夫宮인 日支宮 辰土와 自刑되어 夫宮의 손상됨이 있으니 부부간 결별의 조짐이 있는 것이다.
- 歲干 壬水는 기신이니 흉하다.
- 歲支 子水는 夫宮인 日支 辰土와 子辰 반합수국의 기신으로 化되니 부부연이 흉하게 바뀌어 결별하는 것이다. 또한 子水는 年, 時支의 官星인 酉金 桃花殺(도화살)과 子酉破되어 도화살을 태동시키니, 外情(외정)문제가 발생하게 되어 남편과 이혼한 것이다.

◉ 癸巳대운

- 대운의 천간 癸水는 印星으로 문서, 계약 등과 연관되는데, 기신운으로 入되니 문서, 계약과 연관한 흉함이 발생하는 것이다.
- 대운의 지지 巳火는 본시 용신운이나 지지의 酉丑과 巳酉丑의 金局인 官殺局으로 化되며 구신에 해당하니 흉함이 발생하는 것이다. 巳火는 食神이니 밥그릇인 생계에 문제가 발생하는 것이고, 酉金은 본시 正官이나 합금국의 七殺로 化되니 시비다툼이 발생하는 것이고, 丑土는 본시 財星이며 한신이나 합금국되어 官殺을 생하니 손재수가 발생하는 것이다.
- 경영하던 요식업의 실패로 손재가 발생한 것이다.

제2장

乙木 日干

乙	乙	甲	癸	(男)
酉	亥	寅	丑	

丙 丁 戊 己 庚 辛 壬 癸
午 未 申 酉 戌 亥 子 丑

⊙ 乙木 寅月

• 前月인 丑月의 寒氣(한기)가 아직 남아 있을 때이니, 丙火가 아니면 따뜻할 수
  없어 稼花(가화)인 乙木이 자라나지 못한다.

• 癸水가 있어 滋養(자양)하더라도 寒氣(한기)가 두렵다. 그러므로 丙火를 먼저 쓰
  고 癸水를 뒤에 쓴다.

• 初春(立春~雨水)에는 오직 丙火가 尊神(존신)이다.

• 丙火, 癸水가 투출하면 국가고시에 합격한다.

  丙火는 있는데 癸水가 없으면 門戶(문호)는 열린다.

  癸水는 있는데 丙火가 없으면 陰木인 乙木이 생장하지 못하여 길하지 못하다.

  丙火가 중중하고 癸水가 적으면 乏絶(핍절)되므로, 獨陽(독양)이 길지 못하여 단
  지 재물만 밝히는 하천인이다.

丙火가 적은데 癸水가 많으면 丙火를 피곤하게 하니 관직에 등용이 어렵고 가난한 선비에 불가하다.

- 癸水, 己土가 중중하면 濕土(습토)의 木이 되어 뿌리가 썩을 염려가 있으니 下格이다.
- 戊己土가 중중한데 丙火가 없으면, 음습한 土에 木이 자라지 못하니 孤陰不生(고음불생)이라 하여 凶格이다.

◎ 用神
- 천간에 比劫이 투출하고, 지지에 寅亥의 육합목국이 있어 日主 乙木을 부조하니 신왕하다. 旺神宜洩(왕신의설)이니 왕한 木氣를 洩(설)하는 月支 寅宮의 丙火를 용신으로 잡는다.
- 丙火가 용신이나 庚辛金이 없어 중중한 甲乙木의 木氣를 破木하지 못하니 이른바 木多火熄(목다화식)의 상황이라 길하지 못하다.
- 運路가 丑子亥戌酉申의 기신과 구신운으로 흐르니 平生半作의 인생이다.
  - 用神 : 丙火
  - 喜神 : 木
  - 忌神 : 水
  - 閑神 : 土
  - 仇神 : 金

◎ 局에 比劫이 중중하고 年支에 일점 丑土 財星이 있으니 群劫爭財의 상황이다. 부모형제자매와의 연이 적고, 결혼연도 적으며 재물복도 박한 것이다.
◎ 日柱 乙亥는 甲戌旬 中으로 申酉가 空亡(공망)이다. 申酉 官星이 공망이니 자식과의 연이 적은 것인데, 다시 자식궁인 時支가 공망이니 결혼을 하지 못해 자식이 없는 것이다.
◎ 日支 亥水가 驛馬殺(역마살)을 대동하고 있다. 一身이 분주하게 움직이는 象이니 화물차를 운전하고 있다.
◎ 局에 癸亥의 偏印과 正印이 있어 印星이 혼잡된 것이고, 아울러 甲乙木의 比劫이 중중하니 이복형제 문제가 나온다. 偏印이 조상의 자리인 年干에 있으니 할머니가 두 분이었던 것이다.
◎ 比劫이 천간에 二位 있으니, 본업 외의 부업을 갖게 되고, 직업의 변동이 많은

것이다. 또한 천간에 투출한 比劫은 태어나서 죽은 형제자매가 있게 됨을 암시한다.

◎ 乙木 卯月
• 卯月은 陽氣가 漸昇(점승)하여 乙木이 줄기와 잎이 무성해지는 시점이니, 먼저는 丙火를 용하고 다음에는 癸水로 보좌한다.
• 丙火, 癸水가 투출하고 庚金이 不透(불투)하면 大富大貴의 명조다. 이때는 丙火가 合化하거나 水가 가까이에 있어 受剋됨을 忌(기)한다.
• 지지에 申酉金이 있으면 卯木의 뿌리를 손상시켜 나무가 썩게 되니 흉하다.
• 지지에 亥卯未의 삼합국이나 寅卯辰의 방합국이 있으며 庚辛金의 극제됨이 없으면 曲直格(곡직격)으로 논하니 富貴는 틀림없다.
• 卯月의 乙木은 月令에 祿(녹)을 얻었으니 曲直格(곡직격) 외에 다른 從格(종격)이나 化格의 이치가 없다.

◎ 用神
• 지지 卯丑 사이에 卯(寅)丑하여 寅木이 呑陷(탄함)되었으니, 지지는 암암리에 年, 月의 辰卯와 함께 (寅)卯辰의 방합목국을 형성하려 하는 것이다. 따라서 比劫이 중중하여 왕하니, 旺神宜洩(왕신의설)로 洩氣(설기)함을 따라야 하니 丙丁火가 요긴한 것이다.
• 原局(원국)에 丙丁火가 없으니 胎元(태원)에서 火氣가 있으면 이를 끌어와야 한다. 胎元(태원)이 甲午이니 午宮의 丙火를 용하는 것이다. 용신은 丙火이다.

```
用神 : 丙火
喜神 :    木
忌神 :    水
閑神 :    土
仇神 :    金
```

⊙ 乙丑日柱 특성

- 매사 일처리에 심사숙고하나 추진력이 부족하다.
- 학문과 예술, 종교를 좋아하고, 소심하고 배짱이 없고. 항상 노력은 하나 고집 으로 망하기 쉽다.
- 병약한 체질이 많고, 유행성질환이나, 고질병에 걸리기 쉽다. 사업가나 기술직 종사자가 많다.

⊙ 남명의 官星은 자식으로 논하는데, 상기는 金氣가 子女星으로 구신에 해당하니 자식대의 발전은 기대하기 어렵다.

⊙ 지지에 암암리에 (寅)卯辰의 방합목국이 있어, 왕한 木氣가 妻宮인 日支 丑土를 극하니 처와 사별수가 나오는 것이다.

⊙ 乙卯木의 比肩이 있고 천간에 壬癸의 印星이 투출했으니 이복형제가 있는 것이다.

⊙ 年支 辰土 財星은 상속의 財로 논하는데, 時支 酉金과 辰酉 合金의 官星局을 형 성하니 상속의 財를 지킬 수 없게 됨을 암시하는 것이다. 주식투자가 잘못되어 큰돈을 탕진한 것이다.

⊙ 천간에 투출한 比劫은 본업 외에 또 다른 직업을 갖게 됨을 암시하는 것이다. 祖業이었던 인쇄소 외에 사무기기 판매점을 경영했던 것이다.

⊙ 酉金대운은 酉金이 日支 丑土와 酉丑 반합금국의 구신운으로 들어오니 妻가 사 망한 것이다.

⊙ 戌土대운 말년운은 月支 戌土와 卯戌 合火의 용신운이니 안락한 여생을 보낼 것 이라 판단한다.

◎ 用神

- 卯月의 乙木은 陽氣가 漸昇(점승)하는 시점이니 稼花(가화)인 乙木이 춥지는 않
  으나, 잎과 줄기를 무성하게 하기 위해서는 丙火가 필요하고 癸水의 滋養(자양)
  이 있어야 한다.
- 천간에 壬癸水 印星이 투출하고 지지에 卯木 比肩이 중중하니 日主가 태왕한
  것이다. 旺神宜洩(왕신의설)이라 했으니, 왕한 木氣를 洩(설)시키는 時支 午宮의
  丙火를 용신으로 잡는다.
- 천간에 丙丁火가 투출했다면 木火通明(목화통명)의 象을 이룬 것으로 사주가 貴
  格이 되었을 것이나, 不透하고 時支에 암장된 丙火를 용하게 되니 格이 떨어지
  는 것이다.

　　用神 : 丙火
　　喜神 : 　木
　　忌神 : 　水
　　閑神 : 　土
　　仇神 : 　金

◎ 局에 官星이 전무하고 용신이 왕하지 못하니 남편과의 연은 박하다 판단한다.
◎ 時支 午火가 食神으로 밥그릇에 해당되며 용신이다. 용신인 火와 직업을 연계한
  다면 소방직과도 관련되므로 소방직공무원인 것이다.
◎ 천간에 壬癸水가 있어 正印과 偏印이 투출한 것이니 印星混雜(인성혼잡)인 것이
  다. 본시 두뇌는 총명하나 학업으로 크게 성공하기는 힘들다. 또한 比劫이 중중
  하니 어머니나 할머니가 두 분일 것이라 사료된다.
◎ 乙木 日干이 年, 月, 日支에 建祿(건록)을 得하니 福祿(복록)이 많은 명조다. 原局
  (원국)에 官星이 없어 공직자로 승진함에 결함이 있을 것이라 판단할 수 있으나,

日主가 지지에 建祿을 三位 得하니 소방직공무원으로 승진운이 좋은 것이다.
◉ 용신 火가 時柱에 있으니 자식 代에는 발전이 있을 것이라 판단한다.

◉ 用神
  •卯月은 陽氣가 漸昇하여 천지가 온난하다. 乙木 稼花(가화)가 卯月 목왕지절에
   생하여 잎과 가지가 무성하게 되기 위해서는 먼저는 丙火의 햇볕이 필요하고
   다음은 癸水인 雨露(우로)가 필요한 것이다.
  •卯月의 乙木은 濕木(습목)이니 壬癸水가 꼭 필요한 것은 아니다. 水氣가 많으면
   뿌리가 썩게 되니 火氣의 旺衰(왕쇠)를 참작해야 한다.
  •乙木이 卯月에 羊刃(양인)을 得하여 身旺하니, 丙火를 용하여 왕한 木氣를 洩氣
   (설기)하면 中和(중화)를 이룰 수 있는 것이다. 용신은 時干 丙火이다.
  •卯月의 乙木은 柔弱(유약)하여 芝蘭蒿草(지란호초)에 비유되니 丙癸를 떠나 용신
   을 생각할 수 없다.
      用神 : 丙火
      喜神 :   木
      忌神 :   水
      閑神 :   土
      仇神 :   金

◉ 卯月은 寒氣가 쇠하고 陽氣가 漸昇(점승)하는 시점이니, 지지 子水는 衰(쇠)하고
  巳火는 旺(왕)해지는 것이다. 時支에 子水 偏印이 있어 본시 두뇌는 총명하나, 子
  水가 衰하고 기신에 해당하니 학업과의 연은 박한 것이다.
◉ 천간에 二位의 辛金이 투출되었다. 辛金이 年支 酉金에 통근하나 月令 卯木에

絶地(절지)이고, 다시 卯酉 沖하여 辛金의 뿌리가 손상되니 천간의 辛金은 왕하지 못한 것이다. 따라서 辛金 偏官이 무력해진 것이라 직장과의 연이 적은 것이다.

⊙ 子水대운에 易術業(역술업)을 직업으로 택할 경우의 길흉 여부를 문의한 것이다. 역술업에 종사하는 명조는 대체로 다음과 같다.

　•局에 天門(천문)에 해당하는 戌·亥와 地戶(지호)에 해당하는 辰·巳가 있는 경우. 戌亥와 辰巳가 모두 있으면 역술가로 크게 명성을 얻을 수 있고, 天門과 地戶 중 각 一位씩이 있어도 역술가로 활동할 수 있는 명조이다.

　•印星과 官星이 있으나 무력하고 기신이나 구신에 해당하는 경우.

　•신약하고 印星이나 官星이 空亡된 경우.

　•지지에 鬼門關殺(귀문관살살), 華蓋殺(화개살), 桃花殺(도화살), 孤神殺(고신살), 寡宿殺(과숙살) 등이 중첩된 경우.

　•사주에 刑(형), 沖(충), 破(파), 害(해), 怨嗔(원진) 등이 重重한 경우.

　•官星과 印星이 무력하고 喪門殺(상문살), 弔客殺(조객살), 幻神殺(환신살), 絞神殺(교신살), 鬼門關殺(귀문관살), 病符殺(병부살) 등을 대동한 경우.

　•日主가 干合되어 官星으로 化되는데 기신에 해당하는 경우.

　•日支나 月支가 空亡된 경우.

　•官殺이 왕하여 흉신인데 다시 財星이 생조하여 태왕해지는 경우.

　•運路(운로)가 기신과 구신운으로 흐르고 원국에 救濟(구제)의 神이 없는 경우.

⊙ 상기 명조는 官星이 있으나 무력하고 구신에 해당하는 경우이다.

⊙ 상기인은 조선족 청년으로 時支 子水 偏印이 鬼門關殺(귀문관살)을 대동하니, 중국인 역술가를 선생으로 모시고 역술공부를 시작했던 것이다.

⊙ 용신이 丙火인데 運路(운로)가 子亥戌酉申의 기신과 구신운이니 크게 발전을 기대할 바가 없는 것이다.

◎乙木 辰月

• 陽氣가 더욱 오르니 調候(조후)가 급하여 癸水를 먼저 쓰고 丙火를 뒤에 쓴다.

• 陽木(甲木)의 경우는 木이 盛(성)하면 庚金으로 剪伐(전벌)해주어야 하나, 陰木(乙木)의 경우는 丙火로 洩氣(설기)해줌이 우선이다. 이러한 이치는 타 오행에도 똑같이 적용된다.

• 癸水, 丙火가 천간에 투출하고 己土, 庚金이 투출하지 않으면 관직과 명예가 드높고, 己土, 庚金이 투출하면 평범한 사람이다.

• 壬癸水가 不透(불투)해도. 地支에 水局이 있고 丙火, 戊土가 出干하면 富 中 貴를 취할 수 있다. 혹 局에 丙火와 戊土가 없고, 地支에 水局이 있으면 고향을 떠날 운명이다.

• 천간에 庚金이 두개 출간하여 爭合(쟁합)되면 빈천한 命이 되고, 혹 年干에 丁火가 庚金을 극제하면 從化(종화)하여 무관직이나 기술계통의 관직이나 이공계관련 국영기업체 등에 종사한다.

◎ 用神

• 穀雨(곡우)가 지나서 생하였으니 火勢(화세)가 더욱 盛(성)한 시점이다. 時干 癸水는 辰月에 失氣했고 다시 月干 戊土와 간합국을 형성하려 하니 印星으로서의 역할에 손상이 있는 것이다. 局에 土氣가 중첩되어 財星 일색이니 日主 乙木이 財를 從(종)할 수밖에 없다. 從財格(종재격)을 이루는 것이다. 따라서 용신은 月干 戊土이다.

• 천간의 戊癸 합은 坐下에 巳午火가 없어 通根(통근)하지 못하니 合而不化의 상황이다. 癸水가 羈絆(기반)된 것이다. 따라서 戊土의 손상이 적으니 戊土를 용하는 것이다.

用神 : 戊土
喜神 : 火
忌神 : 木
閑神 : 金
仇神 : 水

⊙ 六親關係(육친관계. 여명. 乙日干)

　　　庚(正官=夫)　→　甲(劫財=媤父)
　　　　　　　　　　　　己(偏財=媤母)
　　　乙(日干=我)　→　戊(正財=父)　→　壬(正印=祖父)
　　　　　　　　　　　　　　　　　　　　丁(食神=祖母)
　　　　　　　　　　癸(偏印=母)　→　丙(傷官=外祖父)
　　　　　　　　　　　　　　　　　　辛(偏官=外祖母)
　　　丁(食神=女兒)
　　　丙(傷官=男兒)

⊙ 日支 丑土는 三殺에 해당하며 巳酉丑을 형성하니 金庫이며 또한 官殺庫에 해당하는 것이다. 時支 未土는 亥卯未를 형성하니 木庫이며 日干 乙木과 同氣이니 身庫인 것이다. 丑未 沖하여 나타내는 象은 말년에 예기치 않은 흉화로 인해 수술 건이 발생하는 것이고, 未土는 身庫로 甲乙木이 암장되어 있으니 手足 등에 상해를 입을 것임이 암시된다.

⊙ 여명 日支宮은 夫宮이며 乙日干의 庚金 正官이 夫星이다. 日支 丑土는 三殺이며 金庫로 夫星 庚金의 墓庫에 해당되어 결국 夫星入墓(부성입묘)된 것이다. 이는 남편이 무력하고, 외부 출입이 적고, 매사 적극적이지 못할 것임이 암시되는 것이다.

⊙ 月支宮은 父母宮이다. 月支 辰土는 財庫가 되는데, 부모궁에 居하니 결국 戊土(父星)와 癸水(母星)의 財庫와도 같은 이치이다. 또한 戊癸는 合火되어 食傷이 되고 生財하게 되며, 아울러 月干 戊土 父의 財가 月支 辰土 財庫에 통근하니 財氣通門戶(재기통문호)인 것이며 富格의 명조이다.

⊙ 年干 甲木은 본시 기신인데 암암리에 己土 財星을 끌어와 甲己 化土되어 용신으로 化되니 흉변길이 된 것이다. 또한 己土 財星의 祿星이 午火로 甲木의 坐下이며 희신에 해당하니 干支가 모두 용신인 戊土를 보필하니 재벌가의 長女인 것이다.

庚	乙	辛	乙	(男)
辰	酉	巳	巳	

癸	甲	乙	丙	丁	戊	己	庚
酉	戌	亥	子	丑	寅	卯	辰

⊙ 乙木 巳月

- 월령 巳火에 스스로 丙火가 있으니 調候(조후)가 급하여 癸水가 尊貴(존귀)하다. 그러나 巳火는 癸水의 絶地(절지)라, 庚辛金의 생조가 없으면 水源(수원)이 메마르니, 반드시 庚辛金이 필요하다.

- 丙火를 참작하여 쓰되, 庚辛金이 癸水를 돕고, 辛金이 투출하면 淸格(청격)이 된다.

- 巳月의 乙木은 癸庚辛이 투출하면 국가고시에 합격하여 일신상의 영달을 기할 수 있다.

- 癸水가 하나 있는데 庚辛金의 扶助(부조)가 없으면 水의 근원이 없는 格이니, 비록 天干에 투출해도 秀才(수재)나 小富에 지나지 않는다. 또한 運路(운로)가 水運으로 흘러야 길하다.

- 癸水를 쓰는 者는 金이 처가 되고 水가 자식이 된다.

- 丙戌가 중중한데 지지 火局이면 木이 불타 재가 되니 夭折(요절)하거나 눈 먼 장님이 된다.

- 癸水가 있으나 火土가 많고 水源(수원)을 發하는 庚辛金이 없으면 빈천하거나 잔병이 많거나 夭折(요절)한다.

- 局에 金水가 중중한 경우에는 丙火를 용신으로 삼는다.

⊙ 用神

- 乙木이 巳火節에 생하여 火氣가 炎炎하니 조후가 급하다.

- 천간에 庚辛金의 官殺이 투출하고, 지지에 辰酉 육합금국과 巳酉 반합금국이 있어 官殺이 太多하나, 日主 乙木은 年干 乙木의 부조가 있고, 時支 辰土에 통근하니 從하려 하지 않는다.

- 지지 巳酉 반합금국은 月令을 巳火가 차지하니 合하려는 의도는 많으나 合金局이 失氣했다 판단하는 것이다. 따라서 巳火의 火氣는 남아있는 것이다.
- 局에 官殺이 태왕하고 日主가 쇠하니, 壬癸水 印星을 용하여 日主 乙木을 滋養 (자양)하고 다시 殺印相生하면 사주가 중화를 이룰 수 있는 것이다. 용신은 時支 辰宮의 癸水이다.
- 局에 正官과 偏官이 중중하면 偏官(七殺)의 성질을 띠게 되는 것이다.

> 用神 : 癸水
> 喜神 : 金
> 忌神 : 土
> 閑神 : 木
> 仇神 : 火

◉ 時支 辰土는 財星인데, 辰酉 육합금국이 되어 타 오행으로 化되니 財星의 역할에 손상이 간 것이다. 따라서 得財와는 거리가 멀게 되고, 처와의 연도 박하게 되는 것이다.

◉ 천간에 庚辛의 正, 偏官이 투출하니 官殺混雜(관살혼잡)된 것이다. 직장과의 연이 적고, 직업의 변동이 많고, 타인을 이용하여 자신에게 유리한 교묘한 술수를 잘 쓰기도 한다.

◉ 官星이 중첩되어 不美하고 印星은 時支 辰宮의 癸水인데, 辰酉 합금되어 타 오행으로 化되니 辰宮의 癸水 印星 역시 불미한 것이다. 공직자나 봉급생활과는 거리가 멀고 자영업과 연이 닿는 것이다. 패스트푸드점을 운영하고 있는 것이다.

◉ 局의 比劫은 형제자매이다. 年柱는 조상의 자리인데, 年干에 乙木 比肩이 있으니 손위 형제자매가 있는 것이다. 또한 명조자가 두 가지 직업을 갖는 경우도 많다.

◉ 局에 官星이 중중한 경우에는 偏官으로 化되니, 일생에 예기치 않은 사고, 질병, 음해, 시비구설 등이 다반사로 발생하며 처자식과의 연도 박한 경우가 많다.

◉ 丁火 대운에 패스트푸드점을 차린 것이다. 丁火는 기신운이니 잘 풀려나가지 못하고 있는 것이다.

◉ 丑土 대운의 운세를 문의한 것이다.
- 丑土는 지지의 巳酉와 巳酉丑 삼합금국의 희신운으로 化되니 사업상 발전됨이 있을 것이다.

- 丑土는 財星으로 妻에 비유되니 결혼운이 들어오는 것이며, 또한 지지 巳酉와 합되어 官星局을 형성하는 것이다. 이는 여자가 결혼하려 들어오는 것이고 또한 남명의 官星은 자식이니 자식을 낳아 기르려는 의도도 있는 것이다.

◎ 乙木 午月
- 午火節은 丁火가 司令(사령)하여 火勢(화세)가 旺한 것이요, 논밭의 곡식이 가뭄을 만나 말라가는 형국이다.
- 夏至(하지) 前은 陽에 속하니 癸水를 쓰고, 夏至(하지) 後는 陰에 속하여 三伏(삼복)에 寒氣(한기)가 나오니 丙火, 癸水를 참작하여 써야 한다.
- 原局에 金水가 많으면 丙火를 먼저 쓰고 나머지는 癸水를 쓴다.
- 癸水, 丙火가 투출했는데, 다시 지지에 火局이면 木性이 메마르니 殘病(잔병)이 많고, 癸水가 없으면 夭折(요절)하고, 壬水라도 있으면 잔병은 면하나, 土氣가 重하면 僧道(승도)의 팔자이고, 水源(수원)을 發하는 庚辛金이 있으며 대운이 亥子丑의 水대운으로 흐르면 貴가 크다.
- 丙火가 투출하고 지지 火局이면 이를 從兒格(종아격)이라 하며 富貴가 크다.

◎ 用神
- 夏至 後 1日이 지나 생하니 未土月에 준하여 판단하므로 천기는 三伏生寒(삼복생한)의 시점이다.
- 천간에 丙火가 투출하고 지지에 巳午의 火勢가 炎炎하니 비록 三伏生寒(삼복생한)의 시점이나 調候가 급하여 하늘의 단비인 癸水가 요긴한 것이다. 癸水가

不透(불투)하니 年支 辰宮의 癸水를 용신으로 잡는다.

- 지장간에서 용신 癸水를 끌어오니 자연적으로 얻어지는 것이 아니라 일생에 勞苦(노고)가 많은 것이고, 또한 이를 생하는 庚辛金이 없으니 용신이 왕하지 못한 것이다.

  用神 : 癸水
  喜神 : 金
  忌神 : 土
  閑神 : 木
  仇神 : 火

⊙ 午火節 乙木 日干이 용신이 癸水인 경우에 나타내는 象은, 말라가는 草木에 雨露(우로)가 내려 잎과 줄기가 더욱 무성해지고 윤택해지는 象이다. 따라서 이런 명조는 교육계나 종교계에 종사하는 경우가 많다.

⊙ 月支에 午火 食神이 있으니 미식가이다.

⊙ 局에 食傷이 중중하니 巧智(교지)한 면도 있으나, 남에게 베풀기를 잘하고 남을 설득하는 능력이 뛰어나다. 목회자의 길을 택한 것이다.

⊙ 時支는 子女宮인데 卯木이 공망되고, 다시 日支 午火와 午卯 破殺이 되니 손상되는 자식이 있을까 염려되는 것이다.

⊙ 年支 辰土가 財星이니 상속의 財가 있는 것이다.

⊙ 月干 甲木은 劫財로 형제자매로 논하는데, 丙午巳의 火氣에 둘러쌓여 있어 枯焦(고초)한 상황이다. 형제자매의 손상이 있는 것이다. 여형제 중 자살한 사람과 정신질환을 앓고 있는 사람이 둘이 있는 것이다. 이는 年支 辰土는 조상들의 墓와 연관된 것인데, 기신에 해당하니 墓頉(묘탈)이 났다 판단하는 것이다.

⊙ 대운이 申酉戌亥子丑의 희신과 용신운으로 흐르니 교회 목사로 명성을 얻을 수 있을 것이다.

⊙ 用神
- 午火節의 乙木은 丁火가 司令하니, 논밭의 稼花(가화)가 모두 메마르고 衰渴(쇠갈)하다. 하늘의 감로수인 癸水가 긴요하다.
- 夏至를 경계로 삼아 上半月(芒種~夏至)은 陽이 盛하니 癸水로 용신을 잡고, 下半月(夏至~小暑)은 陰이 태동하니 癸水와 丙火를 참작한다.
- 만약 丙火가 투출하고 癸水가 있는데, 지지에 火局인 경우에는 乙木이 메마르니 잔병이 많다. 이때 癸水가 없는 경우라면 夭折(요절)하게 된다. 혹, 壬水라도 있으면 요절은 면한다.
- 局에 火土가 중중한 경우라면 빈천하고 어리석으며 僧道(승도)의 命이다.
- 상기는 지지에 午戌의 반합화국이 있어 火旺하니 乙木이 메마르고 衰渴(쇠갈)하다. 조후가 급하다. 하늘의 감로수인 癸水가 필요한데, 不透(불투)했으니 時支 辰宮의 癸水를 用해야 한다.
- 용신 癸水는 쇠약하나 時干 庚金이 생조하여 水源(수원)을 發하고, 運路가 申酉戌亥子丑의 희신과 용신운으로 흐르니, 비록 잔병은 많았으나 衣食은 足한 것이다.

      用神 : 癸水
      喜神 :　金
      忌神 :　土
      閑神 :　木
      仇神 :　火

⊙ 月干 戊土 正財는 午火節에 得氣하여 왕하고, 日主 乙木은 月令 午火에 長生을 득하고 坐下 卯木에 建祿을 득하니 身旺財旺의 부자의 명조이다. 다만 아쉬운

것은 원국에 水氣가 약하여 乙木의 잎과 가지가 무성해지지 못하니 사업상의 財를 운용하지 못하는 명조로 衣食이 足할 뿐이다.

⊙ 年柱에 戊戌土 財星이 있으니 상속의 財인데, 운로가 申酉戌亥子의 희신운과 용신운으로 흐르니 조상의 財를 지킬 수가 있었던 것이다.

⊙ 火旺하여 乙木이 乾枯(건고)하니 비록 時支 辰宮에 癸水가 있으나 미력하다. 오행상 木에 속하는 간질환을 장구하게 앓았던 것이다.

⊙ 局에 土의 財가 중중하니 농사가 직업이나, 소유한 논밭의 도시개발계획과 맞물려 부동산 가격의 상승으로 부자가 된 것이다.

⊙ 印星인 水가 용신이나 쇠약하고 암장되어 있으니 본시 두뇌는 총명하나 학업과의 연은 적은 것이다.

⊙ 日, 時干의 乙庚은 간합금국을 형성하려 하나 좌하에 金氣가 전무하니 合而不化의 상황이다. 따라서 陰干인 日主 乙木이 羈絆(기반)된 것이라 논한다. 이런 경우는 매사 적극성이 부족하고, 편안함에 안주하려 하고, 일을 하고자 하는 계획과 실천성이 많이 부족하게 된다. 만약 운로에서의 扶助(부조)가 없으면 無爲徒食(무위도식)으로 일생을 허비하는 경우가 많다.

⊙ 局에 水氣가 태약하여 乙木이 枯焦(고초)하므로 간질환을 앓고 있는 것이다. 戊土 대운에 다시 月支 午火와 午戌 반합화국의 구신운이 도래하게 되니 간질환으로 몇 달 동안 병원신세를 져야했던 것이다.

⊙ 癸水 대운의 건강문제를 문의한 것이다.
  • 癸水는 본시 용신이나 천간의 戊土와 간합화국의 구신운이 되니 매우 위태하다.
  • 庚寅세운에 歲干 庚金은 희신이나, 歲支 寅木이 局의 午戌과 寅午戌 삼합화국의 구신운이 되니 흉하다. 다시 간질환 치료를 위해 여러 달 병원신세를 져야했던 것이다.

⊙ 말년의 亥子丑대운은 용신운이니 안락할 것이라 판단된다.

戊	乙	乙	辛	(女)
申	丑	未	亥	

癸 壬 辛 庚 己 戊 丁 丙
卯 寅 丑 子 亥 戌 酉 申

◦乙木 未月

• 未月의 乙木은 三伏生寒(삼복생한)의 시점으로 木性이 寒(한)하나, 前月의 火氣가 아직 남아 있으니 癸水와 丙火가 유용하다.

• 未月은 陽氣(양기)가 아직 다 退氣(퇴기)하지 않았으니 먼저는 癸水를 쓰고, 木性이 또한 추우니 局에 金水가 많으면 丙火가 尊貴(존귀)하다.

• 지지에 木局을 이루고 庚辛金이 없어 乙木의 傷함이 없으며, 丙火와 癸水가 併透(병투)하면 大富貴한다. 그러나 癸水가 없으면 평범한 命造(명조)이다. 運路(운로)가 亥子丑의 북방수운으로 行하지 않으면 평생 困窮(곤궁)하다.

• 六月의 乙木은 만약 사주 중에 水가 없고 比劫의 出干함이 없으면, 이것은 棄命從財(기명종재)하는 것이니 富는 크고 貴는 작으나 賢德(현덕)한 아내를 얻게 된다. 火로써 처를 삼고 土로써 자식을 삼는다.

• 三夏(삼하)의 乙木은 오로지 癸水를 쓰고, 丙火를 참작하여 쓰며, 그 다음에 庚辛金으로 보조한다.

• 戊土가 重하며 투출하고 比肩이 없는 경우에는 財多身弱(재다신약)이라 하니 富屋貧人(부옥빈인)이다. 그러나 甲木이 하나 있어 戊土를 制하면 복록이 있다.

• 未月 乙木이 戊己土가 중중하고 水가 없고, 比劫의 투출이 없으면 이를 棄命從財格(기명종재격)이라 하며 富는 크나 貴는 작다. 이런 사람은 納粟奏名(납속주명)으로 異途(이도=무관직, 문필직..)로 진출하여 小貴하고 賢母良妻(현모양처)를 얻는다.

• 사주에 水가 많고 丙火, 辛金이 투출하여 合水하면 酒色(주색)으로 破家(파가)한다.

• 甲木이 중중하고, 癸水와 丙火와 庚金이 없으면 하천격이다. 혹 庚金이 있어 甲木을 制剋하면 꾀가 있으나 주색을 즐기는 사람이다.

• 乙木이 중중한데 丙癸가 없으면 평범하고 고생이 많으며, 辛金이 암장되어 있으면 僧道(승도)의 命이다.

⊙ 用神
- 未土月은 火氣가 점차 退氣(퇴기)하는 三伏生寒의 시점이나, 陽氣가 다 물러난 것은 아니니, 稼花(가화)인 乙木의 경우에는 하늘의 감로수인 癸水가 필요하고, 다음에는 丙火로 보좌해야 한다.
- 상기는 土氣가 중중하니 財多身弱의 명조이다. 따라서 印星인 水를 용하여 日主 乙木을 생조하면 사주가 中和를 이룰 수 있는 것이다.
- 癸水가 불투하니 年支 亥宮의 壬水를 용해야 한다. 다만 壬水는 江河의 물로 가화인 乙木을 쓸어버릴까 염려되나, 時干 戊土가 투출하여 制水함이 있으니 中和를 얻을 수 있는 것이다.

  用神 : 壬水
  喜神 : 金
  忌神 : 土
  閑神 : 木
  仇神 :   火

⊙ 乙木 日主가 未土月에 생하여 失氣했으나, 지지에 亥未의 반합목국이 있고, 다시 寅亥 육합목국이 있어 신약한 日主를 부조하니 日主가 태약함은 면한 것이다. 時干에 투출한 戊土 正財는 지지 亥未丑寅의 지장간에 통근하고 있으니 財旺한 것이다. 따라서 日主가 약하지 않고 財星 또한 약하지 않으니 부자의 명조이다.
⊙ 財星이 土에 있으니 부동산투기에 일찍 눈을 떠 다소의 재물을 모았던 것이다.
⊙ 日支宮이 丑土로 偏財이니 생각과 행동이 기민하고 理財(이재)에 밝은 것이다.
⊙ 여명의 食傷은 자녀성인데, 時支 寅木의 지장간의 丙火 傷官이 자식이다. 火가 구신에 해당하니 자녀들의 발복은 크게 기대할 수 없는 것이다.
⊙ 年干 辛金은 偏官으로 남편성이다. 희신에 해당하니 부부연은 돈독하다 판단한다.
⊙ 子水대운의 운을 문의한 것이다.
- 도시개발 지역에 건립중인 아파트를 분양받는 것에 대한 길흉을 문의한 것이다.
- 子水는 본시 용신이다. 더욱 기쁜 것은 年, 日支의 亥丑과 더불어 亥子丑의 방합수국을 형성하여 용신운으로 왕하게 들어오니 매우 길하다. 분양받은 아파트가 때마침 전국적인 부동산가격의 폭등세에 편승하여 많은 시세차익을 남겼던 것이다.

丙	乙	癸	庚	(女)
子	酉	未	申	

乙	丙	丁	戊	己	庚	辛	壬
亥	子	丑	寅	卯	辰	巳	午

⊙ 用神

• 未土月은 三伏生寒(삼복생한)의 시점이다. 大暑 前은 아직 陽氣의 세가 남아있으니 癸水를 쓰고, 大暑 後는 金旺之節로 進氣하는 시점으로 陽氣가 쇠퇴하고 寒氣(한기)가 漸昇(점승)하니 丙火와 癸水를 참작한다.

• 상기는 大暑 前에 생하였고 時干에 丙火가 투출하니 陽의 勢가 남아 있다 판단한다. 따라서 月干 癸水를 용신으로 잡는다.

• 용신 癸水의 水源(수원)을 發하는 庚金이 年干에 투출하니 사주가 貴格이다. 국제 공인회계사 자격증을 따서 미국서 활동 중이다.

　　用神 : 癸水
　　喜神 :　金
　　忌神 :　土
　　閑神 :　木
　　仇神 :　火

⊙ 年, 月干이 庚癸로 官星과 印星으로 官印相生되니 본시 공직자의 명조이다. 다만 月令이 未土라 癸水 印星이 絶地에 해당하여 태약하니 공직의 길을 가지 못한 것이다.

⊙ 남편성인 官星이 희신이니 본시 부부연은 돈독하다 판단하나, 日, 時支가 酉와 子로 破殺이 되니 吉 中 凶함이 내재되어 있다 판단한다.

⊙ 辰土대운은 본시 기신운이나 남편궁인 日支 酉金과 辰酉 육합금국의 희신으로 化되니 길하여 이때 결혼한 것이다.

⊙ 癸水가 印星으로 月干에 투출하니 두뇌가 총명한 것이다.

⊙ 지지에 申酉金 官星이 있어 官殺混雜(관살혼잡)되었으나, 酉金 偏官은 子酉 破殺로 去殺되니 申金 正官만 남게 되어 길하게 된 것이다.

◉時干 丙火 傷官이 자식인데, 月令 卯木에 沐浴地(목욕지)이니 크게 현달함을 기대
하기는 어렵다.

◉日支가 酉金 偏官이니 활동적이며, 책임감이 강하고, 맡은바 임무에 충실할 것이
라 판단한다.

◉寅木대운은 본시 한신운으로, 희신에 속하는 年, 日支 申酉와 沖과 怨嗔殺(원진살)
이 되니 흉하다. 寅과 酉는 수레바퀴와 연관되니 차사고가 염려되는 것이며, 특
히 酉金은 수술칼에 비유되니 남편의 자리가 불안해지며 한 두 번의 예상치 못한
흉화가 암시되는 것이다.

◉乙木 申月

• 金神이 司令(사령)하니 丙火를 먼저 쓰고, 다음이 癸水이고, 그 다음이 己土이다.

• 申月은 庚金이 司令(사령)하여, 庚金이 乙木인 妹(매)에게 情을 주어 간합하려
하나, 天干의 乙木이 地支의 金과 合하기 어려운 것이다. 만약 庚金이 투출한
경우라면 月令 申宮에 통근하니 乙庚 간합금국이 成局되어 金剋木하니 乙木이
손상됨이 있는 것이라, 官을 취하기가 어려운 것이다.

• 庚金을 많이 보면 丙火가 없을 경우 乙木의 뿌리가 손상되니 보존키 어렵다.

• 丙, 癸가 투출한 경우, 癸水는 申中 壬水에 통근하여 弱變强(약변강)이 되니, 乙
木의 뿌리를 썩게 만들 염려가 있으니, 己土가 있어 水氣를 혼합하여 濕土(습토)
로 만들면 乙木을 培養(배양)하는 기틀이 되니 국가고시에 합격한다.

• 己土의 투출함이 있고 丙火를 더하면, 癸水의 투출함이 없더라도 역시 上命이
다. 月令(월령)에 壬水가 암장되어 있기 때문이다.

- 丙, 癸, 己가 천간에 투출하면 大富大貴格을 이룬다.
- 申月에 己土를 씀이 기쁘나, 혹시 丙火, 癸水가 없으면 己土가 적어서는 안된다. 이렇게 되면 火로써 처를 삼고 土로써 자식을 삼는다.
- 申月 乙木은 申中 庚金이 當權(당권)하여 官이 많으므로 化殺(화살)하거나 制殺(제살)해야 한다. 化殺(화살)함이 먼저고 制殺(제살)함은 다음이다.
- 癸水가 투출하고, 丙火가 암장되고, 庚金이 적은데, 己土가 없으면 小富貴한다. 丙火가 없고 癸水가 투출되면 異途(이도=무관, 이공계)로 국가직에 종사한다. 癸水가 암장되고, 庚金이 많은데 丙火, 己土가 없으면 평범한 命이다. 만약 癸水가 없으면 하격의 命이다.
- 천간에 乙庚 간합금국이 있고 辰時生이면 化氣格(화기격)으로 논하니 도리어 부귀한다. 그러나 丙丁火가 있으면 破格이다. 化氣格(화기격)은 從化된 오행을 生하는 오행으로 주로 용신으로 잡는다.
- 秋節(추절)의 乙木이 金을 많이 만나고, 制殺(제살)과 化殺(화살)하는 火水가 없으면, 빈한치 않으면 夭死(요사)한다.

◉ 用神
- 局에 金氣가 중중하여 七殺의 성격을 띠며 日主를 핍박함이 심하니 制殺이나 化殺하는 火, 水가 요긴하다.
- 日干 乙木과 月干 庚金이 간합하여 金局을 이루어 金의 勢가 태왕하다. 日干이 간합을 이루어 타 오행으로 바뀌니, 化殺하는 방법을 취할 수 없고, 왕한 金氣를 制殺하는 火를 용해야 한다.
- 局과 胎元(태원)에서 火氣가 전무하니 끌어다 사용할 수 없다. 부득이 倒衝格(도충격)을 적용하여 局의 왕한 申金이 寅木을 沖하여 寅宮의 丙火를 끌어와 용신으로 잡는 것이다.

  用神 : 丙火
  喜神 : 木
  忌神 : 水
  閑神 : 土
  仇神 : 金

◉ 초년과 중년대운이 酉戌亥子丑의 구신과 기신운이니 매사 沮滯(저체)되고 困苦(곤

고)했으며 잘 풀려나가지 못했다.

◉ 남명 乙日干은 陰日干으로 己土가 妻고 戊土가 偏妻이다. 乙日의 長生은 午火이고 祿星은 卯木이다. 妻星인 己土의 長生은 酉金이고 祿星은 午火이다. 長生은 상호간 午酉로 상극되고, 祿星은 상호간 卯午로 破되니, 결혼연은 흉연인 것이다.

◉ 庚辛金이 중중하여 七殺로 化되는데, 制殺하는 火가 전무하니 사주가 귀격이 되지 못한다. 이런 경우는 청소, 정비, 운전, 기술계통의 편업된 직업에 종사하는 경우가 많은데, 부동산업에 종사하고 있다.

◉ 남명 乙日干은 癸水가 母이다. 母인 癸水의 祿星은 子水이고 乙日의 祿星은 卯木으로 상호 子卯 刑殺이다. 이런 경우는 모친과의 연이 적어, 모친이 일찍 작고하거나, 부모의 이혼수가 있거나, 母子간에 불화가 많다.

◉ 月柱가 庚申으로 상하가 正官이니 偏官으로 化된 것이다. 이런 경우는 부모형제 자매간의 연이 적고, 태어나서 죽은 형제자매가 있게 되고, 예기치 않은 사고, 질병, 시비구설 등이 多發하게 되고, 부모 대에 집안의 몰락이 암시되는 것이다.

◉ 乙木 酉月

• 八月의 乙木은 꽃과 곡식이 모두 자지러진 후이니 丹桂(단계=계수나무)로써 乙木을 삼는다.

• 上半月(白露~秋分)에 生하면 丹桂의 꽃망울이 열리지 못했으므로, 오로지 癸水를 써서 丹桂의 꽃부리를 滋養(자양)한다.

• 下半月(秋分~寒露)에 生하면 丹桂의 꽃이 피면 陽을 向함을 기뻐하니, 丙火를 씀이 좋고, 癸水가 다음이 된다.

- 癸水가 없으면 壬水로 대용하나, 癸水는 雨露(우로)로써 하늘에서 내려오는 자연 상태의 물이니 勞苦(노고)가 적으나, 壬水는 江河의 물로 사람이 勞苦를 들여 끌어와 사용하는 물이니, 그만큼 시간과 노력과 고통이 따르므로 格이 떨어지는 것이다.
- 丙火, 癸水가 모두 투출하면 국가고시에 합격하고 이름을 날린다.
- 癸水가 年, 月干에 투출하고 丙火가 時干에 투출되면 木火文星(목화문성)이라 顯達(현달)한다.
- 辛金이 투출하고 지지에 金局이면 반드시, 金의 勢(세)가 太旺하니 丁火의 制殺(제살)이 필요하다.
- 金이 太旺한 경우 丁火나 癸水가 없어 制殺(제살)이나 化殺(화살)하지 못하면, 잔병이 많거나 夭折(요절)한다.
- 金이 旺한데 丁火의 制殺이 있는 경우는 異途功名(이도공명=무관직이나 기술직..)이다.
- 癸, 辛, 丁이 모두 투출하면 大貴格이다.
- 丙, 癸가 투출하고 戊土 또한 투출하면 역시 異途功名(이도공명=무관직이나 기술직..)이다.
- 乙木이 秋分 後에 生한 경우의 看命(간명)은 다음과 같다.
  丙.癸가 모두 出干하면 上格이며, 다시 有氣하고 대운에서 부조하면 大貴格이다.
  丙火는 있으나 癸水가 없으면 小富貴한다.
  癸水가 있으나 丙火가 없으면 명리가 있어도 虛名(허명)에 불과하다.
  丙.癸가 암장되어 있으면 평범하다.
  丙.癸가 없으면 下格이다.

◉ 用神
- 酉金月의 乙木은 秋節(추절)로 寒氣(한기)가 점승하는 시점으로, 春節(춘절)의 芝蘭蒿草(지란호초), 夏節(하절)의 稼花(가화)가 모두 지난 後이니 灌木(관목)으로 乙木을 삼는 것이다.
- 上半月(白露~秋分)은 아직 한기가 심하지 않으니 癸水를 용하여 잎과 줄기와 열매를 자윤하고, 下半月(秋分~寒露)은 한기가 더욱 심하여 寒木이니 向陽함을 기

뼈하므로 丙火로 용신을 잡고 癸水로 보조하는 것이다.

- 酉月의 乙木은 丙火, 癸水가 倂透(병투)하면 국가고시에 합격하여 영달함이 기약된다.

- 지지에 金局인 경우이면 암장된 丁火가 있어 剋金하면 발전됨이 있다. 만약 丁火가 없고, 化殺하는 癸水도 없으며, 丙火도 없는 경우라면, 病은 있고 藥이 없는 것이니 사주가 下格이다.

- 상기는 寒露 4日 前에 생하여 한기가 심한 시점이다. 천간의 乙庚 간합과 지지의 辰酉金局이 있어 官殺이 태왕하다. 未宮의 丁火로는 왕한 官殺을 制殺함에 미력하고, 時干 癸水를 용하여 殺印相生(살인상생)시키면 중화를 이룰 수 있는 것이다.

    用神 : 癸水
    喜神 : 金
    忌神 : 土
    閑神 : 木
    仇神 :   火

⊙ 상기는 젊은 나이에 정신계통의 질환으로 자살과 자해를 여러번 시도한 명조이다. 이는 官殺이 太旺하여 病이 된 때문이다. 아울러 華蓋殺(화개살), 桃花殺(도화살), 幻神殺(환신살), 囚獄殺(수옥살), 喪門殺(상문살) 등의 神氣와 연관된 흉살이 중중하여 자살 시도를 여러 번 했던 것이다.

- 年, 月柱의 干支가 상호 합금국을 형성하여 日主를 극하니 매우 신약한 것이고, 日主 乙木은 좌하에 未土이니 뿌리를 단단히 박지 못하고 있는 것이고, 일점 나를 생해주는 時干 癸水는 좌하 未土에 墓宮(묘궁)이라 無力하니 사고무친에 비유된다.

- 오행과 연관된 질병에서 木은 아래와 같이 요약되니 신경계통과도 연관되는데, 심신미약의 형국이라 정신질환이 태동하게 된 것이다.

甲乙	肝腸(간장). 膽(담=쓸개). 神經系統(신경계통). 頭(두=머리), 項(항=목)
寅	肝(간). 膽(담). 筋(근). 脈(맥). 眼(안). 三焦(삼초). 目痛(목통). 肝胃痛(간위통). 髮(발=머리카락). 兩手(양수). 咽喉痛(인후통). 肩背通(견배통). 煩惱(번뇌). 口乾(구건=입 건조). 咳嗽(해수). 喘息.(천식)
卯	肝(간). 大腸(대장). 十指(십지=손가락). 背(배=등). 筋(근=힘줄). 目(목). 膏盲症(고맹증=소경). 胸脇多風(흉협다풍)

◉ 申金대운은 구신운으로 局의 왕한 金氣에 다시 金을 더하니 설상가상으로 흉함
  이 태동하기 시작한 것이다.

  年支 辰土는 絞神殺(교신살)과 寡宿殺(과숙살)을 대동하고 있고, 月支 酉金은 喪門
  殺(상문살)과 囚獄殺(수옥살)을 대동하고 있다. 辰酉 육합금국이니 이러한 흉살들
  이 힘을 합쳐 더욱 강해져 정신계통을 교란하는 난동을 부리기 시작한 시점이다.

◉ 癸水대운의 운을 문의한 것이다.

  • 부모가 딸의 건강을 걱정하여 방문한 것이다.

  • 癸水는 용신이다. 용신운임에도 불구하고 딸의 자살시도가 있는 것은, 風水에
    不及함이 있는 경우가 많은 것이다.

  • 조상들의 묘소가 있는 곳이 개발지역으로 바뀌면서 이장을 해야 했던 것이다.
    申金대운에 조상들의 묘를 일부는 화장하고 일부는 이장을 하였는데, 이러한
    과정에서 잘못됨이 있어 墓頉(묘탈)이 난 것이라 판단된다.

  • 묘 탈 난 것을 잘 수습하여 길하게 마무리되면, 未土대운부터는 딸이 안정을
    찾을 것이라 예상하는 것이다.

◉ 未土대운 이후는 용신과 희신운이니, 原局(원국)에 있는 여러 흉살들을 制殺한다
  면 무탈한 인생을 살 수 있을 것이라 판단한다.

◉ 用神

  • 乙木은 春節(춘절)에는 芝蘭蒿草(지란호초), 夏節(하절)에는 稼花(가화), 秋節(추절)
    에는 灌木(관목), 冬節(동절)에는 火木에 비유된다. 따라서 酉金月의 乙木은 꽃
    과 곡식이 전부 자지러진 後니 丹桂(단계)에 비유되는 것이다.

- 上半月(白露~秋分)은 계수나무의 꽃망울이 열리지 못한 시기이므로, 하늘의 감로수인 癸水로 滋養(자양)을 하고, 下半月(秋分~寒露)은 계수나무 꽃이 피는 시기로 向陽함을 기뻐하니 丙火를 먼저 쓰고, 다음은 癸水를 용하여 滋潤(자윤)하게 하는 것이다.
- 酉月의 乙木은 천간에 丙火와 癸水가 투출하면 貴格의 명조가 된다.
- 상기는 下半月에 생하여 寒氣가 점승하는 시점이라 먼저는 丙火이고 다음은 癸水이나, 日支 未宮의 餘氣(여기)에 일점 火氣가 있으나 卯未 반합목국으로 化되니 용할 수 없고, 부득이 月干 癸水로 용신을 잡는다.
- 年, 月에 酉金 官星이 있어 金旺하니 印星을 용하여 왕한 金氣를 洩(설)하고, 日主 乙木을 생조하면 官印相生되어 사주가 길해지는 것이다. 다만 月干 癸水가 용신인데 年干 己土가 剋制하니 癸水가 淸(청)하지 못하게 되어 흠결이 있는 것이다.

  用神 : 癸水
  喜神 :　金
  忌神 :　土
  閑神 :　木
  閑神 :　火

◉ 日支 未土가 偏財이니 행동과 사고가 민첩하고 理財에 밝아 사업수완이 있는 것이다. 부부가 철물잡화점을 운영하고 있는 것이다.
◉ 年, 月支 酉酉 偏官이 自刑殺(자형살)이 되고 있다. 먼저는 예기치 않은 사고, 질병 등의 흉화가 따르게 되고, 부모와의 연이 적으며, 女命의 官星은 夫星이니 흉운이 도래할 시는 남편에게도 예기치 않은 禍厄(화액)이 발생할 수 있는 것이다.
◉ 寅木대운의 이사운을 문의한 것이다.
- 寅木대운은 본시 한신운이다. 寅木이 日支 未土를 극하니 나와 남편의 자리에 변동수가 생기니 이사문제가 나오는 것이다.
- 다시 寅木이 年. 月支 酉金과 상극되어, 官殺이 刑殺(형살)을 대동하고 動하게 되니, 이사 후에 흉화의 조짐이 있는 것이다.
- 酉金은 수술칼에도 비유되니 전혀 예상치 못한 사고, 질병 등으로 병원신세를 져야 하는 문제가 발생됨을 암시하는 것이다.

<table>
<tr><td>丙</td><td>乙</td><td>庚</td><td>壬</td><td>(男)</td></tr>
<tr><td>戌</td><td>卯</td><td>戌</td><td>辰</td><td></td></tr>
</table>

戊	丁	丙	乙	甲	癸	壬	辛
午	巳	辰	卯	寅	丑	子	亥

◉ 乙木 戌月

- 戌月은 戌宮의 戊土가 司令(사령)하여 燥土(조토)이니, 乾枯(건고)하여 뿌리가 마르고 잎이 떨어지니 반드시 癸水의 滋養(자양)에 의지한다.

- 乙木은 戌月에 墓宮(묘궁)이라, 십이포태운성의 囚에 속하여 衰絕(쇠절)하나, 甲木을 만나면 生旺으로 변하는데 이는 乙木이 甲木을 의지하니 藤蘿繫甲(등라계갑)이라 하여 秋冬(추동)이 다 좋다.

- 癸水가 있고 辛金을 만나면 癸水의 水源(수원)이 되니 국가고시에 합격하여 일신상의 영달이 따른다.
  癸水가 있고 辛金이 없으면 평범한 命이다.
  辛金은 있는데 癸水가 없으면 빈천한 命이다.
  辛金과 癸水가 없으면 하천격이다.

- 壬水가 많아도 戌宮의 戊土가 司令하여 土旺하니, 乙木이 漂浮(표부)하지는 않으나 평범한 命이 된다.

- 地支에 戊土가 많이 숨어있고, 또 天干에 투출이면 從財格(종재격)이다. 이런 경우 比劫이나 印星이 없어야 길하다. 만약 比劫이나 印星이 있으면 財多身弱이니 富屋貧人(부옥빈인)의 命이다.

- 癸水가 용신이면, 金이 妻요 水가 자식인데, 水가 土의 제극을 받으니 자식을 건사하기가 힘든 명조가 된다.

◉ 用神

- 戌月의 乙木은 戌宮의 戊土가 司令하여 燥土(조토)이므로, 乙木의 뿌리가 마르고 과실이 탐스럽게 영글지 못하니, 하늘의 雨露(우로)인 癸水의 滋養(자양)을 먼저 생각해 보아야 한다.

• 그러나 상기의 경우는 月, 日, 時支가 卯戌의 육합화국의 食傷局을 형성하는데 傷官이 대표하며 火勢가 왕해진 것이다. 旺神宜洩(왕신의설)이니 왕한 食傷의 氣를 財星으로 洩氣(설기)시켜야 중화를 이루므로 용신은 年支 辰宮의 戊土이다.
• 용신 戊土는 局의 卯戌 合火되어 왕한 食傷의 생을 받으니 용신이 왕강하여 길격이다.

    用神 : 戊土
    喜神 :　火
    忌神 :　木
    閑神 :　金
    仇神 :　水

◉ 年, 月干에 壬庚이 투출하여 官印相生되니 공직자의 命인데, 局에 土氣인 財星이 중중하니 財力을 바탕으로 시의원에 당선되어 정계에 등단한 것이다.

◉ 日支宮은 처궁인데, 乙日干의 祿星인 卯木이 居하고 있다. 이는 결혼 후에 처의 내조로 인해 발달할 것임이 암시되는 것이다.

◉ 日, 時支 卯戌의 합은 卯木 祿星과 火庫인 戊土 財星의 합이다. 傷官으로 化되어 生財하고 있으며, 다시 月干 庚金 正官을 생하니 재력을 바탕으로 한 선출직인 것이다.

◉ 지지의 卯辰이 암암리에 (寅)卯辰의 방합목국을 형성하여, 比劫이 중중해지는 것이고, 다시 年干 壬水가 생하니 형제들이 많은 것이다. 5명이다.

◉ 초년의 辛亥, 壬子대운은 구신운이니 家勢(가세)가 빈곤했던 것이다.

◉ 사주가 傷官生財의 格인데 日主가 왕하지 못하니, 자신이 돈을 쫓아다녀야 하는 형국이 되므로, 身苦(신고)가 따르고 奔波(분파)와 勞碌(노록)이 많았던 것이다.

◉ 六親關係(남명. 乙日干)

    乙(日干=我) → 戊(正財=父) → 壬(正印=祖父)
    　　　　　　　癸(偏印=母)　　丁(食神=祖母)
    己(偏財=妻) → 壬(正印=丈人)
    　　　　　　　丁(食神=丈母)
    戊(正財=偏妻)
    辛(偏官=女兒)
    丙(傷官=女婿)

庚(正官=男兒)

乙(比肩=兒媳)

⊙ 乙卯日柱 通辯

• 乙日干의 祿星은 卯木으로 日支에 居하고, 女兒인 辛金 偏官의 녹성인 酉金과 卯酉 상충되고 있다. 이는 女兒를 낳을 시 제왕절개 혹은 유산됨을 암시한다.

• 乙日干의 庚金은 正官으로 男兒이며 처궁인 日支 卯木에 胎地(태지)이다. 태는 잉태를 의미하는 것이니 처음 낳는 아이가 남아임을 암시한다.

• 乙日干의 沐浴(목욕), 桃花(도화)가 巳火인데 이는 庚金 男兒의 長生에 해당된다. 이는 男兒를 낳은 후에 결혼함을 암시한다.

• 乙日干의 戊土는 正財로 偏妻인데 祿星이 巳火이다. 巳火는 乙日干의 沐浴(목욕), 桃花(도화)에 해당하니, 이는 결혼 후에 外情(외정)이 있게 됨을 암시한다.

• 女兒인 辛金의 祿星 酉金과 辰土가 육합금국을 형성하는데, 이는 妻宮의 卯木과 戊土와 卯戊 육합화국의 火勢(화세)에 受剋되고 있는 것이다. 女兒가 태어나 유년시에 체력이 약하고 잔병치레를 많이 할 것이 암시되는 것이다. 혹 運路에서 丁午火가 도래시는 命을 보존하기가 어렵게 되는 경우가 생길 수 있다.

• 乙日干의 祿星 卯木은 女兒인 辛金 偏官의 祿星 酉金, 그리고 己土 偏財의 長生 酉金과 상충되고 있다. 이는 偏財는 재물이요 偏父이니 父의 破財(파재)가 암시되는 것이다.

• 辰土는 父星인 戊土의 財庫이다. 또한 辰土는 水庫로 그 밑바닥엔 土가 있는데 土는 乙日干의 財에 해당된다. 壬水 祖父는 丁火 祖母와 합을 이루어 化木되는 데 이는 乙日인 木氣와 상통된다. 아울러 乙日干의 長生은 午火인데 이는 父星인 戊土의 帝旺地인 午火와 같다. 나타내는 象은 祖父의 財를 상속받을 수 있음을 암시하는 것이다.

• 천간의 乙庚은 간합금국의 官星局을 형성하여 흉함의 조짐이 있는데 土氣인 財星의 생을 받으면 왕해진다. 卯運이 도래시는 木剋土하여 破財하니 生金이 불능하여 무탈하고, 戊土運은 卯戊 化火되어 剋金하니 무탈하고, 辰年은 辰戊 沖하여 卯戊 합화국을 깨니 剋金하지 못하게 되어 官殺의 태동이 염려되는 것이다. 또한 辰土는 酉金과 辰酉 육합금국의 官殺局으로 化되어 乙日干의 祿星

인 卯木을 충극하니 필히 官訟(관송)이 발생하게 되는 것이다.

- 日支宮 처궁의 卯木은 암암리에 亥卯未 삼합목국을 형성하는데, 亥卯未의 三殺은 戌土인 것이다. 처궁의 卯木은 三殺庫인 戌土와 卯戌 육합화국을 형성하고, 三殺庫인 戌土의 지장간에는 己土인 妻가 있는 것이다. 아울러 癸水 母의 長生은 卯木이다. 이것이 나타내는 象은 三殺은 흉살이니, 妻와 母가 모두 중병으로 수술받게 됨을 암시하는 것이다.

- 己土 妻의 長生은 酉金이고 祿星은 午火이다. 癸水 母의 長生은 卯木이고 祿星은 子水이다. 상호 卯酉 沖과 子午 沖되니 고부간의 不和가 암시되는 것이다.

```
乙      乙      癸      戊    (男)

酉      巳      亥      戌

辛 庚 己 戊 丁 丙 乙 甲
未 午 巳 辰 卯 寅 丑 子
```

◉ 乙木 亥月

- 亥月의 乙木은 少陽節(소양절)에 생한 것이니, 겉으로는 줄기와 가지가 시들고 상하나 내적으로는 점차 生氣가 動하는 형상이다. 따라서 亥月의 甲乙木은 甲木萌芽(갑목맹아)라 한다.

- 亥月은 壬水가 司令하니 丙火를 취하여 木을 온난케 하고, 水가 왕하면 戊土로 制水하고 乙木의 뿌리를 튼튼히 한다. 따라서 丙火가 우선이고 戊土가 다음이다.

- 丙火, 戊土가 모두 출간하면 국가고시에 합격한다.
  丙火가 있고 戊土가 없으면 국가고시 합격에 준하는 관직을 얻는다.
  丙火가 없고 戊土가 있으면 富는 있으나 貴가 없다.
  丙火가 출간하고 戊土 대신 己土가 출간하면 小富貴한다.

- 丙火가 암장되었는데 火土運을 만나면 공명 현달한다.

- 水가 중중하고 戊土가 없으면, 乙木이 땅에 뿌리를 내리지 못하니 水泛木浮(수

범목부)의 형상이라, 방탕한 무리가 된다.
- 水가 중중한데 丙火와 己土가 없으면 처자식을 건사하기 힘들다.
- 壬水와 戊土가 一位씩 있으면 평범한 命이다.
- 亥月의 乙木은 壬水가 중중하면 戊土가 용신이고, 戊土가 중중하면 甲木이 용신이고, 月, 時에 甲木이 투출하면 庚金을 용해야 한다.

⊙ 用神
- 乙木이 亥月 立冬節에 生하여 天地가 寒(한)하다. 먼저는 調候(조후)가 급하니 丙火의 온난함이 있어야 하겠고, 水氣가 旺하면 甲木이 투출하여 納水(납수)함이 가능한지 살펴보아야 하고, 太旺하여 汪洋(왕양)한 기세라면 戊土의 극제가 필요하다.
- 상기는 月柱의 水氣를 戊戌土가 剋制하고 다시 미력하나 乙木의 納水함이 있으니, 이제 中和를 이루기 위해서는 丙火의 暖燥之氣(난조지기)가 필요하다. 용신은 日支 巳中의 丙火이다. 그러나 巳亥 相沖하여 用神이 손상되니 吉하지는 못한 것이다.

> 用神 : 丙火
> 喜神 :   木
> 忌神 :   水
> 閑神 :   土
> 仇尼 :   金

⊙ 乙巳日柱 특성
- 자기중심적이고 사치와 허영심이 있고, 허풍과 변덕이 심하다. 재주가 있고, 눈치가 빠르며, 말재간이 능하고, 눈치가 빠르며 무속이나, 사찰, 山神(산신)과 연관한 신앙심이 깊다.
- 잔병치레가 많고 신경통과 장질환, 정신질환, 두통 등의 염려가 있다.
- 교사, 군인, 부동산업, 축산업, 운수업 등의 직업이 많고, 여성은 유흥업, 미용업 종사자가 많다.

⊙ 天干의 戊癸의 간합화국은 坐下에 火氣가 없으니 合而不化의 형국으로 陰干인 癸水 偏印은 羈絆(기반)된 것이다. 따라서 학업과의 緣(연)이 길하지 못하게 되고 사회적으로는 문서, 계약 등과 연계하여 吉하지 못한 사안이 많이 발생하게 된다.

⊙ 年柱의 財星은 상속의 財로 논하기도 하는데, 年支 戌土가 墓宮이니 상속받을
財는 있으나 종국에는 상속받지 못하게 되는 것이다. 여러 번 사업의 실패로 인
하여 損財가 많으니 부친께서 이를 못마땅하게 여겨 다른 형제자매들에게만 상
속을 한 것이다.

⊙ 月柱에 십이포태운성의 死가 있는 경우에는 대체로 인생에 있어서의 실패수가
최소 한두 번 있게 되는 것이다. 상기인은 3번의 사업 실패로 인하여 재물의 손실
이 컸던 것이다.

⊙ 月柱에 偏印과 正印이 동주하는 경우는 偏印으로 논한다. 이런 경우에는 오히려
문서, 계약 등과 연계하여 여러 시비다툼이 발생하게 되는 것이다.

⊙ 日支 巳火 傷官이 亡神殺(망신살)과 십이포태운성의 沐浴殺(목욕살)을 대동하고 다
시 時支 酉金과 巳酉 반합금국의 官星局을 형성하고 있다. 官星局은 偏官으로
논하는데, 구신에 해당되니 이제는 시비다툼과 관재구설의 태동이 예견되는 것이
다. 건설업과 연관하여 官災訴訟(관재소송) 件이 여러 번 발생한 것이다.

⊙ 巳火대운

• 巳火가 年支 戌土 正財와는 巳戌 怨嗔殺(원진살)이 되는데, 戌土는 십이포태운
성의 墓(묘)라, 怨嗔(원진)되는 경우에는 이제 墓宮(묘궁)의 무덤이 파헤쳐지는
것이다. 매우 흉하다. 損財數의 발생이 암시되는 것이다.

• 月支 亥水 正印과는 相沖되어 손상되니 문서, 계약 건으로 인해 凶禍(흉화)가
예상되는 것이다.

• 時支 酉金 偏官과는 巳酉 반합금국의 官星局이 되고 구신에 해당되니 官災口舌
이 동하게 되는 것이다.

⊙ 用神

- 亥月의 乙木은 小陽節(소양절)에 생한 것이니 겉으로는 메마르고 傷하나 내적으론 생기가 돌기 시작하는 시점이다.

- 천지가 寒(한)하니 丙火가 尊貴(존귀)한데, 壬水가 司令(사령)하니 局에 水氣가 많으면 戊土를 쓴다.

- 丙火와 戊土가 併透하면 국가고시에 합격하고 일신상의 영달함이 기약된다. 丙火가 불투하고 戊土가 투출하면 富는 많고 貴는 적으며 지방의 재력가이다.

- 局에 水가 중중하면 乙木이 水泛木浮의 상황이니 무위도식하고 빈천하다.

- 局에 丙火와 己土가 없으면 처자식을 건사하기 어렵다.

- 壬水와 戊土가 각각 一位이면 평범한 命이다.

- 상기는 時干에 壬水가 투출하고 지지에 水氣가 왕하니 먼저 戊土를 용하여 制水하고 丙火로 보조해야 한다. 日支 巳宮의 戊土를 용한다.

  用神 : 戊土
  喜神 : 火
  忌神 : 木
  閑神 : 金
  仇神 : 水

⊙ 結婚緣(결혼연)

- 年柱 丁亥는 암암리에 丁壬합목과 寅亥합목을 형성하려 하니, 年柱 상하의 氣는 암암리에 劫財에 속하는 木氣를 띠며 偏夫에 해당하는 것이다.

- 月柱 辛亥는 암암리에 丙辛 합수와 寅亥 합목을 형성하려 하니, 水木의 氣를 띠고 年柱 偏夫의 氣인 木氣를 扶助(부조)하고 있는 것이다.

- 따라서 年柱와 月柱가 암암리에 나타내는 象은, 이혼했거나 결혼 적령기가 지난 나이든 여자와 결혼함이 길한 것이다. 만약 그렇지 않으면 破財(파재), 破家(파가)하게 되며 이혼수가 높은 것이다.

⊙ 乙巳日柱 通辯(통변)

- 日支宮인 妻宮의 巳火는 암암리에 酉丑과 巳酉丑 삼합금국을 형성하는데, 巳酉丑의 三殺은 辰土에 있으며 日主 乙木의 財庫에 해당된다. 辰土는 酉金과 辰酉 육합금국이 되는데, 酉金은 七殺 辛金의 祿星이 된다. 辰酉 합금이 官殺局이

되어 日主를 심히 극하는 것이다. 암시되는 象은, 오행상 木에 해당하는 간질환을 앓게 되거나, 처로 인해 상해를 당하거나, 처로 인해 破財(파재)를 당하는 것이다.

• 日柱 乙巳는 甲辰旬 中으로 寅卯가 空亡이다. 日主 乙木의 祿星은 卯木이고, 日支 巳火는 傷官으로 天干으로는 丙火인데 卯木은 목욕살과 도화살이 되며 역시 空亡에 해당된다. 이것이 나타내는 상은 평생 풍류한량이며 처가 자주 바뀌게 되는 것이다. 이것은 戊土는 偏財로 또한 偏妻인데, 祿星이 巳火로 日支宮 妻宮에 자리하기 때문이다.

• 日主 乙木이 坐下에 巳火 傷官이 있으니 聰明巧智(총명교지)하다. 또한 巳火는 丙火인데 寅木이 長生이나 空亡에 해당된다. 나타내는 象은 총명교지하나 그 능력을 능히 써먹을 수 없게 되는 명조이다.

• 日支가 巳火인데 宮에 암장된 戊土는 偏財이고 巳火가 祿星이다. 이는 집안의 재산이 풍성했음을 의미한다.

  또한 日支 巳宮에는 丙火 傷官이 암장되어 있고 祿星인데, 傷官은 官을 극하는 것이라 길하지 못하다. 아울러 巳宮에 암장된 庚金은 正官으로 日支 巳火가 長生인데, 日主 乙木과 乙庚 간합금국의 官殺局으로 化되니 나타내는 象은 官이 높지 않을 것임을 의미하는 것이다.

• 己土는 日主 乙木의 偏妻이며 午火가 祿星이다. 子水는 日主 乙木의 偏母인데 子午 沖이 되고 있다. 나타내는 象은 고부간에 한 가택에 주거하게 되면 필히 언쟁이 오고 가며 흉함이 있을 것임을 암시한다.

• 己土는 偏妻로 午火가 祿星이며 도화살을 대동하고 있다. 時柱에 있으니 牆外 桃花(장외도화)인데, 偏妻의 色情(색정)으로 인한 가택의 불안이 염려되는 것이다. 이는 己土가 偏妻인데 己土의 傷官은 庚金이다. 庚金에서 午火는 목욕살이 되고, 日支 巳火 기준하여 도화살인 午火가 時支에 臨하였기 때문에 色情(색정)이 많다 판단하는 것이다.

◎ 用神
- 亥月의 乙木은 寒木向陽(한목향양)이니, 丙火를 얻어 木을 따듯하게 하고, 亥宮의 壬水가 司令하니 戊土로 壬水를 억제하여 乙木이 뿌리를 내리게 한다. 따라서 먼저는 丙火이고 다음은 戊土이다.
- 丙火, 戊土가 투출하면 국가고시에 합격하고 영달함이 기약된다.
  丙火가 있고 戊土가 없으면 국가고시 합격에 준하는 관록을 얻는다.
- 상기는 日主 乙木이 月令 亥宮의 甲壬의 부조를 받으니 甲木萌芽(갑목맹아)라 하며 약변강의 勢를 취하고 있다. 또한 지지 寅亥 합목의 부조가 있으니 日主가 왕한 것이다. 丙丁火를 용하여 日主의 왕한 氣를 洩하면 사주가 中和를 이룰 수 있는 것이다. 丙火가 不透(불투)하고 月干에 丁火가 투출했으니 이를 용신으로 잡는다.

  用神 : 丁火
  喜神 :   木
  忌神 :   水
  閑神 :   土
  仇神 :   金

- 지지에 寅亥 합목이 있어 희신으로 왕한 亥水의 氣가 洩(설)시키고, 다시 용신 丁火를 부조하니 용신이 왕해져 사주가 길해진 것이다.
- 時干 戊土 財星은 月令 亥水에 失氣했으나 坐下 寅木에 長生을 득하여 약하지 않고, 年干 庚金 官星은 亥月에 쇠하나 坐下의 濕土(습토)인 辰土의 생조를 받으니 역시 약하지 않다. 日支 亥水는 印星으로 月令 亥水의 부조를 받으니 역시 약하지 않아, 財官印이 모두 약하지 않고, 용신 丁火가 역시 쇠하지 않으니 길격의 명조가 된 것이다.

⊙ 日柱 乙亥는 甲戌旬 中이며 申酉가 空亡이다.

⊙ 辛卯대운
- 天干 辛은 암암리에 丙火와 지지 卯는 戌土와 합을 이루려 하니, 干支의 象은 丙辛 合水와 卯戌 合火로 水剋火의 象이고, 卯木은 日主 乙木의 祿星地인 것이다.
- 辛金과 丙火의 간합은, 丙火의 목욕살은 卯이고 또한 卯는 도화살인 子午卯酉 중 하나에 해당하며 다시 日干 乙木의 建祿(건록=녹성)에 해당된다.

⊙ 辛卯대운 중 庚申세운
- 日柱 乙亥의 空亡은 申酉金인데, 歲支 申金이 入되어 甲戌旬 中의 空亡된 申金이 塡實(전실)되는 것이라 脫(탈) 空亡된 것으로 논한다. 그리고 申金은 日干 乙木의 天乙貴人에 해당된다.
- 脫(탈) 空亡된 申金이 丙火의 長生에 해당하는 時支 寅木을 沖하여 寅宮의 丙火가 沖出되니 원국의 寒木(한목)에 火氣를 더하게 되어 調候(조후)를 득하게 된 것이고, 또한 火는 庚金을 煅煉(하련)하여 貴器(귀기)를 만들게 되니 길한 것이라 이 시기에 지방선거에서 당선되어 政界(정계)에 입문하게 된 것이다.
- 申金은 日干 乙木의 天乙貴人(처을귀인)에 해당하니 유권자들의 조력이 많았던 것이다.

⊙ 辰土대운 중 己巳세운 용신운에 縣(대만의 현)의 長에 선출된 것이다.

⊙ 癸巳대운은 天干 癸水가 印星인데, 時干 戊土와 간합화국을 이루어 지지 巳火에 祿星을 득한 것이다. 火는 傷官으로 庚金 官星을 剋去하니 정치적으로는 終官(종관)의 운이지만, 傷官生財하니 得財의 기회를 얻은 것이다. 투자신탁회사의 長으로 전출한 것이다.

⊙ 乙亥日柱 通辯
- 日柱 乙亥는 甲戌旬 中으로 申酉가 空亡이다. 乙日干은 庚辛金이 官星인데 申酉가 공망이니 官祿이 높지 않을 것이며, 求職(구직)에 불리하고, 또한 官星은 子女星으로 공망되니 자녀들의 영달함은 기대하기 어려운 것이다.
- 甲戌旬의 戌土는 旬首(순수)이고 傷官이며 또한 火庫인 것이다. 암암리에 卯戌 合의 火局을 이루어 食傷局이 되며 이는 傷官이 대표하는 것이고 火庫에 入되

는 것이다. 따라서 火剋金하여 官星을 극하니 男兒가 적거나 혹은 없는 것이다.

- 辰土운이 도래하면 辰土는 水庫이고 水는 印星에 해당되며, 酉金과 암암리에 辰酉 합금의 官星局을 형성하여 자녀성은 왕해지는 것이나, 반면 火氣인 傷官에 의해 煅煉(하련)되니 貴器(귀기)로 바뀌는 것이라 길한 운이다.

- 戊土는 正財로 妻星이고 처궁인 日支 亥水에 絶地(절지)이다. 亥水는 時支 寅木과 합목되어 처성인 戊土 財星을 극하니, 同居(동거)함이 불가한 것이고, 부부모두 심신에 多病(다병)하게 되어 6年 내에 별거하게 되거나 이혼하게 되는 것이다. 亥水는 河圖(하도)의 數理(수리)에서 數가 6이니 6年 내에 사안이 발생할 것이라 판단하는 것이다.

- 妻宮인 日支가 亥水이다. 原局이건 運路에서건 寅木이 출현하면, 처궁인 亥水와 寅亥 합국을 형성하는 것이니, 두 명의 처와 연관된 문제가 발생하는 것이다.

- 寅亥의 합목국은 甲木이 대표하며 寅木이 祿星인 것이다. 甲木은 己土 財星을 끌어와 합하려 하는데, 原局에서 戊土가 妻이니 己土는 偏妻가 되는 것이라 두 명의 처를 거느리는 문제가 대두되는 것이다

- 日, 時支의 寅亥 합목이 나타내는 象은, 木剋土하여 財星인 土를 극하니, 사업가의 길은 아닌 것이고, 또한 財를 탐하려 하지 않는 명조이다.

⊙ 用神
- 亥月의 乙木은 小陽節(소양절)에 生하여 겉으로는 시들고 傷한 형상이나, 一陽으로 進氣(진기)하는 시점이니 안으로는 점차 生氣가 태동하는 象이다.
- 亥月은 寒冷之節(한냉지절)이니 乙木이 向陽함을 기뻐하므로 丙火가 尊貴(존귀)

하다. 또한 亥宮의 壬水가 司令하므로 局에 水氣가 중중하면 戊土의 制水가 필요하다.

- 丙火와 戊土가 모두 투출하면 국가고시에 합격하여 높은 관직에 오르게 된다. 丙火가 없고 戊土가 있으면 富는 있고 貴가 없으나 명망있는 才士이다. 丙火와 戊土가 모두 암장되면 運에서 火土運이 도래할시 得官하게 된다. 만약 그렇지 못한 경우라면 풍수에서 결함이 있는 것이다.
- 水가 중중한데 戊土가 없으면 게으르고 빈천하다.
- 상기는 亥水가 중중하나 亥月의 乙木은 寒木(한목)이라 向陽함을 기뻐하니 먼저는 丙火이고 다음은 戊土로 制水해야 한다. 아쉬운 것은 丙火와 戊土 대신 丁火와 己土가 투출하니 格이 떨어지는 것이다. 용신은 丁火이다.

用神 : 丁火
喜神 :   木
忌神 :   水
閑神 :   土
仇神 :   金

◎ 局에 亥水 印星이 중중하니 多印은 無印이라 어머니와의 연이 적은 것이다.
◎ 月干 己土가 偏財로 夫星인데, 지지의 중중한 水氣에 함몰되어 불순물로 바뀌니 아버지와의 연도 박한 것이다.
◎ 지지에 印星이 重重한 경우 암시되는 사안은 다음과 같다.

- 外家가 몰락한 경우가 많고, 외삼촌의 단명수가 따르는 것이다.
- 또한 본가의 부모형제자매가 뿔뿔이 흩어지게 되는 것이다.
- 모친과의 연이 적으니 庶母(서모)나 남의 손에 양육되는 경우가 많다.
- 문서와의 연이 적으니 본인 명의의 문서, 계약 등은 하지 않음이 좋다.
- 예기치 않은 사고, 질병 등으로 인해 수술 건이 많이 발생하고 단명수가 따르는 경우가 많다.
- 두뇌는 총명하나 학업으로 성공하기가 어렵다.
- 종교, 역술, 풍수, 한의학.. 등에 심취하는 경우가 많다.
- 財星과는 상극관계이니 처와 재물복이 적은 경우가 많다.
- 官星이 태약하거나 刑沖되는 경우에는 治鬼者(치귀자)로 활동하는 경우가 많다.

- 남의 음해, 시비다툼, 관재구설 등에 연루되는 경우가 많다.
- 성격이 내성적이며 고집이 세어 대인관계가 원만하지 못한 경우가 많다.

⊙ 지지에 水가 중중하여 乙木이 水泛木浮(수범목부)의 형국이나, 月干에 己土가 있어 日支 巳火에 통근하여 乙木이 뿌리를 내리게 하니 漂流之命(표류지명)은 벗어난 것이다.

⊙ 日支가 妻宮인데 巳火가 있어, 月, 時支의 亥水와 巳亥 상충되어 손상되니 처와의 연이 박한 것이다. 사귀는 여자는 많으나 정식 결혼을 하지 못하고 있는 것이다.

⊙ 중년 이후의 운은 未午巳辰卯의 용신과 희신운으로 도래하니 苦盡甘來(고진감래)에 비유된다.

⊙ 乙未대운의 결혼운을 문의한 것이다.
- 乙未대운은 乙木이 기신이니 길하지 못하다.
- 未土대운은 원국의 亥水와 亥未 반합목국의 기신운이니 길하지 못하다.

⊙ 상기 사주에 맞는 직업군은 어떠할까?
- 時干 丁火가 食神이니 才藝(재예), 기능직과 연관된다.
- 月, 時干은 己土와 辛金으로 土生金하여 辛金 偏官을 生하니 기술을 활용해야 한다.
- 지지 亥水 正印은 三位가 있어 偏印으로 化되니 편업된 직업이다.
- 종합하면 偏官과 偏印을 활용해야 하므로 鍼術(침술), 藥劑(약제), 易術家(역술가)의 길이다.

⊙ 用神
- 亥月은 천지가 寒冷(한냉)하여 발생의 象이 적은 계절이며 亥宮의 壬水가 司令

한 것이다.

- 稼花(가화)인 乙木은 亥月에 蘇生(소생)의 기미를 먼저 살펴보아야 하니 丙火가 존귀한 것이고, 乙木의 뿌리를 내리는 戊土도 참작해야 한다. 따라서 丙火와 戊土를 떠나서는 용신을 생각하기 힘들다.
- 지지 亥卯未 삼합목국은 月令을 亥水가 차지하니 삼합목국이 失氣했다 판단한다. 그래도 木의 기세가 남아있으니 日主는 身旺하다 판단한다. 왕한 木氣를 洩(설)하고 調候(조후)를 득하기 위해서는 丙火가 요긴한데 不透(불투)하고 年干 丁火가 투출했으니 부득이 이를 용신으로 잡는다.
- 丙火가 眞神(진신)이고 丁火가 假神(가신)이다. 假神(가신)인 丁火가 용신이니 格이 떨어지나, 運路에서 부조가 있으면 衣食은 足할 것이라 판단한다.

  用神 : 丁火
  喜神 :　　木
  忌神 :　　水
  閑神 :　　土
  仇神 :　　金

⊙ 직업은 천간에 투출한 오행의 象으로 판단하기도 한다. 辛金은 한번 하련을 거친 금속이니 귀금속, 차바퀴, 수술칼, 刀劍(도검) 등으로 논하는데 전선줄에 비유되기도 한다. 丁火는 화롯불, 등촉불, 아궁이불, 조명탄, 탄환 등으로 논하는데, 불쏘시기에 불을 붙이는 불꽃에 비유되기도 한다. 지지의 亥卯未는 나무로 만든 사다리에 비유된다. 따라서 원국의 오행을 종합적으로 판단해보면, 사다리를 타고 전신주에 올라가 작업하는 직업과 연관되기도 한다. 국영기업체인 한국전력에 근무하고 있다.

⊙ 丁火대운 庚子세운의 승진운 및 부서 이동 여부에 대해 문의한 것이다.

- 丁火대운은 본시 용신운이다. 다만 승진 여부는 대운보다는 세운의 길흉 여부에 더 크게 작용하는 것이다.
- 庚子세운은 歲干 庚金은 구신, 歲支 子水는 기신에 해당하니 昇進(승진)은 요원한 것이다. 다만 歲支 子水가 日支 未土와 怨嗔되니 현재의 자신의 자리를 밀어내는 것이라, 부서 이동수는 있다 판단하는 것이다.
- 辛丑세운은 기신과 한신운이니 역시 승진은 요원한 것이다.

- 壬寅세운은 歲干 壬水가 본시 기신이나 年干 丁火와 丁壬 합목의 희신으로 火되니 길하다. 歲支 寅木은 月支 亥水 正印과 합되어 희신으로 化되니 문서가 길하게 작동하는 것이다. 印星은 문서, 계약 등으로 논하니 합되어 용신이나 희신운으로 들어오면 문서운이 길하게 동했다 판단하는 것이며, 직장인은 승진 운이 많은 해라 판단하는 것이다.

⊙ 日支에 未土 偏財가 있으니 결혼은 다소 늦어질 것이라 판단하는데, 男命의 용신은 자식으로도 논하므로, 이를 생하는 희신은 자연 妻로도 논하는 것이다. 따라서 壬寅세운 희신운에 결혼수가 많다 판단하는 것이다. 年, 月의 財는 결혼이 다소 빠르고 日, 時의 財는 결혼이 다소 늦다 판단하는 것이다.

⊙ 乙木 子月
- 乙木이 子月에 생하여 천지가 寒凍(한동)하니, 丙火로 解凍(해동)함을 크게 기뻐한다.
- 乙木은 芝蘭蒿草(지란호초)요 稼花(가화)이다. 冬月의 稼花는 陽氣가 있어야 하므로 癸水를 용함은 不可하고 오로지 丙火를 쓴다.
- 冬至 前은 乙木이 生陽의 기운이 적으니 丙火가 크게 활용되지 못하고, 冬至 後는 生陽의 기운이 태동하므로 貴格을 이룬다.
- 子月의 乙木은 丙火가 많을수록 좋은데 一, 二位의 丙火가 출간하고 癸水의 극제됨이 없으면 국가고시에 합격한다. 만약 丙火가 암장되어도 衣祿은 있다.
- 壬癸水가 출간한 경우 戊土의 制水함이 없으면 水泛木浮(수범목부)의 象이니 賤格(천격)이고, 다시 지지에 水局이면 殘疾(잔질)이 많거나 短命(단명)하게 된다.

- 壬水가 출간하고 戊土의 제극이 있으면 才士이고, 丙火가 암장되면 단지 秀才 (수재)에 불과하다.

◉ 用神
- 乙木은 稼花(가화)인데 子月인 寒凍之節(한동지절)에 생하여 寒木(한목)이 되니, 調候(조후)가 급하여 丙火가 귀중한 것이고 甲木으로 보좌한다.
- 지지 寅卯辰은 방합목국이나 子月에 생하였으므로 비록 방합목국이 失氣했다 하나, 木을 생하므로 木氣가 약변강인 것이다. 다시 年干에 甲木이 투출하니 이제 群劫爭財(군겁쟁재)의 형국이 된 것이다.
- 상기는 子月의 乙木이라 寒木向陽(한목향양)이니 調候(조후)가 긴요하여 月干 丙火를 용신으로 잡는다. 용신 丙火는 坐下 月令 子水에 胎地(태지)라 失氣했으니 왕하지 못한 것이다.

    用神 : 丙火
    喜神 :　木
    忌神 :　水
    閑神 :　土
    仇神 :　金

◉ 乙卯日柱 특성
- 매사 분명하고, 세밀하며, 성실한 생활을 한다.
- 외유내강의 대쪽 같은 선비타입이고, 항시 유종의 미를 거두려는 성격이며, 인정이 많고 합리적인 면이 있다.
- 융통성이 부족한 면이 있으나 합리적이다.
- 디자이너, 서예가, 화가, 이.미용업, 목재상 등의 직업이 많다.

◉ 局에 官星이 전무하니 자영업자의 명조이고, 子水 偏印이 辰土와 子辰 반합수국의 印星局을 이루니, 偏印이 왕해져 이제는 교묘한 재주와 감언이설로 남을 이용하여 이익을 편취하려는 성향이 강한 것이다.

◉ 時干 戊土 正財는 坐下에 寅木이 있어 長生을 득하니 약하지 않다. 다만 財를 생하는 月干 丙火 傷官이 衰하여 傷官生財(상관생재)의 힘이 미력한 것이다. 이런 경우에는 財를 획득하기 위해 권모술수를 잘 쓰고 또한 매사 사기성이 강한 경우가 많다.

◉ 月令 子水 偏印이 空亡되었다. 두뇌가 총명하여 박사학위를 받았으나 공망되니 학업과 연관한 성취도는 낮았던 것이다. 月柱는 부모형제자매궁인데 공망되니 이들과의 연이 박한 것이고, 또한 印星은 문서, 계약관계로도 논하니 평생에 걸쳐 문서, 계약관계에서 실패수가 많았던 것이다.

◉ 巳火대운은 본시 용신운이나, 月支 子水 偏印과는 상극되니 흉함이 암시되는데, 偏印이 태동하게 되니 문서, 계약 등에서 禍厄(화액)의 징조가 있는 것이다. 다시 時支 寅木과는 寅巳 刑殺(형살)이 되어 이제 관재구설이 들어오는데, 寅木은 劫財로 동료직원들에 비유되니, 주식회사를 차린 후 주식을 양도하는 과정에서 동료직원들과 여러 가지 사기행각을 벌인 것이다.

◉ 壬午대운은 壬水가 용신인 月干 丙火를 충극하여 흉하고, 午火는 본시 용신이나 月支 子水와 상충되어 午火 용신이 손상되고, 또한 子水 偏印이 흉하게 動하는 것이고, 다시 日支 卯木과는 午卯 破되니 용신의 역할을 하지 못하는 것이며, 卯木은 比肩이라 동료 직원들이며 주식회사의 경우 주주들이라 논하니 이들에게 피해가 발생하는 것이다.

◉ 주식이 상장된 후 많은 이득을 얻을 수 있다는 감언이설로 투자자들을 모으는 사기행각을 벌인 것이다. 사업자금을 마련하기 위해 수천 명으로부터 주식을 양도하며 받은 수백억 원을 모두 탕진한 것이다. 현재 사기죄로 중형을 선고받고 服役(복역) 중이다.

◉ 사주의 격이 群劫爭財格(군겁쟁재격)이라 금전의 입출은 많았으나 정작 내손에 쥐어지는 돈은 없었던 것이다.

⊙ 乙木 子月

- 子月의 乙木은 천지가 寒凍(한동)한 계절이라 줄기와 잎이 모두 얼어붙은 때이니 解凍(해동)하는 丙火가 尊貴(존귀)하며 또한 戊土가 있어 癸水의 病을 제거해야 한다.
- 冬至 前에 생하면 陽氣가 아직 動하지 않으니 단지 안락함과 재물이 足한 것이고, 冬至 後에 생하면 陽이 돌아와 만물을 解凍시켜 生育을 준비함이니 귀격을 이루게 된다.
- 丙火와 戊土가 併透(병투)하면 국가의 은공을 받게 된다.
- 丙火가 지지에 암장된 경우라면 단지 衣食이 있는 秀才이다.
- 壬癸水가 출간 한 경우에는 戊土의 制水가 필요하며 재능이 있는 사람이다. 戊土가 없는 경우에는 凍加凍이 되니 빈천한 命이 된다.
- 壬癸水가 출간하고 지지 水局인 경우에 丙火가 없으면 戊土로 制水한다 해도 평생 빈천함을 면치 못한다. 혹, 運路(운로)가 巳午未 남방운이면 衣食은 있게 된다.
- 丙火가 없고 丁火가 중중하면 다소의 역량이 있으나, 陰木陰火(음목음화)이니 성격이 음침하고 또한 木火通明(목화통명)은 되는 것이나 크게 간사한 무리에 속한다.

⊙ 用神

- 子月은 寒凍之節(한동지절)이니 乙木은 向陽함을 기뻐한다.
- 月令 子中의 癸水는 時干에 戊土가 있어 制水함이 있다. 따라서 冬節이라 조후가 급하니 年干 丙火를 용해야 한다.
- 용신 丙火는 좌하에 午火 羊刃을 득하나, 月支 子水와 子午 沖하여 뿌리가 손상되니 길 중 흉함이 있는 것이고, 日支 巳火 역시 時支 寅木과 寅巳 刑하여 손상되니 용신인 丙火를 부조함에 결함이 있는 것이다.

　　用神 : 丙火
　　喜神 : 木
　　忌神 : 水
　　閑神 : 土
　　仇神 : 金

⊙ 月令 子水가 印星이니 본시 두뇌가 총명하나 기신이니 학업의 성취가 적었던 것

이다. 가정형편으로 인해 대학진학을 하지 못하고 은행에 취업한 것이다.

⊙ 천간에 乙庚 간합의 부부지합이 있으니 연애결혼한 것이다. 丁火대운 용신운에 결혼한 것이다.

⊙ 月柱의 官星은 남녀 공히 집안의 大小事를 관장하는 장남이나 장녀의 역할을 하게 된다. 月干 庚金이 正官이다. 부친이 일찍 작고한 후 장녀로써 집안의 살림을 도맡아 꾸려 왔던 것이다.

⊙ 甲木대운 중 庚子세운의 운을 문의한 것이다.

　• 甲대운은 본시 희신으로 길하다. 正官인 月干 庚金과 甲庚 沖하여 상호 손상되니 직업, 직장, 직책의 변동이 발생하는 것이다.

　• 庚子세운의 커피숍 개업을 문의한 것이다. 歲干 庚金이 기신인 歲支 子水를 생하여 子水가 왕해졌는데, 年支 午火를 충극하니 용신 丙火의 뿌리가 손상되는 것이라 흉하다.

　• 辛丑세운은 歲干 辛金은 구신이고, 歲支 丑土는 月支 子水와는 子丑 합토의 습토로 化되어 한신운이 되고, 日支 巳火와는 巳丑 반합금국의 구신운이 되니 흉하다. 길하지 못한 해이다.

　• 이후 午火대운은 용신운이니 길하다. 다만 혐의가 되는 것은 月支 子水와 子午 沖하여 상호 손상되니 길 중 흉함이 발생하게 될 것이다.

⊙ 時支宮의 卯木이 年支 午火와 破殺, 月支 子水와 刑殺이 되어 흉하게 작동하니 자녀들의 발전은 크게 기대하기 힘들다.

⊙ 用神

　• 乙木이 子月에 생하여 천지가 寒(한)하니 丙火의 解凍(해동)이 없으면 생존할 수

없다. 時支 寅宮의 丙火를 용한다.

- 財星이 중중하여 財多身弱(재다신약)이니 印星 용신을 생각할 수 있으나, 子月
  은 天寒地凍(천한지동)하니 調候(조후)가 급한 것이다.

    用神 : 丙火
    喜神 :   木
    忌神 :   水
    閑神 :   土
    仇神 :   金

◉ 용신이 時柱에 있으니 말년에는 안락할 것이라 판단한다.
◉ 천간에 庚辛金이 투출하였는데 官星으로 구신에 해당하니 직장과의 연이 적은
  것이고, 또한 官殺混雜(관살혼잡)된 것이다. 이런 경우에는 매사 교묘한 꾀로 不勞
  所得(불로소득)을 취하려는 성향이 강하다.
◉ 局에 戊丑未의 財星이 중중하니 妻와의 연은 박한 것이다. 또한 多財는 無財라
  논하니 재물복이 적을 것이라 판단하는 것이다. 아울러 女難(여난)이 빈번하게 발
  생할 것임을 암시하는 것이다.
◉ 月支 子水는 偏印으로 기신에 해당하니 두뇌는 총명했으나 학업의 연은 길하지
  못했다. 또한 印星은 부모로 논하는데, 子水 偏印이 年支 丑土와 子丑 육합토국
  의 財星局을 이루니 자연 印星을 破剋하게 되어 부모와의 연은 적은 것이고, 또
  한 아버지의 재혼으로 인해 이복형제가 있는 것이다.
◉ 日支에 偏財가 있으니 처의 내조가 있다 판단한다. 처가 공무원으로써 가계에
  보탬이 되고 있는 것이다.
◉ 日支의 偏財는 사업가의 명조이다. 매사 기민하고 理財에 밝은 것이다. 다만 財
  多身弱格(재다신약격)이니 금전의 입출은 많으나 정작 내손에 쥐어지는 돈은 적은
  것이다.
◉ 年支 丑土 偏財는 상속의 財라 논한다. 다시 月支 子水와 子丑 육합토국의 財星
  局이 되니, 이를 私情牽合(사정견합)이라 하며 이제는 내가 상속을 물려받을 수
  있는 여건이 되는 것이다. 아버님으로부터 집 한 채를 상속받은 것이다.
◉ 丁火대운은 용신운이니 이때 결혼 한 것이다.
◉ 申金대운 癸未세운의 운을 문의한 것이다.

- 歲支 未土가 年支 丑土와는 沖殺, 月支 子水와는 怨嗔殺(원진살)이 되어, 子丑 合을 깨뜨리는 형국이다. 이복형제들이 상속물건에 대한 무효소송을 제기된 것이다.
- 年支 丑土는 沖되어 丑土를 開庫(개고)시키니, 丑宮의 己土 偏財가 튀어나와 여자 문제가 나오는데 이제는 사귀고 있는 여자로 인해 女難(여난)이 발생한 것이다.
- 月支 子水는 偏印으로 흉함을 동반한 문서, 계약관계 등으로 논하는데, 歲支 未土의 극을 받으니 흉하게 작동하는 것이다. 운전 중 차 사고를 내 損財(손재) 가 발생한 것이다.
- 日支 未土는 財星으로 妻星인데, 歲支 未土가 부조하여 힘을 실어주니, 未土 偏財가 왕해져서 이제는 준동을 하게 되니, 또 다른 여자 문제가 대두되는 것이다. 日支宮은 처 이외에 가장 친한 친구로도 논하니, 초등학교 여자동창생과의 사이에서 또 다시 女難(여난)이 발생한 것이다.
- 時支 寅木은 劫財로 동업관계와 연관된다. 歲支 未土 偏財와 상극되니, 동업자의 일처리 미흡으로 인해 다시 損財(손재)가 발생한 것이다.
◎ 戌酉申대운은 구신운이라 매사 잘 풀려나가지 못했다.
◎ 未午巳대운은 용신운이라 말년은 매사 길할 것이라 판단한다.

◎ 用神
- 子月의 乙木은 天寒地凍(천한지동)하니 調候(조후)가 급하여, 乙木이 살아남기 위해서는 丙火가 尊貴(존귀)한 것이다.
- 丙火가 不透하니 年支 巳宮의 丙火를 용신으로 잡는다. 年支 巳火는 月支 子水

의 극을 받으니 火勢(화세)가 왕하지 못한 것이라, 자연 용신인 巳宮의 丙火도 왕하지 못하여 사주가 길하지 못하다.

用神 : 丙火
喜神 :　　木
忌神 :　　水
閑神 :　　土
仇神 :　　金

◉ 천간에 比肩인 乙木이 二位 투출하였다. 먼저는 형제자매가 많다는 것이고, 다음은 본업 외에 관여하고 있는 직업이 1~2개 더 있음을 의미한다.

◉ 時支 酉金이 偏官으로 남편성이다. 日, 時支 未酉 사이에는 酉(申)未하여 申金 正官이 탄함되었다 판단한다. 이런 상황은 암암리에 한 여자를 놓고 남자 둘이 서로 결혼을 하겠다고 다투는 형국이니, 자연 결혼연이 박하게 되어 이혼과 재혼수가 발생하는 것이다.

◉ 比劫이 年干에 있다. 年柱는 조상이나 연장자의 자리로 논하니 손 위의 형제자매가 있을 것이라 판단한다.

◉ 局의 戊未土가 財星인데, 日主 乙木이 子月에 病地라 신약하니 財를 감당하기 어려워 大財와는 거리가 먼 것이다. 日主 坐下의 未土가 偏財를 대동하니 행동과 사고방식이 민첩하고 理財(이재)에 밝다 판단하는 것이다.

◉ 月令 子水는 偏印이니, 총명하고 두뇌회전이 빠르다 판단하나, 주변의 戊未土 財星의 극을 받아 손상되니 학업관의 연은 박하다 판단한다.

◉ 月令이 偏印인 경우는, 두 어머니 혹은 두 할머니 문제가 나오고, 또한 이복형제 문제가 대두되는 경우가 많다.

◉ 癸水대운에 여동생과 같이 음식점 창업의 길흉 여부를 문의한 것이다.
　• 癸水는 印星으로 문서, 계약 등으로 논하니 入되는 시점에 창업의 생각이 動하는 것이다.
　• 용신이 火니 음식점 운영은 길하다 판단한다.
　• 癸水는 본시 기신이나 月干 戊土와 戊癸 간합화국의 용신운으로 化되니 길하다.
　• 이후의 운이 巳午未의 용신운으로 흐르니 길함이 있을 것이라 판단한다.

戊	乙	癸	丁	(男)
寅	未	丑	未	

乙 丙 丁 戊 己 庚 辛 壬
巳 午 未 申 酉 戌 亥 子

◉ 乙木 丑月

- 丑月의 乙木은 凍木(동목)이라 겉으로는 시들고 메말라 있으나, 내적으로는 二陽이 생하는 시점이니 점차 生氣가 오르는 형상이다.
- 凍木(동목)은 火氣를 얻어 發榮(발영)함을 기뻐하니 寒木向陽(한목향양)이다. 따라서 調候(조후)가 급하니 丙火가 귀중하다.
- 丙火가 투출하고 癸水의 破됨이 없으면, 국가고시에 합격하여 일신상의 영달을 기할 수 있다.
- 丙火가 지지 寅巳에 암장된 경우 運路(운로)가 木火 동남운이면 貴格이 되고 金水 서북운이면 빈천하다.
- 戊土가 중중한데 甲木이 있으면 丙火를 용해야 한다. 이런 경우는 大富는 되지 못하나 衣祿(의록)은 잃지 않는다.
- 丑月은 木氣가 衰한 때이니 壬癸水가 없으면 戊土는 무용지물이 되나, 조후를 득해야 하니 丙丁火의 보조가 있어야 한다.
- 戊己土가 중중하면 財多身弱의 명조라, 먼저는 甲木의 疎土(소토)가 필요하고, 다음은 丙火의 조후가 필요하며, 또한 甲木의 扶助(부조)가 있어야 한다.
- 局에 己土가 중중하고 比劫이나 印星이 없으면 從財格을 형성하니 大富格을 이루고, 만약 比劫이 중중하면 群劫爭財(군겁쟁재)되니 빈천하고 夭壽(요수)하게 된다.

◉ 用神

- 상기는 丑月의 乙木이라 寒木이니 向陽함을 喜(희)하는데, 丙火가 不透(불투)하고 丁火가 투출 했으니 부득이 이를 용신으로 잡는다.
- 丁火는 坐下 未土에 冠帶(관대)를 득하고, 時支 寅木에 微根(미근)이 있으니 용신

이 태약함은 면한 것이나 解凍制寒(해동제한) 함에 힘이 부족한 것이라 貴格은 못된다.

　　　用神 : 丁火
　　　喜神 : 　木
　　　忌神 : 　水
　　　閑神 : 　土
　　　仇神 : 　金

◎ 乙未日柱 특성

•단정하고 다소 조심스러운 성품으로, 치밀하고 섬세한 일에는 유능하나 다소 타산적이다.

•대체로 부모와의 연이 적은 편이다.

•회계 관계나 일처리 능력이 뛰어나고, 온건하고 합리적인 면을 중시하는 기질이나 박력이 부족하다.

•대체로 건강하나 신경통, 골절상 등이 염려된다.

•부동산업, 축산업, 운수업 등의 종사자가 많다.

◎ 月干 癸水 偏印은 丙火가 불투하니 寒水이고 기신에 해당하여 무용지물이다. 두뇌는 총명했으나 학업의 성과가 적었다. 법학을 전공하여 사법고시를 준비했으나 끝내 뜻을 이루지 못한 것이다.

◎ 局에 土氣인 財星이 중중하니 財多身弱의 象이다. 금전의 입출은 많으나 정작 내 손에 쥐어지는 돈은 적은 것이다. 또한 부부연도 돈독하다 논할 수 없다.

◎ 月令 丑宮의 辛金이 偏官으로 아들인데, 丑未 沖하여 손상되니 아들과의 연이 적은 것이다. 딸만 둘을 둔 것이다.

◎ 지지에 未丑土의 偏財가 중중하다. 多財는 無財라 했으니 偏財는 육친에서 아버지에 해당하므로 부친이 일찍 작고한 것이다.

◎ 未午巳대운은 말년운으로 용신에 해당하니 말년은 안락할 것이라 판단한다.

⊙ 用神

- 丑月은 二陽이 생하여 땅속에서는 따뜻한 기운이 태동하기 시작하나, 밖은 엄동설한에 천지가 寒凍(한동)하니 調候(조후)가 급하여 丙火가 귀중하다.
- 丙火가 不透(불투)하니 年支 未宮의 丁火를 용신으로 잡아야 한다. 丁火는 아궁이불에 비유되는데, 용신이 丁火인 경우에는 땔나무인 甲木이 있어 劈甲引丁(벽갑인정)해야 복록이 장구한데, 甲木이 불투하고 乙木이 투출했으니 火勢를 지속시키지 못하므로 사주가 길격이 되지 못한다.

  用神 : 丁火
  喜神 : 木
  忌神 : 水
  閑神 : 土
  仇神 : 金

⊙ 사주가 모두 陰의 干支로 구성되니 음양이 부조화되었다. 이런 경우는 건강상의 문제, 예기치 않은 사고나 질병, 성격상의 문제, 단명의 흉액 등이 발생할 수 있는 것이다.

⊙ 乙木 日主가 月令 丑土에 衰地, 坐下 酉金에 絕地(절지)이니 통근되지 못하고 失氣한 것이다. 또한 지지 酉丑의 반합금국에 受剋되니 日主의 기세가 태약한 것이다. 이런 경우는 단명수도 있는 것이다.

⊙ 年, 月, 日支의 未丑酉의 관계는 不合不沖의 관계이다. 未宮의 丁火가 용신인데, 丑未 沖이 있어 未庫를 開庫(개고)시키려 하나, 酉丑의 반합이 있으니 未庫가 不開한 것이다. 매사 발전이 더디게 되는 것이고, 용신의 역할에 결함이 생기게 된 것이다. 運路(운로)에서의 부조가 없어 丁火를 引通(인통)함이 없으면 平生半作(평생반작)의 명조가 된다.

◎ 亥水대운의 학업운을 문의한 것이다.

- 亥水는 기신이다. 따라서 학업운은 길하지 못하다.
- 亥水가 入되며, 지지는 酉亥丑의 陰濁之氣(음탁지기)가 왕해지고, 丁火가 未宮에 암장되어 있으니 陰濁藏火(음탁장화)의 象이 되는 것이다. 火氣가 적어 발생의 象이 없는 것이니 성격상 의기소침해지고, 예기치 않은 사고가 발생하게 되고, 잠복돼있던 질병의 태동 등의 흉화가 염려되는 것이다.
- 酉亥丑의 陰濁(음탁)한 기운이 강해지니, 年支 未土와의 반합목국의 희신운은 未宮 丁火의 불꽃을 일으키지 못하게 되어 무용지물이 되는 것이다.

◎ 年干 癸水 偏印이 투출했으니 본시 두뇌가 총명하나, 丑月의 癸水는 얼음상태로 丙火가 투출하지 못하여 解凍(해동)을 못하니 학업의 성취는 적을 것이라 판단한다.

◎ 戊土대운

- 戊土 正財가 入되니 결혼연이 태동하는 것이나, 年, 月支와 丑戌未의 三刑殺이 되니, 예비 신부 혹은 예비 신부 친정의 가정사 등과 연관하여 결혼연에 결격이 발생할 수 있는 것이다.
- 戊土 財星은 토지, 건물 등과 연관된다. 따라서 丑戌未 三刑殺은 이들 부동산과 연관하여 損財(손재)가 발생할 수 있는 것이고, 戊土는 道路事(도로사)와도 연관되는데 三刑殺을 대동하면 예기치 않은 사고 등으로 손재가 발생할 수 있다 판단한다.

◎ 酉金대운

- 月支 丑土와는 酉丑 반합금국의 구신운이 된다. 손재수, 처와의 불화, 부모형제자매에게 흉화가 발생할 수 있다.
- 日支 酉金과는 酉酉 自刑殺(자형살)이 된다. 酉金 偏官은 운송수단의 운전자 역할로도 판단하니 먼저는 차사고가 염려된다. 다음은 酉金은 수술칼과 연관되니 예기치 않은 사고나 질병 등으로 인해 수술 건 등이 발생할 수 있고, 또한 처와의 불화가 암시되기도 한다.

◎ 時支 酉金과의 酉酉 自刑殺은, 자식에게 예기치 않은 흉화가 발생할 수 있고, 손아래 사람과의 시비다툼, 陰害 등에 시달릴 수 있음을 암시하는 것이다.

⊙ 직업관련

  ◆ 癸水 偏印이 투출하여 偏印格이다. 연관된 직업군으로는 교직, 한의학, 학원강사, 풍수, 역술 등과 연관된다.

  ◆ 丁火가 용신이고 乙木이 희신이 된다. 연관된 직업군으로는 농업관련, 원예 및 약초업, 무대디자인, 인테리어, 토목설계 등과 연관된다.

⊙ 用神

  ◆ 丑月은 천지가 寒凍(한동)하여 진흙이 얼어붙은 형국이니, 稼花(가화)인 乙木이 살아남기 위해서는 調候(조후)가 급하여 丙火가 요긴하다.

  ◆ 지지가 酉亥丑의 陰濁之氣(음탁지기)로 형성 되었고, 일점 火氣가 없어 발생의 象이 전혀 없는 것이다.

  ◆ 運路(운로)에서 조차 火勢의 부조가 없으면, 여러 흉화가 따르고 단명의 象이 되나, 다행인 것은 寅卯辰巳午未의 暖燥之氣(난조지기)로 흐르니 단명은 면한 것이다.

  ◆ 局에는 火氣가 전무한데, 다행이도 胎元(태원)이 丙辰이라 丙火를 끌어다 쓸 수 있는 것이다. 용신은 胎元의 丙火를 용한다.

    用神 ; 丙火
    喜神 : 木
    忌神 : 水
    閑神 : 土
    仇神 : 金

⊙ 乙亥日柱 특성

- 인자하고 청고하며, 학문과 예술을 숭상하고, 기획력과 창의력이 뛰어나다.
- 생각이 깊으나 결실이 없고, 남에게 의지하려는 성향이 많고, 실행력이 부족하며, 성실하나 끈기와 배짱이 없다.
- 대체로 건강하나, 火가 적으면 잔병이 많고, 財官이나 食傷이 많으면 신체가 비대하다.
- 주로 두뇌와 지식을 요하는 직업에 종사하는 경우가 많다.
- 다리를 절거나 물과 연관된 직업을 가지며, 신경통, 두통, 신경성질환, 간질환, 허리 등의 상해가 다르기 쉽다.

⊙ 午火대운의 운세를 문의한 것이다.

- 현재 치킨 체인점을 운영하고 있으나 숯불구이 고깃집으로 변업을 모색하고 있는 것이다.
- 局에 陰濁之氣(음탁지기)가 왕하여 대운 午火가 무력하나, 용신인 胎元(태원)의 丙火가 힘을 실어주니 변업이 可한 것이고 발전이 있을 것이라 판단하는 것이다.
- 용신이 丙火인 경우는 불과 연관되니 요식업, 이·미용실, 대인관계가 많은 보험업, 무대 및 건축설계 디자인, 조명기구 등에 종사하는 경우가 많다.

⊙ 지지 酉金 偏官은 남편성이다. 酉金이 年, 月의 丑土와 酉丑 반합금국의 官星局을 이루려 하니 이를 爭合(쟁합)이라 한다. 이런 경우는 二男爭女의 象이라 하여, 두 남자가 한 여자를 놓고 결혼하려 다투는 형국이니 배우자와의 연은 길하지 못한 것이다.

⊙ 지지에 酉亥丑의 陰度之氣(음탁지기)가 있고 火氣가 전무한 경우에는, 음울한 성격의 소유자가 많고, 또한 내성적이며 밖으로 드러나지 않는 질병을 앓고 있는 경우가 많다.

⊙ 用神

- 丑月의 乙木은 冬木이니 메마르고 寒凍(한동)하다. 寒木向陽(한목향양)이니 丙火가 尊貴(존귀)한데 癸水가 있으면 破格이다.

- 지지에 丙火가 암장되면 寒儒(한유)에 불과하다.

- 丙火가 寅巳에 암장된 경우에는 運路가 동남향이면 부조가 되어 貴格을 이룬다. 그러나 운로에서의 부조가 없으면 빈한한 선비이다.

- 戊土가 중중하면 財多身弱이 되는데, 甲木으로 疎土(소토)하고, 丙火로 調候(조후)를 득해야 하는데 甲木의 부조가 있으면 형제의 도움을 받는 격이니 衣祿은 있게 된다.

- 己土가 중중하여 從財格(종재격)이 되면 大富格을 이루는데 甲木이 없어야 한다. 甲木이 있으면 甲己合을 이루어 財多身弱(재다신약)이 되므로 富屋貧人(부옥빈인)이다.

- 상기는 丑月의 乙木이라 凍木(동목)인데, 비록 局에 財星이 중중하여 財多身弱의 명조이나 冬節(동절)이므로 調候(조후)가 급하다. 따라서 丙火의 解凍(해동)이 없으면 무용지물이다.

- 丙火가 없으니 日支 未宮의 丁火를 용한다.

  用神 : 丁火
  喜神 : 木
  忌神 : 水
  閑神 : 土
  仇神 : 金

⊙ 年支에 財星인 戊土가 있으니 상속의 財가 있음을 알 수 있다.

⊙ 乙木 日主에 己土 偏財가 투출하여 月令 丑宮에 通根(통근)하니 己土를 妻로 논하

고 丑宮의 癸水가 母이다. 己土의 長生과 祿星은 酉와 午다. 癸水의 長生과 祿星은 卯와 子다. 妻와 母의 長生은 상호 卯酉 沖, 祿星은 상호 子午 沖하니 고부간의 연이 없을 것이라 판단한다.

◦ 丑宮의 妻인 己土 財星과 母인 癸水 印星이 相戰(상전)하고 있다. 癸水는 月令 丑土의 부조가 있고, 己土는 지지, 戌未의 부조가 있으니 상호 旺하게 대립각을 세우고 있는 것이다.

◦ 丑月의 乙木은 寒木向陽(한목향양)이니 항상 火氣가 가까이 있음을 기뻐하는 것이다. 乙木 日主의 火는 食傷에 해당하는데 남명의 食傷은 육친상 장인과 장모이다. 따라서 상기 명조자는 처가댁에 자주 머물기를 좋아하는 것이다.

◦ 乙木 日主의 祿星은 卯이고, 癸水 母의 祿星 역시 卯로 同宮이다. 나타내는 象은 子가 효순하고 母子간 돈독함을 의미한다.

◦ 局에 土인 財星이 중첩되어 왕하므로 자연 官星을 생하게 된다. 또한 未土는 沙土(사토)로 妻宮에 있어 자연 母인 冬節(동절)의 水氣를 制水하고 있다. 이것이 나타내는 象은 妻의 입김이 강해 처의 말을 주로 듣게 됨을 의미한다.

◦ 局에 土氣가 중중하니 信心으로는 불교, 샤머니즘, 역술학 등과 연관된다.

◦ 乙木 日主는 戊土 正財가 父이다. 月支 丑土는 濕土(습토)로 부모궁이다. 또한 日主 乙未는 甲午旬 中으로 辰巳가 空亡인데, 父인 戊土의 祿星이 巳로 空亡에 해당하니 부자 간의 연은 적다 판단하는 것이다.

◦ 辛卯대운은 재물의 손실이 많았다. 辛金은 官殺인데 암암리에 丙火 傷官과 丙辛 간합수국의 印星局(偏印)을 이루려 한다. 偏印인 癸水의 長生은 卯로 歲支에 해당한다. 따라서 癸水 偏印이 傷官인 丙火를 盜食(도식)하게 되는 것이다. 결국 食傷生財의 관계에서 財의 근원인 傷官이 盜食(도식)되어 손상되니 재물의 손실이 컸던 것이다.

◦ 壬辰대운 중 庚辰세운에 결혼한 것이다. 이는 戊土가 용신 丁火의 庫藏地(고장지)인데, 辰戌 沖하여 戌土가 開庫(개고)되어 丁火를 沖出시키니 용신이 제 역할을 하게 되어 이때 결혼한 것이다.

◦ 壬辰대운 중 辛巳세운에 입사시험에 합격하여 취업에 성공한 것이다. 취직이 되는 시점은 대체로 운로에서 용신운이거나, 官印相生이 되거나 食傷이 도래하는 시점이다.

歲干 辛金은 官殺로 무관직을 나타낸다. 辛金은 丙火와 암암리에 간합을 이루려 하는데, 丙火 傷官의 祿星은 巳火로 歲支에 해당한다. 다시 巳火가 時支 申金 官星과 巳申의 육합수국의 印星局을 이루니 官印相生이 되어 입사시험에 합격하여 취업이 된 것이다.

◎ 丙火 寅月

* 寅月은 三陽이 開泰(개태)하는 시점이니 火氣가 점증하고, 月令 寅木에 長生을 득하니 日主가 왕하다. 剋制하는 壬水가 존귀하고 庚金으로 水源(수원)을 發한다.

* 壬水, 庚金이 모두 투출하면 국가고시에 합격한다.
  壬水가 투출하고 庚金이 암장되면 異途功名(무관직, 기술직, 한의업 등)이다.

* 庚金이 투출하고 지지에 一, 二位의 丙火가 암장되면, 富者로 공명을 얻고, 강개한 영웅이나 민중의 지도자가 된다.

* 戊土가 투출하여 晦火(회회)하면 발전이 적고 苦貧(고빈)한 命이 되기 쉽다.

* 甲木이 있는데 庚金의 暗制(암제)가 있으면 단지 秀才(수재)이다.

* 壬水가 없고 癸水를 용하면 火氣를 극제함이 부족하니 약간의 富貴만 있고, 또한 癸水가 지지에 통근함과 왕상함을 요한다.

- 庚辛金이 혼잡되면 평범한 命이다.
- 月, 時에 庚金이 투출하고 辛金이 없으면 雜亂(잡란)하지 않으니 秀才(수재)의 命이다.
  辛金이 있으면 丙辛 합을 이루니 풍류를 즐기고 주색을 탐한다.
- 局에 火氣가 중중한 경우에 水氣가 태약한데, 운로에서 水運을 만나면 激火之 炎(격화지염)이라 하여 命이 위태로운 경우가 많다.
- 局에 壬水가 중중한데 戊土의 극제가 없으면 殺重身輕(살중신경)이라 하며 위인 이 간사하고 笑裏藏刀(소리장도=웃음 속에 칼을 감춤)하고 詭計(궤계)가 있다. 그러 나 戊土가 있어 制水하면 대부귀격을 이룬다. 이때는 比肩이 한두 개 있어야 한다. 그렇지 않으면 剋洩交加(극설교가)가 되어 길하지 못하다.

◎ 用神
- 지지는 寅午의 반합화국이 있고, 巳午 火氣의 보조가 있으니 火勢(화세)가 炎炎 하다.
- 時干 癸水를 용하여 왕한 火氣를 극제해야 中和를 얻을 수 있다. 용신 癸水는 年支 申金에 微根(미근)이 있으니 태약하지는 않다.

  用神 : 癸水
  喜神 : 金
  忌神 : 土
  閑神 : 木
  仇神 : 火

◎ 局에 火勢가 강한데 財星인 月干 庚金이 年支 申金에 통근하니 群劫爭財(군겁쟁 재)의 상황은 아니며 小富는 되는 것이다.
◎ 男命에서 용신은 아들에 비유하는데 癸水 용신은 좌하 巳火에 失氣했고, 원국의 旺火로 인해 심히 핍박을 받으니 자녀성이 길하지 못하다. 또한 時支宮은 자녀궁 인데 寅巳申 三刑殺로 손상되니 자식궁도 역시 길하지 못하다. 矮小症(왜소증)의 자식이 있는 것이다.
◎ 未土대운은 未土가 본시 기신이나 원국과는 巳午未 남방화국의 구신운으로 化되 어 매우 흉하다. 旺火가 庚金 財를 녹여 없애므로 이때 본 처와 사별한 것이다. 또한 未土는 傷官에 해당되며 직장내에서는 수하직원, 사회적으로는 후배와 조

카 등에 비유되는데, 구신운으로 도래하니 역시 흉한 것이다. 부하직원들의 횡령
사건이 있어 이를 처리하는데 어려움을 겪었던 것이다.
◎ 申酉戌 대운은 말년운으로 희신운이니 안락하리라 판단한다.

◎ 用神
  • 寅月의 丙火는 三陽이 開泰(개태)하는 시점이라 火氣가 漸昇(점승)하니, 壬水가
    尊貴(존귀)하고 庚金으로 水源(수원)을 발하도록 한다.
  • 寅月은 지장간에 甲木이 있어 木旺火相(목왕화상)한 것이라 抑扶法(억부법)을 적
    용하여 壬水를 용신으로 잡는 것이다.
  • 壬水와 庚金이 併透하면 국가고시에 합격하고 영달함이 기약된다.
    壬水가 투출하고 庚金이 암장되면 異途功名(이도공명)이다.
    庚金이 申宮에 암장이면 寅申 沖되어 불리하니 간격되어 있으면 水輔陽光(수보
    양광)으로 貴格이나 異途功名(이도공명)이다.
  • 상기는 丙火가 寅月에 長生을 득하고, 다시 月干에 丙火의 투출함이 있고, 지
    지에 寅午 반합화국의 부조가 있으니 日主 丙火가 태왕하다. 왕한 火勢(화세)를
    극제하는 壬水가 全無하니, 旺神宜洩(왕신의설)이라 왕한 火勢(화세)를 洩(설)시
    키는 年干 己土를 용신으로 잡아야 한다.

    用神 : 己土
    喜神 :   火
    忌神 :   木
    閑神 :   金
    仇神 :   水

⊙ 空亡(공망) 通辯(통변)

　•日柱 丙寅은 甲子旬 中으로 戌亥가 空亡이다. 日干 丙火는 壬水 偏官이 男兒이고
　　癸水 正官이 女兒인 것이다. 壬癸水는 자녀성에 해당되고 戌土 기준하여 財星에
　　해당하는데 공망된 것이다. 따라서 재물과의 연이 적음을 암시하는 것이다.

　•壬水 偏官은 男兒인데 祿星이 亥水로 역시 공망이다. 이는 아들과의 연이 없음
　　을 암시하는 것이다.

⊙ 月干 丙火는 比肩으로 日干 丙火보다 먼저 작동하는 것이다. 辛金과 간합을 이루
　는데 辛金은 妻星이다. 나타내는 象은 첫 번째 사귀는 여성과 결혼에 성공하지
　못하거나, 혹은 초혼에 실패하거나, 두 명의 처가 있게 됨을 암시하는 것이다.

⊙ 庚金이 偏財로 日干 丙火의 父星이다. 22세 庚戌年에 歲支 戌土가 局의 寅午와
　寅午戌 삼합화국을 형성하여 偏財인 庚金을 극함이 심하니 이때 부친이 작고한
　것이다.

⊙ 亥水대운은 공망된 亥水가 塡實(전실)되어 脫(탈) 공망된 것이다. 寅木은 母星으로
　甲木 印星의 祿星인데 寅亥 합을 이루어 왕해지니 모친이 가게를 꾸려나가게 된
　것이다.

⊙ 母亡(모망) 通辯(통변)

　•33세는 辛酉세운이다. 寅午戌의 三殺은 辰庫인데 歲支 酉金은 辰土 三殺과 암
　　암리에 합국되어 官星局을 형성하여 母星인 乙木을 극하니 母에게 흉사가 암시
　　되는 것이다.
　　歲支 酉金은 母인 乙木의 七殺에 해당하고 또한 母인 乙木의 祿星인 卯와 상충
　　되니 母가 입원하여 수술을 받게 된 것이다. 다행인 것은 辛金이 七殺로 母星인
　　乙木을 극하나, 한편으론 천간의 丙火와 丙辛 합수되어 印星인 甲乙木을 생하
　　니 사망에 이르지는 않았던 것이다.

　•34세 壬戌세운은 歲支 戌土가 入되며 공망된 戌土가 塡實(전실)되어 脫(탈) 공망
　　된 것이다. 따라서 寅午戌 삼합화국이 형성되어 母星인 甲木의 氣를 洩(설)시킴
　　이 심하니 이때 모친이 작고한 것이다.

⊙ 庚金이 父星인데 庚金의 祿星은 申金이다. 月, 日支의 寅木이 공히 寅申 沖하여
　祿星인 申金이 손상되니 부친과의 연이 적고 부친의 命이 짧음이 암시되는 것이다.

⊙ 寅午戌의 三殺은 年支 丑土에 있다. 丑土는 父星인 庚金의 身庫에 해당되고, 年

干인 己土는 印星으로 庚金 父星의 수명과 연관된다. 따라서 印星인 己土가 좌하 丑土 三殺에 居하니, 부친에게 身苦와 질병 등의 문제가 발생하게 되는 것이다.

◎ 時支 午火는 자식궁이다. 日主 丙火의 正官인 癸水는 女兒이다. 癸水의 祿星은 子水인데 자식궁인 時支 午火와는 子午 상충되어 손상되니 女兒를 얻기가 난해 한 것이다.

◎ 時干 甲木은 암암리에 己土와 간합을 이루려고 있다. 局에서 癸水가 正官으로 女兒인데, 己土는 時支 午火에 建祿을 득하여 왕해져 癸水를 극하게 되니 女兒와 는 연이 적은 것이다. 또한 局에 寅木이 偏印으로 중중하여 왕한데, 왕한 木氣가 자녀성인 水氣를 洩함이 극심하니 水氣인 官星이 태약해져 자녀와의 연은 적을 것임이 암시되는 것이다.

◎ 辛金 正財는 妻星이다. 辛金의 長生은 子水인데, 日干 丙火의 羊刃(양인)인 午火 와는 子午 상충되어 손상되고, 다시 지지의 寅午 반합화국과는 상극되니 부부연 은 길하지 못한 것이다.

◎ 乙木은 母星으로 長生은 午, 祿星은 卯이다. 辛金은 처성으로 長生은 子, 祿星은 酉이다. 母와 妻의 長生과 祿星이 상호 상충되니 母와 妻 사이의 연은 길하지 못한 것이다.

◎ 日支 寅木은 妻宮이다. 亥水 空亡과 寅亥 육합목국을 이루려 하나, 亥水가 공망 이니 化하여 印星으로 바뀌지 못하는 것이다. 공망이 아닌 경우라면 日干 丙火가 亥宮에 絕地(절지)이나 甲木이 있어 生意가 있으니 絕處逢生(절처봉생)이 되므로 印星의 유용함이 있었을 것이다. 그리고 印星은 父星인 庚金의 財에 해당하는데 유용하지 못하게 되니 아쉬움이 있는 것이다.

◎ 庚金 偏財의 祿星은 申金인데, 月, 日支의 寅木과 寅申 沖되어 상호 손상되니 經商, 得財와는 거리가 먼 것이다.

◎ 日干 丙火는 암암리에 辛金과 간합하여 丙辛 간합수국의 官星局으로 化하려 하 니 본시 공직과의 연이 있는 것이다.

◎ 妻星인 辛金 正財는 祿星이 酉金인데, 丁火 劫財의 長生에 해당되고, 年干 己土 傷官의 長生이 되며, 또한 壬水 七殺은 지지로는 亥水인데 沐浴과 桃花가 酉金에 해당된다. 酉金은 암암리에 日干 丙火의 祿星인 巳火와 합하려 하는데, 巳火는 亥水와 충이 되나 亥水가 공망이니 無害(무해)한데, 亥月이면 공망된 亥水가 塡實

(전실)되어 脫(탈) 공망되니 이제는 巳亥 상충으로 인한 흉함이 작동하는 것이다.

◎ 지지 寅午가 암암리에 戌土를 끌어와 삼합화국을 형성하려 하고 있다.

　•戌土는 火庫로 자녀성인 壬癸水의 財庫地인 것이다. 戌土가 공망이니 자녀들은 재물복이 적을 것이라 판단한다. 또한 壬水는 偏官으로 男兒인데, 亥水가 공망이니 亥宮의 壬水 역시 공망된 것이라 아들과의 연도 적을 것이라 판단한다.

　•戌土는 火庫이고 寅午戌의 삼합국을 이루게 되는데, 이는 丙火와 同宮이므로, 日干 丙火의 身庫에 해당되며 공망지이다. 乙木 印星의 祿星인 卯木과 卯戌 육합화국을 형성하려 하는데 戌土가 공망이니 合而不化의 상황인 것이다. 印星은 日干을 생하는 것으로 房屋(방옥)과도 연관되나 合化되지 못하니 祖屋(조옥)에 居하지 못하는 것이다.

◎ 丁火 劫財는 弟(제)이고, 乙木 正印은 母이다. 丁火 弟의 祿星은 午火이고 乙木 母의 長生 역시 午火이니 나타내는 象은 모친이 弟의 집에 기거하고 있는 것이다.

◎ 戌土가 火庫로 공망이다. 지지 寅午가 寅午戌의 삼합화국을 형성하려 하나 戌土가 공망이니 合而不化의 상황이다. 따라서 日干 丙火는 祖屋(조옥)에 거주하지 못하고 밖으로 漂浪(표랑)하고 있는 것이다.

◎ 寅午戌 삼합화국의 驛馬(역마)는 申金이다. 壬水 七殺의 長生은 申金인데, 日干 丙火의 祿星인 巳火와 巳申 육합수국의 七殺局을 형성하니 역마가 七殺을 대동하게 된 것이다. 차량 등의 道路事(도로사)와 연관하여 凶禍(흉화)가 예견되며 또한 命을 재촉할 수도 있는 것이다.

⊙ 用神

• 寅月의 丙火는 三陽이 生하여 만물이 開泰(개태)하는 시점이며, 月令에 長生을 得하여 丙火의 勢(세)가 왕하므로, 먼저는 壬水가 귀중하고 다음은 庚辛金으로 보조한다.

• 壬水와 庚金이 倂透(병투)하면 국가고시에 합격하여 貴格의 명조가 된다. 만약 壬水가 투출하고 水源을 發하는 庚金이 불투하면 異途(이도=기술직. 무관직..)로 공명을 얻는다.

• 상기는 丙火 日干이 寅月에 생하여 십이포태운성 중 長生을 득하고, 다시 月干에 丙火가 투출하여 日主를 부조하니 日主의 세가 왕하다. 따라서 억부법을 적용하여 日干을 극제하는 壬水를 용해야 한다.

    用神 : 壬水
    喜神 :   金
    忌神 :   土
    閑神 :   木
    仇神 :   火

⊙ 通辯 要約(통변 요약)

• 月支와 日支에 寅木 偏印이 있으니 본시 두뇌는 총명하나 偏印이라 학문으로 성공은 어려울 것이라 판단한다. 또한 年干에 己土 傷官이 투출했고, 壬水 偏官이 용신이니 이공계나 기술직의 길을 감이 유리할 것이다.

• 年支 酉金이 正財이니 부모나 조부모로부터 상속받은 재산이 혹 있을 것이라 판단한다.

• 초년부터 20대까지의 대운은, 丑子亥로 흘러 용신운이니 무애무덕하게 청소년의 시기를 보냈을 것이라 판단하고, 금전적으로도 큰 어려움은 없었을 것이라 사료된다.

• 남명에서 용신은 아들인데, 용신이 壬水이니, 용신 壬水를 생하는 희신인 金氣는 처로 논한다. 희신이 年支 正財에 해당하니 처의 내조가 많을 것이고, 처의 내조로 인해 집안 살림에 큰 도움이 될 것이라 판단한다. 家門을 일으키는데 일조를 함에도 역시 처의 공덕이 크다 할 것이다.

• 자식운은 時柱로 논하는데 生時가 불분명하다. 그러나 용신이 壬水인 偏官이니

아들은 직장생활 혹은 기술계통에 종사함이 좋을 것이라 판단한다.

- 건강문제는 기신과 구신으로 논하는데, 기신은 土고 구신은 火다. 따라서 위장 계통이나 혈압 등 혈관계질환, 간장질환 등을 조심해야 할 것이다.
- 남명의 日支宮은 처궁인데 寅木 印星이 있으니 고부간의 갈등이 예상된다.

◎ 大運 풀이

- 酉金대운은 희신운이다.

매사 뜻한바 대로 잘 풀려나갈 것이나, 酉金이 月支 寅木, 日支 寅木과 沖을 하여 寅木 偏印을 손상시키니, 이 기간 중 예기치 않은 사고, 질병 등이 발생할 것이고 문서와 연관하여 시비다툼 등이 발생할 것이다.

- 庚申대운은 희신운이다.

역시 매사 무애무덕한 운이다. 다만 염려스러운 것은 대운의 천간 庚金과 月干 丙火, 日干 丙火가 상극이 되어 丙庚殺이 되고, 대운의 지지 申金은 月支 寅木, 日支 寅木과 역시 충살이 되어, 庚申대운 10년간은 月干支, 日干支를 공히 沖 하여 손상시키니, 큰 사고, 큰 질병이 염려된다. 혹 庚申대운 10년간 중 배속된 세운에서도 공히 月干支나 日干支를 충하는 운이 들어오면 命을 보전하기 힘들 것이라 사료된다.

- 己未대운은 己土, 未土 모두 기신에 해당하는 기신운이다.

먼저는 위장질환 등 건강문제가 따를 것이고, 또한 예기치 않은 교통사고가 발 생할 수 있으니 차량운전에 유의해야 할 것이다.

- 戊午대운은 기신과 구신운이다. 길하지 못한 운이다.

대운의 지지 午火가 月支 寅木, 日支 寅木과 寅午의 반합화국을 이루어 구신운 으로 들어오니 이때 終命(종명)할 것이라 판단한다.

◎ 전반적인 총평은 대운의 흐름이 丑子亥戌酉申으로 흘러 용신과 희신운이며, 처 에 해당하는 財星이 희신이니 평생 무탈하고 안정된 일생을 보낼 것이라 판단한 다. 건강도 대체로 무난하나 庚辛대운 10년은 母胎인 月柱 丙寅과 干支가 상호 상극되니 예기치 않은 큰 凶禍(흉화)가 한번 올 것이라 사료된다.

◎ 用神
  • 丙火가 寅月에 長生을 득하고, 寅午의 반합화국의 扶助(부조)가 있으며, 다시
    日, 時支가 午巳로 火氣를 더하니 局의 火勢(화세)가 왕한 것이라 身强(신강)한
    것이다.
  • 抑扶法(억부법)을 적용하여 時干 癸水를 용신으로 잡는다. 旺火를 감당하기에는
    癸水의 水勢(수세)가 부족하나, 年支 申金에 微根(미근)이 있으니 무력하지는 않
    은 것이라 판단한다.

      用神 : 癸水
      喜神 : 金
      忌神 : 土
      閑神 : 木
      仇尼 : 火

◎ 丙午日柱 특성
  • 쾌활하고 적극적이며 언변이 능하고, 자기주장이 강하며, 남앞에 나서기를 좋
    아하며, 즉흥적인 언행이 많아 남과 대립하는 경우가 많다.
  • 개방적이고 부지런한 타입이다.
  • 일처리 능력이 뛰어나나 세밀하지 못한 면이 있고, 성격은 급하나 뒤탈이 적다.
  • 대체로 건강하나 예기치 않은 사고나 화상을 조심해야 한다.
  • 통신 관련업, 전기 기술업 등에 종사하는 경우가 많다.
◎ 巳午未 남방의 火대운은 구신운으로 길하지 못하다. 巳火대운에 중장비부품 생
  산회사 영업사원으로 활동 중 차사고로 죽을 고비를 넘겼던 것이다.
◎ 年柱의 財는 상속의 財로 논하고, 時柱의 財는 外財로 논하기도 한다. 申金 偏財
  가 있으니 상속의 財가 있는 것이고, 時支 巳火와 巳申의 육합수국을 이루니 이

것이 이제는 外財로 연관되는 것이다. 처가의 자손들이 2남 4녀인데, 두 처남이 불의의 차사고로 사망하여 처가의 많은 전답이 4명의 딸들에게 상속되어진 것이다. 거액의 상속재산이 처에게 분배되어 들어온 것이다.

⊙ 두 처남의 단명은 처가의 조상 묘 자리가 흉한 결과였다.

⊙ 庚申대운 이후는 희신운이니 말년은 안락할 것이라 판단된다

⊙ 用神
  • 寅月은 三陽이 生하는 시점이며 火氣가 漸昇(점승)하는 春節(춘절)이라 壬水가 尊貴(존귀)하고 庚金으로 補助(보조)해야 한다.
  • 局에 土氣가 중첩되니 洩氣(설기)가 심하여 日主 丙火가 쇠약할 것 같으나, 月令 寅木에 長生을 득하고, 年干 乙木이 月令에 帝旺을 득하여 日主를 생하니 身强(신강)하다 판단해야 한다. 따라서 억부법을 적용하여 日支 辰宮의 癸水를 용신으로 잡는다.
  • 辰宮의 癸水는 용신이나 寅月에 失氣(실기)했고, 다시 時支 戌土와 辰戌 沖하여 辰土가 손상되니 辰宮의 中氣인 癸水 역시 손상되어 용신이 왕하지 못한 것이다.

    用神 : 癸水
    喜神 : 金
    忌神 : 土
    閑神 : 木
    仇神 : 火

⊙ 여명의 용신은 남편으로 논한다. 局에 土氣가 중첩되어 용신인 癸水를 극함이 심하니 남편과의 연이 적은 것이다. 남편이 일찍 작고한 것이다.

⊙ 土氣인 食傷이 중첩되어 있다. 여명의 食傷은 자식으로 논하는데, 食傷이 太多하면 오히려 食傷이 없는 것과 같이 논하는 것이다. 아들 둘을 두었으나 외국으로 유학을 가서, 그곳에서 정착하여 살고 있으므로 곁에 없으니 자식이 없는 상황과 같은 것이다.

⊙ 乙木이 月支에 통근하여 천간에 투출했으니 正印格이다. 두뇌가 총명하나 官星인 日支 辰宮의 癸水가 중첩된 土氣에 受剋되어 무력하니, 印星이 왕하고 官星이 미약하니 교육직 교사의 길을 가지 못하고 대학교 교직원의 길을 가게된 것이다.

⊙ 局에 土氣가 중첩되니 佛心(불심)이 두터운 것이다.

⊙ 用神

• 丙火가 寅月에 생하여 長生을 득하고, 다시 寅午 반합화국이 있으니 身强(신강)한 것이다. 왕한 火氣를 극제하는 水를 용해야 하는데 年, 月干에 壬水가 투출했으니 이를 용신으로 잡는다.

• 月干 壬水는 좌하 寅木에 病地이고, 年干 壬水는 좌하 辰土에 墓地이니, 月干 壬水를 용해야 한다. 年干 壬水는 좌하 辰土가 水庫라, 암암리에 생을 받아 약하지 않다 생각할 수 있으나, 月支 寅木의 극을 받아 뿌리가 손상되니 흠결이 있는 것이다.

    用神 : 壬水
    喜神 : 金
    忌神 : 土
    閑神 : 木
    仇神 : 火

⊙ 용신이 壬水인데 원국에 壬水의 水源을 發하는 庚辛金이 없으니, 용신이 왕강하
 지 못한 것이고 따라서 복록 또한 장구하지 못한 것이다. 다행스러운 것은 年干
 壬水 比肩의 부조가 있으니 용신이 태약하지 않아 衣食은 있었던 것이다.

⊙ 용신이 水이고 局에 火가 중중하니 직업으로는 요식업계통과 연관된다.

⊙ 比劫이 중중하니 형제자매의 數는 많은 것이다.

⊙ 지지 午火가 二位이고 다시 寅午의 반합화국이 있으니 火氣가 태왕하여 群劫(군
 겁)의 상황이다. 만약 財星인 金氣가 있어 약하다면 群劫爭財(군겁쟁재)의 상황이
 라 흉함이 多發했을 것이고, 財星이 왕하면 용신인 官을 생하게 되어, 용신이 왕
 해지고 身旺財旺格(신왕재왕격)을 이루어 富格의 명조가 되는 것이다.

⊙ 日, 時支가 午午 自刑殺이 되니 처자식과의 연은 박한 것이다. 水가 용신인데,
 河圖의 數로는 1.6에 해당된다. 따라서 아들은 하나를 둔 것이나, 自刑殺이 되니,
 미국으로 유학간 후 귀국하지 않고 그 곳에서 정착하여 살고 있는 것이다.

⊙ 比劫이 중중하니 고지식하고 융통성이 적은 성격이다.

⊙ 日支 午火가 羊刃殺인데, 時支와 午午 自刑되니, 예기치 않은 사고와 질병이 자
 주 발생하게 됨을 암시한다.

⊙ 時干 甲木 偏印이 月令 寅木에 建祿을 득하여 왕하니, 두뇌가 총명하나 偏印이라
 역술, 풍수, 예술 등에 관심이 많았던 것이다.

⊙ 年, 月支의 辰寅은 寅(卯)辰 하여 卯木 正印이 탄함된 것이다. 正印은 母星인데
 탄함되고 또한 공망이니 본 어머니와의 연이 적어 일찍 작고하신 것이다. 月令
 寅木은 공망을 적용하지 않으나 衰하다 판단한다.

⊙ 수십억 得財의 통변

  ◆ 局에 財星과 용신이 왕하지 않은데도 많은 재물을 모은 경우이다.

  ◆ 상기 명조인은 서울에서 1990년대 중후반(IMF 사태) 이후 15년간 "숯불구이 쭈꾸
   미"점을 운영하여 지방의 상기 건물과 아파트, 고향의 임야 등을 사들여 수십억
   의 재물을 모은 것이다.

  ◆ 月, 日支 寅午는 암암리에 戌土를 끌어와 寅午戌의 삼합화국을 형성하려 하는
   데, 戌土는 火庫이며 또한 日主 丙火와 同氣이니 身庫인 것이다.

  ◆ 戌土는 지지의 왕한 火勢의 생을 받으니 태왕해진 것이다. 身庫인 戌庫에는 辛
   金(正財), 丁火(劫財), 戊土(食神)가 있어, 자연 食神生財格이 되어 得財가 가능해

진 것이고, 왕하니 큰돈을 벌 수 있었던 것이다.

- •戌庫의 餘氣(여기)인 辛金은 丙日干의 正財로 처성이니 처의 내조가 컸던 것이다.
⊙巳午未대운은 구신운이라 발전이 적었다.
⊙辛酉대운은 辛酉가 희신에 해당되어 용신인 壬水를 생해주니, 일약 發財하여 낙지와 쭈꾸미를 활용한 음식점으로 수십억의 재물을 모았던 것이다.
⊙庚戌대운 중 庚金대운은 희신운이니 안락함이 있을 것이나, 戌土대운은 원국과 寅午戌 삼합화국의 구신운이니 命이 위태로운 것이다.

⊙丙火 卯月
- •卯月 丙火는 陽氣(양기)가 더욱 昇(승)하니 오로지 壬水를 쓴다.
- •壬水가 天干에 투출하고, 丁火가 不透(불투)하면 丁壬 合木이 없는 것이고, 庚金, 辛金, 己土의 투출함을 加하면 壬水의 뿌리가 있으니 국가고시에 합격한다.
- •지지에 壬水가 암장되면 단지 秀才(수재)의 命이나 반드시 庚辛金의 보조가 있어야 한다.
- •壬癸水가 없으면 己土를 代用하니 학문에 재주가 있다. 비록 功名(공명)을 얻지 못하나 衣食은 풍족하다.
- •壬水가 중중하고 一位의 戌土의 제극을 보면, 국가고시에 합격은 못하나 국가의 祿을 받는다.
- •卯月 丙火가 丙子日 辛卯時면 假從格(가종격)이니 失氣하였고, 천간은 丙辛의 간합수국이라, 日主가 辛金 財를 向하니 貪財壞印(탐재괴인=財를 貪하여 印이 무너짐)이라 하여 祖業(조업)을 잇기 어렵다. 이런 경우는 地支는 子卯 相形(상형)이

고 天干은 丙辛 合水가 되는데, 만약 一, 二位의 丁火가 있어 辛金을 극제하고 壬水가 得位(득위)하면, 역시 富貴하나 武職(무직)이나 기술직 등의 異途로 功名 을 얻는다.

⊙ 用神
 • 卯月은 火旺節로 進氣(진기)하는 계절이니 火氣가 漸昇(점승)하는 시점이다.
 • 日, 時支에 土氣가 중첩되어 日主 丙火의 氣를 洩(설)시키나, 卯月은 火勢가 왕 해지는 시점이고, 다시 年柱에 丁卯가 있어 日主 丙火의 氣를 부조하니 日主가 약한 것은 아니다.
 • 壬水를 용하여 火勢를 억제하면 中和를 이룰 수 있으나, 壬水가 불투하고 癸水 가 투출했으니 月干 癸水를 용신으로 잡는다.

```
用神 : 癸水
喜神 :  金
忌神 :  土
閑神 :  木
仇神 :  火
```

⊙ 六親關係(여명. 丙日干)

```
壬(偏官=夫) → 丙(偏財=媤父)
              辛(正印=媤母)
丙(日干=我) → 庚(偏財=父) → 甲(偏印=祖父)
                            己(傷官=祖母)
              乙(正印=母) → 戊(食神=外祖父)
                            癸(正官=外祖母)
戊(食神=男兒)
己(傷官=女兒)
```

⊙ 月干 癸水가 正官인데 여명 양일간의 경우에는 偏夫이며 좌하에 卯木이 있다. 卯木은 癸水의 天乙貴人이고 또한 丙日干의 沐浴(목욕), 桃花(도화)에 해당하니 이 는 혼전에 동거생활을 하게 되는데 이후에는 갈라서게 됨을 암시한다.

⊙ 癸水 正官에서 보면 年干 丁火 劫財는 偏妻이다. 丁火는 壬水 夫와 丁壬 合木의 印星으로 化되니, 이는 다른 여자에게 남자친구를 빼앗기게 됨을 의미하는 것이다.

⊙ 여명 丙日干의 夫는 壬水이다. 丙火의 長生은 寅木이고 祿星은 巳火이다. 夫인

壬水의 長生은 申金이고 祿星은 亥水이다. 상호 寅申 沖과 巳亥 相沖되니 부부연은 박한 것이다.

⊙ 丙辰日柱 通辯

• 丙辰日柱는 甲寅旬 中으로 子丑이 空亡이다. 時支 丑土가 空亡인데 寡宿殺(과숙살)을 대동하니 육친과의 연이 적고 자식과의 연도 적은 것이다.

• 丙日干의 좌하에 辰土가 있는데, 辰土는 申子辰 삼합수국을 형성하니 水庫이다. 戌土가 나타나면 辰戌 沖되는데, 戌土는 寅午戌 삼합화국을 형성하며 火庫인데, 丙日干과 同氣이니 身庫인 것이다. 辰戌 沖하여 辰宮의 水가 戌宮의 火를 沖剋하니 신체의 여러 건강상태가 좋지 않은 것이다.

• 여명 丙日干은 戊土가 男兒이다. 암암리에 丙辛 간합수국을 이루어 戊土의 財星이 된다. 또한 丙日干의 좌하에 水庫인 辰庫가 있는데, 이는 戊土 男兒의 財庫인 것이다. 이는 여명 丙日干의 氣를 洩氣(설기)시킴이 土氣이므로 결국 戊土 男兒가 母의 財를 취득하게 된다는 의미이다.

• 夫宮인 일지궁의 辰土 기준하여 酉金은 桃花殺(도화살)이다. 酉金은 辛金 正財의 祿星이고, 丁火 劫財의 長生이다. 桃花殺을 범하게 되면 시비구설과 破財가 따르게 되니, 酉金運이 도래시는 각별히 조심하여야 한다.

⊙ 丙火 辰月

• 辰月은 木氣가 다하고 巳午未 남방화지로 進氣(진기)하는 계절로 火勢(화세)가 점증하는 시기이다.

• 辰月의 丙火는 火土食傷格인데, 지지에 土局을 이루면, 甲木을 取(취)하여 疏土

(소토)하고 丙火를 도와야 하니, 壬水를 떠나 용신을 생각하기 힘들다. 壬水가 용신이면 水輔陽光(수보양광)이라 한다.

- 壬水와 甲木이 투출하면 정히 국가고시에 합격하나 庚金의 투출을 忌한다. 庚金이 투출시는 剋木하니 단지 秀才에 불과하다.
- 壬水가 투출하고 甲木이 암장되면 富는 크나 貴는 적다.

  甲木이 있고 壬水가 없으면 고통이 많고 인색한 富者이다.

  壬水가 암장되고 甲木이 없으면 寒儒(한유)이다.

  壬水와 甲木이 없으면 賤格(천격)의 명조이다.

  乙木과 丁火, 己土가 있어 사주구성이 雜亂(잡란)하면 평범하다.

⊙ 用神

- 丙火가 辰月에 冠帶(관대)를 득하니 火勢가 점증하는 시기이다.
- 戊己辰土가 있어 土氣가 중한 것 같으나, 지지 寅辰은 卯木이 呑陷(탄함)되어 암암리에 寅(卯)辰의 방합목국으로 형성하고, 다시 寅亥의 육합목국이 있어 능히 疎土(소토)의 역량이 충분하며, 日主 丙火를 일로 부조하고 있는 구조이다.
- 따라서 사주가 중화를 이루기 위해서는 壬水를 용해야 하는데, 時支 申宮의 壬水를 용한다. 불미한 것은 寅申 沖되어 용신이 손상되니 큰 발복은 기대하기 힘든 것이다.

  用神 : 壬水
  喜神 : 金
  忌神 : 土
  閑神 : 木
  仇神 : 火

⊙ 용신 壬水가 時支 申宮에 암장되어 있으니 말년에 발복되는 명조이다.

⊙ 日, 時支가 寅申 沖으로 상극되고 있다. 처와 자식과의 연이 적은 것이다.

⊙ 時支 申金 財는 月柱 戊辰土의 생을 받으니 食神生財格으로 富格이다.

⊙ 丙火 日主는 외향적이고 대인관계가 원만한 성격의 소유자가 많다. 月令 辰宮의 乙癸가 印星과 官星이니 암암리에 財를 바탕으로 명예를 얻으려는 암시도 있는 것이다.

⊙ 月支에 食神이 있으니 미식가의 성향이 있다. 따라서 양식 음식업을 다년간 운영

한 것이다.

◎ 초년 丁卯, 丙寅대운은 구신과 한신운이니 家勢(가세)도 풀려나가지 못했고 학업 과의 연도 그다지 길하지 못했던 것이다.

◎ 乙丑대운은 乙木은 한신운, 丑土는 月令 辰土와 丑辰 破되어 辰宮이 開庫(개고)되 어 乙·癸·戊가 투출하여 이를 용하게 되는 것이다. 또한 丑土는 泥土(니토)로 간 명상 水에 비유되니 용신운이 되어 길하다. 조상으로부터 물려받은 땅값이 올라 재력가가 된 것이다.

◎ 子水대운은 원국의 申辰과 申子辰 삼합수국의 용신운으로 왕한 운이 들어오니 지방자치단체의 시의원에 당선된 것이다.

◎ 癸水대운은 본시 용신운이나 月干 戊土와 간합화국의 구신신운이니 재선에 실패 했다.

◎ 亥水대운은 본시 용신운이나 年支 亥水 偏官과 自刑殺(자형살)이 되니 시비구설이 대두되는 것이다. 또한 月支 辰土 食神과는 辰亥 怨嗔(원진)되어 손상되니, 땅 투 기와 연관된 구설에 휘말려 곤욕을 치렀다.

◎ 壬水대운은 용신운이나 日主 丙火와 충되니 직업의 변동이 있었던 것이다.

◎ 戊土대운은 본시 기신운이다. 月令 辰土 食神과 충되어 辰土를 開庫시키니, 먼저 는 직업의 변동이 생기는 것이고, 이어서 辰庫의 癸水 용신을 끌어다 쓸 수 있으 니, 家産(가산)을 정리하여 대규모 캠핑장을 개설한 것이다. 때마침 불어온 젊은 사람들의 캠핑 열기와 맞물려 사업이 성업 중인 것이다.

◎ 辛酉, 庚申 말년운은 희신운이니 매사 순조롭고 안락한 여생을 보낼 것이다.

⊙ 用神

- 辰月의 丙火는 다음의 巳午未 화왕절로 進氣(진기)하는 시점이니 火氣가 점점
  달아올라 壬水가 尊貴(존귀)하다.
- 지지에 土가 중첩되면 丙火의 火光을 가리니, 甲木의 疎土(소토)가 있어 丙火에
  힘을 실어주어야 한다.
- 壬水와 甲木이 倂透하면 국가고시에 합격하여 일신상의 영달을 기약할 수 있다.
  壬水가 투출하고 甲木이 암장되면 富는 크나 貴가 작다.
  壬水가 없고 甲木이 있으면 여러 身苦가 따르며 富는 있으나 吝嗇(인색)하다.
  壬水가 암장되고 甲木이 없으면 寒儒(한유=가난한 선비)이다.
  壬水와 甲木이 모두 없으면 下賤格이다.
- 乙木, 丁火, 癸水가 있어 사주가 혼잡되면 평범한 命이다.
- 상기는 立夏 前 5日에 생하여 火勢가 炎炎해지는 시점이라 調候(조후)가 긴요하
  다. 月干 壬水를 용하여 制火하면 중화를 이룰 수 있다. 아울러 年干 辛金이
  水源(수원)을 發하니 壬水가 쇠하지 않아 길한 명조이다.
- 日支 戌土는 時支 申金과 암암리에 申(酉)戌의 방합금국을 형성하니 月支 辰土
  만 남은 것이다. 年支 亥宮의 甲木이 있어 능히 辰土를 疎土(소토)함이 가능하니
  사주가 길하다.

  用神 : 壬水
  喜神 :　金
  忌神 :　土
  閑神 :　木
  仇神 :　火

⊙ 壬水가 투출하고 甲木이 암장된 것이니 富는 크나 貴가 적은 것이다. 용신 壬水
  는 坐下 辰土 水庫에 통근하고, 다시 亥水와 申金의 부조가 있으니 용신이 왕하
  여 길하다.
⊙ 지지 申戌은 암암리에 申(酉)戌의 방합국을 형성하려 하는 것이다. 酉金 正財가
  天乙貴人을 대동하고 拱貴格(공귀격)을 형성하니 재물복이 많고 암암리에 여러 귀
  인들의 도움이 많아 유통사업이 순항하고 있는 것이다.
⊙ 酉金대운은 局의 申戌과 申酉戌의 방합금국의 희신운으로 도래하니 길하다. 유

통사업의 호재로 이득이 많았다.

⊙ 戊土대운의 운을 문의한 것이다.

- 戊土는 기신이다. 甲木이 투출하지 못하여 制土하지 못하니 사업상의 후퇴가 암시되는 것이다.
- 사업 건은 현재를 고수함이 좋다.

| 戊 | 丙 | 壬 | 丙 | (男) |

| 戊 | 戊 | 辰 | 午 |

| 庚 | 己 | 戊 | 丁 | 丙 | 乙 | 甲 | 癸 |
| 子 | 亥 | 戌 | 酉 | 申 | 丑 | 午 | 巳 |

⊙ 用神

- 辰月은 다음의 巳午未 화왕지절로 進氣하는 계절이니 丙火의 勢가 약변강으로 변화되는 시점이다.
- 辰土는 습토로 丙火의 光輝(광휘)를 晦(회)하니 疎土(소토)하는 甲木이 尊貴(존귀) 한데, 상기는 年干에 丙火가 투출하고, 지지에 午戌의 반합화국이 있어 丙火의 勢가 왕하니 制火하는 壬水가 필요한 것이다. 용신은 月干 壬水이다.

    用神 : 壬水
    喜神 :   金
    忌神 :   土
    閑神 :   木
    仇神 :   火

⊙ 丙戌日柱 특성

- 매사 즉흥적이고, 일을 잘 벌이나 끝맺음이 적다.
- 예체능에 소질이 있으며, 귀가 가볍고, 흥분을 잘하며 다소 경박하다.
- 충동적이고, 감성적인 면이 많고, 의리를 찾다 실속을 저버리게 된다.
- 비교적 건강한 편이나 피부병이나 탈모증을 주의해야 한다.

- 봉급생활자나 요식업, 유흥업 종사자가 많다.

◉ 천간에 水火가 투출되어 직업상으로는 물과 불을 많이 사용하는 요식업에 합당하다. 숯불 돼지갈비 식당을 운영하고 있는 것이다.

◉ 局에 財星은 지지 戌宮의 일점 辛金이 있을 뿐이다. 그러나 食神이 중중하니 자연 生財하게 되어 재물복이 많은 명조이다.

◉ 月, 日의 辰戌 沖은 戌宮의 辛金 財를 沖出시키니 暗財(암재)가 이제 明財(명재)가 된 것이다.

◉ 酉金대운에 다른 지역에 분점을 내는 것을 문의한 것이다.

- 본 점이 장사가 너무 잘되어 부인 명으로 분점을 개업하려 하는 것이다.
- 酉金은 본시 희신이다. 기신에 해당하는 月支 辰土와 辰酉 육합금국의 희신운이 되니 매우 길하다. 처의 사주도 풀어보니 운이 吉神(用神. 喜神)으로 도래하니 분점 개업도 可한 것이다.
- 다만 분점 개업장소가 양택풍수상 결격이 많으니 장소를 옮겨 개업할 것을 권유했던 것이다.

◉ 年干에 比肩 丙火가 투출했으니 두 개의 직업을 갖게 됨을 암시하는 것이다.

◉ 중년 이후의 운은 酉戌亥子로 흘러 희신과 용신운이니 안락하게 지내게 될 것이라 판단한다.

◉ 局이 전부 陽의 간지로 구성되어 陰陽이 부조화 되었고, 土氣가 중중하니 예기치 않은 사고, 질병 등의 禍厄(화액)을 조심해야 한다. 중첩된 土가 官星에 해당되어 제압되지 못했기 때문이다.

⊙ 用神

  • 丙火 日主가 辰月에 冠帶(관대)를 득하니 衰하지 않다.

  • 지지는 寅卯辰이 모두 구비 되었으나, 月令을 木氣가 차지하지 못했으니 寅卯
    辰 방합목국이 失氣한 것이다.

  • 또한 丙火가 좌하 寅木에 長生을 득하니 從格(종격)으로 논할 수 없는 것이다.
    抑扶法(억부법)을 적용하여 왕한 木氣를 극제하는 時干 辛金을 용신으로 잡는다.

        用神 : 辛金
        喜神 :   土
        忌神 :   火
        閑神 :   水
        仇神 :   木

⊙ 辛金 正財는 妻星이다. 日主 丙火와 간합을 이루려 하나 좌하에 水氣가 전무하니
  合而不化의 상황으로, 陰干인 辛金이 羈絆(기반)되어 무력해지는 것이다. 따라서
  처와의 연이 돈독하지 못한 것이라 별거중이다.

⊙ 年支 亥水는 偏官으로 남명에서는 자녀성으로 보고 음양이 같으니 아들로 논한
  다. 日柱 丙寅은 甲子旬 中으로 戌亥가 공망이다. 男兒에 해당하는 亥水 偏官이
  공망이니 아들을 두지 못한 것이다.

⊙ 時干 辛金이 正財로 財星이다. 日主 丙火와는 合而不化의 상황으로 기반되어 역
  할을 하지 못한다. 따라서 해운업에 종사하는 동안 금전의 입출은 많았으나 정작
  내 손에 쥐어지는 돈은 적었던 것이다.

⊙ 지지에 印星이 중중하니 두뇌회전이 빠르고 남을 설득하는 언변이 뛰어났다. 또
  한 日主 丙火는 태양화로 세상을 두루 비추어, 만물을 온난케 하고 생육시키는
  역할을 하니 대인 관계가 원만했던 것이다.

⊙ 丁卯, 丙寅대운은 학창시절로 기신과 구신운에 해당하니 학업과의 연이 적었다.

⊙ 丑子亥 대운은 한신운이니 무애무덕했다.

⊙ 戌土대운의 운세를 문의한 것이다.

  • 年支 亥水 偏官과는 상극되니 시비다툼, 관재구설 등의 불협화음이 발생하는
    것이다.

  • 月支 辰土 食神은 밥그릇으로 논하는데, 辰戌 沖하여 밥그릇이 손상되니 해운

사업에서 손을 떼어야 하는 문제가 발생하는 것이다.

• 日支와 時支 寅卯는 印星인데 戌土와는 合火되어 기신으로 바뀌니, 문서, 계약 등과 연관된 문제로 인해 흉화가 예상되는 것이다.

• 화물선적과 연관된 서류 관련하여 잘못됨이 발생하여 손재수가 있었고 종국에 는 은퇴하게 된 것이다.

⊙ 辛酉, 庚申 대운은 용신운이니 말년에 발복됨이 있을 것이라 판단된다. 이는 庚辛金이 時干 辛金에 힘을 실어주어, 羈絆(기반)된 辛金을 脫(탈) 羈絆(기반)시키기 때문이다. 또한 庚辛金이 財星이며 용신에 해당되니 여자들과 연관하여 도움이 있을 것이라 예견되는 것이다.

⊙ 用神

• 辰月의 丙火는 火勢가 더욱 더 달아오르니 壬水가 귀중하나, 지지에 土氣가 중첩된 경우에는 丙火의 光輝(광휘)가 晦火(회화)되니 먼저는 甲乙木의 疎土(소토)가 급한 것이고 다음이 壬水이다.

• 辰戌土가 중중하니 從兒格(종아격)을 생각해볼 수 있으나, 月干 丙火가 月令 辰土에 冠帶(관대)를 득하고 日主 丙火를 부조하니 從格으로 논할 수 없다.

• 厚土를 疎土(소토)함이 급한데, 甲乙木이 不透(불투)하니 부득이 月令 辰宮의 乙木을 용해야 하는 것이다.

　　用神 ： 乙木
　　喜神 ：　水
　　忌神 ：　金
　　閑神 ：　火

仇神 :　　土

⊙ 丙辰日柱 특성
- 온화진실하며, 체격은 좋고, 낙천적이며 유흥을 즐긴다.
- 비밀이 없고 남과 어울리기를 잘하고, 대화를 즐긴다.
- 침착하고 끈기는 있으나, 남을 믿는 성격으로 인해 일에 실패와 좌절이 따른다.
- 건강하고 나이 들어서도 노익장을 과시하는 체질이나, 혈관계질환이나 당뇨 등
  의 질병에 걸리기 쉽다.

⊙ 사주에 土氣가 중첩되면 종교와 연관되는 경우가 많다. 甲木이 있어 疎土(소토)한
  다면 흉변길이 되어 종교인으로 이름을 얻게 되나, 疎土의 힘이 약하거나 흉살
  등이 중중한 경우에는 무속인이 되는 경우가 많다. 상기는 疎土함이 미력하고
  辰戌의 魁罡殺(괴강살)이 득세하니 무속의 길을 가게 된 것이다.

⊙ 壬水 偏官 夫星이 月, 時支 辰土에 墓宮(묘궁)이니 남편과의 연이 박한 것이다.

⊙ 官星은 사주에서 本性인 나를 통제하고 지시하는 역할을 한다. 辰月의 壬水는
  偏官으로 무력한데, 壬水대운에 왕한 丙火와 상충되어 손상되니 이 때 神을 받고
  무속인이 된 것이다.

⊙ 丑子亥 대운은 희신운이니 무탈하고 평안 했으나, 이후 戌酉申 대운은 기신운이
  니 저체됨이 많을 것이다.

⊙ 丙火 巳月
- 火勢가 炎炎하니 壬水를 專用(전용)하고 金의 보조가 있으면 더욱 좋다. 壬水가
  없으면 癸水라도 쓰나 역량이 부족하다.

• 庚金, 癸水가 출간하면 富 中 貴가 있으나, 심성이 괴팍하고 교묘한 꾀가 많고 언변이 좋다.

• 庚金, 壬水가 출간하고 戊己土가 不透(불투)하면, 江河水(강하수)가 汪洋(왕양)하여 丙火의 빛을 널리 비추니 국가고시에 합격하고 大富貴格을 이룬다.

• 庚金이 중중하고 丙丁火가 없으면 富는 있으나 貴가 없다.

• 壬水, 癸水가 모두 없으면 하천인이고, 다시 火炎土燥(화염토조)하면 빈천, 夭死한다. 혹, 僧道(승도)의 길이면 단명은 면할 수 있다.

• 羊刃殺(양인살)이 合殺하면 위엄과 권세가 萬里에 이른다.

• 丁火 羊刃殺이 태왕하고, 壬水가 중첩되어 七殺이 왕하면, 水火相爭(수화상쟁)하여 七殺이 난동을 부리는 格이니, 戊土의 극제가 없으면 古書에 陽刃倒戈(양인도과)라 하여 흉액이 막심하여 刑厄(형액)을 받아 無頭鬼(무두귀)가 된다 했다.

◉ 用神
• 丙火가 巳火節에 生하여 得氣했으며 月干에 丁火가 투출됐으니 火勢가 炎炎한 기색이다. 調候(조후)가 급한 것이다.

• 日支 申宮의 壬水를 用한다. 지지 巳申 合의 관계는, 巳火가 月令을 得하여 旺하니 申金을 끌어들여 合水가 되려 하지 않는 것이다. 이른바 合而不化의 형국이다.

• 만약 巳와 申의 자리가 바뀌었다면 이때는 申中의 壬水가 旺하니 合水局이 성사되는 것이다.

　　用神 : 壬水
　　喜神 :　 金
　　忌神 :　 土
　　閑神 :　 木
　　仇神 :　 火

◉ 丙申日柱 특성
• 매사 일처리가 시원시원하나, 자기주장이 강하여 남과 대립하기 쉽고 매사에 고집스럽다.

• 검소하고 노력은 많으나 성과가 적다.

• 일의 끈기가 부족하며, 어질고 착하나, 무계획적인 면이 많아 실패가 많다.

- 잔병치레가 많고 질병과 사공의 위험에 항상 노출돼있다.
- 혈관계질환이나 시각 및 청각장애가 올 수 있다.
- 사주가 길격(吉格)이면 의사, 법조계, 이공계열의 박사나 교수직이 많고, 파격(破格)이면 단순노동직, 기능직 등의 직업이 많다.

⊙ 申宮의 壬水가 夫星인데 月支 巳火와 合而不化의 상황이니 夫星에 손상이 있게 되는 것이다. 女命의 官星이 他 五行과의 합의 관계는 대체로 남편과의 緣이 薄(박)한 경우가 많은 것이다.

⊙ 寅木대운은 희신운이다. 이때 결혼한 것이다. 그러나 혐의가 되는 것은 寅木이 月支 巳火, 日支 申金과 寅巳申의 三刑殺(삼형살)을 이루니 申宮의 壬水 용신이 손상되는 것이다. 女命의 용신은 남편성으로 논하므로 이시기에 남편이 불의의 사고로 사망한 것이다. 결혼 3년차에 딸 하나를 둔 상황이었다.

⊙ 地支 申子는 반합수국이고, 巳申은 水의 성질을 띠려 하고, 비록 合而不化의 상황이나 지지 전체에 水氣인 官星이 太多하다 판단하는 것이다. 따라서 多官無官(다관무관)이니 부부연은 薄(박)한 것이다. 중매 건은 여럿 있었으나 재혼이 성사되지는 못했던 것이다.

⊙ 用神
- 丙火가 巳火節에 생하여 建祿(건록)을 득하니 火勢가 왕강하다. 調候(조후)가 급하니 壬水가 尊貴(존귀)하고 다음은 水源(수원)을 發하는 庚金이 보조다. 壬水가 없으면 癸水를 쓰나 반드시 水源을 發하는 庚辛金이 있어야 한다.
- 壬水가 불투하니 年支 丑宮의 癸水를 용신으로 잡는다. 丑宮의 癸水가 태약하

나 胎元(태원)이 庚申이라, 申宮의 壬水가 부조하니 旺火를 대적함에 일조를 할
수 있는 것이다.

用神 : 癸水
喜神 : 金
忌神 : 土
閑神 : 木
仇神 : 火

◉ 상기는 10세 쯤 되어 한쪽 귀가 잘 안 들리더니 13세가 되면서 다른 쪽 귀도 잘
안들리게 되어 질병 관련하여 문의한 것이다.

• 13세는 午火대운이다. 午火는 구신인데 日支 寅木과 반합화국으로 化되니 火勢
가 맹렬해져, 용신인 丑宮의 癸水를 고갈시키니 이에 따른 질병문제가 대두되
는 것이다.

• 水와 관련한 질병은 다음과 같다.

	壬癸	腎臟(신장). 膀胱(방광). 血液(혈액). 腰(요=허리). 三焦(삼초). 脛(경=정갱이). 足(족=다리)
水	子	腎(신=콩팥). 膀胱(방광). 月經(월경). 腰(요=허리). 傷風(상풍). 腎渴(신갈=당뇨병). 痢(이=설사). 耳(이=귀). 脛(경=정갱이). 血液(혈액)
	亥	腎(신=콩팥). 膀胱(방광). 頭風(두풍). 癎疾(간질). 瘧疾(학질). 囊(낭)

• 辛金대운에는 辛金이 본시 희신이나 日干 丙火와 丙辛 간합수국의 용신이 되
니, 이 대운에는 치료를 잘 받으면 차도가 있을 것이라 판단한다.

◉ 丑土와 연관해서는 다음과 같이 판단한다.

• 지지의 辰未戌丑은 墓(묘)와 연관된다. 특히 土가 기신, 구신에 해당되는 경우,
자손에게 凶禍(흉화)가 多發하게 된다면 墓頉(묘탈)인 경우가 많은 것이다. 상기
는 丑土가 기신이니 묘탈로 논한다.

• 丑土가 대동한 神殺로는 病符殺(병부살), 吞陷殺(탄함살), 寡宿殺(과숙살), 斷橋關
殺(단교관살), 天殺(천살) 등이 있다. 이들 흉살을 制殺하면 차도가 있을 것이라
판단한다.

• 조상묘의 길흉 여부를 살피어 흉한 경우라면 이장이나 화장 등을 고려해봄도
가한 것이다.

◉ 중년 이후는 申酉戌亥子丑의 희신과 용신운으로 흐르니, 건강문제가 해결된다면

평안한 생활을 하게 될 것이라 판단한다.

甲	丙	丁	癸	(男)
午	辰	巳	酉	

己	庚	辛	壬	癸	甲	乙	丙
酉	戌	亥	子	丑	寅	卯	辰

⊙ 用神

- 巳火節의 丙火는 火勢(화세)가 태왕하니 壬水를 專用(전용)하고 庚辛金으로 水源(수원)을 發하게 하면 中和를 이룰 수 있다.
- 상기는 丙火가 巳火節에 생하여 得氣하고, 다시 丁火가 투출하여 부조하니 火勢가 炎旺한 것이라 調候(조후)가 급하여 壬水가 尊貴하다.
- 壬水가 불투하고 年干 癸水가 투출했으니 부득이 이를 용신으로 잡는다.
- 용신 年干 癸水는 月干 丁火와 상충하여 손상되고, 年支 酉金은 月支 巳火와 巳酉 반합금국을 형성할 것 같으나, 月支를 巳火가 차지하여 金氣가 失令(실령)했으니 合而不化의 상황인 것이다. 따라서 酉金은 同柱한 癸水를 생할 여력이 없는 것이다. 따라서 癸水는 고립무원의 상황이라 사주가 무력해지는 것이다.

用神 : 癸水
喜神 : 金
忌神 : 土
閑神 : 木
仇神 : 火

⊙ 局에 丙丁火 比劫이 중중한데 年支에 일점 財星이 있으니 이른바 群劫爭財(군겁쟁재)의 상황이다. 형제들이 적은 재산을 차지하기 위해 다투는 격이니, 이런 명조는 불로소득을 취하려는 성향이 강하고, 투기와 도박 등에 쉽게 빠져드는 경향이 많다.

⊙ 초년대운인 乙卯, 甲寅대운은 무력한 용신 癸水의 氣를 더욱 洩시키니 흉하다.

매사불성이었던 것이다.

⊙ 年支 酉金 財는 상속의 財인 것이다. 혐의가 되는 것은 旺火에 鎔金(용금)되니, 이런 경우는 상속을 받더라도 곧 탕진하게 되어 내가 활용할 수 있는 財가 되지 못하는 것이다.

⊙ 甲木대운은 甲木이 한신으로 印星에 해당한다. 무애무덕한 운이다. 印星이 한신에 해당하니 대학생활을 하는 동안 학업에 열중하지 못한 것이다.

⊙ 寅木대운은 본시 한신운이라 무애무덕한 운이다. 그러나 月支 巳火와 寅巳 刑殺이 되니 흉화가 암시되는 것이다. 巳火는 비견이니 동료, 동창이 되는 것이고, 寅木은 印星이니 문서, 계약 등이 되는 것이다. 이것이 흉하게 작동하니 사채 돈을 빌려 친구와 함께 컴퓨터 도박에 빠져 수 천 만원을 탕진한 것이다.

또한 寅木이 日支 辰土를 극하고 들어오는데, 남명의 日支宮은 처궁이라, 이런 경우는 여자가 결혼하자고 들어오는 것이 암시되는 것이다.

⊙ 癸丑대운 이후는 다소 안정이 되고 매사 진전이 있을 것이라 판단된다.

⊙ 用神

• 丙火가 巳月에 생하여 得氣하고 다시 丙丁火가 투출했으니 火氣가 炎炎한 勢를 이룬 것이다. 오직 壬水를 쓰고 庚辛金으로 水源(수원)을 發하는데, 壬水가 없으면 癸水를 쓴다.

• 年干 癸水를 용신으로 잡는데, 癸水는 巳火節에 失令한 것이나, 지지 辰申에 통근하니 태약함은 면한 것이다. 단지 水源을 發하는 庚辛金이 투출하지 못하고 암장되니 복록이 장구하지 못한 것이다.

用神 : 癸水
喜神 :　金
忌神 :　土
閑神 :　木
仇神 :　火

⊙ 比劫이 중첩되고 일점 財星이 時支에 있으니 群劫爭財(군겁쟁재)의 형국이다. 小
財를 여러 형제들이 차지하려 다투는 형국이니, 재물복이 많지 않은 것이고 형제
간의 우애도 돈독하다 판단할 수 없는 것이다.

⊙ 局에 財官이 약하니 사업가의 명조는 아니고, 봉급생활자의 명조로 丙火 日主가
月令에 得祿(득록)하여 길하니 자동차 제조관련 대기업의 임원을 역임한 것이다.

⊙ 壬水대운은 용신운이니 이때 임원에 발탁된 것이다.

⊙ 子水대운은 지지 申辰과 申子辰 삼합수국의 용신운이니 회사의 권고로 납품관련
하청업체 중 부실기업인 모 중소기업을 인수하여 경영을 시작한 것이다. 처음
몇 년간은 이득도 나고 발전이 있었으나, 癸巳, 甲午, 乙未세운이 도래하며 구신
과 기신운이니 적자가 눈덩이처럼 불어나 경영난에 봉착했던 것이다.

⊙ 辛金대운은 희신운이나 日主 丙火와 간합수국의 용신운이니 길운이다. 다행인
것은 운영하던 적자기업의 경영권 이양이, 납품받던 대기업의 중재로 순탄하게
이루어져 수십억의 재산상 손실을 보는 선에서 마무리가 되었던 것이다.

⊙ 말년운인 亥戌酉대운은 용신과 희신운이니 무탈할 것이라 판단된다.

⊙ 丙火 午月
　• 午月의 丙火는 火氣가 더욱 왕해져서 炎旺(염왕)하니 壬水를 專用(전용)하고 庚

辛金이 보조가 된다.

- 壬水, 庚金이 투출하여 秀氣(수기)를 얻으면 上格이다.

- 壬水가 一位 있고 庚金이 없는데, 壬水가 지지 申金에 長生을 득하고, 다시 金의 祿星地(녹성지)에 坐하게 되면 지극히 妙(묘)하다. 그러면 반드시 詞林(사림)에 든다. 기피하는 것은 戊己土의 雜亂(잡란)이니, 이렇게 되면 異途(이도=무직이나 기술직..)로 功名을 얻는다.

- 壬庚이 모두 出干함이 없어도 申金이 있고 戊己土가 없으면, 상기와 같은 이치로 국가의 祿을 받는다. 이런 경우는 대운이 亥子丑의 북방수운으로 흘러 扶助(부조)가 있어야 妙함이 있다.

- 午火節의 丙火는 月令에 羊刃(양인)을 득한 것이니 火勢가 맹렬하므로, 壬水 二位와 庚金이 있어 水源을 發하게 되면 반드시 貴格을 이루게 된다.

- 巳, 午月에 壬水가 투출하고 庚辛金의 보조가 있으면 富貴한다.

- 丁火가 많으면 兼(겸)하여 癸水를 보아 쓰기도 하니, 未月에도 壬水를 쓰려하면 반드시 庚金의 도움을 받아야 한다.

- 지지 火局에 壬癸水가 모두 없으면, 어리석고 頑惡(완악)한 무리라 하겠으니, 火炎(화염)을 제극하지 못하면 僧道(승도)나 貧賤孤獨(빈천고독)한 命으로 처자를 건사하기 힘들다. 그렇지 않으면 夭折(요절)할 팔자다.

- 局에 壬癸水가 없고 火旺한 경우에, 亥子丑 북방수운으로 흐르면 火氣를 더욱 분발케 하니 매우 흉하다. 이를 激火之染(격화지염)이라 한다.

- 庚金이 중중하면 財星이 旺한 것이니 신약하게 된다. 比劫이 없으면 有氣하지 못한 것으로 富는 있고 貴는 없다.

- 丙午 日干이 사주에 壬水가 많고 戊土의 剋制가 없으면 官殺이 태왕한 것이고, 陰刑殺(음형살)이 重하니 官災(관재)로 인한 大禍(대화)를 당한다.

- 지지에 水局을 이루고, 중중한 壬水의 투출함을 加하고, 戊己土가 없어 일개의 制伏(제복)이 없으면 官殺이 태왕한 것이니 盜賊之命(도적지명)이고, 만일 己土를 보면 土水相戰(토수상전)하여 旺한 水氣를 분발케 할 뿐이니 下賤(하천)한 사람이다.

- 지지 火局으로 炎上格(염상격)을 이루어, 사주에 庚辛金이 없고, 많은 甲乙木이 있는 者는 도리어 大富貴를 한다.

⊙ 用神

- 丙火가 午火節에 생하여 炎炎한데 다시 지지의 午戌 반합화국이 있어 부조하니 火勢가 태왕해지므로 調候(조후)가 급하다. 壬水를 용하여 制火해야 하나 불투하니 日支 子中의 癸水를 용신으로 잡는다.
- 용신 癸水는 午火節에 絕(절)되니 왕하지 못하다. 다만 중년 이후의 운이 丑子亥 용신운으로 흘러 癸水를 부조하니 衣食은 있는 것이다.

  用神 : 癸水
  喜神 :　金
  忌神 :　土
  閑神 :　木
  仇神 :　火

⊙ 용신 癸水가 日支에 자리하니 부부연은 길연인 것이다.

⊙ 여명의 食傷은 자녀성인데 기신에 해당하니 자식과의 연은 화기애애하지 못한 것이다.

⊙ 時干에 庚金이 一位 있으니 時上一位 偏財格이다. 부모와의 연이 박한 것이고, 또한 시댁식구와의 연도 길하지 못하나, 말년에는 재물복이 있게 된다.

⊙ 局에 食神인 土가 중중하니 기술직이나 예체능과 연관된 직업을 갖게 된다. 庚金이 偏財이며 금속성이니 피아노 교습소를 운영하고 있는 것이다.

⊙ 지지 二位의 子水가 正官으로 남편성이다. 正官이 二位이면 偏官으로 化되어 본시는 남편복이 적을 것이라 사료되나, 日支 子水는 月支 午火와 子午 沖하여 去官되니, 時地 子水만 남게 되어 흉변길이 된 것이다.

⊙ 土가 기신이니 위장질환이 염려되는 것이다.

⊙ 역술공부를 하는 것에 대해 조언을 듣고자 한 것이다.

- 正官이 있으나 印星이 없으니 인내심을 갖고 공부함이 가능할지 의문스러운 것이다.
- 年支 戌土는 九宮八卦의 乾宮에 자리하며 "天門(천문)"이라 불린다. 역술공부의 가능성은 있는 것이다. 다만 "地戶(지호)"에 속한 辰巳가 없으니 공부가 성취될 것인가는 난제이다.
- 역술학을 성취할 수 있는 명조는 먼저 天門에 해당하는 戌亥와 地戶에 해당하

는 辰巳가 지지에 있어야 한다. 각각 하나씩만 있어도 가능하다. 다음은 官星과 印星이 있어야 하는데 길신(용신. 희신)이면 더욱 좋고, 길신이 아니더라도 크게 손상됨이 없으면 역술 공부가 可한 것이다. 또한 鬼門關殺(귀문관살), 華蓋殺(화개살), 喪門殺(상문살), 弔客殺(조객살), 幻神殺(환신살), 絞神殺(교신살), 病符殺(병부살), 桃花殺(도화살) 등이 길신을 대동하면 可한 것이다. 運路에서 용신운이 도래할 시는 역술가로 명성을 얻을 수 있는 것이다.

◎ 用神
• 午火節의 丙火는 火氣가 태왕하니 調候(조후)가 급하다. 오로지 壬水를 專用(전용)하고 庚辛金으로 보조한다.
• 상기는 丙火가 午火節에 羊刃(양인)을 득하고, 다시 午戌 반합화국을 이루고, 천간에 戊癸의 간합화국을 이루니 火氣가 炎炎하다. 癸水는 年支 丑土에 통근했으나 戊癸의 合火局으로 인해 火로 바뀌니 水氣는 滴水熬乾(적수오건)이 되었다. 따라서 日主가 왕한 기세를 從해야 하니, 사주에 比劫이 중중하므로 從旺格(종왕격)으로 논하고, 食傷이 투출되어 있으면 洩氣(설기)시키는 食傷을 용신으로 잡아야 하는데, 月干 戊土가 투출하여 旺神인 火氣를 洩(설)하고 다시 旺火를 晦火(회화)시키니 사주가 中和의 勢(세)가 있는 것이다.
• 旺神宜洩(왕신의설)이라 하여 旺한 神은 억부법을 적용하기 보다는 洩(설)함이 마땅하다 했으니 火生土하여 洩氣(설기)시키는 月干 戊土를 用함이 可한 것이다.
　　用神 : 戊土
　　喜神 :　火
　　忌神 :　木

閑神 :　金
仇神 :　水

⊙ 통변 요약

상기는 戊土 食神이 용신이고, 月干에 투출하였는데 月令 午火에 통근하니 食神
이 旺하다. 또한 丙火 日干이 사주에 比劫이 중중하니 有氣하다 판단하는데 "食
神이 有氣하면 勝財官"이라 했으니 財와 官을 능가하는 것이다. 아울러 女命의
食神은 자식에 해당하니 자식과의 애착과 연은 돈독하다 판단할 수 있다. 다만
時支宮은 자녀궁인데 午火가 空亡이다. 그러나 원국에서는 午戌 반합화국이 되
어 묶어놓으니 空亡이 역할을 하지 못하나, 대운이나 세운에서 刑沖이 들어올
시는 空亡의 合을 깨뜨리니 이때 자식에게 災厄(재액)이 생길 수 있는 것이다.

⊙ 부모연

부모연은 부모의 음덕이 있느냐? 없느냐? 친부모를 가까이서 모실 수 있느냐?
없느냐를 판단하는 것이다. 우선 月支 午火가 空亡이다. 月柱는 부모형제자매궁
으로 논하는데 月支에 空亡이 있으니 부모형제자매와의 연은 돈독하지 못하다
판단하는 것이다. 아울러 劫財가 중중하고 時干 甲木이 偏印이니 부모 代 혹은
조부모대에 어머니나 할머니가 둘이 있거나 이복형제 문제가 들어온다. 그리고
반드시 나서 죽은 형제자매가 있을 것이라 판단한다. 초년 己未대운은 己未土로
용신에 해당하니 부모의 극진한 보살핌 속에 초년을 보냈으리라 판단한다.

⊙ 형제운

형제운은 주로 月柱 오행의 길흉과 比劫의 길흉으로 판단하는데, 月柱에 劫財가
있으니 형제자매는 서로 가깝게 지내는 연은 적다 판단하고, 또한 십이포태의
死와 그리고 空亡을 대동하니 형제연은 길하지 못하다 판단한다. 또한 月柱의
干支가 相生되는가? 相剋되는가를 보고 역시 판단할 수 있다. 月柱의 上下가 상
극이 되면 和合의 情이 없는 것이니 부모형제자매 모두 흉연인 것이다.

⊙ 부부연

부부연은 여명은 용신의 旺衰와 官星의 길흉과 日支에 해당하는 오행의 길흉으
로 판단하고, 月柱와도 상호 비교하여 刑沖이 없는지 상호 扶助가 있는지? 없는

지?를 판단한다. 女命에서 官星이 合이 되어 他 오행으로 바뀌면 부부연은 흉하다 판단한다. 상기는 癸水 正官이 남편인데, 戊癸 合火되어 比劫으로 바뀌니 부부연은 적다 판단하고, 아울러 日支宮이 戊土로 용신인 水를 극하니 부부가 화목함이 적다 판단하며, 다시 月柱가 癸水를 극하니 처가 쪽과도 연이 적다 판단하는 것이다. 부부연이 적다함은 이별수나 사별수로도 볼 수 있는데 상기는 癸水 正官 남편이 비록 戊癸 합화하여 比劫으로 바뀌나 坐下에 丑土에 癸水가 뿌리를 내리고 있으니 死別까지는 가지 않는다고 판단한다.

◉ 재물운

재물운은 용신의 旺衰와 食傷과 財의 관계로 살펴보는데, 상기는 食神이 왕하다. 따라서 사주에 財星이 약하고 지장간의 丑戌에 辛金 財星이 암장되어 있지만 재물복은 많다 판단하는 것이다. 그리고 月支에 劫財가 있으면 재물에 대한 집착이 왕하다 판단한다. 이는 劫財는 奪財하는 神이고, 月支에 있어 왕하므로 나의 財를 빼앗으려 하니 이를 지키기 위해 노력해야 하는 고로, 이런 命主는 재물에 대한 집착이 다른 사람보다 많은 것이다.

◉ 직업운

직업의 길흉은 官과 印을 보고, 용신의 旺衰를 보고, 天干에 투출한 六神의 성향을 살펴본다. 상기는 時干에 甲木 偏印이 투출했으니 두뇌회전이 빠르다. 다만 甲木이 正印이 못되고 偏印으로 午火節에 생하여 건조하고 통근하지 못하였으니 순수학문으로 교수나 박사 등의 길을 가지는 못할 것이고, 기획력과 창의력이 뛰어나며, 이공계 계통의 직업이나 의사, 약사, 의학 관련업에 종사하는 경우가 많다. 年干 癸水 正官은 직업, 직장, 직책을 의미하는데 합하여 他 오행으로 바뀌니 국가의 祿을 받는 관직으로 진출하기는 어렵고 국영기업체나 일반회사의 봉급생활직을 택함이 좋겠다.

◉ 성격

사주가 火氣가 炎炎하니 성격이 급한 편이다. 다만 丙火는 태양화에 비유되어 만물을 비추어 성장시키는 역할을 하므로 대인관계가 많은 직업이나 교육시키는 직업, 그리고 기술과 재능을 남에게 가르치는 직업 등이 적합하다. 또한 사주에

癸水가 있어 水火가 相爭하는 경우도 있으므로 자기주장이 강하고 히스테리성 성격도 다분히 있다.

⊙ 건강

戊土가 용신이니 木은 기신이고 水는 구신이다. 水木으로 인한 질병이 발생할 것이다. 木은 신경계통, 간, 소장 등이고, 水는 신장, 방광, 허리, 혈액계통 등이다. 그리고 나이 들어 혈압이나 혈관계질환 등도 조심해야 한다.

⊙ 神殺풀이

• 지지에 鬼門關殺(귀문관살), 絞神殺(교신살), 幻神殺(환신살) 등이 있으니 반드시 조상 중에 자살한 사람이 있는 것으로 나온다.

• 日支는 女命에서 남편궁인데, 白虎殺(백호살)과 寡宿殺(과숙살)이 있으니 부부연이 적다 판단한다.

• 時支는 자식궁인데 空亡 되고 桃花殺(도화살)이 同柱하고 있으니 자식과의 연이 부족하다 판단하는데, 혹 예기치 않은 사고 등으로 인해 자식이 손상되는 경우도 발생할 수 있다.

• 午火에 있는 桃花殺(도화살)은 남들에게 인기가 있는 殺인데, 吉한 면도 있지만 가혹 남과 시비구설이나 의견충돌 등이 자주 발생할 수 있다.

• 陽錯殺(양착살)은 조상 중에 20세 전후로 비교적 젊은 나이에 흉액으로 인해 죽은 조상이 있음을 의미한다. 후손들의 앞길을 방해할 수 있으니 制殺하여줌이 필요하다.

⊙ 格局

月支 午宮의 中氣인 己土가 천간에 戊土로 바뀌어 투출되어 있다. 六神이 食神에 해당되니 食神格이다. 복록이 많고, 창의력이 뛰어나고, 才藝(재예)와 기술이 남보다 우수하다. 食神生財하니 재물복도 많다 판단한다.

⊙ 大運

• 여명에서 결혼시기는 官星運이 들어오거나 용신운이 들어오거나 日干, 日支와 합되는 오행이 들어오는 시기에 많이 한다. 辛金대운은 日干 丙火와 간합되어 용신운으로 들어오니 이때 결혼함이 좋은 것으로 나온다.

- 酉金대운은 丑土와 반합금국의 한신운으로 들어오니 무탈하다.

- 壬水대운은 구신운이다. 丙火와 丙壬 沖하니 일신상의 변동수가 발생할 수 있고, 예기치 않은 사고 질병 등이 발생할 수 있다.

- 戊土대운은 본시 용신운인데 年支 丑土와 丑−戌하여 三刑殺이 들어오는데, 육신이 傷官이라 이를 충동질하니 남편과의 의견충돌문제, 직장에서의 변동문제 등이 발생하는데, 다시 戊土가 午火와 반합화국으로 바뀌어 희신운이니 이러한 변동수들이 길 한 쪽으로 발생하게 되는 것이다.

- 癸水대운은 癸水가 구신운이며 官星이라 月干 戊土와 간합화국으로 바뀌어 官星이 손상되니 부부연이 금이 갈까 두렵다. 이는 癸水가 滴水(적수)인데, 旺火에 熬乾(오건)이 되어 없어지기 때문이다. 女命의 사주가 이러하면 이별수, 혹은 사별수가 들어오게 된다.

- 亥水대운 역시 구신운이다. 旺火와 水火相爭하니 가정사와 직장에서 많은 곤란한 문제 등이 발생할 수 있다.

- 甲木대운은 기신운이다. 偏印이니 건강상 수술 건이나, 문서 문제와 연관된 흉액이 예상된다.

- 子水대운은 子水와 局의 午火가 子午 沖하니 月支와 時支가 손상된다. 時支는 자녀궁인데, 사주가 火는 旺하여 旺神에 해당되고, 水는 약하여 衰神에 해당된다. 약한 子水가 旺한 午火를 충하니 旺한 火가 더욱 폭발하는 형국이라 災厄이 예상된다. 자녀들에게 흉액이 닥쳐올 수 있다.

- 乙木대운은 기신운이니 건강문제가 나오고, 丑土대운은 丑土 怨嗔殺(원진살)이 작동하고, 丑戌 三刑殺이 작동되니 壽命(수명)을 이어야 하는 문제가 시급하다.

己	丙	戊	癸	(女)
丑	戌	午	丑	

丙	乙	甲	癸	壬	辛	庚	己
寅	丑	子	亥	戌	酉	申	未

⊙ 用神

• 丙火가 午火節에 생하여 羊刃(양인)을 得하니 炎炎한 氣가 太旺한 것이다. 천지가 메마르고 乾枯(건고)하니 調候(조후)가 급하다. 오직 壬水를 專用(전용)하고 庚辛金으로 보조한다.

• 壬水, 庚金이 투출하고 지지에 통근하면 上格의 명조이다. 庚金이 불투하고 지지에 申金이 있어도 衣祿(의록)이 있는 명조이다.

• 원국에 壬癸水가 전무하면 頑鈍(완둔)한 무리이고, 일점 火氣를 제극 할 수 없으면 僧道(승도)가 되거나 夭折(요절)하게 된다.

• 만약 壬癸水가 중중하여 官殺이 태왕한 경우에 일점 戊土가 없으면 制水하지 못하니 官災로 인한 凶厄(흉액)을 당한다.

• 상기는 日主 丙火가 午火節에 得氣하고, 다시 午戌의 반합화국이 부조하니 화세가 태왕하다. 壬水를 용해야 하나 不透하고 癸水가 투출했으니 이를 용신으로 잡아야 한다.

　　用神 : 癸水
　　喜神 :　金
　　忌神 :　土
　　閑神 :　木
　　仇神 :　火

⊙ 年干 癸水가 용신이나 癸水의 水源(수원)을 發하는 庚辛金이 전무하니 용신이 왕하지 못하다.

⊙ 局에 火勢가 태왕하고 土가 중중하니 火炎土燥(화염토조)의 형국이다. 水氣가 태약하여 습윤하게 하지 못하니 예기치 않은 사고, 질병 등의 禍厄(화액)이 염려되는 것이다.

⊙ 局에 戊己土 食傷이 중중하니 기술직이나 예체능계에 종사하는 경우가 많은데, 日干이 丙火로 따듯하고 밝게 빛나 만물을 성장시키는 도움을 주는 원동력이 되니 연관되는 직업군은 예체능계로 미술학원을 운영하고 있는 것이다.

⊙ 年干 癸水가 正官으로 남편성인데, 戊癸의 간합화국을 이루어 癸水가 손상되니 남편과의 연은 적을 것이라 판단한다. 더욱 혐의가 되는 것은, 남편성인 年干 癸水가 年, 時支 丑宮의 癸水에 통근하고 있는데, 지지 午戌 반합화국으로 인해

丑宮의 癸辛이 손상되니 命을 재촉하게 되는 염려가 있는 것이다.

◉ 月支 午火가 羊刃殺(양인살)을 대동하고 있다. 羊刃殺은 수술과 연관되는 殺이다. 운로에서 형충될 시 흉함이 태동하니 각별히 조심해야 한다.

◉ 日, 時支가 丑戌 刑殺이 되니 역시 남편과 자식과의 연이 적은 것이다.

◉ 日支 戊土가 白虎殺(백호살)을 대동하니 예기치 않은 질병이나 차사고 등을 방비해야 한다.

◉ 천간의 戊癸合이 化火되어 比劫으로 바뀜은, 시부모대나 시조부모대에 이복형제가 있을 것임이 암시되는 것이다.

◉ 運路가 酉戌亥子丑의 희신과 용신운이니 衣食(의식)은 足할 것이라 판단하는 것이다.

◉丙火 未月

•未月은 火氣가 退氣(퇴기)하는 시점이며 三伏(삼복)에 寒氣(한기)가 生하기 시작하나, 巳午火節을 지나 火炎土燥(화염토조)하니 壬水로 용신을 삼고 庚金으로 이를 돕는다.

•庚金, 壬水가 함께 투출하면 국가고시에 합격하고, 다시 지지에 통근하여 旺하면 高官大爵(고관대작)에 이르게 된다.

•庚金이 없고 壬水가 있고 戊土가 없으면, 복록이 장구하지 못하여 小富貴(소부귀)한다.

•戊土가 壬水를 극제하면 지방의 명망있는 학자이다.
戊土, 己土가 併透하여 混雜(혼잡)되면 평범한 命이다.

- 壬水가 투출되지 못하고 己土가 투출하면 빈곤하고, 壬水가 없으면 下格이며 賤(천)하고 성격이 사납다.

⊙ 用神
- 未土月은 三伏生寒(삼복생한)의 시점이라 하나 아직 前月의 염염한 火勢(화세)가 남아 있다. 年, 月支 巳未는 암암리에 천간의 丙火를 끌어와 巳(午)未의 남방화국을 형성하려 하니 火勢가 왕하다. 극제하는 壬癸水를 용신으로 잡아야 한다.
- 壬水가 불투하고 癸水가 투출했으니 이를 용하는데, 癸水는 月令 未土에 墓宮이라 失氣하여 태약하지만, 日支 子水에 통근하니 미력이나마 왕한 丙火를 대적하는데 역할을 하는 것이다.
- 용신 癸水는 水源(수원)을 發하는 庚辛金이 없으니 왕하지 못하여 사주가 길격이 되지 못하는 것이다. 年, 時支 巳宮의 庚金은 同宮의 지장간 중 正氣인 丙火의 극을 받으니 壬癸水를 생할 여력이 없는 것이다.

  用神 : 癸水
  喜神 :　金
  忌神 :　土
  閑神 :　木
  仇神 :　火

⊙ 丙子日柱 특성
- 영적인 힘이 있어, 마음을 다스리거나, 앞날에 대한 예지적인 능력이 있고, 성급하고 날카로우나 뒤끝이 없다.
- 진취적이고 공명정대하고 인품이 수려하고 단정하다.
- 원칙을 존중하고, 합리적이나, 소심한 면도 있어 일에 실패 시 좌절감이 깊다.
- 허황됨을 기피하고 분명한 것을 좋아한다.
- 혈관계질환을 조심해야 하고, 여성의 경우는 두통에 자주 시달린다.
- 공직자, 회사원, 기술계통의 종사자가 많다.

⊙ 年干 乙木 印星은 月令 未土에 십이포태운성의 "養(양)"에 해당하니 서모문제가 나오는 것이다. 印星이 年柱에 있으니 두 할머니인 것이라 판단하고, 지지에 比劫이 있으니 이복형제문제도 나오는 것이다.

⊙ 간명시는 남명은 財官을 먼저 살피고 여명은 官과 食傷을 살펴보는데, 癸水 正官

이 二位 투출했으니 偏官으로 논하여 이공계인 것이다. 財星인 庚辛金은 출간하지 못하고 지지 巳火에 암장되어 있는데, 그나마 丙火의 극을 받아 무력해지니 재물복이 많지 않은 것이다. 印星이 약하니 직장생활을 길게 하지 못하는 명조라, 직장생활을 몇 년 하다 차량 정비사업소를 개업한 것이다.

◉ 처와의 연은 日支宮과 財星 및 희신 위주로 판단하는데, 日支宮 子水는 용신이라 무탈할 것이나, 財星은 지지 巳宮에 일점 庚金이 있으나 同宮의 正氣인 丙火의 극을 받아 손상되었으니 부부사이에 여러 갈등이 많음을 암시하는 것이다.

◉ 日, 時支의 子巳는 상극관계이다. 時支宮은 자녀궁인데 상극되어 손상되니 자식과의 연이 적은 것이다. 자식들이 미국으로 유학 간 후 그 곳에서 정착하여 살기를 희망하는 것이다.

◉ 辰卯寅 중년운은 한신운이니 큰 발전을 기대하기 어렵다.

◉ 丑子亥 말년운은 용신운이니 안락하게 지내게 될 것이라 판단한다.

◉ 丙火 申月

　• 太陽이 서쪽으로 기울었으니 陽氣(양기)가 쇠하며, 日落西山(일락서산=태양이 西山에 기움)이니 土를 보면 빛이 어두워진다. 오직 빛이 서쪽으로 지며 江湖(강호)에 비추니 저문 밤하늘에 밝게 빛나는 형상이다. 그러므로 壬水로 丙火의 火光을 반사시켜 光輝(광휘)를 보조한다.

　• 壬水와 戊土가 出干하면 국가고시에 합격한다. 만약 戊土가 지장간에 있으면 미관말직이나 시골의 학덕있는 학자다.

　• 壬水가 많은데 戊土의 制水가 없으면 평범한 命이다.

壬水가 申宮에 암장되었는데, 戊土가 制水하면 평범한 命이다.

- 辛金이 중중하면 財가 왕하여 棄命從財格(기명종재격)이니 국가고시에 합격은 못해도 奇異(기이)한 명조다.
- 壬水가 중중하여 七殺이 重한데, 癸水는 없고 戊土가 있어 制水하면, 一將當關(일장당궐)이라 하여 높은 관직이 기약된다.

◎ 用神
- 申月의 丙火는 日落西山으로 빛이 서산으로 스러져가는 형국이니, 江河의 물로 빛을 반사시켜 지는 光輝(광휘)를 보조함이 필요하다. 따라서 壬水를 용해야 하는 것이다.
- 용신 時干 壬水는 月令 申金에 依母當令(의모당령)이고, 좌하 辰土가 水庫地이니 왕하여 길한 명조이다.
- 日主 丙火는 천간에 二位의 丙火가 부조하나 통근하지 못하여 신약하다. 지지 申金 財는 月令과 年支를 차지하여 태왕한데, 身旺財旺하지 못하니 大財와는 거리가 멀다할 수 있으나 富者의 명조이다.

　　用神 : 壬水
　　喜神 : 　金
　　忌神 : 　土
　　閑神 : 　木
　　仇神 : 　火

◎ 年, 月支가 偏財이니 理財에 밝고 봉급생활자가 아닌 개인사업가의 명조이다.
◎ 局이 전부 陽의 干支로 구성되니 陰陽의 부조화 됨이 있어, 건강상의 문제가 자주 발생하게 된다.
◎ 日, 時支가 辰辰의 自刑殺이니 남편과 자식과의 연이 적다. 그러나 官星이 용신이니 남편과의 이별 수는 비교적 적은 편이고, 자식은 미국으로 유학간 후 시민권을 획득하여 귀국하지 않으며 그곳에서 줄곧 생활하니 자식과의 연은 박한 것이다.
◎ 辛卯대운 부터 庚金대운 까지 희신과 한신운에 "주꾸미 볶음" 음식점을 차려 많은 돈을 벌었던 것이다.
◎ 기신이 土니 위장질환으로 많은 고생을 했다.

⊙ 寅木대운에 소유하고 있던 건물의 매각 가능 여부를 문의한 것이다.

 • 寅木은 印星으로 본시 한신이다. 年, 月支의 희신에 해당하는 申金 財星과 相沖
  되니 문서가 부서지는 것이고 財도 손상되는 것이다. 따라서 매매가 이루어지
  지 않을 것이라 판단하는 것이다.
 • 己土대운 중 庚子세운에 歲支 子水가 局의 申辰과 申子辰 삼합수국의 용신운으
  로 도래하니 이 해에 매각이 가능할 것이라 답변한 것이다.
 • 여러 명의 매수자가 있었으나 남편의 반대로 성사되지 못한 것이다.

⊙ 用神

 • 申月의 丙火는 해가 서산에 기운 격이니 日落西山(일락서산)이라 陽氣가 점점
  쇠해지는 시점이다. 江河의 물로 스러져가는 丙火의 餘光(여광)을 반사시켜 光
  輝(광휘)를 더해 日主를 부조해야 한다.
 • 局에 水氣가 왕한 경우에는 戊土의 制水가 있어야 한다.
 • 상기는 月, 日支 申午 사이에 午(未)申하여 암암리에 巳午(未) 남방화국을 형성
  하니 火勢가 약하지 않다. 壬水를 용하여 火勢를 억제하면 중화를 이룰 수 있는
  것이다.
 • 壬水가 불투히고 時干에 癸水가 투출했으니 부득이 이를 용신으로 잡는다.
 • 용신 癸水는 비록 月令 申金에 통근하나, 申金도 왕한 火勢에 受剋되니 부조의
  氣가 끊긴 것이고, 다시 日支 午火에 絕地(절지)이고 坐下 巳火에 胎地(태지)라
  심히 쇠약하다. 아울러 지지가 암암리에 巳午未 남방화국을 형성하니 澗溪水
  (간계수)인 癸水는 고갈 될 지경이다.

• 용신인 癸水가 왕하지 못하니 吉格이 되지 못한다.

　　用神 : 癸水
　　喜神 : 　金
　　忌神 : 　土
　　閑神 : 　木
　　仇神 : 　火

◉ 六親關係(육친관계)

　　丙火(日干=我)
　　壬水(偏官=夫)
　　癸水(正官=偏夫)

◉ 용신인 癸水가 왕하지 못하나, 다행히 運路가 亥子丑寅卯의 용신과 한신운이니 일희일비함이 있는 명조다.

◉ 丙火 日主가 坐下 日支 午火에 羊刃을 득하니, 성격이 강한 것이고, 또한 남편을 극하는 것이다.

◉ 여명의 용신과 官星은 夫星인데, 癸水 官星이 용신으로 局의 旺火에 심히 핍박을 당하니 남편과의 연은 박한 것이다.

◉ 丙戌대운

• 戌대운은 기신운이다. 夫宮인 日支 午火와 반합화국을 형성하니 사귀자는 남자가 들어오는 것이다.

• 丁巳세운

歲干 丁火는 용신인 時干 癸水와 丁癸 沖되어 용신이 손상되니 흉운이다.

歲支 巳火는 月支 申金과 巳申 刑合되어 水局으로 化되는데 壬水 七殺이 대표한다. 壬水는 偏官으로 여명 陽日干의 夫星이니 이 해에 결혼하게 된 것이다.

巳申 刑合의 관계는 先刑後合으로 일희일비의 합이니 불길한 조짐이 내포되어 있는 것이다.

• 戊午세운

歲干 戊土는 기신이다. 용신인 時干 癸水와 간합되어 火局으로 化되니 夫星이 손상되는 것이라 흉하다.

歲支 午火는 구신이다. 夫宮인 日支 午火 羊刃과 午午 自刑되어 羊刃을 태동시

키니 夫星의 손상이 오는 것이다. 결혼 1年 만에 이혼한 것이다.

⊙ 丁亥대운

• 대운의 천간 丁火는 구신이다. 時干 癸水 용신과 丁癸 沖하여 상호 손상되니 흉한데, 官星이 손상되는 것이니 직업, 직장, 직책과 연관하여 흉화가 발생하고, 또한 여명의 官星은 夫星이므로 남자와 연관된 문제가 흉하게 작동하는 것이다.

• 대운의 지지 亥水는 본시 용신이다. 지지의 旺火에 핍박을 받으니 용신의 역할을 하지 못한다. 다시 日支 午火 羊刃과 상극되니 羊刃이 태동하는데, 日支宮은 남편궁이니 남자와 연관된 문제가 흉하게 발동하는 것이다.

• 丁卯세운

歲干 丁火는 용신인 時干 癸水와 상충되니 용신이 손상되어 역시 흉하다. 歲支 卯木은 丙火 日主의 沐浴地(목욕지)이고, 日支 午火 기준 桃花殺(도화살)에 해당된다. 歲支 卯木과 午火가 午卯 破되어 沐浴(목욕)과, 桃花(도화)가 태동하는 것이다. 夫宮과 연관된 것이니 남자들과의 사이에 醜聞(추문)이 발생하는 것이다. 유부남과의 추문으로 인해 소송으로 까지 飛火(비화)된 것이다.

⊙ 用神

• 申月의 丙火는 日落西山(일락서산)에 비유된다. 태양이 서산에 기우니 빛이 오직 江湖(강호)를 비추게 되어 해 저문 하늘에 餘光(여광)이 빛나는 것이다. 따라서 壬水로 스러져 가는 光輝(광휘)를 반사시켜 남은 햇빛을 扶助(부조)해야 한다.

• 局에 水氣가 많으면 戊土로 制水해야 하며, 戊土와 壬水가 倂透(병투)하면 국가

고시에 합격하여 높은 관직에 오르게 된다.

- 日主 丙火는 月令 申金에 실기했으나, 年支 午火에 통근하고 다시 二位의 丙火가 투출하여 부조하니 火勢가 태약한 것은 아니다. 江河의 물인 月支 申宮의 壬水를 용하여 서산에 스러져가는 빛을 부조해야 한다.

　　用神 : 壬水
　　喜神 :　金
　　忌神 :　土
　　閑神 :　木
　　仇神 :　　火

◎ 時柱가 己亥로 傷官見官(상관견관)되니 남편과의 연이 적은 것이다.

◎ 局에 丙午火가 중중하고 왕하여 月支 申金 財를 탐하니 群劫爭財(군겁쟁재)의 상황이다. 따라서 금전의 입출은 많으나 정작 내 손에 쥐어지는 돈은 많지 않은 것이다.

◎ 日支와 時干이 辰己로 食傷에 해당하니 이공계와 연관되는 직업이다. 대학의 화학과를 나와 화공약품회사에 근무하고 있다.

◎ 日支와 時支가 辰亥로 상극되니 자식과의 연도 돈독치 못한 것이다.

◎ 卯木대운 辛丑세운의 직장운을 문의한 것이다.

- 卯木대운은 卯木이 본시 한신운인데, 月支 申金과 상극되어 손상되니 흉하다.
- 辛丑세운의 歲干 辛金은 본시 희신인데, 천간의 丙火와 丙辛 合水의 용신운으로 化되니 길하다.
- 다만 歲支 丑土가 혐의가 되는 것이다. 丑土는 年支 午火 劫財와 怨嗔(원진)되어 흉하니 동료직원들과의 사이에 시기질투 및 음해가 발생하는 것이다. 다시 日支 辰土와는 丑辰 破되니 자리의 이동수가 발생하는 것이다.
- 20년 가까이 근무한 회사에서 창업주가 사장의 자리에서 물러나고, 대신 그의 젊은 아들이 사장으로 취임하니, 자신과 코드가 맞는 사람들로 자리를 배치하는 대대적인 물갈이가 진행 중인 것이다.
- 권고사직의 통보를 받은 것이다.
- 이후 庚金대운은 희신운이라 흉하지 않아 재취업도 무난하리라 사료되니 이직을 권했던 것이다.

⊙ 未午巳대운은 구신운으로 인생에 沮滯(저체)됨이 많았다.

⊙ 중년 이후의 辰卯寅대운은 한신운이니 무탈한 운인 것이다.

⊙ 用神

　•丙火가 申月에 생하여 病地이니 失氣한 것이다. 해가 서산에 지는 형국이니 江湖
　　의 물로 丙火의 스러져가는 餘光(여광)을 반사시켜 光輝(광휘)를 보조해야 한다.

　•강호의 물인 壬水가 불투하고 年干에 癸水가 투출했으니 이를 용신으로 잡는다.

　•용신 癸水는 좌하 巳火에 胎地이나, 月令 申宮의 壬庚의 생조를 받고, 다시 年,
　　月支의 巳申 육합수국의 부조가 있으니 용신이 약한 것은 아니다.

　　　　用神 : 癸水
　　　　喜神 : 　金
　　　　忌神 : 　土
　　　　閑神 : 　木
　　　　仇神 : 　火

⊙ 通辯

　•月柱가 庚申으로 偏財이니 財星이 왕하다. 日主 丙火는 月令 申金에 病地이나,
　　좌하 辰土에 冠帶(관대)를 득하고 年支 巳火의 부조가 있으니 日主가 약하지 않
　　다. 능히 財를 건사할 수 있는 富格의 명조이며 理財에 밝은 것이다.

　•辰土대운은 본시 기신운이나 月支 申金과 申辰 반합수국의 용신운으로 도래하
　　니 발전이 있었다. 감정평가사로 활동하면서 부동산 매입으로 財를 축적하기
　　시작한 것이다.

　•月柱가 財星으로 자연 印星을 극하니 부모의 命은 장수하지 못했던 것이다. 또

한 초년 대운이 己未, 戊午의 기신과 구신운이니, 家産이 넉넉하지 못했던 것이고, 학업에도 열중하지 못했으며, 형제자매들도 각자 살길을 찾아 고향을 떠나 도시로 이사하여, 형제 간의 정도 자연 돈독하지 못했던 것이다.

- 月柱가 財星이니 주변에 사귀자는 여자들이 많으며, 財星이 희신에 해당하니 사업적으로 도움을 주는 여자들이 많은 명조이다.
- 寅木대운은 局의 巳申과 寅巳申 三刑殺을 형성하니 흉하다. 차사고로 인하여 여러 달 병원신세를 져야했던 것이다.
- 중년 이후의 운이 辰卯寅丑子의 한신과 용신운으로 도래하니 재물복이 장구한 것이다.

◎ 癸水대운에 새로운 투자계획의 길흉에 대해 문의한 것이다.

- 癸水는 財星이니 여자가 연관된 것이고, 또한 본시 癸水는 용신이나 時干 戊土와 戊癸 간합화국의 구신운이 되니 길하지 못하다.
- 전원주택단지를 조성하여 분양을 계획한 것인데, 운이 용신으로 강하게 들어오지 못하니 심사숙고하라 권했던 것이다.
- 투자를 같이 하기로 한 여자 사업가들의 이견과 갈등으로 인해, 사업 시행이 교착상태에 빠진 것이다.

◎ 丙火 酉月

- 日落西山(일락서산)이라, 해가 서산에 걸쳐있으니, 丙火의 餘光(여광)이 호수와 바다위에 있는 格이라, 壬水로 火光을 반사시켜 스러져가는 丙火의 光輝(광휘)를 보조한다.

- 사주에 丙火가 많고, 一位의 壬水가 투출하면, 命造가 奇異(기이)하여 국가고시에 합격하고 富貴兼全(부귀겸전)이다. 그러나 一位의 壬水가 地支에 감추어져 있으면 단지 秀才(수재)가 될 뿐이다.
- 戊土가 많으면 水가 困苦(곤고)하게 되어 복록이 크지 않고, 만일 壬水가 없으면 癸水라도 사용한다. 그러나 功名(공명)이 길지 못하다.
- 辛金의 투출되어 가까이 있으면 丙辛 간합수국이 있어 오히려 從化(종화)를 못하니 늙도록 곤궁하다.
- 辛金이 출간했으나 丁火가 辛金을 극제하면, 인물이 奸邪(간사)하여 處世(처세)에 분별이 없고, 女命이 이와 같으면 말이 많고 淫亂(음란)하다.
- 지지 金局이고 辛金이 出干하지 못하고 지장간에 있으면, 財星은 太旺한데 秀氣(수기)하지 못한 것이니, 丙火 日干이 財를 從하지 못하게 되어, 이런 경우는 從財格(종재격)이라 하지 않고, 財多身弱格(재다신약격)이라 하며, 富屋貧人(부옥빈인)이라 하여 부자 집의 執事(집사)에 불과한 것이다.

  만약 辛金이 出干하고 比劫과 印星의 투출이 없으면, 丙火 日干이 財를 從할 수 밖에 없으므로 從財格(종재격)이 되고 貴格이다.

⊙ 用神
- 丙火 日主가 酉金月에 생하여 失氣했고, 다시 金氣가 중첩되어 財星이 太重하니 日主는 신약한 것이다. 다행인 것은 丁午火의 부조가 있으니 태약한 것은 면한 것이다.
- 財星이 중하니 印星을 용하여 日主를 생조하면 중화를 이룰 수 있는 것이다. 용신은 時干 甲木이다.
- 酉金月의 丙火는 日落西山(일락서산)에 비유되어, 날이 황혼에 드니 스러져 가는 光輝(광휘)를 壬水로 반사시켜 餘光(여광)을 거두어야 하나, 상기의 경우처럼 財多身弱이 된 경우에는 印星을 용하여 日主를 생조해야 중화를 이룰 수 있는 것이다.

      用神 : 甲木
      喜神 :　水
      忌神 :　金
      閑神 :　火

仇神 : 　土

⊙ 甲木 印星이 용신이나 지지에 통근하지 못하고 孤透(고투)하니 본시 두뇌는 총명
　하나 학업과의 연은 박한 것이다.

⊙ 지지에 財星이 중첩되니 多財無財인 것이라 부부연이 박한 것이다. 한편으론 財
　星이 중첩되어 偏財로 化되는데 기신에 해당된다. 암시되는 象은 男命은 偏財가
　부친으로 논하니 부친의 사업실패로 인해 가사를 책임져야 하니 결혼시기를 놓
　친 것이다.

⊙ 결혼 여부 및 시점에 대해 문의한 것이다.
　• 남녀 공히 용신운에 결혼을 많이 하게 된다.
　• 남명은 財星運, 여명은 官星運에 결혼하는 경우가 많다.
　• 남녀 공히 日支와 합되는 운에 결혼하는 경우가 많다.
　• 남녀 공히 기신이나 구신에 해당하는 오행을 沖去하거나, 合되어 용신이나 희
　　신으로 化될시 결혼하는 경우가 많다.
　• 상기는 비록 財星이 중첩되어 있으나, 日主 坐下에 財星이 있으니 결혼수가 있
　　다 판단한다.
　• 壬水대운 희신운에, 壬水가 月干 丁火 한신과 간합목국의 용신운으로 바뀌니
　　이시기에 결혼할 것이라 판단한다.

⊙ 천간에 劫財인 丁火가 투출했으니, 상기인은 두 가지 직업을 병행하게 될 것이
　암시되는 것이다.

⊙ 말년운은 辰卯寅의 용신운으로 흐르니 대체로 안락하게 지낼 것이라 판단한다.
　다만 卯木대운은 본시 용신운이나, 年, 月支 酉金과는 相沖되고, 日支 申金과는
　怨嗔(원진)되고, 時支 午火와는 破가 되어 지지 전체가 손상된다. 이런 경우는 예
　기치 않은 사고, 질병 등의 흉화가 다발하는 경우가 많고, 救濟(구제)의 神이 없는
　경우라면 命을 재촉하는 경우도 발생하게 된다.

◉ 丙火 酉月

- 酉金月의 丙火는 해가 뉘엿뉘엿 西山에 지는 형국이니 丙火의 餘光(여광)이 江湖(강호)에 있는 象이다. 壬水로 용신을 삼아 스러져가는 빛을 반사시켜 살리게 되면 남은 光輝(광휘)를 생하게 되는 이치이다.
- 만약 지지 金局이면 印星이나 比劫이 있어 日主 丙火를 생조해야 흉하지 않다.
- 丙火가 중중한데 一位의 壬水가 있으면 大富貴格을 이룬다.
  丙火가 있고 壬水가 암장되면 단지 秀才의 命이다.
  丙火가 있고 壬水가 암장되고 土가 중첩되면 水가 困하니 寒儒(한유)이다.
  丙火가 있고 壬水가 없고 癸水가 있으면 복록이 장구하지 못하다.
- 辛金의 투출됨이 있는데 從化格을 이루지 않으면 조상 덕이 있다. 그러나 부모님이 작고하신 후에는 늙도록 곤궁하다. 만약 丁火가 있어 辛金을 제극하면 여자는 말이 많고 음탕하며, 남자는 주색을 밝히고 빈천하다.

◉ 用神

- 상기는 천간에 二位의 辛金이 투출하고, 지지에 辰酉, 酉丑의 金局이 있어 財星이 태왕하나, 時支 卯木 印星과 月干 丁火 比劫이 있으니 從財格(종재격)을 이루지 못하고 財多身弱格(재다신약격)인 것이다. 따라서 단지 조상 덕이 좀 있을 뿐이고 富屋貧人(부옥빈인)인 것이다.
- 局에 財星이 왕하니 得比理財(득비이재)로, 比劫을 용하여 財를 형제자매들에게 골고루 분배하면, 다툼을 막게 되고 사주가 중화를 이룰 수 있는 것이다. 용신은 月干 丁火이다.

　　　用神 : 丁火
　　　喜神 :　木

忌神 : 水
閑神 : 土
仇神 : 金

◎ 용신 丁火는 酉金月에 비록 長生을 得했다 하나, 寒氣(한기)가 점승하는 시점이니
　 火勢가 꺾인 것이라 왕하지 못한 것이다. 종재격을 이루지 못하고 재다신약격이
　 되니 부옥빈인의 命이다. 금전의 입출은 많으나 정작 내가 쓸 돈은 없는 것이다.

◎ 지지 金局에 辛金이 투출하여 秀氣(수기)를 發하나, 丁火 역시 투출하여 剋金하니
　 흉격이 된 것이다. 말이 험악하고 즉흥적이며 주색에 빠질 염려가 많다.

◎ 年干에 辛金 正財가 있으니, 상속의 財가 있는 것이며, 조상의 음덕이 다소 있는
　 것이라 판단한다.

◎ 月支 酉金 正財가 天乙貴人(천을귀인)을 대동하니 처의 내조가 많은 것이다.

◎ 局에 官星이 미약하니 직장과의 연은 작다 판단한다.

◎ 時支宮은 자녀궁인데 沐浴地(목욕지)에 해당하니 자식과의 연이 적다 판단한다.

◎ 用神
　• 酉金月의 丙火는 해가 서산으로 지는 형국이니 日落西山(일락서산)이다. 丙火의
　　 남은 빛을 江湖(강호)의 물로 비추어 光輝(광휘)를 생하게 하는 것이니 光輝相映
　　 (광휘상영)인 것이다. 壬水를 용해야 하는 것이다.

　• 丙火가 많은데 壬水가 一位 투출하면 富貴가 크다.
　　 壬水가 암장되면 단지 秀才의 命이다.
　　 壬水가 암장되고 土가 많으면 水가 困苦(곤고)하니 가난한 선비일 뿐이다.

- 壬水가 없으면 癸水를 용해야 하나 복록이 장구하지 못하다.
- 상기는 지지에 金氣가 중중하니 日干 丙火가 쇠약하다. 다만 丙丁火가 투출하여 衰한 日主를 부조하니 壬水를 용하여 丙火의 餘光을 반사시켜 부조해주어야한다.
- 壬水가 불투하니 부득이 時干 癸水를 용해야 한다.

    用神 : 癸水
    喜神 : 金
    忌神 : 土
    閑神 : 木
    仇神 : 火

◎ 甲午대운
- 甲木이 己土를 끌어와 甲己 간합토국을 이루려 하는데 己土 財星의 祿星은 午火이다. 또한 己土는 용신 癸水를 심히 핍박하는데, 지지의 중중한 申酉金의 財星은 천간의 比劫인 丙丁火의 剋을 받으니 癸水를 생할 여력이 없는 것이다.
- 질병의 配屬(배속)에서 庚金은 大腸(대장)이고 辛金은 肺臟(폐장)이며 丙火는 小腸(소장)이다. 午火 羊刃殺이 入되며 천간의 丙丁火에 힘을 실어주어 申酉金을 극하게 되니 대장질환이 발생하는 것이다.

◎ 甲午대운 중 甲子세운
- 年支 申金은 암암리에 申子辰의 삼합수국을 형성하는데, 申子辰의 三殺은 未庫인 것이다. 三殺을 대동한 未庫는 주로 사고, 질명, 수술, 破財 등과 연관되는 것이다.
- 대운 午火는 災殺로 刀光, 血殺, 惡疾(악질) 등을 대표한다.
- 대운 午火는 日主 丙火의 羊刃殺(양인살)에 해당된다. 歲支 子水와는 相沖되는데, 羊刃은 合을 기뻐하고 沖을 기피하여, 沖 될 시는 반드시 타인에게 血光등의 害惡(해악)을 유발하는 것이다.
- 대운 午火는 羊刃에 해당되며 三殺庫인 未土와 合되어 日干 丙火의 劫財로 化되는데, 이는 羊刃이 결국 자신을 향해 칼을 겨누는 格인 것이다.
- 歲支 子水는 午火 羊刃을 沖하고 三殺庫인 未土와는 害殺이 되며, 다시 年支申金과 반합수국을 형성하여 日主 丙火를 심히 핍박하니 이때 대장암으로 사망

한 것이다.

⊙ 부부의사의 명조이다.

- 月支는 상호 酉와 丑으로 반합금국이 되고, 日支는 상호 申과 辰의 반합수국이 되며, 日干은 상호 丙과 甲으로 상생되며, 용신은 상호 甲과 丙으로 역시 상호 상생되니 천생연분이라 할 수 있다.
- 남명은 財星이 妻星인데 年干에 있으며 庚金이고, 女命은 官星이 夫星인데 年干에 있으며 辛金이니, 조상들과의 연으로 맺어진 부부사이인 것이다.

⊙ 用神

〈男命〉

- 丙火가 酉金月에 생하여 失氣했다. 지지에 金氣가 태왕하니 財多身弱의 명조이다. 부조의 氣가 필요하니 時干 甲木을 용신으로 잡는다.
- 局에 金氣가 왕하니 의사의 명조인데 방사선과 의사이다.

  用神 : 甲木
  喜神 :　水
  忌神 :　金
  閑神 :　火
  仇神 :　土

〈女命〉

- 甲木이 丑月에 생하여 천지가 寒凍(한동)하니 調候(조후)가 급하다. 時干 丙火를 용신으로 잡는다.

- 局에 金氣가 왕하니 의사의 명조로 내과의사의 명조이다.

  用神 : 丙火
  喜神 :　　木
  忌神:　　水
  閑神 :　　土
  仇神 :　　金

⊙ 상기 두 명조의 지지에 酉金이 있다. 酉金은 한번 가공을 거친 금속으로 칼날 "刃(인)"에 비유되며 의사들의 執刀(집도)와 연관되니 의사의 명조인 것이다.

⊙ 남명은 용신이 甲木이다. 중년 이후의 대운의 흐름이 寅卯辰으로 용신운이니 말년의 안락함이 기약되며, 또한 여명의 용신은 丙火인데, 중년 이후의 대운의 흐름이 巳午未의 용신운이니 역시 말년의 안락함이 기약되는 길한 운이다.

⊙ 丙火 戌月

- 丙火가 戌月에 생하여 墓宮에 居하니 光輝(광휘)를 어둡게 한다. 戌月은 火氣가 더욱 退氣(퇴기)하고 戌宮의 戌土가 사령하니 土가 丙火의 빛을 晦火(회화)함이 두렵다. 반드시 먼저 甲木을 써서 疏土(소토)함이 필요하고, 다음으로 壬水를 쓴다.

- 甲木, 壬水가 모두 출간하면 국가고시에 합격하여 일신의 영달을 얻을 수 있다.

- 甲木이 투출하고, 壬水가 없고 癸水가 투출하면 국가고시에 합격은 못해도, 異途功名(이도공명=무관직. 문필직. 기술직...)으로 국가의 祿을 받는다.

- 壬癸水가 모두 암장되면 微官末職(미관말직)이다.

- 甲木이 암장되고, 壬水가 出干하고, 庚金이 甲木을 破木 함이 없으면 단지 秀才

(수재)의 命에 불과하다. 庚金이 甲木을 극하는데 다시 戊土가 水를 극하면 평범한 命이다.

- 庚金이 甲木을 破하고, 戊土가 壬癸水를 제극하면 평범한 命이다.
- 甲壬癸가 모두 없으면 下格이다.
- 地支 火局이더라도 月令이 戊土이니 失氣한 것이라, 炎上格(염상격)이 되지 못하니 貧賤(빈천)하다. 이런 경우는 運路에서 부조가 있어야 하는데 동남 木火運으로 흐르면 약간의 복록이 있다.
- 火氣의 투출이 많으면, 壬癸水가 있어 火氣를 극제하고 土를 윤택하게 하여, 甲木을 滋養(자양)해야 하는 것이니, 이런 경우에는 용신은 壬癸水이고 甲木으로 보조한다.

⊙ 用神
- 丙火가 戊月에 생하여 戊土가 司令하니 土氣에 晦火(회화)되고, 壬水 偏官이 二位 투출하여 庚申金의 생을 받으니 偏官이 왕하다.
- 지지 辰戌의 土를 疎土(소토)하고 왕한 水氣를 納水(납수)하는 甲木을 용하면 사주가 중화를 이룰 수 있다.
- 용신은 年支 寅宮의 甲木을 용하는데, 甲木은 月支 戌土와 寅戌의 반합화국을 이루려 하여 失氣되고, 日支 申金과는 寅申 沖되니, 용신이 쇠약하여 制土와 納水함이 부족하니 일점 흠이 있는 것이다.

      用神 : 甲木
      喜神 :   水
      忌神 :   金
      閑神 :   火
      仇神 :   土

⊙ 月令 戊土가 華蓋殺(화개살)로 종교와 연관된 殺인데 다시 喪門殺(상문살)을 대동하니 神氣와 영적인 능력이 다분히 있는 것이다. 또한 月令 戊土 기준하여 日干 丙火는 天德(천덕)과 月德(월덕)에 해당되며, 壬水 偏官이 왕하니 牧會者(목회자)의 길을 간 것이다.

⊙ 日支 申金이 財星이니 처의 내조가 많다 논한다. 처는 대학교 일어일문학 교수로서 가사에 보탬이 많은 것이다.

◉ 원국에 財星이 重하나 기신에 해당하니 재물과의 연은 박한 것이다.

◉ 月令은 戊土로 부모형제자매궁인데 丙火 日主의 墓庫에 해당된다. 따라서 연이 박하고 도움을 받기 어려운 것이다.

◉ 寅木대운
  • 본시 용신운이나, 지지 戌土와는 寅戌의 반합화국으로 木氣가 洩되고, 申金과 는 寅申 충되어 용신이 손상되니 길하지 못한 것이다. 信徒(신도)의 말을 듣고 부동산 재개발사업에 수억을 투자했으나, 일의 진척됨이 없이 미적미적 대며 허송세월하고 원금조차 회수가 되지 않고 있는 것이다.
  • 日支 申金 偏財는 驛馬殺(역마살)에 해당되는 되는데, 運路에서 沖되면 走馬加 鞭(주마가편)이라 하여, 財星이 길신이면 비약적인 발전을 이루게 되고, 흉신이 면 손재수가 많은 것이다. 상기는 財星이 기신에 해당하니 損財(손재)가 컸던 것이다.

◉ 乙木대운
  • 본시 용신운이다. 그러나 月干 庚金과 乙庚 간합금국의 기신운이 되니 흉하다. 金이 財星에 해당하니 다시 손재수가 발생하는 것이다.
  • 고향의 동네 근방에 농공단지가 들어서서, 투자가치가 있다는 사촌 친척의 말 을 듣고 근방의 밭을 수억 들여 투기 목적으로 사들였는데, 이 또한 郡의 개발 계획 변경으로 인해 돈이 땅에 묶이게 된 것이다.

◉ 丙辰대운의 운을 문의한 것이다.
  • 丙火는 본시 한신이다. 天干의 壬庚과 충과 상극되니 길하지 못하다. 庚金 財星 과 상극되는 것이니 다시 손재수가 발생하는 것이다.
  • 辰土는 구신이라 본시 길하지 못하다. 月令 戌土는 墓庫地(묘고지)인데 沖되어 開庫(개고)시키니 戌宮의 辛金(財星), 丁火(比肩), 戊土(食神)가 튀어나와 자신의 역할을 하려 하는 것이다.
  辛.丁.戊는 기신, 한신, 구신에 해당하니 무용지물인 것이고 禍厄(화액)만 유발 하는 것이라 흉한 운이다.

◎ 用神
　• 戌月의 丙火는 火氣가 더욱 물러나는 시점이고 戌宮의 戊土가 司令하니 晦火
　　(회화)되어 丙火의 光輝(광휘)를 가릴까 두렵다. 따라서 먼저는 甲木의 疎土(소토)
　　가 있어야 하겠고, 다음은 壬水를 써서 반사시켜 스러져가는 丙火의 餘光(여광)
　　을 살려야 한다.
　• 甲木과 壬水가 倂透(병투)하면 국가고시에 합격하여 나라의 중책을 맡게 된다.
　• 상기는 지지에 土가 중첩되니 甲木을 용하여 疎土(소토)함이 급하다. 甲木이 불
　　투했으니 時支 亥宮의 甲木을 용한다.

　　　用神 : 甲木
　　　喜神 :　水
　　　忌神 :　金
　　　閑神 :　火
　　　仇神 :　土

◎ 局에 食傷인 土氣가 중중하니 기술직이다. 건축 설계사무실을 운영하고 있다.
◎ 月干 庚金 偏財가 妻星인데 기신에 해당하니 본처와의 연은 박한 것이다. 午火대
　운에 月支 戌土와 寅午 반합화국이 되어 화세가 맹렬하여, 처성인 庚金을 녹아버
　리게 하니 이때 이혼하게 된 것이다.
◎ 乙木대운은 乙木이 본시 용신으로 印星에 해당하니 문서, 계약관계가 들어오는
　것이다. 月干 庚金 偏財와 乙庚 간합금국의 財星局이 되니, 암시되는 象은 재혼
　상대인 여자가 들어오는 것이다. 문서를 동반하여 入되는 것이니 동거생활이 아
　닌 정식 결혼을 하려 하는 것이다.
◎ 月柱는 부모형제자매궁이다. 月支 戌土가 墓宮이니 단명한 가족이 있다 판단하
　는 것이다.

◉ 年, 月에 십이포태운성의 墓(묘)가 있는 경우에는 장남이 아니더라도 조상 墓를 관리하게 되거나 墓와 연관된 일을 주관하게 되는 경우가 많다.

◉ 月柱가 庚戌로 食神生財가 되니 衣食은 足한 명조이나, 戌土 食神이 인접한 지지 未辰과 刑沖되어 손상됨이 있으니 재물의 득실관계가 多端(다단)할 것이다.

◉ 局에 土氣가 중중하니 종교적으로 신심이 두텁다 판단한다.

◉ 日, 時支가 辰亥로 상호 상극되니 처자식과의 연은 薄하다 판단한다.

◉ 甲寅대운 이후는 용신운이니 말년은 안락함과 매사 무탈함이 약속되는 것이다.

◉ 用神
　　• 戌月은 火氣가 退氣(퇴기)하고 寒氣(한기)가 심해지는 시점이며 丙火의 빛이 戌宮의 戊土에 의해 晦火(회화)되고 있는 秋節(추절)이다. 따라서 疏土(소토)하는 甲木이 尊貴(존귀)하고 다음은 壬水의 보조가 필요하다.
　　• 상기는 土가 厚重(후중)한데 疏土(소토)하는 甲木이 불투했으니 時支 卯宮의 甲木을 용해야 한다.

　　　用神 ： 甲木
　　　喜神 ：　水
　　　忌神 ：　金
　　　閑神 ：　火
　　　仇神 ：　土

◉ 여명의 간명시는 財와 官을 먼저 살펴본다. 상기의 경우 官은 日支 辰宮에 일점 癸水가 있는데 正氣인 戊土와 간합되어 化火되니 癸水 官星이 무력해진 것이라 부부연은 박하다 판단한다. 財星인 時干 辛金은 日干 丙火와 간합하여 水局을

형성하려 하는데, 좌하 지지에 각각 水氣가 전무하니 이른바 合而不化의 상황이
다. 따라서 陰干인 財星 辛金이 羈絆(기반)된 것이라 묶이게 되어 쓸모가 없어진
것이다.

◎ 年, 月支 午戌의 반합화국의 판단은, 비중이 큰 月令을 戌土가 차지한 것이라
반합화국이 失氣한 것이라 판단하며 火勢가 왕하다 논할 수 없는 것이다. 여타의
경우도 같은 이치로 판단하면 틀림없다.

◎ 여명의 食傷은 자녀성인데 구신에 해당하니 자식들과의 연도 돈독함이 적은 것
이다.

◎ 巳火 대운에 부동산사무실 개업을 문의한 것이다.

• 巳火는 본시 한신운이니 크게 발복을 기대하기 어렵다.

• 巳火는 比劫에 해당하니 동업하려는 자가 들어오는 것인데, 亡神殺(망신살)과
病符殺(병부살)을 대동하니 음해와 다툼의 소지가 있는 것이다.

• 壬水 대운은 희신운이니 그때부터 발복이 있을 것이라 조언한 것이다.

◎ 丙火 亥月

• 태양이 西山에 완전히 지고 난 후이니 失令(실령)한 것이다. 甲木, 戌土, 庚金의
出干함을 얻으면 국가고시에 합격한다. 성품이 淸高(청고)하고 지도자적인 학자
가 된다.

• 丙火는 亥月에 絶地(절지)이니 氣가 囚死된 것이다. 따라서 甲木을 용하여 태약
한 日主 丙火를 부조해야 한다. 亥宮의 甲木을 용하는 경우는 濕木(습목)이니
천간에 丙火의 투출이 있어 건조시켜 줌이 필요하고, 水가 重한 경우에는 戌土

의 制水가 필요하다.

- 辛金의 투출함을 얻고 辰을 보면 丙辛 化合이 때를 만난 격이니, 辰宮의 戊土가 왕한 水氣를 극제하여 大貴한다.

- 壬水가 많고, 다시 辛金의 부조가 있고, 甲木 印星이 없으면, 從格으로 棄命從殺格(기명종살격)이 되며 국가고시에 합격은 못하더라도 관직에 종사한다.

- 亥月 丙火는 木旺하면 庚金이 좋고, 水旺하면 戊土가 좋고, 火旺하면 壬水를 쓰니, 적절히 均用(균용)하는 것이 좋다.

◎ 用神

- 丙火가 亥月에 생한 것이니 失氣한 것이고, 戊己土가 重하니 洩氣(설기)가 太多하여 신약하다.

- 甲木을 용하여 厚土를 疎土(소토)하고 신약한 日主 丙火를 생하면 중화를 이룰 수 있는 것이다.

- 甲木이 불투하니 月支 亥宮의 甲木을 용신으로 잡는다.

  用神 : 甲木
  喜神 :　水
  忌神 :　金
  閑神 :　火
  仇神 :　土

◎ 용신이 甲木으로 正印에 해당하니 두뇌가 총명하다.

◎ 천간에 戊己土 食傷이 투출했으니, 자신의 재능 및 재예를 활용한 직업을 갖게 되는 것이다. 土는 인체의 배속에서 치아와도 연관되니 치과의사인 것이다. 의사의 길을 가게된 것은, 年, 月, 日支의 申亥戌은 징검다리 중 申(酉)戌亥로 조합되어 酉金이 탄함되었다 판단하는 것이다. 酉金은 가공한 금속으로 수술칼에도 비유되니 의사와도 연관되는 것이다.

◎ 年, 月干의 戊癸 합은 동주한 지지에 火氣가 전무하니 合而不化의 상황이다. 따라서 陰干인 癸水 正官이 羈絆(기반)된 것이다. 여명에서 正官은 본남편, 偏官은 재혼한 경우의 남편으로 논하는데, 正官이 기반되니 본남편과의 연이 박한 것이다. 또한 食神이 중첩되어 왕한데, 자연 官星을 극하니 배우자와의 연이 적다 판단하는 것이다.

⊙ 日, 時支의 丑戌 刑殺은 남편과 자식과의 사이도 돈독하지 못하다 판단하는 것이다.

⊙ 己未대운과 戊土대운은 구신운에 해당하니, 자신의 병원을 개업하지 못하고 고용의사로 지냈던 것이다.

⊙ 午火 대운에 병원개업을 문의한 것이다.

• 午火 대운은 본시 한신운이다. 月支 戌土와 午戌 반합화국의 한신운이니 무애무덕한 운이다.

• 배속된 歲運은, 甲午, 乙未, 丙申, 丁酉, 戊戌인데, 길신(용신.희신)에 해당되지 못하니, 병원을 개업해도 크게 나아짐이 없을 것이라 판단되는 것이다.

⊙ 用神

• 丙火가 亥月에 생하여 絕地(절지)에 해당하니 失令한 것이다. 甲木을 용하여 신약한 日主를 생조하면 중화를 이룰 수 있다. 지지에 水氣가 왕하면 戊土를 용하여 制水함이 좋고, 甲木이 투출하여 甲木萌芽(갑목맹아)의 상태라면 庚金의 剪伐(전벌)이 필요하다.

• 상기는 丙火가 亥月에 생하여 失氣했고, 다시 戊己土가 중중하여 丙火의 洩氣(설기)가 심하니 身弱한 것이다. 甲木 印星을 용하여 厚重한 土氣를 疎土(소토)하고 신약한 日主를 생함이 필요하다.

• 甲木이 불투하였으니 日支 寅宮의 甲木을 용하는 것이다.

用神 : 甲木
喜神 : 水

```
忌神 :     金
閑神 :     火
仇神 :     土
```

⊙ 食傷이 중중한데 財星이 전무하다. 이런 경우는 부단히 財를 득하기 위해 동분서 주하나, 뜻한바 만큼의 財가 들어오지는 않게 되어, 得財하기 위해 여러 무리수 를 두는 경우가 많아 실패수가 많다.

⊙ 日柱 丙寅은 甲子旬 중으로 戌亥가 空亡이다. 月支 亥水가 空亡이니 어머니가 일찍 작고한 것이다. 時支가 空亡이니 자식과의 연이 적은 것인데, 조상 음덕이 있으면 무탈하게 넘길 수 있는 것이다.

⊙ 남명의 日支宮은 처궁인데, 용신 甲木이 日支 寅宮에 있으니 처덕이 있는 것이 다. 처의 수입이 가계에 많은 보탬이 되고 있는 것이다.

⊙ 卯木대운은 印星으로 용신운이다. 배속된 庚子세운에 흉함이 많았는데 그 연유 를 물은 것이다.

　• 卯木대운의 卯木은 본시 濕木(습목)으로 원국의 亥水와 반합목국의 용신운으로 化되나, 水氣를 담뿍 품은 濕木(습목)인 것이다. 다시 세운에서 子水가 入되어 濕木에 水氣를 더하니 이제는 뿌리가 썩는 것이라, 용신운이나 용신의 역할에 손상이 되는 것이다.

　• 歲運의 干支는 君王의 勅諭(칙령)을 제후들에게 전달하는 것에 비유된다. 대운 卯木과 세운 子水가 상호 刑殺이 되니, 군왕의 칙령을 제후들이 받아들이려 하 지 않음과 같으니 탈이 나는 것이다. 卯木은 印星이고 子水는 官星이니 官과 印의 대적인 것이다.

　• 상기인은 庚子세운에 보이스 피싱을 당하여 수 천만 원의 損財가 발생한 것 이다.

⊙ 甲辰대운 이후는 용신과 한신운이니 무탈하게 지낼 것이라 판단한다.

⊙ 상기는 모두 美貌(미모)의 女命이다.

⊙ 看命(간명)에서 女命의 美貌 여부는 다음과 같이 요약된다.

- 지지에 桃花殺(도화살)이 있거나 혹, 없더라도 子午卯酉 중 二位 이상이 있는 경우.

- 紅艶殺(홍염살)이나 桃花殺(도화살)이 重한 경우.

- 신약이며 食傷과 印星이 있거나, 身旺財旺(신왕재왕)하거나, 正官, 正財, 印綬가 있는데 生生不食(생생불식)되어 있는 경우, 미모와 현덕함이 있다.

- 金水食傷格(금수식상격)에 金日生으로 사주에 水氣가 많고, 다시 官殺이 있어 균형을 이룬 경우.

- 사주에 食傷이 왕성하면 대체로 미모이다. 그러나 太過(태과)하면 미모는 있으나 경박하다.

- 日支에 桃花殺(도화살)가 있으면 美貌(미모)와 淸秀(청수)가 겸비하고, 다시 建祿(건록)지에 있으면 傾國之色(경국지색)의 미모이다. 이를 祿方桃花(녹방도화)라 한다.

- 사주에 水火가 相停(상정=서로 왕성)하거나 火氣가 왕성한 사주도 미모이다.

- 官殺이 중복돼서 六合되면 嬌態(교태)가 있고 아름답다.

- 甲乙日生으로 甲寅이나 乙卯가 있으면 美髮(미발)을 지녔다.

- 대체로 사주에 寅木이 많으면 美貌(미모)이고, 亥水가 많으면 姿色(자색)이 뛰어

나다.

- •사주에 辛酉金과 水氣가 있는 경우
- ◎ 장마철에 상류에서 유입된 혼탁하고 불순물이 가득한 호수의 물은, 水門을 열어 濁水(탁수)를 배출시켜 정화시켜야 한다. 이렇게 비유되는 것이 사주에서는 食傷의 역할이다.
- ◎ 紅艶(홍염), 桃花(도화)는 妖艶(요염)함과 연관되니 미모인 경우가 많다.
- ◎ 桃花殺(도화살)은 子午卯酉에만 있는데 명조에는 桃花殺이 없더라도 이 중 二位이상이면 桃花殺로 간주한다.
- ◎ 辛酉金은 가공한 금속으로 수술칼과 연관되니 성형수술과 연관되는 것이다.
- ◎ 사주상 水는 피부의 보습효과와 연관된다. 따라서 미모와 연관되는 경우가 많다.

丙寅日 명조

- ◎ 用神
  - •丙火가 亥月에 生하여 絶地(절지)라 失令한 것이다.
  - •亥宮의 壬水가 司令히여 水氣가 旺하니, 甲木으로 納水(납수)하여 丙火를 生하면 中和를 얻을 수 있다. 용신은 年干 甲木이다.
  - •亥月의 甲木은 甲木萌芽(갑목맹아)로 논하니 弱變强(약변강)의 勢를 이루게 되어 능히 納水함이 可한 것이다.

      用神 : 甲木
      喜神 :　水
      忌神 :　金
      閑神 :　火
      仇神 :　土

- ◎ 亥水 偏官이 夫星인데, 寅亥 合木의 印星으로 化되니 부부연은 적은 것이다. 결혼 5년차부터 별거중이다.
- ◎ 女命 日支는 남편궁인데, 印星이 있고 다시 原局에 印星이 重重하니 고부간의 갈등이 표출되는 것이다. 女命의 印星은 결혼 전에는 친정어머니, 결혼 후에는 시어머니로 논한다.
- ◎ 戊土 傷官이 투출되고, 日支 寅木이 紅艶殺을 대동하니 미모이다.

◎ 丙寅日柱 특성

• 사주에 寅巳申 三刑殺(삼형살)이 있으면 특히 거칠고 강렬한 성품이다. 보통 힘
  이 세고, 무병한 체질이 많다.

• 포부가 크고 허영심이 많으며 일처리는 능수능란하나 진실성이 부족하다.

• 외적인 면을 많이 따지고 남을 이용하기를 잘한다.

• 성격이 급하고 강한 편이며, 지혜롭고 학문을 숭상하나 성과는 적은 편이고,
  자신의 잘못에 대해 반성할 줄 안다.

• 남을 리더하는 직업에 종사하는 경우가 많고, 사주가 귀격이면 권력가, 고위정
  치가가 되고, 천격이면 도살업 등에 종사한다.

乙酉日 명조

◎ 用神

• 乙木이 寒凍(한동)한 시점에 생하였고, 子月에 一陽이 돌아오니 丙火로 解凍(해
  동)함을 기뻐한다.

• 乙木은 稼花(가화)이고 寒凍之節(한동지절)이니, 乙木이 살아남기 위해서는 오로
  지 丙火가 尊貴(존귀)하다. 時干 丙火를 용신으로 잡는다.

  用神 : 丙火
  喜神 :　 木
  忌神 :　 水
  閑神 :　 土
  仇神 :　 金

◎ 庚辛이 투출되었으니 官殺混雜(관살혼잡)된 명조이고, 다시 지지의 子酉가 破殺이
  되니 夫星인 庚辛金이 손상되는 것이라 부부연이 박한 것이다.

◎ 丙火 傷官이 투출하였고 胎元(태원)이 辛卯이다. 桃花殺(도화살)의 子午卯酉 중 子
  酉卯三位가 있는 것으로 간주하니 桃花殺의 기세가 旺하다 판단하는 경우이며
  미모이다.

◎ 運路가 寅卯辰巳午未의 희신과 용신운이니 吉한 사주이다.

◎ 乙酉日柱 특성

• 매사 능수능란하게 처리하고 단정하나, 유순하고 소심하며 가끔 고집을 부린다.

맡은바 업무에 충실하고 눈치가 빠르고 사교술도 좋다.

- 사주가 身旺(신왕)이면 고집 있고 의리파이고, 사주가 身弱(신약)이면 교활하고 이기적이다.
- 他柱(타주)에 官星이 있어 혼잡되면, 부부이별, 손재수, 관재구설, 사고, 질병 등이 따른다.
- 신경계통, 대장염, 치질, 혈관계질환 등을 조심해야 한다.
- 직업으로는 편업(운전직, 정비직, 금은세공업..)에 종사하는 경우가 많고, 사주가 귀 격(貴格)이면 법조계, 고위무관직, 의사, 기자, 고명한 종교인, 고명한 역술인 등의 직업을 갖는 경우가 많다.

戊辰日 명조

⊙ 用神
- 戊土가 丑月에 生하여 비록 二陽이 생하나 아직 天地는 寒凍(한동)하다.
- 局에 丑辰土가 重重하나 解凍(해동)이 없이는 山野(산야)의 土인 戊土가 무용지 물이니 丙火가 尊貴(존귀)하다. 時干 丙火가 용신이다.

      用神 : 丙火
      喜神 :　木
      忌神 :　水
      閑神 :　土
      仇神 :　金

⊙ 女命에서 官星은 夫星인데 正官인 乙卯木이 二位이니 偏官으로 化되어 본 남편 과의 연이 적다.
⊙ 女命의 日支宮은 또한 남편궁인데 時支와 辰辰의 自刑殺(자형살)이 되니 역시 남 편과 자식과의 연이 薄(박)한 것이다.
⊙ 日. 時支의 辰土가 紅艶殺(홍염살)을 대동하니 미모이다.
⊙ 상기 命造는 局에 土氣가 重重하니 종교적으로 불교 또는 토속신앙등과 연관이 깊은 명조이다. 기독교를 믿는 시댁과의 종교적인 문제로 남편과의 사이에 갈등 이 증폭되어 이혼한 것이다.

⊙ 戊辰日柱 특성

* 매사 일처리에 현명치 못한 면도 있으나, 안정되게 처리하며 남의 일도 곧잘 돌보아 준다.
* 고집이 지나치게 강하며, 소박한 기질이 있으나 사리분별이 명확치 못한 면도 있다.
* 사주에 水가 많으면 보다 더 내성적이고, 火가 있으면 명랑하고 급한 성격이며, 사주에 습이 있으면 계획은 많으나 일처리가 더디다.
* 위장계통의 질환이 많은 편이고, 사주가 성격(成格)이 되면 사업이나 정치가로 성공한다.

⊙ 丙火 子月

* 子月에 一陽이 生하니 약한 가운데 다시 강해진다. 壬水가 으뜸이며 戊土는 補佐(보좌)다.
* 壬水와 戊土가 함께 투출하면 국가고시에 합격한다.
  壬水가 출간하고 戊土가 없으면 富는 있으나 貴가 적다.
  戊土가 출간하고 壬水가 없으면 단지 재주가 있는 命이나 길격이면 小貴이다.
* 戊土가 있고 다시 己土를 보면 制殺이 지나치니 秀才의 命이나, 길격이면 異途功名(이도공명=무관직, 문필직, 기술직..)이다.
* 壬水가 없고 癸水가 있어 天干에 투출한 경우, 金을 얻어 滋養(자양)하면 傷함이 없게 되고, 丙火의 투출이 있으면 解凍(해동)하니 衣食(의식)은 있게 된다.
* 국에 水가 중중한데 戊土가 없거나, 火가 많은데 壬水가 없으면 中和되지 못하

니 下格이다.

- 사주에 壬水가 重重하고 甲木이 없으면 棄命從殺格(기명종살격)로 보니 역시 벼슬길에 오르게 된다.

- 壬水가 重重하면 殺旺한 것이니 극제가 필요하여 오직 戊土를 쓰는데, 이러하면 功名은 못하나 文章(문장)으로 이름을 날린다. 왜냐하면 戊土가 丙火의 빛을 가리기 때문이며 甲木이 藥(약)이 되어야 하기 때문이다. 壬水가 없으면 癸水라도 쓰나 발달치 못한다.

- 水가 많고 戊土가 없으며 甲木이 있으면 印星이 있는 것이니 從殺格(종살격)이 아니다. 壬水가 있고, 戊土가 없고 己土가 있어, 己土濁壬(기토탁임)이 되면, 위인이 공명정대함이 적고, 어려서 殘疾(잔질)이 많으며, 공직에 들더라도 높이 오르지 못한다. 亥月 丙火와 같은 이치이다.

⊙ 用神

- 冬至 後에 생하였으니 一陽이 進氣(진기)하는 시점이라 丙火는 약변강의 勢를 지니게 된다. 또한 日主 丙火는 좌하에 羊刃(양인)을 득하고, 다시 午戌과 卯戌의 합화국이 있어 日主를 부조하니 丙火가 왕해진 것이라 制火하는 壬水가 귀중한 것이다.

- 壬水가 不透(불투)하고 年干에 癸水가 투출했으니 부득이 이를 용신으로 잡는다.

- 용신 癸水는 月令 子水에 得氣했으니 용신이 약하지 않은데, 年, 日支와 刑殺과 沖殺이 되어 손상되니 크게 길함이 적었던 것이다.

　　　　用神 : 癸水
　　　　喜神 :　 金
　　　　忌神 :　 土
　　　　閑神 :　 木
　　　　仇神 :　 火

⊙ 年, 月干이 癸甲으로 官星과 印星이니 官印相生되어 본시 길격이다. 그러나 혐의가 되는 것은, 原局에 火土 比劫과 食傷이 왕하여 용신 癸水를 핍박함이 심하니 용신이 衰하게 되어 아쉬움이 많은 명조이다.

⊙ 천간의 癸甲이 있어 官印相生되니 공직자의 명조이다. 그러나 癸水 官星이 局의 火土의 핍박을 심히 받아 쇠약해지니, 官星보다 印星을 활용하게 되어 행정직이

아닌 교육직의 길을 가게 된 것이다.

◉ 기신이 土니 위장질환이 염려되고, 구신이 火니 혈관계질환 역시 조심해야 한다. 질병관계는 구신에 해당하는 오행과 연관되는 臟器(장기)에서 발병되어, 기신에 해당하는 오행의 장기의 질병으로 인해 사망하게 되는 경우가 많다.

◉ 時柱는 자녀궁이다. 戊戌土가 기신에 해당하니 자녀들의 발복은 크게 기대할 수가 없다.

◉ 여명의 官星은 남편성이다. 癸水 官星이 용신에 해당하니 남편복은 많다 판단하는 것이다.

◉ 桃花殺(도화살)은 子午卯酉에 해당되는데, 局에 전부 있는 경우에는 遍夜桃花(편야도화)라 하여 흉함이 많다. 간혹 남명의 경우는 貴格이면 불세출의 영웅이 되기도 하는데, 凶格이면 파란만장한 인생을 보내는 경우가 많고 단명수도 있는 것이다. 여명의 경우는 대체로 흉함이 많으나 日主가 약하지 않으면 무탈하게 넘어가는 경우가 많다. 만약 格이 흉한 경우에는 色情(색정)과 연관되는 禍厄(화액)이 多發하게 된다.

상기는 원국에 桃花殺(도화살)에 해당하는 오행 중 卯午子 三位가 있으니 대운에서 酉金이 도래시는 子午卯酉가 전부 갖추어지는 遍夜桃花(편야도화)의 형국이라 흉액이 예상되는 것이고, 사주에 救濟(구제)의 神이 없으면 命을 재촉하기도 한다. 歲運에서 桃花殺이 入되어 遍夜桃花가 되는 경우는 흉함이 덜하다.

◉ 취미로 역술공부를 하는 것에 대해 조언을 구한 것이다.

• 역술학과 연관되는 명조는 대체로, 局에 天門과 地戶에 해당하는 오행이 있거나, 사주가 심히 편고 되었거나, 財官이 무력하거나, 지지에 刑沖이 많거나, 鬼門關殺(귀문관살), 華蓋殺(화개살), 喪門殺(상문살), 弔客殺(조객살), 幻神殺(환신살), 絞神殺(교신살), 病符殺(병부살) 등의 흉살이 중중한 경우이다.

• 사주가 길격이면 역술가로 명성을 얻게 되고, 흉격이면 단지 관심이 많을 뿐이다.

• 중년 이후 대운의 흐름이 巳午未의 구신운으로 흐르니 역술학에 깊이 심취하지는 못하고, 단지 취미로 하는 공부라면 可하다고 판단한다.

⊙ 用神

- 子月의 丙火는 冬至(동지)에 一陽이 生하니 약한 가운데 다시 강해진다. 壬水가 으뜸이며 戊土는 補佐(보좌)다.
- 壬水와 戊土가 함께 투출하면 국가고시에 합격하여 높은 관직에 오른다.
- 상기는 丙火가 子月에 생하여 一陽이 되니 외부는 寒凍(한동)하나 땅속에서는 陽氣가 서서히 태동하고 있는 상황이다. 月柱가 壬子이고 年支 酉金과 時干 辛 金이 다시 水를 생하니, 水가 왕해져 戊土로 水의 제방을 쌓으면 사주가 중화를 이룰 수 있다.

    用神 : 戊土
    喜神 :   火
    忌神 :   木
    閑神 :   金
    仇神 :   水

⊙ 총평

- 月干에 壬水 偏官이 투출이고, 時干에 辛金 正財가 투출하니, 財를 바탕으로 명예를 얻을 수 있는 사주이다.
- 35세 戊土대운이후는 내 사주에 필요한 용신과 희신운이니 말년까지 순탄한 생을 이어가리라 판단된다.

⊙ 부모운

- 사주에 印星이 중첩되니 부모운은 많지 않았을 것이라 판단된다.
- 月柱가 壬子水로 官星이니 형제자매들은 어려서 고향을 등지는 경우가 있었을 것이고, 각자 타향에서 자수성가해야 하는 입장이리라 본다.
- 부모에 해당하는 印星이 구신이니 학업에 있어서 부모의 뒷바라지가 적었을 것

이고, 머리는 총명하고 두뇌회전이 빠르나 학업의 길로 이어주지를 못했을 것
이라 사료된다.

• 印星이 기신이니 부모 중 한분 혹은 두 분 모두 명이 짧을 염려가 있는 것이다.

⊙ 형제운

• 형제자매간의 우애와 돈독함은 크게 기대할 수가 없다. 이는 水가 기신이기 때
문이다. 또한 형제자매 중 태어나서 죽은 사람이 있는 것으로 나오는데, 이로
인하여 집안에 우환이 발생할 수 있으니 制殺하여 줌이 필요한 것이다.

• 형제자매의 數는 죽거나 유산된 형제자매 포함하여 4~5명이 될 것이다.

• 형제자매간 상호 상부상조함을 크게 기대할 수가 없다. 이것은 형제자매로 보
는 比劫이 기신이기 때문이다.

⊙ 재물운

• 日干 丙火가 좌하에 寅木 長生을 득하니 왕하다. 年支 酉金도 재물이고, 時干
辛金도 재물이니 평생에 재물복은 많다 사료된다.

• 다만 아쉬운 것은 局에 食神과 傷官이 약하니 財를 생해주는 근원이 약한 것이
다. 따라서 큰 재물과는 멀어 사업가의 財는 아닌 것이다.

• 年支 酉金 財가 天乙貴人을 대동하고 있다. 재물을 생해주려고 도와주는 귀인
이 많다 판단하는 것이다. 年支에 있으니 조상이나 부모의 상속도 약간은 받을
수 있을 것이라 유추해 본다.

• 時干은 말년이다. 辛金이 正財이니 말년까지도 재물복은 이어지리라 판단하는
것이다.

• 열심히 노력하면 죽기 전까지의 전 재산은 42억 정도 되리라 판단한다.

• 戊土가 용신이니 재물은 땅에 있다. 토지나 건물 등을 매입하여 두면 장차 큰
돈을 만지게 될 것이다.

⊙ 처복

• 年支 酉金 正財가 貴人에 해당되니 처복이 많다. 다만 日支가 偏印이니 고부간
의 갈등이 많았을 것이다.

• 時干 辛金은 日干 丙火와 간합수국으로 바뀌니 처의 건강문제 혹은 예기치 않

은 사고, 질병 건 등이 발생할 수 있고, 대운과 세운에서 도와주지 않으면 이혼 수도 나오니 조심하여야 한다.

- 時干 辛金 妻가 좌하 卯木에 絕地이다. 잘못하면 처가 예기치 않은 災厄으로 인해 命이 짧을 수도 있으니 부지런히 남을 위한 적덕을 쌓음이 필요하다.
- 사주에 酉子卯가 있어 도화살 四位중 三位가 있으니 遍夜桃花(편야도화)로 준하여 논한다. 주변에 여자문제가 자주 발생할 것이고, 구설수나, 망신살이 태동할 수 있으니 각별히 조심하여야 한다. 특히 편야도화는 단명수가 들어오는 것이니 적덕하여 命이 이어질 수 있도록 많은 노력을 하여야 하겠다.
- 결혼은 25~29세까지 財星運에 하였을 것이다.

◉ 자식운
- 자식운은 용신과 官星의 길흉과 時柱의 길흉으로 판단한다. 官星인 水가 구신이니 자식 代에는 가문을 크게 일으킬 자식을 기대하기는 힘들 것이다.
- 용신은 戊土인데 역시 태왕하지 못하니 자식대의 발복은 기대하기 힘들 것이다.
- 時柱는 辛卯로 正財와 正印이다. 손주 代에는 하나는 큰 대기업가의 명조이고 하나는 높은 관직에 오를 자식이 기대된다. 조상들을 위해 절에 다니며 부지런히 공덕을 쌓아 줌이 좋겠다.
- 다만 月支 子水와 時支 卯木이 子卯 刑殺이 되니 자식 중에서 단명수가 있는 자식이 있을 수 있으니 조심함이 좋겠다.

◉ 학업운
- 사주에 日支와 時支에 印星이 있으니 본시 머리는 총명하나 공부할 여건이 조성되질 못했고, 財星이 왕하여 財破印綬(재파인수)하니 印星을 써먹을 수 없게 된 것이다.
- 14세 庚金대운에는 공부운인 印星을 극하니 공부의 길과는 멀어지게 되었을 것이다.
- 24세 己土대운은 용신운이니 사회에서 활동할 수 있는 능력을 갖추는데 있어서 좋은 준비기간 이었을 것이다.

⊙ 성격
• 日干이 丙火니 대인관계가 좋을 것이다. 사람들과의 사이에 왕래가 많은 직업을 택함이 좋겠다.
• 또한 印星이 중중하니 심사숙고하는 타입이기도 하다. 간혹 장고 끝에 악수를 두는 경우도 있을 것이며, 다소 실천력이 부족하기도 하다.

⊙ 건강
• 年支 酉金과 日支 寅木, 時支 卯木이 怨嗔殺(원진살)과 沖殺이 되니 몸에 칼을 대고 수술해야 하는 문제가 발생할 것이다. 인생에 있어서 총 2~3번의 수술을 하게 될 것이다.
• 忌神이 木이니 간질환과 신장, 방광, 허리계통의 질병이 예상된다.
• 혈액순환계통이나 신경계통도 약하니 각별히 건강관리에 유의해야 할 것이다.
• 어렸을 때에는 깜짝깜짝 놀라거나 잔병치레가 많았을 것이다.

⊙ 신살 풀이
• 사주에 鬼門關殺(귀문관살), 幻神殺(환신살), 弔客殺(조객살), 囚獄殺(수옥살) 등이 있으니, 본인의 형제자매, 아버지대의 형제자매, 할아버지대의 형제자매 중에서 자살한 사람이 2명이 있을 것이라 판단한다. 制殺하여 줌이 좋다.
• 조상들 중 증조할머니, 할머니, 고모 등 여자분들 중에서 무속인이 있거나, 혹은 남자들 중에서는 역술, 지관 노릇을 했거나, 절에 불공드리며 절에서 살다시피 한 분들이 계시다.
• 時支 卯木 正印에 囚獄殺(수옥살)이 있으니 평생에 문서문제, 계약관계의 문제로 인해 소송 건에 휘말릴 수 있으니 문서처리에서 만전을 기함이 좋겠다.
• 日支 寅木에 梟神殺(효신살)이 있으니 이 흉살은 어려서 6살까지 남의 집에서, 남의 손에 키워져야 하는 운명을 타고난 것이다. 만약 그렇지 못했다면 예기치 않은 사고 등을 조심 하여야 한다.
• 年支 酉金의 太白殺(태백살)은 수술 건이다. 그리고 조상 중에서 단명한 조상이 많을 것이라 판단한다.
• 月支 子水의 飛刀殺(비인살)은 형제자매 중 태어나서 죽은 형제자매가 있을 것

이라 판단한다.

- 日支 寅木의 怨嗔殺(원진살)은 남의 음해가 많을 것임을 암시한다. 대인관계에서 언행을 조심하여 남의 음해를 당하지 않도록 조심해야 한다.

◉ 대운
- 辛亥대운은 초년운으로 썩 잘 풀리지 못했을 것이다.
- 庚戌대운은 공부와의 연이 많지 않았을 것이다.
- 己酉대운은 사회에 첫발을 내디딤과 결혼운 등이 좋다.
  이때부터 재물이 조금씩 들어오기 시작했을 것이다.
- 戊申대운은 이사나 직장등의 변동이 많았을 것이고 점치 안정적인 생활을 하게 되었을 것이다.
- 丁未대운은 용신과 희신운이다. 재물운이 들어오고 만사 뜻대로 조금씩 잘 풀려났을 것이다.
- 丙午대운 역시 희신운이니 잘 풀려나갔을 것이다.
- 乙巳대운은 寅巳 刑殺이 들어오니 사고와 건강문제가 들어 올 것이다.
- 甲辰대운은 건강관리에 매진해야 한다. 命이 위태롭다.

◉ 세운
- 午火대운과 乙木대운에 배속된 세운은 대체로 길한 반면 아래와 같이 매년 특이하게 발생할 사안들을 조심해야 할 것이다.
- 戊戌세운은 干支가 전부 용신이니 길함이 많은 반면, 月柱 壬子를 극하니 교통사고수가 염려된다. 그리고 직업이나 직장의 변동수가 발생하기 시작한다.
- 己亥세운은 문서, 계약등과 연관하여 손재수가 들어올 수 있다.
- 庚子세운은 건강문제가 들어온다.
- 辛丑세운은 처의 건강문제나 자식들로 인해 예기치 않은 손재수가 들어온다.
- 壬寅세운은 신변과 연계되어 이동수나 변화가 들어온다.

◎ 丙火 丑月

- 丑月엔 二陽이 生하니 丙火는 약변강의 勢를 지니게 되어 눈과 서리를 무서워 하지 않는다. 壬水가 尊貴(존귀)하다.
- 己土가 司令하니 局에 土氣가 중하면 甲木의 疎土(소토)가 있어야 하고, 壬水와 甲木이 투출하면 국가고시에 합격하는 기쁨이 있다.

◎ 用神

- 상기는 月令이 丑土라 비록 巳酉丑 삼합금국이 失氣한 것이나 財星이 왕하다 판단하는 것이다. 따라서 신약하니 생조하는 甲木을 용해야 하는데, 不透(불투) 하였으므로 부득이 年干 乙木 印星을 용신으로 잡는다. 印星이 용신이니 두뇌 가 총명한 것이다. 혐의가 되는 것은 용신 乙木은 月令 丑土에 衰地(쇠지)이니 용신이 왕하지 못하여 인생에 부침이 많을 것이라 판단하는 것이다.

  用神 : 乙木
  喜神 :　水
  忌神 :　金
  閑神 :　火
  仇神 :　土

- 日主 丙火는 좌하 寅木에 長生을 得하니 得地한 것이라 약하지 않다. 官星인 壬水가 不透(불투)하였고, 身旺財旺하니 사업가의 명조로 富格이다.

◎ 용신 乙木은 正印에 해당하고 희신인 水는 月令 丑宮의 癸水가 있어 正官이 되어 官印 상생되니 공직자의 길을 갔으나, 지지에 巳酉丑 삼합금국이 金剋木하여 印 星을 破하니 공직생활이 長久(장구)하지 못했던 것이다.

◎ 巳酉丑 삼합의 財星局이 있어 財星이 왕하니 처와의 연은 화기애애하지는 못할

것이라 판단한다. 다행인 것은 時支 酉金 財星이 簾幕貴人(염막귀인)에 해당하니 암암리에 처의 내조가 있을 것이라 판단하는 것이다.

⊙ 月柱가 己丑으로 傷官이 왕하니, 성격적으로는 巧智(교지)한 면이 많고 직업은 기술직이다. 공직을 퇴직하고 지인들과 뜻을 모아 건설회사를 창립한 것이다.

⊙ 癸水대운에 경영난에 봉착한 납품관련 업체를 인수하는 것에 대해 문의한 것이다.

　•癸水는 본시 희신이나 月, 時干 己丁에 受剋되고 상충되니 희신의 역할이 손상되어 길하지 못한 것이다.

　•또한 이후의 운이 未午巳로 구신과 한신에 해당하니 재고할 것을 권유한 것이다.

⊙ 時干 丁火 劫財가 투출했으니 두 가지 직업이 대두되는 것이다. 현재의 건설업 외에 골프연습장을 운영하고 있는 것이다.

⊙ 用神

　•丑月의 丙火는, 子月에 一陽, 丑月에 二陽이 생하여 땅속에서는 온기가 점승하는 시점이니 丙火가 약변강의 勢를 지니게 되어 눈과 서리를 무서워하지 않는 欺霜侮雪(기상모설)의 형국이다. 따라서 壬水를 쓰는 것이 기쁜 것이다.

　•丑月은 己土가 司令하니 土가 重하면 甲木의 疎土(소토)가 있어야겠고, 水가 重하면 戊己土의 제극이 있어야 하는데, 局이 이와 같은 경우라면 반드시 사업을 창립하게 되는 명조이다.

　•상기는 戊己土가 중첩되어 甲木의 疎土(소토)가 있어야 하는데, 不透(불투)하고 年干에 乙木이 투출하니 부득이 이를 용신으로 잡는다.

　•용신 乙木은 月令 丑土에 失氣(실기)했으나, 日支 寅木에 得地한 것이니 태약한

것은 아니다.

　　用神 : 乙木
　　喜神 : 　水
　　忌神 : 　金
　　閑神 : 　火
　　仇神 : 　土

◉ 局에 食傷이 중중하니 자신의 기술과 才藝(재예)를 바탕으로 남을 기쁘게 하고 또한 자신의 재능을 남에게 가르쳐 주는 명조인 것이다. 시립교향악단에서 활동하고 있다.

◉ 局에 土氣가 厚重(후중)하니 종교적으로 信心이 두터운 명조다.

◉ 官星인 水는 희신으로 남편성이다. 천간에 불투하고 지지 丑宮에 일점 癸水가 있는데, 丑土는 日支 寅木과는 상극되고, 時支 戌土와는 刑殺이 되어 손상되니, 丑宮의 癸水 역시 손상됨이 많은 것이라 부부연은 길하지 못한 것이다.

◉ 여명의 食傷은 자식으로 논한다. 자녀성인 時支 戌土 食神이 空亡되니, 자식과의 연이 없거나, 혹은 있더라고 運路에서 흉운이 도래하면 나서 죽는 아이가 생길 수도 있는 것이다.

◉ 時柱는 말년운을 논하기도 한다. 時支에 공망됨이 있으면 말년에 노심초사할 일이 많이 생기거나, 예기치 않은 건강이나 사고 등으로 인해 命을 재촉하는 등의 흉화가 발생할 수 있는 것이다.

⊙ 丁火 寅月

- 寅月은 甲木이 司令하니 木이 왕하다. 따라서 庚金으로 劈甲(벽갑)하여 引丁(인정)하면 사주가 중화를 이룰 수 있다.

- 甲木이 중중한 경우 庚金의 제극이 없으면 貧賤(빈천)하거나 夭死(요사)하게 된다.

- 局에 甲乙木이 중중하면 比劫이 왕한 것이니 반드시 고향을 떠나게 된다.

- 만약 壬水가 가까이 있어 丁壬 化木 되면 丁火가 미약한 가운데 다시 復生(부생)하게 된다. 이런 경우 합당하게 格을 이루게 되면 大貴하게 된다. 만약 化木됨이 庚金이 있어 破木하게 되면 破格이 되어 단지 秀才(수재)에 불과하다.

- 만약 年, 月, 日, 時가 丁, 壬, 丁, 壬으로 이루어지면 兩干不雜格(양간부잡격)으로 淸格이다. 남명은 大貴하나, 여명은 丁壬의 有情之合(유정지합)이 많으니 그러하지 못하다. 이런 경우는 자식의 양육에 곤란함이 많고, 여명은 壬水 官星이

중중한 것이니 色情(색정)이 많고 자식을 刑剋하는 것이다.

- 庚金, 壬水, 癸水가 있고 己土가 출간하여 制水하면 국가고시에 합격은 못하더라도 異途功名(이도공명)하게 된다.
- 지지 火局에 水의 解炎이 없으면 빈천하거나 僧侶(승려)의 팔자다.
- 寅月의 丁火는 火性이 衰竭(쇠갈)하니 炎上格(염상격)을 이루지 못하고 抑扶法(억부법)을 적용하니, 운로가 동남 木火運으로 흘러 扶助(부조)의 氣가 있으면 貴格을 이루게 된다. 이를 假炎上格(가염상격)이라 한다.

◎ 用神
- 寅月에 甲木이 司令하고, 다시 年干에 乙木이 투출했으니 木氣가 왕하다. 庚金을 용하여 劈甲하고 日主 丁火를 부조하면 사주가 中和를 이룰 수 있는 것이다.
- 時干 庚金이 용신이다. 庚金은 坐下 戊土의 생을 받고 日支 酉金에 통근하니 용신이 왕하여 길격이다.
- 年干 乙木 대신 甲木이 투출했다면 日主 丁火를 생조함이 長久하여 貴格의 명조가 되었을 것이다.

  用神 : 庚金
  喜神 : 土
  忌神 : 火
  閑神 : 水
  仇神 : 木

◎ 丁酉日柱 특성
- 통이 크고 명쾌한 성격이다. 돈을 잘 벌고 잘 쓰며 대인관계가 원활한 편이고 단순한 성격이다.
- 섬세한 면도 있어 예체능에 소질이 잇는 반면 대담성도 있고, 합리적인 사람이다.
- 대장, 소장계통의 질환에 걸리기 쉽다.
- 보험업, 은행가, 금전대부업, 보석상, 전기업, 미용업 등의 직업이 많다.

◎ 月, 時干에 傷官과 正財가 투출했으니 傷官生財格이다. 庚金 正財가 용신으로 왕하고 운로가 子亥戌酉申의 한신과 용신운이니 富者의 명조인 것이다.

◎ 月干 戊土 傷官은 月令 寅木에 長生을 득하니 왕하다. 傷官은 예체능과 연관되니 태권도 도장을 여러 개 운영하고 있는 것이다.

◎ 年, 時干의 乙庚은 간격되어 있으니, 乙木이 庚金에 情을 주려 하나 여의치 않은 合而不化의 상황이다. 따라서 陰干인 乙木 偏印이 羈絆(기반)되었다 판단한다. 두 뇌는 총명했으나 학업과의 연은 길지 못한 것이다.

◎ 年柱에 印星과 比劫이 있으니 두 어머니나 두 할머니 문제가 나오며 이복형제 문제가 있는 것이다.

◎ 局에 庚酉가 있어 財星이 혼잡된 것이다. 처와의 연은 박할 것임을 암시하는 것이고, 다시 日支宮이 처궁인데, 日支 酉金이 좌우의 戌寅과 상극되니 그런 징조가 더욱 심해지는 것이다.

◎ 戌土대운 丙戌세운에 시의원 출마여부를 문의한 것이다.
  • 대운 戌土는 희신이고, 日支 酉金과는 酉戌의 類神(유신)에 해당하니 일종의 반합의 형태를 띠었다 간주하는 것이며, 따라서 용신에 해당하는 金氣가 왕해졌다 판단하니 길한 것이다.
  • 歲支 戌土 역시 日支 酉金과는 酉戌의 類神(유신)이 되어 용신인 金氣가 왕해지니 길한 것이다.
  • 여당의 지지가 왕한 세력권에서 야당 후보자로 나와 시의원에 당선된 것이다.

◎ 癸酉, 壬申, 辛未 대운은 용신과 한신운이니 3選에 성공하였고 지방자치단체의 시의회 의장을 역임한 것이다.

◎ 月, 年支의 寅巳는 刑殺이다. 寅이 巳를 刑하는 것이다. 寅의 지장간에 戊·丙·甲이 있고, 巳의 지장간엔 戊·庚·丙이 있다. 寅宮의 丙火 劫財가 巳宮의 庚金 正財를 극하는 것이고, 또한 巳宮의 庚金 正財가 寅宮의 甲木 正印을 극하는 것이다. 年支 巳宮의 庚金은 暗財(암재)로 상속의 財에 속한다. 따라서 친인척간에 상속 건으로 인한 다툼의 발생이 암시되는 것이고, 문서, 계약 등과 연관된 訟事(송사)가 발생하는 것이고, 고향을 떠나 타향에서 살아감을 암시하는 것이고, 조상들 중 단명하는 사람이 많을 것임을 암시하는 것이다.

◎ 日主 丁火는 사상, 계몽, 철학, 창조, 샛별 등과 연관된다. 성격적으로는 속내를 잘 드러내지 않고, 사색적이며, 신의가 있고, 참신한 아이디어가 많은 것이다. 다만 月干 戊土 傷官이 투출했으니 교만과 자만심 등이 내재되어 있어, 정규적인 규범 속에서 일탈하려는 성향도 강해 이로 인한 실패수도 많을 것임을 암시한다.

⊙ 用神
- 寅月은 甲木이 司令하니 日主를 부조함이 太多한 것이다. 庚金을 용하여 劈甲
引丁(벽갑인정)하면 중화를 얻을 수 있다. 용신은 時支 申宮의 庚金이다.
- 丁丑日柱는 申酉가 空亡이다. 年支 酉金과 時支 申金이 모두 공망인 것이다.
운로에서 金運이 도래하여 空亡된 申酉金을 引通(인통)시키지 못하면, 용신의
역할을 못하게 되니 사주가 침체되고 무력해지는 것이다.

　用神 : 庚金
　喜神 : 　土
　忌神 : 　火
　閑神 : 　水
　仇神 : 　木

⊙ 局에 申酉金 財가 공망이니 처와의 연이 박한 것이다.
⊙ 月柱 甲寅木 正印은 상하 중첩되니 偏印으로 化된 것이다. 따라서 두뇌는 총명하
나 학업으로 성공하기 힘들고, 편업된 직업이나 종교, 역술, 의술 등에 관심이
많게 된다.
⊙ 日支 丑土는 華蓋殺(화개살)과 白虎大殺(백호대살)을 대동하고, 時支 申金은 病符
殺(병부살)과 亡神殺(망신살)을 대동하고 있다. 사주에 神氣(신기)가 많다 판단하는
것이다.
⊙ 부모가 방문하여 子水대운의 운을 문의한 것이다.
- 고등학교 시절부터 남과 어울리지 못하는 성격이었는데, 졸업 후 대학 진학을
포기하고 집에서 두문불출하는 시간이 많아진 것이다. 일종의 자폐증을 앓고
있는 것이다.
- 대운 子水는 年支 酉金 기준하여 鬼門關殺(귀문관살)과 幻神殺(환신살)에 해당된

다. 神氣(신기)가 태동하여 入되는 것이다. 日支 丑土와는 子丑 육합토국의 희신으로 丑土가 대동하고 있는 華蓋殺(화개살), 白虎殺(백호살)과 子水가 대동하고 있는 鬼門關殺(귀문관살)과 幻神殺(환신살)과 합되어 작당하는 것이고, 時支 申金과는 申子 반합수국의 한신운으로, 申金이 대동하고 있는 病符殺(병부살)과 亡神殺(망신살)과 子水가 대동하고 있는 鬼門關殺(귀문관살)과 幻神殺(환신살)이 작당하니, 神氣가 태동하여 일종의 정신질환이 발동한 것이나 희신과 한신운이니 크게 흉하게 발동하고 있는 것은 아니다.

• 흉살을 制殺하면 평상시의 일상생활로 돌아갈 수 있을 것이다.

◉ 申酉戌 대운은 金運으로 空亡된 용신 申酉金을 引通(인통)시키니 脫(탈) 空亡하게 되어 무탈한 일상을 영위하게 될 것이라 사료된다.

◉ 用神

• 丁火는 등촉불이요 화롯불이며 아궁이불이며 退氣(퇴기)하는 火라, 아무리 왕하더라도 熱火(열화)라 논하지 않는다. 겉으로는 밝고 따듯하나 안으로는 衰渴(쇠갈)한 것이라, 땔감인 甲木이 반드시 있어야 한다.

• 寅月 丁火는 寅宮의 甲木이 司令한 것이라 母旺한 象이니, 먼저는 庚金을 용하여 剋木하여 丁火를 살려야 하고, 다음으로 壬水가 보조이다.

• 甲木이 중중한데 庚金의 制剋이 없으면 빈천하거나 요사한다.

• 壬水의 출간이 있어 丁壬 化木되면 미약한 가운데 復生(부생)함이 있는데, 格을 이루면 大貴하나, 庚金의 破木이 있으면 단지 秀才(수재)의 命이다.

• 庚金과 壬癸水가 있는데 己土가 출간하여 制水하면 국가고시 합격에 준하나

異途(이도)로 功名을 얻는 경우가 많다.

- 상기는 時干에 甲木의 투출이 있고, 다시 丁壬 간합목국이 있으니 木氣가 태왕하다. 따라서 庚金을 용하여 劈甲(벽갑)한 후 丁火를 살려야 한다. 용신은 日支 巳宮의 庚金이다. 巳宮의 庚金은 同宮한 丙火의 剋을 받아 무딘 金이 되어 용하는 경우가 적으나, 甲木이 태왕한 경우에는 부득이 용해야 하는 경우도 있다.

用神 : 庚金
喜神 :　土
忌神 :　火
閑神 :　水
仇神 :　木

◎ 月干 壬水 官星이 夫星인데, 日主 丁火와 丁壬 간합목국으로 化되니 官星이 손상되어 부부연이 박하게 된 것이다.
◎ 지지에 寅巳 刑殺이 있으니 무관직과 연관된다. 직업여군인 것이다.
◎ 時干 甲木 正印이 투출하여 月支 寅木에 통근하니 왕하여 본시 두뇌가 총명하나, 木이 구신에 해당하니 학업의 성취가 적었던 것이다.
◎ 午火 대운에 결혼운을 문의한 것이다.
  - 午火는 기신이다. 지지의 寅木되는 寅午의 반합화국, 巳未와는 巳午未 남방화국을 형성하여 기신운이 되니 결혼운이 적은 것이다.
  - 상기와 같이 夫星인 壬水 官星이 日主 丁火와 간합을 이루어 타 오행으로 바뀌게 되면 官星의 역할에 손상이 생기는 것이다. 이런 경우에는 運路(운로)에서 癸水가 入되어 丁癸 沖으로 丁壬의 干合을 깨트리거나, 壬水의 水源(수원)을 發하는 庚辛金이 入되는 運에는 壬水가 왕하게 되어 丁壬의 간합을 거부하게 되니 이때는 결혼연이 발생하는 것이다.

⊙ 丁火 卯月

- • 卯月은 乙木이 司令하여 木氣가 왕하니 반드시 庚金이 있어야 한다.

- • 卯月의 木은 濕(습)하므로 丁火를 傷하게 하니 먼저는 庚金을 쓰고 나중은 甲木을 쓴다.

  庚金이 아니면 濕木(습목)을 剋去하지 못하고, 甲木이 아니면 丁火를 인도하지 못한다.

- • 庚金과 甲木이 출간하면 국가고사에 합격한다.

  庚金이 출간하고 甲木이 암장되면 약간의 富와 貴가 있다.

  甲木이 출간하고 庚金이 암장되면 異途功名(이도공명=무관직. 기술직)이다.

  庚金이 있고 甲木이 없으면 儒林(유림)의 명망있는 선비이다.

  甲木이 있으나 庚金이 없으면 평범하다.

- • 庚金과 乙木이 출간하여 가까이 있으면, 庚金이 乙木에게 情을 주어 간합하려 하니, 운로가 서북의 金水대운으로 흐르면 빈천함을 면치 못한다.

- • 庚金이 출간하고 乙木이 암장되면 貪合(탐합)하지 않으니, 乙木이 丁火를 인도함에 전력하게 되니 乙木을 쓰면 해가 없다. 운로가 木火의 동남운으로 흐르면 자연 富貴한다.

- • 乙木이 중중한데 一位의 甲木이라도 없으면, 富貴가 길지 못하다. 이런 경우 탐욕으로 인해 禍厄(화액)을 당하고, 교묘한 술수를 쓰나 종국에는 매사가 졸렬하다. 또한 조상의 업을 계승하지 못한다. 이는 乙木은 稼花(가화)라 쉽게 소실되니 丁火를 인도함이 장구하지 못한 까닭이다.

- • 지지 木局이고 庚金이 출간하면 淸高(청고)하나, 庚金이 없으면 평범하다.

- • 癸水가 중중하면 官殺이 태왕한 것이니, 戊己土의 制殺이 없으면 빈천하다.

- • 乙木이 있고 庚金이 없으면 濕木(습목)이라 땔감은 있으나 불을 붙이기 어려운

형국이니 빈천하고 의지할 곳이 없다.

- 甲乙木인 印星이 왕하고 官殺인 壬癸水의 秀氣(수기)됨을 얻으면 官印相生이나 殺印相生되니 大富貴한다.

◎ 用神
- 卯月은 乙木이 司令하고 濕木(습목)이며 印星이 왕한 것이다. 日支 丑土와 月, 時支 卯木 사이에 丑(寅)卯하여 寅木이 呑陷(탄함)되었으니 암암리에 寅木 역시 日主 丁火를 생하려 하는 것이다.
- 濕木(습목)인 乙木은 庚金의 制剋이 필요한데, 庚金이 불투하고 辛金이 출간 했으니 부득이 이를 용신으로 잡는다. 용신은 月干 辛金이다.

用神 : 辛金
喜神 :　土
忌神 :　火
閑神 :　水
仇神 :　木

◎ 丁丑日柱는 甲戌旬 中이라 申酉가 空亡이다. 月干 申金은 偏財에 해당되며 지지로는 酉金이다. 남명에서는 偏財를 부친에 비유되는데 酉金으로 空亡이니 부친과의 연이 없는 것이다. 부친께서 출가하여 僧道(승도)의 길을 간 것이다.

◎ 月, 時支 卯木이 印星이고, 寅木이 呑陷(탄함)되어 사주에 印星이 중중한 것이다. 그리고 年干 丙火가 劫財이니 이제 이복형제 문제가 나오는 것이다. 年支 申金 正財는 상속의 財로 논하는데, 지지 卯木 印星과 卯申으로 상극되니 자신의 형제와 이복형제간 재산 다툼이 암시되는 것이다.

◎ 원국의 申酉 財星이 空亡이고, 日支 丑土가 십이포태운성의 墓宮(묘궁)에 해당하니 처와의 연이 박한 것이고, 또한 자식궁인 時支 卯木이 구신에 해당하며 日支와는 상극되니 처자식과의 연도 박한 것이다.

◎ 원국에 鬼門關殺(귀문관살), 喪門殺(상문살), 五鬼殺(오귀살), 囚獄殺(수옥살) 등이 있으니 神氣(신기)가 많은 것이다.

◎ 未土대운은 月支 卯木과 반합목국의 구신운인데, 卯木이 神氣를 나타내는 鬼門關殺(귀문관살)과 喪門殺(상문살)을 대동하고 합된 것이니 이때 神을 받고 법사의 길을 가게 된 것이다.

⊙ 申金대운은 본시 용신운이나, 月令 卯木과 상극되어 손상되니 용신을 역할을 하지 못하는 것이다. 이 대운 중 壬辰세운은 壬水가 日主 丁火와 丁壬 간합목국의 구신운으로 바뀌고, 辰土는 지지 丑과 寅 사이에 탄함된 寅木을 암암리에 引通(인통)시켜, 寅卯辰 방합목국의 구신운으로 바뀌어, 干支가 모두 왕하게 흉운으로 들어오니, 이해 여름 화왕절 기신운에 급성심장병으로 사망한 것이다. 사찰을 인수하는 과정에서 받은 스트레스가 원인이었던 것이다.

⊙ 用神
• 卯月의 丁火는 卯木이 濕木(습목)이라 丁火의 불꽃을 꺼서 상하게 만든다. 따라서 먼저는 庚金으로 剋木하고 다음은 甲木으로 引丁(인정)해야 한다.
• 庚金과 甲木이 倂透하면 국가고시에 합격하여 영달함이 기약된다.
  庚金이 투출하고 甲木이 암장되면 학식있는 지방의 有志(유지)이다.
  庚金이 암장되고 甲木이 투출하면 異途(무관직, 문필직, 역술직..)로 공명을 얻는다.
  庚金이 있고 甲木이 없으면 淸雅(청아)한 선비이다.
  庚金이 없고 甲木이 있으면 평범하다.
• 印星이 重하고 官殺 역시 重한데 制殺됨이 있으면 殺印相生의 大貴格을 이룬다.
• 卯月은 木氣가 極旺한 시점이다. 따라서 印星이 태왕한 것이니 財星을 용하여 剋木해야 하는 것이다.
• 卯月의 丁火는 甲木은 없어도 되나 庚金이 없으면 흉격이다.
• 상기는 月干에 乙木 印星이 투출하고, 지지에 亥卯의 반합목국의 印星局을 형성하여 日主 丁火를 생조함이 지나치니 庚金의 剋伐(극벌)이 있어야 中和를 이

룰 수 있는 것이다.

• 庚金이 원국에 없으니 年支 戌宮의 辛金을 용신으로 잡는다.

用神 : 申金
喜神 : 土
忌神 : 火
閑神 : 水
仇神 : 木

◎ 丁亥日柱 특성

• 영적인 힘이 있어, 마음을 다스리거나, 앞날에 대한 예지적인 능력이 있고, 성급하고 날카로우나 뒤끝이 없다.

• 주변 환경의 변화에 대해 민감하며, 어둠에 대한 공포가 있고, 밤눈이 어둡다.

• 가끔 염세적인 생각을 하나, 논리적이고 합리적인 성품의 소유자로 인정이 많고 깔끔하다.

• 외유내강하고 변덕이 있으며 싫증을 빨리 낸다. 남과 다투기를 기피한다.

• 대체로 건강한 편이나 심장병, 신장병, 귓병, 눈병 등에 길리기 쉽다.

• 공무원, 국영기업체 근무, 의사, 약사, 변호사, 기술자 등의 직업에 종사하게 된다.

◎ 卯月의 丁火가 月干에 乙木 偏印을 놓고. 坐下 日支에 亥水 正官을 놓으니 官印相生으로 공직자의 명조이다. 아쉬운 것은 亥水 正官이 月支와 亥卯 반합목국의 印星局으로 化되니 正官이 손상됨이 있는 것이라 관직이 높지 못한 것이다. 지방자치단체 동사무소의 동장을 하고 있는 것이다.

◎ 申金대운의 승진운를 문의한 것이다.

• 申金은 본시 용신이다. 아쉬운 것은 月令 卯木과는 상극되어 손상됨이 있고, 日支 亥水와는 金氣가 洩되고, 時支 辰土와는 申辰 반합수국의 한신운으로 化되니 크게 길하지 못한 것이다. 용신이 運路(운로)에서 왕강하게 도래하지 못하니 승진을 장담하지 못하는 것이다.

• 이후의 辛酉대운은 辛酉가 본시 용신운이나, 月柱 乙卯와 乙辛 沖과 卯酉 沖되어 상하 모두 손상되니 역시 승진에 저해됨이 있는 것이다.

乙	丁	癸	壬	(男)
巳	酉	卯	戌	

辛	庚	己	戊	丁	丙	乙	甲
亥	戌	酉	申	未	午	巳	辰

⊙ 用神

- 丁火가 卯月에 생하였다. 卯木은 濕木(습목)으로 丁火의 불꽃을 끄니 먼저는 庚金으로 剋木하고 다음은 甲木을 용하여 丁火를 살리도록 한다.
- 庚金과 甲木이 併透(병투)하면 국가고시에 합격하고 높은 관직에 오르게 된다.
- 상기는 丁火가 卯月에 생하고, 時干에 乙木이 투출하여 생조하고, 時支에 巳火 劫財가 있으니 旺하다 판단한다.
- 천간의 壬癸는 卯月에 洩氣당하여 약하니 水를 용할 수는 없는 것이다. 월령 卯가 旺하니 金을 용하여 金剋木으로 직접 制剋하여 日主를 지나치게 생조함을 제지해야 한다. 용신은 日支 酉宮의 辛金이다.

  用神 : 辛金
  喜神 : 土
  忌神 : 火
  閑神 : 水
  仇神 : 木

⊙ 결혼운

- 남명에서의 결혼운은 財星과 희신과 日支의 오행의 길흉으로 판단한다.
- 財星은 日支 酉金인데, 月令 卯木과 卯酉 沖으로 손상되고, 다시 年支 戌土와는 酉戌 害殺로 또다시 손상당하니 처와의 연이 없는 것이다.
- 또한 日支가 처궁인데, 卯酉 沖과 時支 巳火와 巳酉 반합금국을 이루어 바뀌려하니 처와의 연이 적은 것이다. 아울러 희신을 처로 논하기도 하는데 年支 戌土는 月令 卯木과 卯戌 육합화국의 比劫으로 바뀌어 희신의 역할을 하지 못하니 역시 처와의 연이 없는 것이다.

◎ 재물운

재물운은 財星과 食傷의 길흉 여부, 용신의 旺衰로 논하는데, 財星은 日支 酉金
一位뿐이다. 재물운이 많으려면 日干과 財星이 왕해서 身旺財旺 해야 하는데,
日干 丁火는 月令 卯木이 濕木(습목)이라 丁火를 손상시키니 보조를 받음이 적은
것이고, 또한 時支 巳火에 뿌리를 내렸다 하나, 巳火가 日支 酉金과 합하여 金의
성질을 띠려하니, 日干 丁火는 旺한 중 弱함의 성질이 있는 것이다. 따라서 재물
운은 크게 기대할 바가 없다.

◎ 직업운

천간에 壬癸의 正官과 偏官이 투출하고 時干에 乙木 偏印이 투출하니 본시 공직
자의 길이고, 또한 月干支가 癸卯로 역시 偏官과 偏印이니 命은 국가의 祿을 받고
살아가야 하는 명조다. 만약 이 길이 여의치 않다면 용신이 酉金 財星이니 봉급생
활자의 길을 가게 될 것이다. 사업가의 길이라면 크게 성공하지 못할 것이다.

◎ 부모운

부모운은 印星과 月柱로 판단한다. 印星은 木인데 용신이 金이니 구신에 해당된
다. 따라서 부모와는 돈독한 情이 없다 할 것이다. 또한 卯木 印星이 日支 酉金과
상충되니 부모덕을 크게 기대할 바가 없는 것이다.

◎ 형제운

형제운은 比劫과 그리고 月柱와 日支로 판단한다. 比劫은 時支 巳火가 유일한데,
日支 酉金과 합하여 財星으로 바뀌려 하니 형제자매수가 많지 않을 것이라 판단
한다. 또한 月干의 癸水가 日干 丁火를 충극하니 형제는 적다 할 것이다.
火가 기신이니 형제자매간 화합되고 상부상조함도 적을 것이라 판단하고, 사회
에서의 동업관계는 기피해야 할 것이고, 자신이 곤경에 처했을 때 동료들이나
동창들과도 도움을 받는 일을 기대하기가 힘든 것이다.

◎ 건강운

건강운은 局의 凶殺의 작동과 기신과 구신의 오행으로 판단한다. 나이 들어서는
구신의 오행에서 발병하여 기신의 오행에 따른 해당 오장육부의 질병으로 사망
하게 되는 것으로 판단한다.

기신이 火니 심장병과 小腸(소장)에 나이 들어 탈이 날 수가 있고, 구신이 木이니 간담과 신경계통의 질환을 앓을 수 있다. 통상 질병은 구신에 해당하는 오행에서 발병하여 기신에 해당하는 오행의 오장육부에 탈이 생겨 사망하는 것이다.

초년과 중년은 巳午未의 용신운이니 건강하겠으나 이후 나이 들어 申酉戌 대운은 기신운이니 건강에 각별히 신경을 써야 할 것이다.

◉ 학업운

학업운은 초년 대운의 길흉과 印星의 길흉, 용신의 왕쇠 등으로 판단하는데, 印星 乙木이 時干에 투출했으니 본시 두뇌가 총명하다. 학창시절인 17~21세까지는 구신운이나 본시 두뇌와 지혜가 있다하나 학업성적은 크게 두각을 나타내지 못했을 것이라 판단한다. 그리고 巳火대운인 22~26세까지는 巳火가 기신이니 학업과는 거리가 멀어 교수나 학자, 연구원 등의 학업의 길로 가기는 어려웠을 것이라 판단한다.

◉ 자식운

자식운은 남명에서는 용신과 時柱, 여명에서는 食傷과 時柱를 위주로 판단한다. 용신에 해당하는 日支 酉中의 辛金을 아들로 논하는데, 月令 卯木과 상극되니 자식 代에 크게 두각을 나타내는 자식은 없을 것이다. 또한 官星도 자녀로 논하는데 천간의 壬癸가 官星으로 투출했으나 正官과 偏官으로 관살혼잡되었으니 자식대의 발전은 역시 기대하기 힘든 것이다.

◉ 대운

• 乙木대운은 용신이 金이라 乙木은 구신에 해당하니 두뇌는 총명하나 공부와는 거리가 멀었을 것이라 판단한다.

• 巳火대운은 火가 기신에 해당하니 학업과는 거리가 멀다. 공부로 두각을 나타내지는 못했을 것이다.

• 丙午대운은 사주상 火가 기신에 해당하니 만사 풀려나감이 적었을 것이라 판단한다. 인생에 뜻대로 풀리는 일이 적었을 것이고, 사회생활도 뜻대로 풀림이 적었을 것이고, 결혼 문제도 여의치 않았을 것이다. 이것은 丙午대운 10년이 기신에 해당하는 운이기 때문이다.

- 丁未대운은 역시 저체된 운이다. 丁火는 기신이니 길하지 못하고, 未土는 본시 희신에 해당하나 月令 卯木과 卯未의 반합목국의 구신으로 바뀌니 역시 길하지 못하다. 썩 잘 풀려나감이 적을 것이다.
- 戊土대운은 본시 희신운이나 月干 癸水와 戊癸 간합화국으로 바뀌어 기신운이 되니 길하지 못하다. 잘 풀려 나감이 적을 것이다.
- 申金대운은 年支 戌土와 日支 酉金과 申酉戌의 방합금국을 이루어 왕하게 용신 운으로 들어오니 이재서야 목마른 가뭄에 단비가 내리듯 서서히 旺한 운세가 들어오기 시작하여 잘 풀려 나갈 것이다. 인생의 황금기인 것이다.
- 己土대운은 희신운이니 무애무덕하다.
- 酉金대운은 酉金이 용신으로 비록 月令 卯木과는 상충되어 손상됨이 있으나, 時支 巳火와는 巳酉의 반합금국으로 용신운이니 선흉후길로 먼저는 흉하나 나중은 길한 운이다.
- 이후 말년에 해당하는 庚戌, 辛亥 대운은 용신과 한신운이니 길하다. 말년에는 고생없이 안락한 생활을 영위하게 될 것이다.

◉ 신살 풀이

- 사주에 五鬼殺(오귀살)과 囚獄殺(수옥살), 桃花殺(도화살), 病符殺(병부살), 鬼門關 殺(귀문관살)이 있으니 아버지 대나 할아버지 대, 혹은 증조할아버지 대에 자살 등의 흉하게 돌아가신 조상이 계시다. 이러한 흉살들을 制殺하면 잘 풀려 나갈 것이라 판단한다.
- 月支 卯木에 孤神殺(고신살), 자식궁인 時支 巳火에 孤鸞殺(고란살)이 있으니 결 혼연이 적은 것이다. 이러한 殺들을 制殺하면 결혼운이 생길 것이라 사료된다.
- 時支 巳火 正印이 기신이며 太白殺(태백살)이 同柱하니 예기치 않은 사고나 질 병 등으로 인해 큰 수술 건이 발생할 수 있으니 항시 남을 위한 공덕을 쌓으며 살아가야 할 것이다.

⊙ 用神
- 卯月의 丁火는 卯木이 습목이라 丁火의 불꽃을 꺼버리니, 庚金을 용하여 습목을 제거하고, 甲木으로 引丁하면 중화를 이룰 수 있다.
- 庚金과 甲木이 倂透(병투)하면 국가고시에 합격하고 관직에 들어 영달함을 얻는다.
  庚金이 투출하고 甲木이 암장되면 小富貴한다.
  甲木이 투출하고 庚金이 암장되면 異途로 공명을 얻는다.
  庚金이 있으나 甲木이 없으면 儒林의 준수한 선비가 된다.
  甲木이 있으나 庚金이 없으면 평범하다.
- 庚金과 甲木이 투출하고 다시 辛金이 투출되면 身强殺淺(신강살천)한데, 辛金이 庚金의 부조를 받으니 假殺爲權(가살위권)이 되어 大貴格을 이룬다.
- 庚金과 乙木이 투출하여 간격된 경우라면 不相合하니 富貴가 있기는 하나 복록이 장구하지 못하다. 이는 乙木은 甲木과 달리 丁火를 장구하게 생해주지 못하기 때문이다. 庚金과 乙木이 가까이 있으면 상합하려 하니 이때는 財多身弱의 명조가 된다.
- 상기는 卯木이 습목이니 丁火의 불꽃을 꺼지게 하니 庚金을 용하여 破木하면 중화를 얻을 수 있다. 용신은 年干 庚金이다.
- 용신 庚金은 月令 卯木에 실기했고, 지지 戌土에 단지 미근이 있을 뿐이라 뿌리가 건실하지 못하니, 용신이 왕강하지 못하여 破格의 명조이다.

　　用神 : 庚金
　　喜神 :　土
　　忌神 :　火
　　閑神 :　水
　　仇神 :　木

⊙ 己土 食神이 月干에 투출했으니 예체능과 연관되어 미술을 전공했다.

⊙ 여명의 官星은 夫星인데, 年支 子水 偏官이 空亡이니 남편과의 연이 적은 것이다.

⊙ 여명 日干이 丁火인 경우에는 壬水가 夫이고 癸水가 偏夫이다. 丁日干의 長生은 酉金이고 祿星은 午火이다. 夫星인 癸水의 長生은 卯木이고 祿星은 子水이다. 상호 卯酉 沖과 子午 沖되니 夫婦간의 연은 薄(박)하다 판단한다.

⊙ 丑土대운

• 丑土는 본시 희신이다. 夫星인 年支 子水와 子丑의 육합토국이 되니 戊土가 대표한다. 戊土는 傷官으로 男兒에 해당되며, 戊土의 祿星이 巳火로 夫宮인 日支宮에 있으니, 이 대운에 결혼하게 된 것이며 아들을 낳은 것이다.

• 戊土는 傷官으로 男兒이고 長生이 寅木이다. 丁日干의 長生은 酉金으로 상호 상극되니 男兒가 태어남으로써 그 부모의 연이 끊어지게 되는 것이다. 丙火대운 기신운에 이혼한 것이다.

⊙ 子水대운은 본시 한신운이다. 운로에서 子水가 入되며 局의 空亡된 年支 子水가 塡實(전실)되어 官星의 역할에 진력하게 되니 이 대운에 재혼하게 된 것이다.

⊙ 亥水대운

• 亥水는 본시 한신운이다. 局의 月支 卯木과 亥卯 반합목국의 구신운이 되니 흉하다. 卯木은 五鬼殺(오귀살), 幻神殺(환신살), 弔客殺(조객살)을 대동하고, 運路에서 入되는 亥水는 病符殺(병부살), 亡神殺(망신살)을 대동하는데 모두 神氣와 연관이 많은 殺이다. 合木되어 구신이 되니 神氣가 태동하여 神을 받고 무속인이 된 것이다.

• 亥水와 局의 卯木이 반합되어 化木되는데 甲木이 대표한다. 甲木의 祿星은 寅木이고, 丁日干의 祿星은 午火이다. 寅午 반합화국의 기신운이 되니 흉하다. 祿星은 일생에 있어 누리게 될 享福(향복)과 연관되는데, 합되어 기신운으로 바뀌니 祿星을 버리게 되는 것과 일맥상통하여 이 대운에 神을 받고 무속인의 길을 간 것이다.

<table>
<tr><td>辛</td><td>丁</td><td>辛</td><td>辛</td><td>(女)</td></tr>
<tr><td>丑</td><td>亥</td><td>卯</td><td>巳</td><td></td></tr>
</table>

己 戊 丁 丙 乙 甲 癸 壬
亥 戌 酉 申 未 午 巳 辰

⊙ 用神

• 卯月의 丁火는 卯木이 濕木(습목)이라 丁火의 불꽃을 상하게 한다. 따라서 먼저는 庚金으로 乙木을 극제하고 다음에는 甲木으로 丁火를 살리면 사주가 중화를 얻을 수 있는 것이다.

• 庚金과 甲木이 倂透(병투)하면 貴格을 이루어 관직에 올라 나라의 중책을 맡는다.
庚金이 투출하고 甲木이 암장되면 小富貴한다.
庚金이 암장되고 甲木이 투출하면 異途功名(이도공명)이다.
庚金이 있으나 甲木이 없으면 儒林(유림)의 준수한 선비이다.
庚金이 없고 甲木이 있으면 평범한 命이다.

• 日主가 왕하고 印旺殺强(인왕살강)하면 大貴格을 이룬다.

• 상기는 지지에 亥卯 반합목국의 印星局이 있어 日主 丁火를 생조함이 지나쳐 신강하니, 왕한 木氣를 극제하는 庚金을 용하면 중화를 이룰 수 있다.

• 庚金이 불투하고 月干에 辛金이 투출했으니 이를 용신으로 잡는다. 용신 辛金은 月令 卯木에 絶地(절지)이니 왕하지 못하여 사주가 길격이 되지 못하는 것이다.

用神 : 辛金
喜神 : 土
忌神 : 火
閑神 : 水
仇神 : 木

⊙ 時支 丑土가 食神으로 희신에 해당하니 예체능계통 중 발레를 전공하고 있는 것이다. 食傷이 용신이나 희신이고, 운로에서 용신이나 희신운으로 도래하면 명성을 얻을 수 있으나, 기신이나 구신운이면 평생 半作(반작)에 불과한 것이다.

⊙ 초, 중년의 운이 巳午未 남방화국의 기신운으로 흐르니 길하지 못하다.

◎ 巳火대운의 운을 문의한 것이다.
- 巳火는 기신이다. 日支 亥水와 상충되어 亥水 한신이 손상되니 흉하다. 심신의
  변동수가 발생하는 것이다.
- 辛丑세운은 歲干 辛金은 용신운, 歲支 丑土는 局의 巳火와 巳丑 반합금국의
  용신운이 되니 길하다.
- 壬寅세운은 歲干 壬水는 한신운, 歲支 寅木은 본시 구신운이다. 日支 亥水와
  寅亥 합목의 구신운으로 化되니 흉하다. 時支 丑土는 희신인데 歲支 寅木에 受
  剋되니 희신이 손상되는 것이라 흉하다.
- 癸卯세운은 歲干 癸水는 본시 한신이나 日干 丁火에 상충되어 상호 손상되니
  흉하다. 歲支 卯木은 局의 亥水와 亥卯 반합목국의 구신운이 되니 흉하다.
◎ 중년의 甲午, 乙未대운은 구신과 기신운이니 길하지 못한 것이다. 운로에서 길한
  운이 도래하지 못하니 전공인 발레의 특기를 살려 성공하기는 요원하다 판단한다.

◎ 用神
- 女命은 지지 丑卯 사이에 寅이 呑陷(탄함)되어 암암리에 丑(寅)卯辰이 되어 寅卯
  辰의 방합목국을 형성하여 印星이 太旺하다 판단한다. "印星多에 要見財星"이
  니 財星을 용하여 旺한 印星의 氣를 剋制하면 사주가 中和를 이룰 수 있다. 용
  신은 日支 丑宮의 辛金이다.
- 男命은 지지 寅辰 사이에 月干 甲木을 끌어와 암암리에 寅卯辰의 방합목국을
  형성하여 官星이 太旺하다 판단한다. 따라서 官印相生이 要되며 이로써 日主를
  부조하면 中和를 이룰 수 있으니 용신은 印星을 용하여 月支 寅宮의 丙火이다.

⊙ 상기 두 명조는 결혼 6년차 부부로서 임신이 되지 않아 시험관 시술을 받고 있는 명조로 임신가능 여부를 문의한 것이다.

⊙ 자식이 없는 경우는 다음과 같이 요약된다.

- 食傷이 왕성하고 日主가 약한데, 印星이 있으나 다시 財星을 만난 경우.
- 日主가 약하고 財星과 官殺이 太旺한 경우.
- 印星이 심히 太旺하여 사주가 偏枯(편고)된 경우
- 男命에 官星이 空亡되거나 용신이 심히 무력한 경우.
- 時柱의 오행이 태약한데 다시 他 干支의 剋制를 심히 받는 경우.
- 女命에 食傷이나 時柱가 空亡된 경우.
- 용신이 太弱한데 다시 사주에 凶殺(喪門殺. 弔客殺. 幻神殺. 絞神殺. 鬼門關殺. 病符殺. 太白殺)이 중중한 경우.

⊙ 여명 丁丑日柱 특성

- 부드러운 성격의 소유자가 많으나, 본질은 외유내강하고 생활력이 강하다.
- 부지런하나 일처리엔 즉흥적이 면이 많으며, 이해타산이 얽힌 부분에서는 오히려 침착하고 냉정한 편이다.
- 박력이 다소 부족하나 원만한 성격으로 대인관계는 좋다.
- 대체로 건강한 편이고, 지식과 두뇌를 필요로 하는 직업에 종사하는 경우가 많고, 요식업이나 유흥업 등에 종사하기도 한다.
- 신경성 위장질환에 시달리는 경우가 많다.

⊙ 남명 己未日柱 특성

- 야무지고 빈틈이 없으며 외유내강하다.
- 겉으로는 나약해 보여도 일에 임하면 양보하지 않고, 끈질기며 어려움을 극복하고 인내로 버텨낸다.
- 온순하고 착실하며 매사를 꼼꼼히 처리하나 소심한 것이 결점이다.
- 소화기질환이나 피부질환 등의 발병이 높다.
- 부동산업, 농업, 운수업, 섬유업, 지엽사 등의 직업이 많다.

⊙ 결혼 후 장기간 임신이 되지 않는 경우에 있어서의 임신 가능 시점의 판단은, 여러 사안을 고려해야 하지만 사주상으로는 용신이 들어오는 시점을 우선적으로 논하여 판단하면 오류가 적다.

앞의 女命은 용신이 金으로 金氣가 入되는 辛金大運에 임신 가능성이 가장 높다 판단하는 것이다.

뒤의 男命은 용신이 火로 午火大運에 원국과 寅午 반합화국의 용신운이니 임신 가능성이 가장 높다 판단하는 것이다.

◉ 상기 女命의 경우는, 임신 가능 여부의 신체적 나이가 45세에 해당된다는 의사의 소견이 있으니 임신을 서둘러야 하는 것이다.

◉ 陽宅風水(양택풍수)를 적용하여 임신 가능시점의 當年太歲(당년태세)가 移徙方位九宮法(이사방위구궁법)에서 中宮에 五鬼(오귀)나 退食(퇴식), 甑破(증파), 眼損(안손) 등이 落宮(낙궁)한다면, 天祿方(천록방)이나 合食方(합식방)으로 이사를 가는 것도 고려해 보아야 한다.

◉ 부부 사주원국의 凶殺 등을 制殺하는 것도 일익이 될 것이라 사료된다.

◉ 丁火 辰月

　• 戊土가 當權(당권)하니 丁火의 氣를 洩(설)하므로, 먼저 甲木으로 丁火를 引導(인도)하고 制土하며, 다음으로 庚金으로 劈甲引丁(벽갑인정)하면 貴格이다.

　• 甲木, 庚金이 출간하면 국가고시에 합격한다.

　• 上半月(淸明~穀雨)은 卯月과 같아 濕木(습목)이니 庚金이 우선이고, 下半月(穀雨~立夏)은 土旺하니 甲木으로 疎土(소토)한 후 劈甲引丁(벽갑인정)한다.

　• 庚金, 甲木 중 하나가 출간하고 하나가 암장돼도 衣祿은 있다.

　• 지지 水局이고 壬水가 출간하면 殺重身輕(살중신경)이니 夭折(요절)하거나 凶厄(흉액)을 당한다.

지지 水局이고 壬水, 戊土, 己土가 모두 출간하면 朝廷(조정)의 材木이 된다. 지지 水局이고 壬水, 戊土, 己土가 모두 투출하고, 一位 甲木이 있어 疏土(소토) 하면 평범한 命이다.

- 지지 木局이면 印星이 旺하여 財가 용신인데, 庚金이 출간하면 異途(이도)로 功名(공명)을 얻는다.
- 辰月은 火旺節로 進氣하는 시점이고, 辰宮에 乙木이 있어 木의 餘氣(여기)가 있으니 從格(종격)을 이루지 않는다.

⊙ 用神
- 丁火는 화롯불, 등촉불, 아궁이불에 비유되는데, 辰月에 生하면 辰土인 濕土(습토)에 갇히게 되어 身弱해지므로 대체로 甲木의 疏土(소토)가 우선이다.
- 상기는 生日이 穀雨(곡우)를 지나 生하여 巳火節인 화왕지절로 進氣(진기)하는 시점이고, 지지 巳火에 通根(통근)하고 月干에 丙火가 투출하였으니 丁火가 弱變强(약변강)이 되어 火勢(화세)가 旺하다 판단한다. 따라서 抑扶法(억부법)을 적용하여 年干 癸水를 용신으로 잡는다.

　　用神 ： 癸水
　　喜神 ：　金
　　忌神 ：　土
　　閑神 ：　木
　　仇神 ：　火

⊙ 丁巳日柱 특성
- 사주에 火氣가 강하면 자기 성격을 제어 못하고, 남과 충돌이 많으며, 자기주장이 강하여 남과 의견의 충돌과 마찰이 많다. 정신면이 강하고 눈빛이 강렬하다.
- 자아가 강하고 신경질적이다.
- 심장, 장질환, 정신질환, 시각이나 청각의 장애가 올 수 있다.
- 평생에 걸쳐 예기치 않은 사고, 질병이 다발한다.
- 무관직, 금전대부업, 기술직 등에 종사하는 경우가 많다.

⊙ 運路가 丑子亥戌酉申의 용신과 희신운으로 흐르니 사주가 吉하다.
⊙ 天干에 癸와 甲의 官印이 투출하여 月令에 通根(통근)하여 旺하고, 다시 財星의 투출이 없어 사주가 濁(탁)해지지 않으니 官印相生의 吉格을 이룬 것이다.

⊙ 상기는 태몽이 길한 명조이다. 어미호랑이가 새끼호랑이를 등에 업고 집안으로
들어오는 태몽을 꾸었다 한다.

⊙ 用神
- 辰月의 丁火는 戊土가 當權(당권)하여 日主 丁火의 氣를 洩(설)시키니 신약하다.
  먼저는 甲木을 용하여 疎土(소토)하고 丁火를 생하고, 다음은 庚金으로 劈甲引
  丁(벽갑인정)하면 사주가 중화를 이룰 수 있다.
- 上半月(淸明~穀雨)은 木旺하니 庚金이 유용하고, 下半月(穀雨~立夏)은 土旺하니
  먼저는 甲木의 疎土(소토)가 있어야 하고 다음은 庚金이다.
- 甲木과 庚金이 倂透(병투)하면 국가고시에 합격하고 일신상의 영달이 기약된다.
  그렇지 못한 경우에는 풍수가 불급한 경우이다.
  甲庚 중 하나는 투출하고 하나는 암장되면 儒林(유림)의 준수한 선비이다.
  甲庚 중 하나가 없는 경우에는 평범한 命이다.
- 지지 木局이면 印旺한 것이니 財를 용한다.
- 지지 水局이고 壬水가 투출한 경우라면 殺重身輕(살중신경)하니 흉액이 多發하
  거나 夭折이 따른다. 만약 戊己土가 모두 투출한 경우라면 중앙부처의 重臣이
  된다.
- 상기는 年, 月支에 辰土가 있어 土氣가 重하니 甲木을 용하여 소토함이 급한
  것이다. 아울러 時干에 庚金이 있어 劈甲引丁(벽갑인정)하니 사주가 길하다. 다
  만 庚金이 투출하고 지지에 辰酉 합금의 財星局을 형성하여 財星이 왕하니 자
  연 印星을 극하게 되어 공직과의 연은 적은 것이다. 용신은 甲木이다.

```
用神 : 甲木
喜神 :   水
忌神 :   金
閑神 :   火
仇神 :   土
```

◉ 日柱 丁酉는 甲午旬 中으로 辰巳가 空亡이다. 年, 月의 辰辰은 自刑殺이나 공망되니 흉함이 크게 작동하지 못하는 것이다.

◉ 천간에 天上三奇(천상삼기)인 甲·戊·庚이 투출했다. 뜻과 포부가 크고 박학다식의 명조이다.

◉ 日支 酉金은 夜天乙貴人(야천을귀인)이다. 나타내는 象은 인덕이 있고 순수하며, 친화력과 대인관계가 좋으며, 총명하고 공명정대하다.

◉ 癸酉대운

　• 月干 戊土 傷官은 癸水와 간합을 이루어 比劫으로 化되었다. 月支 辰土는 丁日干의 傷官이 되는데 대운 酉金과 支合을 이루어 辰酉合의 財星局이 되나 辰土가 空亡이라 합국이 성사되지는 못한 것이다.

　• 배속된 壬辰세운은 본시 空亡이던 月支 辰土가 塡實(전실)되니 辰酉 合局이 成局되어 偏財가 된 것이다.

　• 대운 戊癸合의 劫財가, 세운 辰酉 합금의 偏財를 극하는 형국인 것이다.

　• 月支 辰土는 塡實(전실)되어 암암리에 申子辰 삼합수국의 官殺局을 형성하고, 辰土는 官殺의 庫藏地(고장지)인 것이다. 또한 辰土는 日干 丁火의 身庫(신고)에 해당하는 戊土와 상충되니 辰宮의 癸水 官殺이 沖出되는 것이다.

　• 癸水 官殺은 日干 丁火를 극하니 예기치 않은 사고, 질병이나, 損財數(손재수), 혹은 시비구설 등이 발생하는 것이다. 상기의 경우는 사업과 연계되어 손재수가 대두된 것이다.

◉ 丈人(장인)과 연계된 資金의 통변

　• <u>丁(日干=我)</u> → 庚(正財=父)

　　　　　　　　　　乙(偏印=母)

　　辛(偏財=妻) → 甲(正印=丈人)

　　　　　　　　　　己(食神=丈母)

- 甲木은 육친상 丈人(장인)으로 年干에 투출되었다. 甲木에서 보면 年, 月支의 辰土는 財庫에 해당된다. 아울러 月干 戊土는 癸水와 간합화국의 食傷局을 형성하려 하니, 나타내는 象은 丈人(장인)과 丈母(장모)가 금전적으로 여력이 있다 판단한다.
- 日干 丁火는 壬水와 간합목국을 형성하여 丈人인 甲木과 同氣이다. 甲木의 祿星은 寅木인데, 寅木은 암암리에 亥水와 육합을 이루어 日干 丁火를 생하니 장인이 금전적으로 사위를 도우려는 의도가 있는 것이다.

◎ 丁酉日柱 通辯

- 日干 丁火는 암암리에 壬水와 간합목국을 이루어 印星局이 되며 용신에 해당하니 효도를 하고 母子간 돈독함이 있는 것이다.
- 月干 戊土는 傷官으로 日支 酉金에 십이포태운성의 死에 해당된다. 다시 戊土가 癸水와 암암리에 간합되어 日에 居하니 나타내는 象은 지혜가 낮고 고집이 센 것이다.
- 日柱 丁酉는 甲午旬 中으로 甲午가 旬首이다. 甲木은 印星이고, 丁日干의 祿星은 午火이다. 甲木이 印星으로 母에 해당하고 좌하에 日祿이 있으니 母子가 돈독하게 늙도록 동거하게 됨을 의미한다.
- 丁日干의 長生은 酉金인데, 酉金은 辛金 처성의 祿星地이다. 따라서 부부간 늙도록 무탈하게 화기애애하게 지낼 것임을 의미한다.
- 壬水가 男兒이다. 壬水는 목욕살과 도화살이 酉金에 있는데, 酉金은 처성인 辛金의 祿星地이다. 나타내는 象은 男兒가 풍류를 즐기는 성향인데 이는 어머니의 방관이 있기 때문이다.
- 日支宮은 처궁이며 酉金은 財며 처성이다. 酉金이 官殺의 庫藏地(고장지)인 辰土와 육합을 이루어 金局으로 化되어 庚金으로 대변되는데, 庚金의 녹성은 酉金인 것이다. 이것이 나타내는 象은 官이 淸하고 부부간 화기애애함을 의미한다.
- 丙火가 劫財이다. 酉金과 丙火의 관계는 日落西山(일락서산)에 비유되는데, 丙火는 辛金 財와 丙辛의 간합을 이루어 官星局이 되니 日干을 극하게 되는 것이다. 의미하는 것은 밤에 태어난 사람은 財의 운용에 실패수가 많아 破財하게 되는 것이다.

- 日干 丁火는 등촉불이니 *夜之光*이라, 丁日의 명조자는 밤에 집에 잘 귀가하려 하지 않는 것이다. 처인 辛金은 丙火와 간합하려 하니 처의 바깥나들이가 잦을 것임이 암시된다.
- 甲午旬 中 庚子세운
  - 丁日干의 祿星은 午이고, 癸水 七殺의 祿星은 子로 상호 상충된다. 나타내는 象은 病을 얻을 시 병원에서 수술하게 됨을 의미한다.
  - 庚金은 正財요 父인데, 子水에는 死에 해당된다. 庚金은 梟神殺(효신살)인 乙木 財星과 합을 이루니 水多金沈(수다금침)인 것이다. 破財의 조짐이 있고, 父에게 건강상의 문제가 多發하는 것이다.
- 甲午旬 中 辛丑세운
  - 辛金 財가 丑庫에 居하는 것인데, 辛金은 丙火와 간합을 이루어 官殺이 되는 것이다. 따라서 破財의 흉화가 암시 되는데 만약 丙火가 없는 경우라면 무탈하다.
  - 丑土는 巳酉丑 金局을 이루니 財庫인데, 癸水 七殺의 祿星인 子와 육합을 이루어 食傷이 되며 生財하는 것이다. 따라서 財가 왕해지니 재물복이 많아지는 것이다.
- 甲午旬 中 壬寅세운
  - 壬水 官星이 甲木의 祿星인 寅에 좌하는 것이라 본시 官印相生된 것이다.
  - 戊土 傷官의 長生은 寅木인데 庚金 正財의 祿星인 申金과 상충되며, 申金은 壬水 官星의 長生地인 것이다. 財官에 손상됨이 있는 것이다.
- 甲午旬 中 癸卯세운
  - 癸水 七殺의 長生 卯와 戊土 傷官과 卯戌 육합화국이 되어 身으로 化되는 것이다.
  - 戊土의 도화살은 卯인데, 나타내는 象은 심신과 거처가 안정되지 못함을 의미한다.

⊙ 丁火 巳月

• 丁火가 때를 만나 得氣(득기)하였으니 火가 강열하므로 壬水를 取하여 解炎(해염)시키고 庚金으로 補助(보조)한다.

壬水가 없으면 癸水를 쓰나 역량이 부족하니 큰 福을 기대하기 어렵다. 金氣를 洩(설)하고 火氣를 剋하기 때문이다.

• 局에 印星이 없어 신약이면 甲木을 取(취)하여 丁火를 인도하는데 반드시 庚金으로 甲木을 破木해야 한다. 甲木을 쓰면 木火通明(목화통명)이다.

• 甲木이 많으면 먼저 庚金을 쓴다.

• 丙火가 투출하고 壬癸水가 없으면, 丙奪丁光(병탈정광)이라 丁火의 빛을 빼앗으니 일생이 困苦(곤고)하다.

• 戊土가 重重한데 印星인 甲木과 官星인 壬癸水가 없으면 傷官傷盡(상관상진)이라 하여 大貴格으로 논한다. 그러나 길격이 되지 못한 경우에는 傷官이 太重하여 丁火를 洩氣(설기)하여 빛을 어둡게 하니, 이런 명조는 秀才(수재)이나 大貴하지 못한다.

⊙ 用神

• 丁火 日主가 月令 巳火에 得氣하고, 다시 지지에 巳午未 남방화국을 형성하니 一行得氣格(일행득기격) 중 炎上格(염상격)을 형성한 것 같으나, 日主 丁火를 극하는 年干 壬水 官星이 있어 破格이 된 것이다.

• 火氣가 중첩되고 태왕한데 일점 쇠약한 壬水가 있으니 强衆敵寡(강중적과)의 상황인 것 같으나, 胎元(태원)이 丙申으로 申宮의 壬水가 암암리에 年干 壬水를 부조하니 年干 壬水는 세력을 키워 强衆(강중)의 상태인 火氣와 맞서 싸우려는 형국인 것이다. 이른바 强寡敵衆(강과적중)의 상황으로 변한 것이다.

- 용신은 調候法(조후법)을 적용하여 年干 壬水이다.

　　用神 : 壬水
　　喜神 :　金
　　忌神 :　土
　　閑神 :　木
　　仇神 :　火

◎ 年, 月干이 壬과 乙로 正官과 偏印이니 관인상생되어 공직자의 명조이다. 고등학교 교감직에 재직 중인 명조이다.

◎ 戊土대운 하반기 말의 운을 문의한 것이다.

- 학교 교원들 간의 시비구설이 고소, 고발 사건으로 비화되었는데, 교감이 나서서 처리하는 과정에서 불협화음이 발생한 것이다.

- 戊土가 入되며 지지의 寅午와 寅午戌 삼합화국의 구신운으로 化되니 흉화의 징조가 있는 것이다.

- 寅木은 印星이니 문서화되어 고소가 된 것이고, 午火는 比劫이니 동료직원들 간의 문제인 것이고, 戊土는 傷官이니 官을 剋하므로 명예훼손과 연관된 문제인 것이다.

- 辛金대운 희신운에 매사 원만하게 풀려나갈 것이라 판단한다. 이는 辛金이 본시 희신인데 丙火 劫財 구신과 간합수국이 되어 용신운으로 化되니, 합의가 이루어져 고소, 고발 사건이 소취하가 되는 것으로 판단하기 때문이다.

◎ 用神

- 丁火가 巳火節에 생하여 羊刃(양인)을 득하여 火勢(화세)가 炎炎(염염)하니 調候

(조후)가 급하다. 壬水를 용하여 解炎(해염)하고 庚金으로 보조한다.

- 壬水가 不透하고 癸水가 투출했으니 이를 용신으로 잡으나, 巳火節에 失氣했
  으니 용신이 왕강하지 못하다. 또한 庚金의 보조가 없으니 복록이 장구하지 못
  한 것이다.

  用神 : 壬水
  喜神 :　金
  忌神 :　土
  閑神 :　木
  仇神 :　火

◉ 時柱가 癸卯로 偏官과 偏印으로 殺印相生되어 본시 공직자의 명조이나, 火勢가
  炎炎하여 癸水 官殺을 고갈시키니 손상되어 공직자의 길을 가지 못하고 사립대
  학 교수의 길을 간 것이다.

◉ 지지 丑未土 食神은 月令 巳火의 생조를 받아 약하지 않으니, 자신의 재능과 재
  예를 남에게 널리 알리는 예체능계통과 연관되는 것이다.

◉ 癸水 偏官이 남편성인데, 巳火節에 심히 핍박을 받아 무력해지니 남편과의 연은
  돈독함이 적다 판단한다.

◉ 여명의 食傷은 자녀성인데, 丑未土 食神이 기신에 해당하니 자녀들의 발복은 크
  게 기대할 바가 없는 것이다.

◉ 酉金대운의 운을 문의한 것이다.

- 酉金은 본시 희신운이다. 酉金이 簾幕貴人(염막귀인)이 되어 지지의 巳丑과 巳酉
  丑 삼합금국의 희신운이 되어 왕해지니 길하다. 부교수로 승진한 것이다.
- 혐의가 되는 것은, 時支 卯木이 偏印으로 五鬼殺(오귀살)을 대동하고 入局하여
  卯酉 沖으로 상호 손상되니 시비구설, 음해가 발생함을 암시하는 것이다.

◉ 戌土대운은 지지 丑未와 丑戌未 三刑殺이 되니 예기치 않은 흉화가 암시된다.

◉ 말년의 亥子丑운은 용신운이니 안락한 여생을 보낼 것이라 판단된다.

甲	丁	丙	丁	(男)
辰	丑	午	亥	

戊	己	庚	辛	壬	癸	甲	乙
戌	亥	子	丑	寅	卯	辰	巳

⊙ 丁火 午月

- 午火節에 생하여 建祿(건록)을 만나니 丁火가 乘旺(승왕)하므로 丙火의 勢를 취하는 것이다. 따라서 火旺하니 먼저는 壬水를 取하여 강열한 火氣를 극제해 주고 庚金으로 壬水의 水源(수원)을 發해야 한다.

- 지지에 火가 중첩되거나 火局이 되고, 천간에 庚金과 壬水가 투출하면 국가고시에 합격한다. 만약 戊己土가 出干하여 壬水를 극제하면 평범하다.
  庚金이 투출하고 壬水가 암장되면 金水대운에 富貴가 있다.
  庚金이 투출하고 壬水가 암장되었는데, 一位 癸水의 투출함을 얻으면 獨殺當權(독살당권)이니 頭領運(두령운)이다.

- 지지에 亥卯未가 모두 있어 삼합목국을 형성하여 生火하면 평범한 사람이나 衣食豊足(의식풍족)이며, 運路(운로)가 길하면 中年에 富者가 된다. 다만 종국에는 자식을 刑剋(형극)하여 勞苦(노고)는 많으나 功名(공명)이 적다.

- 地支에 火局이 없고 壬水가 出干하면 甲木을 쓴다. 이때도 庚金의 劈甲(벽갑)함이 필요하니 木火通明(목화통명)이라 크게 富貴한다.

- 木이 적고 火가 많으면 木은 焚木(분목)이 되어 영화로움이 길지 못하다.

- 木이 많고 火가 적으면 木多火熄(목다화식)이니 일생이 困苦(곤고)하다.

⊙ 用神

- 丁火가 午火節에 생하여 火勢가 왕한데 다시 천간에 丙丁火가 투출하여 火氣가 炎炎하니 調候(조후)가 급하여 壬癸水를 용해야 한다.

- 천간에 壬癸水가 불투하니 年支 亥宮의 壬水를 용신으로 잡는다. 용신 壬水는 水源(수원)을 發하는 庚辛金이 없어 부조를 받기 어려우니, 왕한 火氣에 무력해져 길격의 명조는 못된다.

用神 : 壬水
喜神 :　金
忌神 :　土
閑神 :　木
仇神 :　火

⊙ 日柱 丁丑은 甲戌旬 中으로 申酉가 공망이다. 財星이 공망이니 재물과의 연이 적은 것이고 처와의 연도 돈독하지 못한 것이다.

⊙ 용신이 壬水로 官星이고 時干에 甲木 印星이 투출하니 공직자의 명조이다. 운로 가 卯辰丑子亥의 한신과 용신운이니 무탈하게 정년을 마친 것이다.

⊙ 천간의 比劫은 본업 외에 관여하고 있는 부업이 한둘 더 있음을 암시한다. 따라 서 신변이 항시 분주하고 매사 수고로움이 많은 것이다.

⊙ 局에 比劫이 중중한데 일점 財星이 있으면 형제자매간 爭財(쟁재)의 탈이 생기게 되는데, 상기는 丑宮에 辛金 財가 미약하고 또한 암장된 것이니 爭財의 탈이 적 었던 것이다.

⊙ 月柱가 比劫으로 되어 있다. 나타내는 象은 다음과 같다.
  • 부모 代에 집안이 쇠퇴했음을 알 수 있다.
  • 태어나서 죽은 형제자매가 있는 것이다.
  • 가족들이 생업을 위해 뿔뿔이 타향으로 흩어졌음을 알 수 있다.
  • 比劫이 중중한데 印星이 투출했으니 부모 代나 조부모 代에 이복형제가 있음이 암시되는 것이다.

⊙ 庚子대운의 시의원 출마에 대한 길흉을 문의한 것이다.
  • 대운의 천간 庚金은 본시 희신이나, 局의 왕한 火氣에 受剋되니 희신의 역할에 손상이 오는 것이라 길하지 못하다.
  • 대운의 지지 子水는 본시 용신이다. 月支 午火는 丁日干의 祿星인데 子午 沖으 로 祿星이 손상되니 명예를 얻기 힘든 운이다. 심사숙고하라 조언한 것이다.

◎ 用神

• 丁火 日干이 午火節에 생하여 建祿을 得하니 得令(득령)하였고, 年干과 日支의
丙巳火氣의 부조가 있으니 신왕사주이다. 아울러 月干의 甲木은 年支 申中의
庚金에 의해 劈甲引丁(벽갑인정)으로 日主 丁火를 생조해 줌이 過多(과다)하니,
이는 旺한 日干의 기를 洩(설)시켜주는 것으로는 부족하고 抑扶(억부) 및 調候法
(조후법)을 적용하여 용신을 잡아야 한다.

• 時干의 己土는 하늘에서는 먼지요, 땅에서는 전원의 흙이고 담장의 흙이고, 性
情(성정)으로는 寒(한)과 暖(난)의 중간에 해당되며, 일점 水氣가 없어 濕土(습토)
化되지 못하니 旺한 火氣를 洩氣(설기)함에 역부족인 것이다.

• 丁火가 午火節에 생하여 火勢가 맹렬한데, 다시 日支 巳火가 日主 丁火를 보좌
하니 火氣가 태왕하여 調候(조후)가 급한 것이다. 壬癸水가 천간에 투출하지 못
했으니 年支 申宮의 壬水를 용해야 한다.

• 申宮의 壬水는 中氣에 戊土와 竝存하니 病弱水(병약수)가 되었으니 불순물이 가
득 고인물인 것이다.

• 따라서 사주상 壬水가 용신인 경우에, 申宮 지장간의 壬水를 끌어다 쓰는 명조
는, 壬水가 濁水(탁수)인 것이니 뜻은 높되 막힘이 많고 일생에 예기치 않은 풍
파가 많은 것이다.

• 또한 壬水는 불순물이라 깨끗이 걸러내는, 즉 洩氣(설기)시키는 甲乙木이 사주
에 필요한데, 미력하지만 月干의 甲木이 壬水의 濁氣(탁기)를 제거하니 다행인
것이다.

　　用神 : 壬水
　　喜神 :　金
　　忌神 :　土

閑神 :   木
仇神 :   火

⊙ 직업

이 사주는 "食傷生財格(식상생재격)"으로 보아야 한다. 자연 평생 재물이 없어 궁핍
하게 살지는 않을 명조다. 先天運數(선천운수)로는 개인사업의 길을 감이 좋겠고,
또한 地藏干(지장간)의 壬水 正官을 끌어 용신으로 삼으니 즉 官을 내세워야 하는
것이라 봉급생활도 좋다.

직장생활을 한다면 官이 약하기 때문에 평생 직장생활은 힘들 것이다. 만약 개인
사업의 길을 가고자한다면 庚金대운 己丑세운에 운이 들어오니 이때가 가하다
판단된다.

⊙ 결혼운

결혼의 시기는 용신과 희신이 들어오는 시점에 주로하게 된다.

申金대운 희신운에도 가능하지만 申金은 日支 巳火와 刑合이 되니 결혼까지는
여러 장애요소가 많았을 것이며 또한 이때 결혼했다면 이혼했을 것이라 판단된다.
따라서 결혼의 시기는 酉金 대운에 했을 가능성이 높다. 그러나 결혼운은 순탄치
않았을 것이라 판단된다. 地支에 財星이 왕하다. 특히 日支 巳火 劫財와 時支
酉金 偏財의 巳酉반합의 財星局으로 바뀌었을 경우에는, 남자의 경우 정식결혼을
하지 않는 경우도 있고, 흉한 경우에는 부인과 死別하는 경우도 있고, 여하튼 부부
연이 썩 좋지 않아 이혼수가 상당히 높다.

己土 대운 기신운에 부부사이에 심각한 위기가 있었을 것이라 판단된다.

또 한 가지 사주상 正官과 偏官이 있는데, 去殺留官(거살유관)이나 去官留殺(거관유
살)이 되지 못하면 官殺混雜(관살혼잡)이라 하여, 예외적인 경우를 제외하고는 귀격
사주가 되지 못한다. 같은 이치로 正財와 偏財도 적용되는데, 財星混雜(재성혼잡)
되면 이 또한 처와의 연이 적다고 판단한다.

그리고 사주자체가 火勢가 炎炎하다. 申酉金 財星이 모두 熔金(용금)되니 처와의
연이 적다고도 판단하는 것이다.

⊙ 대운

• 亥水대운은 亥水가 용신인데 日支 巳火 劫財와 沖이 되니, 형제자매간, 동료

간, 동업자 간에 예기치 않은 손재수가 발생하게 된다. 건강문제가 대두될 수도 있는 것이다.

- 庚金대운은 희신이지만 月干 甲木 正印과 沖이 되니, 부모형제자매간에 우환이 생길 수 있고, 사회적으로는 계약, 문서, 명예와 관련된 문제로 본인에게 근심걱정이 생길 수 있다.
- 子水대운은 전반기는 좋고 후반기는 좋지 않다. 역시 나와 친하게 지내는 분들로 인해 손재수와 걱정거리가 생길 것이다.
- 辛金大運은 年干 丙火 기신과 합이 되어 용신운으로 바뀌니 이제야 인생의 근심걱정에서 벗어나 뜻을 펼 운이 도래한다. 이 운은 임종시까지 지속 될 것이니 잘 계획을 세워 준비해 나가야 할 것이다.

⊙ 건강

기신이 土니 위장에 관한 건강문제를 챙겨야 하고, 또한 구신이 火니 혈관계질환과 심장에 관한 질병도 유의해야 한다.

⊙ 관록운

官運은 많지 않다. 용신이 壬水 즉 官이라 官에 대한 열망과 기대는 항상 크겠지만, 뜻한바 대로 잘 풀려나가지 않았을 것이다. 그렇지만 財가 旺하면 官을 生하는 논리에 따라 선출직인 시의원, 도의원 등은 56세 庚金대운 이후 운이 도래하니, 뜻이 있다면 도전해보는 것도 가하리라 판단된다.

⊙ 세운

- 戊子세운은 쉬어야 하는 해이다. 직업이나, 직책, 자리의 이동수가 나오며, 이때 마음을 이해하는 여자 친구가 생길 운이기도 하다.
- 己丑세운은 歲干 己土는 기신이지만 歲支 丑土는 지지에 巳酉丑 金局의 희신운을 이루니 새로운 사업을 시작하는 계기가 될 것이고, 재물도 다소 들어올 것이라 사료된다.

⊙ 신살 풀이

- 時支가 酉金이다. 時柱는 말년운과 幼兒期(유아기)의 운을 주로 논하는데, 酉金은 가공한 금속으로 수술칼과도 비유하니 어려서 잔병치레가 많았을 것이다.

- 사주에 흉살이 많다. 현생에서 짊어지고 가야할 짐인 것이다. 전생의 업이 두터워서 그러하니 항시 적덕을 베풀려고 노력하고, 역술학 공부도 도움이 될 것이라 사료된다.
- 사주상 幻神殺(환신살), 弔客殺(조객살), 鬼門關殺(귀문관살), 絞神殺(교신살) 등은, 자살했거나 원한을 품고 죽은 조상과 연결된 殺이며 神氣와 연관된 흉살이기도 하다. 남에게 많이 베푸는 공덕을 쌓아야 할 것이다.
- 사주상 용신을 자식으로 보는데, 용신이 약하니 자녀와의 인연도 박할 것이라 판단되는데, 그러나 자녀들은 잘 풀려 나갈 것이라 판단된다.
- 평생에 한두 번 官災口舌(관재구설)이 따를 것이라 암시된다. 현명하게 대처해나간다면 큰 흉액은 없을 것이다.
- 평생에 한두 번 질병, 사고 등으로 인해 몸에 칼을 대는 즉 병원신세를 져야하는 문제가 발생할 수 있다.
- 局에 比劫이 중중하니 형제자매간에 태어나서 죽은 형제가 있을 것이다.
- 어머니 혹은 할머니가 두 분이거나 아니면 이복형제가 있거나, 아버님 대 혹은 할아버님 대에 養子(양자)로 간 분이 있을 수 있다.

⊙ 用神
- 丁火 日干이 午火節에 得令(득령)했으니 火氣가 왕하다. 아울러 時支의 巳火의 보조를 받으니 火氣가 왕하다.
- 月干 戊土와 年干 癸水는 戊癸의 간합화국을 이루려 하나, 癸水는 坐下 丑土에 冠帶(관대)를 得하고 日支 辰土에 통근하니 태약하지 않아 化하려 들지 않는 것

이다. 이른바 合而不化의 상황이다.

- 局에 火氣가 炎炎하니 調候(조후)가 급하다. 하늘의 감로수인 雨露(우로)가 긴급하니 年干 癸水를 용신으로 잡는다.

  用神 : 癸水
  喜神 :　金
  忌神 :　土
  閑神 :　木
  仇神 :　火

⊙ 직업

- 상기사주는 月令인 午火의 中氣에 己土가 있고 月干 戊土 偏印과는 통근되므로 "偏印格"이다. 따라서 머리가 명민하고 두뇌회전이 빠르다. 창의력과 아이디어가 돋보이는 명조이다.

- 사주에 官星과 印星이 왕하므로 본시는 공직자의 길을 가는 것이 선천직업인데, 그렇지 못하다면 봉급생활자의 길을 가게 될 것이다. 다만 地支에 正官과 偏官의 官殺混雜(관살혼잡)으로 인해서 평생에 직업 및 직장의 변동이 많을 것이고 자칫 매사에 용두사미일 수도 있으니 노력과 근신으로 해결해 나감이 요구된다.

- 사주상 용신으로 직업을 보는 것이 더욱 정확한데, 年干의 癸水 傷官이 용신이므로, 傷官은 직업을 분류시 디자인 계통, 문화, 예술, 체육 계통, 연예계통 등에 적합하므로 패션계통도 잘 선택한 직업군 중의 하나이다.

⊙ 결혼운

- 결혼운은 애정이 적고, 부부금실이 돈독하지는 못하다. 이는 사주상 財星을 妻로 보는데 사주원국에 財星이 없으므로 지장간의 日支 辰中의 乙木을 財로 삼아야 하는데, 午火節의 乙木은 대지에 火氣가 盛하여 기운을 다 火에 빼앗겨버리므로 매우 약하다. 그래서 결혼운은 썩 좋다고 볼 수가 없는 것이다.

- 또 한편으로는 사주에 五鬼殺(오귀살)과 湯火殺(탕화살)과 怨嗔殺(원진살) 등이 많다. 오귀살은 "독수공방살"이라고도 하므로 자연 부부연이 적을 수 밖에 없고, 성격상 조용한 것을 좋아하고, 외롭고, 고독하며, 어떤 종교든 종교에 심취할 수 있는 성격이므로 이로 인해서도 부부연이 적어질 수 있다 판단하는 것이다.

- 대운 중 결혼운은 乙木대운이 최적기이다. 乙木이 日干 庚金과 干合되어 金局으로 바뀌어 희신운으로 들어오니 결혼운이 있다고 보는 것이다. 이때 결혼을 하지 못했다면 그 후의 卯木대운과 甲寅대운에서는 전혀 결혼운이 없는 것이다. 대운에서 결혼운이 적을시 결혼을 하게 되면 이혼수가 높기 때문에 이혼수가 있다고 판단하는 것이다.

⊙ 재물운
- 재물운은 용신의 왕쇠, 財星의 길흉여부와 旺衰(왕쇠), 食傷의 역할, 日干의 왕쇠, 대운에서의 부조 여부 등을 종합적으로 판단해야 한다.
- 상기는 용신 癸水가 왕강하지 못하고, 이울러 時干의 일점 財星인 辛金 偏財는 月令 午火에 病地라 失氣했으니 왕하지 못하여 재물복은 많지 않은 것이다.
- 時干에 辛金 偏財가 일위 있으니 이를 "時上一位 偏財格"이라 한다. 나타내는 암시는 다음과 같다.
  · 부부간 연이 박하여 이별수나 사별수가 많다.
  · 부모형제자매간 상호 연이 박하다.
  · 초년, 중년에 곤고함이 많고 말년에 풀려나가는 경우가 많다.
  · 직장생활 보다는 자영업을 하는 경우가 많다.
  · 자식과의 연이 박하다.

⊙ 用神
- 丁火가 午火節에 생하여 建祿(건록)을 득하니 身旺하고, 다시 지지에 午未 합을 이루어 보조하고, 천간에 丙丁火가 火氣를 더하니 日干이 태왕한 것이다.

- 午火節은 천지에 火氣가 炎炎하고 乾枯(건고)하니 調候(조후)가 긴급하다. 하늘의 감로수인 癸水가 尊貴(존귀)한 것이다. 時干 癸水를 용신으로 잡는다.
- 용신 癸水는 午火節에 絶地라 失氣(실기)한 것이라 태약하나, 좌하 卯木에 長生을 득하여 旺火를 대적하려 하니 이른바 强寡的衆(강과적중)의 상황인 것이다. 運路(운로)에서 水氣가 入되어 부조시는 능히 사주가 中和를 이루는데 일조를 할 수 있는 것이다.

    用神 : 癸水
    喜神 : 金
    忌神 : 土
    閑神 : 木
    仇神 : 火

◉ 通辯

- 용신이 癸水로 官星에 해당하니, 부부간 상호 부조와 돈독함이 있을 것이라 사료된다.
- 局에 比劫이 중중하여 群劫의 상황인데, 일점 財星이 없으니 群劫爭財(군겁쟁재)의 흉함은 면한 것이다.
- 比劫이 중첩되어 있으니 자기주장이 강하여 타인과의 사이에 불협화음이 자주 발생하게 되고, 독단적인 행동을 취하는 경우가 많다.
- 日支宮은 남편궁인데 卯木 印星이 있으니 고부간의 갈등이 예상된다.
- 時支宮은 자녀궁인데 卯木 印星이 있으니 자녀들은 효순할 것이라 판단한다.
- 月干 丙火 劫財가 月德貴人(월덕귀인)을 대동하니 형제자매 혹은 연장자의 助力을 얻을 수 있음이 암시되는 것이다.
- 천간에 丙丁火 比劫이 二位 있으니 태어나서 일찍 죽은 형제자매가 있을 것이라 판단된다.
- 천간에 투출된 比劫은 본업 외에 부업을 갖고 있는 것으로 논하는바, 남편의 회사에서 경리업무를 주관하며, 한편으론 남편회사의 산하 자회사의 대표이사 직을 맡고 있는 것이다.
- 日支 卯木 印星이 月支 午火에 午卯 破殺이 되어 손상되니, 두뇌는 총명하되 학업과의 연은 적다고 판단한다.

⊙ 子水대운의 운세를 문의한 것이다.

- 局의 年支 未土 食神과는 子未 害殺과 怨嗔殺이 된다.
  - 여명의 食傷은 자녀성이니 자식들에게 예기치 않은 흉화가 닥칠 수 있다.
  - 食神은 밥그릇이라 논하면, 자신이 몸담고 있으며 급여를 받고 있는 직장이라 논할 수 있으니, 직장 내에서의 시비구설과 음해가 발생할 수 있는 것이다.
  - 세운도 공히 흉하게 入되면 직장을 떠나야 하는 문제가 발생하기도 한다.
  - 밥그릇인 食神과의 害殺과 怨嗔殺이니, 예기치 않은 사고, 질병 등으로 인해 병원에 입원해야 하는 문제가 발생할 수 있다.
- 月支 午火와는 부모형제자매궁인데 子午 沖殺이 되는 것이다.
  - 먼저 月柱는 日主의 母胎에 비유되니, 연장자인 시부모님이나 친정 부모님의 흉화가 예견되는 것이다.
  - 午火는 比肩으로 형제자매, 동료, 동업자로 논한다. 이들과의 사이에 흉액이 발생할 수 있는 것이다.
  - 午火는 比肩으로 본업외의 부업으로 논하기도 하니, 부업과 연관되어 계약관계가 해지될 수 있는 것이다.
- 日支 卯木과는 子卯 刑殺이다.
  - 卯木은 偏印인데, 偏印은 흉화를 대동한 문서, 계약, 소식 등과 연관된다.
  - 日支宮은 남편궁이니 남편에게 예기치 않은 사고, 질병, 官災 등이 발생할 수 있는 것이다.
  - 日支宮은 또한 나와 내 가족의 자리인데, 子卯 刑殺이니 여명 본인이 사고, 질병 등으로 병원에 입원하는 문제가 발생할 수 있다.
- 時支 卯木과는 子卯 刑殺이다.
  - 時支宮은 자녀와 수하직원과도 연관되니, 이들에게 문서, 계약 등과 연관하여 흉화가 발생할 수 있는 것이다.
  - 용신 癸水가 좌하 卯木에 冠帶(관대)를 득하고 있는데, 子卯 刑殺이 되니 癸水가 깔고 앉아 있는 자리가 손상되는 것이라, 癸水 역시 손상됨이 있는 것이다. 여명의 용신은 남편에 비유되니 남편에게 흉화가 예상되는 것이다.
- 四柱는 네 기둥을 의미한다. 대운 子水가 入되며, 年支부터 時支까지 네 기둥을 손상시키니 매우 흉한데, 세운에서도 공히 四柱의 지지를 剋, 刑, 沖 등으로

손상시키면 이때는 命을 보존하기 힘들게 되는 것이다.

⊙ 用神
- 午月의 丁火는 建祿을 得하니 火旺하여 調候(조후)가 급하므로 壬癸水가 尊貴하다.
- 지지가 火局을 이루거나 혹은 火氣가 중중한데, 庚金과 壬水가 투출하면 국가고시에 합격하여 영화를 얻게 된다. 만약 土가 투출하면 壬水를 극하니 평범한 命이 되고, 壬水가 암장되면 운로에서 金水運이 도래하면 부귀를 얻는다. 혹, 지지에 壬水가 없고 癸水가 하나 투출하면 獨殺當權(독살당권)이라 하여 권세와 국록이 있다.
- 지지에 火局이 없더라도 壬水가 투출하면 甲木을 취하는데, 庚金이 있어 劈甲引丁(벽갑인정)하면 木火通明(목화통명)이 되어 大富貴格을 이룬다.
- 지지에 亥卯未 木局이 있는데 壬癸水를 용하는 경우에는 평범한 命이나 衣食은 足하다. 그러나 종국에는 자식을 刑하고 자식과의 연이 없게 된다.
- 상기는 丁火가 午火節에 생하여 火旺하니 하늘의 雨露(우로)가 긴급한 것이다. 조후가 급하므로 年干 癸水를 용해야 한다.
- 용신 癸水는 月令 午火에 失氣했으나, 좌하 丑土에 冠帶(관대)를 득하고, 지지에 亥子丑 방합수국의 부조가 있으니 약변강의 勢를 취하여 사주가 길해졌다.

　　　用神 : 癸水
　　　喜神 : 　金
　　　忌神 : 　土
　　　閑神 : 　木

仇神 : 火

⊙ 六親關係(남명, 丁日干)

丁(日干=我) → 庚(正財=父) → 甲(正印=祖父)
　　　　　　　　　　　　　　 己(食神-祖母)
　　　　　　　 乙(偏印=母) → 戊(傷官=外祖父)
　　　　　　　　　　　　　　 癸(偏官=外祖母)
辛(偏財=妻) → 甲(正印=丈人)
　　　　　　　 己(食神=丈母)

癸(偏官=女兒)
戊(傷官-女婿)
壬(正官=男兒)
丁(比肩=兒媳)

⊙ 천간의 용신 癸水가 偏官으로 지지 亥子丑 방합수국의 부조가 있고, 庚金이 水源을 發하니 용신이 왕하여 길하다. 검찰직공무원의 명조이다.

⊙ 日支 亥水가 天德貴人(천덕귀인)과 天乙貴人(천을귀인)을 대동하니 길하다. 천덕귀인은 局에 흉살이 있더라도 흉함이 자연 소산되고, 일생 범죄와 형벌로부터 無事安逸(무사안일)한 것이다. 천을귀인은 총명지혜하고 남들과 친화력이 좋고, 주변 귀인들의 도움으로 영달하게 되며, 日支에 있는 경우에는 배우자의 내조가 많은 것이다.

⊙ 空亡(공망) 通辯(통변)

• 日柱 丁亥는 甲申旬 中으로 午未가 공망이다.

• 甲木은 正印이며 亥卯未 삼합목국을 대표한다. 따라서 未土는 木庫이며 印星庫에 해당되므로 자연 母의 身庫에도 해당되며, 공망을 만난 것이니 母의 외출이 잦을 것이라 판단하는 것이다.

• 戊土는 傷官으로 局의 印星과 상극되고, 未土가 야천을귀인에 해당되는데 공망이니 지혜가 저급한 것이다.

• 丁日干의 祿星은 午火인데 공망이다. 漂流放浪(표류방랑)하고 주소와 사업처의 변동이 잦은 것이다.

• 乙木은 偏印으로 母에 해당되며 長生인 午火가 공망이다. 이는 모친이 외출이

잦고 결혼연에 변동수가 많아 부부연이 흉하다 판단하는 것이다.

- 己土는 食神으로 祿星이 午火인데 공망이다. 經商(경상)이나 사업의 변동이 많고 길하지 못한 것이다.
- 庚金은 正財이며 父星인데 沐浴(목욕), 桃花(도화)가 午火에 해당하는데 공망이다. 이는 부친이 풍류한량이고 모친과의 결혼연이 薄(박)함을 알 수 있는 것이다.
- 丙火는 劫財로 형제자매에 해당되는데 그 羊刃殺(양인살)은 午火이며 공망이다. 이는 형제자매 중 태어나서 일찍 죽거나 凶禍(흉화)를 당하는 사람이 있는 것이고, 婚事(혼사)에 불길함이 있거나, 이복형제자매 등의 문제가 발생할 것임이 암시되는 것이다.

◎ 丙辰대운 중 乙亥세운

- 姉(자=손위누이)의 難産(난산)으로 인한 사망의 흉화가 있었다.
- 대운의 천간 丙火는 日干 丁火의 형제자매이고, 지지 辰土는 三殺庫인 것이다. 姉(자)인 丙火가 三殺庫인 辰庫의 上에 居하고, 辰庫는 申子辰 삼합수국 官殺局을 형성하니 丁火 日干의 官殺에 해당하는 것이다. 대운의 천간 丙火는 寅午戌 삼합화국을 대표하니 身庫이며 戌土는 火庫인 것이다. 辰土와 戌土는 상충되니 身庫가 손상되는 것이라, 병원에 입원하여 수술하는 문제가 발생하고 흉액의 조짐이 있는 것이다.
- 乙亥세운은 姉(자)인 丙火의 祿星이 巳火로 歲支 亥水 七殺과 상충하니 흉하다.
- 丙火 劫財는 月令 午火와 同氣인데, 午火가 空亡이니 형제자매간의 연은 본시 박했던 것이다.

◎ 甲寅대운 중 庚寅세운

- 甲寅대운은 甲木 印星이 좌하에 寅木 建祿을 득한 것이며, 印星은 지혜, 학문, 문서, 계약, 시험 등과 연관된다.
- 庚寅세운은 庚金 財星과 寅木 印星이 同柱한 것이며, 庚金은 좌하 寅木에 絶地이니 무력, 무기한 것이다. 庚金이 암암리에 乙木 印星과 간합하려 하나, 乙木은 대운 甲木과 비교하면 제왕지라 왕하니 간합하려 하지 않고, 日支 亥水와 寅亥 합목의 印星局을 형성하여 日主를 생조하는데, 亥水는 官星으로 천을귀인과, 천덕귀인을 대동하고 印星으로 化된 것이니 승천의 길함이 있는 것이다.

검찰직사무관으로 승진한 것이다.

⊙ 丁亥日柱 通辯

- 日柱 丁亥는 甲戌旬 中으로 午未가 空亡이다.

- 未土는 空亡으로 암암리에 亥卯未 삼합목국을 형성하여 甲木이 대표하는데, 甲木은 印星으로 母에 해당되고 未土는 甲木 母의 庫로 공망되니, 모친은 항시 외출이 잦은 것이다.

- 午火는 공망으로, 日干 丁火의 祿星 午火가 공망인 것이다. 따라서 직업상 신변의 이동이 잦은 것이다.

- 乙木은 偏印으로 長生인 午火가 공망이니, 母에게 외출 잦고 결혼연도 변화가 발생하는 것이다.

- 己土는 食神으로 建祿이 午火인데 역시 공망이다. 이는 經商(경상)과는 연이 적음을 의미한다.

- 庚金은 財星인데 日主 丁火가 陰日干이므로 父星으로 논한다. 庚金의 沐浴(목욕)과 桃花(도화)가 午火로 역시 공망에 해당되므로 그 부친이 풍류를 즐겨 부모 사이에 이혼수가 나오는 것이다.

- 丁火 日干의 長生은 酉金이다. 酉金은 辛金 偏財의 祿星으로 천을귀인을 대동하고 있으니, 명조자는 소년에 뜻을 얻어, 일생 금전에 대해 아쉬움이 적었다.

- 戊己土는 傷官과 食神으로 日支 亥와는 십이포태운성의 絶, 胎이다. 다시 亥水는 암암리에 寅木과 化木되어 戊己土를 극하여 손상시키는데, 己土는 장모이므로 처부모 중 한분 혹은 두 분 다 일찍 작고할 것임을 암시한다.

⊙ 丁火 未月

- 未土月은 음유(陰柔)의 土라, 火氣가 退氣(퇴기)되어 三伏生寒(삼복생한)의 시기를 만나니 丁火가 極弱(극약)하다. 그러므로 오로지 甲木을 취하고 壬水로 보조한다.

- 上半月(小暑~大暑)은 火勢(화세)가 남아 있으니 午火節과 같은 이치로 논하고, 下半月(大暑~立秋)은 寒氣(한기)가 태동하는 시점이며 土가 丁火의 氣를 洩하니 甲木을 용하여 생조하고, 또한 未土는 沙土로 燥炎(조염)하니 壬水로 滋潤(자윤)하여 윤택하게 하고 甲木이 乾枯(건고)하여 焚木(분목)됨을 막아야 한다.

- 甲木이 투출되고, 지지 木局이며, 亥宮의 壬水가 있으면, 木의 뿌리가 있으니 丁火를 引接(인접)하므로 반드시 국가고시에 합격한다.

- 木局이 없고 壬水가 암장되면 비록 大貴를 못하나 역시 발달의 기운이 있다. 그러나 庚金이 없으면 발달하지 못한다.

- 지지 水局이고 壬癸水가 투출하면, 그 성질이 丁壬 合木의 濕木(습목)으로 변하여 丁火를 引導(인도)하지 못하니 반드시 平凡(평범)하다. 그러나 甲木이 투출하면 재능과 名利(명리)가 있다.

- 壬水가 출간하고 지지에 木局을 이루면 濕木(습목)이 불꽃을 일으키기 어려우니, 이 경우에는 甲木이 引丁하고 庚金이 壬水를 생하면 재능과 名利가 따르게 된다.

- 甲木이 출간하면 才幹(재간)이 있고, 庚金의 출간이 있으면 刑傷(형상)을 당하지 않는다. 甲木이 없으면 名利가 완전치 못하다.

⊙ 用神

- 未土月은 三伏生寒(삼복생한)의 시점이라 火氣가 退氣하는 시점이니, 日主 丁火를 생하는 甲木이 긴요하다. 乙木은 丁火를 생함이 장구하지 못하여 格이 떨어진다.

- 지지에 食傷이 중중하니 신약하다. 甲木을 용하여 日主를 생하면 중화를 이룰 수 있는데, 甲木이 不透(불투)하고 時干 乙木이 투출했으니 부득이 이를 용신으로 잡는다.

- 용신 乙木은 月令 未土에 養地(양지)라 실기했고, 좌하 巳火에 洩氣(설기)되니

용신이 왕하지 못하여 貴格의 명조는 아니다.

　用神 : 乙木
　喜神 :　水
　忌神 :　金
　閑神 :　火
　仇神 :　土

⊙ 지지에 食傷이 중중하니 예체능, 혹은 기술직과 연관된다. 日主 丁火는 등촉불,
　화롯불, 아궁이 불에 비유되어 주변을 밝고 따듯하게 하는 것에 비유된다. 자신
　의 재능과 기예로 남을 기쁘게 하고 이익되게 하는 직업 중, 불을 사용함과 연관
　됨이 있으며, 여명의 직업을 논한다면 미용실도 그 중의 하나이다.

⊙ 年干 壬水는 正官으로 남편성이다. 月干 丁火와는 간합하여 化木이 되려하나,
　좌하 지지에 木氣가 쇠약하니 合而不化의 상황이라 남편과의 연이 박한 것이다.

⊙ 日, 時支 未巳 사이에는 巳(午)未 하여 午火 建祿(건록)이 拱(공)되었다. 拱祿格(공
　록격)인 것이다. 따라서 원국에 비록 財가 미약하지만 재물복은 있었던 것이다.

⊙ 日柱 丁未의 象은, 다 타고 남은 화롯불 속의 꺼지지 않고 남아있는 불씨의 象이
　다. 따라서 성격적으로는 외유내강의 象이고, 사람과 사물에 대한 집착이 강한
　편이라, 간혹 인간관계에서 불협화음이 종종 발생하기도 하다.

⊙ 月干에 丁火 比肩이 있으니 태어나서 죽은 형제자매가 있다 판단하는 것이다.
　이것은 丁火는 지지에서 午火이니, 천간의 二位의 丁火는 지지에서 二位의 午午
　가 되어, 상호 自刑殺의 개념을 적용하여 어느 하나가 손상된다고 판단하기 때문
　이다.

⊙ 丁火 申月

- 秋節(申·酉·戌月)의 丁火는 대체로 甲木, 庚金, 丙火, 戊土를 쓴다.
- 申月의 丁火는 火氣가 퇴기하므로 柔弱(유약)하니 오로지 甲木을 쓴다. 乙木을 쓰게 되는 경우에는 乙木은 濕木(습목)이니 丙火로 말려야 한다. 乙木을 쓰면 甲木에 비해 富貴가 모두 작다.
- 金이 비록 乘旺(승왕)하고 司令(사령)하였으나 丁火를 傷(상)할리가 없다. 庚金을 取(취)하여 甲木을 깨뜨려 引火의 수단으로 쓴다.
- 丙火를 빌어 金을 따뜻하게 하고 甲木을 말리면, 丙火가 丁火의 빛을 빼앗는 것을 근심하지 않는다.
- 申月의 丁火는 甲, 庚, 丙을 倂用(병용)해야 하고 그 優劣(우열)을 가려 사용해야 한다.
- 丁火는 아궁이불이요 화롯불, 등촉불에 비유되며, 申月에 寒氣(한기)가 태동하니, 땔나무가 없으면 무용지물이고, 庚金이 없으면 劈甲(벽갑)할 수 없다. 甲木과 庚金이 투출하면 貴格이다.

⊙ 用神

- 지지의 年支 丑土는 日支 酉金과 酉丑의 반합금국을 형성하니, 지지 전체가 財星局을 이루고 있다.
- 日主 丁火가 申月에 생하여 실기하였고, 印星이 전무하여 日主가 지지의 왕한 財星을 從(종)할 것 같으나, 年干에 比肩인 丁火가 투출하여 부조의 氣가 있으니 從財格(종재격)을 이루지 못하고 假從財格(가종재격)이 된 것이다. 따라서 財星인 庚辛金을 용신으로 잡는다.
- 庚辛金이 불투하니 月支 申宮의 庚金이 용신이다.

```
用神 : 庚金
喜神 :  土
忌神 :  火
閑神 :  水
仇神 :  木
```

⊙ 局이 眞從財格(진종재격)이 되지 못하고 假從財格(가종재격)이 되었으니, 재물복이 적었고, 형제자매와의 연도 박했으며, 매사 저체됨이 많았고, 일생에 身苦(신고)

가 많이 따랐던 것이다.

⊙ 六親關係(여명. 丁日干)

　　　壬(正官=夫)　→　丙(劫財=媤父)
　　　　　　　　　　　辛(偏財=媤母)
　　　丁(日干=我)　→　庚(正財=父)　→　甲(正印=祖父)
　　　　　　　　　　　　　　　　　　己(食神=祖母)
　　　　　　乙(偏印=母)　→　戊(傷官=外祖父)
　　　　　　　　　　　　　　癸(偏官=外祖母)

　　　戊(傷官=男兒)
　　　癸(偏官=兒媳)
　　　己(食神=女兒)
　　　甲(正印=女婿)

⊙ 神殺 通辯

　• 年支 丑土가 華蓋殺(화개살)을 대동하고 있다. 청정하고 욕심이 적으며 총명하고 학문을 즐겨하나 고독한 경향이 있다.

　• 月支 申金이 流霞殺(유하살)을 대동하고 있다. 어려서 어머니 젖을 적게 먹고 자란 경우가 많고, 결혼 후에는 자식을 낳지 못하거나 유산되는 경우가 많다.

　• 月支 申金이 怨嗔殺(원진살)과 亡神殺(망신살)을 대동하고 있다. 이는 血光之災(혈광지재)나 無妄之災(무망지재)가 多發함이 암시된다.

　• 日, 時支 酉金이 天乙貴人을 대동하고 있다. 이는 인덕이 있고, 성품이 순수하고 공명정대하고, 태도가 중후하다. 또한 刑, 沖, 破, 亥나 空亡, 死絕地에 臨(임)함을 기피한다. 만약 이를 범하게 되면, 평생에 困苦(곤고)함이 따르고, 복록이 적고, 자기주장이 집요하고, 아부함이 많다.

⊙ 日, 時支가 酉酉 自刑되니 夫 및 자식과의 연이 박한 것이다.

⊙ 丁日干의 長生은 酉金이다. 酉金은 辰土와 辰酉 육합금국을 이루는데 辰土는 三殺庫(삼살고)에 해당된다. 이런 경우는 평생에 걸쳐 일신상에 여러 身苦(신고)가 많이 따르게 된다.

丙	丁	丙	丙	(男)
午	卯	申	午	

甲	癸	壬	辛	庚	己	戊	丁
辰	卯	寅	丑	子	亥	戌	酉

◉ 丁火 申月

- 丁火는 아궁이불이요 화롯불, 등촉불에 비유되며, 申月에 寒氣(한기)가 태동하
  니 땔나무인 甲木이 없으면 무용지물이고, 庚金이 없으면 劈甲(벽갑)할 수 없다.
- 甲木과 庚金이 투출하면 貴格이다.
- 甲木, 庚金, 丙火, 戊土를 참작하여 쓴다.

◉ 用神

- 申月의 丁火는 失氣한 것이니, 丁火가 살아남기 위해서는 땔나무인 甲木과 이
  를 劈甲(벽갑)하는 庚金이 필요하다.
- 상기는 丙火가 三位 투출하고 지지 午火에 통근하니 火勢가 왕강한 것이다. 水
  를 용하여 制火하지 못하면 苦貧(고빈)한 사주가 되는 것이다. 月支 申宮의 壬水
  를 용하면 중화를 이룰 수 있다.

  用神 : 壬水
  喜神 :　金
  忌神 :　土
  閑神 :　木
  仇神 :　火

◉ 丁卯日柱 특성

- 다소 비현실적으로 예술, 운명, 공상, 신비주의에 심취하고, 성격이 변덕스럽
  고 까탈스럽다.
- 이성적인 성품의 소유자가 많고, 온화하고 조용하며 깨끗한 것을 좋아하고, 금
  전적인 면에서는 구두쇠 기질이 있으나, 명랑하면서도 근심이 많고 강하면서도
  약한 편이다.

- 정신적, 육체적으로 다소 건강치 못하고, 특히 소화기관이 약한 면이 있다.
- 기능직, 운전직 등의 종사자가 많고, 사주가 귀격이면 교육계, 종교계, 문예계, 행정계통으로 명성을 날릴 수 있다.

◉ 申金 財星이 月令을 차지하여 기세가 강하나 比劫인 丙丁火가 중첩되니 군겁쟁재의 상황이다. 小財를 여러 명의 형제가 차지하려고 다투는 형국이니 재물복은 많지 않은 것이다.

◉ 용신이 月柱에 있으니 부모형제자매들의 자수성가가 암시되는 것이며, 또한 여러 면에서 처의 내조도 있을 것이라 판단한다.

◉ 比劫이 중중하며 천간에 투출하였으니 나와 뜻을 같이하는 지지 세력이 많은 것이다. 운로가 酉戌亥子丑의 희신과 용신운이니 길하여 도의원에 당선되어 의정생활을 하고 있는 것이다.

◉ 壬水대운 戊戌세운에 국회의원 보궐선거 출마 건의 길흉 여부를 문의한 것이다.
- 壬水는 본시 용신운이니 새로운 일에 대한 도전을 해보자하는 의욕이 강하게 태동하는 것이다.
- 壬水 용신이 원국의 투출된 丙火와 상충되어 손상되니 길하지 못한 것이다.
- 戊戌세운은 歲干과 歲支가 전부 土로 기신에 해당되니 흉운이다. 험난함이 앞길을 막고 있는 것이니 심사숙고하라 조언한 것이다.
- 당의 공천을 받지 못해 뜻이 좌절된 것이다.

◉ 太歲는 年中天子라 하여 1년간의 길흉화복을 관장함에는 절대적 권세를 휘두르는 것이다. 비단 선거관련 사안뿐 아니라, 승진, 시험, 사고 및 질병, 사망, 결혼, 창업 등과 관련하여 당년태세의 길흉 여부가 크게 영향을 미치는 것이다. 굳이 수치로 논한다면 필자의 경우는 대운 30%, 해당 세운 70% 비중을 주고 판단하면 오류가 적었다.

戊	丁	辛	戊	(男)
申	未	酉	戌	

己	戊	丁	丙	乙	甲	癸	壬
巳	辰	卯	寅	丑	子	亥	戌

⊙ 丁火 酉月

• 甲木, 庚金, 丙火, 戊土를 용한다.

• 庚金을 取하여 甲木을 쪼개 丁火를 살리는데 甲木이 없으면 乙木을 쓴다. 이와 같은 경우 枯草引燈格(고초인등격)이라 하는데, 乙木은 濕木(습목)이니 丙火가 출간하여 乾木(건목)으로 만들어야 유용하다.

• 丙火가 있어 酉月의 金인 寒金을 온난케 하고, 甲木을 건조하여 材木으로 만들면 유용하다.

• 辛金이 重重하고 庚金이 없고, 比劫이 없으면 棄命從財格(기명종재격)이 되니 부귀한다. 이 명조는 사람들의 도움으로 부귀를 누리고 異途(이도)로 功名(공명)을 얻는다.

⊙ 用神

• 丁火가 酉金月에 생하여 비록 長生을 득했으나 원국에 金氣가 많으니 財多身弱의 명조이다.

• 지지 申, 酉, 戌은 年, 日의 戌未가 刑破되니 방합금국을 형성한다 논할 수 없다. 혹자는 방합금국의 從財格으로 논하기도 하는데, 평생에 사업과는 거리가 멀었고, 또한 理財의 능력도 적었고, 주로 직장생활을 하였으니 從財와는 거리가 먼 것이다.

• 抑扶法(억부법)을 적용하여 印星을 용신으로 잡아야 한다. 日支 未中의 乙木이 용신이다.

　　用神 : 乙木
　　喜神 :　水
　　忌神 :　金

閑神 ：　火
仇神 ：　土

⊙ 남명에서는 官星과 用神, 時柱의 길흉을 보고 자녀들의 운을 간명하는데, 日支 未土 지장간의 乙木 용신은 年支 戌土와 戌未 刑破되어 손상되고, 申宮의 壬水 官星은 비록 成局이 되지는 못했지만, 申酉戌의 방합금국으로 化하려 하니 역시 손상되었다 판단하니 자식과의 연은 길하지 못한 것이다. 다시 寅木대운에 자녀궁인 時支 申金과 相沖되어 申宮의 壬水 官星이 손상되니 아들이 군복무 중 불의의 사고로 사망하게 된 것이다.

⊙ 원국이 財多身弱格이니 처와의 연은 돈독하지 못한 것이다. 처가 아들과의 사별로 인해 오랜 기간 우울증 치료를 받아온 연고로 가정생활에 화기애애함이 적었던 것이다.

⊙ 丁未日柱의 日干 丁火는 화롯불 속의 감추어진 火라 논한다. 따라서 丁火는 샛별, 사상, 문화, 창조 등과 연계 하는데, 상기인은 성격이 고지식한 반면, 창의적이며 분석적이고 책임감이 강한 면이 있는 것이다.

⊙ 卯木대운의 운세를 문의한 것인데, 卯木이 비록 용신이나 원국의 酉申과 卯酉 沖, 卯申 怨嗔되어 상호 손상되니 흉화가 예상되는 것이다. 酉金은 수레바퀴에 비유되고 卯木은 수레에 비유되니 차사고가 연관되어지는 것이다.

⊙ 丁火 戌月
　• 戌宮의 戌土가 當權(당권)하여 火光을 막으니, 반드시 甲木으로 제지함이 좋고, 乙木은 무력하다.

- 申酉月에는 財星이 兼令(겸령)하니, 印星을 요하게 되어 甲木으로 丁火를 보호함이 있으면 그 用을 얻는다.
- 戌月에는 戊土 傷官이 兼令(겸령)하여 丁火의 불꽃을 가리니, 印星인 甲木을 용하여 疎土(소토)하면 破財(파재)함을 근심하지 아니한다.
- 庚金이 重重하면 이름을 財多身弱이라 하며 富屋貧人(부옥빈인)이다. 자식과 처가 家權(가권)을 휘두르게 된다.
- 만약 庚金이 많으면 財多한 것이며, 壬水가 없으면 旺한 金의 기운을 洩氣시키지 못하여 破格이 되니 파란을 겪는 下賤人(하천인)이다.
- 戊土가 중중하면 丁火의 氣를 洩(설)하는데, 甲木과 比劫이 없으면 古書에 傷官傷盡(상관상진)이라 하니, 귀격사주가 되어 그 妙(묘)를 비교할 수가 없다.
- 甲木이 透出(투출)하면 文章(문장)으로 淸貴(청귀)하게 되고, 국가고시에 합격한다.

◎ 用神
- 戌月의 丁火는 戌宮의 戊土가 司令하여 丁火의 불꽃을 어둡게 하니 먼저는 甲木의 소토가 있어야 하겠고, 다음은 庚金으로 劈甲(벽갑)하여 丁火를 이끌어야 한다.
- 年, 月에 土氣가 重하니 甲木의 소토가 필요하여 月干 甲木을 용신으로 잡는다.
- 용신 甲木은 戌月에 실기했으나, 日支 亥水에 長生을 得하고 亥未 반합목국의 부조가 있으니 약하지 않다.

  用神 : 甲木
  喜神 :　水
  忌神 :　金
  閑神 :　火
  仇神 :　土

◎ 丁亥日柱는 甲申旬 中으로 午未가 공망이다.
◎ 印星인 木이 용신이고 官星인 水가 희신이니 官印相生의 길격이다. 다만 日支 亥水 正官이 局의 왕한 戊己土의 극제를 받아 傷官見官 되어 손상됨이 있으니 행정직이 아닌 무관직의 길을 간 것이다.
◎ 壬水대운은 희신운으로 학창시절에 해당하니 학업성적이 뛰어났던 것이다.
◎ 未土대운은 時支 未土가 본시 空亡 되어 日支 亥水와 반합국을 형성함에 결격이

있었으나 운로에서 未土가 도래하여 時支 未土가 塡實(전실)되니, 亥未 반합목국이 成格되므로 일로 용신 甲木을 부조하게 되어 용신이 왕해지니 길운이 된 것이다.

◉ 丁日干은 祿星이 午火인데 공망이다. 午火대운이 도래하며 공망된 午火가 塡實(전실)되어 祿星의 역할을 하게 되니 길운이라 지방자치단체의 고위직을 지낸 것이다.

◉ 巳火대운은 한신운으로 丁日干의 帝旺地(제왕지)다. 제왕은 인생 복록의 최정점이며, 배속된 세운이 길하니 국회의원에 당선된 것이다.

◉ 戊辰대운은 구신운이다. 日支 亥水 正官을 극하니, 官祿에 손상이 온 것이라 再選(재선)에 실패한 것이다.

◉ 未午巳 대운은 본시 한신운이나 局에 寒濕之氣(한습지기)가 많아 病이 된 것인데, 暖燥之氣(난조지기)가 들어오며 救濟(구제)되는 藥(약)이 된 것이다.

◉ 丁火 亥月
  • 亥月의 丁火는 甲木과 庚金을 떠나 용신을 논할 수 없다.
  • 亥月은 水旺之節이라 丁火가 寒(한)하니 甲木의 부조가 있어야 하고 庚金이 있어 劈甲引丁(벽갑인정)하면 사주가 중화를 이룰 수 있다.
  • 丙火가 一位 出干하여 丁火의 氣를 빼앗으면, 반드시 지지에 水가 있어 구조를 받아야 한다. 다시 水源(수원)을 發하는 庚金이 있으면 법조계의 중책을 맡을 수 있다.
  • 金이 있고 水가 없으면 빈한한 선비이다.

金이 없고 水가 있으면 성품이 淸高(청고)하다.

⊙ 用神

- 丁火는 화롯불, 등촉불, 아궁이불에 비유되므로 甲木의 땔나무가 없으면 무용지물이다.

- 丁火日干이 亥月에 生하여 失令했고, 지지에 水氣인 官星이 旺하므로 이를 洩氣시키는 印星을 用하여 官印相生되면 사주가 中和를 이룰 수 있다. 용신은 月支 亥宮의 壬水이다.

  用神 : 壬水
  喜神 : 金
  忌神 : 土
  閑神 : 木
  仇神 : 火

⊙ 丁未日柱 특성

- 문화비평가로서의 소질이 있고, 외유내강의 성격이나 불의는 결단코 용서치 못한다.

- 고독하며 선량하고 복잡한 것을 싫어한다.

- 줏대가 강하고 언변이 뛰어난 반면, 조용한 성격도 있으므로 나서기를 좋아하지 않으며, 주색을 즐기며 대인관계는 비교적 좋은 편이고, 토론을 즐기며 비밀이 없다.

- 신장계통의 질환과 남자는 특히 대머리의 염려가 있다.

- 식품업, 요식업, 방앗간, 의류나 종이 관련업, 이.미용업 등의 직업을 갖는 경우가 많다.

⊙ 지지의 亥亥 自刑은 旺한 水氣를 어느 정도 누그러뜨리고, 胎元(태원)이 壬寅이라 月, 日支 亥未는 胎元의 寅木을 끌어들여 암암리에 亥卯未 삼합목국의 印星局을 형성하여 官印相生을 이루게 되니 사주가 貴格이 되었다.

⊙ 亥中의 甲木은 본시 水氣를 담뿍 먹은 나무이니 丙火의 건조가 없이는 用하기 어려우나, 부족하지만 丁火의 一助가 있고, 胎元인 寅木에서 扶助(부조)하니 능히 用神의 역할을 할 수 있다. 庚金이 투출하여 劈甲(벽갑)하면 크게 유리했을 것이나 辛金이 투출했으니 부족함이 있는 것이다.

◉ 상기는 지방 도청의 고위직을 지낸 명조이다. 辛申金 財星이 있어 印星을 濁(탁)하게할 것 같으나, 亥水 官星을 生하고 官星은 다시 印星인 甲木을 生하니, 선출직이 아닌 관료직의 길을 가게 된 것이다.

◉ 甲木 印星이 水氣를 많이 품고 있어, 건조시켜 劈甲(벽갑)함이 부족하니 학력은 평범했던 것이다.

◉ 乙巳대운 丙戌세운에 지방자치단체장에 출마했으나 落馬(낙마)했다.

• 대운 천간 乙木은 용신이나 月干 辛金과 干沖되어 손상되고, 대운의 지지 巳火는 한신이나 旺한 亥水에 相沖되어 손상되니, 용신과 한신의 역할을 하지 못한다.

• 歲干 丙火는 丙辛 合水로 희신의 역할을 하나, 歲支 戌土는 日支 未土와는 刑破되니 자리이동수가 있는 것이다. 지방 도청의 고위직을 사퇴하고 지방자치단체장에 출마한 것인데, 戌土가 구신으로 亥水 官星을 剋하여 손상시키니 명예를 얻기에 불리함이 있는 것이다.

◉ 用神

• 丁火가 亥月에 생하여 십이포태운성의 養(양)에 해당하니 失氣한 것이다. 亥月은 一陽으로 進氣하기 전의 小陽節로 아직 얼음이 얼기 전의 시점이다. 따라서 日主 丁火는 甲木의 생조가 귀중한데 劈甲(벽갑)하는 庚金이 있으면 上格인 것이다.

• 時干에 甲木이 투출하고 庚金이 암장되어 부족함이 있으나, 용신 甲木은 坐下 辰土에 뿌리를 내리고, 月支 亥宮의 甲木에 통근하고 있어 약하지 않다. 亥宮

의 甲木은 본시 濕木(습목)이나 年干에 丙火가 투출하여 건조시키니 아궁이 불인 丁火의 땔감이 되는 것에 부족함이 없는 것이다.

用神 : 甲木
喜神 :　水
忌神 :　金
閑神 :　火
仇神 :　土

◉ 용신이 甲木으로 正印이니 두뇌가 총명하다. 다만 초년대운이 庚子, 辛丑의 기신과 구신운이니 학업을 게을리 할까 염려스럽다.

◉ 正格으로는 正印格이고, 外格으로는 食傷生財格으로 논한다. 사업가의 길로 들어서 다소의 재물을 득할 수 있을 것이라 판단하는 것이다. 衣祿(의록)이 있는 명조인 것이다.

◉ 甲木은 오행의 질병배속에서 髮(발=머리털)과도 연관된다. 유소년기의 대운이 庚金으로 구신에 해당하며 甲庚 沖하여 甲木을 손상시키니 머리털이 나지 않고 있는 것이다. 지지의 辰土는 四庫의 하나로 墓所(묘소)와도 연관된다. 日支 未土는 寡宿殺(과숙살), 病符殺(병부살), 陰差殺(음차살), 紅艷殺(홍염살)을 대동하고, 時支 辰土는 五鬼殺(오귀살), 華蓋殺(화개살), 絞神殺(교신살)을 대동하며 구신에 해당하니 墓頉(묘탈)과도 연관되는 것이다. 조상들의 흉한 묘소를 길지로 이장하고, 子水대운 희신운이 되면 머리털이 날 것이라 사료된다.

◉ 청년기 이후의 운은 寅卯辰巳午未의 용신과 한신운이니 매사 잘 풀려 나갈 것이라 판단된다.

◎ 用神

• 亥月의 丁火는 亥宮의 壬水가 사령하여 水旺之節이니 寒氣(한기)가 심하다. 먼저는 甲木으로 왕한 水氣를 納水하고, 다음은 庚金으로 劈甲(벽갑)하여 丁火를 살린다.

• 상기는 지지에 亥子水가 있고 壬水가 천간에 투출하니 水氣가 태왕한데, 納水하는 甲木이 불투하고 年干에 乙木이 투출했으니 부득이 이를 용신으로 잡는다.

• 局에 水氣인 官殺이 태왕하니 制水하는 戊己土를 용하게 되면, 日主 丁火의 氣를 洩氣(설기)함이 심하여 日主의 氣가 더욱 쇠약해지니 용할 수 없고, 甲乙木 印星을 용하여 官印相生되면 사주가 중화를 이룰 수 있는 것이다.

　　用神 : 乙木
　　喜神 :　水
　　忌神 :　金
　　閑神 :　火
　　仇神 :　土

◎ 甲木과 庚金이 투출하였으면 貴格의 명조가 되었을 것이나, 乙木이 투출하고 庚金이 불투하니, 格에 결함이 있는 것이고 복록이 장구하지 못한 것이다.

◎ 지지에 亥子水 官星이 왕하니 七殺로 논하고, 乙木 印星이 투출하여 용신이니 殺印相生되어 공직자의 명조인데, 官殺이 旺하니 검찰직 공무원의 명조이다.

◎ 年干에 투출한 乙木 偏印이 용신이고, 月令 亥宮의 甲木에 통근하니 약하지 않으니 두뇌회전이 빠르고 비상하나, 초년운이 戊酉의 구신과 기신운이니 학업으로 성공하지는 못했던 것이다.

◎ 甲木대운 용신운에 공직자의 길로 들어선 것이다.

◎ 年支와 月支가 巳亥 상충되니 부모 代에 고향을 떠나 타향에 정착한 것이다.

◎ 月干에 丁火 比肩이 투출하였고 왕한 水氣에 심히 受剋되니, 형제자매 중 손상된 사람이 있을 것이라 판단하는 것이다.

◎ 남명의 官星은 자녀성인데, 丁日干의 官星인 壬子水가 희신에 해당하니 자녀들의 운세는 길하다 판단한다.

◎ 남명의 財星은 처성인데, 年支 巳宮에 일점 庚金 財星이 있으나, 同宮한 丙火의 剋을 받으니 무력하고, 또한 기신에 해당하니 처와의 연은 돈독하지 못할 것이라

판단한다.

⊙ 辛巳대운의 운을 문의한 것이다.

- 명퇴 후 법무사 사무실 개업의 길흉을 물은 것이다.

- 辛金은 기신이다. 용신인 年干 乙木을 극하니 길하지 못하여 대운의 길흉만을 보아서는 현재를 守舊(수구)함이 좋은 것이다.

- 다만 辛대운에 배속된 壬寅, 癸卯, 甲辰, 乙巳 세운은 용신과 한신운이니, 명퇴 후 법무사 사무실 개업 건은 길하다 판단한다.

- 巳火대운은 본시 한신운이고, 局의 亥水와 巳亥 상충되어 손상되니 길하지 못한 것이다. 유유자적할 것을 조언한 것이다.

⊙ 用神

- 亥月의 丁火는 寒氣가 왕한 시점이니 땔나무인 甲木이 있어야 하고, 庚金이 있어 劈甲(벽갑)하여 丁火를 살리면 木火通明(목화통명)을 이룰 수 있는 것이다.

- 甲木과 庚金이 투출하면 국가고시에 합격하여 명예와 영달함을 얻을 수 있다.

- 丙火가 투출하여 丁火의 빛을 빼앗으면, 이를 丙奪丁光(병탈정광)이라 하여 水가 있어 制火함이 필요하고, 또한 金이 있어 水源을 發하면 권세와 지위가 높다. 金이 있고 水가 없으면 寒儒(한유)이다.
  金이 없고 水가 있으면 淸貴(청귀)한 命이다.

- 상기는 丁火가 亥月에 생하여 失氣했으나 좌하 巳火에 帝旺을 득하니 태약하지 않다. 또한 年, 月干에 甲乙木이 투출하여 甲木萌芽(갑목맹아)이며 藤蘿繫甲(등라계갑)을 이루니 木氣가 왕한데, 時干 庚金이 있어 劈甲引丁(벽갑인정)하니 사주

가 중화를 이루게 되어 貴格이다.

    用神 : 甲木
    喜神 :   水
    忌神 :   金
    閑神 :   火
    仇神 :   土

◉ 六親關係(남명. 丁日干)

    丁(日干=我) → 庚(正財=父)
                乙(偏印=母)
    辛(偏財=妻) → 甲(正印=丈人)
                己(食神=丈母)
    庚(正財=偏妻)

◉ 月柱가 乙亥로 偏印과 正官으로 관인상생되니 공직자의 命이다. 亥水는 역마살을 대동하고 있다. 壬水 正官의 本氣(建祿)가 亥에 있고 희신에 해당하니 발전의 象인데, 역마살을 대동하니 타향에서 발전하게 되는 것이고, 日支 巳火와 巳亥 상충되니 走馬加鞭格(주마가편격)이라 비약적인 발전이 기약되는 것이다. 兵官으로 군에 입대하여 師團長의 위치에 오른 것이다.

◉ 月干 乙木이 母이다. 庚辰세운은 歲干 庚金은 암암리에 乙庚의 간합금국을 형성하려 하고, 歲支 辰土는 辰酉의 육합금국을 형성하려하니, 干支의 金氣가 태왕해져 母인 乙木을 극하니 乙木이 피할 곳이 없어 病으로 사망한 것이다.

◉ 日支 巳火는 妻宮이고, 巳宮의 庚金은 偏妻이고 丙火는 劫財로 羊刃(양인)이다. 巳火가 月支 亥水와 巳亥 상충되니 巳宮의 羊刃殺인 丙火가 沖出하면 반드시 사람을 상하게 하니 偏妻인 庚金을 극하는 것이다.
寅木대운에 局의 日支 巳火와 寅巳 刑殺이 되는데, 이는 寅宮의 丙火 羊刃殺(양인살)이 처궁인 巳宮의 庚金을 刑하는 것이라 이때 처가 난산으로 사망한 것이다.

◉ 空亡 通辯
  • 日主 丁巳는 甲寅旬 中으로 子丑이 공망이다.
  • 丑土는 巳酉丑의 삼합금국을 형성하니 日干 丁火의 財庫에 해당된다. 財庫地가 공망이니 금전의 왕래만 많고 得財에는 어려움이 있는 것이다.
  • 공망된 丑土는 年, 時支 子水와 子丑 합토의 食傷局을 형성한다. 食傷은 본시

生財의 근원이 되나 子와 丑이 모두 공망이라 財源(재원)이 공망된 것이다. 따라서 經商에는 실패수가 있는 것이다.

- 丁日干의 丑土는 巳酉丑의 삼합금국이 되니 財庫이며 공망이다. 처성인 辛金은 身庫가 되는데 공망을 만난 格이니 결혼 연에 변화가 오는 것이다.

- 丁日干의 庚金은 正財로 부친이다. 丑土는 공망으로 父인 庚金의 身庫에 해당된다. 역시 공망을 만난 격이니 부친은 항시 밖의 출입이 잦고 居所가 불분명한 것이다.

- 丁日干의 癸水는 女兒인데 祿星이 子水로 역시 공망이다. 낳는다 하더라도 양육하기 어려우니 養女(양녀)로 보내게 되는 것이다.

- 丁日干의 辛金은 처성으로 長生이 子水인데 역시 공망이다. 사주에 丙火가 있는 경우라면 二男爭女가 되니 재혼하게 되거나 첩을 두게 됨을 암시하는 것이다.

- 壬水는 官星으로 직업, 직장, 직책을 의미하는데, 帝旺地가 子水로 공망이다. 따라서 일생에 매우 높은 지위에는 오르기가 힘들 것임이 암시되는 것이다.

⊙ 日支宮은 본처의 자리인데 居하고 있는 巳火는 丙火 劫財의 祿星이다. 丙火 劫財는 偏夫이니 나타내는 象은 초혼에 실패하거나 결혼연이 적음을 암시하는 것이다.

⊙ 丁日干의 丙火는 劫財로 偏夫인데, 巳火가 祿星으로 처궁인 日支宮에 居하고 있는 것이다. 巳宮의 偏夫 丙火가 처성인 偏財 辛金과 간합하여, 丙辛 간합수국의 官殺로 化됨이 나타내는 象은, 처와의 연이 길하지 못하거나, 혹은 처에게 外情이 있게 됨을 암시하는 것이다.

⊙ 처궁인 日支 巳火가 암암리에 巳酉丑의 財星局을 형성하려 하고 있다. 巳酉丑은 도화살이 午火에 있고, 午火는 日干 丁火의 祿星인 것이다. 나타내는 象은 재물이 있게 되면 풍류와 酒色이 動함을 암시하는 것이다.

⊙ 丁日干은 乙木이 母고 辛金이 妻이다. 乙木의 祿星은 卯木이고, 辛金의 祿星은 酉金이다. 卯酉 相沖하니 母와 妻의 사이는 돈독함이 적을 것임이 암시되는 것이다.

◉ 用神

- 亥月의 丁火는 寒氣가 심한 계절에 생하였으니 甲木의 부조가 필요한데, 庚金 이 있어 劈甲(벽갑)하여 丁火를 살리게 되면 유용한 것이다.

- 年, 月支의 寅亥는 合而不化의 상황이다. 月令은 勢가 타 지지보다 왕한데 亥水 가 차지하니 合木하려 하지 않는 이치이다.

- 金이 重하여 財多身弱의 상황이라, 甲乙木 印星이 용신인데, 甲乙木이 천간에 불투하였으므로 年支 寅宮의 甲木을 용해야 하는데, 年, 月의 寅亥가 合而不化 의 상황이라, 甲木이 묶이니 용신의 역할에 전력할 수 없는 이치이다.

      用神 : 甲木
      喜神 :   水
      忌神 :   金
      閑神 :   火
      仇神 :   土

◉ 年柱가 壬寅으로 관인상생되니 그 조상들은 공직에 몸담았던 명망있는 집안이다.

◉ 月, 日支 사이는 酉(戌)亥가 되어 戌土가 呑陷(탄함)된 것이니, 지지는 암암리에 申酉(戌)의 방합금국을 형성한 것으로 논해야 한다. 따라서 왕한 金氣가 年支 寅 木 正印을 극함이 심하니 母星의 자리가 손상된 것이다. 따라서 어려서 어머니가 작고한 것이다.

◉ 年干 壬水 正官이 남편성이다. 局에 金氣가 중중하니 壬水는 金多水濁(금다수탁) 의 상황이 되었다. 金이 많아 壬水 官星이 혼탁해진 것이니 남편과의 연이 박한 것이다.

◉ 午火 대운에 역술공부의 성취여부를 문의한 것이다.

- 午火는 본시 한신이다. 年支 寅木과 寅午 반합화국의 한신운이 되니 역술공부

를 시작하여 크게 성취함은 적을 것이라 판단되는 것이다.

- • 財가 왕하여 印星을 破하니 공부의 끈이 길지 못할 것이라 판단한다.
- • 時柱가 戊申으로 傷官生財하니 재능을 살려 역술학 공부 보다는 商業(상업)의 길로 가야 하는 것이다.

◎ 午火대운은 午火가 본시 한신이나, 남편궁인 日支宮의 酉金을 剋去하니, 이런 경우는 사귀자는 남자가 들어오는 것이다. 한신운이니 사귐에 무애무덕한 것이다.

◎ 乙木대운 용신운에 불교대학을 나와 포교활동을 하고 있다.

◎ 초년 戊酉申대운은 기신운이니 학업과의 연이 적었다.

◎ 중년의 未午巳 대운은 한신운이다. 큰 발전은 기대하기 어려우나 무애무덕한 運이 될 것이라 판단한다.

◎ 辰卯의 말년운은 용신에 해당하니 평안한 생활을 하게 될 것이다.

◎ 丁火 子月

- • 子月은 寒凍한 계절인데 丁火 아궁이불에 땔나무인 甲木이 없으면 무용지물이다. 먼저는 甲木이고 다음은 庚金으로 劈甲引丁(벽갑인정)한다. 年支 亥宮의 甲木은 본시 濕木(습목)이나, 지지에 卯戌의 육합화국이 있고 다시 丙火가 투출하여 暖燥之氣(난조지기)를 더하니, 이제 濕木(습목)이 乾木(건목)으로 바뀌어 亥宮의 甲木을 용할 수 있는 것이다.
- • 子月은 癸水가 兼令(겸령)하니 水氣가 중중한데, 比劫과 印星이 없으면 棄命從殺格(기명종살격)으로 논하니 異路功名(이로공명=문필. 기술직. 무관. 역술인. 道人 등)이다.

⊙ 用神

  • 丁火가 子月에 생하여 絕地이니 무력한 것이다. 丁火는 아궁이불에 비유되니 땔나무인 甲木이 필요한 것이다. 용신은 年支 亥宮의 甲木이다.

  • 지지 亥子 水氣는 왕하나 時支 戌宮의 戊土가 制水하니 태왕 함은 면한 것이다.

    用神 : 甲木
    喜神 :　水
    忌神 :　金
    閑神 :　火
    仇神 :　土

⊙ 時干 庚金 正財가 처성인데 지지 卯戌 육합화국의 극을 받으니 무력해졌다. 또한 日支宮은 처궁인데 日支 卯木이 月支 子水와 子卯 刑되니 역시 처성이 흉한 것이다. 부부연이 박한 것이다.

⊙ 局의 財星이 기신이니 재물복도 박한 것이라 판단한다.

⊙ 財星이 庚金에 해당하니 철공업관련 사업과 연관되는 것이다.

⊙ 日支宮 처궁에 卯木 偏印이 있으니 고부간의 갈등이 암시되는 것이다.

⊙ 丁火 日主가 좌하에 卯木인 濕木(습목)을 깔고 있으니 젖은 나무에 불꽃이 일지 않는 象이다. 月干 丙火조차 없었으면 단명의 사주이었을 것이다. 성격이 내성적이고 남과 친화적이지 못하며, 심중에 많은 계획과 재주가 있으나 써먹지를 못하는 것이다.

⊙ 戌酉申대운은 기신운이니 매사 계획대로 풀려나가질 못했다.

⊙ 未土대운은 원국의 亥卯와 亥卯未 삼합목국의 용신운이니 사업운이 다소 여유롭게 풀려나갔다.

⊙ 庚金대운은 기신운이니 매시 일이 뒤틀리고 손재수가 많았다.

⊙ 午火대운의 운을 문의한 것이다.

  • 대운 午火는 본시 용신운이다.

  • 年支 亥水는 正官인데 상극되니 변업을 심사숙고하게 된 것이다.

  • 月支 子水는 偏官인데 상충되니 사고수가 발생하는 것이다.

  • 日支 卯木은 印星인데 午卯 破되니, 그동안 계속 거래해오던 납품업체와의 계약이 파기되어 손실이 발생하게 된 것이다.

- 時支 戊土는 傷官으로 손아랫사람이다. 午戌 반합화국의 한신운이니 친척 조카의 소개로 동종업계의 회사에 취직하게 되며, 그동안 운영하던 사업체를 정리하게 된 것이다.

⊙ 用神
- 子月은 얼음이 얼기 시작하는 寒凍(한동)한 계절이다. 丁火는 화롯불이요 아궁이불에 비유되는데 子月에 심히 무력해지니, 땔나무인 甲木이 유용하고 이를 쪼개어 불을 살려야 하니 庚金 도끼도 필요한 것이다. 劈甲引丁(벽갑인정)인 것이다.
- 상기는 子月의 丁火라 癸水가 司令하니 水氣가 왕한 것이다. 그리고 다시 子申 반합수국과, 巳申의 육합수국이 더해지니 水氣가 태왕해졌으나, 日主 丁火가 坐下에 巳火 帝旺을 득하니 태약한 것은 아니다. 印星인 木을 용하여 왕한 水氣를 納水하고 日主를 생조하면 사주가 중화를 이룰 수 있는 것이다.
- 甲木이 불투했으니 암장된 時支 寅宮의 甲木을 용해야 한다. 子月의 甲木은 濕木(습목)인데 年干에 丙火가 투출하니 건조시켜 땔나무로 만들고, 月干에 庚金이 투출하여 劈甲(벽갑)하니 사주가 파격은 아닌 것이라 衣食은 족한 것이다. 국영기업체의 임원을 지낸 명조이다.

  用神 : 甲木
  喜神 :　水
  忌神 :　金
  閑神 :　火
  仇神 :　土

◎ 남명의 용신은 자식으로 논한다. 용신 甲木이 時柱에 있으니 말년에는 안락할 것이고, 자녀 代에도 발복이 있을 것이라 판단한다.

◎ 局에 寅巳申 三刑殺이 있다. 寅이 巳를 刑하니 처에게 예기치 않은 사고, 질병수가 대두되고, 다시 巳가 申을 刑하니 조상들의 短命(단명)과 재물의 손재가 있는 것이다. 또한 申이 時支 寅을 刑하니 자식들에게도 예기치 않은 흉화가 닥쳐올 것이고, 寅木이 印星에 해당하니 문서문제로 인한 손재수가 발생하는 것이다.

◎ 時柱가 壬寅으로 正官과 正印이니 관인상생되어 본시는 공직자의 명조이다. 아쉽게도 丁壬이 간합목국의 印星局을 이루어 官星이 손상되니 공직의 길로 가지 못하고 국영기업체에 근무하게 된 것이다.

◎ 用神

• 丁火 日干이 子水節에 생하여 失氣를 했다고 하나, 年支 午火와 月干 丙火의 比劫 즉 同氣가 있고, 日支 卯木과 時支 寅木 그리고 年干의 甲木은 印星으로 丁火를 생조해 줌이 旺하다. 아울러 日干 丁火와 時干 壬水는 丁壬 合木으로 간합이 되고 지지에 卯와 寅의 木을 깔고 앉아 있으니 이것은 전형적인 "化格" 사주이다.

• 化格 四柱로 木氣가 태왕하니 劈甲引丁(벽갑인정=甲木을 쪼개어 丁火의 火氣를 살린다는 뜻)의 논리로, 庚金 도끼로 왕한 甲木의 기운을 剪伐(전벌-베어냄)해주어 丁火의 기운을 살려 줌이 필요한데 庚金이 없으니 辛金을 용한다.

　　用神 : 辛金
　　喜神 :　土

　　　　忌神 :　　火
　　　　閑神 :　　水
　　　　仇神 :　　木

• 사주원국에 辛金이 없는데 어떻게 辛金 용신을 쓸 수 있는가? 地支에 子, 卯, 寅이 있는데 지지의 흐름이 亥子丑 북방수기에서 寅卯辰 남방목기로 흐르는 추세이다. 그러므로 月支 子와 時支 寅 사이에 丑이 呑陷(탄함=움푹 꺼진 짓)되었다. 丑이 빠져있지만 사주의 흐름상 子(丑)寅의 丑이라는 징검다리가 있다고 판단하는 것이다. 따라서 丑中의 辛金 즉 金을 끌어다 쓰는 것이다. 그러나 끌어다 쓰는 것이니 용신이 약하다.

◉ 직업운

상기사주는 天干에 正官과 正印이 투출됐으니 공직자의 길이 선천직업운이고, 후천적으로는 공직자의 길을 가지 못할 경우 직장생활, 봉급생활자의 명조이다.

◉ 재물운

사주상 재물은 正財와 偏財 즉 財星을 말하는데 이 사주에는 財星이 전혀 없다. 재물운이 적은 것이다. 사주에 官星과 印星이 왕한 것은 좋은데, 財星이 없어서 財生官 官生印의 생조를 받지 못하니 직장에서 높은 위치에 오르기가 힘든 명조이다.

◉ 결혼운

사주에서 財星은 재물로도 보고 妻로도 논한다. 서두에서 말한 것처럼 사주원국에 金氣 즉, 財星이 없으니 처덕은 풍족하다고 보기가 어렵다. 무애무덕이라고 판단하면 맞을 것이다. 그동안 사주간명을 해오는 동안 느낀 것이지만 자주 다투지 않고 이혼하지 않는 경우라면 평범한 연이라 말할 수 있는 것이다.
또한 사주상 용신은 아들이고 희신은 妻로 논하기도 하는데, 이 사주에서 희신은 土이다. 그런데 사주원국에는 土가 없고 丑土가 呑陷(탄함)되었다고 설명했듯이 土氣가 약하니 결혼운이나 처덕도 크다고 보기가 어려우며 평범한 연이다.

◉ 승진운

사주에서 승진운은 대체로 용신이나 희신으로 들어오는 대운이나 세운에서 하게 된다. 상기는 왕한 甲木을 부수어 약한 丁火의 기운을 살려주는 즉 "劈甲引丁(벽갑인정)" 하는 시점에서 승진하게 되는데, 庚寅年에 庚金이 甲木을 부수는 해이니 이때 승진하게 될 것이다. 그 조짐은 희신운인 己丑年부터 나타날 것이라 판단한다. 다만 용신과 희신이 사주에서 왕강해야 높은 직책에 오르는데, 안타깝게도 그러지 못하니 아쉬운 면이 남는 것이다.

⊙ 건강

기신이 午火에 해당하니 심장, 혈압, 간장질환 등의 질병이 생길 수 있다. 사주에 火가 盛해서 病이 됐으니 火와 관련된 곳 小腸쪽도 해당된다고 본다.

사주에서 偏印과 偏官은 질병, 사고 등으로 판단하는데, 印星이 왕하니 평생에 한두 번 몸에 칼을 대야하는 즉 수술을 해야 하는 문제가 발생하는 것이다. 이것은 질병, 혹은 사고 등의 이유로 인해 발생할 수 있는 것이다.

⊙ 자녀운

사주에서 자녀운은 官星(正官,偏官)으로 보거나 용신을 자녀로 본다. 먼저 官星을 논한다면 月令 子水와 時干의 壬水가 通根(통근)했으니 官星이 왕하다. 따라서 자녀들의 사주는 좋은 것으로 판단된다.

두 번째로는 남자사주의 경우 時干支를 자녀궁으로 보는데, 이 사주처럼 時干支가 正官과 正印으로 되어 있으면 "官印同鄕格"이라 하여 貴格에 속하는 사주로서 자식운은 좋다고 판단하는 것이다.

⊙ 가족

• 어머니나 할머님이 두 분일 수 있다. 사주상 印星이 왕하고 比劫이 있을 경우 이애 해당된다. 그리고 아버지 형제나 할아버지 형제분 중 남의 집 養子로 가신 분이 있을 수 있다.

• 사주상 가족관계는 比肩과 劫財로 보는데 比劫이 旺해서 病이 됐으니 형제자매 간에 돈독한 情이나 화목한 기운은 적을 것으로 판단된다.

• 또한 처로 보아서는 시어머니나 시댁식구와의 사이가 썩 좋지 않은 것으로 나오며, 고부간의 갈등도 있을 것이다.

• 아버지 혹은 어머니 중 한분이 일찍 돌아가실 수 있는데, 이는 印星인 木이 구

신이므로 두 분 중 한분과의 인연이 적을 것이라 판단하는 것이다.

◉ 대운
  • 壬午대운의 壬水는 한신이고 午火는 기신이니 10년간의 운세는 대운만 보아서
    는 썩 좋은 것은 아니다.
  • 壬水는 月干 丙火와 丙壬 沖이 되니, 직장의 동료간 혹은 형제자매간 갈등과
    다툼과 시기와 음해 등의 예기치 않은 흉한일이 발생할 수 있다. 또한 가족 중
    에서 사망 등으로 한분을 잃을 수도 있다.
  • 다음 午火는 사주원국 지지의 月支 子水와 沖이 된다. 子水는 偏官인데 사주상
    官星은 직책과, 직업, 직급을 의미한다. 이것이 충이 되니 앞에 열거한 사항
    등, 즉 이동과 변동에 관한 일이 생길 수 있는 것이다.

◉ 세운
  • 戊子세운은 戊土는 희신이고 子水는 한신이니 평범한 해이다. 다만 歲支 子水
    가 年支 午火와는 沖이 되고, 日支 卯木과는 刑殺이 되니, 동료들간의 사이에
    서 음해와 갈등의 소지가 있을 수 있고, 본인에게는 건강 혹은 사고 등이 발생
    할 수 있으며, 또한 日支는 妻宮이니 처의 건강이나, 신변에 변동이 생길 수
    있다.
  • 己丑세운은 희신운이다. 매사 조금씩 조금씩 좋은 방향으로 변화가 시작될 것
    이며, 승진에 관한 사안도 조금씩 드러나게 될 것이다.
  • 庚寅세운은 용신운이다. 金이 필요한데 庚金이 들어오는 해이니 승진, 영전 등
    경사가 생기는 해라 판단한다.

◉ 신살 풀이
  • 사주에 梟神殺(효신살)이 있으니 이는 어려서 외가 등 남의 집에서 커야 殺을
    모면할 수 있는 흉살이다. 특히 어머니와의 연이 아주 돈독하지는 못하다.
  • 형제자매는 많은 것으로 나오는데, 그중 한두 명이 명대로 살지 못하고 일찍
    죽을 수 있다. 이것은 比肩에 해당하는 年支 午火가 月支 子水와 상충되어 상호
    손상되기 때문이다.
  • 年支와 月支가 충살이 되니 아버님 혹은 할아버님 代에서 고향을 떠나 객지에

서 정착하고 살게 됨을 암시한다.

- 사주에 絞神殺(교신살), 幻神殺(환신살), 病符殺(병부살), 五鬼殺(오귀살) 등이 있는
  것으로 보아 조상 중에 남명 쪽으로는 풍수지관 직업이나, 역술업이나, 여명
  쪽(어머니, 할머니, 증조할머니)으로는 산신령이나, 부처를 극진히 위했던 분이 계
  시다. 이분의 영향으로 상기 명조자는 역술쪽에 관심이 많을 수 있다. 아울러
  사주에 官과 印이 있으니 나중에 역술 공부를 하게 되면 큰 성과가 있을 것이
  라 사료된다.

- 사주에 正官 偏官이 하나만 있으면 좋은데 둘 이상 있으면 "官殺混雜(관살혼잡)"
  이라 한다. 이런 경우 평생에 한두 번 官災口舌(관재구설)건이 발생할 수 있으니
  조심해야 한다.

- 사주에 呑陷殺(탄함살)과 五鬼殺(오귀살)이 있으니 조상 중에 아버님형제, 혹은
  할아버님의 4촌 이내 형제분 중 20세 전후에 일찍 죽은 조상, 혹은 자살한 조상
  이 있다. 이분들의 원혼으로 인해 평생에 예기치 않은 흉한 일이 발생할 수 있
  으니 제살하여 줌이 좋은 것이다.

- 평생에 한두 번 질병이건 사고 건이건 수술 건이 있게 된다.

- 재물복이 많지 않으니 재물은 탐하지 않는 것이 좋겠다. 머리가 좋고 남을 통솔
  하는 리더쉽이 있으니 명예를 추구하는 길을 택함이 좋겠다.

- 年支 午火 比肩에 幻神殺(환신살)과 隔角殺(격각살)이 있으니 이런 경우 동료들
  간 예기치 않은 시기, 질투, 음해, 모함 등이 발생하게 된다. 항시 처신을 신중
  하게 하여 소용돌이에 휘말리지 않도록 해야 할 것이다.

- 부모 중 한분과는 연이 적은 것으로 나오니 어머님 혹은 아버님 중 한분이 일찍
  돌아가실 수 있다.

- 사주에 印星이 있는 것은 좋은데 너무 왕하게 되면 흉액이 발생하게 된다. 계
  약, 서류, 서신, 명예와 연관된 일, 질병 건, 사고 건 등의 예기치 않은 흉사가
  발생할 수 있으니 조심하여야 할 것이다.

- 사주상 丁壬의 干合은 有情之合이라 하여 情이 많은 사주로 논한다. 그로 인해
  손해를 볼 수도 있으며, 남들이 情이 많은 점을 악용할 소지도 있는 것이다.

- 사주에 印星이 많으니 고집은 있지만 성품은 온순하다 판단한다. 두뇌회전이
  빠르고 기획력이 있는 것은 좋으나, 반면 매사 용두사미일 수가 있고, 남에게

의탁하는 성향이 있을 수 있다.

⊙ 丁火 丑月
  • 丑月의 丁火는 천지가 寒凍(한동)한 시점에 생한 것이다. 印星인 甲木이 필요하
    고, 甲木을 쪼개 땔나무로 활용(劈甲引丁)하기 위해서는 庚金 역시 필요하다. 따
    라서 丑月의 丁火는 甲木과 庚金을 떠나 용신을 생각하기 힘들다. 甲木이 우선
    이고 그 다음이 庚金이다.
  • 甲木, 庚金이 모두 투출하면 貴格이다.
  • 丙火가 있어 丁火의 빛을 빼앗는 命造(명조)에는 癸水가 있어 丙火를 극제하면
    길하다.
  • 지지 水局이면 官殺이 태왕한 것이니, 戊土가 요긴하나 이때에는 丙火의 出干
    을 필요로 하는 것이다.
  • 지지 金局이면 財多身弱하니 甲木의 생조가 필요하다. 이때 庚金이 있어 劈甲
    引丁(벽갑인정)하면 貴格이나 庚金이 없는 경우에는 단지 衣食이 있을 뿐이다.

⊙ 用神
  • 丁火는 등촉불이요 아궁이불에 비유되는데 丑月에 生하여 失氣하였다. 땔나무
    인 甲木을 用하여 劈甲(벽갑)하여 日主 丁火를 生助하면 사주가 中和를 이룰 수
    있다. 이른바 劈甲引丁(벽갑인정)이다. 原局에 甲木이 全無하니 어떻게 引用해
    올 것인가? 胎元(태원)이 甲辰이니 甲木을 用하는 것이다.
  • 초년대운이 寅卯辰의 용신운으로 흐르니 능히 胎元을 적용한 용신 甲木을 引通

(인통) 시킬 수 있다 판단하는 것이다.

用神 : 甲木
喜神 :　水
忌神 :　金
閑神 :　火
仇神 :　土

◎ 용신이 木으로 印星에 해당되어 본시 두뇌가 총명하다. 다시 초년대운이 甲寅,
乙卯의 용신운이니 명문대학을 졸업한 것이다.

◎ 사업가의 길로 나아가 大財를 획득할 수 있을 것인가? 를 문의한 것이다.
大財의 획득 여부는 고서에 "財氣通門(재기통문)"과 "財命有氣(재명유기)"를 논하고
있지만 대체로 富格의 명조는 다음과 같이 요약된다.

• 從財格(종재격)인 경우.

• 身旺財旺한 경우.

• 日主가 旺하고 食傷生財된 경우.

• 용신이 旺하고 運路가 용신운이나 희신운으로 흐르는 경우.

• 旺神宜洩(왕신의설)의 淸格인 경우.

• 사주가 循環相生(순환상생)된 경우.

◎ 상기는 신약하고 財가 왕하지 못하며, 운의 흐름이 巳午未申酉의 한신과 기신운
으로 흐르니 大財를 득함과는 거리가 먼 것이다.

◎ 月支 丑土 食神이 墓宮에 居하니 또한 財를 생해줄 여력이 없는 것이다.

◎ 原局에서 용신을 잡지 못하고 胎元에서 끌어옴은 결국 용신이 旺하지 못한 것이
다. 運路가 酉申未午巳의 기신과 한신운으로 흐르니 大財와는 거리가 먼 것이다.

⊙ 用神

- 丁火가 丑月에 墓宮(묘궁)이니 무덤 속에 갇힌 격이라 심히 무력한 것이다.
- 丁火는 아궁이불에 비유되는데 丑月은 천지가 寒凍(한동)하니 땔감인 甲木이 있어야 하고, 庚金이 있어 劈甲(벽갑)하여 丁火를 이끌어야 한다.
- 상기는 甲木이 불투하고 月干에 乙木이 투출하니 부득이 이를 용신으로 잡아야 하나, 日支 亥宮에 微根(미근)이 있을 뿐이고 뿌리를 내릴 수 있는 戊土가 없으니 심히 무력하다.

  用神 : 乙木
  喜神 :　水
  忌神 :　金
  閑神 :　火
  仇神 :　鶵

⊙ 乙木 印星이 용신이니 두뇌가 총명하나, 乙木의 뿌리가 쇠약하니 학업으로 성취가 적었다.

⊙ 月, 日支 丑亥 사이에는 子水를 끌어와 암암리에 亥(子)丑 방합수국을 형성하고 있다. 또한 子水와 年, 時支의 申金은 申子 반합수국을 형성하니 지지 전체가 水局을 형성하고 있다고 보아야 한다. 따라서 月干 乙木은 水泛木浮(수범목부)의 상황이라 심히 무력한 것이다. 月柱는 부모형제자매궁인데, 月干은 父의 자리에 비유되니 흉화가 예상되는 것이다. 亥水 대운은 局의 왕한 水勢에 다시 水氣를 더하니 水가 범람하게 되어 매우 흉하다. 父와 오빠가 화재로 인해 사망한 것이다.

⊙ 지지의 왕한 水氣가 官星局을 이루어 七殺로 대표되는데, 日主 丁火를 극하니 일생에 걸쳐 예상치 못한 사고, 질병 등의 흉화가 많았다.

⊙ 己土대운 壬寅세운에 대학원 진학을 문의한 것이다.

- 己土는 구신이니 대운을 논한다면 길하지 못하다.
- 壬寅세운의 歲干 壬水는 日干 丁火와 丁壬 합목의 印星으로 化되어 용신운이 되고, 歲支 寅木은 日支 亥水와 寅亥 합목의 용신이며 印星運이 되니 공부운이 들어온 것이다. 대학원에 진학하여 공부함이 可한 것이라 판단한다.

⊙ 戊土 寅月

• 甲木, 癸水가 있고 丙火의 照暖(조난)이 없으면 만물이 生하나 성장치 못한다. 고로 丙火가 없으면 부귀가 없다.

• 丙火가 있고 甲木, 癸水가 없으면 生하기는 하나 위태로움이 많다.

• 甲木, 癸水가 없는 者는 困苦(곤고)하다.

• 丙火가 중중하고 甲木이 있고 癸水가 없으면, 먼저는 평안하고 나중은 困苦(곤고)하다.

• 地支에 火局을 이루고 壬癸水를 보지 못하면 만물이 성장하지 못하는 고로 僧道孤貧(승도고빈)한 命이다. 그러나 癸水가 투출한 자는 貴를 하고, 壬水가 투출한 자는 富는 한다. 癸水는 자연 상태의 水로 저절로 얻어지는 것이고, 壬水는 江河의 水로 끌어 쓰려고 노력하여야 얻어지기 때문이다.

- 甲木이 많고 丙火가 없으면 만물이 生하지 못하는 것이라 평범하다.
- 지지 水局이고, 甲木이 天干에 투출하고, 또 庚金의 투출이 있으면 富貴兩全(부귀양전)이다.
- 乙木이 많으면 官殺이 黨(당)을 이룬 것이니 官殺會黨(관살회당)이라 한다. 庚金이 있으면 乙庚 간합금국의 食傷으로 바뀌어 "從兒格(종아격)"이 되므로 乙木을 제지하기 어렵다. 이런 사람은 안으로는 奸邪(간사)하고 밖으로는 정직하여, 말은 옳게 하나 마음은 잘못된 사람이다.
- 一位의 甲木이 더 있고 庚金이 없으면, 官殺은 중중한데 制殺하지 못하니, 반드시 게으르며 好食(호식)하며 천방지축이고, 체면을 차릴 줄 모른다.
- 丙火와 甲木이 많으면 庚金과 癸水를 參用(참용)해야 한다.

◎ 用神
- 寅月의 戊土는 아직 前月의 寒氣가 남아 있으니 丙火로 따뜻하게 하여 발생의 象이 가능토록 하고, 癸水로 윤택하게 하여 만물을 자양할 수 있도록 하고, 土重하면 甲木의 疎土(소토)가 있어야 한다.
- 戊土가 寅月에 長生을 득하여 衰하지 않으나, 年支에 卯木이 있고, 다시 천간의 丁壬이 간합목국을 이루어 좌하 寅卯에 통근하니, 官殺의 勢가 태왕하여 日主를 핍박함이 심하다. 印星을 용하여 殺印相生하고 日主 戊土를 생하면 사주가 중화를 이룰 수 있다. 용신은 丙火인데 불투하고 時干에 丁火가 투출했으니 부득이 이를 용신으로 잡는다. 丙火는 眞神이고 丁火는 假神이다. 年干 丁火는 간합을 이루니 용할 수 없다.

  用神 : 丁火
  喜神 : 木
  忌神 : 水
  閑神 : 土
  仇神 : 金

- 용신 丁火는 좌하에 帝旺을 득하고 지지 寅木의 생함을 받으니 약하지 않다.
◎ 官殺이 重하니 기술직, 정비, 운전, 청소 등의 편업된 직업이나 무관직이나 운동선수 등이 적합한데 프로축구단에서 활동하고 있는 것이다.
◎ 運路가 辛丑, 庚子의 구신과 기신운으로 흐르니 운동선수로서의 재능은 많지만,

크게 활약하지 못하고 있는 것이다.

⊙ 己亥대운에 앞으로의 진로에 대해 문의한 것이다.

• 프로축구단에서 대표선수로서 발탁이 되지 못하고 있으니 다른 진로를 모색해
보고 있는 것이다.

• 己土는 한신에 해당하니 크게 길하지 못한 운이다.

• 亥水는 본시 기신이나 年, 月支 卯寅木과 반합목국을 이루어 희신운으로 化되
나, 時支 巳火 용신과는 巳亥 상충되어 용신이 손상되니 一喜一悲의 운이 되는
것이다.

• 선수로서의 활동보다는 학교 등에서 코치 등 후학 양성의 길을 택함도 좋을 것
이다.

⊙ 중년이후의 운로도 戌酉申의 구신운으로 흐르니 크게 기대할 바가 없는 것이다.

⊙ 日支 子水가 正財에 해당하니 처의 내조는 기대할 수 있을 것이나, 財星이 기신
에 해당하니 재물복은 크지 않을 것이고 단지 衣食이 足할 것이라 판단된다.

⊙ 戊土 卯月

• 卯月의 戊土는 乙木이 司令하여 신약하니 역시 丙火가 尊貴하다.

• 지지 木局이면 官殺이 會局한 것이니 庚金의 제극이 없으면 하천한 命이다. 그
러나 庚金이 乙木을 보면 乙木이 庚金에 情을 주어 相合하니 旺木을 制하기
어렵다. 이때 甲木이 투출하면 官殺이 혼잡되니 길하지 못한데, 반드시 庚金으
로 七殺을 제극해야 한다. 그렇지 못하면, 命主는 경거망동하고, 사리판단이
부족하고, 매사 용두사미이다.

- 卯月의 戊土는 대체로 寅月의 戊土와 같이 취급한다.
- 지지 木局이면 官殺이 태왕한 것이니, 印星인 丙丁火를 용하여 殺印相生하면 사주가 吉格이 된다.

⊙ 用神
- 戊土가 卯月에 생하여 受剋됨이 있으니 신약한데, 다시 卯未의 반합목국과 寅木이 있어 戊土를 핍박함이 심하니 日主가 심이 태약한 것이다.
- 丙火 印星을 용하여 日主 戊土를 생조하면 사주가 中和를 이룰 수 있다. 丙火가 불투하고 時干에 丁火가 투출하니 부득이 이를 용신으로 잡는데 丁火로는 부조의 氣가 약하니 복록이 장구하지 못한 것이다.

  用神 : 丁火
  喜神 : 木
  忌神 : 水
  閑神 : 土
  仇神 : 金

⊙ 여명의 官星은 남편성이다. 지지에 寅卯木은 偏官과 正官으로 官殺混雜(관살혼잡)된 것이다. 본시 남편과의 연이 적은 것이다. 다행인 것은 寅巳 刑하여 寅木이 去殺되니 卯木 正官 一位만 남게 되어 흉함이 다소 해소된 것이다.
⊙ 巳火대운은 용신운이니 결혼 상대자가 들어오는 것이다. 그러나 日支 寅木과 寅巳 刑殺로 손상되니 결혼 건에 하자가 발생하는 것이다. 정식 결혼을 하지 않고 남자 친구와 동거생활에 들어간 것이다.
⊙ 卯木 正官은 桃花殺(도화살), 白虎殺(백호살), 落井關殺(낙정관살)을 대동하고, 寅木 偏官은 鬼門關殺(귀문관살)을 대동하니 남편성이 썩 길하지 못한 것이다.
⊙ 딸이 동거중인 남자친구와 언제 헤어질 것인가? 를 부모가 문의한 것이다.
- 甲木대운은 희신운이니 상호 좋아하는 감정이 반감되는 시기이다.
- 배속된 세운 중 辛丑세운에 丑土가 時支 巳火와 巳丑 반합금국의 구신운으로 入되어, 남편궁인 日支宮 寅木을 극하니, 이 때 상호 좋아하는 감정이 소원해지게 될 것이라 사료된다.
- 이듬해인 壬寅세운에는 歲干 壬水가 기신, 歲支 寅木은 희신이나 時支 巳火와 寅巳 刑殺이 되어 손상되니 이 시기에 완전하게 헤어질 것이라 판단하는 것이다.

⊙ 用神
- 月支 卯宮의 乙木이 사령하여 日主 戊土를 剋함이 심하니 신약하다. 戊土는 사람의 손이 닿지 않은 자연 상태의 흙이니, 丙火로 따뜻하게 하여 생해야 하고, 甲木의 疎土(소토)로 생육의 바탕을 만들고, 癸水로 滋潤(자윤)하면 만물이 성장하게 된다.
- 천간에 丙火, 甲木, 癸水가 투출하면 국가고시에 합격하여 고관대작에 오르게 된다.
- 상기는 比劫인 戊己土가 투출하여 日主 戊土를 부조하고, 좌하에 午火 羊刃을 득하니 身强하다. 따라서 官星을 용하여 日主를 剋制하면 사주가 중화를 이룰 수 있다. 용신은 月干 乙木이다.

　　用神 : 乙木
　　喜神 :　水
　　忌神 :　金
　　閑神 :　火
　　仇神 :　土

⊙ 月干에 乙木 正官이 투출하여 月令 卯木에 통근하니 正格에서 正官格이다. 이는 명문가의 후손이며 가풍이 엄격함을 암시한다.

⊙ 正官格 요건
- 日主가 왕해야 한다.
- 正官이 月令에 司令하고 천간에 투출해야 한다.
- 食傷의 祿星이 局에 없어야 한다.
- 正官을 용하여 중중한 比劫을 제극할 시 比劫을 생하는 印星이 없어야 한다.
- 기신이 있더라도 受剋되거나 혹은 合化되어 타 오행으로 바뀌면 무방하다.

⊙ 正官格의 특성

　• 正官이 成格되고 吉神(用神, 喜神)에 해당되는 경우를 말한다.

　• 업무능력이 출중하고 자기 자신에 철저하다.

　• 규율을 잘 따르고 책임감이 강하며, 정의롭고 정직하며, 타인의 존중을 받는다.

　• 솔선수범하고, 독단적이지 않으며, 주변과 화합을 이루려 노력한다.

⊙ 六親關係(남명. 戊日干)

　　　戊(日干=我) → 壬(偏財=父)
　　　　　　　　　　丁(正印=母)
　　　癸(正財=妻) → 辛(傷官=丈母)
　　　　　　　　　　丙(正印=丈人)
　　　甲(偏官=男兒)
　　　己(劫財=兒媳)
　　　乙(正官=女兒)
　　　庚(食神=女婿)

⊙ 남명 戊日干은 丁火가 母이고 壬水가 父이다.

⊙ 庚申대운 중 壬申세운 통변

　• 대운 천간 庚金은 食神이고 지지 申金은 驛馬(역마)이다. 대운에서 食神과 驛馬가 동주하고 있는 것이다. 食神은 밥그릇으로 財를 생하고, 財는 官을 생하니, 昇遷(승천)의 의미가 있다. 局의 乙木 正官이 희신인데 대운 庚申金의 핍박을 심히 받으나 세운에서 壬水가 도래시는 해소된다.

　• 壬申세운의 壬水는 偏財로 대운 庚申의 金氣를 洩시키어 乙木 正官을 剋함을 해소시킨다. 다시 丁火 正印과 丁壬 간합목국의 官星局을 이루니 官印相生이 되어 승천의 길한 조짐이 있는 것이다.

　• 세운 壬申은 偏財와 驛馬에 해당되는 바, 여자들의 도움이 있는 것이다. 그리고 月柱 乙卯는 正官과 桃花殺(도화살)로 직장 내의 좋은 인연으로 상사의 천거를 받아 승천하는 것이다.

⊙ 庚申대운 중 甲戌세운

　• 대운 庚申은 乙庚 간합금국과 巳申 육합수국으로 金水를 이루고 있다. 母인 丁火 正印을 剋하는 것이고, 申金이 寅木을 극하는데 寅木은 母인 丁火의 印星이므로 命이 위태로운 것이다.

- 甲戌세운의 甲戌은 甲己 간합토국과 寅午戌의 삼합화국을 암암리에 형성하고 있다. 土는 母인 丁火의 氣를 洩시키고, 戌은 母인 丁火의 身庫인데, 丁火의 七殺이며 庫藏地인 辰土와 辰戌 沖 되어 손상되니 이해에 모친이 작고한 것이다.

◎ 庚申대운 중 丙子세운
- 歲干 丙火가 대운 庚金을 극하고 있다. 庚金이 기신으로 受剋되니 흉변길이 되는 것이다.
- 歲干 丙火는 辛金과 간합수국이 되어 子水로 化되는데, 子水는 辛金의 長生이 되며, 천간으로는 癸水 正財가 되는 것이다. 그리고 局의 子水가 공망인데 歲支 子水가 入되니 塡實(전실)되어 脫(탈) 空亡되는 것이다. 대운의 지지 申金은 申子辰 삼합수국의 財星局을 형성하고, 다시 용신인 乙木 官星을 생하니 昇官(승관)의 조짐이 있는 것이다. 또한 子水는 正官 乙木의 천을귀인이기도 하다.

◎ 戊午日柱 通辯
- 丁火는 母이고 己土는 弟이다. 丁火와 己土의 祿星이 午火로 같으니, 母와 弟가 한 집에 살고 있음을 의미한다.
- 壬水는 父로 胎가 午火에 있어 약하다. 다시 丁火 母와 丁壬 합목되어 日干을 극하니, 부자간 돈독하지 못함을 의미한다.
- 甲木이 男兒이고 乙木은 女兒인데, 甲木은 午火에 死가 되고, 乙木은 午火에 長生이 되니 男兒가 없고 女兒가 많음을 의미한다.
- 癸水 妻의 祿星은 子水인데 공망이며, 처궁 午火와 상충되고 있다. 이는 혼사가 여러 번 불성이고 실연이 여러 번 있은 후 결혼하게 됨을 의미한다.
- 己土는 偏夫로 祿星이 午火이며 日支 처궁에 居하고 있다. 처에게 外情(외정)이 있을 것임을 의미한다.
- 戊日干의 羊刃이 午火이고 처인 丁火의 祿星은 午火로 상호 自刑되고 있다. 이런 경우는 안광이 예리하며, 상호 여러 차례 교제하여, 부부해로 할 것임을 암시한다.
- 甲木은 男兒이고 庚金은 女婿(여서=사위)이다. 甲庚이 상충하니 둘 사이에 불화가 있게 됨을 의미한다.
- 日支 午宮에는 丙, 己, 丁이 있다. 父인 壬水에서 보면 己土는 官星이고 丁火는 財星이다. 財生官하니 父는 공직자임을 알 수 있다.

- 乙木은 官星으로 長生이 午火이다. 父인 壬水에서 보면 乙木은 傷官이다. 傷官은 官을 극하는 것이라 퇴직과도 연관되니, 戊日干 본인이 공직에 입문 시는 父의 퇴직이 있은 후인 것이다.

- 癸水는 처로 祿星이 子水인데 처궁 午火와 상충하고 있다. 午宮의 己土가 沖出되어 癸水 처를 극하니, 己土인 弟妹(제매)와 처의 불화가 암시되는 것이다.

- 戊日干이 癸水 처의 祿星인 子水와는 胎地이다. 辛金은 丈母(장모)로 金生水하여 水를 생하니, 결혼 후에 장모와 같이 한 집에서 기거함을 의미한다.

- 日支宮인 처궁의 午火가 처인 癸水의 祿星 子水와 상충되고 있다. 沖은 떨어지고 흩어지는 개념이니 처와 연관된 인척과 동거함을 원치 않는 것이다.

- 日主 戊土는 癸水와 간합을 이루어 化火되니 丙火로 대표되며 母인 丁火와도 연관된다. 丈母인 辛金의 長生은 子水로 母인 丁火와는 상극되고, 다시 辛金은 丙火와 간합수국을 이루어 水火相爭(수화상쟁)하니 이는 母와 丈母 사이의 불화가 있을 것임을 의미한다. 그러나 같이 기거하지 않는다면 항시 좋은 감정을 유지할 수 있다.

- 壬水 父와 母인 丁火가 간합목국을 이룬다. 乙木 女兒와 庚金 女婿는 간합금국을 이루어, 丁壬 化木의 부모합을 극하니 부모와 女婿와의 불화가 있는 것이다.

- 日主 戊土와 癸水는 戊癸 간합화국의 부부합을 이루는데, 乙木 女兒와 庚金 女婿(여서=사위)의 합인 金局을 극하니, 이는 부모의 반대에서 불구하고 女兒가 현재의 女婿(여서)와 교제해 왔음을 알 수 있다.

◉ 用神
- 卯月의 戊土는 천지에 아직 寒氣가 남아 있으니 丙火가 없으면 발생의 象이

없게 되고, 甲木의 소토가 없으면 不靈(불령)하게 되고, 또한 하늘의 감로수인 癸水가 없으면 만물이 성장하지 못한다.

- 丙火, 甲木, 癸水가 투출하면 貴格을 이루어 榮華(영화)가 있게 된다.
- 丙火가 불투하고 甲木과 癸水가 투출하면 寒氣를 제거하지 못하니 만물이 성장하지 못한다. 매사 성패가 다단하고 富貴를 얻기 힘들다.
- 丙火가 있고 甲木과 癸水가 없으면, 이를 春旱(춘한)이라 하여 만물이 생기기는 하나 성장하지 못하니 매사 勞而無功(노이무공)이다.
- 상기는 戊己土 比劫이 투출하고 午火 印星의 생조가 있으니 身强하다. 官星을 용하여 제극하면 사주가 중화를 이룰 수 있다.
- 月令 墓宮의 甲木 官星을 용하여 厚土를 制土해야 하는데, 年干에 庚金 食神이 투출하여 용신 甲木을 극하니 破格이 된 것이다.

  用神 : 甲木
  喜神 :　水
  忌神 :　金
  閑神 :　火
  仇神 :　土

◉ 지지에 卯木 官星과 午火 印星이 있으니 공직자의 명조이다. 다만 卯木 正官이 卯戌합을 이루어 印星으로 化되니 官星의 역할에 손상이 간 것이다. 또한 月. 日. 時支가 합되어 印星局을 이루니 印星이 태왕해져 부조가 지나치니 결함이 되어 貴格을 이루지 못한 것이다.

◉ 戊戌日柱 通辯
- 日柱 戊戌은 甲午旬 中으로 辰巳가 空亡이다.
- 戊日干의 長生 寅木은 암암리에 申金과 상충하는데, 申金은 壬水 偏財의 長生이다. 따라서 申金 食神이 生財함에 저해요소가 되는 것이다.
- 또한 戊日干의 長生 寅木은 암암리에 亥水와 육합목국의 官殺局을 이루어 水인 財氣를 洩시키고 있다.
- 局의 午火가 子水와 상충하는데, 子水는 財에 해당되며 천간 癸水의 祿星인 것이다. 아울러 傷官인 辛金의 長生으로, 午火와 상충하니 傷官生財가 되지 못하는 것이다.

- 日支 戌土는 辰土 財庫와 상충되어 財庫가 손상되고, 또한 戌土는 卯戌 합화로 財星인 子水를 고갈시키니 재물운이 박하다 판단한다.
- 상기 사항을 종합하면 일생이 박복하고 빈궁할 것임을 알 수 있는 것이다.

⊙ 空亡 通辯
- 戊戌日은 甲午旬 中으로 辰巳가 空亡(공망)이다.
- 巳火는 食神이며 戊日干의 祿星으로 공망이다. 土가 공망이면 붕괴를 의미하나 운로에서 巳火가 入되면 塡實(전실)되어 食神의 역할을 하니 生財함에 진력하는 것이다.
- 庚金 食神의 長生 역시 巳火로 공망되니 生財의 기회가 상실되는 것이다.
- 壬癸水는 財星인데 巳火가 천을귀인으로 역시 공망이다. 이는 財가 필요할시 도움을 줄 사람이 없음을 의미한다.
- 辰土는 암암리에 申子辰 삼합수국의 財星局을 형성는데 辰土는 財庫이며 공망된 것이다. 이는 금전의 입출은 많으나 손에 쥐어지는 돈은 없는 것이다.
- 申金이 入되거나, 申子辰 삼합수국의 財星運이 도래할 시, 또는 辰土運이 入되어 辰土 공망이 塡實(전실)될 시는 得財의 길함이 있으며, 아울러 酉金이 入되면 辰土 財庫와 辰酉 합금의 傷官으로 化되어 역시 生財됨이 있는 것이다. 그러나 乙木 官星의 경우는 酉金에 絶되니 官星이 손상되어, 공직자가 되더라도 土財를 주관하는 역할을 맡는다.
- 기피하는 것은 寅午戌運이다. 신강하니 日主를 극하는 甲木이 용신인데, 寅申冲하여 寅木이 손상되니 日主를 제극하지 못하고 오히려 比劫을 생하여 日主를 부조하니 중화를 이루지 못하는 것이다.

⊙ 戊己土 比劫이 중중한데 財星은 年支에 일점 子水가 있으니 爭財(쟁재)의 탈이 발생하는 것이다. 먼저는 재물과의 연이 적은 것이고, 다음 형제자매간 불목하고, 또한 나서 죽은 사람이 있게 된다.

⊙ 月支 卯宮의 甲木은 용신으로 아들로 논한다. 局의 子水와 子卯 刑되고, 다시 戊土와 卯戌 육합화국의 타 오행으로 化되니 자식과의 연이 박한 것이다.

⊙ 月柱는 부모궁인데 己卯로 상하 상극되니 부모사이는 돈독함이 적을 것이라 판단한다.

⊙戊土 辰月

• 丙火, 甲木, 癸水가 요긴하다.

　土가 중하니 甲木의 疎土(소토)가 있어야 하겠고, 丙火가 있어야 잎과 줄기가
　무성해지고, 癸水가 있어야 뿌리를 滋養(자양)한다.

• 甲木, 癸水가 출간하면 국가고시에 합격한다.

• 甲木이 암장되고 癸水가 없으면 단지 富만 있다.

　甲木이 암장되고 癸水가 있으면 異途功名(이도공명)이다.

　甲木, 癸水가 암장되면 富는 있되 貴는 없다.

• 丙火가 출간하고, 甲木이 암장되고, 癸水가 없으면 富만 있다.

　丙火가 출간하고, 甲木이 암장되고, 癸水가 있으면 富中貴가 있다.

• 日主가 兼令(겸령)한 경우에 財(癸水)가 旺殺(甲木)을 생하면 上格의 명조다.

• 丙火가 중중하고 癸水가 없으면 旱田無水(한전무수)이니 先富後貧(선부후빈)할
　명조이다.

• 火가 많고 壬水가 출간하면 先貧後富(선빈후부)이다.

　火가 많고 癸水가 출간하면 먼저는 賤하고 나중은 영화로움이 있다.

　火가 많고 壬水가 암장되면 衣食이 足하다.

　火가 많고 癸水가 암장되면 단지 名利만 있을 뿐이다.

• 지지 火局에 癸水가 출간하면 富貴가 정연하다.

　지지 火局에 壬水가 출간하면 富貴하되 身苦(신고)가 따른다. 이는 癸水는 자연
　상태에서 얻어지는 하늘의 감로수에 비유되고, 壬水는 江河의 물로 끌어와 사
　용하는데 노고가 따르기 때문이다.

• 지지 木局에 다시 甲乙木이 출간하면 이는 官殺會黨(관살회당)이라 하니, 庚金
　의 투출이 있어 制殺하면 小富貴하나, 庚金이 없으면 빈천한 명조이다.

• 木이 중첩되고 比劫과 印星이 없으면 從官殺格이니 富貴한다.

• 官星(甲乙木)과 印星(丙丁火)이 있으면 癸水의 투출 여부를 살펴보고, 癸水의 출간이 있으면 富貴한다.

• 春月의 戊土가 癸水, 丙火, 甲木이 없으면 土木自戰(토목자전)이니 질병, 근심, 곤고함이 따른다.

• 甲木이 용신이면 水가 妻이고, 木이 자식이다.

◎ 用神

• 辰月은 戊土가 사령하니 자연 日主가 왕해져 土가 厚重(후중)하니 甲木의 疎土(소토)가 있어야 하겠고, 다음에는 癸水의 보조가 있어야 한다. 또한 辰月은 稼花(가화)의 열매가 맺기 전이니 丙火의 따뜻함이 필요하다.

• 甲木, 癸水가 투출하면 관직에 들어 영달할 것임이 明若觀火(명약관화)하다.

• 상기는 戊土가 辰月에 생하여 冠帶(관대)를 득하고, 다시 月干에 戊土가 투출하여 부조하니 身旺한 것이다. 厚重한 土를 疎土하는 甲木을 용해야 한다.

　　用神 : 甲木
　　喜神 : 　水
　　忌神 : 　金
　　閑神 : 　火
　　仇神 : 　土

◎ 용신 甲木이 月令 辰土에 통근하고, 좌하 寅木에 建祿을 득하니 용신이 왕하여 길하다.

◎ 여명의 용신은 남편에 비유되는데 年干에 용신 甲木이 있으니 결혼을 일찍 했을 것이라 판단한다.

◎ 원국에 官星이 중중하니 남편자리가 많은 것이다. 따라서 이혼수가 있다 판단하는 것이다.

◎ 日, 時支가 寅酉로 상극되어 손상되니 남편과 자식과의 연이 없는 것이다.

◎ 月令 辰土가 紅艷殺(홍염살)을 대동하고, 時柱에 傷官이 있으니 미모이다. 食傷은 日主의 氣를 洩하는 것으로, 장마 진 뒤의 池湖(지호)의 혼탁한 물을 빼내는 것에 비유되니 청정한 물만 남게 되어 미모일 것이라 판단하는 것이다.

◎ 지지 寅辰寅은 卯木이 呑陷(탄함)되었다. 재구성하면 寅(卯)辰(卯)寅과 같은 것이

다. 탄함되었다는 것은 징검다리에서 돌 하나가 빠진 것에 비유된다. 卯木 正官
이 본 남편인데 탄함 되었으니 남편과의 이혼수가 나오는 것이다. 원인은 卯木이
桃花殺(도화살)을 대동하니 남편의 바람기로 인해 이혼한 것이다. 子水대운에 탄
함된 卯木 正官과 子卯 刑殺이 되니 이때 이혼한 것이다.

⊙ 月令 辰土가 白虎殺(백호살)을 대동하고 있다. 辰土는 道路事(도로사)와 연관되니
교통사고가 암시되는 것이다. 운로에서 刑, 沖, 破, 害되거나 합되어 기신이나
구신으로 化될 시에 발생하는 것이다.

⊙ 時支 酉金은 가공된 금속으로 수술칼에도 비유된다. 자식궁인 時支宮에 있으니
제왕절개 수술이 암시되는 것이다.

⊙ 時柱의 辛酉金 傷官이 자녀성이다. 여명의 용신은 남편으로 논하는데, 용신 甲木
과 辛金은 상극관계이니 자식과 남편과의 사이에는 연이 적은 것이다. 또한 時支
酉金이 傷官으로 자식인데 부모궁인 月支 辰土와 辰酉 합금되니 친정부모가 자
녀들을 양육하고 있는 것이다.

⊙ 時柱는 인생의 여정에서 종착점으로 비유되니 마지막 직업과도 연관된다. 辛酉
金은 가공한 금속으로 수술칼과도 비유된다. 따라서 동양의학 관련 대학원을 졸
업하고 한방병원에서 근무하고 있는 것이다.

⊙ 辛酉金이 傷官을 대동하면 의료업과도 연관된다. 한방병원과 요양병원의 심리상
담사로 활동하고 있는 것이다.

⊙ 財星인 水가 암장되고 왕하지 못하니 재물복은 많지 않다 판단한다.

⊙ 戊土 巳月
• 巳火節은 陽氣가 發昇(발승)하나 내적으론 寒氣(한기)가 남아있으니, 外實(외실)

하고 內虛(내허)하므로 火炎을 무서워하지 않는다. 氣의 調和(조화)가 있어야 만물이 생육되는 것이다.

• 甲木으로 戊土를 疎土(소토)하고, 丙火, 癸水로 보좌한다.
• 甲木과 丙火가 출간하면 관직에 들어 朝廷(조정)의 중책을 맡게 된다.
• 甲木과 丙火가 출간하고 癸水가 암장돼도 높은 관직에 오르게 된다.
• 丙火와 癸水가 출간하면 국가고시에 합격한다.
• 丙火와 癸水 중 一位 출간이고 一位 암장이면 쓰임이 있으니 衣祿은 있다.
• 癸水가 출간하고 지지에 통근됨이 없으면, 火氣를 破하지 않으니, 戊癸가 간합되어 火局을 이루고 從格이 되니 大富貴하게 된다.
• 丙火가 중첩되고 解炎(해염)하는 壬癸水가 없으면 貧賤夭死(빈천요사)하거나 僧侶(승려)의 팔자이다.

⊙ 用神
• 生日이 小滿 後 5日이니 丙火가 當令(당령)하여 火勢가 더욱 기승을 부리는 때이다.
• 戊土는 자연상태인 山野의 土에 비유되니 中和를 이루기 위해서는 調候(조후)가 급하여 雨露(우로)가 요긴한 것이다. 日支 子中의 癸水를 용신으로 잡는다.

　　用神 : 癸水
　　喜神 :　金
　　忌神 :　土
　　閑神 :　木
　　仇神 :　火

⊙ 戊子日柱 특성
• 남명은 아내를 억누르려 하는 기질이 있으나, 가정과 아내를 아낄줄 알고, 여명은 남편에게 재정적인 면에 있어서 도움을 준다.
• 부지런하고 매사를 이롭게 처리하고 재산관리를 잘하며 중개역할에 능하다. 다소 인색한 경향이 있고, 한 가지 생각에 집착하고 고집이 세다.
• 초년에는 허약하나 중년 이후 건강하다. 신장, 방광, 위장 등의 질환에 조심해야 한다.
• 농업, 어업, 축산업, 운수업, 유흥업 등에 종사하는 경우가 많다.

◎ 日主 戊土는 月令에 建祿을 得하고 時干 丙火의 生을 받으니 왕강한 것이다.

◎ 地支 未巳는 암암리에 時干 丙火를 끌어와 巳午未 남방화국의 印星局을 형성하려 하니 印星이 旺하다 판단하는 것이다.

◎ 年干 乙木 官星은 月干 辛金에 의해 傷官見官(상관견관) 되어 손상되고, 다시 月令 巳火와는 십이포태운성의 沐浴에 해당되고, 坐下 未土와는 養에 해당하니 쇠약한 것이다.

◎ 印星이 旺하고 官星이 弱하니 남을 가르치는 직업인 교직의 길을 가게 된 것이다. 乙木 官星이 衰하나 地支 子辰 반합수국의 生을 받고, 다시 運路가 丑子亥의 용신운으로 흐르니 길운이라 초등학교 교장으로 퇴직하게 된 것이다.

◎ 子水대운 용신운에 교장으로 승진한 것이다.

◎ 日支는 妻宮이고 子水 正財는 妻星인데, 용신에 해당하며 日支宮에 있으니 妻의 내조가 있는 것이다. 妻도 교육직에 종사하고 있는 것이다.

◎ 乙亥대운은 乙木은 한신, 亥水는 용신운이다. 月柱 辛巳와는 乙辛 沖과 巳亥 相沖되어 乙木과 亥水가 손상되나 한신과 용신에 해당하니 大禍(대화)는 없을 것이라 판단하는 것이다. 그런데 子水대운에 부친의 장례가 있은 후부터, 6년간 모친과 본인 공히 허리부위에 심하게 통증이 발생하여 병원치료를 받아왔던 것이다.

◎ 看命(간명)과 연계하여 墓頉(묘탈) 여부를 문의한 것이다.
부친의 묘소와 주변을 鑑定해보니 수맥의 영향이 컸던 것이다. 移葬(이장)하기 위해 破墓해 보니 관속에 물이 가득 차 體魄(체백)이 물에 둥둥 떠 있는 형국이었다. 바로 옆의 吉地로 移葬(이장)한 후부터는 허리 통증이 거짓말같이 사라졌다고 한다.

◎ 原局에 乙木 官星이 손상됨이 적고 旺하였다면 더 높은 직책으로 昇級(승급)했을 것이다.

◉戊土 午月

* 午火節은 火氣가 炎炎하니 먼저 壬水를 보고, 다음으로 甲木을 取하며, 丙火를 均用(균용)한다. 癸水를 쓰면 猛火(맹화)를 감당하기에 힘이 미약하니 辛金의 부조가 필요하다. 上半月(芒種~夏至)은 火旺하니 壬水가 존귀하고, 下半月(夏至~小暑)은 火氣가 退氣를 준비하는 시점이니 丙火를 참작하는 것이다.

* 壬水와 甲木이 모두 투출하면, 君臣慶會(군신경회)라 하여 관직에 오르고 權勢(권세)도 있고 벼슬이 높다. 年干에 辛金이 투출하면 관록이 一品에 이른다.

* 지지에 火局이고 癸水가 투출하면 癸水가 미약하므로 큰불을 끄지 못한다. 이러한 명조는 학문을 좋아하고 게으르지는 않으나 성공을 못하고 目疾(목질)이 있다. 壬水가 출간하면 비록 甲木이 없더라도 부귀와 명예가 높다.

* 土, 木이 중중하고 滴水(적수=적실정도의 水)가 전혀 없으면 僧侶(승려)가 되거나 孤貧(고빈)한 命이다.

◉用神

* 午火節의 戊土는 火勢가 炎炎하니 壬水가 존귀하고, 土氣가 중하면 甲木의 疎土(소토)가 필요하고, 夏至 後에 생한 경우에는 火氣가 퇴기하니 丙火의 보조가 필요하다.

* 壬水와 甲木이 투출한 경우라면 君臣慶會(군신경회)라 하여 貴格이며 관록이 높다. 甲木은 官星이니 "君"에 해당하고, 壬水는 財에 해당하니 "臣"이라 논하며, 君臣이 같이 어울리며 학문과 市政을 논하고 즐거워하는 형국이니 길한 것이다. 만약 癸水가 출간한 경우라면 制火하는 힘이 부족하니 복록이 장구하지 못하다.

* 상기는 芒種 後 1日에 생하니 火勢가 왕한데 다시 지지에서 午戌의 반합화국을 이루어 부조하니 調候(조후)가 긴급한 것이다. 時干 壬水를 용하여 왕한 火氣를

극제해야 하고, 庚金이 있어 水源(수원)을 發하게 하면 자연 중화를 이루게 되어 貴格의 명조가 되는 것이다.

- 천간에 壬庚이 투출하니 貴格의 명조이다. 다만 아쉬운 점은 투출한 壬庚이 지지에 통근하지 못하여 왕강하지 못하고, 比劫인 土氣가 중중하여 용신 壬水를 극제하니, 용신이 손상됨이 있어 고위 공직자의 길을 가지 못하고 대학교에서 부총장직을 역임했던 것이다.

  用神 : 壬水
  喜神 :　金
  忌神 :　土
  閑神 :　木
  仇神 :　火

◎ 戊辰日柱 특성
- 매사 일처리에 현명치 못한 면도 있으나, 안정되게 처리하며 남의 일도 곧잘 돌보아 준다.
- 고집이 지나치게 강하며, 소박한 기질이 있으나 사리분별이 명확치 못한 면도 있다.
- 사주에 水가 많으면 보다 더 내성적이고, 火가 있으면 명랑하고 급한 성격이며, 사주에 숲이 있으면 계획은 많으나 일처리가 더디다.
- 위장계통의 질환이 많은 편이고, 사주가 성격(成格)이 되면 사업이나 정치가로 성공한다.

◎ 용신인 壬水가 약하지 않고, 지지에 午戌 반합화국의 印星이 있어 왕하니 지방국 립대학교의 교수직을 역임한 것이다.

◎ 癸水 대운의 운을 문의한 것이다.
- 癸水는 본시 용신운이나 日干 戊土와 戊癸 간합화국의 구신운이 되니 길하지 못하다.
- 癸水대운에 배속된 세운은, 己丑, 庚寅, 辛卯, 壬辰, 癸巳로 모두가 한신과 구신운에 해당하니 역시 길하지 못한 것이다.
- 亥水 역시 용신운이나 지지 丑辰戌과 상극되어 亥水 용신이 손상되니 역시 길하지 못한 것이다.

- 도교육감 출마를 고려한 것인데, 심사숙고하라는 조언을 듣고 출마의 뜻을 접은 것이다.

◉ 남명의 日支는 처궁이다. 日支 辰宮의 癸水가 용신으로 正財에 해당하며, 지장간에 있어 暗財(암재)가 되니 드러나지 않는 처의 내조가 있는 것이다.

◉ 用神
- 午火節의 戊土는 火氣가 맹렬하니 調候(조후)가 급하다. 먼저는 壬水를 쓰고, 土가 厚重(후중)하면 甲木으로 소토하고, 또한 午火節은 火氣가 퇴기하는 未土月로 進氣하는 시점이니 丙火도 참작한다.
- 壬水와 甲木이 倂透하면 君王을 측근에서 모시는 높은 관직이 기약된다.
- 戊土가 화왕지절에 생하여 왕하나, 지지에 水氣가 태다하여 病이 되었다. 財星이 왕하니 日干이 弱으로 변했다. 病이 된 水氣를 甲木으로 설기시켜, 戊土를 살리면 사주가 중화를 이룰 수 있다.

      用神 : 甲木
      喜神 :   水
      忌神 :   金
      閑神 :   火
      仇神 :   土

◉ 건강
- 사주에 水氣가 왕하니 손발이 차고, 신장, 방광, 허리에 탈이 온다. 젊은 나이에서는 큰 차이가 없으나, 중년 이후에는 점차 신장계통의 건강에 유의해야한다. 신장이나 방광이 약해지면 몸이 비대해지고 쉽게 피로하고 손발이나 얼굴이 붓

는 증세가 나온다.

- 사주에 飛刃殺(비인살)이 많으니 평생에 한두 번 예기치 않은 사고나 질병 등으로 인해 몸에 칼을 대는 즉, 수술해야하는 문제가 나온다.

◉ 결혼운

- 결혼운은 용신으로 보는데 용신이 들어오는 해에 대체로 결혼하게 된다.
- 이 사주는 財星이 많으니 결혼을 늦게 해야 할 팔자다. 2017년 丁酉年에 丁火가 時干 壬水와 丁壬 간합합목의 용신운이 도래하니 좋은 배필이 나타나리라 본다. 이때 결혼하면 길하다.

◉ 직업운

사주에 官과 印이 있으니 남을 가르치는 직업이 좋다. 官星이 약하니 공직자의 길로 가지는 못하고, 학원업이나 유치원계통도 좋다.

◉ 성격

月支가 印星이고 日干이 戊土이니, 성격은 고지식하고, 남과 흉금을 터놓고 어울리는 사주는 아니다. 그리고 돈에 대한 집착이 많다.

◉ 재물운

- 日干 戊土가 衰하나 甲木이 있고, 財星이 왕하니 사주상 재물복은 많다 판단한다. 다만 결혼 후 시어머니와의 사이가 썩 좋다고 볼 수는 없다. 슬기롭고 조화롭게 결혼생활을 해야 할 것이다.
- 이 사주는 결혼 후에도 내 사업을 운영하거나 직장생활을 계속 하여야 하는 팔자이다. 그렇지 않고 결혼 후 집에만 있으면 건강에 심각한 문제가 발생할 수 있다.

◉ 자식운

자녀들은 時柱가 전부 財星이니 공부에 큰 재주는 없을 것이고, 장사나 사업가의 命을 타고난 자녀가 나올 것이다. 태어나는 자녀들이 재물복이 많으니 재물을 모아 집안을 일으킬 것이다.

◉ 부모와의 관계

月支와 日支가 子午 沖하니 부모와의 사이는 원만하지 못하다 판단한다. 특히 아버지와의 사이가 썩 좋지 못할 것이다. 이런 사주는 원룸 등의 방을 얻어 주어 부모와 떨어져 지내는 것이 좋을 것이다.

◉ 결혼 후 부부운

결혼 후 부부사이는 좋다. 단지 시어머니와의 사이가 좋지 않을 것이라 판단된다. 아니면 시어머님이나 시아버님이 일찍 돌아가신 집으로 시집갈 수 있다.

◉ 세운

• 甲午세운은 月柱의 비교에서 甲庚 沖하고 午午 自刑이니 올해는 건강문제가 나온다. 또한 日支와 子午 沖하여 앉은 자리를 흔들어 놓으니 직장이나 직업의 변동이 생길 수 있다.

• 乙未세운은 원국과 乙庚 간합금국의 기신운이고, 子未 害하여 재물을 부수어 놓으니 예기치 않은 사고를 조심해야 한다. 돈이 빠져나가는 문제가 발생한다.

• 丙申세운은 원국과 丙壬 沖하여 財星을 부수고, 申子의 반합수국의 기신운이니 남과의 다툼으로 시비구설수가 생길 수 있다.

• 丁酉세운은 時干 壬水와 丁壬 합목하여 용신운으로 들어오니 결혼수가 생긴다. 좋은 연의 남자를 만나게 될 것이다.

• 戊戌세운이 매우 좋다. 이제까지 인생에서 근심걱정하고 신경 쓰이고, 풀리지 않았던 일들이 봄눈 녹듯 잘 풀려 나갈 것이다.

⊙ 用神

- 戊土 日干이 炎旺지절인 午火節에 생하여 천지에 火氣가 炎炎한데, 다시 寅午의 반합화국이 있어 調候(조후)가 급하다.
- 年支 亥宮의 壬水를 용하여 왕한 火勢(화세)를 제압하면 사주가 중화를 이룰 수 있다.

  用神 : 壬水
  喜神 :　金
  忌神 :　土
  閑神 :　木
  仇神 :　火

⊙ 통변 요약

- 月柱는 月干 甲木은 偏官이고, 月支 午火는 正印이니, 官印相生되어 본시 공직이나 교육자의 길을 가야하는 명조이다. 아니면 時柱 庚申金이 食神이고, 年支 亥水가 偏財이니 食神生財格을 이루어 개인 사업자의 길을 가는 것이 선천직업이다.
- 용신이 壬水가 약하지 않으며 財星이니 재물복이 많다. 貴格의 사주이다.
- 日支 寅木과 時支 申金은 寅申 충되니, 본인과 남편과 자식과는 돈독한 情은 적을 것이라 판단한다.
- 남편에 해당하는 甲木 官星은 자기 자리 午火에 설기당하고, 年干 辛金, 時干 庚金과는 상극되니 甲木의 勢가 매우 미약하다. 따라서 남편과는 화기애애한 情을 기대하기가 힘들 것이고, 금전적으로도 가정에 큰 도움이 적을 것이라 생각되니, 본인이 계속 직업을 유지하여 가정살림에 보탬이 되어야 할 것이라 판단한다.
- 건강문제는 기신과 구신으로 논하는데, 기신은 土고 구신은 火다. 따라서 위장계통이나 혈압 등 혈관계질환, 간장질환 등을 조심해야 할 것이다.

⊙ 대운

- 亥水대운은 용신운이다.
  매사 뜻한바 대로 잘 풀려나갈 것이나, 일부 염려스러운 것은, 年支 亥水와는 自刑되니 뜻하지 않게 손재수가 발생할 것이고, 또한 日支 午火를 극하는데 午

火가 印星에 해당되니, 문서관계로 인한 흉화 혹은 예기치 않은 사고, 질병 등이 발생할 수 있는 것이다.

이 기간 중 2020년 庚子세운은 月干支 甲午와 상호 상충되니 예기치 않은 사고, 질병 등을 조심해야 한다.

• 庚子대운은 희신과 용신운이다.

대체로 10년 기간은 잘 풀려나갈 것이나, 月干 甲木과 月支 午火와 대운 庚子가 공히 상하 상충되니 큰 사고, 질병 등이 발생할 것이 염려스럽다.

이 기간 중 다시 세운에서 역시 月柱 甲午의 간지를 공히 충극하는 운이 들어오면 매우 위험하니 각별히 조심해야 명을 보존할 수 있을 것이다.

• 辛金대운은 희신운이다. 매사 잘 풀려나갈 것이다.

• 丑土대운은 기신운이다. 건강문제가 대두되니 조심해야 한다.

• 壬水대운은 용신운이다. 가정과 자손에게 길함이 많을 것이다.

• 寅木대운은 본시 한신이나 月支 寅木과 반합화국의 구신운이다. 건강문제로 힘든 기간이 될 것이다.

⊙ 用神

• 午火節에 火勢(화세)가 炎炎하니 水가 尊貴(존귀)하다. 壬水를 용해야 하는데, 없을 경우에는 癸水를 쓰나 힘이 미약한 것이다.

• 日支 申宮의 壬水가 용신인데, 火旺之節의 炎炎한 火勢(화세)에 受剋되어 손상되니 용신이 왕하지 못한 것이다.

　　　用神 ： 壬水

```
喜神 :  金
忌神 :  土
閑神 :  木
仇神 :  火
```

◉ 年支 未宮의 乙木과 時支 辰宮의 乙木이 官星으로 남편성인데, 午未합과 辰申의 반합수국으로 변화되니 남편과의 연이 없는 것이다. 특히 여명의 경우는 日支宮이 남편궁인데 타 지지와 합되어 변화되면 대체로 부부연이 박하다 판단하면 틀림없다.

◉ 용신 水가 日支 申宮과 時支 辰宮에 암장되어 있는데, 年, 月柱는 사안이 빠르고 日, 時柱는 사안이 더디게 발생하니, 암시되는 象은 초혼에는 실패수가 높고 재혼해야 안정된다는 것이다.

◉ 천간 戊癸의 합은 부부지합인데, 일명 "老小의 合"이라 한다. 따라서 대체로 나이 차가 많은 배우자를 얻게 되는 것이다. 특히 남녀 공히 日主가 戊土나 癸水인 경우에는 징험됨이 많았다.

◉ 食傷인 庚申金이 자식인데, 旺火에 鎔金(용금)되니 자식과의 연이 적다. 전 남편과의 사이에 자식이 없었던 것이다.

◉ 甲木대운은 한신운이다. 甲木이 偏官이니 재혼할 남자가 들어오는 것이라 동거 생활을 시작한 것인데, 年干 己土와 甲己 간합토국의 기신으로 化되니 부부연이 장구하지 못한 것이다.

◉ 별거 여부를 문의한 것이다.

- 戊土대운은 기신운이다. 月支 午火는 印星으로 문서, 계약과 연관되는데 동거 생활도 일종의 암묵적인 계약관계인 것이다. 午戌 반합화국의 구신운으로 바뀌니 계약이 깨지는 것이라, 이 시기에 별거할 것이라 판단하는 것이다.

- 乙木대운은 한신운이다. 乙木이 正官으로 남편성인데, 月干의 庚金과 간합금국의 희신운이 되니 이때는 결혼하려 하는 남자가 다시 들어오게 되는 것이다.

◉ 여명의 경우 원국에 官星이 미약하거나, 합되어 타 오행으로 바뀌거나, 형충되거나, 하는 경우에는 부부연이 박하다 판단하면 틀림없는 것이다.

◉戊土 未月

• 未土月은 三伏生寒(삼복생한)의 시점이나 아직 炎炎한 勢(세)가 남아 乾枯(건고) 하니 먼저 癸水를 쓰고, 다음으로 丙火, 甲木을 쓴다.

• 癸水, 丙火, 甲木이 투출하면 국가고시에 합격한다.
  癸水, 甲木이 있고 丙火가 없으면 秀才(수재)에 불과하다.
  癸水, 丙火가 있고 甲木이 없으면 小富이다.
  丙火가 있고 癸水, 甲木이 없으면 衣食足(의식족)일 뿐이다.

• 土가 중중하고, 一位 甲木이 출간하면 庚辛金의 破木됨이 없어야 한다. 이 사 람은 벼슬을 바라나 性情(성정)이 勤愼(근신)하여 크게 발전은 못하나, 의리가 있 으며 文章(문장)으로 세상을 놀라게 한다.

• 癸水와 辛金이 투출하면 刀筆(도필=무직. 이공계. 文士)의 재주이니 무관직이나 기 술직으로 小富貴를 누린다.

• 癸水, 辛金과 丙火가 없으면 平人이며, 만일 甲木이 없으면 下賤人(하천인)이다.

◉用神

• 지지 申子辰 삼합수국은 月令을 득하지 못했으니 失氣한 것이다. 단지 財가 중 중한 것으로 논한다. 財가 중하면 신약의 경우가 많은데 상기는 月, 日에 辰未 의 比劫이 있으니 쇠약하다 판단할 수 없으므로 印星을 용할 수 없는 것이다.

• 未月은 三伏生寒(삼복생한)의 시점이나 아직 火勢가 남아 있으니 癸水가 요긴하 고, 土重하면 木의 疎土(소토)가 있어야 한다.

• 戊土가 未月에 衰地(쇠지)라 失氣했으나 지지에 辰未의 比劫을 얻으니 약변강의 勢를 이룬 것이다. 따라서 財를 용하여 형제자매들에게 골고루 분배시키면 다 툼의 소지를 줄일 수 있는 것이다. 따라서 용신은 日支 子中의 癸水이다.

用神 : 癸水
喜神 :　金
忌神 :　土
閑神 :　木
仇神 ;　火

◉ 丁丑대운의 운을 문의한 것이다.

　• 丁火대운은 구신운이라 흉하다. 또한 丁火가 時干 庚金 食神을 극하니 직업, 직장, 직책과 연관되어 흉액이 발생하는 것이다.

　• 戊戌세운에 기신인 土運이 도래하니 대장질환으로 수술을 받게 되어 몇 달 동안 점포의 문을 닫아야 했던 것이다.

　• 丑土대운은 역시 기신운이라 흉한데, 己亥세운에 己土가 年干 甲木과 간합토국의 기신운이 되니 다시 흉화가 발생하는 것이다. 전년도 戊戌年의 대장질환 수술부위에 협착증이 발생하여 재수술을 받아야 했던 것이다. 이후 건강관리를 위해 다시 1년 동안 점포의 문을 닫아야 했던 것이다.

◉ 日支 처궁에 子水 正財가 있으니 처의 내조가 큰 것이다.

◉ 時柱가 庚申으로 食神에 해당하니, 기술, 재예와 연관되어 공업고등학교를 나온 것이고, 다시 日支 子水를 생하니 食神生財格으로 富格의 명조이다.

◉ 用神

　• 戊土가 未土月에 생하여 火氣가 退氣하는 시점이나 巳午火節을 지나오며 戊土는 乾枯(건고)한 상태이다. 다시 지지에 午未의 합국이 있어 火勢를 더하니 건조함이 심해진 상황이라 調候(조후)를 用하여 먼저는 하늘의 우로인 癸水가 필요

하고 다음으로 丙火와 甲木을 쓴다.

- 지지 亥卯未 삼합목국은 月令이 未土라 실기했으니, 日主 戊土를 핍박함이 심한 것은 아니다.
- 戊土가 乾枯(건고)한 상태라 調候(조후)를 득해야 하니 하늘의 감로수인 癸水가 긴요하다. 癸水가 불투하고 年支 亥宮에 壬水가 있으니 부득이 이를 용신으로 잡는다.

> 用神 : 壬水
> 喜神 :   金
> 忌神 :   土
> 閑神 :   木
> 仇神 :   火

◎ 時柱가 乙卯로 正官이 둘이니 偏官으로 化된 것이고, 局에 己未土의 劫財가 있으니 기술직의 직업과 연관된다. 土가 중중하니 토목, 건축관련 사업을 하고 있는 것이다.

◎ 月柱가 辛未로 傷官과 比劫이니 外家가 몰락했을 것이라 판단하는 것이다.

◎ 丑土대운의 사업운을 문의한 것이다.
  - 丑土는 오행상 土로 분류되나 사주에서의 작용은 濕泥(습니)로 보아 불순물이 가득한 혼탁한 물로 논한다.
  - 年支와는 亥水 용신을 剋하니 매사 길흉이 반복되는 것이다.
  - 月支 未土는 본시 기신으로 劫財이다. 丑未 沖하여 기신이 沖去되니 반대로 길함이 있는 것이다.
  - 日支 午火는 구신으로 正印이며 문서, 계약 등과 연관된다. 日支는 경쟁관계의 회사로도 논하는데, 丑土가 泥土(니토)로 丑午 怨嗔(원진)되어 午火의 불을 끄니, 문서, 계약 등과 연관하여 경쟁관계에 있는 회사와의 경쟁에서 실패수가 발생하는 것이다.
  - 時支 卯木은 正官으로 직업, 직장, 직책과 연관되며 한신에 해당된다. 丑土와 상호 상극되니 한신의 역할을 못하게 되고, 오히려 구설과 음해가 발생하는 것이다.
  - 대규모 축사를 짓는 토목공사를 지인으로부터 소개 받았는데, 경쟁관계에 있는

회사에서 인맥을 동원하여 저가로 치고 들어와 계약이 파기된 것이다. 다행인 것은 토목공사를 소개했던 지인이 다시 소규모 공사를 소개하여 공사를 할 수 있었던 것이다.

◎財星이 水로 용신에 해당하니 처의 내조가 많은 것이다.

◎用神
•未月의 戊土는 火氣가 퇴기하는 三伏生寒(삼복생한)의 시점이라 하나, 巳午節을 지나면서 아직 염염하고 乾枯(건고)한 기색이 남아있다. 따라서 먼저는 하늘의 감로수인 癸水를 쓰고, 다음은 寒氣(한기)가 점승하는 시점이니 丙火를 쓰고, 甲木으로 보조한다.
•癸水, 丙火, 甲木이 투출하면 貴格의 명조이다.
癸水, 甲木이 있고 丙火가 없으면 단지 秀才(수재)에 불과하다.
癸水, 丙火가 있고 甲木이 없으면 小富이다.
丙火가 있고 癸水가 없으면 단지 衣食이 足할 뿐이다.
•상기는 지지에 未辰戌의 土氣가 중첩되어 日主를 부조함이 지나치니 甲木을 용하여 疏土(소토)함이 급하다. 다음으로 癸水가 있어 滋潤(자윤)함을 요하고, 또한 生寒하는 시점이니 丙火의 따듯함이 있어야 한다.
•厚重한 土를 소토하는 甲木이 있어야 하나 불투하고, 月干에 乙木이 투출했으니 부득이 이를 용신으로 잡아야 한다. 그러나 格이 떨어지는 것이다.
用神 : 乙木
喜神 :   水

```
忌神 :   金
閑神 :   火
仇神 :   土
```

◉ 용신 乙木은 좌하 未土에 통근했다 하나, 沙土이니 뿌리를 튼튼히 박고 있지 못한 것이다. 다만 日支 辰土에 冠帶(관대)를 득하고, 年支 卯木에 건록을 得하니 태약 함은 면한 것이다.

◉ 月支 未宮의 지장간에 丁火 印星, 乙木 官星이 있으니 雜氣官印格(잡기관인격)이다. 본 시 官과 印을 사용해야 하는 공직자의 명조이나, 比劫이 중중하여 官星과 상극되니 국립대학교의 전기공학 교수의 길을 간 것이다. 천간의 辛金 傷官과 乙木 正官이 인접하여 傷官見官되니 官星이 손상됨이 있어 직책이 높지 못한 것이다.

◉ 時干에 壬水 偏財가 一位 투출했으니 "時上一位 偏財格(시상일위 편재격)"이다. 나타나는 특성은 다음과 같다.

  • 부모와의 연이 박하여 두 분 혹은 한 분이 일찍 작고하신 경우가 많다.
  • 형제자매와의 연이 적어 어려서 가족 간 뿔뿔이 흩어져 타향살이를 하는 경우가 많다.
  • 본처와의 연이 적어 사별하거나 재혼하는 경우가 많다.
  • 중년 이후에 풀려나가기 시작하여 말년에 가서야 그나마 衣食이 足하게 되는 명조이다.
  • 행동과 생각이 기민하며 직장생활 보다는 개인사업을 하는 경우가 많다.

◉ 丑土대운의 운세를 문의한 것이다.

  • 퇴직 후의 새로운 직장운의 길흉을 물은 것이다.
  • 丑土는 본시 구신운이다. 지지의 戌未와 丑戌未 三刑殺을 형성하니 길하지 못하다.
  • 戌未는 比劫이니 동료, 동창, 동업과 연관되는 것이다. 퇴직 후 뜻이 맞는 사람들이 자금을 출연하여 공학관련 연구실을 차려 정부기관이나 대기업과 연계하여 사업을 도모해 보고자하는 의도인 것이다.
  • 동업을 의미하는 比劫이 구신이니 길하지 못하다. 심사숙고하기를 권했던 것이다.

◎ 用神

• 男命(1)

未土月은 三伏生寒의 시점이라 火氣가 요긴하나, 巳午月의 火旺之節을 지나오며 아직은 火勢가 남아 있으므로 癸水도 필요한 것이다. 比劫인 戊己土가 중중하니 신왕하여 여러 형제들이 적은 재물을 놓고 다투는 형국이다. 따라서 재물을 보태면 다툼의 소지가 적어질 것이니 時干 癸水 正財를 용신으로 잡는다.

　　　用神 : 癸水
　　　喜神 :　金
　　　忌神 :　土
　　　閑神 :　木
　　　仇神 :　火

• 男命(2)

앞서 언급된 명조이다. 壬水 日主가 지지에 四庫인 辰未戌丑의 官星을 깔고 있으니 제극 당함이 심하여 신약하다. 甲木의 疎土와 辛金의 생조가 필요한 것이다. 그러나 아쉽게도 甲木이 불투하고 乙木이 투출했으나 乙木으로는 疎土(소토)의 힘이 태부족이라 용할 수 없다. 따라서 印星을 용하여 왕한 官星의 氣를 洩하고 日主를 생조하면 사주가 중화를 이룰 수 있는 것이다. 용신은 時干 辛金이다.

用神 : 辛金
喜神 :   土
忌神 :   火
閑神 :   水
仇神 :   木

• 男命(3)

卯月의 壬水는 寒氣와 불순물이 제거되니 물이 淸深(청심)하다. 지지에 卯戌과 午戌의 化火 됨이 있으니 財星이 왕한 것이라 從格을 생각해 볼 수 있으나, 卯戌 합은 卯木이 月令을 차지하여 合火됨이 실기했다 판단한다. 또한 年支 戌宮의 辛金 印星이 있어 日主를 생조하니 從財格으로 논할 수 없고 財多身弱으로 논해야 한다. 따라서 억부법을 적용하여 財多身弱하니 日主를 생하는 印星을 용해야 하므로 年支 戌宮의 辛金을 용신으로 잡아야 한다. 용신은 辛金이다.

用神 : 辛金
喜神 :   土
忌神 :   火
閑神 :   水
仇神 :   木

• 男命(4)

앞서 언급된 명조이다. 절기가 小滿을 지나 芒種 前 3日에 태어났으니 丙火가 司令한 것이고, 午火節의 炎炎한 기세가 맹위를 떨치는 시점이다. 따라서 巳酉 반합금국은 巳火가 왕하니 金局이 실기했다 판단하는 것이다. 따라서 炎炎한 火勢를 극제할 水氣가 필요한 것이다. 原局에 水가 전무하니 胎元(태원)을 적용하는데 태원이 庚申이니 申宮의 壬水를 용신으로 잡는 것이다.

用神 : 壬水
喜神 :   金
忌神 :   土
閑神 :   木
仇神 :   火

⊙ 상기는 모두 전기, 전파관련 종사자의 명조이다.

⊙ 전기, 전파관련 종사자 명조의 통변

- 천간에 食傷이 투출한 경우에 전기, 전파관련 업종의 종사자가 많다.
- 月, 日支가 印星과 食傷인 경우에 전기, 전파관련 업종의 종사자가 많다.
- 寅.卯.巳.午.未月의 庚辛日은 전기, 전파관련 업종의 종사자가 많다.
- 甲乙日이 水의 印星에 火의 食傷이 있으면 전기, 전파관련 업종의 종사자가 많다.
- 日主 중심하여 月柱, 日支에 印星과 食傷이 있는 명조는 전기, 전파관련 업종에 종사하는 경우가 많다.
◉ 상기 전기, 전파관련 종사자들 명조의 공통점은, 日主 중심하여 月干이나 時干, 혹은 日支에 食傷이 있다는 것이다.
◉ 2021년도 辛丑年 기준하여 사업장의 규모 및 자산규모 순위
  (남4) → (남2) → (남3) → (남1) 명조의 順이다.

◉ 戊土 申月
- 申月 戊土는 陽氣(양기)가 점점 물러나고, 金水로 進氣하는 계절이니 寒氣(한기)가 점차 들어오게 된다. 먼저는 丙火를 써서 온난케 하고, 다음은 癸水를 써서 대자연의 土를 滋潤(자윤)케 하고, 다음은 土가 厚重(후중)하면 甲木을 써서 疏土(소토)한다.
- 丙火, 癸水, 甲木이 투출한 者는 三奇格(삼기격)이니 부귀가 最上(최상)이다.
  癸水가 암장되고 丙火가 투출하면 겨우 秀才(수재)일 뿐이다.
  壬水가 투출하고 丙火가 암장되면 국가의 祿은 받는다.
- 丙火, 甲木이 모두 투출하고, 癸水가 會局(회국)하여 辰宮에 감추어져 있으면 역시 學界(학계)의 巨頭(거두)가 되며 風水가 미흡하더라도 富貴를 잃지 않는다.

- 丙火가 없고 癸水와 甲木이 있으면, 이 사람은 淸雅(청아)하므로 千金을 갖게 되는 富豪(부호)이다. 또한 異途(이도=무관직. 문필직, 기술직..)로 공명을 얻는다.
- 甲木과 癸水가 없으면 평범하다. 만약 丙火가 있으면 처는 어질고 자식은 효도를 한다.
- 丙火, 癸水, 甲木이 모두 없으면 무용지인이며 처자를 건사하기 힘들다.
- 財와 官이 없고 印星이 있으면, 비록 富貴가 부족하더라도 처가 어질고 자식이 착하다.
- 地支에 水局이 있더라도 月令 申宮에는 戊己土가 있어 뿌리가 있는 것이니, 棄命從財格(기명종재격=從財格)이라 논하지 말고 洩氣(설기)하는 甲木으로 용신을 잡는다.

  甲木의 투출이 있으면 小富貴하고 재능이 많고 성격이 후덕하다.

  甲木이 암장되면 道가 厚(후)하고 福祿(복록)이 있는 命이다.

◎ 用神
- 戊土가 金旺之節인 申月에 생하여 洩氣가 심하여 신약하고 土金食傷格이다. 아직 논밭에 稼花(가화)가 남아있으니 丙火의 햇볕이 있어야 열매가 능히 결실을 맺고, 적당한 雨露(우로)가 있어야 稼花(가화)가 건실해지는 것이다.
- 局에 食神과 財가 중중하니 신약하다. 印星으로 용신을 잡아 日主를 생조하면 사주가 중화를 이룰 수 있다.
- 용신인 丙丁火가 불투했으니 부득이 時支 未宮의 丁火를 용신으로 잡는다.
- 日支 戊宮에도 지장간에 丁火가 있으나 正氣에 戊土가 있어 洩氣(설기)가 되니 용하지 못하는 것이다. 時支 未宮은 餘氣(여기)에 丁火가 있으나 中氣 乙木의 생을 받으니 용함이 可하다 판단하는 것이다.
- 다만 혐의가 되는 것은, 日, 時支가 戊未로 刑破되어 뿌리가 손상되니, 지장간의 丁火 용신도 역시 손상됨이 있다 판단하는 것이다.

  用神 : 丁火
  喜神 :　木
  忌神 :　水
  閑神 :　土
  仇神 :　金

⊙ 용신이 丁火 印星이니 두뇌가 총명하다. 명문여대를 졸업한 것이다.

⊙ 年, 月柱가 金水로 食神生財하니 본시 富格이며 財를 운용해야 하는 명조이나, 財星이 水로 기신에 해당하니 사업가의 財는 아닌 것이다. 대학 졸업 후 은행에 취업했으나 적성에 맞지 않아 몇 년 만에 퇴직했던 것이다.

⊙ 용신이 丁火 印星으로 부모성이다. 時支 未宮의 丁火를 용한 것인데, 日支 戊土와 刑破되어 손상됨이 있으니, 모친이 60세를 넘기지 못하고 작고한 것이다.

⊙ 月柱가 庚申金으로 食神에 해당되며 왕하다. 여명의 食神은 남편성인 官星을 극하므로 자연 부부 緣에 금이 갈까 우려가 된다. 또한 여명의 日支宮은 님편궁인데, 墓宮에 자리하니 역시 부부연이 박하다 판단한다.

⊙ 月支에 食神이 있으니 음식솜씨가 좋고 미식가이다.

⊙ 年柱의 財는 상속의 財인데, 干支가 모두 財星이니 어머니 명의로 되었던 아파트를 상속받은 것이다.

⊙ 用神
• 申月의 戊土는 金水로 進氣(진기)하는 계절이니 火氣가 쇠퇴하여 陽氣는 들어가고 寒氣(한기)가 밖으로 나오는 시점이다. 따라서 丙火가 있어 따듯하게 해주어야 하고, 陽氣가 晟(성)하면 하늘의 감로수인 雨露(우로)로 滋潤(자윤)하여 주고, 厚土(후토)이면 甲木의 疎土(소토)가 필요하다. 따라서 먼저는 丙火이고, 다음이 癸水이며, 甲木으로 보좌한다.
• 丙火, 癸水, 甲木이 모두 투출하면 국가고시에 합격하여 고관대작을 지내게 된다.

丙火, 甲木이 투출하고 癸水가 지지 辰土에 암장되면, 儒林(유림)의 巨頭(거두)로 富貴가 있으며 名振四海(명진사해)한다.

癸水, 甲木이 투출하고 丙火가 없으면, 淸雅(청아)하며 富는 크나 異途功名(이도공명)이다.

丙火가 투출하고 癸水가 암장되면 小富貴한다.

壬水가 투출하고 丙火가 암장되면 단지 秀才이다.

丙火가 있고 癸水와 甲木이 없으면, 평범한 命이나 아내는 어질고 자식은 효도한다.

丙火, 癸水, 甲木이 모두 없으면 苦貧(고빈)한 命으로 아내와 자식을 건사하기 힘들다.

• 상기는 日主 戊土가 寒氣가 왕한 시점에 생하고, 局에 食傷과 財星이 중하니 신약하다. 丙火 印星을 용하여 日主를 생조하면 중화를 이룰 수 있다.

• 용신 丙火가 불투하니 年支 寅宮의 丙火를 용해야 하나, 공망되고, 다시 寅申 沖으로 寅宮의 丙火 용신이 손상되니 사주가 길격이 되지 못한다.

• 운로에서 寅木이 入되어 공망된 年支 寅木이 塡實(전실)되면 寅宮의 丙火가 용신의 역할을 하게 되는 것이다.

　　用神 : 丙火
　　喜神 :　　木
　　忌神 :　　水
　　閑神 :　　土
　　仇神 :　　金

◉ 壬水가 偏財로 父이고 祿星은 亥水이다. 戊日干의 祿星은 巳火로 상호 상충되니 父子간의 연은 박한 것이다.

◉ 癸水가 正財로 처성이며 祿星은 子水이다. 戊日干의 祿星은 巳火로 상호 상극되니 처와의 연이 박한 것이며, 아울러 局의 財星이 기신이며, 또한 日, 時支가 寅申 沖되니 역시 처자와의 연이 적어 독신자로 살고 있는 것이다.

◉ 丁火는 正印으로 母이고 長生은 酉金이며, 戊日干의 長生은 寅木이다. 寅酉 怨嗔(원진)되어 상호 배척하는 象이니 부모의 이혼으로 인해 母子간의 연은 박했던 것이다.

- 丙火는 偏印으로 偏母이며 祿星은 巳火이다. 戊日干의 祿星은 巳火이다. 比和되니 무애무덕한 것이라 偏母의 손에서 컸던 것이다.

- 月干에 투출한 壬水는 偏妻로 재혼한 여자, 동거녀, 여자 친구로 논한다. 투출하였으니 동거하는 여자는 여럿 있었으나, 좌하 申金과 年支 寅木과 상충되어 뿌리가 끊어지니 申宮의 壬水 역시 손상되어 동거녀와도 연이 없는 것이다.

- 日支 申金 食神이 驛馬殺(역마살)을 대동하고 寅申 沖되니 走馬加鞭格(주마가편격)이다. 食神은 밥그릇이니 직장과 신변의 변동수가 많은 것이고, 매사 분주하나 결과물은 적은 것이다.

- 초년 甲戌대운은 甲木은 희신, 戌土는 局의 年支 寅木과 寅戌 반합화국의 용신운이니 대학을 다닐 수 있었다.

- 중년의 亥子丑 水大運은 기신운이니 매사 저체되고 장애요소가 많았다.

- 戊寅대운 이후는 희신운이니 身苦(신고)가 다소 덜해지고 풀려나감이 있을 것이다.

- 用神
  - 申月의 戊土는 陽氣가 退氣하고 寒氣가 漸昇(점승)하는 시점이라, 먼저 丙火를 쓰고 다음에 癸水를 쓰며, 甲木이 다음이다.
  - 申月은 稼花(가화)가 아직 논밭에 있는 시점이니, 丙火인 햇볕이 있어야 열매가 영글어 가는 것이며, 또한 하늘의 감로수인 癸水가 있어야 익어가는 가화의 열매가 健實(건실)해지는 것이다. 또한 申宮에는 壬水와 庚金이 있으며 冬月인 水旺之節로 進氣하는 시점이라, 局에 水氣가 많으면 戊土의 制水가 있어야 가화의 뿌리가 썩지 않고 열매가 물러지지 않는 것이다.

• 상기는 處暑(처서)가 지나 생하였으니 寒氣가 더욱 왕해지는 시점이라 丙火의 따듯함이 필요하다. 月干 丙火를 용신으로 잡는다. 丙火는 申月에 失氣했으나, 日支 寅木에 長生을 득하고, 坐下 戌土에는 비록 墓宮(묘궁)이나 통근하고 있으니 火勢(화세)가 태약한 것은 아니다.

　　用神 : 丙火
　　喜神 :　木
　　忌神 :　水
　　閑神 :　土
　　仇神 :　金

⊙ 時干 癸水가 月令에 통근하여 투출했으니 正財格이다. 癸水는 月令 申金의 부조를 받고 다시 坐下 丑土에 冠帶(관대)를 득하니 왕하여 부자의 명조이다. 자동차 부품 납품공장을 운영하며 득재한 것이다.

⊙ 丙火 印星이 왕하지 못하고, 밥그릇인 申金 食神이 日支 寅木과 寅申 충하여 손상되니 長壽者(장수자)의 命은 아닌 것이다.

⊙ 壬寅대운은 원국의 月柱 丙申과 丙壬 沖과 寅申 沖으로 상충하니 길하지 못하다. 月柱는 日主의 모태인데 모태가 손상되니 자신의 命에 위태로움이 있는 것이다. 다시 배속된 甲申세운에 歲干 甲木이 日干 戊土를 극하고, 歲支 申金이 日支 寅木을 극하여 자기자리가 역시 손상되니 命을 보존하기가 힘들었던 것이다. 기신이 水니 신장, 방광계통의 질환으로 사망한 것이다.

⊙ 대운에서 月干支를 공히 剋, 刑, 沖하고, 다시 세운에서 역시 月干支를 공히 剋, 刑, 沖하거나 日干支를 공히 剋, 刑, 沖 할 시는 命을 보존하지 못하는 경우가 많았다.

⊙ 用神

- 戊土 日干이 酉金月에 태어나고 日支에 申金을 깔고 있어 洩氣(설기)가 심하고, 年支 亥水, 月干 癸水, 時干 壬水가 전부 뿌리를 깊이 박고 있으니 水의 기운이 왕강하다. 따라서 財가 왕하여 財多身弱이 되니, 印星인 丙火를 용하여 신약한 日主를 부조함이 시급하다.

- 日干은 戊癸 간합화국을 이루어 戊宮의 丁火와는 비록 약하지만 통근이 되고 있으니 火氣가 전혀 없는 것은 아니다. 다만 용신이 미약하고 희신인 甲木이 지장간 亥水에 있어 젖은 나무이므로 용신을 부조해줌이 약하니 운세가 강하지는 못한 것이다.

  用神 : 丙火
  喜神 :　木
  忌神 :　水
  閑神 :　土
  仇神 :　金

⊙ 건강

- 건강문제는 제일 먼저 대두되는 것이 신장, 방광, 허리, 그리고 신경계통이다. 나이가 들면서 이 부위가 탈이 나기 시작하여 다른 부위에도 건강상 이상이 나타날 수 있다.

- 대체로 손발이 찬 편이다. 항시 몸을 따뜻하게 하여 혈액순환이 잘 돌도록 하여야 건강을 유지할 수 있을 것이다.

- 평생에 한두 번 몸에 칼을 대는 문제, 즉 수술을 하여야 하는 문제의 발생이 암시된다. 질병이건 사고건 아니면 제왕절개 건 반드시 겪고 넘어가야 액땜을 하는 것이다.

- 장거리 여행이나 교통수단 이용 시, 예기치 않은 사고 등으로 인하여 흉화가 발생할 수 있으니 항시 신경 쓰고 조심하여야 합니다.

⊙ 결혼운

- 여명에서 남편은 官星으로 보는데 특히 正官을 남편으로 본다. 상기사주에는 사주원국에 正官이 없고 亥中에 甲木 偏官을 남편으로 보는데, 酉金月 甲木은 死囚地에 들어 매우 약하다. 따라서 결혼운은 굴곡이 많았을 것이라 판단된다.

- 아울러 여명에서 財星은 시어머니로 보는데 사주에 財星이 많으니 시어머니와의 갈등, 시누이들과의 갈등으로 정신적인 갈등이 많았을 것이다.
- 丙火 대운이 用神運에 해당하니 이때가 결혼운의 적기이다.

◎ 직업
- 상기 사주는 食傷生財格이니 집에만 있을 수는 없는 사주이다. 사회활동을 하여야 하는 사주이고, 특히 기술적인 자격증을 따서 그것을 바탕으로 자영업을 하거나, 아니면 요식업도 맞는 직업군이다.
- 사주가 食傷生財가 되니 평생에 궁핍하게 살 사주는 아니다. 움직이면 돈을 벌 수 있는 사주이니 건강이 허락하는 한 열심히 노력하여야 할 것이다.

◎ 가족
- 時干 壬水 偏財가 日干 戊土와 時支 戌土의 극을 받아 약하니 부모님 중 한분이 일찍 돌아가실 수 있다.
- 또한 형제들은 많겠지만 자라면서 가족 중 한두 명을 잃을 수 있는 사주이다.
- 사주원국을 보면 어머니 혹은 할머니가 두 분으로 나오고, 따라서 이복형제가 있을 수 있고, 아니라면 아버님 할아버님 형제 중 養子(양자)나 養女(양녀)로 간 분이 있는 것으로 나온다.
- 아울러 조상들의 가족관계 즉 성공과 실패, 가운의 흥망성쇠, 첩실 문제, 원한관계, 자살이나 객사 등의 매우 복잡한 문제가 있었을 것으로 나온다. 이는 명조에 조객살, 수옥살, 교신살 등의 흉살이 많기 때문이다.
- 사주원국에 幻神殺(환신살), 弔客殺(조객살), 喪門殺(상문살), 呑陷殺(탄함살) 등이 있다. 이는 조상들 중에서 20세 전후로 일찍 죽은 분이 계시고, 어머니, 할머니, 증조할머니 중 어느 분이 극진히 산신령을 위하거나 부처님을 위한 분이 계시다. 그분을 잘 위해주어야 할 것 같고, 아버지 혹은 할아버지 형제분들 중 원한 맺혀 돌아가신 분(자살 등..)이 계시다. 그 분들의 여파가 후손인 본인에게도 나쁜 영향을 미칠 수 있는 것이다.
- 형제간의 덕은 기대하기 어려운 것이다. 比肩, 劫財가 형제자매인데 왕강한 癸水, 亥水, 壬水 등의 훼을 많이 받으니 형제복은 없고 홀로 고군분투하고 고립무원일 것이다.

⊙ 자녀

- 여자사주에서 食傷을 자식으로 본다. 상기의 명조는 자식복이 적을 것이라 판단한다. 자식과의 연이 적다는 의미이다. 부모로서 키워주는 의무는 하겠지만 자녀들이 커서 봉양을 받는다는 생각은 하지 않는 것이 좋을 것이다.
- 본시 자식은 3-4명이 있어야 한다. 만약 그렇지 않다면 아이를 덜 낳은 것일 것이다. 아니면 자식들 중 1-2명이 손상될 수 있으니, 이는 내손으로 다 키우지 못하는 죽은 자식이 있을 수 있다는 의미이다.

⊙ 성격

- 酉金月의 戊土 日干은 아기자기한 멋이 없다. 다소 무뚝뚝한 편이다. 남자들에게 인기가 많은 편은 아닐 것이라 판단한다.
- 반면에 고집이 있고, 결심한 일은 강하게 밀어붙이는 추진력이 있다. 남의 이야기를 많이 들어주는 아량이 필요하리라 생각된다.

⊙ 대운과 세운

- 戊寅. 己卯. 庚辰 대운은 용신과 희신운으로 향하니 그래도 안정된 생활을 영위할 수 있을 것이다.
- 戊子세운은 일희일비의 운이다. 상반기는 좋은 운이고 하반기는 신경을 써야 할 일과 건강문제가 대두될 수 있다. 이는 1년 후인 己丑年까지 계속될 것이다. 특히 올해 하반기는 자녀들의 문제로 인해 노심초사할 일이 생길 수 있으니 만전을 기하여야 할 것이다.

⊙ 재물운

- 재물운은 다소 있는 命이다. 기술 혹은 자격증을 취득해서 이를 잘 활용하여 돈을 벌어야 한다는 것이다.
- 다만 버는 만큼 빠져나가니 열을 얻어도 결국 내 수중에 남는 것은 한두 개뿐일 것이다. 말년운은 寅卯辰의 동방목운인 희신운으로 진행되니, 금전문제는 큰 신경을 쓰지 않고 잘 넘어갈 수 있을 것이라 판단한다.

⊙ 유의점

戊子세운과 己丑세운은 기신과 구신운이니 나를 시기하고, 질투하고, 음해하는 문제가 발생할 수 있다. 그런 문제가 시비구설수로 번질 수도 있으니 행동하기 전에 깊이 있게 생각하고 일처리를 하여야 할 것이다.

◉戊土 酉月

· 酉金月은 金氣가 當令(당령)하여 子旺母衰(자왕모쇠)하다. 土가 金에 설기되고 日主가 寒冷(한랭)하니, 丙火로 따뜻하게 하고 水로써 滋潤(자윤)함이 기쁘다. 먼저는 丙火이고 나중은 癸水이다. 이렇게 되면 木의 疏土(소토)가 반드시 필요한 것은 아니다.

· 丙火와 癸水가 투출하면 국가고시에 합격한다.

丙火가 투출되고 癸水가 暗藏(암장)되면 小富貴한다.

癸水가 투출하고 丙火가 暗藏(암장)되면 富 中 貴가 있다. 관직을 돈으로 사게 된다.

丙火가 투출했으나 癸水가 없으면 단지 秀才이다.

癸水가 투출했으나 丙火가 없으면 단지 재능있는 小人輩(소인배)다.

丙火가 암장되고 癸水가 없거나, 癸水가 많으나 不透(불투)하고 丙火가 없으면 모두 평범하다.

· 癸水와 丙火가 사주원국에 없으면 下賤(하천)이다.

· 지지 水局에 壬癸水가 天干에 투출하면 財多身弱이니 어리석고 나약하며 무능하다. 天干에 比劫이 있어 財를 分配(분배)하면 약간의 衣食(의식)이 있다.

· 辛金이 중중하고 丙丁火가 없으면, 土金傷官格인데, 위인이 총명하나 교만한 기질이 있고, 異途(이도=무관직. 문필가. 기술직)로 발전한다.

- 癸水가 있어 戊土를 윤택하게 하면 富貴格을 이루나 이 경우는 日主가 왕함을 요한다.

◎ 用神

- 酉金月의 戊土는 寒冷(한냉)하니 먼저는 丙火의 따듯함이 있어야 하고 다음은 癸水의 滋潤(자윤)함이 있어야 한다.
- 月令이 酉金이니 土金傷官格이다. 아울러 지지에 申酉의 金氣가 왕하니, 日主 戊土를 설기시킴이 태다하여 신약하니 日主를 생조하는 丙火가 용신이다.
- 丙火가 不透(불투)하고 年干 丁火가 투출했으니 이를 용신으로 잡는다. 丁火는 月令 酉金에 長生을 得하고 時支 午火에 통근하니 태약하지 않으나, 官星의 부조가 전혀 없으니 용신의 역할이 장구하지 못한 것이다.

用神 : 丁火
喜神 :　木
忌神 :　水
閑神 :　土
仇神 :　金

◎ 年, 月支가 酉酉 自刑된다. 이는 조상 및 부모와의 緣이 薄(박)한 것이 암시된다. 어려서 타 가정에 입양된 것이다.

◎ 戊日干의 祿星은 巳火이고, 壬水 偏財가 父인데 祿星은 亥水이다. 亥水는 기신이며 巳亥 상충하니 父와의 연이 없는 것이다.

◎ 丁火가 正印으로 母이다. 丁火의 長生은 酉金이고, 戊日干의 長生은 寅木이다. 상호 상극되니 母와의 연도 없는 것이다.

◎ 時支 午와 日支 申 사이에는 午(未)申하여 未土가 拱(공)되었다. 戊日干의 未土는 夜天乙貴人에 해당되니 拱貴格(공귀격)인 것이다. 매사 암암리에 貴人의 도움을 받는 명조이나, 時支와 午未 합되어 묶이니 貴人이 도와줌에 적극성이 없는 것이다.

◎ 丙午대운은 용신운이니 이때 결혼한 것이다.

◎ 甲辰대운 중 癸巳세운의 통변

- 甲대운은 본시 희신운이나 月干 己土와 甲己 합토의 한신운으로 化되니 무탈하다.

- 辰대운은 日支 申金과 암암리에 子水를 끌어와 申(子)辰 삼합수국의 기신운으로 化되니 흉운이다. 子水가 時支 午火 羊刃殺(양인살)을 沖하니 羊刃이 태동하여 흉화의 발생이 암시되는 것이다.
- 癸巳세운의 歲干 癸水는 용신 年干 丁火와 丁癸 沖하여 용신을 손상시키니 흉하다.
- 歲支 巳火는 본시 용신이나 年, 月의 酉金과 巳酉 반합금국의 구신운으로 化되니 흉하고, 日支 申金과는 巳申 합수국의 기신운으로 化되니 역시 흉하다.
- 歲支 巳火는 局의 酉金과 암암리에 巳酉丑의 삼합금국을 형성하는데, 巳酉丑의 三殺은 辰土이다. 다시 三殺庫(삼살고)인 辰土는 局의 酉金과 辰酉 육합금국의 구신으로 化되니 매우 흉하다.
- 癸巳세운에 음독자살한 것이다. 독약은 火에 속하는데, 歲支 巳火가 日支 申金과 巳申 刑合의 水局이 되어, 羊刃(양인)을 대동한 午火와 相爭하여 羊刃殺의 흉함이 태동했기 때문이다.

⊙ 戊土 戌月
- 戌月은 천지가 寒하나 戊土가 司令하니 丙火를 專用(전용)할 수 없다. 甲木으로 疎土(소토)하고 癸水로 滋潤(자윤)한다. 戊癸의 합됨을 기피한다.
- 甲木, 丙火, 癸水의 배합됨이 있으면 土가 有氣하니 국가고시에 합격한다.
- 甲木이 용신인 경우에 癸水의 扶助(부조)가 있으면 財滋弱殺格(재자약살격)이라 하여 富貴가 있다.
- 丙火가 없고, 癸水가 있는데, 甲木이 불투하면 小富이다.

丙火, 癸水가 없고 甲木이 있으면 衣食은 있다.

丙火, 癸水가 있고 甲木이 없으면 빈곤하다.

丙火가 있고, 癸水, 甲木이 없으면 僧道(승도)이다.

- 지지 火局이면 火炎土燥(화염토조)한데, 金水가 모두 투출하면 淸高(청고)하여 약간의 富貴가 있다. 만약 水가 없으면 일생이 困苦(곤고)하다.

- 지지 水局이고 壬癸水가 투출하면 戊土의 制水가 필요하고, 比肩의 출간됨이 있으면 富는 있다.

◎ 用神

- 戊土가 戊月에 生하여 墓宮(묘궁)이라 失氣했지만, 甲己의 간합토국이 있고 지지에 丑土가 있으니 土氣는 약변강의 勢(세)를 이루었다. 따라서 甲木을 용하여 旺土를 疎土(소토)하면 사주가 中和를 이룰 수 있다.

- 용신 月干 甲木은 日支 寅木에 통근하여 쇠약하지는 않지만, 己土와 干合하려 하니 용신의 역할에 흠결이 있는 것이다.

      用神 : 甲木
      喜神 :   水
      忌神 :   金
      閑神 :   火
      仇神 :   土

◎ 男命에서는 용신을 아들로도 논하는데, 月干 甲木 용신은 甲己 간합토국의 比劫으로 바뀌고, 日支 寅木은 寅戌의 반합화국의 印星局으로 바뀌니, 이는 용신이 손상되는 것으로 논하니, 아들 代에서 큰 발전을 기대하기는 어려운 것이다.

◎ 戊寅日柱 특성

- 신약사주면 아집이 강하고, 의처증이 있으며, 폭력을 잘 휘두르고, 신강이고 귀격이면 무관직계통으로 성공한다.

- 외적으론 강한 것 같으나 내심 검약하고, 좌절과 포기가 많다. 허황되고 허풍이 심하고, 격하고 난폭한 면도 있으나, 매사 추진력이 부족하여 참고인의 역할을 잘한다.

- 자기가 옳다고 생각하는 면에서는 집착이 강하다.

- 위장질환, 요통, 신경계통의 질환이 많고, 예기치 않은 사고나 질병 등으로 수

술을 하게 되는 경우가 많다.

  ◆무관직과 도살업, 운수업, 토목건축직, 농수산물유통 등의 직업 종사자가 많다.

◉ 용신으로 직업을 논한다면, 甲木은 수레바퀴로 논하는데, 天干의 甲己 合土는 道路(도로)와 연관되고, 地支 寅木은 亥水 財星과 합하여 寅亥 合木의 官星으로 바뀌니 이제는 직업으로 바뀌게 되는 것이다. 회사택시의 봉급기사로 시작하여 개인택시를 운영하게 된 것이다.

◉ 妻星인 癸水 正財는 戊癸 合火의 印星으로 바뀌려 하나, 地支에 火氣가 없으니 이른바 "合而不化(합이불화)"의 상황이다. 따라서 癸水 正財가 羈絆(기반)된 것이니 妻와의 연이 돈독하지는 못한 것이다. 재물운도 역시 같은 이치로 논하여 재물복 도 薄(박)한 것이다.

◉ 月支 戌土가 墓宮(묘궁)이다. 戌宮의 지장간인 辛丁戊는, 辛金 傷官, 丁火 印星, 己土 劫財인데 전부 墓된 것이다. 따라서 자식연, 학업연, 형제자매 연이 薄하게 된 것이다.

◉ 巳火대운은 한신운이다. 年支 亥水 偏財와는 巳亥 相沖되니 損財數(손재수)가 발 생하고, 月支 戌土와는 比肩인데 巳戌 怨嗔殺(원진살)이 되니 택시의 승객과 시비 다툼이 연관되고, 寅木 偏官은 운송차량과 연관시 운전수에 비유되는데, 寅巳 刑 殺과 害殺이 되니 차사고가 발생하는 것이고, 丑土 劫財는 동반한 택시 승객인데 巳丑 반합금국의 기신운이니 공히 흉함이 태동하는 것이다.

  운전 중 앞차를 追突(추돌)하여 본인은 팔과 다리에 골절상을 입었고, 승객 둘은 가슴과 머리를 크게 다쳐, 병원에 입원하게 된 것이다. 이로써 법적인 문제와 損 財數가 발생했던 것이다.

◎ 戊土 亥月
- 亥月은 소양(小陽)을 만나니 陽氣(양기)가 약간 오른다. 먼저 甲木을 取하여 旺한 水氣를 納水하고 다음에 丙火를 取하여 온난케 한다.
- 甲木이 長生을 얻고, 지장간의 水를 얻으며, 一位의 丙火가 高透(고투)하면 역시 貴하게 되고, 地支에 庚金을 보면 관직에 발탁된다.
- 庚金이 없고, 甲木이 암장되고, 丙火가 투출하면 국가고시에 합격한다.

◎ 用神
- 戊土가 亥月에 絶地(절지)라 失氣했으니 신약한 것이다.
- 지지에 金水가 중중하여 洩氣와 囚됨이 심하여 日主가 태약하니 日主를 생하는 月干 丁火를 용신으로 잡는다.
- 日, 時支의 申酉金이 없다면 月支 亥宮의 甲木을 용하여 왕한 水氣를 納水함이 긴요하지만, 상기는 申酉金의 洩氣(설기)까지 더하여 日主가 태약하니 생조하는 印星을 용신으로 잡아야 하는 것이다.

  用神 : 丁火
  喜神 :　木
  忌神 :　水
  閑神 :　土
  仇神 :　金

◎ 戊申日柱 특성
- 대화를 즐기며 친절한 편이다. 식성이 좋으며 곧잘 남을 꺾어 누르려는 경향이 있다.
- 느긋하게 일처리를 잘하고 고집이 세며, 여유있는 것 같으나 급한 면도 있고, 모임 등에 참가하기를 좋아한다.
- 위장병, 대장병, 신장질환, 사고로 인한 몽의 흉터 등을 조심해야 한다.
- 농수산물 관련업, 운전직, 식료품대리점, 군인, 교육자 등의 직업을 갖는 경우가 많다.

◎ 食傷과 財星이 중중하여 食傷生財格이 되나, 日主 戊土가 無氣하니 재물복이 많지 않은 것이다.

◎ 年支 子水 正財는 상속의 財가 있는 것이고, 月支 亥水 偏財는 처의 내조가 많은

것이다.

◉ 형제자매와의 연은 比劫이 한신에 해당하니 무애무덕하다.

◉ 時柱 辛酉가 공히 傷官이니 자식과의 연은 적을 것이라 판단한다.

◉ 己丑대운은 한신운이니 큰 발전은 없으나, 대학교 건축학과를 나와 부동산관련 회사에 취업한 것이다.

◉ 寅木대운은 희신운으로 부동산 분양과 연관하여 약간의 재물을 모았다.

◉ 辛金대운은 기신운으로 아는 지인들과의 부동산투기 과정에서 손재수가 발생 했다.

◉ 卯木대운은 月支 亥水와 반합목국의 희신운으로 길하다. 부동산 투자와 연관하 여 다소의 제물을 모았다.

◉ 辰土대운은 원국과 申子辰 삼합수국의 기신운이니 부동산 투자의 실패로 인해 재물의 손실이 많았다.

◉ 말년인 巳午未 대운은 용신운이니 안락하게 보내게 될 것이라 판단된다.

◉ 用神

• 亥月은 小陽之節이니 陽氣가 태동을 준비하는 계절이나 천지는 寒(한)하다. 亥 宮의 甲木이 長生을 得하여 納水(납수)하니 壬亥水의 汪洋(왕양)함은 막은 것이 나 甲木이 불투함이 아쉬운 것이다.

• 지지에 二位의 亥水가 있고 다시 壬水가 투출하니 財多身弱의 명조로 火氣인 印星을 용하여 日主를 생하면 中和를 이룰 수 있는 것이다. 용신은 年干 丁火 이다.

• 丁火는 지지 午戌 반합화국의 부조를 받으니 약하지 않은 것이다.

　用神 : 丁火
　喜神 : 　木
　忌神 : 　水
　閑神 : 　土
　仇神 : 　金

⊙ 月支 亥宮의 官星 甲木이 왕한 水氣를 納水하고, 丁火 印星이 지지 午戌 반합화
국의 부조를 받아 약하지 않으니 官印相生을 이루어 지방자치단체의 도의원을
지낸 것이다. 局에 壬亥水 財星이 왕하니 행정직이 아닌 선출직의 길을 가게 된
것이다.

⊙ 財星이 중중하니 부부연은 박한 것이고, 財星인 水가 기신이니 女難(여난)이 따르
게 되는 것이다.

⊙ 남명의 偏財는 부친으로 논한다. 年, 月支의 亥水 偏財가 自刑되니 부친과의 연이
박한 것이고, 또한 年支에 財星이 있으니 상속의 財가 다소 있을 것이라 판단한
다. 이는 亥水가 大定數(대정수)에서 4에 해당되어 비교적 적은 數이기 때문이다.

天干	甲	乙	丙	丁	戊	己	庚	辛	壬	癸		
大定數	9	8	7	6	5	9	8	7	6	5		
地支	子	丑	寅	卯	辰	巳	午	未	申	酉	戌	亥
大定數	9	8	7	6	5	4	9	8	7	6	5	4

⊙ 午火 대운의 사업운을 문의한 것이다.

• 午火는 본시 용신이다. 年, 月支의 亥水 偏財에 受剋되어 손상되니, 타인의 財
를 끌어오려 하는 의도가 있는 것이나 어려움에 봉착한 것이다.

• 日支 午火 正印과는 午午 自刑殺(자형살)이다. 日支는 처의 자리 그리고 본인과
가장 가까운 친구의 자리로 논한다. 自刑되니 가까운 친구와의 동업을 도모함
에 있어서 문서, 계약 등과 연관하여 시비구설이 발생하게 되어 破됨을 암시하
는 것이다.

• 時支 戌土 比肩과는 午戌 반합화국의 용신운이다. 比肩과의 합이니 가까운 지
인의 사업상 도움이 있음을 암시하는 것이고, 또한 용신으로 化된 것이니 이후
사업이 순탄하게 진행될 것이라 판단하는 것이다.

・사업을 진행함에 있어 처음에는 여러 의견들이 분분하고 불협화음도 있을 것이나, 午火 대운의 말기쯤에는 매사 순탄하게 진행됨을 암시하는 운이다.

⊙ 用神
・戊土가 亥月에 絕地(절지)이니 失氣한 것이다. 다만 坐下에 印星이 있고 己土가 투출했으니 日主가 태약함은 면한 것이다.
・原局에 辛酉의 傷官이 많고 月令이 亥水 財星이라 신약하니, 日主를 생조하는 印星을 용해야 中和를 이룰 수 있다. 용신은 日支 午中의 丙火이다.

　　用神 : 丙火
　　喜神 :　木
　　忌神 :　水
　　閑神 :　土
　　仇神 :　金

⊙ 戊午日柱 특성
・자신에 대해 과대 포장하는 면이 있고, 성급한 성격으로 허영심이 있고, 배짱이 있어 남에게 지기 싫어하고, 인덕은 좋은 편이나, 자기주장이 강하고 저돌적이다.
・술을 잘 마시고 실수도 잘하며 식사는 주로 편식을 한다.
・대체로 건강하나 피부질환, 위장질환에 시달리기 쉽다.
・사주가 貴格이면 의료업, 무관직, 법조계로 명성이 높고, 破格이면 단순노동자, 하위기술직, 도살업 등의 직업이 많다.
⊙ 日柱 戊午는 甲寅旬 中으로 子丑이 空亡이다.
⊙ 戊日干의 午火는 羊刃(양인)인데 日支에 居하고 있다. 羊刃은 칼날 "刃(인)"과 같

이 논한다. 또한 局에 酉金이 중중한데 酉金은 가공한 금속이니 수술칼로 논한다. 사주에 羊刃과 酉金이 중첩되니 의사의 명조인 것이다.

◎ 혼인 길흉

‣ 子水 正財가 없고 亥水 偏財가 있다. 男命에서 正財는 本妻이고 偏財는 妾이나 재혼한 경우의 妻로 논하니 本妻와는 연이 적다 판단한다.

‣ 年支 酉와 月支 亥 사이에는 酉(戌)亥 하여 戌土가 吞陷(탄함)되었다 판단한다. 丙申대운에 결혼하였는데, 丙火가 年, 時干의 辛金과 간합수국의 기신으로 財星局이 되고, 申金은 原局의 酉金과 吞陷된 戌土와 申酉戌 방합금국의 食傷局으로 化되어 구신에 해당하니 결혼연이 흉한 것이다. 결혼한지 1년도 못되어 妻와 부모와의 갈등으로 파경을 맞은 것이다.

‣ 남명 戊日干의 妻는 癸水이고 偏妻는 壬水이다. 癸水의 祿星은 子水인데 子水가 공망되고, 또한 처궁인 子水와는 子午 상충되어 손상되니 본처와의 연이 없었던 것이다.

‣ 丙申대운 己亥세운에 亥水 財星이 들어오니 다시 결혼연이 들어오는 것이다. 친구소개로 결혼상대자를 만나게 된 것이다. 그러나 妻星인 財星이 기신에 해당되고, 父母宮인 月支 亥水와 亥亥 自刑殺이 되니 妻와 부모와의 갈등 요소가 다시 대두되어 결혼식을 미루고 동거생활을 하고 있는 것이다.

◎ 본시 남명에서 月支 財星은 妻의 내조가 있어 대체로 길하다 논하는데, 상기는 原局의 중첩된 辛酉金이 亥水를 생함이 지나치니 이른바 "金多水濁(금다수탁)"의 형국이라 妻星이 아름답지 못하여 결혼연이 薄(박)한 것이다.

◎ 男命의 경우 日支에 印星이 있으면 대체로 고부간의 갈등요소가 발생하는데, 다시 月支와 상극되니 妻와 부모 사이에 不和가 대두되는 것이다.

⊙ 用神

- 亥月의 戊土는 土가 厚重(후중)하다 판단하기 때문에 먼저는 甲木의 疎土(소토)가 필요하고, 또한 冬節인 亥子丑月은 만물이 收藏(수장)되는 때이며 천지가 寒(한)하니, 丙火의 따듯함이 있어야 한다.
- 甲木과 丙火가 투출하면 국가고시에 합격하여 높은 관직이 보장된다.
- 月令 亥宮에는 壬水가 있어 甲木이 長生을 득하니 약하지 않다. 따라서 丙火 一位가 高透(고투)하면 衣祿이 있고 명예를 얻는다.
- 상기는 戊土가 亥月에 생하여 絕地(절지)라 무력하다. 月干 己土는 月令에 胎地(태지)이고, 時支 戊土는 年支 午火와 반합화국을 형성하려하니 日主를 부조하려는 氣가 태부족한 것이다.
- 壬水가 투출하고 지지에 亥子水가 왕하나 또한 亥宮의 甲木이 納水하니 범람함은 막은 것이고, 亥月은 천지가 寒하니 丙火의 따듯함이 필요하다. 용신은 年干 丙火이다.

　　　用神 : 丙火
　　　喜神 :　木
　　　忌神 :　水
　　　閑神 :　土
　　　仇神 :　金

⊙ 局에 財星인 水氣가 왕하고 日主가 약하니 財多身弱의 명조이다. 따라서 사업과는 거리가 멀고 은행에 근무하고 있는 것이다.

⊙ 寅卯대운은 月支 亥水와 寅亥 육합목국과 亥卯 반합목국의 희신운이니 승진이 빨라 최연소 지점장이 된 것이다.

⊙ 甲木대운은 月干 己土와 甲己 간합토국의 한신운이 되니 길하지 못하다.

⊙ 辰土대운은 日支 子水와 辰子 반합수국의 기신운이 되고, 時支 戊土와는 辰戌 沖하여 무력한 日主의 氣를 부조하는 역할을 손상시키니 결국 흉한 것이다. 승진하지 못했다.

⊙ 乙木대운은 희신운이라 흉하지 않으나, 배속된 세운이 己亥, 庚子, 辛丑의 기신운으로 도래하니 승진의 뜻을 이루지 못했다.

◎戊土 子月

• 子月은 天地가 寒凍(한동)하니 解凍(해동)시키는 丙火가 尊貴(존귀)하고 다음은 甲木으로 보조한다. 甲木은 없어도 무방하나 丙火가 없으면 사주가 무용지물이다.

• 丙火 二位와 甲木이 투출하면 국가고시에 합격한다.

• 丙火가 투출하고 甲木이 暗藏(암장)되면 衣祿(의록)이 있다.
丙火가 暗藏(암장)되고 甲木이 투출하면 微官末職(미관말직)이다.
丙火가 있고 甲木이 없으면 富는 있으나 貴는 없다.
甲木이 있고 丙火가 없으면 貧寒(빈한)하다.
丙火와 甲木이 없으면 下賤格이다.

• 丙火가 중중한데 壬水가 투출하면 淸貴(청귀)하고 富 中 貴가 있다. 만약 壬水가 乏絶(핍절)되면 印星만 太多한 것이니 僧道(승도)나 孤貧(고빈)한 사람이다.

• 壬水가 중중한데 比劫이 없으면 從財格(종재격)이라 하며, 사람으로 인하여 名利(명리)를 얻는다.

• 月과 時에 癸水가 투출하면 이는 爭合(쟁합)이라 하며 困苦(곤고)함을 면치 못한다. 만약 己土의 出干으로 癸水를 制剋하면 忠義志士(충의지사)가 된다.

• 比劫이 중중한데 甲木이 있으면 大富格을 이루나 반드시 丙丁火의 調候(조후)가 있어야 한다. 丙丁火가 없으면 外實內虛(외실내허)하다.

◎用神

• 子月은 天寒地凍(천한지동)하여 戊土가 얼어붙은 형국이니 調候(조후)가 급하므로, 丙火가 있어 解凍(해동)시키지 못하면 무용지물이다. 먼저는 丙火이고 다음은 甲木이다.

- 財生官의 이치이니 丙火가 있으면 먼저 財를 얻게 되고, 甲木이 있으면 다음으로 貴도 얻게 되는 것이다.
- 상기는 조후가 급하니 月干 丙火를 용해야 하는데 坐下 子水에 失令한 것이니 왕하지 못하다. 다행인 것은 年, 日支에 建祿과 帝旺을 득한 것이니 용신이 태약함을 면한 것이다.

  用神 : 丙火
  喜神 :   木
  忌神 :   水
  閑神 :   土
  仇神 :   金

⊙ 丙火 印星이 용신이니 두뇌가 총명하다. 다만 寅木대운 학창시절에 寅木이 年支 巳火와 刑殺이 되어 용신 丙火의 뿌리를 손상시키니 흉하다. 가정 형편이 여의치 않아 대학 진학을 하지 못한 것이다.

⊙ 원국에 壬子水 財星이 중중하니 여자 상업고등학교를 졸업한 것이다. 또한 財星이 重하면 印星을 破하니 학업과의 연이 박했던 것이다.

⊙ 時干 壬水가 月令 子水에 통근하고 투출했으니 偏財格이다. 이런 경우는 대체로 理財에 밝고, 행동과 사고방식이 민첩하며 실천가적 기질이 많다.

⊙ 천간의 比劫은 본업 외에 또 다른 직업을 갖고 있음을 의미한다.

⊙ 원국에 官星이 전무하고, 남편궁인 日支宮의 午火가 月, 時支 子水와 상충되니 남편과의 연이 박한 것이다. 또 한편으론 官星이 직업, 직장, 직책과 연관되는데 전무하니 직장과의 연도 길지 못한 것이다.

⊙ 여명의 食傷은 자녀성인데, 年支 巳宮에 일점 庚金 食神이 있다. 庚金은 同宮한 丙火의 극을 받아 頑金(완금)이 되니 이런 경우는 자식을 얻기 힘들거나, 자식이 태어났다 하더라도 예기치 않은 사고, 발병으로 손상되는 암시가 있는 것이다.

⊙ 원국에 丙午火가 있어 印星混雜(인성혼잡)된 것이고, 己土 劫財가 투출했으니 이복형제가 있음을 암시하는 것이다. 할머니가 두 분인 것이다.

⊙ 卯木대운에 직장운을 문의한 것이다.
- 卯木은 희신으로 濕木(습목)에 해당된다. 月支 子水와는 子卯 刑殺이 되니 卯木의 뿌리가 썩게 되어 흉한 것이다. 또한 卯木은 正官이니 직업, 직장, 직책과

연관하여 음해나 시비구설이 발생할 것임을 암시하는 것이다.

- 日支 午火와는 午卯 破殺이다. 卯木 濕木(습목)이 午火의 불꽃을 끄는 것이다. 日支는 자기 자리이니 일신상의 변동수가 발생함을 암시하는 것이다. 또한 日支宮은 부부궁인데, 통변에서는 가장 가까운 사람이나 같은 부서에 근무하는 사람을 의미하기도 한다.
- 年支 巳火 기준하여 卯木은 災殺과 弔客殺(조객살)을 대동하고 있다. 이런 흉살들이 태동하게 되는 것이다. 부서 직원들과의 갈등으로 퇴직과 부서 이동을 고민하던 중, 卯木이 희신이니 부서의 상사의 중재로 타 지역으로 근무처를 이동하게 된 것이다.

◎ 庚辰 대운은 庚金이 구신, 辰土는 원국의 子水와 반합수국의 기신운이 되니 직장을 퇴직하게 될 것이다. 이는 원국에 官星이 전무하여 직장과의 연이 적기 때문이다.

◎ 用神
- 子月은 嚴冬之節(엄동지절)이라 천지가 寒凍(한동)하니 丙火가 귀중하고 甲木의 보조가 있어야 한다.
- 子月은 寒凍(한동)하니 丙火가 많을수록 좋다. 丙火가 二位 투출하고 甲木이 있으면 국가고시에 합격한다.
- 상기는 丙火가 투출하고 甲木 대신 乙木이 암장되니 富는 있으나 貴는 없는 명조이다.
- 지지에 子辰 반합수국이 있고, 다시 年支 酉金이 이를 생하니, 財星이 왕하므로

신약하여, 日主 戊土를 생하며 또한 調候(조후)를 득하는 丙火를 용신으로 잡아
야 한다.

　　用神 : 丙火
　　喜神 :　木
　　忌神 :　水
　　閑神 :　土
　　仇神 :　金

◉ 印星이 중중하니 偏印으로 化된 것이다. 두뇌는 총명하나 학업과의 연은 적은
　편이고, 풍수, 명리, 침술 등의 역술학에 관심이 많은 것이다.

◉ 易術家(역술가)의 명조는 다음과 같이 요약된다.

　• 印星이 중첩되고 官星이 무력한 경우.

　• 원국에 鬼門關殺(귀문관살), 華蓋殺(화개살), 桃花殺(도화살), 喪門殺(상문살), 弔客
　　殺(조객살), 幻神殺(환신살), 絞神殺(교신살), 病符殺(병부살), 月殺(월살) 등이 중중
　　하며, 운로가 기신이나 구신으로 흐르는 경우.

　• 원국에 刑, 沖, 破, 害, 怨嗔殺(원진살) 등이 중중한 경우.

　• 원국에 天門(戌.亥)와 地戶(辰.巳)에 해당하는 오행이 있는 경우

　• 壬癸日이 日支에 子酉이고 月, 時에 寅이 있으며 다시 水木이 많은 경우.

　• 陽日干이 日支에 戌, 亥, 寅이 있는 경우.

　• 甲戌日이 月·時에 戌.亥가 있는 경우.

　• 丁巳, 丁酉日이 財와 印이 있는 경우.

　• 甲乙 日干에 巳.午.未가 있는 경우.

　• 戊申, 戊子日이 金水가 많은 경우.

　• 陰日干이 日支에 丑, 戌, 亥, 寅이 있는 경우.

　• 身旺사주에 官星이 衰한 경우.

　• 丙辰日이 身旺無官인 경우.

　• 寅卯月의 甲乙, 丙申, 丙寅日이 지지 刑殺이 있는 경우.

　• 華蓋殺(화개살)이 空亡되도 僧徒(승도)나 종교가. 역술가의 길이다.

◉ 月支 子水가 正財이니 처의 내조가 많다하나, 日支 妻의 자리에 印星인 시어머니
　가 있으니 고부간의 갈등이 암시되는 것이다.

⊙ 辛金대운에 역술학 공부의 성패와 연관하여 문의가 있었던 것이다.

* 辛金은 본시 구신이다. 용신인 月干 丙火와 丙辛 간합수국의 기신운으로 化되
  니 역술 공부에 진척이 적을 것이라 판단한다.
* 역술학은 여러 神殺들과 연계가 많은 학문인데, 명조가 官星이 무력한 경우라
  면, 神殺들을 제압할 수 없으니 역술공부를 하게 되면 여러 흉화가 발생하는
  경우가 많다.
* 상기는 時支 辰宮의 乙木이 일점 官星인데, 月支 子水와 子辰 반합수국의 財星
  局으로 化되니 官星이 무력해진 것이다. 역술공부에 성취됨이 적을 것이라 판
  단하는 것이다.
* 未土대운 이후는 용신운이니 이 때 공부를 시작함이 좋을 것이라 사료된다.

⊙ 用神
* 戊土 日主가 子月에 생하여 天寒地凍(천한지동)하니 失氣한 것이다. 또한 局에
  食傷이 중중하여 日主의 氣를 洩(설)함이 심하니 印星으로 생조하면 중화를 이
  룰 수 있다.
* 冬節(亥子丑月)은 調候(조후)를 또한 먼저 살펴보아야 한다. 月, 日支가 子辰 반
  합수국으로 "精氣神(정신기)"중 神이 왕하니 자연 신약한 것이고, 동절은 火氣
  가 없으면 만물이 소생하기 어려우니 丙火가 존귀하다. 따라서 年干 丙火 印星
  을 용신으로 잡는다.

  用神 : 丙火
  喜神 :　木
  忌神 :　水

閑神 ：　土
仇神 ：　金

⊙ 용신 丙火가 年干에 있으니 조상대에 가문의 발전이 있었음을 알 수 있다.
⊙ 용신 丙火는 月令과 비교하여서는 십이포태운성의 "胎(태)"라 失氣한 것이니 왕하지 못하나, 坐下 寅木에 長生을 득하니 약하지 않은 것이다. 남명의 용신은 자식에 비유되니 자식 代는 발복이 있을 것이라 판단하는 것이다.
⊙ 지지에 申子의 반합수국인 財星局이 있으나 日主가 왕하지 못하니 大財를 得하기는 힘들다. 財多身弱의 명조인 것이다.
⊙ 年柱가 丙寅으로 官印相生되고 있다. 공직자의 길로 논할 수 있으나, 중첩된 食傷이 官星을 극하니 공직의 길은 요원한 것이다. 申子 합국의 財星이 왕하니 봉급생활자의 길이다. 다만 용신이 쇠약하지 않으니 대기업에 근무하고 있는 것이다.
⊙ 甲木대운의 승진운을 문의한 것이다.
　• 甲木은 본시 희신이나 원국의 왕한 金氣에 受剋되니 길함이 감쇄되는 운이다.
　• 戊戌세운은 歲干 戊土는 한신, 歲支 戌土는 본시 한신이나 원국의 申酉와 申酉戌 방합금국의 기신운으로 化되니 불리한 것이다.
　• 己亥세운은 歲干 己土는 한신, 歲支 亥水는 본시 기신이다. 亥水는 年支 寅木과 寅亥합목의 희신운으로 化되어 길하다 판단할 수 잇으나, 年, 月의 寅子 사이에는 子(丑)寅으로 丑土가 탄함 되어 있다 판단한다. 따라서 歲支 亥水가 入되어 亥子丑 방합수국의 기신운이 되니 승진이 어려울 것이라 판단하는 것이다.
　• 庚子세운은 구신과 기신운이니 승진이 어렵다 판단한다.
　• 辛丑세운은 歲干 辛金은 용신인 年干 丙火와 간합수국의 기신운이 되고, 歲支 丑土는 月支 子水와는 子丑 합토의 한신운, 時支 酉金과는 酉丑 반합금국의 기신운이 되니 역시 승진이 어렵다 판단한다.
　• 壬寅세운은 歲干 壬水가 용신인 年干 丙火를 충하여 손상시키니 불리한데, 歲支 寅木이 年支 寅木에 힘을 실어주어, 왕한 食傷을 견제하고 용신 丙火를 부조하니 이 해에 승진이 可하다 판단하는 것이다.
⊙ 직장생활에서 동료직원들과의 和睦(화목) 여부는 比劫의 길흉으로 논한다. 比劫이 土로 한신에 해당하니 직장동료들과의 사이는 무애무덕하다 판단하는 것이다.

◉ 戊土 丑月

　• 丑月은 천지가 寒(한)하지만 二陽이 생하니 前月인 子月 보다 陽氣가 昇(승)하여
　　땅속에서는 싹이 대지를 뚫고 나올 준비를 하고 있는 것이다.

　• 上半月(小寒~大寒)은 子月에 준하고, 下半月(大寒~立春)은 寅月에 준하여 판단한
　　다. 따라서 사주의 구성형태에 따라 丙火와 甲木을 참작해야 한다.

◉ 用神

　• 戊土가 丑月에 생하여 천지가 寒(한)하다. 土氣가 중중하나 丑月에 火氣가 없어
　　解凍(해동)을 하지 못하면, 자연 상태의 土는 무용지물인 것이다. 따라서 火氣가
　　尊貴(존귀)하다. 調候(조후)가 급한 것이다.

　• 時支 午宮의 丁火를 용신으로 잡는다. 다만 용신 丁火로는 解凍(해동)의 힘이
　　약하므로 丙火가 출간하지 못함이 아쉬운 것이다. 또한 厚土(후토)이니 乙木 대
　　신 甲木이 출간하여 疏土(소토)의 힘이 왕했다면 크게 잘 풀려나갈 수 있는 명조
　　였을 것이다.

　　　用神 : 丁火
　　　喜神 :　木
　　　忌神 :　水
　　　閑神 :　土
　　　仇神 :　金

◉ 丑月의 戊土는 寒氣(한기)가 왕하니 火가 요긴하고, 土氣가 중중한 경우에는 木의
　疏土(소토)가 필요하다. 丁火가 용신으로 印星이고 乙木이 출간하여 官星이니 官
　과 印을 써먹어야 하는 것이다. 초년운이 寅卯辰의 희신운이니 학업운이 길하여
　이공계대학 교수를 지낸 것이다.

◉ 巳火대운 산학협동관련하여 모 중소기업의 자문역 제의에 대한 길흉을 문의한

것이다.

- 巳火는 용신운이니 자문역을 수락함은 흉하지 않은 것이다.

- 다만 年, 月支 丑土와 巳丑 반합금국의 기신이 되니 吉 中 凶함의 소지가 있는 것이다. 比劫은 형제자매, 동료, 동창 등에 비유되는데, 合되어 구신으로 들어오니 흉하게 변하여 이제는 직장동료들로부터 음해요소가 발생하게 됨을 암시하는 것이다.

- 자문의원으로 활동 중 해당회사의 임원과의 갈등으로 인해 활동을 길게 하지 못했다.

- 庚金대운에 자문의원 활동을 파기한 것인데, 이는 月干 乙木과 乙庚 간합금국의 구신운이기 때문이다. 乙木 官星은 직업, 직장, 직책에 비유되는바, 合되어 구신이 되니 직업과 연관하여 흉함이 발생되기 때문이다.

◎ 用神

- 丑月은 천지가 寒凍(한동)하여 진흙이 얼어붙은 형국이니 丙火의 解凍(해동)이 급한 것이다. 또한 二陽이 생하는 시점이라 땅속에서는 씨앗이 발아하여 땅 거죽을 뚫고 나올 준비를 하는 계절이니, 土가 厚重(후중)하면 甲木도 참작한다.

- 癸水가 투출하여 진흙토를 더욱 얼어붙게 만드니 조후가 시급한 것이다. 丙火를 용해야 하나 不透(불투)하니 年干 丁火를 용신으로 잡는다. 丙火가 眞神이고 丁火는 假神이니 사주가 貴格을 이루지 못하는 것이다.

- 지지에 土氣가 중첩되어 또한 疎土(소토)하는 甲木을 참작해야 하나, 局에 木氣가 전무하니 官印相生을 이루지 못하여 아쉬움이 있는 명조이다.

```
用神 : 丁火
喜神 :   木
忌神 :   水
閑神 :   土
仇神 :   金
```

⊙ 戊戌日柱 특성

- 일처리가 명쾌하고 능수능란하나 자기주장이 강하다.
- 장사 수완이 좋고 고집이 세며, 한편 게으르거나 욕심이 많고 편벽된 사람이다.
- 여자는 남의 일을 잘 처리해주고 투지가 왕성하다.
- 신장, 방광, 당뇨, 피부병 등의 질환을 앓기 쉽다.
- 사주가 길격(吉格)이면 법조계, 군 고위관, 정보계통, 의사 등의 직업이 많고, 파격(破格)이면 단순노동직, 기능직 등의 종사자가 많다.

⊙ 年干 丁火 正印은 月干 癸水 偏財의 극을 심히 받으니, 부모와의 연이 박했던 것이고, 학업운도 크게 길하지 못했던 것이다.

⊙ 時干 庚金은 月令 丑土에 통근하여 투출했으니 食神格이다. 자신의 才藝(재예)를 남을 위해 널리 활용해야 하는 명조이다. 戊土는 천연상태의 흙이니 광산에도 비유되고 庚金은 광산에서 캐낸 철광석이니 방송작가와도 연관되는 것이다.

⊙ 丑月의 癸水는 얼음물로 局에 火勢가 약하여 따뜻한 물로 만들지 못하니 用함에 어려움이 있는 것이다. 따라서 재물과 처복이 따르지 못하게 되는 것이다. 이는 또한 천간의 戊癸 간합화국과도 연관되는데, 지지에 火勢가 전무하니 合而不化의 상황이라 月干 癸水 財星이 羈絆(기반)된 것이기도 하기 때문이다.

⊙ 子亥戌酉申 대운은 기신과 구신운이니 명성을 크게 얻지는 못했다.

⊙ 丁未 대운 이후 용신운에 명성을 얻고 또한 제자 양성의 토대를 마련한 것이다.

⊙ 말년 乙木 대운은 본시 희신이나 時干 庚金과 乙庚 간합금국의 구신운으로 化되니 흉한 것이다. 이 대운에 질병으로 인한 치료를 받게 된 것인데, 金은 질병에서 폐장과 대장에 속하니 대장질환이 발병했던 것이다.

⊙ 己土 寅月

- 寅月은 前月인 丑月의 寒氣(한기)가 아직 남아있으니 田園(전원)에 아직 얼음이 풀리지 않은 상태이다. 따라서 온난함을 要하므로 丙火를 貴重(귀중)하게 여긴다. 또한 壬水를 꺼리는데 江海(강호)의 물이 田園(전원)을 쓸어버리기 때문이다.

- 甲木이 重重하고 庚金이 투출하고 癸水, 丙火가 있으면, 中和되므로 名利(명리)가 雙全(쌍전)하다.

- 甲木이 重重하면 日主 己土를 핍박함이 심하니 庚金이 없으면, 殘疾(잔질)이 많아 廢人(폐인)이 될 염려가 있으니 丁火로 洩氣(설기)함이 좋다.

- 壬水가 重重한 경우에는 戊土가 있어 制水하면 富貴가 清雅(청아)하나, 戊土가 없으면 평범한 命이 된다.

- 戊土가 重重한 경우에는 甲木의 制剋이 있으면 顯達(현달)하나, 乙木이 있는 경

우에는 疏土(소토)의 역량이 부족하여 奸邪(간사)한 소인배에 불과하다.

- 丙丁火가 중중한데, 水가 전혀 없어도 문제가 되지 않는다. 이것은 寅月의 己土는 寒濕(한습)하니 水가 꼭 필요한 것은 아니고, 火가 盛(성)하면 己土가 厚德(후덕)해지기 때문이다. 이때 癸水가 一位 高透(고투)하면 관직이 極品(극품)에 이르나, 만약 戊土가 투출하면 평범한 命이 된다.
- 戊土가 투출하면 평범하다는 것은, 甲木이 寅宮에 祿을 얻어 旺하며 戊土를 극하니 투출함이 쓸모없는 것이다. 또한 寅木은 丙火와 戊土는 長生地이니 스스로 旺함이 있기 때문이다.

◎ 用神

- 己土가 寅月에 생하여 失氣했다. 印星을 용해야 할 것 같으나 土가 중중하여 病이 된 것이다.
- 年干 庚金은 寅月에 絕地(절지)이니 태약하여 厚土의 氣를 洩氣(설기)함이 태부족이다. 따라서 억부법을 적용하여 厚土(후토)를 疏土(소토)하는 甲乙木을 용하여 중화를 이루어야 한다. 그러나 甲乙木이 투출하지 못했으니 月支 寅宮의 甲木을 용신으로 잡는다.

  用神 : 甲木
  喜神 :   水
  忌神 :   金
  閑神 :   火
  仇神 :   土

◎ 지지 丑辰宮의 癸水가 正財로 처성이다. 財星이 있으니 결혼은 하였으나, 丑辰 破되어 뿌리가 손상되니 癸水 역시 손상되어 결혼연이 장구하지 못했던 것이다.

◎ 원국에 土가 중중하니 토목, 건축 관련 사업을 하였던 것이다.

◎ 比劫인 戊己土가 중중한데 年支에 일점 쇠약한 子水 正財가 있으니 이른바 群劫爭財(군겁쟁재)의 상황이다. 여러 형제자매들이 小財를 놓고 다투는 형국이니 재물과의 연이 적은 것이다. 군겁쟁재의 경우에는 대운에서 다시 比劫運이 도래시는 命이 위태로운 경우가 많은데, 未土대운 劫財運의 흉운에 사업의 부도 건으로 수감생활을 하게 되어 다행히 終命(종명)의 禍厄(화액)은 면했던 것이다.

◎ 甲木대운은 본시 용신운이나, 日干 己土와 甲己 합토의 구신운이 되니 흉하다.

건축사업을 다시 재개하였으나 자금난으로 성공하지 못했다. 이로 인해 다시 官災 件이 발생하여 짧은 기간이지만 다시 수감생활을 해야 했다.

◎ 申金대운은 본시 구신운이지만 원국의 子辰과 申子辰 삼합수국의 희신운이 되니 조력자가 나타나는 것이다. 평소에 알고 지내던 지인이 자금을 대어 전원주택 분양사업을 시작한 것이다. 무탈하게 사업이 진행되고 있는 것이다.

◎ 군겁쟁재의 경우는 여러 형제들이 여자 하나를 놓고 서로 결혼하려고 다투는 형국과도 비유되니 女難(여난)이 발생하는 경우가 많다. 사업상 여자들과 연관되어 손재수가 많이 발생했던 것이다.

◎ 己丑 日柱는 泥土(니토=진흙 토) 위의 沙土(사토=모래 흙)에 비유되니, 沙土가 와르르 무너져 내리는 象이라 성격이 야무지지 못한 면이 많다. 女難도 이런 맥락에서 많이 발생하는 것이다.

◎ 用神
- 己土는 사람의 손길을 가까이 하는 전답의 土다. 寅月의 己土는 전답에 아직 寒氣(한기)가 남아 있고 凍土(동토)가 아직 解凍(해동)이 되지 않은 상태이다. 따라서 丙火가 귀중한 것이다.
- 土가 厚重(후중)하면 甲木의 疏土(소토)가 필요하고, 木이 중중하면 庚金의 剋伐(극벌)이 필요하다.
- 상기는 雨水 前에 생하였으니 前月의 寒冷(한랭)한 기운이 아직 다 풀리지 않은 시점이다. 解凍(해동)이 되지 않으면 己土는 무용지물이니 丙火가 존귀한 것이다. 천간에 丙火가 불투하니 月支 寅宮의 丙火를 용신으로 잡아야 한다.

用神 : 丙火
喜神 :　木
忌神 :　水
閑神 :　土
仇神 :　金

- 지지 寅卯는 正官과 偏官으로 본시 관살혼잡된 것이다. 다행인 것은 日支 卯木 偏官이 時支 酉金과 상충되니 去殺되고 寅木 正官만 남게 되어 去殺留官(거살유관)이니 부부연이 이어진 것이다.

- 사주에 壬癸水 財星이 중중한데 日主 己土가 쇠약하니 財多身弱의 명조이다. 따라서 금전의 입출은 많으나 정작 내손에 쥐어지는 돈은 많지 않은 것이다.

- 時支 酉金은 食神이다. 여명의 食傷은 자녀성인데 空亡되니 자식과의 연은 박하다 판단하는 것이다.

- 용신 丙火는 正印이다. 본시 두뇌가 총명하나, 局의 旺水에 火가 受剋되어 손상되니 학업의 길로 나아가 성공할 수 없었던 것이고 대학입시학원을 운영하고 있는 것이다.

- 원국에 子午卯酉가 모두 있는 것을 遍夜桃花(편야도화)라 한다. 여명은 재예가 많고 미모인 경우가 많으며, 남자들에게 인기가 있어 그로 인해 부부연이 박한 경우가 많다. 또한 남녀 공히 운로에서 결함된 桃花殺이 入되어 편야도화가 전부 갖추어지는 경우에는, 흉하게 작동하여 命을 재촉하게 되는 경우도 많다. 상기는 편야도화 중 子卯酉 三位가 있으니 편야도화에 준하여 판단한다.

- 酉金대운은 酉金이 남편궁인 日支의 卯木과 상충하여 상호 손상되니, 대체로 이런 경우에는 남자문제로 인해 부부연에 금이 가기 시작하는 경우가 많은 것이다.

- 丙火대운의 운을 문의한 것인데, 丙火가 용신으로 비록 천간의 壬水와 상충되어 손상됨이 있으나 무애무덕할 것이라 판단하는 것이다.

- 時柱 癸酉는 食神生財格이 되니 말년은 안락하고 재물복이 있다 판단하는 것이다.

⊙ 用神

- 寅月의 己土는 田園(전원)에 寒氣(한기)가 남아있으니 丙火가 귀중한 것이다.

- 甲木과 庚金이 투출하고 癸水와 丙火가 있으면 사주가 中和가 되어 名利가 높다.

- 日干 己土는 전답의 土요, 정원의 土요 담장의 土이다. 寅月인 一月에 생하여 아직 천지에 寒氣(한기)가 남아있고 木剋土하여 日干을 극하니 사주가 신약하다. 따뜻한 火氣를 더하면 전답을 가꿀 수 있고, 사주의 中和를 이룰 수 있다. 丙火가 불투하니 용신은 부득이 時干 丁火를 용한다.

  用神 : 丁火
  喜神 :   木
  忌神 :   水
  閑神 :   土
  仇神 :   金

⊙ 通辯 要約

- 丁火 偏印이 용신이니 본시 두뇌는 총명하다. 다만 학창시절에 해당하는 10대와 20대의 운로가 丑子亥의 기신운으로 흐르니 그 뛰어난 두뇌를 활용할 수 있는 여건이 되지 못하는 것이다.

- 月干 壬水는 正財로 처에 해당되며 재물로 논한다. 좌하에 寅木을 깔고 있어 왕하지 못하나, 年支와 日支 丑土 지장간의 癸辛의 부조가 있으니 태약하지 않아, 때가 되면 재물을 모을 수 있을 것이라 판단한다. 또한 月干 上下가 正財와 正官이니 나이 들어 재물을 바탕으로 시의원, 도의원, 조합장 등의 명예직을 얻을 수 있는 가능성이 있는 것이다.

- 사주의 寅卯木은 正官과 偏官이다. 즉, 관살혼잡된 것이다. 이런 경우는 직장생활을 오래하지 못하는 경향이 있으니 적당한 시기에 자립하여 사업을 시작해

봄도 可하리라 판단한다.

- 月干 壬水 正財가 妻다. 기신에 해당하니 부부간 연은 그리 좋을 것이라 판단하지 못한다. 44세 丁火대운에 부부 결혼생활에 위기가 한번 올 것이라 판단한다. 슬기롭게 대처해나가는 지혜로움이 필요하다.

- 자식운은 용신과 時柱로 논하는데 時干은 丁火 偏印이고, 時支는 卯木 偏官이다. 무관직에 종사하거나 이공계 계통, 의사나 법조계 등에 종사하며 가문을 일으킬 사주 좋은 자손이 태어날 것이라 예상된다.

  용신이 時柱에 있는 경우에는 말년과 자식 代에 발전을 기대할 수 있는 것이다.

- 건강문제는 기신이 水니 나이 들어 신장, 방광, 허리, 그리고 大腸(대장) 계통에 질병이 발생하게 될 것이다.

- 子水대운은 기신운이다. 매사 뜻한바 대로 잘 풀려나가지 못할 것이다. 군대를 다녀오는 것도 하나의 좋은 방편이다.

- 己土대운은 한신운이다. 무애무덕한 운이니 학교 졸업 후의 인생을 준비하고, 사회에 필요한 자격증 같은 것을 따놓으면 좋을 것이다.

- 亥水대운은 본시 기신운이나 月支 寅木과 寅亥 육합목국의 희신운으로 바뀌니 매우 길하다. 직장생활도 순탄할 것이고, 직장 내의 승진수도 있고, 또한 이때 결혼운도 있는 것이다.

  만약 직장을 그만두고 창업을 하려 한다면 이때 함이 좋을 것이다.

- 戊土대운은 한신운이다. 무애무덕한 운이며 이때 아들을 얻을 것이다.

- 戊土대운은 戊土가 본시 한신이나, 月支 寅木과 寅戌 반합화국의 용신운이니 인생에 있어서 최고로 길한 대운이다. 직장생활을 한다면 거듭 승진하게 될 것이고 사업을 하는 경우라면 이때 많은 돈을 벌게 될 것이다.

- 丁酉대운, 丙申대운, 乙未대운, 甲午대운은 천간은 용신과 희신운으로 흐르나 지지가 구신운으로 흐르니 인생 전체적으로는 반길반흉의 운이다.

- 乙木대운 이후 말년운은, 乙未와 甲午로 희신과 용신운이니 안락하고 넉넉한 말년을 보내게 될 것이라 판단한다.

◉ 己土 卯月

- 卯月의 己土는 陽氣(양기)가 점승하나 아직 稼花(가화)를 이루지 못했고, 또한 田園(전원)이 아직 형성되지 못했으니 甲木의 疏土(소토)가 필요한데, 甲己와의 합을 꺼린다. 間隔(간격)되어 있어야 한다. 다음으로 癸水로 己土를 윤택하게 한다.

- 甲木과 癸水가 투출하면 국가고시에 합격한다. 이에 一位의 丙火가 있으면 권세가 百官을 누른다. 그러나 壬水를 보면 微官末職(미관말직)이다.

- 二月은 木이 왕하고 兼令(겸령)하니 地支에 木局을 이루고 比劫, 印星이 없으면 從殺格(종살격)이다.

- 己土 日主가 火土가 있어 生旺하고 다시 癸水 財星과 甲木 官星이 있으면 반드시 貴格을 이루게 된다.

- 지지 木局이고 庚金이 出干하면 富貴한다. 만일 乙木이 많으면 乙庚 合金으로 奸邪(간사)한 무리가 된다. 대운이 동남향이면 不測(불측)의 禍(화)가 오니 丁火로 인도해서 洩氣(설기)하고, 丙火가 있으면 소인배나 간악한 무리는 되지 아니한다.

◉ 用神

- 천간에 二位의 辛金이 투출하고, 지지에 辰酉 합금과 巳酉의 반합금국이 있어 金氣의 勢가 태강하여 日主가 태약하나, 己土 日干이 年時의 丑辰土에 통근하니 종격으로 논할 수 없다.

- 억부법을 적용하여 왕한 金氣를 극제하고 신약한 日主를 생조하는 丙丁火 印星으로 용신을 잡는다. 局에 火氣가 전무하니 胎元(태원)을 적용하여 용신을 끌어와야 한다. 태원이 壬午니 午宮의 丁火를 용신으로 잡는 것이다.

用神 : 丁火
喜神 :　　木
忌神 :　　水
閑神 :　　土
仇神 :　　金

◎ 月支 卯木이 空亡이다. 月支는 부모형제자매궁이니 부모의 단명수가 발생하거
　나, 형제자매 중 나서 젊은 나이에 죽은 사람이 있는 경우가 많다.

◎ 月支 卯木 偏官이 空亡이니 직업, 직장과의 연이 적다. 局에 食傷이 중중하니
　기술직이니 예체능계, 자영업의 길을 가야 한다.

◎ 丁火대운은 용신운이며 印星運에 해당하니 개인사업을 시작한 것이다.

◎ 남명 己日干은 癸水 偏財가 妻다. 처인 癸水의 祿星은 子水이고, 己日干의 祿星
　은 午火이니 子午 沖으로 상호 손상된다. 부부연이 적은 것이다.

◎ 己土 辰月
　• 辰月의 己土는 稼花(가화)를 培養(배양)하는 때이니 먼저는 丙火를 쓰고 나중은
　　癸水를 쓴다.
　• 土가 和暖(화난)하고 윤택하면 甲木의 疎土(소토)가 필요하니, 丙火, 癸水, 甲木
　　이 모두 출간하면 고관대작을 지낸다.
　• 丙火, 癸水, 甲木 중 一位만 투출돼도 국가고시에 합격한다. 이런 경우는 得氣
　　해야 하고 刑沖이 없어야 한다. 만약 庚金이 있으면 病이 된다.
　• 丙火와 戊土가 출간한 경우라면, 己土가 戊土의 성질을 띠니 먼저는 甲木의 소
　　토가 급한 것이다.

- 乙木이 중중한데, 庚金의 制剋이 없어 신약하면 貧賤夭死(빈천요사)하고, 신강이면 도적이나 폭력배의 우두머리가 된다.
- 丙火가 있고, 癸水가 없으면 富는 있으나 貴가 없다.
  癸水는 있으나 甲木과 丙火가 없으면 衣祿은 있다.
  丙火, 癸水는 있는데 甲木이 없으면 단지 才士이다.
  丙火, 癸水가 모두 없으면 下賤格이다.

⊙ 用神
- 己土는 지지로는 田畓(전답)의 土요. 庭園(정원)의 土요 담장의 土다. 사람의 손길이 항시 가까이 있어 돌보아야 하는 오행인 것이고, 天氣로는 구름과 먼지에 비유되는 星인 것이다. 命理에서는 전답의 土에 비유하면 해석이 분명해진다.
- 己土가 寅月에 生하면 天地가 아직 寒하니 丙火가 尊貴(존귀)하고, 卯月의 己土는 땅의 온기가 점증하는 시점으로 바야흐로 논과 밭을 갈아엎어야 하니 甲木의 疎土가 있어야 하고, 辰月의 己土는 巳火節로 進氣하는 시점이라 火勢가 약하지 않으나, 稼花(가화)의 生育(생육)에 필요한 충분한 火氣와 雨露(우로)를 要하므로 丙火와 癸水의 滋養(자양)이 요긴한 것이다.
- 상기는 己土가 辰月에 生하여 衰地이나 火旺節로 進氣하는 시점이라 신약하지는 않으나, 지지 寅亥 합목과 乙木이 투출하여 日主 己土를 압박함이 심한 것이다. 時干 丙火는 坐下 寅木에 長生을 得하고 다시 寅亥 합목의 생조를 받고, 年支 巳火와는 建祿을 得한 것이니 火勢(화세)가 旺한 것이다. 日支 亥中의 壬水를 용하여 旺한 火勢(화세)를 剋制하고 日主 己土에 水氣를 더하면 사주가 中和를 이룰 수 있는 것이다. 용신은 亥中의 壬水다.

  用神 : 壬水
  喜神 : 金
  忌神 : 土
  閑神 : 木
  仇神 : 火

⊙ 己亥日柱 특성
- 가족적이고 자기 본위적이며, 지나친 고집과 허욕이 있고, 소유욕이 남보다 강하며, 추리력과 상상력이 남보다 뛰어나다.

- 선견지명이 있고 현실적이며 실속을 차리고 부지런하다.
- 남명은 아내를 억누르려 하는 기질이 있으나, 가정과 아내를 아낄줄 알고, 여명은 남편에게 재정적인 면에 있어서 도움을 준다.
- 위장과 신장계통의 질환이 염려되고, 흉터가 생기는 경우가 많고, 예기치 않은 사고수가 있다.
- 재무계통, 무역업, 운수업, 식품업, 악세서리 관련업, 하위직공무원, 기술자 등의 직업이 많다.

◎ 時柱 丙寅이 月柱 庚辰을 공히 干支를 剋하니 부모형제자매와의 緣(연)이 薄(박)한 것이다. 다시 時支 寅木이 母星인 巳火를 刑하고, 다시 日支 亥水가 巳火를 沖剋하니 모친이 자신을 낳고 3日 만에 신변을 비관하여 자살하여 이후 祖母의 양육을 받게 된 것이다.

◎ 초년 巳午未 대운은 火運으로 구신에 해당하니 吉하지 못했다.

◎ 癸水대운 용신운에 결혼하여 아들 둘을 낳았으나, 原局의 旺火와 旺木에 癸水가 고갈되고, 남편궁인 日支宮 亥水가 寅木과 合되어 官星으로 바뀌어 旺해지고, 乙木 官星은 庚金 傷官이 가까이 있어 "傷官見官(상관견관)"되어 손상되니 결혼생활이 지속될 수 없었던 것이다. 이혼하고 아들 둘을 혼자 키운 것이다.

◎ 亥水가 正財이니 요식업과 유흥주점을 운영하게 된 것이고, 또한 용신에 해당하여 중년의 運路가 申酉戌의 희신운이니 재물복도 다소 있었던 것이다.

◎ 亥水 正財가 驛馬殺(역마살)을 대동하고 年支 巳火와 巳亥 相沖되니 이른바 "走馬加鞭(주마가편)"格이다. 따라서 한 때 재물을 많아 모았으나, 寅亥 合木되어 官星을 生하게 되니 사귀는 남자들의 꾐에 넘어가 재물의 손실이 많았던 것이다.

◎ 子女星인 庚金 傷官이 희신이니 자식들과의 緣은 吉緣인 것이다.

⊙ 己土 辰月
  • 己土는 사람의 손길이 닿는 주변의 土로, 전답, 정원, 담장의 土이다.
  • 辰月의 己土는 陽氣가 왕성해지니 稼花(가화)가 논밭에 있고 만물이 무성해지는
    시점이다. 따라서 丙火가 필요하고, 하늘의 감로수인 癸水가 있어야 하며, 土
    가 厚重(후중)한 경우라면 甲木의 疎土(소토)가 있어야 한다.
  • 己土는 蓄藏(축장)의 흙이니 먼저 丙, 癸로 따듯함과 윤택함을 얻어야 한다.
  • 천간에 甲, 丙, 癸가 모두 투출하면 風水가 不及하지 않는 한 벼슬이 極品에
    이른다.
  • 천간에 甲, 丙, 癸 중 하나라도 투출하여 得所하고 刑沖 등의 손상됨이 없으면
    衣食은 있게 된다.

⊙ 用神
  • 己土가 辰月에 생하여 衰(쇠)地이나, 甲己의 간합토국을 이루고, 坐下 巳火의
    생을 받고, 다시 지지에 土氣가 중중하니 신강하다. 따라서 억부법을 적용하여
    日主를 剋制하는 時干 甲木을 용신으로 잡는다.
  • 천간 甲己의 간합은 甲木이 濕土(습토)인 月令 辰宮의 乙木에 통근하니, 비록
    甲己의 간합이 不成한다 볼 수는 없으나, 甲木이 힘이 있으니 化되기를 꺼려함
    이 있어 合而不化(합이불화)의 상황이니 化된 土局이 旺하다 판단할 수 없는 것
    이다.

        用神 : 甲木
        喜神 :   水
        忌神 :   金
        閑神 :   火
        仇神 :   土

⊙ 通辯
  • 천간 甲己의 간합은, 甲木 官星이 용신으로 甲己 化土되니, 비록 甲木이 陽干
    이지만 甲木 역시 羈絆(기반)됐다 판단하는 것이다. 여명의 官星은 남편으로 논
    하는데 羈絆(기반)되어 묶이니 가족을 부양하는 남편의 역할에 문제가 발생하는
    것이다. 이리되면 남편은 대체로 無爲徒食(무위도식)하게 되고 처가 가족을 부양
    하는 짐을 짊어지게 되는 경우가 많다. 또한 甲木은 十天干字 중 가장 尊貴(존

귀)한 존재이다. 따라서 甲己 合의 象(상)은 貴함과 賤함의 합인 것이며, 己土의 입장에서는 尊貴(존귀)한 者인 甲木을 맞아들이는 것이라, 甲木이 正官이니 남편에 대한 존중이 배어있는 것이고, 자신은 스스로 기쁘게 가족 부양의 책임을 지는 경우가 많다.

- 천간에 食, 財, 官이 투출하였다. 辛金 食神은 月令과 비교시 墓宮(묘궁)에 해당하여 生財의 힘이 부족하니 사업상의 財는 아닌 것이고, 壬甲 財官은 月令에 통근하니 왕하다. 이런 경우는 어떤 직업을 바탕으로 財를 모으는 것인데, 나의 자리인 日支에 巳火 正印이 있으니 가르치는 것과 연관되는 것이다. 유치원을 운영하고 있는 것이다.

- 사주에 土氣가 중중하다. 土는 종교나 믿음과 연관되어 있다. 따라서 어떤 종교건 신앙심은 돈독하리라 판단하는 것이다.

- 月干 壬水는 坐下 辰土 水庫(수고)를 깔고 있고, 年干 食神의 生을 받으니 비록 태약하지는 않으나, 중첩된 土氣의 剋을 받으니 群劫爭財(군겁쟁재) 상황이라 논할 수 있다. 따라서 여러 형제자매들이 적은 재물을 놓고 뜯어가려 다투는 형국이니 심신은 고달프고 財는 모아지지 않는 명조이다.

- 時干 甲木 官星이 간합을 이루니 결혼은 연애결혼일 것이라 판단한다. 간합은 부부지합이기 때문이다.

- 年柱 辛丑이 상생되며 食神이 투출했으니 조상들은 벼슬과는 먼 평범한 집안이었을 것이라 판단한다.

- 年, 月支가 比劫인 丑辰으로 破殺이다. 比劫은 동업자나 동료로도 논하는데 破됨은 시비다툼이 종종 발생하는 것이다. 유치원을 운영하면서 교사들과의 사이에 작은 분쟁이 많이 발생하고 있는 것이다.

- 局의 比劫은 日主인 나의 또 다른 분신이라 판단한다. 比劫이 중중하니 내가 관여하고 있는 직업이 여럿 있거나, 또는 여러 긴밀하게 연관된 유관업체가 많을 것이라 판단하는 것이다.

- 月柱는 壬辰으로 財星과 劫財이고 상하 상극하니, 부친 덕이 적었을 것이라 판단하며, 집안은 넉넉지 못했으며, 또한 부모형제자매간은 화기애애하고 돈독함이 적었을 것이라 판단하고, 형제자매들이 어려서 돈을 벌기 위해 고향을 떠나 객지 생활을 하였을 것이라 판단한다.

- 月干에 正財가 있으니 정작 본인은 부지런하고 일찍 사회생활을 시작하여 자립함이 빨랐을 것이라 판단한다.
- 月支가 십이포태운성의 衰地이다. 月支는 부모형제자매대로 논하는데 衰地이며 구신에 해당되니 부모 代는 번창하지는 못했을 것이라 판단한다.
- 日支에 印星이 있다. 여명의 日支는 남편궁인데 印星이 있으면 친부모나 시부모를 모시고 사는 경우가 많은 것이다.
- 日, 時支가 巳戌이며 正印과 劫財로 怨嗔殺(원진살)이 되고 있다. 원진살은 서로 시기질투하고 미워하고 음해하는 殺인데, 원진되니 巳火 正印이 손상되어 학업의 연이 끊어질 수 있는 것이다. 다행인 것은 巳火가 원진되어 손상을 당하려 하나 年支 丑土의 金庫地로 피하여 숨어드니 학업의 끈이 모두 손상된 것이 아니다. 따라서 직장생활을 하며 야간대학을 마치고 대학원까지 진학할 수 있었던 것이다.
- 時干에 官星이 있다. 여명의 官星은 남편으로 논하는데 時柱에 있으니 결혼은 좀 늦었을 것이라 판단하고, 官星이 甲木인데 大定數(대정수)에서 甲木은 숫자가 9에 해당되어 높으니 남편과는 나이차가 많이 날 것이라 판단하는 것이다.
- 時支 戌土 劫財가 空亡이다. 比劫은 형제자매를 나타내는데 공망이니, 태어나서 죽은 형제자매가 있을 것이라 판단하는 것이다.
  또한 時支 戌土는 자식궁이다. 이것이 공망이니 자식과의 연은 적을 것이라 판단하는 것이다.
- 時支 劫財가 십이포태운성의 養(양)을 대동하고 있다. 養은 양육되어짐을 의미하니 이복형제 문제나 양자나 양녀문제가 대두되는 것이다. 時支에 있는 경우는 아들이 없을 경우 養子를 들이는 문제도 대두되는 것이다.
  형제자매 중에 죽은 사람이 나오는 것이고, 年支는 조상의 자리이니 조상대에 단명한 조상이 있다 판단하는 것이다. 또한 比劫이 중중한데, 年支에 比肩이 있으니 조상대에 이복형제가 있다 판단하는 것이다.

⊙ 大運
- 甲木대운은 甲木이 正官이다. 日干과 부부지합인 간합을 이루니 결혼운이 들어왔으나 간합토국의 구신운으로 바뀌니 사귀기는 할지언정 결혼까지 성사되기는 힘든 것이다.

- 午火대운은 午火가 印星이다. 늦게 공부하는 운이 들어 온 것이다. 직장을 다니면서 야간대학에 입학한 것이다.
- 乙木대운은 官星運이다. 남편운이 들어왔으니 결혼하게 된 것이다. 또한 甲.乙木은 선천수가 9.8이니 본인 보다 나이차가 많은 남자와 결혼하게 된 것이다.
- 未土대운은 丑戌未 三刑殺(삼형살)을 이루고 있다. 본시 土가 구신이라 상호 刑殺을 이루면 크게 흉함은 적지만 土가 比劫에 해당되니 동업자나 형제자매, 직장동료들 간의 관계에서 시비다툼이 발생하거나 土는 道路事(도로사)로 논하기도 하니 차사고 등이 발생할 수 있는 것이다.
- 丙火대운은 年干 辛金과는 丙辛 合水의 희신운이다. 밥그릇이 슴을 이루어 희신으로 들어오니 새로운 직업을 갖게 되거나 새 사업을 시작하게 되는 것이다. 유치원을 차린 것이다.
  月干 壬水와는 丙壬 沖이다. 壬水 正財는 희신이고 丙火는 한신인데 이 둘이 沖을 이루니 損財數(손재수)가 발생하는 것이다. 유치원의 인수과정에서 계약사항의 미비로 인해 손재수가 발생한 것이다.
- 申金대운은 본시 기신운이나 月支 辰土 구신과는 반합수국의 희신을 이루니 구신이 해소되고, 日支 巳火 한신과는 巳申의 육합수국의 희신으로 바뀌니 길운이다. 사업이 번창일로의 시기이다.
- 丁火대운은 丁壬합목의 용신운이다. 길운이다. 사업의 번창이 기대되는 것이다.
- 酉金대운은 辰酉 金局의 구신운, 巳酉丑 삼합금국의 구신운이니 사업이 하향세를 탈 것이다. 轉業(전업)을 생각해야 한다.
- 戊戌대운은 기신운이니 크게 발복을 기대하기 어렵다.
- 己亥대운은 甲己 슴土의 기신운이고, 다시 巳亥 相沖하여 巳火 印星을 손상시킨다. 통변에서는 印星을 수명이나 건강과도 연관지어 논한다. 따라서 건강문제나 예기치 않은 사고 등으로 인해 병원신세를 져야하는 문제가 발생할 수 있다.
- 庚子대운은 子水가 희신운이니 己亥대운의 흉운을 잘 넘기면 長壽(장수)할 수 있다.

⊙ 己土 巳月

- 三夏節의 己土는 稼花(가화)가 아직 밭에 있는 때이니 먼저는 하늘의 감로수인 癸水로 滋養(자양)하고 다음은 丙火로 따듯하게 한다.

- 三夏節의 己土는 癸水가 없으면 旱田(한전)이라 하고 丙火가 없으면 孤陰(고음) 이라 하여 癸水와 丙火를 떠나 용신을 생각하기 힘든 것이다.

- 癸水, 丙火가 투출하고 辛金으로 癸水의 水源(수원)을 發하면 관직이 極品(극품) 에 오른다.

- 丙火가 중중한데 癸水가 암장되었으나 申金이 水源을 發하면 국가고시 합격에 준하는 영화가 있다.

- 癸水는 있는데 丙火가 없으면 재능이 있고 관직과의 연은 있다.
  丙火는 있는데 癸水가 없으면 壬水를 대신하나 큰 발전을 기대하기 어렵다.

- 丙丁火가 중중하면 火炎土燥(화염토조)의 상황인데, 癸水가 있으나 통근하지 못 하고 金이 있으나 丁火에 극을 당하면, 전답이 가물어 싹과 잎이 마르는 격이 니, 이런 명조는 처자를 건사하기 힘들고, 비록 衣祿(의록)은 있다 하더라고 오 래가지 못하여 빈한해진다.

- 丙丁火가 중한데 다시 甲木이 이를 생하는 경우, 壬癸水가 있어 解炎(해염)하지 못하면 단명과 요절이 따른다. 壬癸水가 있고 水源을 發하는 庚辛金이 있으면 富貴가 크다.

- 지지 火局에 水가 없으면 僧道(승도)의 命이다.

- 火氣가 중중하여 癸水를 용하는데, 水源을 發하는 庚辛金이 있는 命이면 부귀가 크나, 壬水를 용하는 경우에는 庚辛金이 있더라도 富는 있으나 貴가 적다. 이는 癸水는 자연 상태의 물이고, 壬水는 끌어다 쓰는 노력이 필요하기 때문이다.

⊙ 用神

　• 巳火節의 己土는 稼花(가화)가 아직 논밭에 있는 형국이니 調候(조후)가 급하다. 먼저는 하늘에서 내리는 감로수인 癸水가 필요하고, 다음은 丙火의 따듯한 기운이 없으면 잎과 줄기가 실해지지 못하는 것이다.

　• 원국에 水氣가 없으니, 胎元(태원)에서 용신을 끌어올 수 있으면 이를 적용한다. 胎元(태원)이 庚申이니 申宮의 壬水를 용하는 것이다. 용신은 壬水이다.

　　　　用神 : 壬水
　　　　喜神 :　　金
　　　　忌神 :　　土
　　　　閑神 :　　木
　　　　仇神 :　　火

⊙ 己酉日柱 특성

　• 끈기가 있고 개척심이 있으며, 소시민적이고 상냥하며 친절하나 잔소리가 많다.

　• 대화를 즐기고 음식을 잘 먹는 편이며, 너무 치밀하고 세밀한 것이 흠이다. 대인관계가 좋고 매사를 순리적으로 처리한다. 대체로 건강한 편이다.

　• 교육자, 약사, 요식업, 유흥업, 레저 및 스포츠산업, 예체능 등과 연관된 직업을 갖는 경우가 많다.

⊙ 月支 印星이고 日支 食傷이면 전기, 전파 등의 직업과 연관이 많다. 전기재료 제조관련 중소기업을 운영하고 있는 것이다.

⊙ 지지 巳酉는 火氣인 巳火가 월령을 차지하고 있으니 巳酉 반합금국이 형성된다고 볼 수 없다. 즉, 合而不化의 상황이다. 巳火 印星이 合而不化의 상황이니 본시 두뇌는 총명하나 학업과의 연은 적은 것이다. 전문대학 전기과를 나온 것이다.

⊙ 천간에 比肩이 二位 있으니 본업 외에 관련하고 있는 직업이 2개 더 있다 판단한다. 하나는 전기관련 재료 연구소이고, 또 하나는 전기재료 판매관련 유통회사인데 대주주로 지분참여를 하고 있는 것이다.

⊙ 원국에 食傷이 중중하나 財星이 없는 것이다. 이런 명조는 사업가의 경우라면 財를 창출하기 위해 문어발식으로 사업을 확장하려는 의도가 다분히 있는 것이고, 또한 財를 여성과 연관 지으면 여성들과 연관된 女難(여난)이 발생할 소지가 많은 것이다.

◎ 卯木대운은 동방 木運의 한신운이라 전기관련 회사에서 직장생활을 했다.

◎ 寅木대운은 한신운이다. 日支 酉金과 寅酉 원진되니 신변의 이동수가 발생하는
  것이다.

  직장생활을 그만두고 전기관련회사를 창업한 것이다..

◎ 乙丑대운은 천간은 乙庚 간합금국의 희신운, 지지는 巳酉丑 삼합금국의 희신운
  이 되니 왕해진 희신의 도움이 있는 것이다. 지인의 소개로 전기재료를 생산하는
  업체를 인수하게 된 것이며, 이후 비약적인 발전이 있었던 것이다.

◎ 甲子대운에 제2공장 신축 건을 문의한 것이다.

  • 甲木은 본시 한신이나, 원국 己土와 甲己 간합토국의 기신운이 된다. 길하지
    못한 것이다. 己土는 比肩이니 동료, 동업자 등과 연관된다. 남동생을 공장 책임
    자로 앉히려 하는 것인데 기신운이니 이익 됨이 없을 것이라 판단하는 것이다.

  • 子水는 본시 용신이나, 年支 酉金 食神과는 子酉 破되니 밥그릇의 손상이 있는
    것이고, 月支 巳火 印星과는 상극되니 문서. 계약 등과 연관하여 損財數가 발생
    하는 것이고, 日支 酉金과는 역시 子酉 破되니, 이번에는 본인이나 처에게 禍厄
    (화액)이 발생하는 것이다. 酉金은 차바퀴와 연관하니 예기치 않은 교통사고 등
    이 암시되는 것이다.

    時支 午火 偏印과는 子午 沖이 되어 상호 손상되는 것인데, 偏印은 사고, 질병
    등의 흉액과 연관된 계약 관계로 논하니, 예기치 않은 화재, 사고 등의 흉액이
    발생할 것이 암시되는 것이다.

◎ 제2공장 신축 건은 재고할 것을 당부했으나, 강행하여 준공 이후 건축 경기의
  침체로 인한 전기관련 상품의 판매부진과 이로 인한 자금난과 또한 직원들 간의
  불화로 인해 곤경에 처해진 것이다.

◎ 用神
- 巳火節의 己土는 土燥(토조)한 상황인데, 稼花(가화)가 아직 밭에 있어 생육되고 있는 시점이니, 調候(조후)가 급하여 하늘의 감로수인 癸水가 필요하고 또한 햇볕이 적어서는 안 되니 丙火도 참작한다.
- 丙火, 癸水가 투출하고 辛金이 있어 癸水의 水源(수원)을 發하면 大貴格의 명조가 된다.
- 상기는 月柱가 丁巳火로 火勢(화세)가 맹렬하니, 전답의 土인 己土는 衰渴(쇠갈)하고 枯焦(고초)하여 조후가 급하니 하늘의 단비인 癸水가 긴요한 것이다. 年干 癸水를 용신으로 잡는다.
- 용신 癸水는 月令 巳火에 실기하였고 丁癸 沖하여 손상되어 무력하나, 日支 酉金의 생조가 있고, 또한 胎元(태원)이 戊申이라, 申宮의 壬庚이 있어 암암리에 癸水를 부조하니 태약함은 면한 것이다.

  用神 : 癸水
  喜神 :　金
  忌神 :　土
  閑神 :　木
  仇神 :　火

◎ 月柱 상하가 丁巳火로 모두 印星이니, 外家가 몰락했을 것이고 단명한 사람도 있을 것이라 판단된다.
◎ 月, 日支에 食神이 있는 명조는 대체로 미식가이고 음식솜씨가 좋다. 천간에 水火가 투출했는데, 이는 물과 불로 음식조리와도 연관되니 음식점을 운영하며 다소의 得財가 있었다.
◎ 局의 甲卯는 正官과 偏官으로 본시 관살혼잡된 형국으로 흉하다. 다행인 것은 時干 甲木이 日干 己土와 간합되어 比劫으로 化되니 年支 卯木 偏官 一位만 남게 된 것이다. 이른바 合官留殺(합관유살)인 것이다. 따라서 부부연이 손상됨이 없이 이어질 수 있었던 것이다.
◎ 여명의 자식운은 食傷과 時柱의 오행의 길흉으로 판단한다. 食神인 酉金이 희신이니 본시 발전이 있을 것이라 판단하나, 時支宮의 戌土 劫財가, 年支 卯木과는 卯戌 합화되어 구신으로 化되고 月支 巳火와는 怨嗔(원진)되고, 日支 酉金과는 害

殺이 되어 손상되니 길함이 반감되는 것이다.

⊙ 戊土대운의 變業(변업)에 대해 문의한 것이다.

- 戊土대운은 기신운이다. 길하지 못한 것이다.
- 戊土는 比劫에 해당하니 入되어 암암리에 동업하려는 의도가 내재되어 있는 것이다.
- 年支 卯木은 본시 한신인데 卯戌 합화되어 구신으로 化된다. 예기치 않은 일로 인해 시비다툼과 구설이 발생됨을 암시하는 것이다.
- 月支 巳火 正印은 구신이다. 戊土와 巳戌 怨嗔(원진)되어 상호 손상되니 문서, 계약과 연관하여 실패수가 따르는 것이다.
- 日支 酉金은 食神으로 희신이다. 戊土와는 酉戌 害殺이 되니 밥그릇이 손상되는 것이라 변업시 損財가 따르는 것이다.
- 時支 戌土는 본시 기신이다. 대운 戊土가 時支 戌土에 힘을 실어주어 자연 기신이 왕해지니 길함이 적다 판단하는 것이다. 時支는 수하직원과도 비유하니 이들과의 사이에 시비구설과 불화가 발생할 것임이 암시되는 것이다.
- 變業(변업)의 때가 아니니 심사숙고하라 권고했다.

⊙ 전체적인 인생의 운의 흐름은, 운로가 申酉戌亥子丑의 희신과 용신운이니 발전이 있는 명조라 판단하는 것이다.

⊙ 用神

- 巳火節의 己土는 火氣가 炎炎하니 논밭에 물이 메마르고 대지에 건조함이 심하다. 아직 稼花(가화)가 밭에 있으니 하늘의 감로수인 癸水가 필요하다. 조후가

급한 것이다.

• 상기는 丁火가 투출하고 다시 지지에 午火가 火勢(화세)를 더하니 火氣가 맹렬하다.

• 癸水가 불투했으니 부득이 年支 申宮의 壬水를 용신으로 잡는다. 부득이 壬水를 용해야 하나 壬水는 己土인 전원의 흙을 쓸어버리게 되니 사주가 길하지 못한 것이다.

　　用神 : 壬水
　　喜神 :　金
　　忌神 :　土
　　閑神 :　木
　　仇神 :　火

◎ 月, 日支가 巳卯로 印星과 官星이니 본시는 공직자의 명조이다. 아쉬운 것은 巳火 正印이 年支 申金과 巳申 육합수국의 財星局으로 바뀌고, 卯木 偏官은 時支 午火와 午卯 破되어 손상되니 공직자의 길을 가지 못하고 아파트 관리소장을 하고 있는 것이다.

◎ 日支와 時支는 卯午로 破殺이 되니 남편과 자식과의 연은 돈독하지 못한 것이다.

◎ 子水대운에 移職(이직) 運을 문의한 것이다.

• 현재의 직장은 낡은 아파트로 주민들의 민원이 많아 이직을 희망하고 있는 것이다.

• 子水는 본시 용신이나, 日支 卯木과는 子卯 刑殺이 되어 자기 자리가 손상되니, 이직해야 하는 문제가 발생하는 것이다. 卯木이 官星으로 직업, 직장, 직책을 의미하기 때문이다.

• 時支 午火는 印星으로 문서, 계약 등과 연관되는데 子午 沖으로 손상되니 문서, 계약에 변동수가 발생하는 것이다.

• 甲午세운은 歲干 甲木은 日干 己土와 간합토국의 기신운이 되고, 歲支 午火는 日支 卯木 官星과 破殺이 되고, 時支 午火 印星과는 午午 自刑殺이 되니 반드시 이동수가 있는 것이다. 다만 혐의가 되는 것은, 破殺과 刑殺은 매사 길하게 작동하지 못하니 자의로 이동하는 것이 아니고, 타의에 의해 내가 좌천되는 형식인 것이다.

•후에 확인한 결과, 관리실 경비와 주민과의 사소한 다툼이 飛火되어 관리소장
인 자신이 책임을 지고 직장을 옮기게 된 것이다.

◎ 己土 午月

•稼花(가화)가 아직 밭에 있는 상황이니 調候(조후)가 급하다. 먼저는 하늘의 감로
수인 癸水가 필요하고 다음은 丙火의 溫暖(온난)함이 필요하다.

•癸水, 丙火가 출간하고 다시 辛金이 癸水를 생조하면 벼슬이 極品(극품)에 이른다.
丙火와 辛金이 출간하고 癸水가 암장되면 水火旣濟(수화기제)의 功이 있어 국가고
시에 합격한다. 단, 戊土가 있어 癸水를 合함을 대기한다.
癸水가 출간하고 丙火가 없으면 재능과 衣祿(의록)은 있다.
癸水가 없고 丙火가 출간하면 壬水가 있으면 좋으나 그래도 大發하지 못한다.

•丙火가 중중한데 癸水와 辛金이 있더라도, 丁火가 있어 辛金을 극제하면, 癸水
의 뿌리가 없는 格이니, 가뭄에 싹이 마르는 것과 같아 홀아비 팔자이고, 다소
의 衣祿이 있더라도 장구하지 못하여 종국에는 빈천함을 면치 못한다.

•壬水가 있고 庚辛金을 보면 困苦(곤고)하지는 않으나, 木疾과 心腎肝膽症(심신간
담증)이 염려된다. 만약, 壬水의 뿌리가 있고 辛金이 得地하면 그렇지 않다.

◎ 用神

•지지에 巳午未 方合火局을 형성하고, 다시 午戌의 반합화국이 있으니 지지는
전부 火氣一色(화기일색)이다.

•月干 甲木은 지지의 旺火를 생하니 甲己의 干合은 合而不化(합이불화)의 상황이
다. 時干 己土는 丁火와 同宮이니 역시 火勢(화세)에 합류하게 된다.

- 따라서 상기 명조는 印星이 태왕하니 "從强格(종강격)"으로 논해야 한다. 용신은 年干 丙火이다.

> 用神 : 丙火
> 喜神 :　木
> 忌神 :　水
> 閑神 :　土
> 仇神 :　金

◎ 己未日柱 특성

- 야무지고 빈틈이 없으며 외유내강하다.
- 겉으로는 나약해 보여도 일에 임하면 양보하지 않고, 끈질기며 어려움을 극복하고 인내로 버텨낸다.
- 온순하고 착실하며 매사를 꼼꼼히 처리하나 소심한 것이 결점이다.
- 소화기질환이나 피부질환 등의 발병이 높다.
- 부동산업, 농업, 운수업, 섬유업, 지엽사 등의 직업이 많다.

◎ 사주가 格을 이루면 運路에서 入되는 오행의 길흉에 크게 좌우되지 않는다. 즉, 財官印이 모두 吉하게 협조하는 것이다.

◎ 상기 명조는 財星이 전무하나 용신이 왕하여 吉格을 이룬 명조이다. 수천억의 재산가이고, 늘 상 여자문제가 따라 다니고, 여러 공익단체의 회장직을 역임하고 있으며, 대체로 건강함을 유지하고 있는 것이다.

◎ 건강과 수명을 물은 것인데, 壬水대운에 大海水가 入되어 旺火와 상극되니 이른바 "激火之炎(격화지염)"의 상황이라 수명 및 건강과 관련하여 大禍(대화)가 닥칠 것이라 예상된다.

◉ 己土 未月

- 未土月은 巳午 火旺之節을 지난 後이니 天地가 乾枯(건고)하여 전답의 土인 己
  土가 메마르다. 먼저는 하늘의 감로수인 癸水가 필요하고, 또한 三伏生寒(삼복
  생한)의 시점이니 丙火가 있어야 하고, 土가 厚重(후중)하면 甲木의 疎土(소토)가
  있어야 한다.

- 上半月인 大暑 前은 午火節과 같아 壬癸水로 용신을 잡고, 大暑 後는 金水가
  進氣하는 시점이라 生寒(생한)하니 丙火가 요긴하다. 만약 土가 중첩된 경우라
  면 甲木의 소토가 필요하다.

- 癸水, 丙火, 甲木이 투출하면 국가고시에 합격하고 영달함이 기약된다.
  癸水와 甲木이 있고 丙火가 없으면 단지 秀才(수재)이다.
  癸水와 丙火가 있는데 甲木이 없으면 小富이다.
  癸水가 없고 丙火가 있으면, 儒林之士(유림지사)이나 虛名(허명)일 뿐이고 단지
  衣祿은 足하다.
  癸水와 辛金이 투출하면 異途功名(이도공명)이다.
  癸水, 辛金, 丙火가 모두 없으면 평범하다.
  癸水, 辛金, 丙火, 甲木이 모두 없으면 빈천하여 가정을 이루기 어렵다.

◉ 用神

- 상기는 立秋 前 4日에 생하여 寒氣(한기)가 漸昇(점승)하는 시점이나, 日支에 巳
  火가 있어 火勢(화세)를 더하니 전답의 土가 乾枯(건고)한 상태이다.

- 마른 전답에 하늘의 우로인 癸水가 존귀하나 불투하고, 時干에 壬水가 투출했
  으니 이를 용신으로 잡는다.

- 용신 壬水가 未土月에 失氣했으나, 坐下 申宮의 壬水에 통근하고, 다시 巳申의
  육합수국의 부조가 있으니 용신이 약하지 않은 것이다.

    用神 : 壬水
    喜神 :   金
    忌神 :   土
    閑神 :   木
    仇神 :   火

◎ 천간에 辛壬乙의 食神, 正財, 偏官이 투출하고 모두 지지에 통근하고 있으니 길하다. 단지 지지에 丑未土가 약하지 않은데, 甲木 대신 乙木이 투출하여 疏土함이 부족하니 아쉬움이 있는 것이다. 국회의원 3선의 官運이 많은 명조이다.

◎ 乙木 偏官이 투출하고 日支에 巳火 正印이 있으니, 官印相生되어 본시 행정관료직의 명조이다. 혐의가 되는 것은 지지에 丑未土가 약하지 않은데, 甲木이 불투하고 乙木이 투출하여 疏土(소토)의 힘이 부족하고, 巳火 正印이 時支 申金과 巳申 刑合의 水局을 이루어 印星이 손상되고, 다시 時干 壬水 財星에 受剋되니 官印이 왕강해지지 못한 것이다. 다만 時干 壬水 財星이 약하지 않으니 선출직인 국회의원의 길을 간 것이다.

◎ 己土 申月
 • 己土는 전답의 土요, 정원의 土요, 담장의 土이다. 申月의 己土는 만물이 收藏(수장)을 준비하는 때로 寒氣(한기)가 漸昇(점승)하는 시점이다.
 • 田畓의 稼花(가화)가 실해지기 위해서는 丙火의 따듯함과 癸水의 滋潤(자윤)함이 필요한 것이다.
 • 申月은 庚金이 司令하여 日主의 氣를 洩시키니 母旺子衰(모왕자쇠)한 것으로 土金食傷格인 것이다. 천지가 寒하니 먼저는 丙火요 다음은 전답의 稼花(가화)를 윤택하게 하는 癸水가 필요한 것이다.
 • 丙火와 癸水가 併透(병투)하면 上格의 명조이다.
   丙火가 투출하고 癸水 대신 壬水가 투출한 경우라면, 전답에 물이 넘치게 되어 稼花(가화)가 쓸려 나가니 上格이 되지 못한다.

丙火와 癸水 중 하나라도 있으면 衣祿은 있다.

丙火와 癸水가 전무하면 下賤格(하천격)이다.

◎ 用神

- 己土가 申月에 생하여 土氣가 洩되고, 亥水 財星이 있으며, 다시 日, 時支의 巳火가 月令 申金과 巳申 合의 水局으로 化되니 신약한 것이다.
- 印星을 용하여 日主를 생조하면 사주가 中和를 이룰 수 있는 것이다. 용신은 月干 丙火이다.

      用神 : 丙火
      喜神 :   木
      忌神 :   水
      閑神 :   土
      仇神 :   金

◎ 丁火대운은 용신운이니 이 때 결혼한 것이다.
◎ 여명의 官星은 夫星인데 年支 亥宮에 甲木 官星이 암장되어 있다. 月支 申金과 申亥 害殺이 되니 申宮의 庚金에 受剋되어 손상되고, 또한 巳亥 相沖되니 巳宮의 庚金이 역시 受剋되어 손상되는 것이다. 따라서 남편복이 적은 것이고 또한 남편과의 연도 박한 것이다. 다만 희신에 해당하니 이혼까지는 가지 않는 것이다.

◎ 六親關係(여명. 己日干)

      甲(正官=夫) → 戊(劫財=媤父)
                      癸(偏財=媤母)
      己(日干=我) → 丁(偏印=母) → 庚(傷官=外祖父)
                                      乙(偏官=外祖母)
                      壬(正財=父) → 丙(正印=祖父)
                                      辛(食神=祖母)

◎ 空亡 通辯

- 日柱 己巳는 甲子旬 中에 속하며 戊亥가 空亡이다. 父星인 壬水의 財庫가 戊土로 空亡에 해당하니 재물과는 연이 적은 것이다.
- 夫星인 甲木 正官의 長生이 亥水로 공망이다. 남편과의 연은 돈독함이 적은 것이다.

◉ 己巳日柱 通辯

• 己日干의 좌하에는 巳火가 있는데, 이는 庚金 傷官의 長生에 해당하며 夫宮인 것이다. 傷官은 官을 극하는 것이므로, 결혼 후에는 남편과의 화기애애함이 적고 남편에 대한 간섭이 많다는 것이고, 夫星인 甲木의 長生이 亥水로 驛馬(역마)에 해당하며 공망이니, 지나친 간섭은 남편으로 하여금 밖으로 떠돌게 만드는 것이다.

• 日支 巳火는 丙火 印星의 祿星이며 巳申 합의 財星局을 이루고 있다. 夫宮의 巳火와 財源인 申金이 합되어 水局의 財星局이 된 것이니, 이는 결혼 후에 夫家의 재산과 印을 관리할 권한을 얻음을 암시하는 것이다.

• 日支 巳火는 암암리에 巳酉丑의 삼합금국을 이루며 庚金이 대표한다. 夫星인 甲木의 七殺은 庚金인데, 庚金의 長生이 巳火이며, 戊土 偏財의 祿星이 巳火이며, 戊土는 丙火의 食神에 해당하며 祿星이 역시 巳火이다.
巳酉丑의 합은 夫星인 甲木에서 보면 官星局이 되는 것이며, 위와 같이 食神이 生財하고 다시 財가 官星을 생하며, 夫宮인 日支 巳火와 연관되니, 나타내는 象은 남편이 공무원인 것이고, 직책이 높을 것임이 암시되는 것이다.

• 己日干의 좌하인 巳火는 劫財인 戊土의 祿星이다. 日干 己土는 甲木과 간합을 이루어 土局이 되니 戊土로 대표되는데 이는 身에 해당되는 것이고, 劫財이며 그 祿星이 巳火로 夫宮인 日支宮에 居하는 것이다. 나타내는 象은 夫가 풍류를 즐기고 첩이 있게 됨을 암시하는 것이다.

• 여명 己日干의 祿星은 午火로 夫星인 甲木의 死地에 해당된다. 夫인 甲木에서 보면 偏妻인 戊土는 午火를 만나면 왕하게 되니 이는 妻가 夫를 엄하게 관리하게 되면 오히려 역효과가 발생하여 夫가 첩을 두게 될 수 있음을 의미하는 것이다.

• 상기 己日干 여명인 경우에는 偏官인 乙木과 傷官인 庚金을 偏夫로도 논한다. 乙庚이 간합되니 二夫의 命이 암시되는 것이다. 따라서 부부간 돈독함을 유지하도록 노력함이 필요한 것이다.

• 己日干의 長生은 酉金인데 丙火와 辛金運을 만나게 되면, 丙火 印星은 酉金에 死地이며, 辛金 食神은 酉金에 祿星이다. 丙辛의 간합수국은 財星局이 되어 官星을 생하는 것이다.

酉金은 辰土 財庫와 암암리에 辰酉 육합금국을 이루어 食傷이 되는데 食神이 대표하는 것이며, 食神 金은 水를 생하니 生財하는 것이며 또한 辰土에 入庫되는 것이다. 이는 노년에 재물이 풍족하고 妻의 조력으로 인해 夫의 성취함이 있음을 암시하는 것이다.

- 己日干의 祿星은 午火인데, 戊土와 癸水運을 만나게 되면 戊土 劫財는 왕해지는 것이다. 癸水 偏財는 戊土와 戊癸 합을 이루어 印星이 되고, 午火는 암암리에 未土와 합을 이루어 역시 印星이 된다. 戊土 劫財는 日干 己土의 祿星인 午火를 만나면 왕해지는데, 行運에서 財星運인 水氣를 만나면 水火相爭(수화상쟁)하니 破財, 破耗(파모)가 따르게 된다.

◉ 神殺 풀이

- 日, 時支 巳火는 羊刃殺(양인살)이다. 강력, 흉폭, 시비다툼, 관재구설의 흉살로, 日. 時支에 있으니 남편과 자식과의 연이 적고 말년에는 破財, 破耗(파모)가 있을 것임을 암시한다.

- 巳火가 대동한 金神은 金氣의 흉살로 運路에서 火를 만나면 제압되니 흉변길이 된다. 그러나 局에 火가 있는데 다시 운로에서 火가 入되면 발전하기 어렵고, 金水運을 만나면 水火相爭하니 禍(화)가 당도하게 된다.

- 月支 申金이 天乙貴人을 대동하고 있다. 총명지혜하고, 매사 열정과 친화력과 衣祿이 있는 길신이다. 그러나 기신에 해당하거나 刑, 沖, 破, 害 되거나, 死絶地에 이르게 되면 평생에 困苦(곤고)하며 고집이 세고 복록이 적다.

- 月支 申金이 天廚貴人(천주귀인)을 대동하고 있다. 局이나 運路에서 刑沖됨이 없으면 평생 食祿이 보장된다.

- 月支 申金이 亡神殺(망신살)을 대동하고 있다. 기신에 해당하면 배우자와 자식과의 연이 적다. 또한 남녀 공히 사주가 흉하면 酒色(주색)을 밝히는 경향과, 정신질환을 앓는 경우도 있다.

⊙ 用神
- 申月은 寒氣가 漸昇(점승)하는 시점이니 온난케 하는 丙火가 요긴하고, 稼花(가화)가 아직 논밭에 있으니 癸水로 己土를 滋潤(자윤)하면 열매가 건실해진다. 丙火, 癸水를 쓴다.
- 申月에는 庚金이 司令(사령)하며 土金傷官格이다. 천지가 寒하고, 洩氣(설기)가 심하니 丙火로 부조하고 癸水로 金氣를 洩하면 자연 중화를 이룬다.
- 申月의 己土는 申宮에 庚金, 壬水가 建祿과 長生되니 丙火가 매우 중요하다. 癸水가 투출하면 上格이고, 壬水가 투출하면 衣祿(의록)이 있고, 水火 중 어느 하나라도 없으면 發福(발복)이 어렵다.
- 申月의 己土는 稼花(가화)가 아직 논밭에 있는 형국이다. 따라서 丙火의 온난함이 있어야 열매가 잘 열리고, 적당한 양의 雨露인 癸水가 있어야 열매가 탐스러워지니 丙火, 癸水를 떠나 용신을 잡기 힘들다.
- 상기는 日主 己土가 申月에 생하여 失氣했고, 甲乙木이 지지 未卯에 통근하고 투출하여 日主를 극함이 심하니 日主의 勢는 약하다. 印星인 丙火를 용하여 日主를 생조하면 중화를 이룰 수 있다. 丙火가 불투하고 時干에 丁火가 투출했으니 이를 용신으로 잡으나 格이 떨어지는 것이다.

  用神 : 丁火
  喜神 :　木
  忌神 :　水
  閑神 :　土
  仇神 :　金

⊙ 時柱는 명조자 인생의 종합적 歸結體(귀결체)이다. 丁火 偏印과 卯木 偏官이 있어 官印相生되니 공직자의 명조인데 偏官과 偏印이니 기술직인 것이다.

⊙ 日支는 처의 자리인데 巳火 印星이 자리하니 고부간의 갈등이 암시된다. 또한 月支 申金과는 巳申의 刑合되니 처와 시댁식구간의 갈등요소가 많음을 암시하는 것이다.

⊙ 日支 巳火와 月支 申金과의 巳申 刑殺이 나타내는 象은 처에게 예기치 않은 사고, 질병 등과 연관하여 흉액이 잠복하고 있음을 암시하는 것이다.

⊙ 日, 時支 巳와 卯는 月支 申金과는 刑殺과 怨嗔殺(원진살)이 되니 처자식과의 연이 박한 것이다. 또한 巳申 육합수국이 용신 丁火를 극하니, 용신은 아들로도 논하는바, 부자지간의 갈등이 매우 심했던 것이다.

⊙ 卯木대운은 본시 희신운으로 一喜一悲했다. 남명에서는 용신을 아들로 논하고 이를 생하는 희신을 처로 논하기도 한다. 따라서 卯木은 처에 해당하는데, 月令 申金과는 상극되어 손상되니 이 대운의 시기에 처가 암질환으로 사망한 것이다. 한편으론 희소식도 있는데, 卯木이 年支 未土와 時支 卯木과 반합목국으로 왕하게 희신운으로 化되니 이때 사무관 승진을 한 것이다.

⊙ 寅木대운은 지지 巳申과 寅巳申 三刑殺을 이루니 매우 흉하다. 巳火 印星을 刑하니 印星은 수명에 비유되므로, 命을 재촉할 정도의 큰 위기가 있었던 것이다. 차량사고로 여러 달 병원신세를 졌던 것이다.

⊙ 운로가 未午巳辰卯寅의 용신과 희신운이니 가정사의 갈등을 제외하곤 무애무덕했던 것이다.

⊙ 用神
  • 日干 己土의 성질은 담장의 흙, 정원의 흙, 논밭의 흙으로 사람의 손길이 가까

이 있어서 갈아주고, 가꾸어주어야 하는 土가 己土이다.

- 己土 日干이 申月이면 음력으로 7月인데, 6月까지는 巳午未 남방화운으로 生助를 받음이 많으나, 7月로 들어서면 旺한 火氣는 肅殺之氣(숙살지기)인 申金으로 인해서 己土의 기운은 洩氣(설기)되고 退氣하기 시작하여 유약해진다.

- 日干 己土는 月令에 申金이 있고, 年干에 庚金이 있어 洩氣당하고, 月干의 甲木과 時支의 寅木의 剋을 받으니, 비록 時干의 丙火와 年支의 午火가 있다 하더라도 신약임을 면치 못한다.

- 그러므로 용신은 旺한 金의 기운을 제극하고, 유약한 己土日柱의 기운을 부조하는 丙火를 용신으로 삼을 수밖에 없다.

- 日干 己土의 조후용신을 검토해 보면, 논밭의 흙인 己土는 금왕지절인 7月은 뿌리에서 자양분을 최대한 끌어올리고, 따사로운 햇빛을 받으며, 열매를 탐스럽게 영글게 해야 하는 시기이므로 우선 丙火가 급하고, 그다음에는 물이 필요하므로 癸水가 그 다음이다.

  用神 : 丙火
  喜神 :　　木
  忌神 :　　水
  閑神 :　　土
  仇神 :　　金

⊙ 通辯

- 우선 선천적인 직업을 살펴보려면 천간에 투출된 육신을 살펴보아야 하는데, 月干 甲木 正官과, 時干 丙火 正印이 투출되었고, 官印相生이 되니 공무원의 사주임에 틀림없다.

- 단지 유감스러운 것은 月干 甲木 正官이, 日干 己土와 甲己 합토되어 比劫運으로 바뀌고, 年干의 庚金 傷官과 沖이 되니 그 복록이 길지는 못할 것이라 사료된다.

- 남명의 正官은 관록과 명예와 직책을 의미하는데, 사주상 正官의 길성을 잃지 않으려면 正官이 타오행과 刑, 沖, 破, 害, 怨嗔(원진)이 되지 않아야 한다. 또한 正官은 사주상 傷官을 보지 말아야 하는데 그 이유는 傷官은 正官을 극하므로 正官의 길성을 감퇴시키는 것이다. 이런 경우 복록이 길지 못하다.

- 사주의 천간에 官과 印이 투출되어 있어 공직으로 가더라도 사주의 어느 지지라도 傷官이 있을 경우에는 기술직이나 무관직의 길을 걷게 될 것이다.

- 年干 庚金 傷官은 본시 활동적이고, 예술적 감각이 뛰어나고, 남과 어울리기를 좋아하는 성격을 타고나나, 地支에 午火를 깔고 있어 심하게 火剋金으로 제극을 받으니, 교묘한 재능과 뛰어난 재능이 있다 할지라도, 그 진가를 발휘하기 어려웠을 것이다.

- 正財는 사주상 妻를 의미하는데, 月支와 日支에 있는 것을 上格으로 친다. 日支 亥水 正財는 제자리를 지키고 있으나, 財星인 水가 기신에 해당 하므로 好事多魔(호사다마)의 아쉬움이 있었을 것이다.

- 時干 丙火 正印과 時支 正官은 官印相生이 되는데, 時柱는 자손 代를 의미하므로, 그 자손 代에 반드시 국가의 祿을 먹는 공직자가 나온다.

- 日干 己土는 同種의 오행이 천간에 투출되는 것을 썩 좋아하지 않는다. 이는 日干은 군왕의 자리로 동종의 오행은 比肩, 劫財를 의미하고, 형제자매를 의미하므로 왕의 자리를 놓고 형제간에 다투는 형국으로 반드시 그 형제자매 간에 죽은 자가 있다고 판단하는 것이다. 상기 사주는 日干 己土와 月干 甲木이 甲己 간합토국의 比劫으로 바뀌니 형제자매 중에 죽은 자가 있다.

- 年支 午火 偏印의 流霞殺(유하살)은 남명은 客死하는 殺이고, 여명은 難産(난산)의 흉살이므로, 어머니가 애를 낳을 때 고생이 많았을 것이고, 또한 流霞殺(유하살)이 있는 경우 어머니가 젖이 부족하여 자녀들의 양육에 어려움이 있었을 것이다.

- 四柱에 甲木 正官이 희신인데, 月干 甲木은 日干 己土와 합토되어 한신운으로 바뀌었고, 時支의 寅木 正官은 呑陷殺(탄함살), 急脚殺(급각살), 破軍殺(파군살)이 있으므로 정년까지 공직을 마치지 못하고 중도에서 퇴직을 하는 경우도 생기게 된다.

◎ 대운
- 乙酉大運의 乙木은 庚金과 乙庚 간합금국이 되어 구신운으로 흐르고, 13세 이후의 酉金은 時支 寅木 희신과 怨嗔殺(원진살)이 되니 초년에는 다소 고생이 있었을 것이라 생각된다.

이후는 용신운이므로 잘 풀려 나가서 학업도 어느 정도 성취함이 있었을 것이고, 나를 끌어주는 사람도 주변에 있었을 것이다.

- 戊土대운은 時支 寅木과 年支 午火와 寅午戌 삼합화국의 용신운으로 바뀌니 매사 잘 풀리고. 승진 등의 좋은 일도 많았을 것이다.

- 亥水대운은 時支에 寅木과 寅亥 육합목국이 되어서 희신운이 되니 이때도 좋은 운이므로 거듭 승진의 기회가 있었을 것이다.

- 戊土대운은 한신운이다. 이때 직장, 직업, 직책의 변동이 있을 수 있고, 매사 관망하는 운이므로 기쁜 일은 적었을 것이다. (이때 군 장교 예편)

- 子水대운은 年支 午火와 子水가 沖殺이 되니 이동수가 생기고, 질병, 사고건 등 흉사가 생길 수 있는 운이다. (이때 퇴직후 부산으로 이사)

- 己土대운은 한신운이다. 운이 썩 좋은 편이 못된다. 새로운 일거리를 준비하는 단계이다. (이때 새로운 사업의 태동단계에서 형제들과의 문서로 인한 손재수 발생)

- 丑土대운은 年支 午火와 원진살이 되니, 문서 건, 질병 건, 등의 손재수 또는 이별수가 생길 수 있다.

- 庚金대운은 金이 구신이고, 正官인 甲木과 地支의 寅木과 충살이 되므로 명예 문제, 직책, 직업의 변동문제 등이 생길 수 있고, 관재구설, 이별수, 손재수, 건강문제 등이 대두된다.

- 寅木대운은 희신운이고, 年支 午火와 반합화국의 용신운이 되어 다시 집안이 안정세로 돌아섰을 것이다.

- 辛金대운은 본래 용신운이나 時干 丙火 正印과 간합수국이 되어, 기신운으로 바뀌니 건강문제, 손재수 문제, 자식문제 등으로 인한 근심걱정이 발생할 수 있다.

- 卯木대운은 月支 申金에 卯申 怨嗔殺(원진살)이 되나, 日支 亥水와 時支 寅木과 반합국이 되니 원진살이 해소되어, 희신운으로 바뀌니 집안이 점차 안정세로 돌아선다.

- 壬申대운은 기신운이고 사주에서 용신인 丙火가 壬水와 丙壬 沖殺이 되니, 건강문제, 사고 건이 발생할 수 있다. 이때 고종명할 수도 있다.

⊙ 신살 풀이

- 年支에 飛刃殺(비인살)과 斧劈殺(부벽살)이 있다. 이 두 가지 殺은 家破損財(가파손재)하는 殺로도 논하며, 年支는 조상궁이니 할아버지대나 증조할아버지 대에 가업을 破했을 것이라 판단하는 것이다.

- 月支 劫財에 紅艷殺(홍염살)이 있다. 劫財는 財를 빼앗은 神이고, 홍염살은 酒色(주색)과 연관된 殺이니 부모형제자매 중에 酒色(주색)으로 인해 재물을 손상시킨 사람이 있다 판단하는 것이다.

- 月支 劫財에 寡宿殺(과숙살)이 있다. 이 殺은 독수공방살이다. 부부해로하지 못하는 형제자매가 있을 것이라 판단한다.

- 月支에 病符殺(병부살)이 있다. 병부살은 조상 중에 병을 오래 앓다 죽은 사람이 있는 것이다. 月支에 있으니 형제자매 중에 久病(구병)을 앓다 죽는 사람이 나올 수 있다.

- 日支에 地殺이 있다. 지살은 이동, 여행, 변동의 殺인데 日支에 있으니 자신이 직업상 이동이나 변동이 많은 직업을 택하게 된다.

- 日支에 梟神殺(효신살)이 있다. 효신살은 부모와 연이 없는 殺이므로 어려서 타향에서 독립하고 자수성가함을 의미한다.

- 日支에 破軍殺(파군살)이 있다. 파군살은 부부 본연의 임무와 역할을 손상시키는 殺로 논한다. 따라서 여명의 日支는 남편궁인데 파군살을 대동하면 부부연이 적다 판단하고 또한 부부가 상호 자기 역할을 소홀하게 하여 가정불화를 초래한다고 판단하는 것이다.

- 日支 正印에 飛符殺(비부살)이 있다. 正印은 사주에서 부모, 문서, 계약, 학문, 지혜 등으로 논하는데, 관재구설을 유발하는 비부살이 있으면 문서와 연관된 관재구설이나 시비다툼이 발생할 것이라 판단하는 것이다.

- 時支는 자식궁이다. 寡宿殺(과숙살)이 있으면 자식을 늦게 두거나 혹은 자식을 두지 못하는 경우도 있다.

- 時支에 鬼門關殺(귀문관살)이 있다. 귀문관살은 神氣나 영적인 능력과 연관된다. 조상 중에서 풍수, 역술학, 침술학 등에 종사했던 조상이 있는 경우가 많다. 따라서 그 영향으로 본인은 예지적인 능력이 타인보다 뛰어나고 역술학에 관심과 조예가 깊은 경우가 많다.

⊙ 己土 酉月

- 酉月은 아직 稼花(가화)가 논밭에 있을 때이니, 丙火가 있어야 열매의 형태가 뚜렷하고, 하늘의 감로수인 癸水가 있어야 열매가 實해진다.

- 丙火, 癸水가 유용하고 辛金의 보조가 필요하다.

- 지지 金局인데 丙丁火의 극제가 없으면 일생이 困苦(곤고)하다.

 지지 金局인데 丙火가 출간하고 丁火가 암장되면 元神을 생하여 주니 大貴格을 이루어 名振四海(명진사해)한다.

 지지 金局인데 癸水가 투출하여 통근하면 食神生財格이 되어 大富格을 이룬다.

- 甲木이 출간하고, 癸水가 없고, 金이 乏絕(핍절)되면 적덕해야 국가고시에 합격한다.

⊙ 用神

- 己土가 酉金月에 생하여 비록 長生을 득했으나, 金旺之節로 寒氣(한기)가 왕해지는 시점이며, 寅卯辰의 삼합목국의 官星局이 있어 日主를 핍박함이 심하니 日主는 매우 신약한 것이다.

- 印星을 용하여 官印相生으로 왕한 木氣를 洩하고 다시 日主 己土를 생하면 사주가 중화를 이룰 수 있는 것이다. 용신은 年支 寅宮의 丙火다.

 用神 : 丙火
 喜神 : 木
 忌神 : 水
 閑神 : 土
 仇神 : 金

⊙ 己卯日柱 성격

- 소심하고 마음이 약하여 자주 흔들리고, 매사에 변덕이 많고, 남의 의견을 잘

따르고 의지하는 경향이 있으나, 대체로 겸손하다.

- 남의 앞에서는 자기주장을 못 펴나, 자신이 옳다고 믿는 면에서는 때로는 완고한 고집이 있고, 융통성이 없는 일면이 있다.
- 사교술이 좋고 남을 멸시하는 기질도 있으며 지구력이 부족하다.
- 대체로 건강하나, 위장계통, 피부질환, 타박상 등에 유의해야 한다.
- 기능직계통, 의약업, 중개업 등의 종사자가 많다.

◉ 丙火 印星이 있고, 寅卯辰 방합목국의 官星局이 있으니 관인상생국을 이루어 관료직의 명조이다. 다만 年干 壬水가 財星으로 酉月에 沐浴殺(목욕살)에 해당되는데 印星에 해당하는 용신 丙火와 상충되니 길함이 감쇠한 것이다.

◉ 酉金月은 다음 절기인 亥子丑의 水旺之節로 進氣하는 시점이니 年干 壬水 財星은 쇠하지 않은 것이다. 따라서 재물복이 있는 것이고, 이로 인해 財破印綬(재파인수)되니 정통 관료직이 아닌 선출직으로 지방자치단체장 선거에 출마하여 시장에 당선된 것이다.

◉ 용신이 寅宮의 丙火로 年柱에 있으니 조상의 음덕이 있다 판단한다.

◉ 月令 酉金 食神이 年干 壬水 財星을 생하니 食神生財되어 富格의 명조이다. 다만 가까이에 己土가 있어 己土濁壬(기토탁임)되니 富를 형성하는 과정에 시비구설이 발생함을 암시하는 것이다.

◉ 천간의 比劫이 있는 경우는 명조자가 본래의 직업 이외에 관여하고 있는 또 다른 직장이나 직업이 있음을 나타내는 것이다.

◉ 남명에서 官星은 자녀들을 나타내는데 희신에 해당하니 길하다. 자녀들에게 발전이 있을 것임을 암시하는 것이다.

◉ 초년 亥子丑운은 기신운이니 길함이 적었다.

◉ 甲寅대운 이후 희신운에 발복이 있었던 것이다.

◉ 乙卯대운은 비록 희신운이나 陰干支로 용신 丙火를 생함이 역부족이니 퇴직하고 사업에 전념하고 있는 것이다.

⊙ 用神

• 稼花(가화)가 아직 논밭에 있는 것이니, 丙火가 있어야 열매가 풍성하게 열리는 것이고, 雨露(우로)인 癸水가 적당히 내려야 열매가 건실해지는 것이다. 따라서 丙火와 癸水를 떠나 용신을 생각하기 힘들다.

• 月柱가 辛酉라 日主의 氣를 洩함이 심하니, 印星을 용하여 日主 己土를 생조하면 중화를 이룰 수 있는 것이다. 丙火가 불투하니 時支 巳宮의 丙火를 용해야 한다. 日支 巳火는 月令 酉金과 합하려는 뜻이 있어 용하지 못하는 것이다.

　　用神 : 丙火
　　喜神 :　木
　　忌神 :　水
　　閑神 :　土
　　仇神 :　金

⊙ 己巳日柱 특성

• 겸손하고 성실한 편이나 공상이 많고, 神佛(신불)을 숭상하며 학문과 책을 좋아한다.
  지적이며 덕성도 많다.

• 소심한 편이고 나서기를 싫어하며, 소극적으로 처신하고, 독립심이 강하며 안정된 생활을 원하고, 대중적이고 유연하며 완고하다.

• 사주에 水가 없으면 잔병이 많고 몸에 흉터가 생길 수 있다.

• 위장계통의 질환이 염려된다.

• 교육계통이나 행정직의 직업에 종사하는 경우가 많다.

⊙ 지지에 巳酉가 있다. 巳火는 火氣로 화공약품과도 연관되고, 酉金은 수술칼과도 연관되니 의약품제조와도 연관되는 것이다.

⊙ 천간에 辛金 食神과 癸水 偏財가 투출하니 食神生財格이다. 또한 투출된 辛金 食神이 月令에 통근하고, 다시 巳酉 반합금국의 부조가 있으니 食神이 왕하여 부자의 명조이다.

⊙ 時干에 己土 比肩이 있으니 본업 외에 또 다른 직업에 종사하게 됨을 암시하는 것이다.

⊙ 卯木대운에 약품관련 연구소를 인수하는 문제의 길흉을 문의한 것이다.

　• 局의 印星은 日主를 생하는 육신으로 연구관련 사업과도 연관되는 것이다. 따라서 印星이 중중하니 약품관련 연구소를 인수하려는 문제는 可하다 판단하는 것이다.

　• 卯木은 희신으로 偏官이다. 偏官은 어떤 사안이나 직책에 있어서 운전자 또는 조종자의 역할로도 논하므로, 다른 회사를 인수하여 본인이 직접 경영하려는 의도가 있는 것이다.

　• 卯木이 지지의 巳火 正印을 생하니 문서가 動하는 것으로, 인수하려는 회사와 인수계약을 체결하려는 것으로 판단하는 것이다.

　• 다만 혐의가 되는 것은 卯木이 본시 희신이나, 月令 酉金과 상충되어 희신의 역할이 손상되니, 이런 경우에는 인수단계에서 오가는 여러 협의 사안들에 대해 불협화음이 발생하지 않도록 상호간 노력해야 할 것이다.

⊙ 운로가 未午巳辰卯寅의 용신과 희신운으로 흐르니 길하며 말년은 안락한 생활을 영위할 명조이다.

⊙ 己土 戌月

　• 戌月은 戌宮의 戊土가 司令(사령)하니 먼저는 甲木으로 疏土(소토)하고, 다음으

로 丙火, 癸水를 쓴다.

- 지지에 辰未戌丑의 四庫가 전부 있어 土氣가 중하면, 稼穡格(가색격)의 成格 여부를 살펴보고, 成格되지 못한 경우라면 甲木의 疎土(소토)가 있어야 한다.
- 甲木이 출간하고, 間隔(간격)되어 甲己의 간합이 되지 않고, 癸水가 있으면 財官이 있는 格이니 貴格이다.
- 癸水가 암장되고 甲木의 制土함이 있어 癸水를 보호하면 富格을 이룬다.
- 甲木, 癸水가 출간하고 庚金이 不透(불투)하면, 甲木이 온전해지니 己土가 후덕해져 국가고시에 합격한다.
- 甲木이 출간하여 甲己 化土格을 이루고 火氣가 있으면 貴格이다.
- 지지 火局인데 壬癸水의 制火함이 없으면 간사하고 흉악한 사람이다.
- 丙火가 출간하고 癸水가 암장되었는데, 金의 生水 함이 있으면 국가고시합격에 준함이 있다.

  丙火, 壬水가 출간하고 癸水가 암장되고, 金의 生水함이 있으면 頭領格(두령격)이며 富貴의 명조이다. 이러한 명조는 才略(재략)과 慷慨之心(강개지심)이 있어 난세에는 국운을 짊어질 책략가이다.
- 土金傷官格인 경우에 丙丁火 印星이 있어 土의 元神을 도우면 무관직으로 大貴格을 이룬다.
- 지지 金局인데 丙丁火의 제극이 있으면 富貴하나, 丙丁火가 없으면 빈천하고 곤고한 명조다.

◎ 用神

- 日主 己土가 戌月에 십이포태운성의 養에 해당하여 旺하지 못하나, 戌月은 戊土가 司令하고, 천간에 甲己의 化土를 이루니 己土의 세가 厚重(후중)한 것이다. 甲木의 소토가 있어야 중화를 이룰 수 있다.
- 月干 甲木의 상태는, 年, 日干의 己土와 爭合을 이룬 것 같으나, 月干 甲木은 지지 亥卯辰에 통근하니 세가 약한 것이 아니다. 따라서 합하여 土로 바뀌려하지 않는 것이다. 즉, 合而不化의 형국인 것이다.
- 月干 甲木과 己土의 甲己 간합의 관계가 合而不化의 상황이니, 甲木을 용신으로 잡는데 장애됨이 없다 판단한다. 용신은 月干 甲木이다.

用神 ： 甲木
喜神 ：　水
忌神 ：　金
閑神 ：　火
仇神 ：　土

◎ 甲卯가 正官과 偏官으로 夫星이며 관살혼잡된 것이다. 또한 甲木은 甲己 합되어 化土의 성격을 띠려하고, 卯는 卯戌 합화의 형국이니 夫星인 官星에 손상이 온 것이라 남편과의 연은 박한 것이다. 다만 사주가 중화를 이루기 위해 甲木 正官을 용해야 하는데, 이것이 용신인 관계로 이혼이나 사별까지는 가지 않은 것이다.

◎ 여명의 食傷은 자녀성인데, 月支 戌宮의 辛金 食神이 자식인 것이다. 戌宮의 辛金은 卯戌 合火하려 하니 火剋金되어 손상되고, 다시 辰戌 沖되어 손상되니 자식을 두기 어려운 것이다. 무자식인 것이다. 들은 바로는, 결혼 후 몇 달이 지났을 무렵, 한 소복입은 여자가 나타나 억지로 소금을 잔뜩 입에다 먹이면서 하는 말이, 네가 왜 우리 집에 시집 온 것이냐? 내가 너를 잘 살게 놔둘 것 같으냐? 자식도 없게 만들테다! 라는 악담을 퍼부으며 사라졌다고 한다. 이후 몇 번을 유산하고 나서 이후는 자식이 생기지 않았다 한다. 이는 전생의 과업이 작용했을 것이라 사료되며, 남에게 많이 베푸는 공덕을 쌓았으면 一子는 두었을 것이라 사료되는 바이다.

◎ 원국에 戊己土인 比劫이 중중하고, 年支 亥水 일점 財星은 食傷의 생조가 없으니 무력한 것이다. 따라서 群劫爭財(군겁쟁재)의 형국이 된 것이다.

◎ 群劫爭財(군겁쟁재)의 通辯(통변)
　• 조실부모하거나 부모 중 한분이 일찍 돌아가시는 경우가 많다.
　• 여러 형제자매가 적은 재물을 놓고 서로 차지하려고 다투는 형국이니 오히려 재물복이 박한 것이다.
　• 태어나서 죽는 형제자매가 나오게 된다.
　• 재물에 대한 집착이 강하여, 得財를 위한 많은 노력을 하나, 정직 손에 쥐어지는 돈은 많지 않은 것이다.
　• 運路에서 比劫運이 도래시는 命을 재촉하게 되는 경우가 많다.

◎ 庚辰대운 중 辛丑세운의 운을 문의한 것이다.

- 커피숍 창업과 연관하여 사주상 적합 여부를 문의한 것인데, 희신이 水고 火가 한신이니 적합한 것이다. 요식업이나 커피숍 등은 사주에서 水火가 길신에 해당하면 성공 가능성이 높은 것이다.
- 庚辰 대운은 庚金은 기신이고 辰土는 구신이니 아쉽게도 좋은 운을 기대하기 힘들다.
- 辛丑 세운은 辛金이 구신이고 丑土는 한신이라 역시 길하지 못하다. 특히 점포와 연관하여서는 比劫을 점포를 방문하는 손님이라 논하는데, 歲支 丑土가 원국의 辰戌 劫財와 破殺과 刑殺되니 손님과의 연이 끊어지는 것이라 점포 개점은 훗날로 미루는 것이 현명한 것이라 조언한 것이다.

◎ 用神
- 己土는 전답의 土다. 戌月은 천지가 寒하니 丙火가 있어야 稼花(가화)가 결실을 맺을 수 있고, 土가 厚重(후중)하면 甲木의 疏土(소토)가 필요하고, 또한 적당량의 雨露(우로)인 癸水가 있어야 열매가 탐스럽게 영그는 것이다. 따라서 甲木, 丙火, 癸水를 떠나 용신을 생각하기 힘들다.
- 戌月은 戊土가 司令하니 日主 己土에 힘이 실리는 것이다. 또한 지지에 土가 중첩되니 疏土(소토)하는 甲木이 필요하다. 용신은 月干 甲木이다.

　　用神 : 甲木
　　喜神 :　水
　　忌神 :　金
　　閑神 :　火
　　仇神 :　土

⊙ 지지 巳丑은 반합금국의 食傷局으로 火되니 자연 財를 생하게 되어 재물운이 박한 것은 아니다.

⊙ 용신인 甲木 正印이 투출하여 이를 활용해야 하는데, 巳火 印星은 丑土와 합되어 食傷으로 化되니 공직과는 거리가 멀다. 比劫이 중중하여 유권자들의 지지하는 세력이 많은 것이니 寅木대운에 선출직인 도의원에 당선된 것이다.

⊙ 己土대운의 도의원 재선 여부를 문의한 것이다.

　• 己土는 본시 한신이다. 己土가 용신인 甲木과 간합되어 土局인 한신으로 바뀌니 용신의 역할에 손상됨이 있는 것이다.

　• 만약 용신 甲木이 지지에 통근하여 왕강하다면, 運路에서 己土가 入되더라도 合而不化의 형국이 되어, 용신이 손상되지 않아 재선의 뜻을 이루었을 것이다.

⊙ 선출직과 연관된 통변의 경우에는, 용신의 旺衰 여부와 운로의 길흉, 그리고 比劫의 길흉 여부를 참작하면 오류가 적다. 상기는 比劫인 土가 구신에 해당하니 유권자들의 전폭적인 지지를 얻어냄에 역부족이었던 것이다.

⊙ 이후의 운은 卯辰巳午의 용신과 한신운으로 도래하니 안락하게 지낼 것이라 판단한다.

⊙ 用神

　• 戌月은 戊土가 司令(사령)하니 먼저 甲木으로 疏土(소토)하고 다음으로 丙火를 써서 따듯하게 하고, 癸水를 써서 滋潤(자윤)하게 한다.

　• 지지에 辰未戌丑의 四庫(사고)가 있어 土重하면 먼저 甲木의 疏土(소토)가 요긴한데 庚金의 破木이 없어야 한다. 甲木이 투출하고, 干合이 없고, 癸水가 있으면 財官이 있는 것이니 귀격이다.

- 癸水가 四庫(사고 = 辰未戌丑)에 암장된 경우에는, 甲木이 있어 劫財인 戊土를 극하여 소토하고 財星을 보호하면 富格이다.
- 甲·癸가 출간했는데 庚金이 있어 甲木을 극하지 않으면 己土가 후덕해지니 국가고시에 합격한다.
- 甲木이 투출하여 甲己 合土되면 化土格인 바, 이 때 火氣가 있으면 귀격이다.
- 지지 火局인데 水의 극제가 없으면 간사하고 흉악한 사람이다.
- 丙火가 투출하고, 癸水가 암장되었는데, 金의 生함이 있으면 국가시험에 합격하여 國祿(국록)을 얻게 된다. 아울러 壬水가 出干하여 癸水를 부조하며 戊土의 制水함이 없으면 무리의 우두머리가 되고 부귀격을 이룬다. 이러한 명조는 才略(재략)과 慷慨之心(강개지심)이 있어 亂世(난세)에는 超群(초군)의 策略家(책략가)이다.
- 지지 金局인데 丙丁火의 극제가 있으면 富貴하나, 丙丁火가 없으면 貧寒(빈한)하고 困苦(곤고)한 命이다.
- 상기는 比劫인 戊己土가 중중하니 群劫(군겁)의 상황이다. 만약 일점 癸水가 있으면 群劫爭財格(군겁쟁재격)이 되어 빈곤하거나 단명수가 따르게 되나, 단지 日支 丑宮에 癸水가 있으며, 지지가 丑戌未 三刑殺을 이루어 癸水가 손상되어 무력해지니 爭財의 禍(화)를 면하게 된 것이다.
- 土氣가 重重하여 日主가 太旺하니, 旺神宜洩(왕신의설)이라 時干 辛金을 용신으로 잡아야 한다.

      用神 : 辛金
      喜神 : 土
      忌神 : 火
      閑神 : 水
      仇神 : 木

◎ 月支 戊土가 寡宿殺(과숙살)을 대동하고 있으니 육친간의 연이 박함을 알 수 있다.
◎ 時支 未土가 血刃殺(혈인살)을 대동하고 있으니 예기치 않은 사고, 질병, 産厄 등의 흉화의 조짐이 있다.
◎ 己丑日柱 通辯
- 己日干의 長生은 酉金인데 이는 夫星인 甲木의 胎地에 해당된다. 胎(태)는 腹中

(복중)임을 의미하니 夫의 역할을 기대할 수 없는 것이다. 처에게 기대어 생활하고 있다.

- 己日干의 長生은 酉金이고 甲木 夫星의 胎地에 해당된다. 여명 庚金 傷官의 帝旺은 酉金으로 이는 여명 己日干의 長生地에 해당된다. 나타내는 象은 남편을 剋하는 剋夫之象인 것이다.

- 여명의 傷官이 男兒인데 庚金이다. 庚金의 祿星이 申金이고 夫인 甲木의 祿星인 寅木과 相沖된다. 또한 庚金의 墓宮은 丑土이고 未土와는 상충되는데 未土는 夫인 甲木의 身庫에 해당된다. 이는 첫 번째로 태어난 아이가 男兒인 경우는 유산되거나 양육하기 어렵거나 夭折(요절)할 것임을 암시한다.

- 庚金 男兒의 絶地가 寅木이고 祿星이 申金으로 상충되니, 이는 男兒가 요절하거나 중병으로 병원에 입원하게 됨을 암시한다.

- 男兒인 庚金의 墓宮이 丑土인데, 墓宮은 沖이 없으면 出하지 못하는 것이라 양육함이 어려울 것이라 판단하는 것이다. 또한 庚金은 財星인 乙木과 乙庚의 부부합을 이루어 다시 本身인 庚金으로 대표되니, 이는 男兒가 孝順(효순)할 것임이 암시한다.

- 未土는 庚金의 財庫地로 空亡이다. 이는 금전의 입출만 빈번할 뿐이지 정작 모아지는 금전은 없을 것임을 암시한다.

◉ 己土 亥月
- 三冬(亥.子.丑月)의 己土는 전답의 흙이 모두 얼어붙은 格이니, 丙火가 아니면 解凍(해동)을 못하여 생기를 띄지 못하니 丙火가 尊貴(존귀)하고, 土氣가 중중하

면 甲木의 疎土(소토)도 참작해야 한다.

• 三冬의 己土는 진흙토니 대체로 土와 癸水를 용하지 않으나, 오직 初冬(立冬~小雪)에는 壬水가 왕하니 제방을 쌓는 戊土를 取(취)하고, 이외에는 모두 丙丁火를 쓰나, 丁火는 解凍制寒(해동제한)의 힘이 부족하니 凍土(동토)의 흙을 구제해줌이 약하다.

• 丙火와 甲木이 각 一位씩 出干하고, 지장간에 丙火가 암장되고, 壬水가 출간하여 丙火를 제극함이 없으면 국가고시에 합격한다.

• 戊己土가 중중하면 甲木을 취하여 소토해야 하니, 甲木이 투출한 자는 富貴한다.

• 土金傷官格인 경우는 印星인 丙火를 쓰는데, 月柱에 傷官佩印(상관패인)하게 되면 極富極貴(극부극귀)할 명조이다.

• 庚辛金이 중중하면 洩氣(설기)가 태다하니 印星인 丙火를 쓰는데 丁火의 보조가 필요하다. 만약 丙火가 암장되고 丁火가 출간하면 富貴가 奇異(기이)하다.

◉ 用神

• 상기는 己土가 初冬(立冬~小雪)에 생했으니 진흙토가 얼어붙은 格이다.

• 지지에 水氣가 약하지 않으나, 月干에 己土가 투출하여 부족하나 制水함이 있으므로, 이제는 丙火의 解凍(해동)이 급한 것이다. 용신은 年干 丙火이다.

• 용신 丙火는 時支 午火에 통근하니 得勢(득세)한 것이라 태약하지는 않다.

  用神 : 丙火
  喜神 :   木
  忌神 :   水
  閑神 :   土
  仇神 :   金

◉ 己丑日柱 특성

• 말주변이 없고 수줍음을 잘 타는 성격이다. 신약사주면 지나치게 소극적이고, 사주에 合이 많으면 사교성이 좋다.

• 온화 착실하고 검소하며 묵묵히 자기 일을 하고 겸손하고 빈틈이 없다.

• 남의 뒷바라지를 잘하는 살림꾼이며 희생적이고 표면에 나서기를 좋아하지 않고, 끈기가 있으며 한편으로 고집과 자존심이 강하다.

• 잔병치레가 많은 편이고, 항상 기운이 없어 보이며, 유행성질환에 잘 걸리며,

여성은 생리통, 복통이 심하고, 위장이나 비장 질환도 생기게 된다.

　•중개업, 정육점, 연쇄점, 농수산물 유통업 등에 종사하는 경우가 많다.

◎月令 辰宮에 甲木 官星이 있고, 丙火 正印이 용신이니 자연 관인상생되어 공직자의 명조이다. 운로가 寅卯辰巳午未의 희신과 용신운이니 초등학교 교장을 역임한 것이다.

◎乙巳대운의 길흉

　•乙木은 偏官으로 본시 희신이나 時干 庚金과 간합금국의 구신운이 되니 흉하다.

　•巳火는 印星으로 본시 용신이나, 年支 申金과는 巳申의 刑合이 되니 문서, 계약관계로 인한 시비구설이 발생하는 것이다. 또한 月支 亥水 正財와는 상충되니 자금문제가 연관된 것이고, 日支 丑土 比肩과는 巳丑 반합국의 구신운이 되니 흉하며 일신상의 변동수가 발생하는 것이다.

　•학생들의 자연학습체험 시행과정에서 직권남용으로 인한 징계를 받아 오지학교로 좌천되는 일이 발생한 것이다.

◎丙午, 丁未 말년운은 용신운이니 매사 순탄하고 안락할 것이라 판단한다.

◎用神

　•丙火, 甲木, 癸水를 쓴다.

　•冬節의 己土는 진흙이 얼어붙은 格이니 丙火가 아니면 解凍制寒(해동제한)을 하지 못하니 丙火가 尊貴(존귀)하다.

　•冬節의 己土는 戊土, 癸水를 쓰지 아니하나, 오직 初冬에는 壬水가 왕하니 戊土를 취한다. 그 외의 경우에는 모두 丙丁火를 用하는데 丁火는 解凍制寒(해동재

한)의 힘이 약하니, 丁火를 쓰는 자는 貴가 적다.

- 戊己土가 중중한데 甲木이 있어 소토하게 되면 富貴한다.
- 상기는 지지에 巳亥 상충이 있으니 亥卯는 반합목국을 형성하지 못한다.
- 己土가 亥月에 생하여 失氣했고, 乙卯木의 受剋 됨이 있으니 日主 己土는 신약하다. 印星인 丙火를 용해야 하나, 丙火가 없고 丁火가 출간했으니 이를 용신으로 잡는다.

> 用神 : 丁火
> 喜神 :   木
> 忌神 :   水
> 閑神 :   土
> 仇神 :   金

- 용신 丁火는 좌하 亥水에 失氣했으니 왕강하지 못하다. 따라서 貴가 크지 못한 것이다.

◎ 年, 月干에 偏官과 偏印이 출간하여 殺印相生을 이루니 공직자의 명조인데, 火氣가 重重하니 소방직에 종사하고 있는 명조다.

◎ 남명에서 月支의 正財는 본시 처의 내조가 크다 했는데, 상기는 月支 亥水 正財가 年, 時支의 巳火와 상충되어 손상되니 길함이 적었던 것이다.

◎ 원국에 印星이 중중하고 時干에 比肩이 출간했으니 이복형제 문제가 나오는 것이다.

◎ 未土대운은 원국의 亥卯와 삼합목국의 印星局으로 化되어 희신에 해당하니 이때 승진한 것이다.

◎ 壬水대운의 통변
- 壬水는 財星으로 기신에 해당한다. 따라서 여자로 인한 손재수가 암시되는 것이다. 印星인 月干 丁火와는 丁壬 간합목국의 희신이 되어 흉하지 않은데, 印星은 문서, 계약 등으로 논하니 처음에는 지인이 소개한 여성의 도움으로 부동산 등과 연관하여 이득이 있었던 것이다.
- 壬水대운 후반기에는 지인이 소개한 여성과 연관된 보증 건으로 인해 수 천 만 원의 손재가 발생한 것이다.
- 多印無印이니 중중한 印星으로 인해, 문서, 계약 등과 연관하여 불리함이 있었

던 것이다.

⊙ 午火대운은 용신운이니 길하여 승진운이 있는 것이다. 다만 日支 卯木과는 午卯
破되어 官星이 손상됨이 있으니, 지방의 군면 지역으로 한 단계 승진 발령이 난
것이다.

⊙ 辛金대운 이후는 크게 기대할 바가 없는 것이다.

⊙ 用神

• 亥水가 月支를 차지하고 있으니 지지 亥卯와 寅亥의 반합목국은 失氣한 것이다.
따라서 지지는 木氣의 勢가 약하지는 않으나 태왕하다 판단하지 않는 것이다.

• 지지의 木局은 官星局으로 비록 실기했으나 木의 세가 약하지 않으니 日主를
핍박함이 심한 것이다. 따라서 印星을 용하여 日主를 생하면 중화를 이룰 수
있는 것이다. 용신은 時干 丙火이다.

　　用神 : 丙火
　　喜神 : 　木
　　忌神 : 　水
　　閑神 : 　土
　　仇神 : 　金

• 용신인 時干 丙火는 印星으로 좌하 寅木에 長生을 득하고, 지지의 왕한 木氣의
생을 받으니 용신이 왕하여 길하며, 다시 官印相生을 이룬 것이라 공직자의 길
을 간 것이다. 용신이 丙火 印星이니 고등학교 교사직을 역임한 것이다.

⊙ 원국에 癸亥水 財星이 중중하니 財를 처로 본다면 多財는 無財라 부부연은 돈독
하지는 못한 것이다.

- 용신이 丙火인 경우는 대체로 술을 즐겨하는 경우가 많다. 술은 알코올 성분이 함유되어 있으니 火로 논하기 때문이다.
- 용신이 丙火가 자식궁인 時柱에 있으니 말년은 안락함이 있을 것이고, 자식 代에도 발복이 있을 것이라 판단된다.
- 午火대운은 본시 용신운이나, 지지 卯木과 午卯 破되어 용신이 손상되니 길함이 적었던 대운인 것이다.
- 丁巳대운의 교장승진을 문의한 것이다.
  - 丁巳火는 본시 용신이나, 月柱 癸亥와는 丁癸 沖과 巳亥 相沖되어 용신이 손상되니 어려움이 많을 것이라 조언한 것이다.
  - 승진운의 看命(간명)은, 大運 보다는 歲運의 역할이 더욱 큰데, 세운에서도 용신운인 火로 왕하게 入되지 못하니 부조함이 적은 것이라 크게 기대할 바가 없는 것이다.
- 年干 癸水 偏財는 상속의 財로도 논하는데, 年柱 癸卯가 암시하는 象은, 癸水는 雨露(우로), 卯木은 稼花(가화)에 비유되니 농사와 연관되는 것이다. 따라서 논밭의 상속이 있었던 것이다.
- 卯木 官星이 年柱에 있으니 장남의 명조라 판단한다.

- 用神
  - 大雪 前 3日에 生하니 子月에 준하여 판단한다. 丙火, 甲木을 떠나 용신을 생각할 수 없고, 만약 원국에 火勢가 왕하면 癸水를 용해야 한다.
  - 지지 亥卯 반합국은 月令이 亥水이니, 반합목국이 失氣한 것이라 판단하나, 그

래도 木氣는 약변강의 勢를 유지하고 있는 것이다.

- 천지가 寒凍(한동)하고, 日主 己土가 亥卯의 반합된 木氣에 의해 受剋되니, 印星을 용하면 중화를 이룰 수 있는 것이다. 용신은 時支 巳宮의 丙火이다.

    用神 : 丙火
    喜神 :　木
    忌神 :　水
    閑神 :　土
    仇神 :　金

◎ 月支에 財星인 正財가 있다. 이런 경우 처의 내조가 많은 것이다.

◎ 月令 亥水 正財는 年, 日支 卯木과 반합목국의 官星局으로 바뀌니 財를 바탕으로 명예를 추구하는 명조인 것이다.

◎ 용신과 희신이 印星과 官星으로 관인상생되어 국가의 祿을 얻을 명조이나, 亥水 財星이 月令을 차지하여 왕한데, 용신인 丙火 印星을 극하니 공직자의 길이 아닌 지방자치단체의 시의원의 길을 간 것이다. 처의 내조가 컸던 것이다.

◎ 比劫은 형제자매로 논하는데 한신에 해당하니, 형제자매간 우애가 돈독하지는 못했을 것이라 사료된다.

◎ 己土 比肩이 二位 투출했으니 본업 외로 관여하고 있는 직장이 있는 것이다.

◎ 癸水대운의 건강문제를 문의한 것이다.

- 중년의 申金대운은 본시 구신이나 時支 巳火와 巳申 육합수국의 기신운이 되니 흉하다. 간질환으로 병원치료를 많이 받았으나 이후 乙木대운은 희신운이니 완치됐던 것이다.

- 末年의 癸水대운은 기신운이라 흉하다. 상기인은 金이 기신이라 폐와 大腸의 건강문제가 항상 대두되는 것인데, 흡연의 경우 폐 건강에 이상이 오게 된다. 지나친 흡연으로 예전의 간질환이 재발되어 命을 재촉하게 된 것이다.

◎ 용신이 巳宮의 丙火로 時柱에 있으니 자식 代는 잘 풀려 나갈 것이다.

⊙ 用神
  • 亥月의 己土는 濕土(습토)로 寒(한)하니 丙火의 따듯함이 없으면 발생의 象이 없
    는 것이다. 따라서 丙火가 尊貴(존귀)하고, 水旺하면 甲木의 納水가 필요하고,
    癸水는 취하지 않는다.
  • 初冬(立冬~小雪)에는 얼음이 아직 얼지 않았으니, 壬水가 중하면 戊己土를 용하
    여 制水해야 하나 그 외에는 모두 丙火를 용한다.
  • 상기는 小雪이 지난 후에 생하였으니 寒氣가 태중한데, 또한 지지에 亥水가 중
    중하나 얼음이 얼기 시작한 시점이라 戊己土를 용하기 어려운 것이다. 局에 水
    旺하니 時干 乙木을 용하여 納水하여 중화를 이루도록 한다.
  • 亥月의 甲乙木은 亥宮의 甲木에 통근하니 甲木萌芽(갑목맹아)라 木이 약변강의
    세를 지니고 있는 것이다. 능히 納水가 가능하나 상기는 甲木이 불투하고 乙木
    이 투출했으니 부득이 乙木을 용해야 하나 格이 떨어지는 것이다.

    用神 : 乙木
    喜神 :   水
    忌神 :   金
    閑神 :   火
    仇神 :   土

⊙ 천간에 丁火 印星과 乙木 官星이 투출했으니 관인상생되어 공직자의 명조이다.
⊙ 甲戌세운에 원국 己土와 甲己合의 구신운, 丑戌未의 三刑殺로 인해 부친이 작고
  한 것이다.
⊙ 丁火는 母로 한신에 해당하며 調候에 도움을 주지 못하고 있다. 局이 金寒水冷(금
  한수냉)하며 용신 乙木이 발생의 象이 없는 것이라 母子간의 괸계는 돈독함이 적
  을 것이라 판단하는 것이다.

⊙ 己亥일주는 甲午旬 中으로 辰巳가 공망이다. 辰土는 암암리에 申子辰의 삼합수국을 형성하니 辰土는 水庫이며 日干 己土에서 보면 財庫에 해당된다. 財庫가 空亡이니 재물과의 연은 적은 것이다.
　巳火는 丙火 印星의 祿星地로 역시 空亡이다. 印星은 명령을 전달하는 문서에 해당하나 空亡되니 공직에 종사는 하나 권위가 높지 못한 것이다.

⊙ 戊土는 比劫으로 형제자매이며 祿星은 巳火이고 역시 空亡이다. 이는 어머니에게 낙태나 유산 등이 발생하거나, 夭壽(요수)하는 형제자매가 있게 됨을 의미한다.

⊙ 십이포태운성에서 帝旺은 일생에서 최고의 왕한 시점을 의미하는데, 己土 日干의 제왕은 巳火로 空亡이다. 나타내는 象은 일생에 있어 맡은바 직책이 높지 않을 것임을 암시하는 것이다.

⊙ 甲戌세운

• 남명 陰日干 己土는 壬이 父이다. 壬水 父의 입장에서 보면 申子辰 삼합수국은 壬水가 대표하니 결국 辰土는 身庫에 해당된다. 辰土 身庫가 歲支 戊土와 辰戌 沖 되는데, 戌土는 寅午戌의 삼합국을 형성하니 財庫이며 三殺庫이니 이 둘이 相沖되는 것이다.

• 年干 丁火는 암암리에 丁壬 合木, 年, 月支 未亥는 卯木을 끌어와 암암리에 亥卯未 삼합목국을 형성하여 형제인 戊土를 극하고, 壬水 父의 氣를 洩시키니 형제와 부친에게 흉화가 예상되는 것이다.

• 月, 日支 亥水는 암암리에 寅亥 합목국이 되어, 木剋土하여 戊土 형제를 극하니 형제의 손상이 있는 것이라 이때 형이 사망한 것이다. 亥水는 壬水 父의 祿星이고 戊土는 형제이며 祿星은 巳火로, 巳亥 상충하니 이때 父와 兄의 命이 재촉 받게 된 것이다.

⊙ 己土 子月
- 子月의 己土는 전답의 土가 얼어붙은 格이니 丙火의 解凍(해동)이 없으면 만물을 생육시킬 수 없는 것이다. 따라서 丙火가 존귀하고 甲木이 보조이다.
- 初冬(立冬~小雪)에는 壬水가 왕하니 戊土의 制水가 필요하고 그 외의 경우는 丙火의 解凍(해동)이 긴요하다. 丙火가 없으면 丁火를 쓰나 解凍의 역량이 부족하니, 비록 丁火가 여럿 있다 하더라도 단지 衣祿(의록)이 있을 뿐이다.
- 土氣가 厚重한 경우라면 甲木의 소토가 필요하고, 水氣가 중중한 경우라면 戊土의 制水가 있어야 한다. 이것은 病弱法(병약법)을 논한 것이다.
- 三冬節은 만물이 收藏(수장)하는 때라 丙火가 一位이면 解凍制寒(해동제한)의 역량이 부족하다. 따라서 천간에 一位 丙火가 투출이고, 一位는 암장되고, 다시 甲木의 부조가 있으면 관인상생을 이루니 貴格의 병조이다.

⊙ 用神
- 상기는 戊戊土가 중하나 時干 甲木이 있어 疎土(소토)가 된 것이고, 寒凍(한동)한 계절에 丙火의 解凍이 있어야 사주가 중화를 이룰 수 있는 것이다. 용신은 丙火이다.
- 丙火가 불투하니 日支 巳宮의 丙火를 용신으로 잡는다. 용신 丙火는 重土에 洩氣되고, 月令 子水에 受剋되니 용신이 왕하지 못한 것이다.

  用神 : 丙火
  喜神 :　木
  忌神 :　水
  閑神 :　土
  仇神 :　金

⊙ 지지 戊土가 空亡이니 年干 庚金 傷官과 時干 甲木 正官은 空陷(공함)된 것이라 무력해진 것이다. 正官이 무력하니 직장과의 연이 적어 자영업을 하고 있는 것이다.
⊙ 자식궁인 時支가 空亡이니 자식과의 연도 적은 것이다.
⊙ 月支에 財星이 있으니 처의 내조가 있는 것이고, 偏財에 해당하니 理財에 밝은 것이다. 水가 財星을 대동하니 냉동 수산물 및 육가공물 유통업에 종사하고 있는 것이다.

⊙ 기신이 水니 신장, 방광, 허리계통의 질환에 자주 시달리고 있다.

⊙ 辰土대운의 운을 문의한 것이다.

• 辰土는 본시 한신이다. 원국의 空亡된 戌土 劫財를 沖하여 脫(탈) 空亡시키니 劫財가 의미하는 동료, 동창, 동업자와 연관된 문제가 대두되는 것이다.

• 日支 子水는 偏財로 기신에 해당되며, 子辰 반합수국의 기신운으로 化되니 흉화가 예상되는데, 왕한 水가 日支 巳火 正印을 剋하니 문서와 연관된 문제인 것이다. 이것과 연관하여 손재수가 암시되는 것이다.

• 동료, 동창, 동업자와 연관된 사안의 문서, 계약 관계에서 손재수가 발생하게 되거나, 형제자매간의 문서와 연관된 돈 문제가 발생하여 가족 간 시비다툼을 초래할 수 있는 것이다.

⊙ 중년 이후의 운은 巳午未의 용신운이 도래하니 衣食은 足하리라 판단한다.

⊙ 用神

• 子月의 己土는 진흙토가 얼어붙은 格이라 調候(조후)가 급하다. 丙火가 없으면 蘇生(소생)의 여지가 없는 것이니, 먼저는 丙火이고 다음은 甲木으로 보조한다.

• 月干 丙火는 月令에 失氣했으나 年柱의 甲寅木이 생하고 時支 午火에 통근하니 태약함은 면한 것이다.

用神 : 丙火
喜神 :　木
忌神 :　水
閑神 :　土
仇神 :　金

◎年, 月干의 甲丙이 官印相生되니 길하며 본시 공직자의 命이다. 다만 초, 중년운이 戊酉申의 구신운으로 흐르니 沮滯(저체)됨이 많았던 것이다.

◎年干 甲木 부터 時干 庚金까지 順生되며, 庚金 傷官에 귀결되니 巧智(교지)하며 여러 재능이 많은 명조이다.

◎辛金대운에 부동산 중개소 개업의 길흉을 문의한 것이다.

　•辛金은 본시 구신이나 月干 丙火와 간합수국으로 化되어 기신운으로 바뀌니 흉하다.

　•未土대운 이후 창업을 고려함이 좋을 것이다.

　•比劫이 土로 한신에 해당하니, 경비를 줄이기 위해 남과 동업하거나, 타인의 중개업소의 직원으로 활동함도 可한 것이다.

◎木이 官星으로 희신에 해당하니 부부연은 길연이라 판단한다.

◎중, 말년운인 未午巳運은 용신운이니 매사 순탄하고 발복이 있을 것이라 판단한다.

◎己土 丑月

　•丑月의 己土는 天寒地凍(천한지동)하니 진흙이 얼어붙은 따라, 丙火가 아니면 生氣를 띄지 못하므로 丙火를 尊貴(존귀)하게 여기고, 土氣가 重重하면 甲木을 용하여 疎土(소토)한다.

　•冬節의 己土는 丙火, 甲木, 癸水를 참작한다.

　•冬節의 己土는 대체로 戊土와 癸水를 쓰지 아니하나, 오직 初冬(초동=立冬~小雪)에는 壬水가 왕하니 戊土를 취한다. 나머지는 모두 丙丁火를 쓴다. 그러나 丁火는 解凍制寒(해동제한)을 못하니 얼어붙은 土를 구제하지 못한다.

- 丙火가 一位 투출하고, 지장간에 一位의 丙火가 암장되며, 甲木이 투출하여 생조하고, 壬水와 丙火의 상극이 없으면 국가고시에 합격한다.
- 壬水가 중중하면 財旺한 경우인데, 戊土가 투출하여 制水하면 富 中 貴를 얻는다. 만약 戊土가 없으면 財多身弱의 명조가 되니 富屋貧人(부옥빈인)이다.
- 戊己土가 중중하면 甲木을 취하여 制止(제지)해야 하니, 甲木이 투출한 者는 富貴한다. 그러나 이때에도 解凍(해동)하는 丙火가 있어야 한다.
- 癸水가 중중한 경우에 印星과 比劫이 없으면 從財格(종재격)으로 논하여 富貴가 기약된다. 그러나 比劫이 있는 경우에는 爭財(쟁재)의 탈이 생기니 평범하며 처자가 家權(가권)을 장악한다.
- 庚金이 중중한 경우에는 丙火를 용하여 調候(조후)를 득하고, 丁火로 왕한 金氣를 煅煉(하련)하면 貴格을 이루게 된다.

◉ 用神
- 己土가 丑月에 생하여 凍土(동토)이니 調候(조후)가 급하다. 丙火를 용하여 解凍(해동)해야 한다.
- 甲寅木이 있어 日主 己土를 극하고, 지지에 酉丑의 반합금국이 다시 日主의 氣를 洩하고, 또한 壬癸水 財星이 있으니 日主가 신약한 것이다. 印星을 용하여 調候를 득하고 쇠약한 日主를 부조하면 中和를 이룰 수 있는 것이다.
- 丙火가 불투하였으니 年支 寅宮의 丙火를 용한다.

      用神 : 丙火
      喜神 :　木
      忌神 :　水
      閑神 :　土
      仇神 :　金

◉ 日主 己土가 丑月에 墓宮이니 신약하고, 丙火가 불투하니 解凍制寒(해동제한)의 힘이 부족하다. 年, 月干의 壬癸水 財星은 얼어붙은 상태이니 解凍하여 사용함에 사람의 노력이 많이 소요되는 것이다. 따라서 일생에 勞苦는 많으나 얻어지는 재물은 많지 않은 것이다.

◉ 원국에 甲寅木이 있어 正官이 二位이니 偏官으로 化된다. 따라서 남편과의 연이 적다 판단한다.

◎ 月, 日支는 丑酉로 반합금국되어 食傷局이다. 따라서 재능, 재예를 활용하여 財를 생해야 하는 것인데, 용신이 丙火이다. 불과 연관되니 음식솜씨가 좋아 식당을 운영하고 있는 것이다.

◎ 여명에서 자녀는 食傷으로 논하는데, 구신에 해당하니 자녀들에게 큰 발전을 기대하기가 힘든 것이고 자식들과의 연도 돈독하지 못할 것이라 판단하는 것이다.

◎ 여명의 남편성인 正官이 年支에 있으니 결혼을 일찍하게 되는 命이다.

◎ 月支 丑土 比肩이 墓宮이니, 부모형제자매 중 일찍 죽는 사람이 있게 되는 것이다. 부친이 일찍 작고하셨고, 남동생이 또한 젊어서 차사고로 죽은 것이다. 丑土는 道路事에 비유되니 차사고와 연관되는 것이다.

◎ 未土대운 辛丑세운의 운을 문의한 것이다.

　• 그동안 30년 가까이 해오던 식당업을 접고, 남과 동업하여 PC방 개업에 대해 길흉을 문의한 것이다.

　• 동업관계는 日支와 比劫의 길흉으로 논하는데, 土에 해당하며 한신이니 무애무덕 할 것이라 판단한다.

　• 辛丑세운은 歲干 辛金이 구신, 歲支 丑土는 日支 酉金과 반합금국의 구신운이니 길하지 못하다.

　• 다음 해인 壬寅세운은 歲干 壬水는 기신이나, 歲支 寅木은 時支 戌土와 寅戌 반합화국의 용신운이니, 비록 매우 길한 해는 아니지만 새로운 점포의 개업은 可하다 판단하는 것이다.

◎ 用神

　• 冬節의 己土는 진흙토로 얼어붙은 상태이므로 解凍(해동)이 급하니 丙火가 귀중

하고, 戊己土가 厚重(후중)하면 甲木의 疎土(소토)가 있어야 한다.

• 지지에 亥子丑 방합수국의 財星局이 있어 財가 왕하나, 印星과 比肩이 있으니 從財할 수 없는 것이다. 따라서 조후가 급하니 時干 丙火를 용신으로 잡는다.

　　用神 : 丙火
　　喜神 :　木
　　忌神 :　水
　　閑神 :　土
　　仇神 :　金

◉ 丙火 印星이 용신이니 두뇌가 총명하여 행정고시에 합격한 것이다. 아쉬운 것은 관인상생할 수 있는 官星인 木이 투출하지 못하고, 年支 亥宮에 일점 甲木이 있으나 미력하여 官運이 장구하지 못한 것이다. 丑月 亥宮의 甲木은 濕木(습목)이니 火氣가 없으면 건조시켜 땔나무로 사용하기가 어려운 것이다. 비록 時干에 일점 丙火가 있으나 지지에 통근하지 못하니 쇠하다 판단하는 것이다.

◉ 지지의 구성이 金水가 있어 食傷生財하니 공직상 국가의 재물관리와 연관되어 세관에 근무하게 된 것이다.

◉ 辛金대운의 2급 승진운을 문의한 것이다.

• 辛金이 본시 구신이나 時干 丙火와 간합수국의 기신운으로 바뀌니 어려움이 많은 것이다.

• 甲午세운은 본시 희신과 용신운이다. 그러나 歲干 甲木은 천간의 己土와 간합 토국의 한신운으로 바뀌고, 歲支 午火는 본시 용신이나 지지의 왕한 水氣에 受 尅되어 용신의 역할을 하지 못하니 승진에 장애가 많은 것이다.

• 乙未세운은 희신과 한신운이니 승진에 어려움이 많다.

• 丙申세운은 歲干 丙火가 용신이나 대운 辛金과는 丙辛 간합수국의 기신으로 化되고, 歲支 申金은 지지 子水와 申子 반합수국으로 化되니 역시 어려움이 많은 것이다.

• 丁酉세운은 丁火가 용신이나 火勢가 미약하고, 酉金은 지지와 酉丑 금국의 구신으로 化되니 어려운 것이다.

• 戊戌세운은 상하 공히 한신이니 승진이 어려운 것이다.

◎ 用神

• 丑月의 己土는 濕泥(습니)로 寒凍(한동)한 시점이니 더욱 얼어붙은 진흙이라 丙火의 解凍(해동)이 없이는 발생의 象이 없는 것이다. 따라서 丙火가 존귀하고 甲木으로 보조한다. 癸水를 취하는 경우는 적다.

  • 初冬(立冬~小雪)에 壬水가 왕하면 戊土로 制水한다. 그 외의 경우는 모두 丙火를 쓴다.

  • 丙火가 없는 경우에는 丁火를 쓰나 解凍의 힘이 약하니 단지 衣祿이 있을 뿐이다.

  • 丙火와 甲木이 투출하고, 一位 암장된 丙火가 있고, 壬水가 없으면 국가고시에 합격하여 일신상의 영달을 기할 수 있다.

  • 상기는 己土가 寒凍한 丑月에 생하여 調候가 급한데, 다시 지지에 亥子丑의 水局을 형성하니 日主가 태약하다. 지지에 亥子丑의 財星局이 있으나 比劫인 己戊土가 있으니 從財格을 이루지 못한다.

  • 財多身弱하니 日主를 생조하는 火를 용해야 하며, 또한 調候를 득할 수 있는 것이다. 丙火가 불투하니 年支 戌宮의 丁火를 용신으로 잡는다.

    用神 : 丁火
    喜神 :　木
    忌神 :　水
    閑神 :　土
    仇神 :　金

◎ 여명 己日干의 甲木 正官은 夫이고 乙木 偏官은 偏夫이다. 偏夫 乙木이 年干 庚金과 간합금국을 이루어 夫인 甲木을 극하니 夫와의 연이 박한 것이다. 필히 夫와는 이혼하게 되고 재혼하게 되는 것이다.

◎ 時支 子水는 災殺과 血刃殺(혈인살)을 대동하고 있다. 災殺은 血光이나 橫死(횡사)

와 연관되는 흉살이고, 血刃殺은 傷害, 疾病, 産厄 등으로 인한 수술과 연관된 흉살이다.

⊙ 時柱 甲子는 裸體桃花(나체도화)이며 牆外桃花(장외도화)이다. 밖으로 나돌기를 좋아하고 神氣도 많은 것이다. 또한 時柱인 자식궁에 있으니, 자식들이 일찍 이성에 눈을 뜨거나 早婚(조혼)하는 경우가 많다.

⊙ 여명의 日支宮은 夫宮인데, 亥水가 孤神殺(고신살)을 대동하니 육친 및 부부간 연이 박한 것이다.

⊙ 六親關係(여명. 己日干)

甲(正官=夫)
己(日干=我) → 壬(正財=父) → 丙(正印=祖父)
　　　　　　　　　　　　　　辛(食神=祖母)
　　　　　丁(偏印=母) → 庚(傷官=外祖父)
　　　　　　　　　　　　　　乙(偏官=外祖母)
辛(食神=女兒)
庚(傷官=男兒)

⊙ 여명 己日干의 月柱에 있는 己丑土 比劫은 형제자매를 의미한다. 丑土는 암암리에 巳酉丑의 삼합금국을 형성하여 三殺庫(삼살고)인 것이며, 月干 己土는 三殺庫에 坐하고 있는 것이다.

丑未 沖하게 되면, 丑土는 암암리에 巳酉丑의 삼합금국을 형성하며 庚金이 대표하니 傷官庫인 것이고, 未土는 亥卯未의 木局을 형성하니 官殺庫인 것이다. 이것은 사고, 질병 등으로 인한 수술 건을 암시하는 것이다. 未庫는 沖하면 開庫되니 乙木 七殺이 沖出되어 木剋土로 己土 자매를 극하게 되니 흉화가 발생하게 되는 것이다.

⊙ 時柱의 甲子는 자식궁이다. 子水는 辛金 女兒의 長生이다. 子水는 丑土와 子丑합을 이루어 辛金을 생하게 되므로 辛金 女兒가 왕하다. 아울러 子水는 庚金 男兒의 死地에 해당하니 무력하고, 남편궁인 日支宮의 亥水는 庚金 男兒의 長生인 巳火와 상충되니 男兒와의 연이 적은 것이다. 또한 亥水는 寅亥 육합목국을 이루어 왕한데, 庚金 男兒는 木에 絶되니 男兒와의 연이 적고 女兒를 낳게 되는 것이다.

◉ 年干 庚金 傷官은 偏夫인 乙木 七殺과 乙庚 간합금국을 이루어, 夫인 甲木 正官
을 극하니 이는 남편에 대해 엄격하고 간섭이 많은 것이다.

◉ 己亥日柱 통변
• 日柱 己亥는 甲午旬 中으로 辰巳가 空亡이다. 辰土는 암암리에 申子辰의 삼합
수국의 財星局을 형성하니 財庫인 것이며, 운로에서 辰土運이 도래하여 塡實
(전실)되는 경우에는 發하게 되는 것이다. 운로에서 酉金을 만날시는 酉金은 己
日干의 長生에 해당되며 辰酉 합금국을 이루어 財庫와의 합이 食神으로 化되어
生財하게 되니 일생 금전 걱정없이 안락한 생활을 하게 되는 것이다.

• 戊土는 劫財로 祿星이 巳火인데 空亡이다. 土는 空되면 즉 붕괴되는 것이다.
형제자매, 동창, 동료 간 금전 거래는 하지 않음이 좋다.

• 己日干은 時干 甲木과 간합을 이루어 日干과 同氣이고, 좌하는 夫宮이며 亥水
는 지장간에 甲木 官星과 壬水 財星이 있다. 이는 夫가 복록이 많은 명조이며
공직자로 고위직이고 금전적으로도 여유가 있음을 의미한다.

• 夫宮인 日支宮의 亥水는 正官인 甲木의 祿星인 寅木과 寅亥合의 木局을 이루
고 있다. 또한 己日干은 甲木 官星과 合土되어 日干과 同氣가 되니, 이는 본인
이 공직자와 결혼하거나 명망있는 집안과 결혼하게 됨을 의미하며 부부가 화목
함을 암시한다.
아울러 夫宮에 있는 亥水가 財星이니 이는 본인이 남편의 財와 부동산을 관리
하고 본인명으로 해놓았음을 알 수 있는 것이다.

• 夫宮의 亥水는, 夫인 甲木 官星의 長生인 亥, 戊土 劫財의 祿星인 巳火, 丙火
印星의 祿星인 巳火와 형충되고 있다. 戊土는 劫財로 처의 형제자매이고, 丙火
는 祖父이다. 이는 夫가 처의 형제자매와 不和하고 祖父와는 연이 없음을 의미
한다.

• 夫宮의 亥水는 亥卯未 삼합목국을 형성하며 子水가 桃花(도화)인데, 이는 癸水
偏財의 祿星이 역시 子水이며 桃花에 해당된다. 또한 辛金 食神의 長生인 子水
역시 桃花이다. 또한 甲木 官星의 沐浴과 桃花 역시 子水이다. 時支가 子水로
따라서 甲子時가 의미하는 바는 결혼한 남편이 풍류를 즐기고, 금전적으로 여
유가 있고, 시댁부모를 잘 섬김을 뜻한다.

• 甲子時는 자식궁이고, 庚辛金은 傷官과 食神으로 자녀성인데 金生水하여 자식

궁인 子水를 생하고 있다. 따라서 金水가 旺한 격으로, 자녀들은 총명하고 지혜가 있으며 보수적인 성향인 것이다.

제7장

庚金 日干

庚	庚	丙	己	(男)
辰	午	寅	亥	

戊 己 庚 辛 壬 癸 甲 乙
午 未 申 酉 戌 亥 子 丑

⊙ 庚金 寅月

• 木旺한 때니 土가 있더라도 木의 剋制가 심하여 生金하지 못한다.

• 金에 前月인 丑月의 寒氣(한기)가 남아 있으니 丙火로 寒金(한금)을 따뜻하게 한
다. 또한 土厚(토후)하면 金埋(금매)될까 두려우니 甲木으로 疏土(소토)한다.

• 丙火, 甲木이 출간하면 국가고시에 합격한다.

丙火, 甲木 中 한 개라도 투출하면 小貴이다.

丙火가 감추어지고 甲木이 튀어나오면 異途功名(이도공명=무관직, 기술직, 문장
가..)이다.

• 局에 土多하면 埋金(매금)될 염려가 있으니, 甲木이 出干하여 疏土(소토)하면 貴
하고, 甲木이 감추어지면 富하나, 庚金이 투출하면 흉하다.

• 지지 火局에 壬水가 투출하고 庚金이 있으면 大富貴格을 이루고, 庚金이 없으

면 小富貴한다. 壬水가 乏絕(핍절=결핍되고 끊어짐)된 者는 殘疾(잔질)을 앓거나 夭
折(요절)할 사람이다. 이는 官殺이 會局할 경우 食神인 壬癸水가 없으면 制殺하
지 못하기 때문이다.

- 丁火가 여럿 출간하고 戊己土가 있고 水가 없으면 富貴格이다. 이것은 寅宮 甲
木이 丁火 官星을 이끄는데 水가 있으면 丁火를 손상시켜 病이 되기 때문이다.
이런 경우를 官星이 有氣하다고 한다.
- 木이 金에 剋을 당하고, 丙火가 없고 丁火가 出干했는데, 지장간에 통근됨이
없으면 뿌리가 없는 것이니 평범하다. 또한 丙火가 癸水의 剋을 당하고 戊土의
제극이 없어도 역시 그러하다.

◎ 用神
- 庚金 日主가 寅月에 생하여 前月인 丑月의 寒氣가 남아있으니 먼저 丙火로 온
난케 함이 요긴하다. 용신은 月干 丙火이다.
- 지지 寅亥 합목은 寅木에 亥水를 더하니 濕木(습목)이 된 것이다. 따라서 용신인
月干 丙火를 암암리에 극하게 되니, 자연 丙火 官星이 왕하지 못하게 되는 것이
라 일점 흠이 있는 것이다.

  用神 : 丙火
  喜神 :　木
  忌神 :　水
  閑神 :　土
  仇神 :　金

◎ 年, 月에 印星과 官星이 있어 관인상생되니 공직자의 명조이다. 官星이 印星보다
왕하면 행정직, 印星이 官星보다 왕하면 교육직의 길을 가게 되는 경우가 많다.
◎ 丙火 官星이 지지 寅亥 합목인 濕木(습목)의 영향으로 쇠해지고, 또한 초년대운이
丑子亥로 흘러 丙火 官星을 극하니 행정직의 길을 가지 못하고 교육직의 길을
가게 된 것이다.
◎ 지지에 寅亥 합목의 財星局을 이루나, 日主 庚金이 月令 寅木에 絕地이니 신약하
여 大財를 감당하지 못하고 단지 衣食이 있는 명조이다.
◎ 庚金대운에 교감승진 가능 여부를 문의한 것인데, 庚金이 구신에 해당하니 뜻을
이루기가 힘든 것이다.

◎ 남명의 官星은 자녀성인데, 官星이 용신에 해당하니 자녀운은 길하다 판단한다.

◎ 용신 丙火가 月柱에 있으며 干支 상하가 상생하니 그 부모가 자수성가한 것이다.

◎ 財星은 처성인데 희신에 해당하니 처의 내조가 많은 것이다.

◎ 用神

• 寅月은 木旺之節이니 土가 있다 해도 受剋되어 生金하지 못하는 것이다.

• 천간의 丁壬 간합목국은 月令 寅木에 통근하니 定히 干合된 것이다. 따라서 局에 木氣가 왕한 것이니 이를 洩하는 丙丁火가 요긴한 것이다.

• 아울러 寅月은 前月의 寒氣가 남아 있으니 丙火의 온난함이 필요한 것으로, 時干에 丙火가 투출했으니 이를 용신으로 잡는다.

    用神 : 丙火
    喜神 :　木
    忌神 :　水
    閑神 :　土
    仇神 :　金

◎ 時柱가 丙戌이다. 丙火 偏官과 戌土 偏印이 있으니 관인상생되어 공직자의 명조이다. 그러나 아쉽게도 丙火 官星이 日支 子水의 剋을 받아 傷官見官되니 官星이 손상되고, 戌土 偏印은 日支 子水와 상극되어 印星이 손상되니, 결함이 되어 일반 행정직이 아닌 기술직으로 철도공무원의 길을 간 것이다.

◎ 丙火대운 중 己亥세운의 2급 승진운을 문의한 것이다.

• 丙火는 본시 용신이나, 月干 壬水와 丙壬 沖하여 丁壬의 干合을 깨뜨리니, 丙火가 壬水에 受剋되어 용신의 역할에 손상이 있는 것이고, 또한 丁壬의 간합이

부서져 壬水가 본래인 기신의 역할을 하니 흉한 대운이다.

- 己亥세운은 歲干 己土는 한신운, 歲支 亥水는 月支 寅木과 寅亥 합목의 희신운
 이 되니, 흉하지는 않으나 운세가 용신으로 왕하게 도래하지 못해 결격됨이 있
 는 것이다.
- 어머님의 극진한 기도가 더해졌으나 뜻을 이루지 못한 것이다.

◉ 천간의 丙丁火는 본시 官殺混雜(관살혼잡)의 형국이었으나, 年干 丁火가 壬水와
 간합되어 財星局을 이루니, 合官留殺(합관유살)이 되어 길격의 명조가 된 것이다.
◉ 月令의 財星은 처덕이 있는 것이다. 正財인 경우에는 현모양처와 연이 많고, 偏
 財는 재물과 연관하여 내조가 많다. 처가 교육직공무원인 것이다.

◉ 用神
 - 寅月의 庚金은 月令과 비교시 絕地라 신약한데, 戊土가 있더라도 木이 왕하여
  土를 극제하니 生金하지 못한다.
 - 日主 庚金이 비록 月令에 실기했으나 坐下에 建祿을 得하니 태약하지 않다. 寅
  月의 金은 아직 전월의 寒氣가 남아있으니 丙火로 온난케 하고, 또한 土가 厚重
  한 경우라면 甲木으로 疎土(소토)해야 한다.
 - 상기는 月令 寅宮의 丙火를 용하여 日主 庚金을 온난케 하고, 다시 무력한 時干
  戊土 印星을 생하여 日主 庚金을 補佐(보좌)하면 사주가 中和를 이룰 수 있는
  것이다.

   用神 : 丙火
   喜神 : 木
   忌神 : 水

閑神 :　　土

仇神 :　　金

⊙ 사주 전체가 陽의 干支로 구성되어 陰陽이 부조화를 이루니 예기치 않은 사고,
질병 등의 흉화가 내재된 명조이다.

⊙ 상기 명조는 胎元(태원)이 癸巳이다. 入胎시점의 天氣인 巳火가 사주원국의 寅申
과 더불어 寅巳申 三刑殺을 이루니 내재된 질병이 예고되는데, 기신이 水에 해당
하니 水와 연관된 질병을 앓게 되는데 백혈병도 水에 배속된 질병 중 하나이다.

⊙ 庚子대운은 庚金이 子水에 힘을 실어주니 子水가 왕해지는 운인데, 다시 日支
申金과 子申 반합수국의 기신으로 化되고, 또한 천간의 무력해진 壬水를 부조하
게 되니 기신인 水가 태왕해져 매우 흉한 운이다. 이 때 백혈병 진단을 받게 된
것이다.

⊙ 己土대운은 한신운이니 항암치료를 받고 요양 중인 것이다.

⊙ 亥水대운은 본시 기신운이다. 月支 寅木과는 寅亥 육합목국의 희신운이니 흉 중
길함이 있는 것 같으나, 살펴보면 局의 月, 時支 寅木과 日支 申金이 상충되니,
기신인 천간 二位의 壬水는 뿌리가 끊어진 것이라 기신의 역할을 크게 하지 못했
던 것이다. 그러나 운로에서 亥水가 들어와 月支 寅木과 합되니 寅申 沖이 해소
되어 기신인 천간의 壬水의 뿌리가 이어지니 水氣가 다시 힘을 얻게 된 것이다.
따라서 백혈병의 증세가 악화된 것이다.

⊙ 중년의 戊酉申 대운은 구신운이니 命을 보존하기가 힘들 것이라 판단된다.

⊙ 지지에 喪門殺(상문살), 湯火殺(탕화살), 梟神殺(효신살)이 重하니 탈이 난 것인데,
이들 흉살들은 조상 묘소와도 연관되며 묘소가 흉하여 발생한 질병이라 사료된다.

⊙ 用神
- 寅月의 庚金은 전월의 寒氣(한기)가 아직 남아있으니 丙火로 따듯하게 함이 먼저다. 寅宮에는 戊土와 丙火가 同宮하니 燥土(조토)가 되어 庚金을 생하기 힘든 것이다. 土가 厚重(후중)한 경우라면 甲木의 疎土(소토)가 있어야 하는 것이다.
- 丙火와 甲木이 倂透(병투)하면 국가고시에 합격하여 일신상의 영달을 기할 수 있다.
  丙火와 甲木 중 하나라도 투출하면 衣祿은 있다.
  甲木이 투출하고 丙火가 암장되면 異途(이도)로 功名을 얻는다.
- 寅宮에는 丙火가 長生을 득하고, 甲木이 祿星을 득한 것이니, 투출하지 않아도 유용하나, 투출한 경우라면 용신과 희신에 해당하니 富貴가 큰 것이다.
- 土가 厚重한 경우에 甲木이 투출하면 貴格을 이루고 암장되면 富格을 이룬다. 그러나 庚金이 있어 破木하면 富貴格을 이루지 못한다.
- 상기는 庚金이 寅月에 생하여 絶地이니 실기한 것이고, 年干에 乙木이 출간하여 得令하니 財星이 旺하여 日主 戊土가 신약한 것이다. 印星을 용하여 쇠한 日主를 생조하면 사주가 中和를 이룰 수 있다. 용신은 月干 戊土이다.

    用神 : 戊土
    喜神 :   火
    忌神 :   木
    閑神 :   金
    仇神 :   水

⊙ 六親關係(여명. 庚日干)

    庚(日干=我) → 甲(偏財=父)
              己(正印=母)
    丙(偏官=夫) → 庚(比肩=媤父)
              乙(正財=媤母)
    壬(食神=男兒)
    丁(正官=兒媳)
    癸(傷官=女兒)
    戊(偏印=女婿)

⊙ 日柱 庚戌은 甲辰旬 中이며 寅卯가 空亡이다. 그러나 月令의 空亡은 공망이라 논하지 않고 無力해지는 의미로 해석한다.

⊙ 戊土 偏印과 癸水 傷官이, 戊癸의 간합화국을 이루어 官殺로 化되며 日干 庚金을 극하니, 부부연이 좋지 않을 조짐이 있다.

⊙ 癸水 傷官의 沐浴殺(목욕살)이 寅木으로 空亡이다. 이는 성품이 뜬구름과 같고 이성에 대한 욕망이 강함을 의미한다.

⊙ 夫婦緣(부부연) 通辯(통변)

• 여명 庚日의 癸水는 傷官이다. 癸水가 투출하였고 祿星은 子水이며, 丙火는 夫로 羊刃이 午火이다. 子午 相冲하니 夫와의 연이 박한 것이다.

• 女命 庚日의 長生은 巳火이고 祿星은 申金이다. 丙火 夫의 長生인 寅木과 寅巳申刑殺을 이루니 夫와의 연이 박한 것이다.

• 壬午대운 중 庚午세운에 夫가 사망한 것이다.
午火運이 도래하며 局의 寅戌과 寅午戌 삼합화국의 기신운으로 入되니 흉화의 조짐이 있는 것이다.
歲運 庚午는, 歲干 庚金 좌하에 午火가 있는데, 午火는 夫인 丙火의 羊刃(양인)이다. 癸水 傷官의 祿星인 子水와 상충하니 羊刃殺이 動하여 剋夫하게 되는 것이다.

• 女命 庚日은 夫인 丙火가 七殺이다. 丙火는 辛金 偏妻와 간합수국을 이루는데, 傷官으로 化되며 丙火를 극하니 剋夫하는 것이라 결국 丙火 夫가 沒되는 것이다. 이는 혼인 후에는 반드시 이혼수가 나오는 것이며 이혼하지 않으면 夫가 죽게 됨을 의미한다.

⊙ 여명의 官殺은 夫星이니 중중한 경우에는 多夫之象(다부지상)이라 하여 부부연이 박하다.

• 여명 庚日干의 官星은 夫星인데, 丙火는 夫고 丁火는 偏夫이다. 局의 지지 전체에 모두 丙火나 丁火가 암장되었으니 多夫之命이다.

• 局의 천간의 戊癸合은 官殺로 化되니 多夫의 象이다.

• 지지 未土는 암암리에 午火와 午未 合을 이루는데, 午未 合은 본래는 타 오행으로 바뀌지 않는다 하나, 火勢를 강하게 띄게 되므로 官殺로 化되는 것으로 논하여 역시 多夫의 象인 것이다.

• 日支 戌土는 火庫인데 丙火 夫의 墓庫(묘고)이다. 夫星入墓(부성입묘)된 것이라 夫星의 역할을 기대하기 어려우니, 자연 다른 남자를 찾게 되어 역시 多夫의

象이다.

- 지지 寅戌은 午火를 끌어와 寅午戌 삼합화국의 官殺局을 형성하려 하니 역시 多夫의 象이다.

◉ 庚日干의 甲乙木은 偏財와 正財이다. 甲木의 祿星은 寅木이고, 乙木의 祿星은 卯木인데 모두 공망이니 求財(구재) 및 經商(경상)에 난관이 많은 것이다.

◉ 庚戌日柱 通辯

- 丙丁火는 官星으로 夫星이다. 日支 戌土는 寅午戌의 삼합화국을 형성하니 戌土 는 火庫이고, 丙火에서 보면 墓宮에 해당하니 墓庫인 것이다. 따라서 丙丁火 夫星은 入墓된 것이라 남자와의 연이 적고 부부연도 적은 것이다.

- 寅午戌의 삼합화국을 형성하는데 三殺이 丑土에 있다. 日干이 庚金인데, 丑은 巳酉丑 삼합금국을 형성하니, 丑土는 金庫이고 日干이 庚金이니 즉 身庫인 것이다. 따라서 身庫는 三殺庫인 것이라, 사고, 질병 등이 다발하게 되고, 重한 경우에는 수술하여 병원에 입원하게 되어 破財하는 경우가 발생한다.

- 夫星인 丙丁火에서 보면 丑土는 金庫이며 金은 財星이므로 財庫인 것이다. 日干 庚金이 身庫이니 身庫는 즉, 夫의 財庫인 것이다. 이것은 夫가 돈을 탐하거나, 혹은 자신의 돈을 夫에게 주는 형국이다.

- 寅午戌의 桃花는 卯木에 있다. 卯木이 入되어 공망된 卯木이 塡實(전실)되면, 힘을 받아 酉金과 상충하는데 酉金은 劫財로 弟妹(제매)인 것이다. 이는 형제자매의 손상됨이 있다는 의미인데 重한 경우라면 죽거나 평생 잔질을 앓게 된다는 의미이다.

- 庚日干의 祿星은 申金인데, 丙火 七殺의 長生인 寅木과 상충된다. 日干의 祿星이 丙火 즉 夫星의 長生과 상충하니 부부연이 薄(박)함을 암시하는 것이다.

- 庚日干의 長生이 巳火인데, 男兒인 壬水의 祿星인 亥水와 상충하고 있다. 이는 母子간 불화하고 男兒가 효심이 없음을 의미한다.

- 庚日干의 午火는 沐浴殺(목욕살)이며 桃花殺(도화살) 子午卯酉 중의 하나이다. 午火가 丁火 偏夫의 祿星에 해당하니 正夫와의 연이 적고, 혼인관계에 변화가 많게 됨을 의미한다.

- 日柱 庚戌은 甲辰旬 中이다. 甲庚 沖과 辰戌 沖되니 연장자와의 연이 없는 것이다.

- 夫星인 丙火의 沐浴, 桃花가 卯木에 있는데 空亡이다. 이는 夫가 풍류주색에 깊이 빠질 것임을 암시한다.
- 女命 庚日干의 祿星은 申金이다. 偏財는 甲木으로 祿星이 寅木에 있으며, 正財 는 乙木으로 祿星은 卯木이다. 庚日干의 祿星 申金과 偏財, 正財의 祿星인 寅 卯木과는 상극관계이다. 이는 庚日干의 여명에게 商業(상업)이나 求財事(구재사) 와 연관되어서는 身苦(신고)와 난관이 따를 것임이 암시되는 것이다.

◎ 庚金 卯月
- 月令 卯月의 支藏干(지장간) 중 正氣에 乙木이 있으니 자연 當令(당령)한 乙木이 庚金을 보면, 庚金 日干은 반드시 乙木에게 情을 주어 간합을 이루려 한다. 이 것은 庚金이 暗剛(암강)의 勢(세)가 있기 때문이니 가을의 金과 같이 논한다.
- 卯月 庚金은 오직 丁火를 써서 庚金을 煆煉(하련)시키고, 또한 甲木을 빌어 丁火 를 引導(인도)한다.
- 丁火, 甲木이 투출하고 지지에 庚金이 있으면, 劈甲引丁(벽갑인정)하는 것이니 국가고시에 합격하여 높은 관직에 오르게 된다. 만약 지지에 庚金이 없으면 단 지 재능이 있는 평범한 命이다.
- 丁火가 없고 甲木을 용하게 되면 부귀가 있다 하더라도 노력이 많이 요구되는 것이다.
- 丁火, 甲木, 庚金이 불투히고 암장된 경우라면 衣祿은 있게 된다. 丁火가 투출하고 甲木, 庚金이 암장되면 小富貴한다. 丙火가 투출하고 甲木, 庚金이 암장되면 異途로 富를 이룬다.

- 甲木이 중중한데, 印星과 比劫이 없으면 從財格을 이루어 大富貴한다. 만약 印星과 比劫이 있으면 財多身弱格이 되어 富屋貧人(부옥빈인)의 命이다.

◎ 用神
- 卯月의 庚金은, 卯宮 지장간의 正氣인 乙木과 암암리에 간합을 이루려 하니, 이른바 天合地者(천합지자)로 약변강의 勢를 이루게 된다.
- 상기는 乙木이 투출하여 乙庚의 간합금국을 이루고 다시 己辰土의 생을 받아 왕강하니, 丁火를 용하여 煆煉(하련)하면 貴器(귀기)를 얻을 수 있다. 용신은 時支 未中의 丁火다. 용신이 투출하여 행세하지 못함이 아쉬운 명조다.

  用神 : 丁火
  喜神 :　木
  忌神 :　水
  閑神 :　土
  仇神 :　金

◎ 庚辰日柱 특성
- 부정적인 시각이 많으나, 의협심이 강하며 허풍과 과장이 있어 일에 장담을 잘한다.
- 타인의 손에서 양육되는 경우가 많고, 부부연이 박하다.
- 성격이 이율배반적인 면이 있으며 고집이 세기도 하고, 결벽증과 침울한 기질이 있다.
- 신경과민, 노이로제, 우울증 등에 시달리기 쉽다.
- 공직, 특수직업, 해외근무 등에 종사하는 경우가 많고, 사주가 파격(破格)이면 도살업, 승도, 역술계통의 직업을 갖는 경우가 많다.
◎ 용신이 丁火로 官星에 해당하니 남편과의 연은 길한 것이다.
◎ 申金대운은 구신운이다. 年支 巳火 용신과는 巳申 육합수국의 기신운이 되니 흉하다. 巳火가 偏官에 해당하니 사고 및 질병수가 들어오는 것이다. 月支 卯木 희신과는 卯申 怨嗔(원진)되어 희신을 손상시키니 흉화가 암시되는 것이다. 대장질환으로 인한 수술건이 발생한 것이다.
◎ 乙酉대운 역시 매우 흉하다. 乙木은 日主 庚金과 간합금국의 구신운이고, 酉金은 年支 巳火와 巳酉 반합금국의 구신운, 月支 卯木과는 卯酉 沖되어 희신인 木氣가

손상되고, 日支 辰土와는 辰酉 육합금국의 구신운이 되어, 年, 月, 日이 모두 흉하게 작동되니 命을 보존하기 힘들 것이라 사료된다.

⊙ 乙木대운에 대장질환으로 재수술을 하려 했으나 암세포가 전신으로 퍼져 수술을 중단했던 것이다.

⊙ 乙酉대운 중 庚子세운에 子卯 刑殺과 子辰 반합수국의 기신운이 도래하니 매우 위태로운 것이다.

⊙ 用神

　• 卯月의 庚金은 십이포태운성의 胎地(태지)라 실기했지만, 卯宮에 乙木이 있어 庚金이 乙木을 보면 자연 情을 주어 합하여 살림을 차리려 하니, 日主 庚金은 암암리에 乙庚 간합금국을 이루어 약변강의 勢를 이루는 것이다. 따라서 庚金을 煆煉(하련)하는 丁火가 貴한 것이다.

　• 상기는 庚金이 卯月에 생하여 失氣했지만, 坐下 辰土인 濕土(습토)의 생을 받고, 다시 辰酉 합금과 巳酉 반합금국의 부조가 있으니 庚金의 勢는 약변강을 이루었다. 따라서 火氣인 丁火를 용하여 庚金을 煆鍊(하련)하여 貴器(귀기)를 만들면 사주가 中和를 이룰 수 있는 것이다. 용신은 月干 丁火이다.

　　用神 : 丁火
　　喜神 :　木
　　忌神 :　水
　　閑神 :　土
　　仇神 :　金

⊙ 직업

- 천간에 丁火 正官과 己土 正印이 투출했으니 태어나면서 부여받은 직업은 공직자의 명조이다.
- 만약 공직자의 길이 아니라면 時干에 乙木 正財가 있고, 印星이 있으니 뛰어난 두뇌를 활용하여, 남을 가르치고 인도하는 학원 강사나 선생의 길도 가하다고 판단한다.
- 乙木 正財는 건축, 인테리어, 도서출판, 예체능 등의 직업도 가능하다.

⊙ 남편복

- 여명의 남편복은 용신과 日支宮과 官星宮을 살펴보아야 한다. 月干 丁火 官星이 용신이니 본래는 남편복이 있다고 판단한다.
- 日支宮 辰土는 偏印으로 한신이다. 본래는 무애무덕하다 판단하나, 辰酉 합금되어 남편궁인 日支宮의 辰土가 합되어 타 육신으로 바뀌니, 결혼 생활에 한두 번의 위태로움은 있을 것이라 판단한다. 먼저는 고부간의 갈등이 예상되고, 나중은 자식과 연관되어 불협화음이 발생할 것이라 예상된다.

⊙ 재물복

- 재물복은 財星의 왕쇠와 용신의 왕쇠를 겸하여 판단한다. 먼저 財星은 乙木인데, 坐下 酉金에 십이포태운성의 絕地(절지)에 해당하니 왕하지 못하다. 그러나 다행스러운 것은 月令이 卯木이라 부조의 氣가 있으니 財星의 氣가 약변강이 되어 쇠약함은 면한 것이다.
- 日干 庚金은 月令에서는 失氣했으나, 지지에 辰酉 합금의 부조가 있고, 다시 巳酉 반합금국의 부조가 있으니 역시 약변강의 勢를 이룬 것이다.
- 총괄하면 身財兩停(신재양정)에 해당하니 부자가 될 명조라 판단할 수 있다.

⊙ 학업운

- 학업운은 印星의 길흉과 용신의 왕쇠로 판단한다. 먼저 印星은 己土 一位와 辰土 一位가 있어 印星이 중중하다. 多印은 無印이라 했으니 두뇌는 총명하나 학업과의 연은 적은 것이다.
- 용신의 왕쇠로도 학업운을 논하기도 하는데, 용신 丁火가 坐下 卯木인 濕木(습

목)에 자리하여, 丁火의 불꽃이 피지 못하니 용신이 왕강하지 못하다. 학업과의
연은 길하지 못한 것이다.

⊙ 자식운
- 여명은 食傷과 時支宮의 길흉을 위주로 살펴본다.
- 食傷은 壬癸水와 亥子水에 해당되는데, 단지 日支 辰宮에 癸水가 一位 있을 뿐
  이다. 그리고 月支 卯木과 상호 상극되어 흉하니 자식운과 자식과의 연은 많다
  논할 수 없는 것이다.
- 時支는 酉金으로 日柱 庚辰의 空亡은 申酉이다. 時支 酉金이 空亡되니 자식들
  이 크면서 어떤 예기치 않은 禍厄(화액)을 당할 염려도 있으니 각별히 자손들
  관리에 힘써야 할 것이다.

⊙ 건강운
- 印星과 용신의 왕쇠로 주로 판단한다. 印星은 己辰土로 한신에 해당하니 건강
  운은 무애무덕하다 판단한다.
- 日支 辰土가 偏印으로 梟神殺(효신살)을 대동하고, 다시 天殺과 寡宿殺(과숙살)
  이 있으니 일생에 한두 번의 수술 건이 예상된다.
- 기신이 水이고 구신이 金이니, 신장, 방광계통이나 폐질환, 대장질환 등에 대해
  평생토록 잘 관리해야 한다.
- 중년 이후 申酉戌 대운은 구신운이니 건강문제가 이 시기에 많이 발생할 것으로
  판단된다.

⊙ 부모운
- 月柱의 길흉과 印星의 길흉으로 판단한다. 月柱가 丁卯로 財官에 해당되며 상
  하 상생되니 부모운은 있다고 판단한다.
- 또한 印星이 한신에 해당되니 부모운이나 부모와의 사이는 무탈했을 것이라 판
  단한다.

⊙ 성격
- 성격은 日干의 오행과 格局, 그리고 용신의 오행으로 판단한다.
- 日干이 庚金이라 본시 고집이 세나 月干에 丁火가 있어 火剋金하여 다듬어 좋

은 그릇을 만드니 원만한 성격으로 化된 것이다.

- 다만 己辰土가 印星으로 二位 있으니 자기주장을 잘 굽히지 않고 옳다고 생각하는 면에서는 밀고 추진하는 뚝심도 있다 판단한다.
- 처음 사귀기는 힘들지만 한 번 사귀게 되면 인연의 끈을 지속하려는 성향이 많다.

◎ 형제운
- 형제운은 比劫의 길흉으로 판단하고 또한 月柱宮의 길흉으로 판단하기도 한다. 사주원국에 庚金의 勢가 약하지 않으니 형제자매 數는 2~3명 정도이다. 혹, 부모 대에 이복형제가 없으면 할아버지 代나 증조할아버지 代에는 이복형제가 있을 것이라 판단한다.
- 형제를 상징하는 比劫이 구신에 해당하니 형제간 도움을 주고받는 화목함은 크게 기대할 수가 없을 것이다.

◎ 관록운
- 正官이 용신이니 만약 공직자의 길이라면 부서의 부사장은 될 명조이다.
- 직장생활 시에도 부서의 長은 능히 가능하다.

◎ 수명
- 印星이 한신에 해당하고 天干이 관인상생됨이 있으니 수명은 짧지 않다.
- 다만 말년운을 나타내는 時支 酉金이 空亡되니 말년에 닥칠 예기치 않은 질병수와 사고수를 잘 넘기면 장수할 命이다.
- 부처님 전에 공덕을 쌓아 수명을 잇는데 노력해야 할 것이다.
- 사주에 弔客殺(조객살), 五鬼殺(오귀살) 등의 흉살이 많으니 조상님들 중 자살한 조상이 1~2명 있는 것으로 나온다. 잘 制殺하여 가정에 평안함이 머물도록 항시 노력해야 할 것이다.

◎ 주요 신살
- 月支 卯木 正財에 弔客殺(조객살)과 囚獄殺(수옥살)이 있으니 친분이 있는 사람과 연관되어 손재수가 발생할 것이니 잘 유념해야 할 것이다.
- 日支 辰土에 寡宿殺(과숙살)과 梟神殺(효신살)이 있으니 부부사이에 불협화음을 일으키게 하는 殺이 태동하는 것이니, 부처님 전에 공을 많이 들여 슬기롭게

부부연을 이어가도록 해야 한다.

• 時支 酉金이 空亡되고 桃花殺(도화살), 五鬼殺(오귀살), 太白殺(태백살) 등이 있으니 자식 중에서 혹, 단명수가 있을 수 있으니 매우 조심해야 한다.

◉ 대운

• 午火대운

본시 용신운이다. 무탈하다. 다만 日支 卯木과 午卯 破殺되니 예기치 않은 손재수가 발생할 수 있다.

• 辛金대운

辛金은 구신이다. 길하지 못하다. 특히 時干 乙木 용신과 乙辛 沖되니, 먼저는 재물의 손실이 예상되고 두 번째는 여명에서 용신은 남편으로 논하니 남편과의 불화가 예상된다.

• 未土대운

未土는 본시 한신이다. 그러나 기쁘게도 月令 卯木과 未卯의 반합목국의 희신운이 되니 매우 길하다. 家門의 발복과 남편에게도 길함이 많을 것이다.

• 壬水대운

壬水는 본시 기신이다. 그러나 다행스럽게도 月干 丁火와 丁壬 합목의 희신운이 되니 이 대운기간도 길함이 많다 판단한다.

• 申金대운

申金은 본시 구신이다. 길하지 못하다.

年支 巳火와는 巳申 刑合의 기신운이 되니 사고와 질병수가 예상된다.

月支 卯木과는 卯申 怨嗔殺(원진살)이 되니 卯木 正財가 희신인데 손상되는 것이다. 예상치 않은 손재수가 발생하는 것이다.

日支 辰土 偏印과는 申辰의 반합수국의 기신운이 되니 문서, 계약 등과 연관하여 역시 손재수가 예상된다.

時支 酉金과는 申酉金의 類神(유신)이 되니 동료나 동창, 혹은 가까운 후배들과의 사이에서 음해나 시비구설이 발생하게 되는 것이다.

• 癸水대운

癸水대운은 기신운이다. 매사 심사숙고하고 재삼재사 완벽히 검토하여 실패수가 없도록 해야 할 것이다.

⊙ 세운

• 辛丑세운

歲支 丑土는 본시 한신이나, 年支 巳火, 時支 酉金과 巳酉丑 삼합금국의 구신
운이 되니 올 한 해는 매사 조심하고 넘겨야 하는 해이다.

• 壬寅세운

歲支 寅木은 본시 희신운이다. 寅木이 月支 卯木과 日支 辰土와 寅卯辰 방합목
국으로 왕해져서 희신운으로 들어오니 매우 길하다. 매사 잘 풀려나갈 것이다.

• 癸卯세운

歲干 癸水는 본시 기신이나 歲支 卯木을 생해주고, 歲支 卯木은 희신이다. 따
라서 매사 무탈하고 순탄하게 잘 넘어갈 것이라 판단한다.

• 甲辰세운

甲은 희신이고 辰은 한신이다. 본시 반길반흉 운이다. 다만 時支 酉金과는 辰酉
합금의 구신운이 되니, 동료, 친구 등과 연관되어 시기질투나 음해성이 발생할
수 있으니 슬기롭게 잘 넘겨야 하는 한 해가 되어야 할 것이다.

⊙ 用神

• 卯月의 庚金은 卯宮 지장간에 乙木이 있어 자연 日干 庚金과 情을 통하여 합하
려 하니 암암리에 庚金은 약변강의 勢를 지니고 있는 것이다. 따라서 먼저는
丁火를 용하여 剋金하고, 다음은 甲木을 용하여 劈甲(벽갑)하여 丁火를 도우면
자연 中和를 이룰 수 있는 것이다.

• 상기는 천간에 壬癸水가 투출하여 月令 卯木에 死와 長生에 해당하니 水氣가 태약 하지는 않으나, 年支 戌宮의 戊土가 있어 制水하니 汪洋(왕양)함에는 이르지 않는 것이다.

• 日主 庚金이 약변강의 勢를 지녔으니 時干 丁火를 용하여 剋金하면 中和를 이룰 수 있는 것이다.

　　用神 : 丁火
　　喜神 :　木
　　忌神 :　水
　　閑神 :　土
　　仇神 :　金

◎ 용신인 丁火는 투출했으나 아궁이불에 땔감이 되는 甲木이 불투하니 복록이 장구하지 못한 것이다.

◎ 용신 丁火 正官은 月令 卯木에 실기하였고, 또한 局에 水氣가 중중하여 受剋 됨이 많으니 正官의 역할에 손상이 많은 것이다. 아울러 年支 戌土 偏印은 月支 卯木과 卯戌 반합화국의 官星局으로 化되니 印星 또한 본연의 역할을 하지 못하게 된 것이다.

◎ 원국에 桃花殺(도화살), 囚獄殺(수옥살), 喪門殺(상문살), 弔客殺(조객살) 幻神殺(환신살), 病符殺(병부살) 등이 중중하니 다소 神氣가 많은 명조인데, 실기하여 쇠약한 官星과 배합되니 역술가의 길로 가게 되어 풍수지리에 조예가 깊은 것이다. 그러나 중년 이후의 운로가 申酉戌亥의 구신과 기신운으로 흐르니 명성을 얻음에는 아쉬움이 많을 것이라 사료된다.

◎ 月支 卯木 正財는 본시 처의 내조가 많은 명조이나, 子卯 刑殺과 卯戌 合火로 인해 손상됨과 변질됨이 있으니 처의 내조를 기대하기가 어려운 것이다.

◎ 日支 子水가 傷官이니 다소 교만하고 자만심이 많은 성격이며, 月支 卯木과는 刑殺이 되어 부모형제자매와는 돈독함이 적을 것이라 판단한다.

◎ 局이 食傷生財格이 되니 衣食은 足한 것이다.

⊙ 庚金 辰月

- 辰宮의 戊土가 司令(사령)하나 사주에 습기가 없으면 生金하지 못하고, 오히려 埋金(매금)될 염려가 있으므로, 먼저는 甲木을 써서 疏土(소토)하고, 뒤에 丁火를 써서 庚金을 煅煉(하련)하여 貴器(귀기)로 만든다.

- 土旺하면 甲木을 쓰나, 甲木이 乏絶(핍절)되면 疎土(소토)함이 부족하니 林業(임업)을 하지 못하게 되고, 또한 丁火가 乏絶(핍절)되면 煅煉(하련)할 수 없어 貴器(귀기)를 만들지 못하니 어찌 功名이 있겠는가?

- 甲木, 丁火 중 하나만 적어도 富貴하지 못한다.

- 庚金이 火를 못 보면 貧賤短命(빈천단명)이다. 그리고 財多身弱(재다신약)이면 財가 오래가지 못한다.

- 丁火, 甲木이 出干하고, 比劫이 破木(파목)하지 않고, 대운에서 扶助(부조)하면 국가고시에 합격하여 일신상의 영달함이 기약된다.
  甲木이 투출하고 丁火가 暗藏(암장)되어 있으면 小富貴(소부귀)한다.
  甲木이 암장되고 丁火가 투출하면 異途功名(이도공명=무관직, 기술직..)으로 貴가 있다.
  丁火와 甲木이 暗藏(암장)되고 庚金의 制剋이 없으면, 富 中 貴하며 刀筆之命(도필지명=무관이나 문장가)이다.

- 甲木이 있으나 丁火가 없으면 평범하다.
  甲木이 있으나 丁火가 없는데, 丙火가 있는 경우에는 武職으로 관직에 오른다.
  丁火는 있는데 甲木이 없으면 才士(재사)에 불과하다.
  丁火, 甲木이 모두 없으면 下賤(하천)이다.

- 一位 甲木에 丁火가 없고 丙火가 있으면 庚金을 制剋함이 부족하니, 文이 아닌 武로서 軍隊(군대)에서 관직을 얻는다. 壬癸水가 투출되지 아니하면 妙(묘)한 命

이다.

- 지지 土局에 甲木이 없으면 빈천한 僧道(승도)이고, 乙木이 있으면 疏土(소토)함이 부족하니 奸詐(간사)하다.

- 지지 火局에 癸水가 투출되어 制火하면 富貴格을 이룬다. 일점 水氣가 없으면 多病하거나 廢人(폐인)이 된다.

- 지지 火局에 比劫이 없으면 從殺格(종살격)이 되어 富貴가 크나 夭折(요절)이 따르는 경우가 많다.

- 지지 木局이고 다시 甲乙木이 투출하면 財多身弱(재다신약)이니 富屋貧人(부옥빈인)이다.

- 지지 水局이고 戊土의 制水가 없으면 庚金의 洩氣(설기)가 심하니 下格이다.

- 지지 水局에 比劫이 투출하면 井欄叉格(정란차격)이라 하는데 이런 경우 大富大貴함이 기약된다.

⊙ 用神
- 月令 辰土는 濕土(습토)이고, 다시 局에 辰戌土가 중중하니, 日主 庚金을 생함이 지나치어 土多金埋(토다금매)의 상황이다. 甲木의 疏土(소토)함이 있어야 한다. 용신은 年干 甲木이다.

- 年, 月의 辰土가 生金하고, 다시 時支 酉金과 합금되어 日主의 勢가 왕하므로, 丁火의 煅煉(하련)이 있어야 貴器(귀기)를 만들 수 있는 것이다.

- 丁火가 불투하니 왕한 金氣를 煅煉(하련)함이 부족하고, 용신 甲木이 辰月에 십이포태 운성의 衰地이니 역시 왕하지 못한 것이다.

- 局에 甲木이 투출했으나, 丁火는 일점 日支 戌宮에 있어 庚金을 煅煉(하련)함이 부족하니 평범한 명조이다.

> 用神 : 甲木
> 喜神 : 水
> 忌神 : 金
> 閑神 : 火
> 仇神 : 土

⊙ 천간의 甲戊乙은 月令 辰土에 통근하고 있으니 印星과 財星은 태약한 것은 아니다. 印星이 투출했으니 문서와 연관되는 것이고, 財星이 투출했으니 금전의 입출

과 연관되는 것이다. 또한 지지에 印星이 중중하니 종합하면 보험회사에 근무하고 있는 것이다.

⊙ 원국에 印星이 중중하니 문서를 소유하는 것과는 연이 적은 것이다.

⊙ 日支에 印星이 있으니 고부간의 갈등이 암시되는 것이다.

⊙ 年, 月이 辰辰 自刑되고 時干 乙木이 月支 辰土를 극하니 母先亡이 암시된다.

⊙ 年干 甲木 偏財는 年, 月이 辰辰 自刑되니 뿌리가 손상되는 것이고, 時干 乙木 正財는 乙庚 간합금국으로 化되니 역시 손상되는 것이다. 처와의 연이 박할 것임을 암시하는 것이다.

⊙ 甲木대운의 운을 문의한 것이다.

• 甲木은 용신이니 길하다. 승진과 得財의 운이 열리게 됨을 암시한다.

• 日干 庚金과는 甲庚 沖하여 乙庚 干合을 깨뜨리고, 乙木에게 힘을 실어주어 藤蘿繫甲(등라계갑)의 형국을 이루니 용신의 역할에 진력할 수 있으니 길하다. 다만 甲乙木이 모두 動하게 되니, 재물운은 있되 女難(여난)이 발생할 소지가 있는 것이다.

⊙ 用神

• 日干 庚金이 濕土(습토)인 辰月에 생하여 생함을 받고 다시 年支 丑土의 생조가 있으니 왕하다. 먼저는 甲木을 용하여 疎土(소토)가 있어야 하겠고, 나중은 丁火의 製鍊(제련)이 필요하다.

• 상기는 年, 月에 丑辰土가 있어 土重하니 庚金이 埋金되지 않도록 甲木을 용하여 소토해야 한다.

- 용신 甲木이 時干에 투출하고 日支 寅木과 月支 辰土에 통근하니 사주가 길한
  편이나, 말년은 대운이 申酉戌의 기신운으로 흐르니 건강이나 예기치 않은 사
  고수가 자주 발생할 것이다.

  > 用神 : 甲木
  > 喜神 : 水
  > 忌神 : 金
  > 閑神 : 火
  > 仇神 :   土

◎ 年支 丑土가 墓(묘)에 해당하니 조상들의 묘소와 연관된 관리를 주관하게 되고,
  조상들의 단명수가 암시되는 것이다.
◎ 年, 月支가 丑辰 破되니 고향을 떠나 타향에서 정착함을 알 수 있는 것이다.
◎ 庚金 日主가 坐下 寅木에 絕地(절지)이니 부부연은 돈독함이 적은 것이다.
◎ 용신 甲木이 時柱에 있으니 말년에는 재물복이 따르고, 자손 代는 발달됨이 있을
  것이다.
◎ 처자식과의 연은 日支 寅木과 時支 申金이 寅申 沖하니 반길반흉이다.
◎ 2019년 己亥세운 이후의 운을 문의한 것이다.
  - 57세부터 66세까지 丙戌대운의 10년 운은 丙壬 沖과 辰戌 沖으로 月干支 壬辰
    을 전부 충극하니 예기치 않은 질병과 사고수가 따른다. 조심하여야 할 것이다.
  - 처자식과의 연은 日支 寅木과 時支 申金이 寅申 沖하니 반길반흉이다.
  - 용신이 甲木으로 時干에 있으니 말년에 재물복이 따를 것이다.
  - 2019년 己亥세운은 歲干 己土는 甲己 합토되어 구신운이니 損財數가 생기겠
    고, 歲支 亥水는 月支 辰土와 辰亥 怨嗔되니 사고나 질병 건과 연관된 문서나
    계약 건이 돌출될 수 있다.
  - 2020년 庚子세운은 대체로 길한 1년이 될 것이나, 용신 甲木과 甲庚 沖되니
    자식과 연관된 손재수가 발생할 수 있고, 年支 丑土와 子丑 합토의 구신운이니
    건강문제가 발생 할 수 있다.
  - 2021년 辛丑세운은 대운 戌土와는 丑戌 刑되고 局의 月支와는 丑辰 破되니 문
    서, 계약 등의 변동수가 따르고, 건강에 많이 유의해야 할 것이다.

◉ 用神
- 月干, 年干의 戊己土는 月令 辰土에 통근하고 있으니 印星이 旺하다. 따라서 庚金日干을 생조함이 지나치다고 판단한다. 辰月의 庚金日干은 辰土가 濕土로 庚金을 생하니 용신은 日干 庚金을 극제하는 丁火로 용신을 잡아야할 것 같으나, 이리되면 丁火가 사주상 왕해서 病이 된 印星을 더욱더 생하게 되므로 丁火를 용신으로 삼을 수 없는 것이다. 또한 年支와 時支의 巳中 中氣에 丙火가 있고, 辰月은 남방화왕절로 進氣하는 계절이므로 火氣가 아주 약한 것은 아니다.
- 따라서 상기사주가 中和를 얻기 위해서는, 日干 庚金을 생해주는 月令의 濕土 (습토)인 辰土와 月干과 年干의 戊己土를 소토하는 甲木을 용해야 하는데 局에 없으니 부득이 辰宮의 乙木을 용하는 것이다.

　　用神 : 乙木
　　喜神 :　水
　　忌神 :　金
　　閑神 :　火
　　仇神 :　土

◉ 선천직업운
- 이 사주는 月干의 戊土가 月令 辰土에 통근하니 "偏印格(편인격)"이다. 머리가 명민하고 사리 판단이 빠르나, 초지일관의 의지가 다소 부족하고 일처리에 용두사일 경우가 많은 것이다.
- 사주에 印星이 왕하고 偏官 역시 왕하니 殺印相生으로 武官의 사주요 기술직의 사주이다.
- 직업운은 첫째가 公職者(공직자=교육직, 경찰직, 군인, 소방직..)의 길이다. 두 번째로는 技術職(기술직=의사. 고급정비계통, 기자, 이공계 등..)이다.

⊙ 재물운

　재물복은 많지 않다. 辰中에 乙木 正財가 있지만, 생일인 3월 25일은 木氣가 退氣하는 시점이고 남방화기로 넘어가는 시점이라 乙木이 왕강하지 못한 것이 아쉬운 것이다. 명예와 官을 추구하는 쪽으로 진로를 설정해야할 것이다.

⊙ 학업운

- 2007년도 丁亥年은 歲干 丁火는 한신이고, 歲支 亥水는 희신이다. 그러나 안타깝게도 歲支 亥水가 용신의 역할을 다하지 못하고, 年支와 時支의 巳火 官星과 충극하여 산산히 부서지니 2007년도 학업운은 좋지 않은 것이다. 학업과 시험운은 사주상 正官과 正印의 길흉으로 판단하고 正官과 正印이 없을시 偏官과 偏印으로 대신한다.
- 2008년도 戊子年은 歲干 戊土가 구신운이지만, 歲支 子水는 月支 辰土, 日支 申金과 申子辰 삼합수국으로 바뀌어 왕강하게 희신운으로 들어오니 시험운과 학업운이 좋은 운이다.
- 2009년도 己丑年은 기신과 구신운으로 흘러 학업운이 흉하다 판단된다.
- 2010년도 庚寅年은 歲干 庚金은 기신운이고. 歲支 寅木은 年支 巳火, 日支 申金과 寅巳申 三刑煞에 해당하니 질병, 사고, 자리의 이동, 명예의 손상 등이 발생할 것이다.
- 결론은 2008년 戊子年은 학업운과 시험운이 모두 좋으니 올해를 놓치면 대학 진학에 어려움이 많을 것이라 사료된다.

⊙ 건강

- 사주에 偏印이 왕하다. 사주상 偏印의 印은 看命(간명)에서 刃(칼날인)과 같이 생각한다. 즉 사주에 印星이 왕하면 몸에 칼을 대야하는 문제(수술,사고)가 평생에 여러 차례 발생하는 경우가 많다.
- 또한 偏官이 年支와 時支에 있어 "頭尾一官(두미일관)"이 될 경우에는 예기치 않은 사고 건이 발생할 수 있으니 항시 심신의 관리에 만전을 기하도록 해야 한다.
- 사주상 선천적인 질병은 기신과 구신에 해당하는 오행인 肺와 胃에서 시작될 것이므로 젊을 때 잘 관리를 해야 나이 들어 고생이 적을 것이다.

⊙ 가족

- 형제자매간의 화목한 인연은 적다.
- 부모와의 돈독한 인연도 적다. 사주에 身旺하고 印旺하면 그렇게 판단하는 것이다.

⊙ 대운

- 丙寅대운은 丙火는 한신운이고 寅木은 용신운인데, 사주상 지지와 寅巳申 三刑殺에 해당하니 무애무덕한 운이다.
  특히 24세 이후 28세 사이에 질병, 사고 건이 발생할 수 있다.
- 乙丑대운은 乙木이 日干 庚金과 간합금국으로 기신운으로 흐르니 답답한 운일 것이고, 丑土는 지지 巳火와 반합금국으로 기신운, 月支 辰土와는 破殺에 해당하니 이 10년간 저체되고, 매사 순조롭게 풀리지 않는 대운인 것이다. 이런 경우 그동안 필자의 看命 경험으로 볼 때 남의 월급을 받는 직장생활을 하면 흉운을 모면하는 경우가 많았다.
- 甲子대운은 길흉이 반반이다. 먼저 甲木은 日干 庚金과 干沖이 되니 신변에 흉사가 생길 수 있고, 직장, 직업, 직책의 변동이 발생한다. 다음 子水대운은 이제까지의 답답함을 말끔히 씻어줄 좋은 운이다. 지지의 申과 辰은 삼합수국이 되어 희신운으로 들어오니 인생이 크게 도약할 수 있는 계기가 될 것이다.
- 癸亥대운은 한신과 희신운이니 좋은 운이다.
- 壬戌대운은 壬水는 희신이고 戌土는 본시 구신이나 巳火와는 원진살로 부서지고, 月支 辰土와는 충살로 부서져 결국 破格이 成格이 되니 좋은 운이다.

⊙ 신살 풀이

- 偏印에 梟神殺(효신살)이 同柱하니 어려서 7세까지 남의 손에 의탁해서 키워야 한다. 이렇게 해야 殺을 제거할 수 있어 흉사를 예방할 수 있는 것이다.
- 日支는 妻의 자리인데 여기에 孤神殺(고신살), 亡神殺(망신살), 幻神殺(환신살)이 동주하니 처와의 연은 적을 것이라 판단한다. 결혼시 필히 궁합이 맞는 처자와 결혼을 시켜야 하겠다. 그렇지 않으면 이혼수가 높다.
- 日支와 時支는 巳와 申으로 刑合이 되니 자식들과는 부자간의 연이 적을 것이라 사료된다.

• 사주에 있는 幻神殺(환신살), 絞神殺(교신살), 病符殺(병부살)은 조상 중에 자살한 사람이 있는 것으로 나오는 殺이다. 이 殺로 인해 자녀들의 앞날에 큰 손상이 올 수 있으니 制殺하여 줌이 좋은 것이다.

• 사주상 暗綠은 아이디어와 발명의 재간이 많은 길성이다. 무관직의 길을 가지 못한다면, 이공계의 박사나 교수의 길을 가는 것도 무방하다고 판단된다.

• 사주상 陽錯殺(양착살)은 조상에서 20세 전후로 죽은 원혼이 있는 것이다. 사주에 이 殺이 있으면 무남독녀와 결혼하게 되거나, 처가의 장인과 장모를 모셔야 하는 팔자인 경우가 많다.

• 巳火 偏官에 呑陷殺(탄함살)이 있다. 남자사주에서 官星은 직책, 직업, 직급을 의미하는데, 여기에 탄함살이 동주하면 예기치 않게 직장동료나 친구들로부터 모함이나, 시기나, 口舌을 듣게 된다. 항시 처신에 조심토록 하고, 또한 이로 인해 관재구설도 생길 수 있는 것이다.

• 時支 巳火 偏官이 地殺을 대동하고 있다. 지살은 역마살과 동일하게 생각하는 殺로 偏官과 같이 同柱하니 직장의 이동이 많고 근무지의 변동이 많을 것이다. 또한 偏官에 地殺이 있는 경우는 외국과의 왕래가 빈번해지는 殺이니, 유학이나 무역 등의 일로 분주한 인생을 보낼 수 있는 살인 것이다.

• 日支 申金이 육신상 比肩인데 斷橋關殺(단교관살)이 同柱한다. 比劫은 형제자매인데 단교관살이라는 것은 끊어지고 절단되는 殺이므로, 자연유산, 낙태 등으로 인해 형제자매가 적은 것으로 나온다.

• 천간에 正印과 偏印이 투출한 것은 어머니 혹은 할머니를 두 분 모시게 되거나, 아버지 할아버지 대에서 養子로 간 사람이 있을 수 있다고 판단한다.

• 年干에 己土가 투출된 것이 애석하다. 年, 月에 戊己土가 있는 것이니 印星混雜(인성혼잡)인 것이다. 학업, 문서, 계약, 부모와의 연이 薄(박)하다 판단한다.

• 전반적으로 사주에 대한 평가는 上格의 사주에 속한다고 본다. 月干의 偏印은 본시 자신의 머리만 믿고 노력을 게을리 할 수 있으니 항시 지도편달을 하여야 할 것이다.

辛	庚	丁	癸	(男)
巳	戌	巳	卯	

己	庚	辛	壬	癸	甲	乙	丙
酉	戌	亥	子	丑	寅	卯	辰

⊙ 庚金 巳月

- 巳火節의 庚金은 月令에 長生을 得하고 巳宮에 戊土가 있으니 丙火가 鎔金(용금)하지 아니한다. 丙火도 쓰일 때가 있으나, 먼저 壬水로 火氣를 억제하고 金氣를 洩하면 中和를 얻을 수 있다.

- 庚金이 중중하면 먼저는 壬水를 쓰고, 다음에는 戊土를 쓰고 丙火로 보조한다.

- 壬水, 戊土, 丙火가 출간하면 국가고시에 합격하고 부귀겸전이나, 한두 개가 출간해도 衣祿은 있다.

- 지지 金局이면 丙火는 무력하니 丁火를 써서 煅煉(하련)한다. 그러나 丁火의 제극이 심하면 일생에 풍파가 많다.

- 丙火가 중중하면 假殺當權(가살당권)이니, 壬水가 출간하면 길한데, 혹, 지지에 암장되면 富貴는 있으나 실속이 없다. 壬水의 극제가 없으면 淸高(청고)하나 仁義가 없고 妻子를 剋한다.

- 庚金이 중중하고 丙火가 출간하면 身旺殺高(신왕살고)하여 假殺爲權(가살위권)이 된다. 이런 경우 壬水가 있어 制殺하면 大富貴하나, 壬水가 없으면 火炎土燥(화염토조) 됨을 中和시키지 못하니 하천격이다.

⊙ 用神

- 月令이 巳火이고, 지지 卯戌이 육합화국을 형성하니 火勢가 태왕하다.

- 원국에 辛金 劫財와 戊土 偏印이 있으니 從格으로 논할 수 없고, 壬水를 용해야 하나 원국에 없으니 부득이 年干 癸水를 용하여 火氣를 억제하면 사주가 中和를 얻을 수 있다. 용신은 癸水이다.

    用神 : 癸水
    喜神 :　金

```
忌神 :   土
閑神 :   木
仇神 :   火
```

- 용신 癸水는 지지에 無根이라 무력하나, 다행인 것은 胎元이 戊申이라 申宮의 壬庚이 부조하니 태약함은 면한 것이다.

◎ 丁火 正官이 출간하여 月令에 통근하고, 지지 巳戌의 지장간에 戊土 印星이 있어 관인상생을 이루니 공직자의 명조인 것이다. 지방 중소도시의 소방서장직을 역임했다.

◎ 원국에 火金이 盛(성)하면 무관직에 종사하는 경우가 많은데, 火보다 金이 盛하면 군인, 경찰직 등이고, 金보다 火가 盛하면 소방직 등이다. 상기는 火氣가 盛하니 소장직에 종사한 경우이다.

◎ 年支 卯木 正財가 空亡이다. 財星은 妻로 논하는데 공망되니 처와의 사이에 화기애애함과 돈독함은 적을 것이라 판단한다.

◎ 比劫은 동료직원들로도 논하는데, 時干 辛金이 희신이니 동료직원들의 부조가 있을 것이라 판단한다.

◎ 辰卯寅 초년대운은 한신운이니 크게 두각을 나타내지 못했다.

◎ 丑子亥 중년운은 용신과 희신운이니 발전이 있었다.

◎ 辛亥대운의 승진운을 문의한 것이다.
  - 辛金은 본시 희신이나 陰金이라 용신 癸水를 생함이 미약하니 승진운이 왕하지 못하다.
  - 亥水는 본시 용신운이나, 月, 時支 巳火와 巳亥 상충되어 용신이 손상되니 크게 길함은 적은 것이다.

◎ 이후의 말년운도 크게 도약할 운이 도래하지 못하니 지방도시의 소방서장직을 끝으로 퇴직하게 된 것이다.

⊙ 庚金 午月

• 午宮의 丁火가 사령하여 火勢가 猛烈(맹렬)하니 庚金이 敗地(패지)를 만난 것이
다. 오직 壬水를 쓰고 癸水로 보조한다.

• 壬水가 투출하고 癸水가 암장되고 지장간에서 庚辛金을 보면 국가고시에 합격
한다.

壬水가 투출하고 戊己土도 출간하면 壬水를 극하니 평범한 命이다.

壬水가 투출하고 戊土가 암장되었고 甲木의 극제가 있으면 才士이다.

• 癸水가 투출하고 庚金이 있으면 小富貴하나 長久(장구)하지 못하다.

• 庚辛金이 투출하고 壬水가 암장되면 衣祿(의록)이 있다.

• 壬水가 암장되고 戊土가 출간했는데 甲木의 극제가 없으면 평범하다.

• 지지에 火局을 이루고 水가 乏絕(핍절)된 者는 貧苦(빈고)하다.

• 지지 土局이면 甲木으로 疎土(소토)하고 다음에 丁火를 쓴다. 甲木이 투출한 경
우이면 문장으로 이름을 날리고 富貴가 따른다.

• 丙丁火가 태다하고 食傷이나 印星과 比劫이 없으면 從殺格으로 富貴가 크다.

⊙ 用神

• 지지 寅午의 반합화국이 있고 다시 年支 巳火가 부조하니 火勢가 왕하다. 官殺
이 왕하니 食傷의 제극이 필요한 것이다. 年干 壬水가 용신이다.

• 용신 壬水가 坐下 午火에 胎地라 쇠약하나 日支 子水에 微根(미근)이 있고, 胎元
이 癸酉라 암암리에 扶助의 氣가 있으니 용신이 태약함은 면한 것이다.

• 운로가 申酉戌亥子丑의 희신과 용신운이니 약간의 발복이 있는 것이다.

用神 : 壬水
喜神 :　金

忌神 : 土
閑神 : 木
仇神 : 火

⊙ 庚子日柱 특성
• 자기과시가 강한 편이며, 일처리가 과단하고 깔끔하나 상대방을 꺾어 누르려는
  기질이 있어 가끔 시비구설이 따른다.
• 자존심이 강하며 일에 몰두도 잘하고 싫증도 쉽게 내며 여성은 콧대가 센 편
  이다.
• 기관지나 대장 계통의 질환이 염려되고, 여성은 냉증이나 산후조리에 유의해야
  한다.

⊙ 時干 戊土 偏印이 투출하여 월령에 통근하니 偏印格이다. 따라서 두뇌회전이 빠
  르고 일처리가 능수능란하다. 다만 印星이 기신에 해당하니 학문으로 성공하기
  는 요원한 것이다.

⊙ 年干 乙木 正財가 坐下 巳火에 洩氣되나, 月令 午火에 長生을 득하니 財氣가 태
  약한 것은 아니다. 또한 月干 壬水 食神의 생조가 있으니 食神生財의 형국이라
  得財할 수 있으나, 日主 庚金이 단지 巳火에 微根(미근)이 있을 뿐이니 身弱하여
  大財를 감당하기에는 格이 떨어지는 것이다.

⊙ 丁亥대운 중 辛丑세운의 사업운을 문의한 것이다.
• 丁火는 본시 기신이나 月干 壬水와 간합목국의 한신운이 되니 흉하지 않다.
• 亥水는 본시 용신이나 年支 巳火와는 상충되어 손상되고, 時支 寅木과는 寅亥
  합목의 한신운으로 바뀌니 一喜一悲함이 있는 것이다.
• 辛丑세운에 새로운 유통사업 건의 길흉을 문의한 것이다. 辛金은 본시 희신이
  나 乙辛 충되어 손상되고, 丑土는 본시 기신이나 원국의 子水, 대운의 亥水와는
  亥子丑의 방합수국의 용신운이니 흉하지 않다. 다만 日支 子水와는 子丑 육합
  토국의 기신이 되니 문서 관련하여 禍厄(화액)이 隱伏(은복)되어 있다 판단하는
  것이다. 심사숙고하여 추진함이 좋을 것이라 조언한 것이다.

◎ 用神

- 午月의 庚金은 丁火가 司令하여 庚金을 극함이 심하니 오직 壬水를 요하고 癸
  水로 보조한다.

- 壬水가 출간하고 癸水가 암장되고 지장간에 庚辛金이 있으면 관직이 높다.

- 癸水가 출간하고 壬水가 암장되었는데, 庚金이 있으면 小富貴하니 복록이 장
  구하지 못하다.

- 庚辛金이 투출하고 壬水가 암장되면 단지 衣祿(의록)이 있을 뿐이다.

- 상기는 午宮의 丙火가 투출하고, 甲木의 생조가 있어 火勢가 맹렬하니 日主 庚
  金이 鎔金(용금)될 지경이다. 먼저 壬水를 용하여 制火하고 癸水로 보조해야 하
  는데, 壬癸水가 불투하니 부득이 日支 申宮의 壬水를 용신으로 잡는다.

- 日支 申金은 時支 寅木과는 상충되고 月支 午火와는 受剋되니, 申金이 손상됨이
  있는 것이고, 자연 지장간의 용신 壬水도 손상되니 용신이 왕하지 못한 것이다.

  用神 : 壬水
  喜神 :　金
  忌神 :　土
  閑神 :　木
  仇神 :　火

◎ 時支 寅木은 偏財에 해당하며 驛馬(역마)를 대동하는데, 寅申 沖되니 走馬加鞭格
  (주마가편격)으로 사업가의 명조이다. 運路에서 부조가 있으면 사업상 비약적인 발
  전을 하게 된다. 접착테이프 종류를 생산하는 공장을 운영하고 있으며 수출도
  활발히 이루어지고 있는 것이다.

◎ 年干 丙火 偏官과 月支 午火 正官이 있으니 官殺混雜(관살혼잡)된 것이다. 다행인
  것은 지지가 子午 沖하여 午火 正官이 去官되고, 丙火 偏官만 남아 去官留殺(거관

유살)된 것이라 흉한 중 길함이 있는 것이다.

◉ 月支에 正官이 있으니 장남이 아니더라도 집안의 대소사를 맡아서 처리해야 하는 장남의 역할을 하게 됨을 암시하고 있다.

◉ 月支 午火 正官이 沐浴殺(목욕살)과 囚獄殺(수옥살)을 대동하니, 사업상 시비다툼과 관재구설이 있을 것임을 암시하는 것이다.

◉ 年支 子水가 空亡이니 조상 중 단명한 조상이 있음을 암시하는 것이다.

◉ 日支 申金 比肩이 亡神殺(망신살)을 대동하고 있다. 태어나서 일찍 죽은 형제자매가 있는 것이다.

◉ 日, 時支가 申과 寅으로 상충되니 처자식과의 연이 박할 것임을 암시하는 것이다.

◉ 月, 日支 午와 申 사이에는 午(未)申하여 未土 正印이 呑陷(탄함)되어 있다. 時干에 庶母(서모)로 논하는 偏印 戊土가 투출했으니, 본 어머니가 일찍 작고하여 서모가 있음을 알 수 있으며 또한 日支가 比肩이니 이복형제가 있음을 알 수 있는 것이다.

◉ 月干 甲木이 偏財로 사업상의 財인데, 月令 午火에 십이포태운성의 死地로 무력하니 大財와는 거리가 먼 것이다.

◉ 時支는 자녀궁인데 寅木이 日干 庚金 기준하여 絶地이다. 이런 경우는 예기치 않은 사고나 질병 등으로 인해 자식의 손상이 있을 수 있음을 암시하는 것이다.

◉ 辛金대운의 사업운을 문의한 것이다.

• 辛金은 본시 희신이다. 年干 丙火와 丙辛 간합수국의 용신운으로 化되니 사업운은 길한 운이다.

• 丙辛 간합수국은, 丙火가 偏官으로 자식 중 아들을 의미하고, 辛金은 劫財로 희신에 해당하니 암시되는 象은, 아들에게 경영권을 물려주고 자신은 회장직을 차지하여 현업에서 물러날 의도가 있는 것이다. 劫財는 빼앗는다는 의미가 있으니 경영권을 물려준다는 것과도 일맥상통한 것이다.

◉ 庚金 未月

- 未月은 金旺節로 進氣하는 시점이라 日主 庚金의 勢가 약변강이 되니 먼저는 丁火로 煆煉(하련)하고 다음은 甲木을 용하여 劈甲引丁(벽갑인정)한다.

- 未宮의 丁火는 無力하다 판단한다. 이는 未宮에는 己土가 司令하여 丁火의 氣를 洩하니 천간에 丁火가 투출하지 않는 한, 丁火로 논하지 않고 土로 논하기 때문이다.

  丁火가 투출하지 못하면 火氣가 土氣에 洩되니 단지 衣祿만 있을 뿐이고 貴를 기대하기 어렵다.

- 丁火, 甲木이 투출하고 壬癸水의 극제가 없으면 국가고시에 합격한다.

  丁火가 있고 甲木이 없으면 才士에 불과하다.

  甲木이 있고 丁火가 없으면 평범하다.

  丁火와 甲木이 없으면 下賤格(하천격)이다.

- 지지 土局이면 먼저 甲木을 써서 疏土(소토)하고 다음으로 丁火를 쓴다. 甲木이 투출하면 문장가이고 富貴가 있다.

- 원국에 金氣가 중중하고 丁火가 二位 투출하면 偏官으로 논하니 문관 외의 길로 발전하고, 丁火가 一位이면 煆煉(하련)의 힘이 부족하니 異途功名(이도공명)이다.

◉ 用神

- 庚金 日主가 未土月에 생하고 다시 천간에 己土가 투출되어 생조가 있으며, 다시 辛申金의 부조가 있으니 身强하다. 지지는 亥卯未 삼합목국이 있으나 木氣가 月令을 차지하지 못했으니, 삼합목국이 失氣한 것이라 財星이 왕하지 못하다 판단한다.

- 未土月은 三伏生寒(삼복생한)이라 火氣가 점퇴하는 시점이나 大暑 前後를 살펴보아야 한다. 大暑 前은 午火節로 논하니 火勢가 아직 왕하다 보고, 大暑 後는 金旺節로 進氣하는 시점이니 火勢가 약하다 판단하는 것이다.
- 상기는 金氣가 태왕하니 억부법을 적용하여 月令 未宮의 丁火를 용신으로 잡는다. 다만 未土는 亥卯와 더불어 삼합목국을 형성하려 하여 失氣한 것이니, 未宮의 丁火 역시 火勢가 失氣한 것이라 용신이 왕강하지 못한 것이다.

　　　用神 : 丁火
　　　喜神 : 　木
　　　忌神 : 　水
　　　閑神 : 　土
　　　仇神 : 　金

◉ 천간에 투출된 己土가 月令 未土에 통근하니 正印格이다. 아울러 申辛의 比劫이 있으니 편업된 직업이나 자유업에 종사하게 된다. 己土 正印이 二位라 偏印이라 논하니, 의사, 법조계, 기자, 운전직 등에 종사하는 경우가 많은데, 상기 명조인은 일간지 사진부 기자생활을 했던 것이다.

◉ 乙丑대운의 운을 문의한 것이다.
- 乙木은 희신으로 財星이니 돈의 움직임이 암시되는 것이다.
- 丑土는 月支 未土와 상충하여 未土를 開庫시키니, 未宮의 丁火, 乙木, 己土를 활용할 수 있는 것이다. 丁火는 용신이니 새로운 사업을 시작하려 하는 것이고, 乙木은 財星이니 자금이 유입되는 것이고, 己土는 印星이니 계약관계가 발생하는 것이다.
- 무역관련 케이블 방송국의 개국을 준비하고 있는 것이다.

◎ 用神
  • 庚金이 未土月에 冠帶(관대)를 득하고, 원국에 土氣가 중중하여 日主 庚金을 생함이 지나치니, 비록 日主 庚金이 陽干이라 기세가 있다 하더라도 土多金埋(토다금매)의 상황을 벗어날 수 없다.
  • 甲乙木을 용하여 疎土(소토)하여 庚金을 드러내면 사주가 中和를 이룰 수 있다. 용신은 甲木이 불투하니 月支 未宮의 乙木을 용한다.

      用神 : 乙木
      喜神 : 水
      忌神 : 金
      閑神 : 火
      仇神 : 土

◎ 庚午日柱 특성
  • 허풍과 과장이 많아 장담을 잘하고, 일을 벌이기를 잘하나 뒷감당을 못하고 포기하거나 좌절하기 쉽다.
  • 온화한 성품으로 인정이 많으나 실행력이 부족하다.
  • 공명정대한 면이 부족하고 이중성격적인 면이 있다.
  • 여성은 히스테리한 성격의 소유자가 많다.

◎ 甲木이 투출하여 疎土(소토)하고, 丁火의 煆煉(하련)이 있다면 貴格의 명조가 될 것이나, 단지 未宮의 乙木을 용할 뿐이니 소토의 힘이 부족한 것이라 단지 衣食이 있을 뿐인 명조이다.

◎ 印星이 중중한 경우의 통변
  • 多印無印이라 했으니 문서, 계약 등과 연이 없다. 본인 명의의 계약 등은 기피함이 좋다.
  • 印星이 중중하면 偏印으로 논하니 두뇌회전은 빠르나 학업과의 연은 적은 것이다.
  • "印"은 "刃"에 비유하니 예기치 않은 사고와 질병이 다발한다.
  • 多印이면 日主를 생함이 지나쳐 자연 파묻히게 되는 격이니 단명수도 따르게 되는 것이다.
  • 多印이면 부모와의 연도 박한 편이다.

- 印星은 財星과 상극관계이니 多印의 경우에는 처와의 연도 박하다.
- 多印이면 생함을 받는 것이 지나친 것이니, 매사 남에게 의지하려는 성향이 짙고 적극적이지 못하다.

◎ 酉金대운은 기신운이다. 원국의 年, 時支 辰土와는 辰酉 육합금국의 기신으로 化되니 흉화가 암시되는 것인데, 辰土는 偏印이니 이제는 흉사와 연관된 문서, 계약 등이 태동하게 되는 것이다.

◎ 酉는 九宮八卦의 兌宮으로 外卦에 속하니 나로 인하여 남에게 흉화를 입히는 것이다.

◎ 대학원 수업이 끝난 후 약간의 술을 마시고 차를 몰고 귀가하던 중 횡단보도를 건너는 노인을 치어 사망케 한 것이다. 官災와 損財가 발생한 것이고 정신적인 충격도 컸던 것이다.

◎ 戊土대운은 偏印에 해당하는 구신운으로 흉하다. 원국의 辰未와 沖 및 刑破되니 다시 문서, 계약 등과 연관된 禍厄(화액)이 발생할 것이고 이후 亥子丑대운은 희신운이니 잘 풀려나갈 것이라 판단한다.

◎ 用神
- 未土月의 庚金은 三伏生寒(삼복생한)의 시점이라 金의 勢가 완고하니, 먼저는 丁火를 용하여 制煉(제련)하여 貴器(귀기)를 만들고, 다음은 甲木으로 丁火를 보조한다.
- 上半月(小暑~大暑)은 午火節과 같으니 庚金이 鎔金(용금)되어 壬癸水가 요긴하고, 下半月(大暑~立秋)은 金水節로 進氣하니 金旺하여 丁火의 煅煉(하련)이 필요

하고 甲木의 보조가 있어야 한다.

- 丁火와 甲木이 倂透하면 국가고시에 합격하여 일신상의 영달을 얻을 수 있다. 癸水가 투출하여 丁火를 극함을 기피한다.

  丁火가 없고 甲木이 있으면 평범한 命이다.

  丁火가 있고 甲木이 있으면 秀才(수재)이나 복록이 적다.

  丁火와 甲木이 모두 없으면 비천하다.

- 지지 土局이면 먼저는 甲木을 용하여 소토하고 다음이 丁火이다. 甲木이 투출하면 문장이 뛰어나고 異途로 功名을 얻는다.

- 未宮의 丁火는 己土가 당왕하여 丁火의 투출이 없으면 丁火로 논하지 않고 土로 논한다. 旺土에 丁火가 洩되니 丁火의 勢가 유명무실한 것으로 논한다.

- 상기는 乙木과 丁火가 투출하여 月令 未土에 통근하니 雜氣財官格(잡기재관격)이다. 未土는 沙土라 生金하기 어려우나, 月干에 癸水가 있으니 沙土가 濕土(습토)로 바뀌어 生金의 역할을 하여, 日主 庚金이 태약하지 않으므로 煆煉(하련)하여 貴器(귀기)를 만드는 丁火가 요긴한 것이다.

- 용신 丁火는 月令에 冠帶(관대)를 득하여 약하지 않으나, 甲木이 불투하고 乙木이 투출했으니 丁火를 지속되게 생해줄 수 없어 복록이 장구하지 못한 것이다.

- 또한 혐의가 되는 것은, 庚寅 日柱는 甲申旬 中이라 午未가 空亡이니 月令 未土가 공망되어 투출한 丁火, 乙木이 무력해지는 것이라 揚名(양명)함에 저해요소가 되는 것이다.

  用神 : 丁火
  喜神 :　木
  忌神 :　水
  閑神 :　土
  仇神 :　金

◎ 천간에 투출한 丁火와 乙木은 물상과 연관지으면 무대장치와 연관된다. 乙木은 무대의 배경이고 丁火는 照明(조명)인 것이다. 이들이 용신과 희신이니 상기 명조인은 의상모델로서 활동하고 있는 것이다.

◎ 지지에 寅亥 합목과, 亥未 반합목국, 그리고 乙木이 투출했으니 財星이 중중한 형국이다. 신강하지 못한 경우는, 多財는 無財이니 재물복이 적고 처와의 연도

돈독함이 적다 판단한다.

⦿ 時支 亥水가 食神으로 驛馬殺(역마살)을 대동하였는데, 日支 寅木과는 寅亥 합목의 財星局으로 묶이니 食神의 역할이 손상되어 生財함에도 결함이 발생하는 것이다. 운로에서 형충될 시는 走馬加鞭(주마가편)의 역할이 되니 食神이 크게 활약하게 되어 길함이 많은 것이다.

⦿ 지지 寅巳는 刑殺이다. 寅이 巳를 刑하는 것이니, 寅宮의 丙火가 巳宮의 庚金을 刑하는 것이다. 丙火는 偏官으로 시비다툼, 관재구설 등과 연관되며, 庚金은 比肩이니 형제자매가 될 수 있고 동업, 동창관계가 될 수 있다. 刑됨이니 음해요소가 잠재되어 있는 것이다.

⦿ 年柱에 乙木 財星이 있으니 상속의 財가 있는 것이고, 아울러 운로가 午巳의 용신운이니 富家였음을 알 수 있다.

⦿ 중년 이후는 辰卯寅의 희신운이니 발복됨을 기약할 수 있는 것이다.

⦿ 용신인 丁火가 時柱에 있으니 말년에 발복됨이 기대된다.

⦿ 寅木대운의 통변

　•寅木은 본시 희신운이니 전반적인 운은 길하다.

　•己亥세운은 歲支 亥水가 入되며 寅亥 합목의 희신운으로 財星局이 되니 직업과 연관하여 이득이 많은 것이다.

　•庚子세운과 辛丑세운은 子水와 丑土가 局의 空亡된 未土를 子未 害와 丑未 沖하여 脫(탈) 空亡시키니 천간의 투출된 丁火, 乙木이 空亡의 굴레에서 벗어난 것이라 길하다. 의상모델로서 활약이 컸다.

　•壬寅세운은 歲支 寅木 財星과 局의 巳火와 寅巳 刑殺이 되니 상반기에는 財와 연관된 시비구설이 있을 것이나, 이후는 局의 亥水와 寅亥 합목의 희신운으로 財星局이 되니 得財 함이 있는 것이다.

　•癸卯세운은 歲支 卯木이 局의 亥未와 亥卯未 삼합목국의 희신운으로 旺하게 들어오니 매우 길하다. 먼저는 未土를 脫(탈) 空亡시키니 未宮의 丁火 正官이 용신으로 힘을 받아 직업과 연관되어 명예직을 차지할 수 있는 운이다. 다음은 乙木 正財가 힘을 받아 자신의 역할을 하니 먼저는 재물과 연관하여 길함이 있을 것이나, 나중에는 女難(여난)이 발생 할 소지가 있는 것이다. 이는 局에 財星이 중중하기 때문이다.

⊙ 용신 丁火 正官의 祿星이 午火이다. 空亡이니 사회적으로 기대 이상의 높은 위치에 오르기에는 한계가 있는 것이다.

⊙ 庚日干의 祿星이 申金이다. 局의 寅巳와 寅巳申 三刑殺을 이루니 평생에 걸쳐 시비구설, 음해 등의 문제가 多發할 것이 암시된다.

⊙ 用神
• 未土月의 庚金은 巳午火節을 지난 後이니 완둔함이 심해진 상태이나, 未宮의 己土가 암암리에 庚金을 생하니 勢가 태약하지 않다. 먼저는 丁火를 용하여 鎔金(용금)하고 나중은 甲木으로 보조한다. 즉, 劈甲引丁(벽갑인정)인 것이다.

• 己土는 본시 沙土라 生金하지 못하나, 局에 壬子水가 있으니 濕土(습토)化된 것으로 논해야 한다. 따라서 生金이 가능하다 판단해야 한다.

• 상기는 庚金 日干이 未土月에 생하여 생함을 받고 있다. 천간에 두 개의 壬水가 출간했으나 未土月이라 왕하지 못하고, 月干 丁火는 年支와 時支에 통근하여 水火相爭(수화상쟁)의 형국이다. 日干 庚金이 약하지 않으니 月干 丁火를 용하여 製鍊(제련)하면 貴器(귀기)를 만들 수 있다.

　　用神 : 丁火
　　喜神 : 　木
　　忌神 : 　水
　　閑神 : 　土
　　仇神 : 　金

⊙ 通辯 要約
• 日支 子水는 時支 午火와는 子午 沖殺이고, 月支 未土와는 害殺과 怨嗔殺(원진

살)이고, 年支 午火와는 역시 子午 沖殺이니 지지 전체가 害殺과 沖殺로 이루어져 사주의 뿌리가 끊어진 형국이니 심신이 항상 불안한 상태이다.

- 18세~27세까지는 乙巳대운이다. 대운 乙木이 日干 庚金과 乙庚 간합금국의 구신운이니 흉하다. 日干과 간합되어 흉신이 된 것이니 본인 일신상의 문제가 대두되는 것이다.

- 2019년 己亥세운은 歲干 己土가 年干과 時干 壬水를 탁하게 하여 흉하고, 歲支 亥水는 年支 午火와 時支 午火를 극하여 흉한데, 午火는 正官이라 직업, 직장, 직책이라 논하는데, 현재의 신분이 학생이니 학교를 가기 싫어하는 것이다.

- 2020년 庚子세운은 歲干 庚金이 歲支 子水를 생하여 歲支 子水가 매우 왕하다. 이 왕한 子水가 年支 午火와 沖殺이 되고, 月支 未土와는 害殺과 怨嗔殺(원진살)이 되고, 時支 午火와는 沖殺이 되어 사주기둥 4개 중 3개를 沖하여 손상시켜 놓으니, 심신의 방황과 불안이 더욱 심해질 것이라 판단한다. 이때 잘못된 친구들을 만나게 되면 걷잡을 수 없이 구렁텅이로 떨어질 수 있으니 매우 염려되는 상황이다.

- 2021년 辛丑세운은 다소 정신적으로 안정될 것이라 판단한다.
歲支 丑土가 月支 庫藏地(고장지)인 未土를 沖하여 곳간 문을 열어 놓으니, 未土 궁에 있는 용신 丁火를 쓸 수 있게 되는 것이고, 기신에 해당하는 日支 子水와 子丑 육합토국으로 바뀌니 흉변길이 되는 것이다.

- 2022년 壬寅세운부터는 심신이 더욱 안정되어 본연의 역할에 최선을 다할 것이라 판단한다.

- 23세 이후 巳火대운 부터는 巳火가 年支 午火, 月支 未土와 巳午未 남방화국의 용신운으로 바뀌니 잘 풀려나갈 것이고 더 이상 걱정은 하지 않아도 될 것이다.

⊙ 庚金 申月

- 庚金의 剛銳(강예)가 極度(극도)에 달하므로 오직 丁火로 煆煉(하련)함을 쓰고, 다음으로 甲木을 取하여 引丁(인정=丁火를 이끈다)한다.

- 壬癸水를 만나면 좋지 못하고, 木火를 만나 成局(성국)하면 壽福(수복)이 온전하다.

- 丁火, 甲木이 투출하면 국가고시에 합격한다.
  丁火가 있고 甲木이 없으면 俊秀(준수)한 선비이다.
  甲木이 있고 丁火가 없으면 평범한 命이다.
  甲木이 없고 丁火도 없으면 下賤(하천)이다. 이 경우 丙火라도 있으면 이를 취한다.

- 金神이 酉金月에 생하여 羊刃殺(양인살)을 만나고 火鄕(화향)에 들어 제극되면 富貴榮達(부귀영달)한다.

- 지지 水局인데, 丙丁火가 있고 甲木은 있으나 통근하지 못하면, 納水의 힘이 약하니 洩氣가 太多하여 어리석고 겁이 많다.

- 지지가 三合이나 방합금국을 형성하고 火가 없으면 從革格(종혁격)이니 부귀격이다. 丁火와 甲木이 투출하여 劈甲引丁(벽갑인정)하면 역시 부귀격이다.

- 지지 土局이면 먼저는 甲木이고 다음은 丁火를 用한다. 丁火가 없으면 丙火를 대용하나 丁火만큼 복록이 크지 못하다.

- 申月 庚金이 金剛木明(금강목명=金이 重하고 木이 투출한 경우)하면, 比劫인 형제자매가 많은 경우로 財를 골고루 분배하여 爭財(쟁재)의 탈이 없도록 해야 하는 것이니, 財를 용해야 하므로 이런 명조자는 行商(행상)이나 商業(상업)에 종사한다.

- 지지에 申酉戌 방합금국을 이룬 경우에는 官殺인 火가 있으면 유용하나, 火가 없으면 從革格(종혁격)이 되어 富貴格을 이룬다.

⊙ 用神

- 庚金 日主가 月令에 建祿을 득하고, 다시 辛酉金 比劫의 부조와 戊土 印星의 생조가 있으니 金氣의 세가 太强(태강)한 것이다. 年干에 丁火로 太强한 金氣를 제극할 수 있으면 이를 용신으로 잡아야 하고, 그렇지 못한 경우라면 從格으로 논해야 한다.

• 원국에 金의 勢가 중중하니 强衆(강중)의 상황이고, 이와 대적하는 丁火는 弱寡(약과)의 상황이다. 年干 丁火가 太弱하여 强衆(강중)한 金氣를 대적할 수 없으면, 이를 적천수에서 거론한 强衆敵寡(강중적과)의 상황이라 旺한 金氣가 丁火의 뿌리를 끊어버리려하는 의도가 있는 것이다. 또한 弱寡의 상황인 丁火가 왕한 金氣를 대적하려 한다면, 이는 强寡敵衆(강과적중)이라 하여, 數가 적고 弱勢(약세)의 丁火가 세력을 키워, 강하고 무리를 이룬 金氣를 대적하려는 의도가 있는 것이다.

• 年干 丁火는 月令 申金에 沐浴地(목욕지)라 失氣한 것이나, 時支 寅木에 通根(통근)하니 미력하나 세력을 키워 왕한 金의 세력을 대적하려는 의도가 있는 것이다. 따라서 용신은 年干 丁火이다.

用神 : 丁火
喜神 :   木
忌神 :   水
閑神 :   土
仇神 :   金

◎ 상기는 金의 勢인 比劫이 중첩되어 왕강하니 기술직의 명조로, 자동차엔진을 전문적으로 맡아서 수리하는 기술자이다. 운로가 未午巳辰卯寅으로 용신운과 희신운에 해당하니 엔진관련 전문 기술자로 명성이 있는 것이다.

◎ 局에 比劫이 중중하여 群劫의 상황인데, 財星은 時支 寅木으로, 月令 申金과는 絕地이니 태약한 것이라 이른바 群劫爭財(군겁쟁재)의 상황이다. 엔진관련 전문 기술자로 수입이 적은 편은 아니나, 자식과 부모형제자매들과 연관된 일로 금전적으로 지출이 많은 것이다.

◎ 남명에서는 용신을 자식으로 논하기도 하는데, 용신 丁火가 왕하지 못하니 자식들의 운세는 크게 기대할 바가 없는 것이다.

◎ 日, 時支가 申寅으로 상충되니 처자식과의 연도 돈독하지 못하다 판단한다.

⊙ 用神

- 庚金이 申月에 生하여 得祿(득록)하니 金氣의 勢가 太强(태강)한 것이다. 오직 丁火로 煅煉(하련)하여 貴器(귀기)를 만들고, 甲木을 取하여 引丁(인정=丁火를 이끈다)하면 사주가 貴格을 이룬다.

- 局이나 運路(운로)에서 壬癸水를 만나면 不靈(불령)하고, 木火를 만나 成局(성국)되면 복록과 수명이 온전하다.

- 丁火, 甲木이 투출하면 국가고시에 합격한다.

  丁火가 있고 甲木이 없으면 俊秀(준수)하다.

  甲木이 있고 丁火가 없으면 平人이다.

  甲木이 없고 丁火도 없으면 下賤(하천)이다.

- 金神이 酉金月에 생하여 羊刃殺을 만나고 火鄕(화향)에 들어 제극되면 富貴榮達(부귀영달)한다.

- 지지가 三合이나 방합금국을 형성하고 火가 없으면 從革格(종혁격)이니 부귀격이다. 丁火와 甲木이 투출하여 劈甲引丁(벽갑인정)하면 역시 부귀격이다.

- 지지 土局이면 먼저는 甲木이고 다음은 丁火를 用한다. 丁火가 없으면 丙火를 대용하나 丁火만큼 복록이 크지 못하다.

- 상기는 庚金이 申月에 생하여 得祿하니 日主가 약하지 않다. 다만 천간에 二位의 丙火 七殺이 투출했고, 지지에 寅午 반합화국이 있으니 官殺이 太旺하여 日主를 심히 핍박하니 病이 된 것이다.

- 庚申金 比劫인 형제자매의 힘을 빌어 旺한 官殺의 氣를 대적하게 하면 사주가 中和를 이룰 수 있다. 즉, 得比敵殺(득비적살)인 것이다. 용신은 月支 申宮의 庚金이다.

用神 : 庚金
喜神 : 土
忌神 : 火
閑神 : 水
仇神 : 木

◎ 局에 丙午火 官殺이 중중하여 日主 庚金을 심히 핍박하니 사고, 질병, 사기, 시비 구설 등의 흉액이 다발하는 것이다.

◎ 여명의 官殺은 夫星인데, 중첩되어 있으면 多官無官이 되는 것이라, 남편과의 연이 박하게 되는 것이다.

◎ 未午巳 대운은 기신운이며, 局의 중첩된 火勢에 다시 火氣를 더하니 매우 흉하다. 매사 저체되고, 건강문제가 발생하고, 사업부진과 남자들로 인한 손재수와 마음의 상처가 컸던 것이다.

◎ 壬辰 대운의 壬水運은 왕한 火勢를 制火하니 건강상 호전됨이 있었고, 辰土運은 日主 庚金이 뿌리를 박게 되고, 다시 月支 申金과 申辰의 반합수국으로 旺火를 制火하니 사업상의 발전이 있었다.

◎ 辛卯 대운의 辛運은 年, 月干의 기신에 해당하는 丙火와 丙辛 간합수국을 형성하여 日主 庚金의 氣를 洩시키니 길운은 아니다. 卯運은 月令 申金과 상극되어 申 宮의 용신 庚金을 손상시키고, 기신인 午火를 생하니 흉하다. 건강문제와 손재수가 발생할 소지가 많다.

◎ 日, 時支 午와 寅 사이에 午(未)申하여 未土가 拱(공)되었다. 未土는 印星으로 庚 日干의 天乙貴人에 해당하니 拱貴格(공귀격)인 것이다. 이는 암암리에 貴人의 도움을 받을 수 있음을 암시하는 것이다.

⊙ 庚金 酉月

- 酉月의 庚金은 羊刃(양인)을 得하여 庚金의 剛銳(강예)가 아직 남아있으니 丁火를 써서 煆煉(하련)하고 甲木으로 보조한다. 또한 寒氣(한기)가 심하니 丙火가 적을 수 없다.
- 丁火, 甲木이 출간하고 一位 丙火를 보면 功名이 높다.
- 月令 酉金 羊刃殺(양인살)이 刑沖이 없고, 丙火가 암장되면 이를 羊刃駕殺(양인 가살)이라 하니, 出將入相(출장입상)의 명조이고 지조가 굳은 충신이다. 만약 羊刃殺이 刑沖되면 不測災禍(불측재화)가 있다.
- 丙火가 중중하고, 一位 丁火가 出干하고, 甲木이 암장되면 국가고시에 합격하여 일신상의 영달을 기약할 수 있다.
  丙火가 출간하고 丁火가 암장되면 異途功名(이도공명)이다.
- 丙丁火가 출간하고, 壬癸水가 不透(불투)하고 甲木이 암장되면 淸高(청고)하고 衣食이 足하다.
- 一位 丙火가 투출하면 秀氣(수기)는 있으나 富가 없고, 만약 지장간에 甲乙木이 중중하면 殺强身弱(살강신약)하니 빈천격이다.
- 지지에 丙丁火가 있고, 甲木이 출간하고, 水가 불투하면, 衣食이 있는 淸高한 才士이다.
- 丙火의 출간이 중중하고 丁火가 불투하면 假殺重重(가살중중)인데, 月令의 羊刃殺이 부조하니 從殺格(종살격)이 못되고 평범한 命이다.
- 지지 金局이고 木火가 없으면 水의 洩氣가 있어야 하는데, 운로가 金水運이고 火鄕(화향)에 들지 않으면 "從革格(종혁격)"이 되니, 淸高하고 富 中 貴를 얻으나 흉화가 많이 따른다. 만약 火運에 들면 破格이 되어 命이 위태롭다.
- 酉月 庚金이 丙丁火가 있는데 水가 투출하여 火를 困苦(곤고)하게 하면, 火가 酉金 羊刃을 制剋하지 못하니 殺刃格을 이루지 못하고, 다시 서북 金水運으로 흐르면 漂流之命(표류지명)이다. 만약 동남 木火運으로 흐르면 水를 洩하여 火를 생하니 적게나마 衣食은 있게 되나 단지 技藝(기예)가 뛰어난 재능인이다.
- 지지에 木이 중중하면 金旺木衰의 형국인데, 火가 없으면 金을 煆煉(하련)하여 貴器(귀기)를 만들지 못하니 사주가 무용지물이다.

⊙ 用神

庚金이 酉金月에 生하여 帝旺을 得하고, 다시 지지에 申酉戌의 방합금국을 형성하여 扶助(부조)가 旺하니 日主가 太旺하다. 己戌의 印星이 있으니 從旺格으로 논할 수 없고, 旺神宜洩(왕신의설)이라 했으니 太旺한 金氣를 洩하는 年干 壬水를 용신으로 잡는다.

> 用神 : 壬水
> 喜神 :   金
> 忌神 :   土
> 閑神 :   木
> 仇神 :   火

⊙ 庚申日柱 특성

- 잠잠하다가도 공격적인 형으로, 배짱이 좋고 결단력이 빠르며, 남과 논쟁을 좋아하고 그로 인한 오해를 많이 산다.
- 마음이 담백하고 불굴의 정신이 있으나, 성격이 급한 편이고 양보심과 융통성이 적다.
- 너무 원칙만을 고수하는 결점도 있다.
- 간질환, 치질, 해소, 천식 등을 조심해야 한다.
- 무관직, 기술자, 요식업, 지물포, 문방구, 서점 등의 직업이 많다.

⊙ 용신 壬水는 坐下 子水에 통근하여 旺하니 사주가 貴格이다. 다만 月干 己土가 있어 己土濁壬(기토탁임)으로 용신 壬水를 濁(탁)하게 하니 일점 흠이 있는 것이고, 丙火 官星은 夫星인데 酉金月에 십이포태운성의 死地이니 무력하여 부부연은 적은 것이다.

⊙ 상기는 법조인의 명조인데, 용신 壬水를 濁(탁)하게 하는 己土와 官殺인 丙火가 없었다면, 金水雙淸(금수쌍청)格을 이루어 고관대작을 지낼 수 있는 명조인 것이다.

⊙ 運路가 구신과 한신운이니 뻗어나갈 수 있는 힘이 약해 아쉬움이 있다.

◉ 用神

•庚金이 酉金月에 羊刃을 得하여 身强(신강)한데, 다시 辛申金의 부조와 酉丑의
반합금국을 더하니 日主의 勢가 太强한 것이다. 억부법을 적용하여 身强한 勢
를 극제하면 중화를 이룰 수 있다. 용신은 時干 丁火이다.

•丁火는 지지에 통근하지 못하고 다만 濕木(습목)인 年支 卯木의 생을 받으니 용
신이 미약한 것이다. 남명에서는 용신을 아들로 논하는데 미약하니 家門의 큰
발전을 기대하기 힘든 것이다.

用神 : 丁火
喜神 :　木
忌神 :　水
閑神 :　土
仇神 :　金

◉ 사주의 대부분이 金氣인 比劫으로 형성되어 왕하고, 반면 財星은 年支 卯木 一位
로 衰하니 이른바 "群劫爭財(군겁쟁재)"의 상황이다. 군겁쟁재가 나타내는 암시는
다음과 같다.

•여러 형제들이 적은 재물을 놓고 다투는 형국이니 형제자매간 화목함과 돈독함
을 기대하기 힘들다.

•어려서 가정형편이 여의치 못해 학업과의 연이 적고, 직업을 찾아 고향을 떠나
타지로 형제자매들이 뿔뿔히 흩어지는 경우가 많다.

•형제자매 중 태어나서 일찍 죽는 사람이 나오는 경우가 많다.

•여러 형제들이 처 하나를 두고 서로 결혼하기를 원하는 형국으로도 비유되니
결혼연이 박한 것이다.

•금전의 입출은 많으나 정작 내 손에 쥐어지는 금전은 적은 것이다.

- 대운이나 세운에서 공히 비겁운이 도래할 시는 명을 보존하기가 힘들다. 세운의 경우에는 사안이 輕하나 대운의 경우에는 사안이 重한 것이다.
◎ 月支 酉金은 羊刃殺이고 年支 卯木은 飛刃殺이니, 예기치 않은 사고, 질병 등으로 크고 작은 수술 건이 多發하는 것이다.
◎ 年支 卯木 正財는 상속의 財로도 논하는데, 酉申과 沖과 怨嗔(원진)되니 상속과 연관하여 형제자매간 다툼의 소지가 많았다.
◎ 처성인 財星이 심히 극을 받아 쇠하고 무력하니 처와의 연은 박한 것이다.
◎ 比劫이 중중하여 기신에 해당하니 동업관계는 불리하고, 동창이나 직장동료들과의 관계도 원활하지 못한 것이다.
◎ 未午巳대운은 용신운이니 직장생활을 하면서도 풍수지리 관련 공부를 계속했던 것이다.
◎ 辰土대운에 명리학 공부를 시작하며 성취 여부를 문의한 것이다.
- 辰土대운은 印星運으로 공부를 하고자 하는 열의가 솟는 시점인 것이다.
- 辰土가 月支 酉金과 합금되어 구신운이니 길하지 못하다. 공부를 1년도 지속하지 못했던 것이다.
- 두뇌, 학문을 나타내는 印星이 한신이니 성과를 얻기가 힘든 명조인 것이다.
◎ 甲寅대운은 어떠할까?
- 먼저 月柱 辛酉와는 상극관계로 흉하다. 母胎(모태)인 月柱가 상호 상극되어 손상되니 凶厄(흉액)의 암시가 대두되는 것이다.
- 日柱 庚申과는 상호 상충되어 손상되고 있다. 母胎인 月柱에서 대두되는 禍厄(화액)이 이제는 내 신변에 이르게 되는 것이다.
- 甲寅대운 중 세운이 흉한 시기에 이제는 命을 재촉하게 되는 것이다.

⊙ 用神

- ◆ 庚金이 酉月에 생하여 羊刃(양인)을 득하고 다시 지지에 申酉戌의 방합금국을 형성하니 日主 庚金의 勢가 태강한 것이다.
- ◆ 日主 庚金을 극하는 時支 巳火가 없다면 一行得氣格(일행득기격) 중 從革格(종혁격)으로 판단할 수 있으나, 比劫이 중첩되고 印星이 있으니 從格 中 從旺格(종왕격)으로 판단한다. 용신은 旺神宜洩(왕신의설)이라 했으니 太强(태강)한 金氣를 洩하는 壬癸水를 용해야 한다.
- ◆ 壬癸水가 천간에 투출하지 못하였으니 암장된 年支 申宮의 壬水를 용하는 것이다.

  > 用神 : 壬水
  > 喜神 :　金
  > 忌神 :　土
  > 閑神 :　木
  > 仇神 :　火

⊙ 여명에서 남편은 官星과 용신으로 길흉을 판단하는데, 官星 巳火는 月支 酉金과 巳酉 반합금국으로 바뀌어 官星의 역할에 일부 흠결이 있으나, 용신 壬水가 왕하니 남편복은 많다 판단한다. 남편은 대기업의 임원직을 역임한 것이다. 만약 壬水가 투출했다면 남편이 공직으로 진출했거나 아니면 직장생활에서 더 높은 직책을 부여받았을 것이다.

⊙ 여명의 자녀복은 食傷과 時柱의 길흉으로 판단하는데, 食神인 壬水가 용신이니 자녀복이 많을 것이라 판단한다. 다만 혐의가 되는 것은 원국에 喪門殺(상문살), 絞神殺(교신살), 桃花殺(도화살), 鬼門關殺(귀문관살), 弔客殺(조객살) 등이 있으니, 조상 중에 불가에 몸담았거나, 무속인이거나, 신심이 두터운 조상이 있다 판단하는 것이고, 또한 흉액과도 연관되는 殺이니 조상 중에 자살로 생을 마감한 사람이 있을 것이라 판단한다.

⊙ 乙卯대운에 소유하고 있는 원룸의 매매여부를 문의한 것이다.

- ◆ 乙卯木은 한신이다. 月柱 辛酉와는 간지가 모두 상충되니 한신의 역할에 흠결이 생겨 길하지 못한 것이다. 매매가를 낮추면 庚子세운 용신운에 매매가 성사되리라 판단한다.

- 대운의 간지가 月柱의 干支를 공히 刑沖하면 예기치 않은 사고, 질병 등의 흉액이 발생하는 경우가 많다. 다시 세운과도 공히 刑沖되면 命이 위태로울 때가 많은 것이다. 이는 月柱가 日干의 母胎이기 때문에 손상되면 命을 보존하기가 힘든 이유인 것이다.

◉ 戊土 偏印이 투출했으니 편업된 학문에 관심이 많아 역술공부에 취미가 있었던 것이다. 다만 火氣인 官星이 약하니 印星을 생함이 무력해져 지속적인 역술공부는 요원하다 판단한다.

◉ 庚金 戌月
- 戌月은 戌宮의 戊土가 司令하니 土厚金埋(토후금매)됨을 기한다. 먼저는 甲木으로 疏土(소토)하고 다음에는 壬水로 씻어내어 金이 스스로 나오게 한다. 혹 己土가 있어 己土濁壬(기토탁임)으로 壬水를 濁(탁)하게 함을 大忌한다.
- 甲木, 壬水가 출간하면 국가고시에 합격한다. 혹, 戊己土가 있으면 흉하다.
  甲木이 출간하고 壬水가 암장되면 지방의 유력자이다.
  甲木이 암장되고 壬水가 출간하면 단지 衣食足이다.
  甲木이 있는데 壬水가 없으면 才士에 불과하다.
  壬水가 있고 甲木이 없으면 평범하다.
  壬水와 甲木이 모두 없으면 僧道(승도)나 下賤人(하천인)이다.
- 지지 火局이면 名望(명망)있는 才士이고, 다시 甲木과 癸水가 없으면 小富貴한다. 戌月은 戊土가 當權(당권)하여 癸水가 있으면 戊癸 合火되어 激火之炎(격화지염=滴水가 紅爐에 들어가 火氣를 분발시킴)格이니 흉하다.

- 지지 水局이고 丙火가 출간하면 구조가 되어, 재예가 높고, 인품이 출중하고, 고을에 이름이 높다. 만약 癸水의 투출이 없으면 丙火 官星을 극하지 않으니 국가고시에 합격한다.
- 만약 戊己土가 중중하여 日主 庚金을 생하는데 甲木과 壬水가 없으면 사주가 혼탁하다. 위인이 경박하고, 쓸데없는 고집이 세고, 비록 衣祿이 있다 하더라도 장구하지 못하다.

⊙ 用神
- 지지에 戊未土의 印星이 중중하니 土多金埋(토다금매)의 상항이라 먼저 甲木의 疎土(소토)가 있어야 한다. 용신은 時干 甲木이다.
- 용신 甲木은 투출했으나 壬水의 투출이 없어, 洗淘(세도)하지 못하여 庚金이 모습을 드러내지 못하니 일점의 흠이 있는 것이다.
- 時干 甲木 偏財가 용신이나 坐下에 絕地(절지)이고 通根(통근)됨이 없으니 용신이 왕강하지 못하다.

      用神 ： 甲木
      喜神 ：　水
      忌神 ：　金
      閑神 ：　火
      仇神 ：　土

⊙ 庚戌日柱 특성
- 대장부다운 기질에 의협심과 정의감이 투철하다.
- 세밀한 일에 신경을 덜 쓰고, 남의 일로 분주하며, 힘을 과시하는 경향이 있다.
- 자기를 희생하여 큰 공을 세우고, 전진력이 있으며 엄격하고 총명한 반면, 일처리에 과격한 일면도 있다.
- 사주에 合이 많으면 사교적이고, 여자는 고집이 세고 가정생활에 불협화음이 많다.
- 무관직, 도살업, 기술자, 치안담당 등의 직업에 종사하는 경우가 많다.
⊙ 身旺財旺하면 사업가의 길로 갈 수 있으나, 그렇지 못하니 단지 財를 다루는 국책은행에 근무하는 것이다.
⊙ 상기는 時干에 偏財가 一位 있으니 "時上一位偏財格(시상일위편재격)"이다. 나타내

는 특성은 다음과 같다.

- 부모와의 연이 적으니, 어려서 조실부모하거나, 부모 중 한분이 일찍 돌아가시는 경우가 많다. 초년고생이 많은 것이다.
- 처자식과의 연이 적고, 재혼하여 잘 풀리는 경향이 많다.
- 理財에 밝은 편이다.
- 말년에는 다소의 재물복이 있어 비교적 안락한 노년을 보내게 된다.

◎ 甲木이 왕하여 지지에 중중한 戌未土를 疏土(소토)하고 다시 印星이 투출했으면 금융계통의 정부요직에 근무했을 것이나, 印星이 태중한데 甲木의 소토함이 미력하니 국책은행에 근무하게 된 것이다.

◎ 상기인은 홀어머니 밑에서 자랐고, 두뇌가 총명하여 명문대를 나왔으며, 결혼 후에는 고부갈등이 심하여 마음고생이 많은데, 이는 원국에 印星이 중중하기 때문이다.

◎ 未午巳대운은 한신운이니 무애무덕했다.

◎ 辰卯寅대운은 말년운으로 용신에 해당하니 안락할 것이라 판단된다.

◎ 用神
- 戌月의 庚金은 戌宮의 戊土가 사령하니 土多金埋(토다금매) 됨을 두려워한다. 따라서 먼저는 甲木으로 疏土(소토)하고 다음은 壬水로 씻어 모습을 드러내게 하면 자연 貴格의 명조가 된다.
- 甲木, 壬水가 倂透(병투)하고 戊己土가 不透하면 국가고시에 합격하여 관직에 오르고 일신상의 영달함이 기약된다.

- 甲木이 출간하고 壬水가 암장된 경우에는 衣祿은 있어 지방의 유력자이다.
  甲木이 암장되고 壬水가 투출하면 疎土(소토)가 부족하니 단지 衣食이 足할 뿐
  이다.
  甲木이 있고 壬水가 없으면 단지 능력있는 才士이다.
  甲木이 없고 壬水가 있으면 평범하다.
  劫木과 壬水가 모두 없으면 僧道(승도)나 卑賤人(비천인)이다.
- 상기는 戌宮의 戊土가 司令하니 土旺하여 埋金(매금)됨을 두려워한다. 먼저는
  甲木으로 소토하고 다음은 壬水로 씻어 모습을 드러내게 하면 자연 귀격의 명
  조가 된다.
- 時干에 乙木이 투출했으니 이를 용신으로 잡는데, 甲木에 비해 소토의 힘이 약
  하니 귀격이 되지는 못한다.

  用神 : 乙木
  喜神 :　水
  忌神 :　金
  閑神 :　火
  仇神 :　土

◎ 용신 乙木은 戌月에 墓宮(묘궁)이니 태약한 것이고, 다시 乙庚 간합금국을 이루니
  용신에 손상됨이 있어 사주가 길하지 못한 것이다.
◎ 여명의 용신은 남편에 비유되는데, 용신 乙木이 戌月에 墓宮(묘궁)이니 남편과의
  연이 박하다. 이혼한 것이다.
◎ 月柱가 모두 印星이니 外家가 몰락했을 것이고, 외삼촌이 단명했음을 암시한다.
◎ 원국에 印星이 중중하니 多印無印이다. 문서와의 연이 적은 것이니 자신 명의의
  문서, 계약 등은 하지 않음이 좋은 것이다.
◎ 時干 乙木 正財는 月令 戌土에 墓庫(묘고)이다. 재물이 무덤 속에 있는 것이니 끄
  집어내어 쓰기에 어려움이 있는 것이다. 다행인 것은 丑戌 刑하여 開庫시키니
  금전의 입출은 있게 되는 것이나, 정작 내손에 남는 돈은 많지 않은 것이다. 음식
  점 운영을 하고 있는 것이다.
◎ 남편성인 官星이 戌宮의 丁火인데 丑戌 刑하여 戌宮의 丁火가 손상되니 부부연
  이 박한 것이다.

⊙ 음식점 운영의 경우는 比劫을 손님으로 논하는데, 기신에 해당하니 사업의 번창과 得財를 기대하기 힘든 것이다.

⊙ 年, 月支가 丑戌로 印星이며 刑殺이다. 나타나는 象은 다음과 같다.

• 부모님의 단명수가 나온다.

• 부모님 代에서 고향을 떠나 타향에서 정착했음을 알 수 있다.

• 두뇌는 총명하나 학업으로 성공하기는 힘든 것이다.

• 평생에 걸쳐 문서와의 연이 적은 편이다.

• 예기치 않은 사고, 질병 등으로 수술하는 등의 흉액이 多發한다.

⊙ 時支宮은 자녀궁인데, 酉金이 日支 子水와는 破殺이 되고, 月支 戌土와는 害殺이 되니 자식과의 연도 돈독하지 못한 것이다.

⊙ 甲木대운은 본시 용신운이나 日主 庚金과 甲庚 沖되어 손상되니, 음식점 운영에 몸만 바쁘고 고되며 재물을 모으지는 못한 것이다.

⊙ 여명의 食傷은 자녀성인데, 日支 子水 傷官이 희신에 해당하니 자녀들은 명문대를 나와 무탈하게 사회생활을 하고 있는 것이다.

⊙ 辰土대운의 운을 문의한 것이다.

• 비교적 큰 규모의 숯불구이 음식점을 운영하였으나, 종업원관리의 어려움과 인건비 지출의 비중이 커 이득이 크지 않았던 것이다. 장소를 옮겨 작은 규모로의 전환을 모색하고 있는 것이다.

• 辰土는 본시 구신이다. 年, 月의 丑戌과는 破殺과 沖殺이 되니 흉하며 이사 혹은 전업 등의 문서의 변동수가 발생하는 것이다.

• 日支 子水와는 子辰의 반합수국으로 희신운이니 본인은 일을 계속할 의도가 있는 것이다.

• 時支 酉金은 자식과 수하직원의 자리인데, 辰酉 육합금국의 기신운이니 사업상 수하직원과의 갈등요소가 암시되는 것이다.

• 자리를 옮겨 다시 고기집을 개업했으나 코로나19 여파와 수하직원들과의 갈등으로 어려움이 많은 것이다.

⊙ 用神

　• 戌月의 庚金은 戊土가 司令하니 土多金埋(토다금매) 됨을 두려워한다. 따라서 甲
　　木으로 疎土(소토)하고, 壬水로 洗淘(세도)하여 金이 스스로 나오게 하고, 丁火
　　로 煅煉(하련)하여 貴器(귀기)를 만들어야 한다.

　• 月, 日支에 戊土가 있으니 土가 중중하여 日主를 생함이 지나친 것이다. 甲木
　　을 용하여 疎土(소토)해야 하나, 불투했으니 時支 亥宮의 甲木을 용해야 하는
　　것이다.

　• 甲木이 암장되고 壬水가 투출했으니 衣食은 다소 있으나 貴는 없는 것이다.

　　　用神 : 甲木
　　　喜神 :　 水
　　　忌神 :　 金
　　　閑神 :　 火
　　　仇神 :　 土

⊙ 九宮八卦에서 乾宮에 배속된 戌亥는 "天門(천문)"이라 하고, 巽宮에 배속된 辰巳
　는 "地戶(지호)"라 한다. 天門은 하늘의 기운이고 地戶는 땅의 기운이니, 局에 天
　門과 地戶에 해당하는 神이 있는 명조는 하늘과 땅의 氣가 통한 것이니, 이러한
　명조자는 術數學(술수학)에 타고난 능력이 있다고 논하는 것이다. 상기는 戌亥 天
　門과 巳 地戶가 있으니 침술과 역술에 조예가 있는 것이다.

⊙ 丁火 官星이 왕하면 治鬼者(치귀자)로서도 명성을 얻었을 것이나, 丁火가 月令 戊
　土에 십이포태운성의 養(양)에 해당하니 失氣한 것이라 法術(법술)과는 연이 적었
　던 것이다.

⊙ 말년운이 辰卯寅의 용신운으로 도래하니 노후는 안락할 것이라 판단하는 것이다.

⊙ 局의 財星은 처성인데, 時支 亥宮에 일점 甲木 偏財가 있는 것이다. 亥宮의 甲木

은 濕木(습목)이라 용함에 어려움이 있으니 처와의 연은 돈독하다 판단할 수 없는 것이다.

◎ 남명의 용신은 자녀성으로도 논하는데, 亥宮의 甲木 용신이 戌月에 失氣한 것이니, 자녀운은 길하다 할 수 없는 것이다.

◎庚金 亥月

• 亥月의 庚金은 金水寒冷(금수한냉)하니 丙火가 아니면 따뜻하게 하지 못하고, 丁火가 아니면 煅煉(하련)을 하지 못한다. 따라서 丙火 七殺과 丁火 正官을 같이 용해야 하는 것이니 官殺併用(관살병용)인 것이다.

• 丁火, 丙火, 甲木이 투출하고 地支에 水局이 없으면 국가고시에 합격한다.

• 丁火, 甲木이 투출하고 丙火가 暗藏(암장)되면 衣祿(의록)은 있고, 地支에 亥子水가 있으면 己土가 出干하여 水를 극제하면 역시 功名(공명)이 있다.

• 丙火, 丁火가 併透(병투)하고 지지에 水가 重하지 있으면 衣祿이 있다.

• 丙火, 甲木이 투출되고 丁火가 없으면 평범한 命이다.
丙火, 甲木이 투출되고 丁火가 暗藏(암장)되면 異途功名(이도공명)이다.
丙火, 甲木이 투출하고 丁火 대신 丙火가 투출하면 大富格을 이룬다. 이는 丁火가 없어 貴器(귀기)를 만들지는 못하나, 丙火가 金溫水暖(금온수난)하게 하기 때문이다.

• 金水가 混在(혼재)되고 丙丁火가 없으면 下賤格(하천격)이다.

• 지지 金局에 火氣가 없으면 僧道(승도)나 孤貧(고빈)한 命이다.

⊙ 用神

- 庚金이 亥月에 생하니 金水食傷格이다. 천지가 寒冷(한냉)하니 먼저는 丙火의 온난케 함이 있어야 하고, 다음은 丁火의 製鍊(제련)이 있어야 貴器(귀기)를 만드는 것이다.
- 丙丁火가 모두 不透(불투)하니 貴格의 명조는 되지 못한다.
- 亥月의 庚金은 寒冷(한냉)함을 해소함이 시급하니 時支 寅宮의 丙火를 용신으로 잡는다. 혐의가 되는 것은 日, 時支가 寅申 沖하여 寅宮의 丙火 용신이 손상되니 길하지 못한 것이다.

  用神 : 丙火
  喜神 : 木
  忌神 : 水
  閑神 : 土
  仇神 : 金

⊙ 여명의 남편성은 용신과 官星으로 논하는데, 용신과 官星에 해당하는 丙火가 무력하니 남편과의 연이 薄(박)하다 판단한다.

⊙ 여명의 食傷은 자식이다. 食傷인 亥子水가 기신에 해당하니 자식과의 연도 돈독하지 못한 것이다.

⊙ 戊己土 印星이 투출하여 혼잡되니, 본시 두뇌는 총명하나, 巧智(교지)함이 있고, 학업으로 성공함이 요원한 것이다.

⊙ 日主 庚金과 月支 亥水는 金水食傷格이다. 따라서 才藝(재예)를 활용해야 하는 명조이다. 노래교실을 운영하고 있으며, 강사로도 활동하고 있는 것이다.

⊙ 時支 寅木은 偏財인데, 日支 申金 기준하여 驛馬殺(역마살)에 해당되니 驛馬財인 것이다. 寅申 沖하니 走馬加鞭格(주마가편격)이다. 이런 명조는 理財(이재)에 밝고, 財를 투기적 목적으로 활용하여 得財의 승률이 높은 것이다.

⊙ 辰土대운의 운을 문의한 것이다.

- 지방자치단체의 시도의원 출마자한테서 여성참모 제의가 들어온 것이다.
- 선거의 경우는, 먼저 자신의 당해년도 세운의 길흉을 판단해 보고, 比劫에 해당하는 오행의 길신(용신. 희신) 여부를 판단해 보고, 입후보자 명조의 月, 日支와 본인 명조의 月, 日支의 상생과 합충 됨의 여부를 살펴보아야 한다. 그리고 입

후보자의 운세의 길흉도 참작해야 한다.

- 比劫은 金에 해당하여 구신이니 길하지 못하다.
- 歲支 辰土가 日支 申金과 申辰 반합수국의 기신으로 化되니 역시 길하지 못하다.
- 심사숙고해야 함을 권유했던 것이다.

◎ 용신이 時支 寅宮에 있으니 말년이 안락하고, 또한 말년의 運路가 巳午未의 용신 운이니 발전이 있을 것이라 판단한다.

◎ 用神

- 亥月의 庚金은 金水食傷格으로 천지가 아직 얼음이 얼지는 않았으니 寒(한)하다. 따라서 金冷水冷(금냉수냉)한 시점이다.
- 丁火가 아니면 庚金을 녹여 貴器(귀기)를 만들 수 없고, 丙火가 아니면 金을 따듯하게 하지 못한다.
- 丁火, 甲木, 丙火가 투출하고 지지에 制火하는 水局이 없으면 국가고시에 합격하여 영달함이 기약된다. 丙火가 암장되면 衣祿이 있는 것이고, 지지에 水氣가 중중한데 己土의 制水함이 있으면 異途功名(이도공명)이다.
- 상기는 日主 庚金이 亥月에 생하여 비록 失氣했으나, 己辰土가 있어 생조하니 태약하지는 않은 것이다. 따라서 庚金을 煅煉(하련)하여 貴器(귀기)를 만드는 時干 丁火를 용신으로 잡는다.

　　用神 : 丁火
　　喜神 :　木
　　忌神 :　水
　　閑神 :　土

仇神 :　金

⊙ 천간에 丙丁火 官星이 투출하여 日支 寅木에 통근하니 정히 官殺混雜(관살혼잡)된
　것이라 부부연은 박하다 판단한다.

⊙ 천간의 丙己는 官星과 印星이다. 官印이 투출하니 본시는 공직자의 명조일 것이
　나, 丙火 偏官은 좌하 辰土에 晦火(회화)되어 무력해지고, 己土 正印은 좌하 亥水
　에 混泥(혼니)가 되니 역시 무력해진 것이라 官印을 쓸 수 없게 된 것이다.

⊙ 지지 亥寅의 관계는, 月令을 寅木이 아닌 亥水가 차지하고 있어, 육합목국이 失
　氣한 것이라 판단한다. 즉, 合而不化의 상황이라 亥水 食神이 지지에서 羈絆(기
　반)된 것이라 판단한다. 따라서 亥水 食神이 무력해져 財의 근원이 손상된 것이니
　財를 얻고자 함에 여러 불리함이 많이 발생하는 것이다.

⊙ 日支 寅木이 偏財이니 행동과 사고방식이 민첩하고 理財(이재)에는 밝은듯하나
　신왕하지 못하니 정작 손에 쥐어지는 돈은 많지 않으나 衣食은 足한 명조이다.

⊙ 未土대운의 運을 문의한 것이다.

　• 未土는 한신으로 印星運이다. 印星은 두뇌, 학문, 지혜, 문서, 계약 등과 연관
　　되니 새로운 일을 시작해보려는 의도가 있는 대운이다.

　• 未土가 月支 亥水와 亥未 반합목국이 되어 財星局이 되며 희신운으로 化되니,
　　자영업을 시작하여 得財할 기회를 얻고자 하는 것이다.

　• 건강이 좋지 않아 가게를 내 놓은 친척언니가 하던 음식점을 인수하여 운영하
　　려 하고 있는 것인데, 희신운이니 可하다고 판단한다. 다만 庚辛金 비겁이 구신
　　에 해당하니 동업은 불가한 것이다.

⊙ 甲午대운 이후는 용신운이니 매사 잘 풀려나갈 것이라 판단된다.

⊙ 庚金 子月

• 子月의 庚金은 寒金冷金(한금냉금)이니, 먼저는 丙火로 온난케 하고, 甲木의 생을 받는 丁火로 煅煉(하련)하여 貴器(귀기)를 만든다.

• 丁火, 甲木, 丙火가 투출하면 국가고시에 합격하여 높은 관직에 오르게 된다.
  丁火, 甲木이 투출하고 丙火가 암장되면 國祿(국록)을 받게 된다.
  丁火, 甲木이 투출하고 丙火가 없으면 단지 衣祿만 있을 뿐이다.

• 丙火가 투출하고 丁火가 암장되면, 庚金을 鎔金(용금)하여 貴器(귀기)를 만들지 못하니 異途功名(이도공명)이다.

• 丙丁火가 중중하면 官殺混雜(관살혼잡)되어 貴命이 되지 못한다.

• 丁火가 암장되고 甲木이 있으면 단지 武官職(무관직)이다.

• 丁火가 있고 甲木이 없으면, 丁火를 생해주지 못하니 富는 있되 貴가 없다.
  丁火가 없고 甲木이 있으면 비범한 재능이 있는 인물이다.

• 丙火와 癸水가 倂透(병투)하면 평범한 命이다. 이는 寒雲(한운)이 태양을 가리는 것에 비유되기 때문인데 평범하나 재능은 있다. 만약 丙火가 1~2개 투출이면 富는 있으나 성품이 천박하다.

• 丙火가 1~2개 투출하고 日支 寅木에 통근하면 官殺이 왕한 것이니 富는 있되 貴는 없다.

• 子月의 庚金은 金水傷官格인데 다시 지지에 水氣가 많으면, 성품이 淸雅(청아)하고 衣祿(의록)은 넉넉하나 자식을 건사하기 어렵다.

⊙ 用神

• 庚金이 子月에 생하여 寒凍(한동)하니 온난케 하는 丙火와 製鍊(제련)하는 丁火가 긴요하다.

• 寅木 財星이 중중하나, 천간의 戊土가 坐下 寅木에 長生을 得하니 태약하지 않으며, 日主 庚金을 생하니 日主 庚金은 약변강의 勢를 이룬 것이다.

• 丁火로 煅煉(제련)하고 丙火로 온난케 하면 사주가 中和를 얻을 수 있는 것이다.
  丁火가 불투하고 丙火가 암장되었으니 부득이 이를 용신으로 잡는다.

    用神 : 丙火
    喜神 :   木
    忌神 :   水

閑神 :　土
仇神 :　金

⊙ 庚寅日柱 특성
　　• 신경질적이며 성격이 급하고 강하다. 매사 속전속결이고, 한량 기질이 있다.
　　• 억지를 부려 일을 관철하는 특성이 있고, 남에게 돋보이려는 천성이며 신경질
　　　적인 반응을 잘 보이나 추진력이 강하다.
　　• 大腸(대장)이 약하며, 노년기에는 신경통, 관절염, 허리디스크 등의 질병을 조심
　　　해야 한다.
　　• 종이나 옷감관련 사업, 목공업, 미용실, 운수업 등에 종사하는 경우가 많다.
⊙ 子月의 庚金은 官殺併用(관살병용)으로 丙丁火를 兼用(겸용)해야 하는데, 丁火가
　　없고 丙火가 寅宮에 암장되어 있으니 부득이 이를 용하나 貴가 크지 못한 것이다.
⊙ 상기는 용신이 丙火 官殺이니 무관직인데 투출하지 못하고 중중한 지지 寅木에
　　암장되니 본시 貴가 크지 못한 명조이다. 그러나 다행인 것은 운로가 寅卯辰巳午
　　未의 희신과 용신운이니 일개 兵으로 군에 입대하여 종국에는 准將(준장) 예편을
　　한 입지전적인 인물이다.
⊙ 財星이 왕하여 印星을 破하니 학업과의 연이 길지 못했다. 또한 사주의 간지가
　　전부 陽神이니 陰陽의 調和(조화)가 적어 고집물통이다.
⊙ 사주에 火金이 盛하면 무관직의 명조가 많은데, 용신이 火이고, 火는 탄약으로
　　논하니 경찰직이 아닌 군인의 길로 들어선 것이다.
⊙ 巳午未대운은 말년운으로 말년의 길흉과 자식운을 논하는데, 용신에 해당하니
　　말년은 안락할 것이고 자식들도 잘 풀려나갈 것이다.

⊙ 用神

- 子月은 三冬節이다. 冬節에 생한 庚金은 冬金이며, 冬金喜火(동금희화)하니 먼저는 丙火로 온난케 하고 다음은 丁火로 煅煉(하련)하면 貴器(귀기)를 얻을 수 있는 것이다.
- 丙火는 七殺이고 丁火는 正官이니 이른바 官殺併用인 것이다.
- 지지에 子辰 반합수국이 있어 水勢(수세)가 왕하나, 月干에 甲木이 투출하여 納水(납수)하고, 年干에 戊土가 투출하여 制水하니 水氣의 태왕함은 막은 것이다. 또한 戊辰丑土의 生金함이 있으니 日主가 신약한 것은 아니다.
- 先丙後丁인데 丙火가 불투하니 時干 丁火를 용신으로 잡는다.

  用神 : 丁火
  喜神 : 木
  忌神 : 水
  閑神 : 土
  仇神 : 金

⊙ 천간에 甲丁戊가 있어 財官寅이 모두 투출한 것이니 사주가 길격이다. 다만 年支 辰土가 空亡되어, 同柱한 戊土는 空陷(공함)된 것이라 논하니 印星이 무력해진 것이다. 따라서 본시 두뇌는 총명하나 학업의 길로 성공하지 못한 것이다.

⊙ 지지에 子辰 반합수국의 食傷局이 있어 水氣가 왕하니 예체능의 길을 택하여 미술가의 길을 간 것이다.

⊙ 초년의 癸亥, 壬戌, 辛酉대운은 기신과 구신운이니 매사 뜻대로 풀려나가질 못했다.

⊙ 酉金대운은 흉함이 많았다.

- 年支 辰土와는 辰酉 합금되어 구신운인데, 辰土가 偏印이니 학업, 문서, 계약 등에 실패수가 많았다. 박물관의 학예사의 길을 가려 했으나 번번이 시험에 낙방했고, 회사 취직 건도 여의치 않았다.
- 月支 子水와는 子酉 破殺로 흉하다. 月支는 부모형제자매궁인데 흉하게 動하니 부친이 이때 작고한 것이다.
- 日支 子水와는 역시 子酉 破殺로 흉하다. 日柱는 나와 남편의 자리인데 破殺로 흉하게 動하니 결혼수가 늦어지고, 가정사로 인해 불면증에 시달리는 등의 건

강문제가 발생한 것이다.

⊙ 庚金대운의 운을 문의한 것이다.

• 庚金은 본시 구신이나, 용신이 丁火이고 甲木이 투출한 경우에는 劈甲引丁(벽갑인정)의 형국이 되니, 전부 흉하게 작동하는 것만은 아니다. 凶 中 吉함이 있는 것이다.

• 壬寅세운은 壬水가 본시 기신이나 丁壬 합목의 희신으로 化되고, 寅木은 희신으로 용신 丁火를 부조하니 길함이 많은 해일 것이다. 苦盡甘來(고진감래)인 것이다.

⊙ 申金대운의 또 한 차례 흉운을 잘 넘기면, 이후 未午巳대운은 평안한 삶을 영위하게 될 것이라 판단한다.

⊙ 用神

• 子月의 庚金은 寒金冷金(한금냉금)이다. 먼저는 丙火로 온난케 하고, 다음은 丁火를 용하여 煆煉(하련)하여 貴器(귀기)를 만들고 甲木으로 보좌한다.

• 丙火가 투출하고 丁火가 암장되어, 부득이 丙火를 용해야 하는데, 丙火로는 庚金의 煆煉(하련)에 缺格(결격)됨이 많으니, 단지 기술직으로 衣食만 足할 뿐이다.

　用神 : 丙火
　喜神 :　木
　忌神 :　水
　閑神 :　土
　仇神 :　金

⊙ 지지 辰戌은 印星이나, 辰土는 子水와 戌土는 寅木과 합되어 食傷과 官星으로

바뀌니 印星의 역할에 손상이 되는 것이다. 따라서 학업과의 연이 박한 것이고, 부모의 이혼으로 인해 부모와의 연도 薄(박)했던 것이다.

⊙ 財星은 妻星인데, 투출된 年干 甲木은 月令 子水에 沐浴地(목욕지)이니 부부연이 적다 판단하는 것이고, 日支宮은 처궁인데 日支 寅木은 時支 戌土와 寅戌 반합화 국의 官星으로 化되니 결혼운도 박한 것이다.

⊙ 천간의 二位인 丙火 官星과 지지의 寅戌 합의 官星局이 있어 官星이 왕하므로 偏官으로 化되는 것인데, 용신에 해당하니 사람을 다루는 솜씨가 탁월했던 것이다. 偏官은 차량의 운전자로 비유되기도 하기 때문이다. 따라서 대형 중국음식점의 총지배인으로 있으며, 많은 직원들을 잡음 없이 통솔하는 능력이 탁월하여 윗사람의 신임이 돈독했던 것이다.

⊙ 辛金대운은 본시 구신이니 月干 丙火와 丙辛 간합수국의 기신운이 되니 흉하다. 부지배인과의 갈등으로 인해 중국음식점의 총지배인 자리에서 물러난 것이다.

⊙ 巳火대운에 移職(이직) 건의 길흉에 대해 문의한 것이다.

  • 巳火대운은 본시 용신에 해당하니 지방의 대형 중국음식점에서 총지배인자리 제의가 있어 응한 것이다.

  • 혐의가 되는 것은, 日支 寅木과는 寅巳 刑殺이 되니 길 중 흉함이 암시되어 있는 것이다. 사업은 번창했으나 근무 3년차에 식당주인이 거액의 권리금을 받고 중국음식점을 팔아넘기게 되어 실직하게 된 것이다.

⊙ 庚金 丑月

  • 寒氣(한기)가 더욱 太重(태중)하고 濕土(습토)인 진흙이 많으므로 더욱 춥고 더욱

얼어 붙는다. 먼저 丙火를 取하여 解凍(해동)을 하고, 다음으로 丁火의 煆煉(하련)이 있어야 하니 甲木의 扶助(부조)가 적을 수가 없다. 丙火는 七殺이고 丁火는 正官이니 官殺併用(관살병용)인 것이다.

- 丙火, 丁火와 甲木이 투출되면 大富貴格을 이룬다.

  丙火가 있고 丁火, 甲木이 없으면 富中貴가 있다.

  丙火가 있으나 丁火, 甲木이 없으면 才士로서 富는 없으나 小貴하고, 다시 癸水가 투출하여 火氣를 剋하면 衣祿(의록)은 있으나 평범하다.

  丙火, 丁火가 있는데 甲木이 없으면, 자수성가하며 異途功名(이도공명=무관직, 기술직, 문필가.)이다.

- 지지 金局에 火氣가 없으면 僧道(승도)나 빈천인이다. 이는 지지에 巳火가 있어도 巳丑의 반합금국으로 바뀌니 丙火가 무력해지는 것이다. 또한 천간에 丁火가 투출하면 巳火에 通根(통근)하니 대운이 巳午未 남방화지로 흐를 경우 약간의 발전이 있다.

◎ 用神

- 丑月의 庚金은 寒金冷金(한금냉금)이다. 調候(조후)가 급한 것이다. 먼저는 丙火로 解凍(해동)하고 다음은 丁火로 煆煉(하련)하여 貴器(귀기)를 만들어야 하는 것이다.

- 日支 寅宮의 丙火를 용신으로 잡고, 年支 未宮의 丁火로 보조한다.

  用神 : 丙火
  喜神 : 木
  忌神 : 水
  閑神 : 土
  仇神 : 金

◎ 원국에 印星이 중중하여 土氣가 태왕한데 疏土(소토)하는 甲木이 불투하고 年干 乙木이 투출한 것이다. 疏土(소토)의 힘이 부족하니 일점 결함이 있는 것이다. 두뇌는 총명하나 학업으로 성공하기는 힘든 것이다.

◎ 印星이 중중하여 多印이니 이는 곧 無印인 것이다. 따라서 문서, 계약 등과 연이 적고, 매사 적극적이지 못하고, 부모와의 연도 적고, 財星과는 상극되니 처와의 연도 박한 것이다.

◎ 印星이 중중한데 官星이 암장되니 공직자의 길을 가지 못하고 국영기업체에 근무하게 된 것이다.

◎ 초년 학창시절인 子亥運은 기신운이다. 따라서 두뇌가 총명했으나 학업으로 성공하지는 못한 것이다.

◎ 중년 丙戌, 乙酉, 甲申 대운은 지지는 구신운이니 천간이 용신과 희신운이니 국영기업체의 지사장까지 역임한 것이다.

◎ 未土대운의 운을 문의한 것이다.

　• 未土는 正印에 해당하며 본시 한신이다. 印星運이 도래하니 무언가 새로운 일을 찾아 보고 시작하려는 의도가 있는 것이다. 時支 卯木과 卯未의 반합목국의 희신운이니 흉하지 않다.

　• 未土의 물상은 지장간에 丁火, 乙木, 己土가 있다. 이것들이 나타내는 象은 온난함, 가화, 논밭 및 조경 등과 연관되는 것이다. 따라서 상기인은 건강문제에 심취하여 약초 및 건강식품관련 사업을 해보고자 하는 것이다.

◎ 壬水대운은 기신운이니 예기치 않은 사고, 질병, 시비구설 등을 조심해야 할 것이다.

◎ 午火대운 말년운은 寅午 반합화국과 午未合의 火運으로 도래하니 안락할 것이라 판단되는 것이다. 다만 月支 丑土 印星과는 怨嗔(원진)되니 흉하여 한 때의 사고, 건강문제가 도래하는 것이다. 이는 丑土 印星의 刑, 沖, 破, 害, 怨嗔(원진)은 흉함을 동반한 문서, 계약관계로 논하기 때문이다.

◎ 用神

　• 丑月은 天寒地凍(천한지동)하니 日主 庚金은 寒金冷金(한금냉금)이다. 丑土는 진

흙토로 더욱 습하고 얼어붙은 고로, 먼저는 丙火로 解凍(해동)하고 다음은 丁火
로 煅煉(하련)하여 貴器(귀기)를 만들고 甲木으로 보조한다.

- 丙丁火가 투출했으나 甲木의 보조가 없으니 운이 長久(장구)하지 못한 것이다.
  이는 자수성가하는 象으로 異途功名(이도공명=무관직. 기술직. 문필가...)인 경우가
  많다.
- 調候(조후)가 급하니 용신은 時干 丙火를 용하는데, 月令 丑土와 비교시 失氣했
  으나 坐下 戌土와는 火庫로 丙火가 손상되지 않아 凶 中 吉함이 있는 것이다.
- 局에 印星이 중첩된 경우에는 古書(고서)에 "印星多에 要見財星(인성다에 요견재
  성)"이라 하여 財星을 용하는 경우가 많은데, 상기처럼 冬節에 생한 경우에는
  調候(조후)가 급하니 이를 먼저 살펴보아야 한다. 용신은 時干 丙火이다.

      用神 : 丙火
      喜神 :   木
      忌神 :   水
      閑神 :   土
      仇神 :   金

◉ 年, 月支 丑土 印星이 空亡이니 부모와의 연도 薄(박)하고 학업과의 연도 길지
  못한 것이다.
◉ 局에 土氣가 중첩되어 종교와 연관성이 많은데, 다시 喪門殺(싱문살), 絞神殺(교신
  살), 亡神殺(망신살), 五鬼殺(오귀살) 등의 흉살이 중중하니 神氣가 많은 명조다. 神
  을 받아 법사생활을 하다 소규모의 플라스틱 사출공장을 운영하고 있는 것이다.
◉ 용신인 丙火가 왕하지는 못하나 투출되었고, 日主 庚金이 좌하에 建祿(건록)을 득
  하니, 局에 財星이 전무하더라고 衣食(의식)은 있는 것이다.
◉ 辛金대운에 운영하고 있는 플라스틱 사출공장의 매매가 가능한가를 문의한 것이다.
  - 辛金이 본시 구신이나 용신 時干 丙火와 丙辛 간합수국의 기신으로 化되니 썩
    길한 대운은 아니다.
  - 辛金대운에 配屬(배속)된 세운의 길흉
    ·乙酉세운은, 歲干 乙木은 日干 庚金과 乙庚 간합금국의 구신운, 歲支 酉金은
     酉丑 반합금국의 구신운이 되니 매매가 성사되지 않는다.
    ·丙戌세운은, 歲干 丙火는 비록 용신운이나, 歲支 戌土는 본시 한신이나 年,

月의 丑土와 丑戌 三刑殺이 되어, 丑土를 脫(탈) 空亡시키니 丑宮의 癸·辛·氣가 刑出되어 기신, 구신, 한신의 역할을 하게 되니 매매가 성사되지 않는다.

· 丁亥세운은 歲干 丁火가 비록 용신운이나, 歲支 亥水가 기신운이니 매매가 불성이다.

· 戊子세운은 歲干 戊土는 한신운, 歲支 子水는 年, 月의 丑土와 子丑 육합토국의 한신운이 되니 賣價(매가)를 크게 낮추지 않는 한 매매가 성사되지 않을 것으로 판단한다.

· 己丑세운은 干支가 모두 土로 한신에 해당하니 역시 賣價(매가)를 크게 낮추지 않는 한 매매가 성사되지 않을 것으로 판단한다.

◎ 局에 財星은 전무하나 日支에 建祿이 있으니 결혼은 하게 된 것이고, 남명의 자식은 官星으로 논하는데, 丙丁火 官星이 용신이니 자식들은 발전이 있을 것이라 판단한다.

◎ 用神

• 丑月의 庚金은 천지가 寒凍(한동)하여 濕泥(습니)가 더욱 얼어붙으니, 먼저는 丙火의 解凍(해동)이 필요하고 다음은 丁火를 용하여 煅煉(하련)하여 貴器(귀기)를 만든다.

• 丙火 七殺과 丁火 正官을 용해야 하는 것이니 官殺倂用(관살병용)인 것이다.

• 丙火, 丁火가 倂透하고 甲木의 보조가 있으면 大富貴格을 이룬다.
丙火는 있으나 丁火와 甲木이 없으면 富는 크나 貴가 적다.
丙火가 없고 丁火, 甲木이 있으면 뛰어난 秀才(수재)이고 富는 없으나 貴는 있다. 이 경우 癸水가 투출하면 丁火를 극하니 衣祿은 있으나 평범한 命이다.

丙火, 丁火는 있는데 甲木이 없으면 자수성가하고 異途(이도)로 功名을 얻는다. 이때 調候(조후)로 丙火를 용하는 경우이면 富가 있고, 抑扶(억부)로 丁火를 용하여 庚金을 煆煉(하련)하는 경우에는 貴가 있다.

- 상기는 丑月의 庚金이라 丙丁火를 병용해야 하나, 丁火가 불투하고 단지 조후를 득하는 丙火만 투출했으니 이를 용신으로 잡는다. 용신 丙火는 丑月에 衰하나, 丑月은 二陽이 생하여 春節로 進氣하는 시점이니 丙火가 약변강의 勢를 지니고 있는 것이다.
- 丙火가 투출하고 丁火와 甲木이 불투하니 富는 크나 貴가 적어 기업가로 크게 富를 쌓은 명조이다.

      用神 : 丙火
      喜神 :   木
      忌神 :   水
      閑神 :   土
      仇神 :   金

◉ 壬寅대운은 천간 壬水가 기신운이고, 지지 寅木은 본시 희신운이나, 局의 申金과 상충되어 손상되니 희신의 역할을 하지 못하게 되어 가계가 빈궁했으나, 癸卯대운 이후부터는 가계의 발전됨이 있었다.

◉ 乙巳대운은 희신과 용신운이니 企業(기업)을 창업하였고 이후 丙午, 丁未대운 용신운에 비약적인 발전을 하여 대기업을 이룩한 것이다.

◉ 庚申日柱 通辯
- 庚申 日柱는 甲寅旬 中으로 子丑이 空亡이다.
- 日柱 庚申은 旬首인 甲寅과 상하 상극되니 연장자에 대한 경배심이 적은 것이다. 旬首는 長子, 長女 혹은 年長者로 논하기도 한다.
- 甲木이 父星으로 祿星은 寅木인데, 庚日干의 祿星인 申金과 寅申 沖하여 손상되니 父子간의 연이 적은 것이다.
- 丙火 偏官은 男兒인데 長生이 寅木으로 庚日干의 祿星인 申金과 상충된다. 이는 첫 아이가 자연유산, 낙태 등으로 출생하기 어렵다는 것이고, 혹 출생했다 하더라고 양육되기가 어려운 것이다.

• 乙木이 正財로 처성인데 申金이 胎地이다. 父인 甲木 偏財는 申金에 絕地이니 財가 무력한 것이고, 庚日干의 祿星인 申金과 甲木 偏財의 祿星인 寅木과 상충 되니 財가 있으면 필히 빼앗기게 됨을 암시한다.

• 庚日干이 좌하에 壬水 食神의 長生인 申金을 깔고 있으니 자연 生財하게 되어, 일생 돈을 벌 궁리를 하게 되나 반면에 身苦(신고)가 따르는 것이다.

• 月干 辛金은 弟妹(제매)다. 父인 甲木과 母인 己土가 甲己 간합토국을 이루는 데, 年支 辰土는 암암리에 申子辰 삼합수국의 財星局을 이루니 辰土는 財庫가 되는 것이다. 아울러 酉金과 辰酉 육합금국을 이루는데 酉金은 弟妹(제매)인 辛 金의 祿星이니, 부모의 財가 형제자매에게 돌아감을 의미하는 것이다.

• 육십갑자 중에서 干支의 五行과 陰陽이 같고 또한 천간 기준하여 지지가 祿星 이나 帝旺(羊刃)인 것이 8개가 있는데 이를 八專日(팔전일)이라 한다. 庚申日柱 는 甲寅旬 中에 속하니 八專旬과 八專日이 되는 것이다. 이런 명조자는 육친과 의 연이 적고, 결혼연도 薄(박)하다.

八專日	一說	甲寅. 乙卯, 丙午, 丁巳. 戊辰. 戊戌, 己丑. 己未, 庚辛. 辛酉. 壬子. 癸亥
	一說	甲寅. 乙卯. 戊戌. 己未. 丁未. 庚辛. 辛酉. 癸丑
	一說	壬子. 甲寅. 乙卯. 丁巳. 己未. 庚辛. 辛酉. 癸亥 *壬子~癸亥 까지 12日辰 중 丑, 辰, 午, 戌을 뺀 8일을 말한다.
定義		·간지의 음양과 오행이 같아야 한다. ·천간 기준하여 지지가 建祿. 帝旺(羊刃)에 해당된다.
特性		奪妻爭夫(탈처쟁부). 慾望强熱(욕망강열). 淫慾享樂(음욕향락). 酒色破財(주색파재)

• 甲寅旬 中의 乙卯木은 처성인데 八專旬과 八專日의 관계이다. 이는 처가 떨어 져 나가지 않으면 죽게 되거나, 수명이 길건 짧건 하늘이 정해준 명운대로 살게 될 것임을 의미한다.

• 癸水는 傷官으로 祿星인 子水가 空亡이다. 이리되면 총명하나 正道와는 거리 가 멀고, 水가 空亡되면 흐르는 것이니, 손으로 하는 잡기를 좋아하고 밖에서 놀기를 좋아하는 것이다.

• 子丑 空亡이 塡實(전실)되면 육합토국이 成局되어 印星으로 化되며 印星은 육친 에서 母에 비유된다. 이는 모친이 학문을 좋아하고 지혜롭고, 공직에 종사함을

알 수 있는 것이다.

⊙ 지지 辰丑卯의 구성은 寅木이 탄함되어, 암암리에 丑(寅)卯辰으로 구성된 것으로 논하며, 寅卯辰 방합목국의 財星局을 형성하여 財旺하다 판단한다. 아울러 庚日干이 좌하에 申金 祿星을 得하여 身旺하니, 身旺財旺의 大富格의 명조인 것이다. 또한 財星이 왕하니 처첩이 여럿 있었던 것이다.

⊙ 辛金 寅月

- 寅月의 辛金은 陽氣가 漸昇(점승)하는 때이나 아직 寒氣(한기)가 남아있는 시점이다. 辛金은 성질이 肅殺之氣(숙살지기)인데 寅月에 십이포태운성의 胎地(태지)라 衰渴(쇠갈)하기 때문에 약하고 濕潤(습윤)하며 淸하다.

- 土多하면 金埋(금매)되니 흉하고, 水多하면 洗淘(세도)하여 貴器(귀기)를 드러내니 吉하나, 그러나 太多한 경우라면 金沈(금침)되니 역시 흉한 것이다.

- 먼저는 濕泥(습니)로 滋養(자양)해야 하니, 己土가 먼저고 다음에 壬水를 쓴다. 己土는 君王(군왕)이 되고 庚金은 臣下(신하)가 된다. 또한 寅月은 아직 前月의 寒氣(한기)가 남아 있으니 丙火도 참작하여 살핀다.

- 寅月의 辛金은 寅宮에 丙火가 있으니 調候(조후)로 용신을 잡지 않고, 또한 休囚(휴수)되는 때이니 己土의 生助함이 필요하고 壬水로 씻어내면 貴器를 드러내는

것이다.

- 지지 水局이고 丙火가 없으면 金弱枕寒(금약침한)하니 평범하다.
- 己土, 壬水가 투출하고 지지에 庚金이 있어 甲木을 制하면 국가고시애 합격하여 일신상의 영달을 기약할 수 있다.
- 己土가 투출하고 甲木이 암장되면 異途로 功名을 얻는다.
- 己土가 있고 壬水가 없으면 秀才(수재)일 뿐이다.
- 己土와 壬水 중 하나라도 없는 경우라면 총명하기는 하나 富貴를 갖추기 어렵고, 正途로 발전하지 못한다.
- 丙火가 용신인 경우에는 異途功名(이도공명=무관직, 기술직, 문장가..)이다.
- 壬水가 출간했는데 己土와 庚金이 없으면, 辛金의 洩氣(설기)가 太多하니 貧賤(빈천)하다.
- 지지 火局이면 壬水와 己土가 있다 하더라도 가업을 잇기 힘들다. 辛金이 剋制됨이 심하면 己土가 생하더라고 평범한 命이다.
- 지지 水局인데 丙火가 없으면 金弱沈寒(금약침한)하니 초년고생이 많으나, 丙火가 투출하여 온난케 하면 부귀격이 된다.

◉ 用神
- 천간에 甲乙木이 투출하고, 寅月 목왕지절에 다시 亥卯未 삼합목국을 더하니 日主 辛金이 왕한 木의 勢를 좇을 수밖에 없다.
- 年干 癸水는 月柱 甲寅木을 생하여 局의 오행 대다수가 財星을 이루니 從財格으로 논해야 한다. 따라서 용신은 月干 甲木이다.

　　用神 : 甲木
　　喜神 : 水
　　忌神 : 金
　　閑神 : 火
　　仇神 : 土

◉ 多財無財이니 처와의 연이 박하여 亥水 대운까지 미혼인 것이다.
◉ 年支 亥水에 地殺이 있어 외국유학 운이 있는 것이다.
◉ 子水대운에 月, 日支와 沖과 刑이 된다. 이것은 신변의 변화가 발생하는 것이므로, 외국유학을 간 것이다.

◉ 庚金대운에 다니던 직장을 퇴직하고 컴퓨터관련 게임프로그램 회사를 창업하는
것의 길흉을 문의한 것이다.

• 庚金은 기신에 해당하니 창업 건은 심사숙고함이 필요한 것이다.

• 庚金은 比劫으로 동업자로도 논하고, 時干 乙木은 財星으로 자본금이라 논할
수 있다. 乙庚 간합금국의 기신이 되니 이제는 동업자와 연계하여 창업시에 손
재수가 발생하게 됨을 암시하는 것이다.

◉ 用神

• 辛金은 淘洗珠玉(세도주옥)인데 木旺之節인 寅月에 생하면 衰渴(쇠갈)하기 때문
에 약하며 淸하다.

• 土多하면 金埋(금매)되고, 水多하면 洗淘(세도)하여 貴器(귀기)를 드러내게 되는
것이다.

• 지지 寅卯와 巳 사이에는 辰土가 呑陷(탄함)되어 있다고 보아야 한다. 따라서
卯寅(辰)巳로 암암리에 寅卯辰의 방합목국을 형성하고 있다고 판단해야 한다.
寅卯辰의 방합목국으로 財多身弱하니 먼저는 濕土(습토)인 己土를 용하여 衰渴
(쇠갈)한 辛金을 滋養(자양)하여 주고, 다음에는 壬水로 洗淘(세도)하면 자연 사주
가 중화를 이루게 되는 것이다.

• 용신 時干 己土는 寅月에 失氣했으며, 좌하 丑土의 墓宮에 居하니 용신이 왕하
지 못한 것이다.

　　用神 : 己土
　　喜神 : 火
　　忌神 : 木

閑神 : 金
仇神 : 水

◎ 局에 絞神殺(교신살), 弔客殺(조객살), 喪門殺(상문살), 病符殺(병부살), 華蓋殺(화개살) 등이 중중하니 종교에 심취하는 성향이 강하고 또한 神氣가 많은 명조라 논하는 것이다. 특히 丑土가 華蓋殺을 대동하니 불심이 두터운 것이다.

◎ 己土 印星이 출간했으니 두뇌가 총명한데, 官星 火가 지지 寅巳에 있어 刑殺이 되니 官星이 손상된 것이라, 20대의 나이에 머리 깎고 출가했으나 40대 초년의 나이에 다시 환속했던 것이다. 官星이 刑殺을 대동했기 때문이다.

◎ 천간에 比劫이 重하니 형제자매들이 많은 것이고, 時柱가 印星이며 比劫이 투출되니 이복형제도 있는 것이다. 또한 時支 丑土 偏印이 墓宮이니 부모 중 한분 혹은 두 분 다 일찍 돌아가셨을 것이라 판단하는 것이다.

◎ 癸水대운에 역술공부를 시작하였는데 이의 성취 여부를 문의한 것이다.
  • 癸水는 구신이다. 성취됨이 적을 것이라 판단하는 것이다.
  • 사주명리학이라는 학문은 神의 움직임과 연관이 많은 학문이다. 따라서 官星의 역할이 중요한데, 원국 혹은 運路와 비교하여 官星이 손상되었을 경우에는 학문의 성취가 어려울 것이라 판단하는 것이다.
  • 상기는 官星이 寅巳 刑殺이 되니 손상된 것이라 어려움이 많은 것이다.

◎ 남명 日支의 財星은 본시 처의 내조가 있는 것이다. 상기와 같이 기신에 해당하면 여자로 인해 장애요소가 많이 발생하는데, 상기인은 출가하여 수행 중 여자로 인해 환속하게 된 것이고, 이후 결혼하여 가정을 꾸리게 된 것이다.

◎ 申未午의 말년운은 凶運(忌神. 仇神)으로 도래하지 않으니 무탈하고 평안할 것이라 판단하는 것이다.

◎ 財多身弱의 명조니 처와의 연은 화기애애하지 못할 것이라 판단한다.

◎ 천간에 투출된 比劫이 있는 경우는 본업 외에 또 다른 직업이 있음을 암시하는 것이다.
  불교용품을 취급하는 가게를 운영하고 있으며, 또한 처와 같이 한식당도 운영하고 있는 것이다.

⊙ 用神

 • 辛金은 본시 肅殺(숙살)의 氣를 타고 났는데, 木旺之節인 寅月에 생하였으니 성
  질이 衰渴(쇠갈)하고 유약하며 濕潤(습윤)하고 淸하다.

 • 濕土(습토)를 용하여 쇠약한 辛金을 滋養(자양)해야 하니 먼저는 己土가 유용하
  고 나중에는 壬水로 洗淘(세도)하여 貴器(귀기)를 드러내게 한다. 또한 寅月은
  前月인 丑月의 寒氣가 남아 있으니 丙火도 참작해야 한다.

 • 상기는 月, 日支가 寅亥 합목되어 財星局을 형성하니 日主가 쇠약해져 印星을
  용해야 중화를 이룰 수 있다.

 • 濕土(습토)인 己土를 용하여 生金해야 하는데 불투했으니 부득이 月支 寅宮의
  戊土를 용신으로 잡는다.

   用神 : 戊土
   喜神 : 火
   忌神 : 木
   閑神 : 金
   仇神 : 水

⊙ 月令 寅木 지장간에 戊土 正印, 丙火 正官, 甲木 正財가 있어 財官印이 同宮하니
 매우 길하다. 명문대에 입학한 것이다.

⊙ 丁火가 官星으로 남편성인데 희신에 해당하며 天德貴人을 대동하니 부부연도 길
 할 것이라 판단한다.

⊙ 月令 寅木이 正財로 天乙貴人을 대동하고 있으니 향후 재물복도 많을 것이라 사
 료된다. 또한 여명의 財星은 결혼 후에는 시부모에 비유되는데, 月令의 正財가
 공망이니 시부모와의 연은 적을 것이라 판단하는 것이다.

⊙ 時柱는 자녀궁인데 時支 酉金이 건록에 해당하니 영달할 자식이 있게 될 것이라

판단한다.

⊙ 用神

• 이 사주는 財多身弱에 正財格이다. 日干 辛金은 寅月에 旺相休囚死중 死에 속하니 時干의 庚金의 同氣가 있다고 하더라도 약하므로 身弱四柱이다. 辛金 日干이 지지에 통근되어 뿌리가 있다면 財가 旺하니 比劫인 庚辛金을 용신으로 삼아야 하겠지만, 뿌리가 없으니 辛金이 고립무원이다.

• 따라서 日干 辛金의 생조됨을 만들어 주는 土가 용신인데, 日干이 庚金이 아니고 辛金이니 戊土를 용신으로 쓰면 土多金埋(토다금매)가 되므로 病이 된다. 己土를 용신으로 삼아 月干 甲木과 甲己 合土로써 月柱에 辛金의 근원을 만들어줌이 긴급하다. 고로 용신은 己土이다.

• 왜 丙火 用神을 쓰지 못하는가?

辛金 日干의 寅月은 만약 사주상 木이 太旺하지 않고, 日干 辛金이 地支에 통근이 되었다면 전월의 寒氣가 남아있으니 調喉(조후)도 필요하며, 丙火를 용신으로 삼아 旺한 木氣를 洩氣시킴도 필요하다. 그러나 상기사주는 丙火를 용신으로 삼으면 火剋金하여 약한 日干의 기운을 더욱더 신약하게 만들므로, 丙火를 쓰기 보다는 생조해주는 印星이 더 긴급히 필요한 것이다.

用神 : 己土
喜神 :   火
忌神 :   木
閑神 :   金
仇神 :   水

◉ 직업

여자사주에서 財星은 시어머니와 시댁을 뜻한다. 그러므로 여자사주에 재성이 많으면 시댁식구와의 갈등이 있을 수 있다. 따라서 이런 경우에는 집안에서 가사를 돌보기보다는 사회활동이나 조그만 장사, 가게 등을 해보는 것도 좋다. 내년 2009년 己丑年은 무언가를 시작해 볼 수 있는 해이다.

◉ 재물운

여명에서 財多身弱에 正財格은 큰 재물은 아니더라도 돈이 모아지는 사주이다. 악세서리, 수공예, 도서관련, 카페, 음식점 등이 맞는다고 본다.

사주에 多財는 無財라 즉 財가 너무 많으면 오히려 재물이 없다고 보나, 年干의 癸水 食神이 財를 生하니 장사 같은 것을 해도 좋다고 본다.

◉ 결혼운

여자사주에서 正官을 남편으로 보는바, 상기 사주는 正官 丙火가 지장간에 심장되어 있다. 따라서 남편이 큰 富貴를 얻지는 못할지라도 月令 寅中의 丙火는 세력이 약한 것은 아니므로 좋은 연이라고 생각된다. 한편 財가 많아 身弱이 됐으므로 시댁과의 인연은 썩 좋은 편은 아니고 평범하다고 본다.

◉ 건강

• 간질환과 신경계통(특히 갑상선), 신장, 방광, 허리 등의 건강에 많이 신경을 써야 할 것이다. 사주에 木의 기운이 많다는 것은 그만큼 한쪽으로 偏枯되었다고 판단하는 것이다. 따라서 木이 旺해서 病이 되니 木과 연관된 질병이 평생을 떠나지 않는 것이다.

• 사주에 木이 왕한데 流霞殺(유하살)과 陰差殺(음차살)이 同柱하니 産厄(산액)을 겪을 수 있고, 자랄 때 어머니 젖이 부족할 수 있다. 따라서 몸의 기운이 쇠퇴하니 한약 등으로 氣를 보충해주는 것이 좋다고 본다.

◉ 가족

• 형제자매 중 한두 명이 손상될 수 있다. 즉 어릴 때 죽거나, 자연유산 등으로 인해 형제자매를 잃을 수가 있다고 판단된다.

• 부모 중 한분이 일찍 돌아가실 수 있다.

⊙ 자식운

여명에서 자식운은 食傷과 또한 時柱의 길흉, 말년운으로 판단한다. 이 사주에서
는 年干 癸水 食神이 자녀성인데 구신에 해당하고, 時柱는 庚寅으로 한신과 구신
이니 자식운은 크게 길하지는 못한 것이다. 다만 말년운이 申酉戌의 한신운으로
흐르니 일희일비함이 있는 것이다.

⊙ 대운

• 己未대운은 상반기 己土운은 月干 甲木과 甲己 합토가 되어 용신운으로 바뀌니
  좋은 운이다. 하반기 未土운은 지지 卯木과 반합목국이 되어 기신운으로 바뀌
  니 집안에 우환 및 손재수 등이 발생할 수 있다.

• 庚申대운은 본래 한신운이다. 상반기 庚金대운은 庚金이 月干 甲木 正財인 기
  신을 충극하여 기신의 역할을 제압하니 흉이 변하여 길하게 바뀔 것이다. 하반
  기 申金 대운은 申金이 年支, 日支 卯木과는 卯申 怨嗔殺(원진살)이 되고, 月支,
  時支 寅木과는 沖殺이 되어 木이 旺해서 病이 된 사주를 庚申金의 한신이 충극
  하여 역시 흉이 변해서 길하게 바뀌게 되니 좋은 일이 생길 운이다.

• 辛酉대운도 앞에서와 같은 논리가 적용된다. 큰 탈 없는 대운이 되겠지만 日支
  를 沖하니 남편의 건강문제 혹은 본인의 건강문제가 대두될 수 있다.

⊙ 세운

• 2008년 戊子年은 상반기는 歲干 戊土가 年干 癸水 仇神과 合이 되어 희신운으
  로 바뀌니 무애무덕하게 넘어갈 것이다. 하반기 子水는 年干 卯木, 日支 卯木
  과 子卯 刑殺이 되니 건강문제가 대두되거나, 사고건, 그리고 주변사람들로 인
  해 재산상의 손실을 볼 수 있는 손재수가 나온다.

• 2009년 己丑年은 歲干 己土가 月干 甲木과 甲己 합토되어 용신운으로 왕하게
  들어오니 새로운 일거리나 사업을 시작할 운이며 좋은 운이 도래한다.
  歲支 丑土도 역시 희신운이니 좋은 운이다.

• 2010년 庚寅年은 본래 한신운으로 들어오나 歲干 庚金이 기신인 月干 甲木을
  충극하여 내쫓으니 凶變吉이 되었다. 하반기 寅木은 기신운으로 들어오니
  2010년 한해는 흉과 길이 반반씩 교차되는 한해가 될 것이다.

• 2011년 辛卯年도 歲干 辛金은 한신운이고, 歲支 卯木은 기신운이니 흉함과 길

함이 반반씩 교차되는 운이다.

⊙ 신살 풀이
- 사주에 陰差殺(음차살)이 있으니 친정 쪽으로 아버님, 할아버님 형제 중 20세 전후로 일찍 죽은 조상이 있다.
- 형제자매는 庚金 劫財가 투출됐으니 많은 것으로 판단되는데, 그중 한두 명이 命대로 살지 못하고 일찍 죽을 수 있다. 이것은 자연유산 등도 포함된 것이다.
- 月支 寅木에 病符殺(병부살)이 있다. 月柱는 형제자매궁이고 이에 病符殺이 동주하니 형제자매들과는 아주 돈독하게 지내지는 못할 것이라 판단한다.
- 日支에 있는 劍鋒殺(검봉살)은 수술과 연관된 殺이다. 평생에 한두 번 몸에 칼을 대는 일이 발생하여 액땜을 하고 넘어가야 하는 殺이다.
- 年支와 月支에 있는 流霞殺(유하살)은 남자는 客死의 殺이고 여자에게는 産厄(산액)을 겪는 殺이다.
- 日干 辛金과 같이 있는 地轉殺(지전살)은 차사고와 연관된 殺이다. 항시 여행이나 원거리 이동시 조심하여야 모면할 수 있다.
- 日支와 時支의 亡神殺(망신살)은 남자에게는 관재구설의 殺이고, 여자에게는 질병이나 사고로 병원신세를 지는 殺이다. 평생에 겪고 넘어가야 하는 殺이므로 매사에 항시 조심토록 하여야 한다.

⊙ 辛金 卯月
- 卯月은 陽氣가 외부로 발산하는 때라 온난함을 득한 것이니, 다음은 辛金의 貴器(귀기)를 드러내게 하는 壬水를 용하여 洗淘(세도)함이 유용하다.

- 戊己土를 보면 病이 되니 甲木의 制伏(제복)함을 얻으면, 辛金이 埋沒(매몰)되지 아니하니 壬水가 混濁(혼탁)하지 않게 된다.
- 壬水, 甲木이 투출하면 국가고시에 합격하고 顯達(현달)한다. 申中의 壬水를 얻은 者는 무관직이나 기술직이다. 壬水가 없으면 평범하다.
  甲木이 투출하고 壬水가 암장되었는데 戊土가 출간하여 制水함이 없으면 秀才이며 富를 얻는다.
- 壬水와 戊土가 투출한 경우에, 甲木의 투출이 없어 制土가 없으면 病은 있으나 藥이 없는 격이니 평범한 命이다. 만약 乙木이 투출한 경우라면 外華內貧(외화내빈)하며 비록 衣食이 있더라고 교활한 命이다.
- 壬水가 중중한데 戊土가 없으면 金水汪洋(금수왕양)이라 하며 洩氣가 태다하니 어리석고 겁이 많으며 만사가 불성이다. 다시 丙火가 없으면 약간의 발복됨이 있다.
- 壬水와 丙火가 倂透(병투)하면, 日主 辛金은 왕한 水氣에 金氣가 盡洩(진설)되어 壬水로 논하게 되니 이렇게 되면 壬丙이 光輝(광휘)를 상호 보조하게 되어 오히려 大富貴格을 이룬다.
- 지지 木局이면 財多身弱이니 富屋貧人(부옥빈인)이고, 만약 庚金의 부조가 있으면 身旺財旺하니 부귀격을 이룬다.
- 地支 火局이면 火土가 세력을 잡아 金水가 모두 傷하니 貧賤夭折(빈천요절)하는 命이다. 그러나 壬水가 출간하여 制火하면 富貴가 따른다.

⊙ 用神
- 乙卯木이 중중하니 財多身弱의 명조이다.
- 卯月의 辛金은 壬水가 요긴하나, 日主 辛金이 태약하니 印星의 생조가 필요한 것이다. 年干 戊土를 용신으로 잡는다.

  用神 : 戊土
  喜神 :　火
  忌神 :　木
  閑神 :　金
  仇神 :　水

⊙ 비록 壬水, 甲木이 불투하고 癸水와 乙木이 투출하여 역량이 부족하나, 초년 대
운이 巳午未의 희신운으로 흘러 용신 戊土를 부조하니, 午火대운에 午戌 반합화
국의 희신운이 들어와 행정고시에 합격한 것이다.

⊙ 乙卯木의 財星이 중중하니 자연 印星을 탁하게 하여 흉함이 있다. 따라서 순수
행정직 관련 근무기간은 길지 않았고, 공항, 항만 등의 국영기업체에 오랫동안
근무하게 된 것이다.

⊙ 乙卯木의 偏財가 중중하니 처와의 연이 적은 것이다. 未土대운에 月, 日支의 卯
木과 卯未 반합목국의 財星局이 되니, 이제는 多財無財가 되어 결혼이 지속될
수 없는 것이다.

⊙ 時支는 자녀궁으로 巳火 官星이 희신에 해당하니 자녀들은 현달할 것으로 사료
된다.

⊙ 酉金대운은 한신운이나 원국의 卯木과 卯酉 沖되어 흉하다. 酉金은 차바퀴와 수
술칼로도 비유되는데 月, 日支의 卯木 財星과 상충되어 손상되니, 차 사고나 예
기치 않은 질병과 연관하여 수술로 인한 손재수가 암시되는 것이다.

⊙ 壬戌대운 말년운을 문의한 것이다.

 • 壬水대운은 구신운이니 길하지 못하다.

 • 戊土대운은 局의 卯木과 卯戌합화의 희신운이니 그동안 측적된 재물을 바탕으
로 새로운 理財할 수 있는 투자처가 나오거나 得財運이 도래할 것이다.

⊙ 辛金 卯月

 • 卯月은 木旺之節이며 陽氣(양기)가 漸昇(점승)하는 시점이니 壬水를 높게 여긴다.

- 戊己土를 보면 土多金埋(토다금매)라 하여 病이 되나, 甲木의 制伏(제복)함을 얻으면, 辛金이 埋沒(매몰)되지 아니하니 壬水가 混濁(혼탁)하지 않게 된다.
- 壬水, 甲木이 투출하면 국가고시에 합격하고 顯達(현달)한다. 申宮의 壬水를 얻은 者는 同宮에 戊土가 있어 혼탁하게 하니 異途(이도=무관직이나 기술직..)로 공명을 얻는다. 壬水가 없으면 평범하다.
- 지지에 木局이면 壬水를 洩氣(설기)하니 庚金이 있어야 부귀한다. 庚金이 없으면 平凡하다.
- 지지에 火局이면 辛金을 녹여 殘疾(잔질)과 夭折(요절)함이 따르나, 두 개의 壬水가 출간하던지 壬庚이 모두 出干하면 오히려 부귀를 누린다.
- 辛金이 그 貴器(귀기)를 드러내기 위해서는 壬水의 洗淘(세도)가 있어야 하니 壬水가 필요하다.
- 壬水, 戊土가 투출하고, 甲木이 不透(불투)하면 病(병)은 있고 藥(약)은 없으니 평범하다. 혹 乙木이 투출하면 疏土(소토)의 힘이 부족하니 外華內貧(외화내빈)한 命으로 간사하고 이기적인 사람이다.
- 壬水가 重重하면 戊土의 제극이 필요하다. 戊土가 없으면 金水汪洋(금수왕양)하니 洩氣(설기)가 태다하여 萬事가 不成한다.
- 壬水가 중중한데 丙火가 투출하고 통근되면, 辛金은 壬水의 旺한 기세에 그 기운이 盡洩(진설)되어 壬水로 논한다. 따라서 壬丙이 光輝(광휘)를 상호 보조하니 대부귀격을 이룬다.

⊙ 用神
- 辛金이 卯月에 생하여 火의 따뜻한 기운이 漸昇(점승)하는 시점이니, 壬水로 洗淘(세도)하여 貴器(귀기)를 드러내게 해야 한다.
- 지지에 土氣가 중중한데 月令이 卯木이라 制土함이 있으니 土多金埋(토다금매)의 상황은 아니다. 따라서 木의 疏土(소토)보다 壬水의 洗淘(세도)가 먼저인 것이다.
- 時干에 壬水가 투출했으니 이를 용신으로 잡는다.

　　用神 : 壬水
　　喜神 :　金
　　忌神 :　土

閑神 ：　木

仇神 ：　火

⊙時支 辰土 正印이 母星으로 空亡이 되었다. 다시 지지 丑土와는 破殺이 되고, 卯木과는 상극이 되고, 戌土와는 상충되어, 辰土 正印이 全破되니, 어머니가 자살로 생을 마감한 것이며 친척집에서 키워지고 있는 것이다.

⊙辰土대운은 본시 기신운이다. 辰土가 지지의 母星인 印星에 해당하는 戌丑辰과 沖殺, 破殺, 自刑殺이 되어 어머니의 자리가 全破된 것이라 이때 모친과의 연이 끊어진 것이다.

⊙지지에 桃花殺(도화살), 幻神殺(환신살), 喪門殺(상문살), 弔客殺(조객살) 등의 흉살이 많고, 土氣가 重하니 정신질환이 태동되어 학교생활에 적응하지 못하고 있는 것이다. 制殺하여 줌이 필요한 것이다.

⊙時干 壬水가 용신이나, 좌하 辰土가 空亡地이다. 따라서 同柱한 壬水는 자연 空陷(공함)된 것이라 논하니 용신으로서의 역할을 하지 못하게 되는 것이다.

⊙巳午未대운은 구신운이니 삶에 여러 身苦가 많을 것이나, 이후 申酉戌대운은 희신운이니 다소 안정된 생활을 할 것이라 사료된다.

⊙用神

•卯月의 辛金은 火氣가 漸昇(점승)하는 시점이라, 陽氣가 밖으로 발산되므로 洗淘(세도)하여 貴器(귀기)를 드러내게 하는 壬水가 尊貴(존귀)하다.

•戊己土가 있으면 土多金埋(토다금매)의 상황이므로 甲木의 疎土(소토)가 필요하다.

•상기는 지지에 卯未의 반합목국이 있고, 다시 乙木이 年干에 투출하니 財多身

弱의 형국이다. 印星을 용하여 日主를 생조하면 사주가 중화를 이룰 수 있다. 용신은 月干 己土이다.

　　用神 : 己土
　　喜神 :　火
　　忌神 :　木
　　閑神 :　金
　　仇神 :　水

◉ 六親關係(여명. 辛日干)

　　　　丙(正官=夫) → 庚(劫財=媤父)
　　　　　　　　　　　乙(偏財=媤母)
　　　辛(日干=我) → 甲(正財=父) → 戊(正印-祖父)
　　　　　　　　　　　己(偏印=母)　　癸(食神=祖母)
　　　　癸(食神=女兒)
　　　　壬(傷官=男兒)

◉ 年干 乙木 偏財는 상속의 財로 偏財이다. 암암리에 형제자매를 의미하는 庚金 劫財와, 乙庚 간합금국을 이루어 比劫으로 化되며, 辛日干의 財庫인 未土에 居하니 형제자매간 爭財(쟁재)로 인한 凶禍(흉화)가 암시되는 것이다.

◉ 癸水 食神은 女兒이며 祿星은 子水이다. 癸水는 時干 戊土와 戊癸 간합되어 火局이 되는데, 火는 官殺이며 偏夫에 해당되는 것이다. 아울러 지지 卯木도 卯戌 合을 이루는데, 戊土는 三殺庫(삼살고)이고 육합화국의 官殺로 化되니 나타나는 象은, 女兒는 偏夫 소생이고 養女(양녀)로 보낸 것이다.

◉ 壬水는 男兒인데 局에서 약하지 않으니 男兒를 둔 것이다. 만약 局에 戊土가 없었다면 女兒가 많고 男兒가 적었을 것이다.

◉ 母先亡의 통변
　• 月干 己土가 母인데, 지지의 卯未 반합목국에 심히 受剋되니 母의 命이 위태로운 것이다.
　• 母인 月干 己土는 甲木과 甲己 간합토국되어 偏印인 己土로 化되는데 午火가 祿星이다. 午火는 辛日干의 長生 子水와 상충되니 母命에 흉함이 암시되는 것이다.
　• 卯木은 偏父인 偏財 乙木의 祿星으로, 乙庚 간합금국을 이루어 劫財로 化되니

己土의 氣를 洩시키는 것이며, 또한 卯木 祿星은 母인 己土의 長生인 酉金과 상충되고 있으니 母命을 재촉하는 요소가 되는 것이다.

⊙ 癸未대운 중 丁卯세운

- 대운 癸未는 癸水가 戊癸의 化火되어 日干 辛金을 극하고, 未土는 丑未 沖이 되는데 丑土는 身庫이고 未土는 財庫인 것이다. 상충하여 身과 財가 상호 손상되니 흉함의 조짐이 있는 것이다.
- 丁卯세운은 歲支 卯木이 卯酉 沖이 되는데, 酉金은 辛日干의 祿星인 것이다. 歲支 卯木이 酉金과 상충되어 흉한데, 酉金은 차바퀴와도 비유되니 車禍(차화)가 암시되는 것이다.
- 卯木은 戌土와 卯戌의 육합화국이 되는데, 戌土는 亥卯未의 三殺庫인 것이다. 卯戌 육합화국의 七殺로 化火되어 천간으로는 丁火가 되니 日干 辛金을 심히 제극하니 흉화가 암시되는 것이다.
- 歲干 丁火는 丁壬 合木으로 卯戌의 육합화국을 生하니, 결국은 木火의 氣가 日干 辛金과 심히 상극되는 관계이므로 命主에게 흉함이 닥쳐오는 것이다.
- 차사고로 인하여 머리를 크게 다쳐 세 번의 대수술을 하게 된 것이다.

⊙ 지지 二位의 卯木이 戌土와 육합화국을 이루는데 戌土는 三殺庫인 것이다. 化火된 旺火가 剋金하는데 金氣는 比劫에 해당하니 형제자매의 손상이 있을 것이라 판단한다.

⊙ 日支宮은 夫宮인데 卯木이 자리하고 있다. 月, 日支의 卯木이 戌土와 合火되니 官殺로 化되니 官殺이 태왕해지는 것이라 부부연은 박하다 판단한다. 아울러 二位의 卯木이 辛日干의 祿星인 酉金과 상충하니 필히 혼인에 흉화의 조짐이 있는 것이다.

⊙ 辛日干과 간합되는 丙火는 夫星이다. 夫인 丙火의 沐浴(목욕), 桃花(도화)가 夫宮인 日支宮 卯에 居하고, 夫宮인 日支宮의 卯木의 桃花(도화)가 子水인데, 子水는 辛日干의 長生이다. 이는 夫婦(부부)가 모두 桃花(도화)가 動한 것이고 外情(외정)이 있을 것임을 암시한다.

⊙ 辛卯日柱 通辯

- 辛卯日은 甲申旬 中으로 午未가 空亡이다.
- 丙火는 夫星으로 辛日干과 丙辛의 간합수국을 이루어 夫인 丙火를 극하고, 아

울러 辛日干의 長生인 子水가 夫인 丙火의 羊刃(양인)인 午火와 상충되니, 혼인은 성사되기 힘들며, 혹 성사된다 하더라고 이혼수가 높은 것이다.

- 辛日干의 祿星은 酉金인데 夫星인 丙火의 沐浴(목욕), 桃花(도화)에 해당하는 卯木과 상충된다. 이는 夫星에 桃花가 動한 것이니 처의 마음고생이 많은 것이다. 또한 辛日干이 卯木에 絶地(절지)이다. 丙辛의 간합수국은 食神인 癸水가 대표하는데, 癸水의 長生은 卯에 居한다. 결국 食傷인 水氣가 官星인 丙火를 극하니 부부연이 박한 것이다.

- 日支 卯木은 암암리에 亥卯未 삼합국을 형성하여 甲木이 대표하는데 卯木의 桃花가 子水이다. 또한 甲木은 父星인데 沐浴, 桃花가 역시 子水이다. 子水는 父인 甲木에서 보면 偏妻인 戊土의 胎地(태지)에 해당된다. 胎(태)는 잉태를 의미하므로 이는 부친의 바람기로 혼전에 낳은 女兒가 있다는 것이다.

- 辛日干의 長生 子水는, 女兒인 癸水의 祿星인 子水와 時支에 있어 同宮이다. 女兒인 癸水의 祿星 子水와 夫인 丙火의 羊刃(양인) 午火와 상충되고, 丙火는 癸水 女兒의 夫에 해당하니 辛日干은 첫 아이로 癸水 女兒를 낳은 것이다. 그러나 夫는 낳지 않기를 바란 것이다.

- 甲木은 父星으로 長生은 亥水이고, 夫인 丙火의 祿星은 巳火로 상충된다. 즉, 父와 夫가 不和함을 알 수 있다.

- 夫인 丙火의 帝旺은 午火인데 空亡이다. 따라서 正夫와의 연은 어렵고, 偏夫는 丁火로 祿星이 午火인데, 午火는 辛日干의 天乙貴人에 해당된다. 火의 空亡은 "明(명)"을 의미하므로, 이는 혼인 후에 私通(사통)하는 情夫(정부)가 있던지, 재혼할 것임을 암시한다.

- 辛日干의 長生은 子水인데 乙木 偏財의 長生인 午火와 상충되고 있다. 이는 財源(재원)을 沖하는 것인 바, 商業(상업)과는 연이 적고 봉급생활직인 공직과의 연이 많은 것이다.

- 만약 지지에 亥卯未 三合의 財星局이 成局되었다면 財를 추구하는 길로 갔을 것이다. 그러나 혐의가 되는 것은 丑土가 巳酉丑 삼합금국을 이루어 身庫에 해당되는바, 丑未 沖하여 未土 財庫를 손상시키고, 또한 日干 辛金의 祿星 酉金과 乙木 財星의 祿星 卯木과 卯酉 상충되니 예기치 않은 사고, 질병 등으로 인해 입원하게 되고, 종국에는 破財의 흉화가 발생할 수 있는 것이다.

- 만약 지지에 申子辰 삼합수국의 食傷局이 成局되었다면, 申金이 寅木을 충하
  는데, 寅木은 夫인 丙火의 長生이 되어, 夫를 극하게 되므로 혼인에 변수가 발
  생할 수 있었을 것이다.

◎ 辛金 辰月

- 戊土가 司令(사령)하니 辛金이 精氣(정기)를 얻었다. 母旺子相(모왕자상)하니 먼
  저 壬水를 쓰고 뒤에 甲木을 쓴다. 土가 厚重(후중)한 경우라면 먼저 甲木을 쓰
  고 다음에 壬水로 洗淘(세도)하여 貴器(귀기)를 드러내게 한다.
- 辰月의 辛金은 土가 왕한 계절이니 戊土가 不透(불투)해도, 埋金(매금)되고 制水
  되는 것이다. 따라서 甲木의 疏土(소토)가 없으면 평범한 命이 된다.
- 壬水가 不透(불투)하나 지지 亥申에 암장된 경우라면, 亥宮의 甲木이 月令 辰宮
  의 戊土를 극제하여 壬水를 보존하니 衣祿이 있다. 만약 亥水가 없는 경우에는
  申宮의 壬水를 용하기는 하나 甲木의 疏土(소토)함이 없으니 평범한 命이다.
- 지지 水局인데 壬癸水가 불투한 경우면 비록 秀才이나 빈한한 命이다.
- 壬水, 甲木이 투출하면 국가고시에 합격한다.
  壬水가 투출하고 甲木이 暗藏(암장)되면 衣食(의식)은 있다.
  甲木이 투출하고 壬水가 暗藏(암장)이면 文官 외의 길로 부귀한다.
  壬水와 甲木이 투출하지 못하면 평범하다.
  壬水와 甲木이 모두 없으면 빈천한 命이다.
- 辰月은 辰土가 建旺(건왕)하니 辰土는 濕土(습토)로 水庫(수고)가 된다.
- 火旺하면 金을 녹이고 土燥(토조)하면 金이 부스러진다. 水의 造化(조화)가 없으

면 辛金이 능히 自存(자존)을 못하니 困苦(곤고)하다.

- 대개 辛金은 유약하니 火의 煅煉(하련)을 이기지 못하여 丁火를 쓰는 경우가 적다.
- 比劫이 중중한데 壬水, 癸水가 약하면 旺한 金氣가 洩氣(설기)가 부족한 것이니 夭死(요사)한다. 이때 甲木이 투출하면 貴하게 되는데 庚金의 破木이 없으면 아주 妙하다.

⊙ 用神
- 辰月은 戊土가 司令하니 月令과 辛金이 모두 勢를 얻은 것이라 母旺子相(모왕자상)이라 한다. 厚土(후토)면 甲木의 疏土(소토)가 먼저고 나중에 壬水로 洗淘(세도)해야 한다.
- 상기는 年, 月支에 丑辰土가 있어 土가 厚重한 것 같으나, 日, 時支에 卯木이 있으니 疏土는 된 것이다. 時干에 辛金이 투출하여 日主를 부조하며 月令의 생조받음이 있으니, 日主가 약변강의 勢를 이루게 된 것이다. 따라서 壬水를 용하여 金氣를 洩하면 中和를 얻을 수 있는 것이다. 아쉬운 것은 壬水가 不透(불투)하고 年干에 癸水가 투출하니 부득이 이를 용신으로 잡아야 한다.

  用神 : 癸水
  喜神 :　金
  忌神 :　土
  閑神 :　木
  仇神 :　火

⊙ 月干 丙火는 正官으로 사회적으로는 직업, 직장, 직책과 연계되고, 가족으로는 자식이 되며, 성품상으로는 자신을 통제하고 절제 시키며, 규율을 따르게 하는 本性의 규범이 되는 것이다. 月支 辰土는 水庫地이다. 月, 時干의 丙辛이 간합수국이 되어 月支 辰土 墓宮(묘궁)에 거하며, 丙火는 坐下 辰土에 晦火(회화)되니, 正官으로서의 丙火의 역할이 무력해진 것이라 사회적인 통제와 절제를 벗어나려 하니 사회에서 지탄의 대상이 되는 여러 횡폭한 무리의 범주에 들게 된 것이다.
⊙ 寅木대운은 지지의 卯辰과 寅卯辰 방합목국의 한신으로 化되며 財星局이 되는 것이다. 財生官하여 왕해진 財星의 氣를 洩시키어야 하는데, 官星이 入墓되었으니 財生官의 順氣勢가 막힌 것이라, 자신을 통제하고 절제할 줄 모르게 되니 건달, 깡패 등의 폭력배 무리의 길을 걷게 된 것이다.

◉ 癸丑, 壬子, 辛亥대운은 용신운으로 무탈하게 지낼 수 있었지만, 月干 丙火 官星을 핍박함이 더욱 심해지니, 폭력배 무리에서 벗어날 수 없었던 것이다.

◉ 辛金 巳月
- 때가 火旺之節로 진입하니 丙火의 燥熱(조열)함을 大忌(대기)하고 壬水의 洗淘(세도)함을 기뻐한다.
- 三夏節(巳午未月)은 月令에 모두 土氣가 있으니, 水로 土를 滋潤(자윤)하면 辛金을 생하여 功德(공덕)이 있는 것이다. 그러나 水가 없으면 火炎土燥(화염토조)하여 辛金이 유약해진다.
- 壬水가 暗藏(암장)되고 癸水가 투출하면 富는 있으나 貴가 없다.
  壬癸水가 暗藏(암장)되고 역시 戊己土가 暗藏(암장)이면 약간의 富가 있다.
  壬癸水가 없으면 도리어 火旺하니 殘疾(잔질)이 많고 困苦(곤고)한 홀아비다.
- 壬水가 亥中에 감추어지고 戊土의 出干이 없으면 출세는 한다.
  戊土가 있으면 평범이다. 그러나 一位 甲木의 투출이 있으면 衣食(의식)은 있다.
- 甲木이 있고 壬癸水가 없으면 부귀가 虛妄(허망)하다.
  戊土가 투출하지 못하면 下賤格(하천격)이다.
- 巳火節은 宮에 丙戊가 있으니 지지 火局이나 木局이면 不生不長한다. 따라서 반드시 庚壬으로 구제해야 한다.
- 지지 金局인데 壬水, 甲木이 併透하고, 甲木이 戊土를 疏土(소토)하면 국가고시에 합격하여 일신상의 영달이 기약된다.
- 지지 火局이면 水의 극제가 있어야 하나 없으면 하천격이다. 만약 土가 있어

旺火를 洩하면 약간의 衣祿이 있다.

⊙ 用神
• 지지에 火氣가 중중하니 辛金이 鎔金(용금)될 지경이다. 調候(조후)가 급하니 時干 壬水를 용하여 왕한 火勢(화세)를 制火하고, 辛金을 洗淘(세도)하여 貴器(귀기)를 드러내야 함이다. 용신은 壬水이다.
• 다만 壬水의 水源(수원)을 發하는 庚辛金이 全無하니 복록이 장구하지 못하다.

    用神 : 壬水
    喜神 : 金
    忌神 : 土
    閑神 : 木
    仇神 : 火

⊙ 지지에 火의 官星과 土의 印星이 있으니 관인상생을 이루어 공직자의 명조이다. 巳午火가 일로 時支 辰土를 생하니 官星보다 印星이 더 왕하게 변화된 것이므로, 행정직이 아닌 교육직의 길을 간 것이다. 고등학교에서 교편을 잡았던 것이다.

⊙ 時支 辰土 正印이 墓宮에 居하고 있다. 먼저는 부모와의 연이 박하게 되며, 또한 문서, 계약 등의 事案과는 연이 적으니 자신의 명의로 하지 않음이 좋은 것이고, 다음은 잘 드러내지 않는 학문계열인 역술학 등에 관심이 많게 되는 것이다.

⊙ 月干 乙木 偏財가 月令 巳火에 沐浴殺(목욕살)이 되니 처와 더불어 금전과의 연이 박하다 판단하는 것이다.

⊙ 月支 巳火가 십이포태운성의 死에 해당하니 인생에 있어 한 두 번의 실패수가 따르는 것이다.

⊙ 局에 官星이 중중하여 多官無官의 형국이니, 교육직에 종사하는 동안 직책이 높이 오르지 못했던 것이다.

⊙ 未土대운 학창시절은 未土가 지지 巳午火와 함께 巳午未 남방화국의 구신운을 형성하니 길하지 못했다. 두뇌가 총명했으나 명문대학과는 연이 적었던 것이다.

⊙ 중년 이후의 申酉戌亥子丑운은 희신과 용신운이니 평온한 생활을 누릴 수 있는 것이다.

⊙ 자녀성인 官星이 火로 구신에 속하니 자녀들과의 연은 돈독하지 못한 것이다.

⊙ 辛金 午月

- 午火節은 丁火가 司令하여 火勢(화세)가 왕하여 辛金을 핍박함이 심하니 壬水, 癸水가 尊貴(존귀)하고, 원국에 水氣가 중중하고 왕하면 水底金沈(수저금침)의 형국인가 살펴보고 그러하면 己土를 용하여 制水해야 한다.

- 午月의 辛金은 壬水, 癸水, 己土 중 하나라도 없으면 貴命이 되지 못한다.

- 壬水, 己土가 투출하고 지지에 子中의 癸水가 있는데 沖이 없는 경우면 貴格이 되어 국가고시에 합격하고 권세를 얻게 된다.

- 壬水가 암장되고 癸水의 투출이 있으면 洗淘(세도)의 힘이 약하니 작은 富貴가 있다.

- 壬水가 없고, 己土와 癸水가 있으면 異途功名(이도공명)이다.

- 壬水가 없고, 癸水와 庚金이 투출하면 역시 朝廷(조정)의 신하가 된다.

- 원국에 水, 土가 중중하면 甲木의 納水(납수)와 疎土(소토)가 필요하다.

- 木, 火가 중중하고 金, 水의 뿌리가 없으면, 從格의 이치를 살펴보고, 만약 從格인 경우라면 金水運이 길하지 못하다.

- 지지 火局인데 水의 救濟(구제)가 없으면 貧賤夭折(빈천요절)한다. 이때는 己土가 있어도 도움이 되지 못한다.

⊙ 用神

- 상기 명조는 夏至를 지나 생하였으니 午火節의 火勢(화세)가 많이 꺾인 상태이나, 時支 寅木과 寅午 반합화국을 이루어 火勢를 부조하니 調候(조후)가 급한 것이다. 月干 壬水를 용한다.

- 용신 壬水는 坐下 午火에 失氣했으나, 年支 子水에 통근하고, 투출된 庚金의 생을 받으니 태약하지는 않다.

• 壬水는 傷官에 해당하고 傷官은 예체능 쪽과 많이 연관되니 대학에서 연극영화과 교수를 역임한 것이다.

用神 : 壬水
喜神 :　金
忌神 :　土
閑神 :　木
仇尼 :　火

⊙ 사주에 印星인 土氣가 투출되지 못하고 암장되었다. 印星을 나를 생하는 부모에 비유하는데 암장되니 연이 적은 것이다. 조실부모한 것이고 형제자매들이 외가에서 성장했던 것이다.

⊙ 比劫인 金氣가 희신이니 형제자매간 우애는 좋은 것이다.

⊙ 日, 時支 卯寅木이 財星이다. 財星混雜(재성혼잡)의 상황인데, 다행인 것은 時支 寅木 正財가 月支 午火와 寅午 반합화국의 官星局을 이루니 卯木 偏財만 남게 되니 처의 내조가 있는 것이다. 처가 치과의사로서 家産에 많은 보탬이 되는 것이다.

⊙ 원국에 財星은 약하지 않으나 日主 辛金이 통근하지 못하여 衰하니 身弱財旺의 상황이다. 이런 경우는 금전의 입출은 많으나 정작 내 손에 쥐어지는 돈은 많지 않은 것이다.

⊙ 지지에 子午卯酉가 모두 있으면 이를 遍夜桃花(편야도화)라 하여, 간혹 사주의 格이 길하면 불세출의 영웅이 되기도 하는데, 통상적으로는 吉하지 못하게 작동한다. 풍류남아인 경우가 많고, 女難(여난)이 많고, 시비구설이 자주 발생하며, 예기치 않은 사고 질병이 발생하는 경우가 많다. 상기는 子午卯 三位가 있으니 편야도화에 버금하여 판단하는 것이다. 대운이나 세운에서 酉金이 도래할 시는 큰 災厄(재액)을 면키 어려운 것이다.

⊙ 戊土대운은 印星運으로 기신에 해당되어 길하지 못하다. 印星運이 도래한 것이니 새로운 계획을 실행해보려는 의도가 강해지는 것이다. 영화제작의 필름과 연관되어 중국과 합작하여 연구소를 세우고, 여러 제품을 개발하였으나 상품성이 없어 주목을 받지 못하게 되어 損財가 컸던 것이다.

⊙ 子水대운은 비록 용신운이나 원국의 午卯와 상극됨이 많으니 길하지 못하다. 부

모형제자매궁인 月支 午火는 상충되어 이때 형이 사망한 것이고, 日支 卯木과는 子卯 刑殺이 되니 처가 위암수술을 받은 것이다.

◉ 用神
- 午火節의 辛金은 壬水, 癸水, 己土를 모두 參看(참간)하여 용신을 잡는다.
- 지지에 寅午의 반합화국이 있어 日主 辛金을 핍박함이 심하다. 癸水로는 왕화를 制火함에 역부족이고 壬水를 용해야 中和를 이룰 수 있는 것이다.
- 日主 辛金은 한번 煅煉(하련)을 거친 귀금속이니 猛火(맹화)를 두려워하는바, 다행인 것은 戊土가 출간하여 왕한 火氣를 洩氣(설기)시키니 火氣의 태왕함은 면한 것이다.
- 壬水가 不透하니 부득이 日支 丑宮의 癸水를 용신으로 잡는다. 庚辛金이 불투하고 일점 丑宮의 辛金밖에 없으니 용신 癸水의 水源(수원)을 마련해 줌에 미력하니 용신이 왕하지 못한 것이다.

  用神 : 癸水
  喜神 :　金
  忌神 :　土
  閑神 :　木
  仇神 :　火

◉ 딸이 현재 캐나다에 유학중인데 辰土대운 辛丑年에 대학원 진학의 길흉을 문의한 것이다.
- 辰土대운은 기신운이다. 공부의 능률이 오르지 못하고 있는 것이다. 국제 공인 회계사자격증 공부를 해오고 있는데, 대학 졸업 후 귀국하지 않고, 대학원에

진학하여 공부를 계속하여 자격증을 따고자 하는 의도가 있는 것이다.

- 辛丑年은 歲干 辛金은 희신이나 歲支 丑土는 기신이니 운이 썩 길하지 못한 것이다.

- 이후의 세운은 壬寅, 癸卯, 甲辰, 乙巳 등의 한신과 구신운이니 합격을 장담할 수 없는 것이다.

- 진로에 대해 심사숙고할 것을 권유했으며, 다른 길도 찾아볼 것을 조언했다.

◎ 辛金 未月

- 未月의 辛金은 未宮의 己土가 當令(당령)하니 보조가 지나쳐 금빛을 가림을 염려하니, 먼저 壬水를 써서 洗淘(세도)하고 다음에는 庚金으로 보좌한다.

- 土가 重疊(중첩)되어 土多金埋(토다금매)의 상황이면 먼저는 甲木의 疎土(소토)가 있어야 하고, 다음은 壬水로 洗淘(세도)하여 貴器(귀기)를 드러나게 해야 한다.

- 壬水, 庚金이 모두 투출하면 국가고시에 합격한다. 투출하지 못하고 지장간에 暗藏(암장)되도 妙(묘)함이 있다. 암장됐다는 것은 지지에 申亥가 있다는 것이다.

- 戊土가 出干하면 埋金(매금)의 염려가 있으니 甲木의 制止(제지)가 필요하다.

- 己土 一位가 月支 未宮에 암장되어 있어, 壬水를 보면 混泥(혼니)가 되어 辛金을 보조하니 오히려 甲木이 없음이 좋고, 甲木이 出干하면 평범한 命이다.

- 未月 辛金은 戊己土와 甲木의 不透(불투)함이 필요하고, 壬水의 潤土(윤토)해줌과 庚金의 생조가 필요하다.

- 丁火, 乙木이 出干하고 庚金, 壬水가 있으면 貴顯(귀현)한다.

- 未月 辛金이 丁火, 己土가 出干하고, 지지에 申金이 있어 申宮에 壬水가 있고

庚金이 투출하면 국가고시에 합격하여 높은 관직에 오른다. 그러나 壬水가 없으면 名利가 없다. 丁己는 月令 未宮에 통근하고, 壬庚은 지지 申宮에 있으니, 지지에 반드시 申金이 있어야 壬水를 용하고 庚金이 보조하니 大貴한다는 것이다.

- 지지 木局인데 壬水가 하나 있으면 역량이 부족하다. 庚金이 있어 日主 辛金을 부조하고 壬水의 水源(수원)을 발하게 되면 富 中 貴를 얻게 된다.

◎ 用神

- 年, 月에 戊己土가 중중하니 土多金埋(토다금매)의 상황으로 疎土(소토)하는 甲木이 긴요하다. 甲木이 불투하니 日支 亥宮의 甲木을 용하여 소토하고, 또한 同宮한 壬水로 洗淘(세도)하여 貴器(귀기)를 드러내게 한다.
- 甲木과 壬水가 모두 불투했으니 지장간에서 끌어다 써야 하므로 貴格은 되지 못한다. 또한 끌어다 쓰는 수고로움이 있어야 하니 인생에 노고가 많은 것이며, 그러나 甲木 財가 용신이니 衣食은 足하다 판단한다.

    用神 : 甲木
    喜神 :　水
    忌神 :　金
    閑神 :　火
    仇神 :　土

◎ 局에 土인 印星이 중중하니 多印은 無印이라 문서, 계약 등과 연이 적은 것이다. 본인 명의의 문서를 갖지 않음이 길한 것이다.

◎ 戊己土 印星이 중중하니 두 어머니, 두 할머니 문제가 나오는 것이다.

◎ 月干支가 모두 偏印이다. 이런 경우는 外家가 몰락했을 것이고, 또한 단명한 사람이 여럿 있는 경우가 많다.

◎ 印星이 중중한 경우에는, 예기치 않은 사고나 질병 등으로 죽을 고비를 여러 번 넘기거나 단명하는 경우가 많으니 남을 위한 덕을 많이 쌓아야 한다. 또한 본시 두뇌는 비상하나 학업으로 성공하기는 힘든 경우가 많다.

◎ 印星이 중중한 경우에는 편업된 직업이나, 역술, 침술, 풍수지리, 주술신앙 등에 관심이 많다.

◎ 日, 時支가 亥亥로 自刑殺이 되니 처자식과의 연은 적은 것이다. 다만 용신이 甲

木으로 財星에 해당하니 처와의 관계는 무애무덕하다 판단한다.

⊙ 局에 土氣인 印星이 중중하고 日, 時支가 傷官이니 기술계통의 직업에 종사하는 경우가 많다. 건축, 토목계통의 감리사 업무를 맡고 있는 것이다.

⊙ 자녀운을 문의한 것이다.

• 자녀운의 판단은, 용신의 왕쇠, 官星의 길흉, 時柱宮의 길흉으로 종합하여 판단하면 오류가 적다.

• 용신은 甲木으로 불투하였고, 月令 未土와는 墓宮에 해당하니 왕하지 못하여 길함이 적다.

• 官星은 지지 戌未의 지장간에 일점 丁火가 있다. 戌未 刑破되어 손상되니 자녀성이 길하지 못한 것이고 자식의 數 또한 많지 않다. 늦게 아들 하나를 둔 것이다.

• 時支 亥宮에 용신 甲木이 암장되어 있으니 말년에 자녀운이 풀려나갈 것이라 판단한다.

• 寅木대운은 寅木이 본시 용신인데 남명에서는 용신을 자식으로 논하는 것이다. 時支 亥水와 寅亥 육합목국의 용신운으로 왕하게 들어오니 자녀에게도 발전이 있을 것이라 판단한다.

• 寅木대운에 배속된 壬寅세운에는 용신운이 들어오니, 대학을 중퇴하고 방황하는 아들에게 길운이 도래하는 것이다. 이 시기부터 정신을 가다듬고 그 나이또래에 맞는 정상적인 인생의 길을 살아갈 것이라 판단된다.

⊙ 用神

• 未土月은 三伏生寒(삼복생한)하는 시점이나 巳午火節을 지난 후이니 아직 炎炎

한 火氣가 남아 있다. 辛金은 한번 가공을 거친 金이니 더 이상 火氣가 필요치 않으며, 未宮의 己土가 司令하여 辛金이 빛을 잃으니, 壬水로 洗淘(세도)하여 貴器(귀기)를 드러내게 하고 庚金으로 보조한다.

• 상기는 年干에 己土가 투출하고, 月. 日支에 未丑土가 있어 土重하니 辛金이 埋金(매금)될 염려가 있다. 따라서 먼저는 甲木으로 厚土를 疎土(소토)하고 다음 은 壬水로 洗淘(세도)하면 중화를 이룰 수 있다. 용신은 時支 寅宮의 甲木이다.

用神 : 甲木
喜神 :　水
忌神 :　金
閑神 :　火
仇神 :　土

◉ 六親關係(남명. 辛日干)

辛(日干=我) → 甲(正財=父)
　　　　　　　 己(偏印=母) → 壬(傷官-外祖父)
　　　　　　　　　　　　　　　 丁(偏官=外祖母)
　　　　　 乙(偏財=妻) → 戊(正印=丈人)
　　　　　　　　　 癸(食神=丈母)
　　　　　 丙(正官=男兒)
　　　　　 丁(偏官=女兒)

◉ 日干 辛金은 좌하에 丑土가 있다. 丑土는 金庫로 암암리에 巳酉丑의 삼합금국을 형성하고 日干 辛金과 오행이 같으니 身庫인 것이다. 月支 未土는 암암리에 亥卯未 의 삼합목국인 財星局을 형성하니 未土는 財庫인 것이다. 日支와 月支가 丑未 沖하여 상호 손상되니 일생동안 財의 거래는 있었으나 모아진 돈은 없었던 것이다.

◉ 日柱 辛丑은 甲午旬 中으로 辰巳가 空亡이다.

◉ 巳火 空亡 通辯

• 庚金은 劫財로 弟妹(제매)에 해당되는데 長生인 巳火가 空亡인 것이다. 이는 母 의 자연 유산이나 낙태가 있었음을 의미한다.

• 巳火는 天干으로는 丙火인데 男兒인 丙火의 祿星에 해당되며, 또한 丈人인 戊 土의 祿星에 해당된다. 공망되니 이는 丈人과의 연이 없음을 의미한다.

⊙ 辰土 空亡 통변
- 辰土는 암암리에 申子辰의 삼합수국을 형성하니 水庫인데, 壬癸인 경우는 身庫에 해당되는 것이다. 癸水가 丈母이며 身庫인데 空亡에 해당되는 것이다.
- 甲木(父)과 乙木(처)에서 논하면 辰土는 水庫에 해당되며 또한 財庫이고, 戊土(丈人)와 己土(母)에서 논하면 辰土는 申子辰 삼합수국이 되니 역시 財庫인 것이다. 이 둘이 모두 空亡인 것이다. 따라서 財가 空亡이니 財의 오고 감은 있었으나 손에 쥐어지는 財는 없는 것이다.
⊙ 辛丑日柱 통변
- 日支 丑土는 처궁이다. 丑土는 암암리에 巳酉丑 삼합금국을 형성하는데, 巳酉丑의 三殺은 辰土이다. 또한 乙木은 처성으로 辰土가 三殺庫가 되며 財庫가 된다.
- 辰土는 乙木 처의 七殺인 酉金과 辰酉 육합금국이 되어 七殺로 化되며 처인 乙木을 극하는 것이다.
- 이는 필히 처가 중병으로 병원에 입원하여 수술받게 됨을 의미하며 이로 인해 손재수가 발생함을 암시하는 것이다.
- 辛日干은 丙火 官星과 간합되어 食傷으로 化되며 生財하는 것이다. 이는 관직과 연관하여 得財하게 됨을 의미하는 것이다.
- 辛日干의 祿星은 酉金이고, 처인 乙木의 祿星은 卯木이다. 卯酉로 상충하는데 이는 처를 극하는 것으로 이혼수가 나타남을 의미한다.
⊙ 庚午대운
- 유소년기에 해당하며 家勢(가세)가 빈곤하여 한약방을 경영하는 외조모 댁에 의탁했던 것이다.
- 年柱가 己亥로 祖上으로 논하는데, 年支 亥宮의 壬水는 암암리에 丁火와 암합하는데, 丁火는 육친에서 외조모에 해당하는 것이다. 외조모인 丁火의 祿星은 午火이고 午火는 辛日干의 天乙貴人에 해당하니 이는 외조모의 助力이 있음을 의미한다.
⊙ 年支 亥水가 時支 寅木과 寅亥 육합목국을 이룬다. 이는 早婚(조혼)하게 되고 遠方(원방)의 처자와 결혼하게 됨을 의미한다.
⊙ 戊辰대운 중 丙寅세운은 丙火가 日干 辛金과 丙辛 간합수국의 희신운이 되고, 寅木은 용신이니 이 해에 결혼한 것이다.

⊙ 丙寅대운 중 辛卯세운

- 대운의 天干 丙火는 日干 辛金과 丙辛 간합수국이 되나, 지지에 水氣가 없으니 羈絆(기반)되었지만 미약하나 財星인 木氣를 생하고, 대운의 지지 寅木은 年支 亥水와 寅亥 육합목국이 되어 역시 木氣인 財星을 부조하고 있다. 자연 財星이 태왕해져 印星을 극하게 되니 흉액의 조짐이 있는 것이다.

- 辛卯세운의 歲干 辛金은 좌하 卯木에 絕地라 무력한 것이나, 歲支 卯木은 辛日干의 祿星인 酉金과 卯酉 상충되고 있어 日主 辛金의 손상됨이 있어 흉한 것이다.

- 歲支 卯木은 戌土와 卯戌 육합화국이 되는데, 戌土는 三殺庫로 化火되어 日主 辛金을 극하는 것이니 이 해에 심장수술을 받게 된 것이다.

⊙ 妻인 乙木의 祿星은 卯木이고, 母인 己土의 長生은 酉金으로 卯酉 상충되고 있고, 또한 부모궁인 月支宮의 未土와 처궁인 日支宮의 丑土와 상충되고 있으니 고부간의 갈등이 심한 것이다.

⊙ 用神

- 未月의 辛金은 己土가 當權(당권)하니 보조가 지나쳐 埋金(매금)될까 염려된다. 먼저는 壬水를 쓰고 다음에는 庚金으로 보조한다.

- 未土月은 三伏에 生寒하는 시점이지만 아직은 炎炎한 火氣가 남아있는 절기이다. 또한 辛金은 가공한 철광석이고 또한 금덩어리 같은 귀금속이므로, 壬水로 씻어 貴한 형태를 드러내야만 용할 수 있다. 그러나 상기의 명조는 지지에 丑未土가 중중하여 土多金埋(토다금매)의 상황이니, 먼저는 甲木의 疎土(소토)가 있어야 하고, 나중에는 壬水의 洗淘(세도)가 필요한 것이다. 甲木의 투출함이 없으니

부득이 용신은 月干 乙木으로 잡아야 한다.

用神 : 乙木
喜神 :　水
忌神 :　金
閑神 :　火
仇神 :　土

⊙ 직업

- 月干 乙木이 月支 未土에 통근하며 출간하였으니 格局은 偏財格이다. 偏財格이니 사업가의 명조이고 時干 癸水 食神이 생조하니 또한 食神生財格이라 할 수 있다.

- 乙木 偏財가 용신이니 직업은 건축, 토목, 인테리어, 설계, 건축시공업 등에 적합하다.

- 남명은 食神의 왕쇠 및 길흉여부로 직업을 논하기도 한다. 상기 명조는 時干 癸水가 食神이다. 직업에서 水의 특성은 무역, 유통, 냉동창고, 행상. 조선업, 물류, 요식업 등과 연관된다. 水가 食神으로 희신이고 火는 正官으로 한신이니 카페운영이나 요식업 운영도 좋을 것이라 판단된다.

⊙ 처복

- 처복은 日支宮과 財星과 희신의 길흉을 살펴보아야 한다. 日支宮 丑土는 時支 巳火와 巳丑 반합금국의 기신으로 바뀌니 길하지 못하다.

- 또한 月干 乙木 偏財를 처로 논하는데 年, 時干의 辛金과 乙辛 沖殺이 되니 역시 길하지 못하다. 따라서 이혼수가 있으니 각별히 조심해야 한다.

- 日支는 처궁인데 丑土가 偏印이다. 이런 경우에는 처의 자리에 어머니가 앉아 있는 형국이니 고부간의 갈등이 발생할 것임을 암시하는 것이다.

⊙ 재물복

- 재물복은 財星의 왕쇠와 용신의 왕쇠를 겸하여 판단한다. 먼저 財星은 乙木인데, 坐下 未土에 십이포태운성의 養에 해당하니 失氣한 것이고, 다시 年, 日干의 辛金과는 沖殺이 되니 財星이 손상되어 왕하지 못하다. 다음에는 財를 생해주는 食傷을 살펴보아야 하는데, 時干 癸水 食神은 坐下 巳火에 십이포태운성

의 胎에 해당하니 왕하지 못하다. 또한 지지에 亥子水가 없어 통근됨이 적으니 乙木 財星을 생해주는데 역부족인 것이다. 따라서 재물복이 많지는 않지만 의식주에 궁핍함은 없을 것이라 판단한다.

- 다음으로 용신 乙木의 왕쇠를 살펴보아야 는데, 乙木이 坐下에 未土가 있어 失氣했으니 왕하지 못하고, 또한 사주에 水氣가 적어 생조받음이 미약하니 재물복이 많지는 않은 것이다.

◎ 학업운

- 학업운은 印星의 길흉과 용신의 왕쇠로 판단한다. 먼저 印星은 丑土 一位와 未土 二位가 있어 印星이 중중하다. 多印은 無印이라 했으니 두뇌는 총명하나 학업과의 연은 적은 것이다.
- 용신의 왕쇠로도 학업운을 논하기도 하는데, 용신 乙木이 왕하지 못하니 역시 학업과의 연은 적을 것이라 판단하는 것이다.

◎ 자식운

- 자식운은 남명은 官星과 時支宮의 길흉, 여명은 食傷과 時支宮을 살펴본다.
- 官星은 時支 巳火 正官이다. 辛丑日柱에는 辰巳가 空亡이므로 巳火 正官이 空亡인 것이다. 따라서 자식들의 운은 길하다 판단하지 못하는 것이다. 예기치 않은 단명수도 발생할 수 있으니 각별히 아이들 관리에 힘써야 할 것이다.
- 時柱는 癸巳로 時干 癸水가 時支 巳火를 극하고 있다. 時干支가 상하 상생되지 못하니 자식들의 운이 크게 잘 풀려나가지 못할 까 염려스러운 것이다.

◎ 건강운

- 사주에 丑未 印星이 중중하다. 印星이 중첩된 경우에는 예기치 않은 사고수와 질병이 많이 발생하게 되는 것이다. 이는 印星의 "印"이 칼날 "刃"과 같은 발음으로 印星을 칼날에도 비유하기 때문이다.
- 丑未土는 흙으로 道路事(도로사)와 연관된다. 따라서 특히 예기치 않은 교통사고를 조심해야 한다.
- 기신이 金이고 구신이 土이니, 위장질환과 대장질환, 폐질환 등에 대해 평생토록 잘 관리해야 한다.

◎ 부모운

- 地支에 丑未의 印星이 중중하고 다시 年干에 辛金 比肩이 투출했으니 이복형제 문제가 나오는 것이다. 따라서 부모 사이는 이별, 혹은 사별 문제가 암시되는 것이다.
- 印星을 부모로 논하는데, 丑未土 印星이 구신에 해당하니 부모와 자신과의 사이에 돈독함과 화기애애함은 적을 것이고, 부모의 은덕도 많이 받지 못하고 자랐을 것이라 판단 된다.
- 부모 사이의 길흉관계는 月柱를 보고 판단하는데, 月柱가 乙未로 상하 상극되니 부모 두 분의 사이도 친밀함이 적었을 것이라 판단하는 것이다.

◎ 성격

- 성격은 日干의 오행과 格局, 그리고 용신의 오행으로 판단한다.
- 日干이 辛金이니 고집이 세다. 또한 印星이 중중하니 남에게 의지함이 많고 매사 적극적으로 임하는 진취성이 부족하다.
- 다만 乙木 偏財가 용신이니 理財에 밝은 성향이 있고, 돈과 연관되어서는 행동과 사고가 민첩한 기질이 있다.
- 사람들과 처음 사귀기는 힘들지만 한 번 사귀게 되면 인연의 끈을 지속하려는 성향이 많다.
- 印星이 중중하니 간혹 교묘한 꾀로 남을 이용하여 이득을 취하려는 태도를 보일 때도 있다.

◎ 형제운

- 형제운은 比劫의 길흉으로 판단하고 또한 月柱와 日支宮의 길흉으로 판단하기도 한다. 남명에서 日支宮은 처궁이면서 가장 가까운 친구의 길흉 관계를 살펴보는데 활용하는 것이다.
- 상기인은 年干 辛金 比肩이 一位 투출했는데, 기신에 해당하며 다시 月干 乙木과 乙辛 沖하여 손상되니 형제덕은 없을 것이라 판단한다.

◎ 관록운

- 관록운은 官星의 왕쇠 및 길흉 여부와 용신의 왕쇠로 판단한다.

- 時支 巳火가 正官인데 한신에 해당하며 공망되고, 다시 日支 丑土와 巳丑 반합 금국의 구신으로 바뀌니 官祿은 적은 것이다.
- 다만 乙木 財星이 月干에 투출했으니 財生官하여 財를 바탕으로 시의원, 도의원 등의 선출직 당선은 가능할 것이라 판단한다.

◎ 수명
- 사주 원국에 印星이 중중하니 예기치 않은 질병과 사고 등으로 인한 단명수가 있다.
- 庚寅 대운(48~57세)의 위기를 잘 넘겨야 할 것이다.
- 남에게 많이 베푸는 공덕을 쌓아 수명을 잇도록 노력해야 할 것이다.
- 사주에 흉살 등이 많으니 조상님들 중 자살한 조상이 한 둘 있는 것으로 나온다. 제살하여 가정에 평안함이 머물도록 항시 노력해야 할 것이다.

◎ 주요 신살
- 月支 未土 偏印에 白虎殺(백호살)이 있으니 차사고 혹은 질병으로 인한 수술 건이 인생에 있어 한 두 번 발생하게 될 것이다.
- 日支 丑土 偏印에 囚獄殺(수옥살), 斧劈殺(부벽살), 太白殺(태백살)이 있으니 문서, 계약 관계로 인한 실패수가 발생할 것이다.
- 時支 巳火 正官에 弔客殺(조객살), 五鬼殺(오귀살), 官符殺(관부살)이 있으니 명예 훼손 문제, 시비다툼 문제, 관재구설 등이 발생할 염려가 있다.

◎ 대운
- 辰土 대운
  日支 丑土와 丑辰 破殺이 되니 이 기간 중 신변의 이동문제가 발생할 것이고, 문서, 계약 건으로 인해 손재수가 발생할 것이다.
- 辛金 대운
  辛金은 기신이다. 乙木 偏財와 乙辛 沖殺이 되니 재물의 損財가 발생할 것이고, 또한 偏財가 처에 해당하니 처와의 불화로 인해 이별 혹은 사별수가 발생할 염려가 있다.

• 卯木대운

卯木은 용신이다. 年支, 日支 未土와 卯未 반합목국의 용신운이 되니 사업적으로 비약적인 발전이 있을 것이다.

한편으론 卯木이 濕木(습목)으로 巳火 正官의 불꽃을 끄게 만드니, 예상치 않은 일로 시비구설이나 명예훼손 등이 禍厄(화액)이 발생할 수 있다.

• 庚金대운

庚金은 구신이다. 용신인 乙木 偏財와 乙庚 간합금국의 기신운이 되니 損財 문제 혹은 처와 연관된 문제로 인해 재물의 손실이 발생할 것이다.

• 寅木대운

寅木은 본시 용신이나 年支, 月支의 未土를 木剋土하여 未土 偏印을 극하니 사고, 질병, 혹은 문서와 연관된 災厄(재액)이 염려된다.

다음에는 時支 巳火 正官과는 寅巳 刑殺이 되니 관재구설 혹은 자식과 연관된 흉화가 발생할 염려가 있다.

• 己丑대운

己丑 土는 구신이다. 말년은 매사 심사숙고 하며 예기치 않은 사고예방 및 건강관리를 잘해야 할 것이다.

◎ 세운

• 辛丑세운(2021년)

歲支 丑土가 年, 月支 未土 偏印과 丑未 沖되니 먼저는 사고수가 들어오고, 이어서 추진 중인 문서, 계약 등의 파기로 인한 손실이 발생할 수 있다. 1년 동안 전반적으로 이롭지 못한 한 해이다.

• 壬寅세운(2022년)

歲支 寅木이 年, 月, 日支 未丑 土 印星을 극하고 있다. 먼저는 예기치 않은 사고수 등이 들어오고 다음에는 처와의 다툼 등이 발생할 수 있고, 또한 이사, 이전 등의 신변의 이동수가 발생할 수 있다. 아울러 時支 巳火와는 寅巳 刑殺이 되니 직업과 연관하여 시비구설이 발생하거나 자녀들에게 작은 사고수 등이 발생할 수 있는 것이다.

◆ 癸卯세운(2023년)

歲干 癸水는 희신이고, 歲支 卯木은 용신이다. 따라서 매우 길한 한 해가 될 것이다. 卯木이 年,月支 未土와 卯未 반합목국의 용신운이 되니 매우 길하다. 문서 계약 등과 연관하여 나에게 매우 득이 되는 좋은 일들이 많이 발생할 것이다. 아울러 기회가 된다면 새로운 창업의 기틀이 되는 해가 될 수 있다.

◆ 甲辰세운(2024년)

甲은 용신이고 辰은 濕土(습토)라 甲木의 뿌리를 滋養(자양)하니 좋은 한 해이다. 중중한 丑未土를 疎土(소토)함이 卯木 보다 더욱 강하니, 지난해보다는 더욱 좋은 해가 될 것이며, 매사 순조롭게 풀려나가고 발전이 있을 것이다.

◎ 辛金 申月

◆ 申宮의 庚金이 司令하니 自旺하다. 戊土가 불투하면 申宮에 壬水와 戊土가 있으니 戊土가 壬水의 제방을 쌓아 발전이 있는 것이다. 이러한 命은 官은 淸淨(청정)하나 富는 적다.

◆ 壬水, 甲木이 출간하면 국가고시에 합격한다.

◆ 戊土가 투출했는데 甲木 역시 투출했으면 衣食은 있다.
戊土가 투출했는데 甲木이 없으면 病이 있고 藥이 없는 격이니 평범하다.

◆ 申月 辛金이 金水가 중중한 경우에 戊土가 一位 있으면 富貴格을 이룬다.

◆ 金이 중중하면 水의 洩氣(설기)가 좋고, 金水가 대등한데 一位 戊土가 있으면 辛金이 유용함을 얻어, 甲木이 있더라도 제극하게 되므로 富貴를 얻게 된다.

◆ 申月의 辛金은 金水가 대등하니, 壬水가 많게 되면 오히려 洩氣(설기)가 太多하

여 中和를 이루지 못하므로 貴格이 되지 못한다.

• 지지 水局이고 壬癸水가 중중하면 金水傷官으로 바뀌니 一位 戊土가 제방을 쌓으면 貴格을 이룬다.

◎ 用神

月支 申金과 지지에 巳酉丑의 삼합금국이 있고, 天干에 辛金이 二位 투출했으니 金이 太旺하여 從旺格(종왕격)으로 논한다. 旺한 金氣를 洩하는 水가 용신인데, 壬癸水가 천간에 투출하지 못했으니 月令 申宮의 壬水를 용신으로 잡는다.

用神 : 壬水
喜神 :   金
忌神 :   土
閑神 :   木
仇神 :   火

◎ 辛巳日柱 특성

• 멋을 잘 내고, 단정하고, 품위 있는 것을 좋아하며 자제심이 강하다. 강렬한 성품은 못되고 판단력이 빠르고 성급하다.

• 착실하고 합리적이며 정직하나 결벽증이 있다.

• 사주에 金木이 많으면 성품이 강직하다.

• 水가 부족하면 뇌혈관질환이나, 대장, 치질, 폐, 허리, 치아, 기관지계통의 질환에 걸리기 쉽고, 신체에 흉터가 있다.

• 직업적으로는 봉급생활자가 많다.

◎ 丁火의 受剋됨이 없고, 壬水가 천간에 투출되었다면 貴格의 사주가 되었을 것이다.

◎ 천간의 丙辛은 同柱한 지지 申丑의 지장간에 壬癸가 있으니 通根(통근)되어 간합 수국으로 바뀌는 것이다. 年干 辛金은 比肩으로 형제자매로 논하는데 干合되어 食傷으로 바뀌니 형제자매의 손상이 있는 것이다.

◎ 食傷이 용신이니 기술계통이나 예체능과 연관되는 것이다. 癸巳대운 이후 가구 공장을 운영하며 많은 돈을 벌었던 것이다.

◎ 巳火대운은 原局과 巳酉丑 삼합금국의 희신운이니 발전이 있었고, 辰土대운은 辰酉 合金의 희신운이니 역시 발전이 있었던 것이다.

◎ 상기는 原局에 財星이 全無하니 오히려 吉한데, 만약 일점 財星이 있다면 群劫爭

財(군겁쟁재)되어 成敗가 多端(다단)한 命造가 되었을 것이다.

⊙ 卯木대운은 財星運이 도래하니 群劫爭財(군겁쟁재)되어 凶禍가 多發한 運인데, 이 시기에 위암수술을 받았고, 또한 친구의 꾐에 넘어가 부동산투기에 연루되어 거액을 날리게 된 것이다.

⊙ 原局에 財星이 全無하면 오히려 財를 貪하는 성향이 강하게 나타나는데, 이것이 투기나 도박과 연관되는 경우가 많다. 상기인은 丑土 湯火殺(탕화살)과 酉金 斧劈殺(부벽살)의 半合으로 인해 賭博(도박)에 耽溺(탐닉)하는 경향이 심한 것이다.

⊙ 財星이 全無하고, 妻宮의 日支 巳火가 原局에서 巳酉丑의 金局을 이루어 比劫으로 化되니 妻와의 연은 적은 것이다.

⊙ 상기인의 부모는 6.25 전쟁 때 남하하여, 지방의 소도시에서 정착한 후 음식점운영과 그릇도매로 많은 돈을 벌어, 점포를 십여 개를 소유할 정도의 지방의 재력가가 되었으나 자식과의 연은 좋지 않았다. 이것은 위 命造의 原局에 父母星인 印星 土가 기신이기 때문이다.

⊙ 寅木대운(58~62세)은 原局과 寅巳申 三刑殺을 이루니 凶하다. 부모에게 많은 재산을 물려받았으나 카지노 도박에 빠져 거액을 탕진하게 된 것이다. 62세의 壬寅세운은 月柱 丙申과 干支가 丙壬 冲과 寅申 冲되어 上下가 공히 冲되니 大禍(대화)가 염려되는 것이다. 매사에 극히 조심해야 할 것이다.

⊙ 用神
  • 申月은 庚金이 司令하여 日主 辛金에 힘을 보태니 辛金의 勢가 왕하다. 다시 庚酉의 比劫이 있어 보조가 지나치니 壬癸水를 용하여 왕한 金氣를 洩하면 중

화를 이룰 수 있다.

- 壬水가 불투하고 年干 癸水가 투출했으니 부득이 이를 용신으로 잡는다.

　　用神 : 癸水
　　喜神 : 　金
　　忌神 : 　土
　　閑神 : 　木
　　仇神 : 　火

◎ 食神인 癸水가 용신이니 예체능과 연관이 많아 음악을 전공한 것이다.

◎ 時干 己土 偏印은 月令 申金에 통근하여 투출한 것이니 왕한 것이라, 두뇌가 총명하나 기신에 해당하니 학업으로 성공하기는 힘든 것이다.

◎ 日支 卯木 偏財는 時支 亥水와 반합목국이 되어 財星局을 형성하니 재물복이 많은 것인데, 또한 日主가 왕하여 身旺財旺하니 富格의 명조이다.

◎ 여명의 官星과 용신은 남편에 비유되는데, 원국에 官星이 전무하니 남편과의 연은 박한 것이다. 다만 용신 癸水가 약하지 않으니 결혼연은 있을 것이나, 결혼생활 중 여러 우여곡절이 多發할 것이므로 부부가 현명하게 대처하면 이혼까지 가지는 않을 것이라 판단한다.

◎ 亥水대운의 결혼 건에 대해 부모가 딸의 운을 문의한 것이다.

- 亥水는 용신이니 남자문제나 결혼문제가 들어오는 것이고, 喪門殺(상문살)을 대동하니 시비구설이 수반되는 것이다.

- 月支 申金과는 申亥 害殺이다. 月柱는 부모형제자매 궁이니 害되므로, 딸과 부모사이에 결혼문제에 대해 구설이 분분한 것이다. 딸과 예비 사위의 학력차가 크니 결혼을 반대하는 것인데, 딸은 대졸이고 예비 사위는 고졸인 것이다.

- 日支 卯木과는 亥卯 반합목국의 한신이다. 용신으로 入되어 한신으로 化되니 결혼연이 반감되는 것이다.

- 時支는 자녀궁인데, 時支 亥水가 歲支 亥水와 亥亥의 自刑殺(자형살)이 되니 자식문제가 대두되는 것이다. 혼전 임신으로 인해 결혼을 서두르게 된 것이다.

◎ 중년 이후의 운은 子丑寅卯辰대운으로 용신과 한신운이니 안락한 생활이 될 것이라 판단된다.

⊙ 用神
- 申月의 辛金은 庚金이 사령하니 扶助(부조)의 氣가 왕하여 自旺하다. 旺神宜洩 (왕신의설)이라 했으니 壬水를 용하여 金氣를 洩하면 중화를 이룰 수 있다. 그러나 壬水가 많으면 洩氣가 태다하여 중화를 잃을 수 있어 흉하다.
- 戊土가 투출한 경우에는 甲木의 疎土(소토)가 있어야 하는데, 甲木이 없는 경우에는 病이 있고 藥이 없는 경우이니 평범하다. 甲木이 있다면 衣祿은 있는 명조이다.
- 상기는 壬水가 불투하니 月支 申宮의 壬水를 용한다. 戊己土가 투출하여 土氣가 약하지 않은데, 木氣가 全無하여 疎土가 불능이니 病은 있고 藥은 없는 것이라 평범한 명조이다.

    用神 : 壬水
    喜神 : 金
    忌神 : 土
    閑神 : 木
    仇神 : 火

⊙ 月支가 申金이고 다시 지지에 酉丑의 반합금국이 있으니 金氣가 중중하여 群劫 (군겁)의 형국이다. 다행인 것은 일점 財가 있다면 群劫爭財格(군겁쟁재격)으로 단명수와, 失財, 喪妻(상처), 형제자매간의 불화 등의 흉화가 多發했을 것인데, 無財이니 군겁쟁재의 상황은 아닌 것이다. 만약 운로에서 甲乙木 財星이 도래한다면 군겁쟁재가 成格되니 예기치 않은 여러 흉화가 발생하게 되는 것이다.
⊙ 時支 丑土 印星이 空亡이니 時干 己土 印星은 空陷(공함)된 것이다. 따라서 부모와의 연이 적은 것이다. 그러나 한편으로 다행인 것은, 日支 酉金과 酉丑 반합금국이 되니 脫(탈) 공망되어 자식과의 연은 沮害(저해)됨이 없었던 것이다.

⊙ 辰土대운에 현재 운영 중인 축산농장의 확장 건에 대해 길흉 여부를 문의한 것이다.

　• 辰土는 본시 기신이나 日支 酉金과 辰酉 육합금국의 희신운으로 化되니 길하다.

　• 다만 혐의가 되는 것은 공망된 時支 丑土가 酉丑 金局으로 化되어 脫 空亡되나 묶인 것인데, 辰土運이 도래하며 丑辰 破殺이 되어 합국을 깨뜨리니 공망이 다시 살아난 것이다. 따라서 印星에 해당하는 문서, 계약 등과 연관하여 흉화가 염려되는 것이다. 문서와 연관된 건은 철저한 검토 및 관리가 필요한 것이다.

⊙ 年, 月支의 巳申은 刑合이다. 先刑後合으로 먼저 刑殺이 작용하여 흉액이 있고, 나중은 合水되어 용신이 되니 길한 것이다. 先刑이니 먼저는 劫財와 正官의 刑殺이라 동료 혹은 동업 관계에서 시비다툼과 관재구설이 있을 것이고, 後合이니 나중은 합수국의 용신운이 되어 일이 잘 마무리되고 사업상 이득이 발생함을 암시하는 것이다.

⊙ 중년 이후는 대운이 卯寅丑으로 한신운이 도래하니 무애무덕하리라 판단된다.

⊙ 부부의사의 명조이다.

⊙ 用神(男命)

　• 辛金 日主가 申月에 생하여 得令했으니 신왕하다. 또한 時干 庚金이 부조하니 日主 辛金은 庚金의 세를 지니게 된 것이다. 따라서 火의 제극이 필요한데, 왕한 金氣를 극제하는 火氣가 없으니 火를 용할 수 없고, 旺神宜洩(왕신의설)이라 했으니 왕한 金氣를 洩하는 月支 申宮의 壬水를 용한다.

　• 子卯 刑殺과 寅申 沖殺이 있으니 의사의 명조로 내과 의사생활을 했다.

　• 운로가 亥子丑寅卯辰의 용신과 한신운이니 평생 복록이 있고 무탈했다.

⊙ 用神(女命)

- 未土月은 三伏生寒의 시점이나, 지지에 未巳가 암암리에 巳午未 남방화국을 형성하려 하고, 다시 卯未가 반합목국을 형성하여 日主 丁火를 생하니, 日主 丁火는 약변강의 세를 지니게 된 것이다. 따라서 왕한 火氣를 극제하는 年干 癸水를 용하면 중화를 이룰 수 있는 것이다.
- 丁日干의 月支 未土가 羊刃殺(양인살)에 해당하니 의사의 명조로 산부인과 의사를 지냈다.
- 운로가 亥子丑寅卯의 용신과 한신운이니 평생 복록이 있고 무탈했다.

⊙ 辛金 酉月

- 酉宮의 辛金이 司令하였으니 日主 辛金의 勢가 極旺(극왕)하다. 壬水로 洩氣시킴이 좋고 戊己土가 있으면 辛金이 埋金(매금)될 염려가 있으니 이때는 甲木의 疏土(소토)가 있어야 한다.
- 壬水와 甲木이 투출했는데 戊己土가 투출하지 않은 경우에는 貴格의 명조로, 국가고시에 합격하는 일신상의 영화가 있고, 才略(재략)이 뛰어난 사람이다. 만약 戊己土가 없으면 甲木이 없어도 무방하다.
- 壬水가 투출하고 戊土와 甲木이 암장되면 衣祿은 있다.
- 辛金과 壬水가 一位이고 甲木이 많아 水氣를 洩시키면, 용신이 무력해져 간사한 무리배이고 재물에 있어 인색하다.
- 辛金이 중중하고, 一位 壬水이고, 甲木이 중중한데 다시 庚壬이 출간하면 大富貴格을 이룬다.

- 辛金이 중중하고, 一位 壬水이고 庚金이 없으면, 사주가 雜亂(잡란)하지 않으니 자수성가하여 富 中 貴가 있다. 이런 경우는 壬水 傷官이 용신이다.
- 辛金이 중중하고, 壬水와 甲木이 각각 一位씩 출간하고, 庚金이 없으면 大貴한다. 풍수가 미흡하더라도 異途功名(이도공명)이다.
- 壬水가 중중하여 金氣를 洩하면 戊土가 투출하여 制水함이 좋은데, 그렇지 못한 경우라면 沙水同流(사수동류=불순물)라 하여 奔波(분파)하고 困苦(곤고)하다. 만약 지지에 一位 戊土가 있으면 才略(재략)이 있고 예술적 소질이 뛰어나다.
- 지지 金局에 比劫이 있고 壬水의 洩氣(설기)가 없으면 이때는 丁火로 왕한 金氣를 煆煉(하련)해야 한다. 丁火가 없으면 무딘 金이 되어 貴器(귀기)를 만들지 못하니 우둔하다.
- 지지 金局이고 戊己土가 출간하면, 壬水가 출간하더라도 水氣를 제압할 수 있다. 이런 경우에는 專旺格(전왕격)이 되는 것이다. 金氣가 태다하니 白虎格(백호격)도 된다. 이런 경우 火가 있으면 破格이 된다. 金水運은 길하고 木火運은 흉하다.
- 一位 壬水가 출간하여 高透(고투)한 경우로 旺金의 氣를 洩하면, 秀氣(수기)가 發하게 되니 一淸到底(일청도저)라 하며, 위인이 재주와 학식이 뛰어나니 국가의 礎石(초석)이 된다.
- 1~2개의 辛金이 있고, 己土가 중중하면, 土多金埋(토다금매)라 僧侶(승려)가 되고, 지지에 庚金, 甲木이 있으면 甲木이 破되니 평범하다.
- 1~2개의 申金이 있고, 己土가 중중하면 土多金埋(토다금매)이나 지지에 庚金이 없고, 甲木이 一位 있으면 疎土(소토)가 가능하여 衣祿은 있다. 만약 庚丁이 암장되면 재물로 관직을 사게 된다.
- 乙木이 중중하고 庚金, 壬水가 없으면 財多身弱(재다신약)이라 富屋貧人(부옥빈인)이다. 만약 庚金의 제극이 있으면 부귀한다.
- 金이 秋月에 생하여 土氣가 중중하면 土多金埋(토다금매)이니, 甲乙木의 救助(구조)가 없으면 가난하다.

⊙ 用神

지지 酉丑이 반합금국을 형성하여 日干 辛金을 부조하니, 이제 辛金이 庚金의

勢를 지니게 된 것이다. 다시 천간에 庚金이 투출하였으니 金의 勢가 太旺한 것이다. 壬水가 不透하여 太旺한 金氣를 洩하지 못하니, 年干 丁火를 用하여 鎔金(용금)하여 中和를 얻을 수밖에 없다. 용신은 年干 丁火이다.

用神 : 丁火
喜神 :　木
忌神 :　水
閑神 :　土
仇神 :　金

◎ 辛丑日柱 특성
　• 개척심이 부족하고, 깐깐하고 고집이 세며 깔끔하다.
　• 남에게 지기 싫어하고 자기주장이 강하다.
　• 재능은 많은 편이며 외유내강의 성격이나, 말수가 적으며 구두쇠 기질이 있고, 잠이 많으며 게으르다.
　• 타인의 손에서 양육되는 경우가 많고, 부부연이 박하다.
　• 잔병치레가 많고, 비만증, 기관지염, 신장계통의 질환에 걸리기 쉽다.
　• 예술가, 미용업, 종이나 의류관련업, 기술자 등의 직업에 많이 종사한다.
◎ 丁未대운은 용신과 한신운이니 ROTC 장교로 군 복무를 마쳤고 취업도 순탄했다.
◎ 比劫이 중중한데 時支에 일점 寅木 財星이 있으니 群劫爭財(군겁쟁재)의 象이다. 형제자매와의 연이 박하고, 재물복도 적은 것이다.
◎ 比劫이 중중하고 月干에 偏印이 투출했으니 이복형제문제가 나온다. 어머니가 두 분인 것이다.
◎ 時支 寅木이 正財로 처성인데 天乙貴人을 대동하니 처의 내조가 있는 것이다.
◎ 日柱 辛丑은 甲午旬 中으로 辰巳가 空亡이다.
◎ 남명 辛日干은 乙木 財星이 처성이고, 己土 偏印이 母星이다. 乙木의 長生 午火와 己土의 長生 酉金이 상극관계이니 고부간의 갈등이 심했다.
◎ 남명 辛日干의 甲木은 正財로 사업상의 財로 논하는데 祿星이 寅木이다. 辛日干의 祿星은 酉金으로 상극관계이니 商業(상업)과는 거리가 먼 것이다.
◎ 남명 辛日干의 丁火는 偏官으로 女兒이고 丙火는 正官으로 男兒로 논한다.
　• 辛日干의 長生은 子水이고 이는 女兒인 丁火의 絶地에 해당된다. 午火대운에

子午 相冲하여 상호 손상되니 女兒의 단명수가 나오는 것이다.

- 丁火 女兒의 母는 乙木이며 祿星은 卯木이다. 女兒인 丁火의 祿星은 午火이다. 午卯 破되어 상호 손상되니 母女 사이의 연이 적은 것이다. 4살 때 집 앞에서 놀다 車禍(차화)를 당해 죽은 것이다.

⊚ 月干에 己土 偏印이 투출했으니 본시 두뇌가 총명하나 運路에서의 부조가 적어 학업의 성취가 적었다.

- 月干 己土는 한신으로 日支 丑土에 통근하였는데, 丑土가 月支 酉金과 반합금 국을 형성하여 土氣가 洩氣되니 印星의 역할에 손상이 있는 것이다.
- 丁火대운은 용신운이니 학업의 성취가 있었다. 본시 比劫이 중중하니 이공계의 길이나 대학교에서는 경영학을 전공한 것이다.
- 未土대운 대학시절은 日支 丑土 偏印과 丑未 冲하여 상호 손상되니 印星의 역할에 금이 간 것이다. 학업의 성취가 적었던 것이다.

⊚ 辛日干의 甲乙木은 正, 偏財 財星으로 祿星이 寅卯木이다. 辛日干의 祿星인 酉金과는 상호 寅酉 怨嗔(원진)과 卯酉 冲되어 상호 손상되니, 금전의 입출은 다소 있었으나 손에 쥐어지는 금전은 없었던 것이다.

⊚ 丙午대운은 용신운이니 이 시기에 결혼하게 된 것이다.

⊚ 時支 寅木 正財가 妻星이다. 原局의 旺한 金氣에 受剋되어 無力하니 妻와의 연은 길하지 못했다. 그러나 희신에 해당하니 이혼까지는 가지 않고 각자 오랜 세월을 떨어져 지내게 된 것이다.

⊚ 比劫이 重重하여 官星과 相剋되니 직장생활과의 연은 적었다.

⊚ 金氣인 比劫이 重重한데 洩氣시키는 壬癸水가 全無하니, 고집불통이고 융통성이 적은 性格이 되었다.

⊚ 丁火 官殺이 자식인데, 坐下에 통근하지 못하니 衰하고, 다시 일점 寅木 財星이 旺한 金氣에 受剋되어 손상되어 官星을 생함이 미약하니, 자식 代에 크게 기대할 바는 없다 판단하는 것이다.

⊚ 丙火대운은 본시 용신운이라 대기업에 취직된 것이다. 그러나 日干 辛金과 丙辛 간합수국의 기신운으로 化되니 흉하다. 직원들과의 갈등 요소로 인해 퇴직한 것이다.

⊙ 午火 대운

  • 午火가 용신에 해당하니 이때 결혼한 것이다.

  • 午火와 日支 丑土 偏印과는 丑午 怨嗔殺(원진살)이 되어 흉하다. 부동산중개업
    에 종사하던 중 문서, 계약과 연관하여 사기를 당해 손재수가 발생한 것이다.

  • 남명 辛日의 丁火는 女兒이다. 丁火의 祿星이 午火인데, 대운 午火와 午午 自
    刑되니 흉하다. 여아가 4살 때 집 앞에서 놀다 차사고로 죽은 것이다.

⊙ 乙巳대운은 乙庚 간합금국과 巳酉丑 삼합금국의 구신운이니 회사를 자의반 타의
  반으로 퇴직하게 되고, 이후 여러 사업에 손댔으나 매사 실패가 따랐다.

⊙ 甲辰 대운은 甲庚 沖되어 甲木 희신이 손상되고, 辰酉 육합금국의 구신운이니 매
  사 순탄하게 풀리지 못한 것이다.
  특히 辰土대운에 病名이 뚜렷하지 않은 근육의 이상증세로 인하여 일체의 사회
  활동을 중단해야 했다.

⊙ 사주원국에서 辰未戌丑은 墓庫인데, 辰戌은 陽宅으로 논하고, 丑未는 陰宅으로
  논한다. 상기 명조의 日支 丑土가 대운의 辰土와 丑辰 破되니 이 시기에 墓頉(묘
  탈)이 발생했다 판단하는 것이고, 이로 인해 건강상 이상 징후가 나타난 것으로
  유추한다.

⊙ 癸卯, 壬寅대운은 壬癸水의 기신운이고, 卯寅木은 旺한 金氣에 손상되니 희신의
  역할을 하지 못한다. 크게 나아질 바가 없는 것이다.

⊙ 用神

  • 酉月의 辛金은 月令 酉宮의 辛金이 司令하여 부조하니 日主가 왕하다. 壬水를

용하여 洩氣하면 중화를 이룰 수 있다.

• 상기는 日主가 月令 酉金의 부조를 받으니 身旺하나, 천간의 丙丁火 역시 年, 日, 時支에 통근하니 태약하지 않다. 水를 용하여 왕한 火勢를 制火하고 身旺한 金氣를 洩하면 사주가 中和를 이룰 수 있는데, 局에 水氣가 전무하니 胎元 (태원)을 적용한다. 胎元이 戊子이니 子中의 壬水를 용하는 것이다. 용신은 壬水이다.

     用神 : 壬水
     喜神 :　金
     忌神 :　土
     閑神 :　木
     仇神 :　火

◉ 時干 乙木 財星은 처성인데, 月令 酉金에는 絕地, 坐下 未土에는 養地에 해당하니 무력하다. 처와의 연이 박하다 판단한다.

◉ 남명에서 官星이 자녀성인데, 투출된 丙丁火가 正官과 偏官으로 관살혼잡된 것이다. 따라서 자녀들과의 연도 박한 것이다. 처가 자녀들과 함께 나가서 별거하고 있는 것이다.

◉ 乙木대운의 직장운을 문의한 것이다.

• 乙木은 본시 한신으로 무애무덕한 운의로 도래하는 것이다.

• 年支 午火는 구신이다. 寅午 반합화국의 구신운이 되니 흉하다. 午火는 구신으로 官星이니 직장과 직책의 변동수가 발생하는 것이다.

• 月支 酉金은 본시 희신이다. 寅木과 상극되니 희신의 역할에 손상이 오는 것이라 흉하다.

• 日支 未土는 본시 기신으로 자신의 위치이다. 寅木이 훼하고 들어오니 자리의 변동수가 발생하는 것이다. 時支 未土 역시 같은 이치이다.

• 乙木대운은 乙木이 日主 辛金과 相沖되니 신변의 변동수가 발생하는 것이다. 日主가 干沖으로 손상되어 흉하므로 乙木대운 기간 중 권고사직의 통보가 온 것이다.

◉ 癸卯대운 이후의 말년운은 용신과 한신운이니 무탈할 것이라 판단한다.

◉ 用神

- 지지에 巳酉 반합금국을 이루고 천간에 二位의 辛金이 투출했으니 身旺하다. 旺神宜洩(왕신의설)이라 했으니 旺한 金氣를 洩하는 年干 癸水를 용신으로 잡는다.
- 용신 癸水는 비록 月令의 生을 받는다 하나 坐下에 絕地이니, 용신이 旺하지 못함이 일점 흠인 것이다.

　　　用神 : 癸水
　　　喜神 :　金
　　　忌神 :　土
　　　閑神 :　木
　　　仇神 :　火

◉ 辛未日柱 특성

- 외유내강의 성격이며 남에게 드러내길 싫어하고, 예술적 재능이 풍부하다.
- 까다롭고 자존심이 강하며 재주는 있으나 남의 인정을 못 받는다.
- 단순하면서도 이기적이고 이해심이 부족하며, 자기주장을 굽히기를 싫어한다.
- 사주에 木이 많으면 호탕하고 풍류를 즐기는 성격이 많고, 三刑殺(삼형살)이 있으면 속이 좁고 너그럽지 못하며, 예기치 않은 사고나 질병을 조심해야 한다.
- 사주에 水가 많으면 잔병치레가 많고, 폐나 기관지계통의 질병에 걸리기 쉽다.

◉ 辛金 日干은 가공한 금속이요 珠玉(주옥)에 해당하니 洗淘(세도)해야 貴器(귀기)를 드러낼 수 있는 것이다. 따라서 江河의 물인 壬水로 洗淘해야 하는데, 雨露(우로)와 澗溪水(간계수)에 비유되는 癸水로는 역량이 부족하다. 따라서 크게 貴格을 이루지 못한 것이다.

◉ 지지 卯未는 반합목국을 형성하나 月令이 酉金月이니 木氣가 失氣한 것이다. 身

旺하나 財旺하지 못하니 大財를 얻기에는 부족함이 있다.

◎ 年支 巳火는 官星이다. 직업, 직책, 직장을 의미하는데, 月支 酉金과 반합금국의 比劫을 이루니 官星이 손상되는 것이다. 財는 있으나 官이 손상되니 위 명조인은 오히려 財를 바탕으로 명예를 얻으려는 욕구가 강하게 되는 것이다.

◎ 丙辰대운에서 丙火대운은 丙辛 간합수국의 용신운이고, 辰土대운은 辰酉 육합금국의 희신운이니 지방 시의회의 의장이 되어 의정활동을 활발히 했다.

◎ 乙卯대운은 財星運이나 한신에 해당되고, 干支 상호가 乙辛 沖과 卯酉 沖되어 희신인 月柱 辛酉를 손상시키니 運이 旺하지 못하다. 지방자치단체의 시장직에 출마했으나 낙마했던 것이다.

◎ 甲寅대운 역시 財星運이나 한신에 해당되고, 寅酉 怨嗔(원진)과 寅巳 刑되니 酉金 희신과 巳火 官星을 손상시키는 것이라 凶하다. 등급을 높이어 국회의원직에 출마했으나 낙마했던 것이다.

◎ 原局의 比劫은 형제자매, 동창생, 동료직원, 친한 친구 등으로 비유되는데, 선거와 관련해서는 유권자와도 비유된다. 比劫이 용신과 희신에 해당되면 유권자들의 호응이 높다 판단하는 것이고, 기신과 구신에 해당하면 호응이 높지 않다 판단하며 오히려 남들의 陰害(음해)에 시달리는 경우가 많다. 위 命造는 比劫이 희신이라 유권자들의 호응이 높았으나 官星이 합되어 比劫으로 바뀌니 길변흉이 되었던 것이다.

◎ 時支 卯木 偏財는 原局에 比劫이 重重하니 群劫爭財(군겁쟁재)의 상황으로 논할 수 있지만, 日支 未土와 반합목국을 형성하니 비록 酉金月에 木氣가 失氣했으나 약변강의 勢를 이루게 되어 群劫爭財(군겁쟁재)의 凶格은 되지 않았다.

⊙ 用神
  - 酉金月의 辛金은 酉宮의 辛金이 當令(당령)하여 부조하니 日主의 勢가 왕강하여 洩氣시키는 壬水가 귀중하다.
  - 土가 중중하면 疎土하는 甲木이 있어야 하고, 金이 중중한데 일점 木氣가 있으면 群劫爭財(군겁쟁재)가 되니 損財와 단명수가 따르는 것이다.
  - 一位 壬水가 출간했는데 甲木이 많아 水를 洩氣시키면 용신이 무력해져 간사한 무리가 되거나, 이율배반적인 성격을 지니고, 재물에 있어 인색한 하천인이다.
  - 상기는 천간의 乙庚 간합금국과 지지의 酉丑 반합금국이 있어 金氣가 태중하다. 旺神宜洩(왕신의설)이라 했으니 태왕한 金氣를 洩하는 壬水를 용신으로 잡아야 하나, 不透했으니 부득이 日支 丑宮의 癸水를 用하는 것이다. 壬水 대신 癸水를 用해야 하니 격이 떨어지는 것이고, 지장간에서 끌어다 써야 하니 그만큼 인생에 노고가 많이 필요한 것이다.
  - 상기는 金氣가 중첩되니 혹자는 從旺格(종왕격)으로 논하여 年干 庚金을 용신으로 잡아야 한다고 주장하기도 하나, 비록 日支 丑宮의 癸水를 끌어다 쓰는 것이나, 胎元(태원)이 丙子라, 子中의 壬癸水가 암암리에 용신 癸水를 扶助(부조)하니 능히 癸水를 用할 수 있는 것이다. 다만 역량이 떨어지니 貴格이 되지 못하고 衣食만 좀 있을 뿐인 명조이다.
    用神 : 癸水
    喜神 : 金
    忌神 : 土
    閑神 : 木
    仇神 :   火

⊙ 月干 乙木 偏財는 父星이다. 좌하 酉金에 絶地이고, 乙庚 간합으로 化金되니 손상된 것이다. 따라서 부친이 일찍 작고한 것이다.

⊙ 局에 金氣가 태다한데, 천간의 乙木은 化金되고, 일점 時支 寅木 正財만 남았으니 群劫爭財(군겁쟁재)의 상황이다. 여러 형제들이 적은 재물을 놓고 다투는 형국이니, 형제들 중에 단명한 者가 나오게 되고, 우애가 없게 되고, 어려서 각각 뿔뿔이 흩어져 타향으로 나가 살게 되고, 재물복도 적은 것이며, 運路에서 比劫運이 도래할 시는 命을 보존하기가 힘든 것이다.

◉ 日主가 辛金이고 月支가 酉金이다. 모두 가공된 금속으로 논하여 귀금속, 차바퀴, 수술 칼, 농기구인 삽, 낫 등에 비유된다. 회 뜨는 칼을 주로 사용하는 일식집의 주방장으로 일했던 것이고, 배달과 연관된 신문사 지국을 운영하고 있는 것이다.

◉ 局에 丑戌의 印星混雜(인성혼잡)과 庚酉의 比劫混雜(비겁혼잡)이 있으니, 어머니가 두분이고 이복형제가 있는 것이다.

◉ 群劫爭財(군겁쟁재)의 형국이니 처와의 연도 적어, 초혼에 실패하고 독신으로 살고 있는 것이다. 초혼 실패의 원인은 처궁인 日支宮에 偏印이 있어 고부간의 갈등이 내재되어 있기 때문이다.

◉ 辛金 戌月

　• 戌宮의 戊土가 司令하고 餘氣(여기)인 辛金이 부조하니 母旺子相(모왕자상)의 象이다. 먼저 壬水를 용하여 洗淘(세도)하고 나중은 甲木으로 疏土(소토)한다. 壬水를 쓰면 富를 得하고 甲木을 쓰면 貴를 得한다.

　• 戌月의 申金은 戊土가 투출하면 甲木으로 소토하고, 戊土의 투출이 없으면 壬水를 용하여 洗淘하여 貴器를 드러내게 한다..

　• 壬水와 甲木이 투출하고 지지 水局이면 국가고시에 합격하고 부귀가 따른다. 壬水가 투출하고 甲木이 암장되면 小富貴한다.
　　甲木이 투출하고 壬水가 암장되면 무관직이나 기술직이다.

　• 甲木이 一位 투출하고, 지지에 壬水와 戊土가 중중하면 異途功名(이도공명)이다. 만약 甲木이 一位 더 있어 戊土를 制하면 富는 크나 貴가 작다.

　• 火土가 病(병)이 되면 水木으로 藥(약)을 삼는다.

- 戊土가 많고 甲木이 투출하지 못하면 疎土(소토)하지 못하니 功名(공명)은 없고, 一位 壬水가 투출하면 洗土助甲(세토조갑)하니 貴는 없어도 富는 있는 것이다.
- 木多土小한데 水가 없으면 평범한 命이다.
- 己土, 癸水가 투출하고 壬水가 없으면 능히 生金하므로 衣食(의식)이 있고 小貴는 한다. 다만 己土가 많으면 불순물이 많은 것이니 濁富(탁부)됨을 면할 수 없다.
- 甲木의 투출이 없고 천간에 丙火가 있어 丙辛 合水가 되면 小富하고, 지지에 辰이 있으면 大富貴한다. 辛金 戊月에 辰이 있다는 것은 壬辰時를 의미하여, 丙辛의 干合 水局이 眞이 되어 용신 壬水가 旺해지니 大富貴格이 되는 것이다.

◎ 用神
- 申月의 辛金은 母旺子相하니, 먼저는 壬水를 용하여 洗淘(세도)하여 貴器(귀기)를 드러내야 하는데, 상기는 壬水가 불투하고 亥水에 암장됐다. 다시 亥水는 寅木과 육합목국으로 바뀌니 용할 수 없는 것이다.
- 月干 甲木을 용하여 辰戊土를 疎土(소토)하여, 辰戊土가 지나치게 日主를 생함을 막아 중화를 이루어야 한다.

    用神 : 甲木
    喜神 : 水
    忌神 : 金
    閑神 : 火
    仇神 : 土

◎ 月令 戊宮의 지장간 辛丁戊가 천간에 투출하지 못했으니, 格을 논한다면 正格 중 正印格이다. 따라서 두뇌가 총명하고 남을 가르치는 교육자의 직업이 적합하다. 또한 직업, 직장에 비유되는 官星은 月支 戊宮의 丁火인데, 年支 辰土와 辰戊 沖하여 丁火 偏官에 손상이 오는 것이다. 따라서 문과계열이 아닌 사립대학의 유전공학 연구원의 길을 갔으나 장구하지 못했다.

◎ 財星이 중중하니 오히려 불리한 면이 있어 처와의 연은 화기애애함은 적은 것이다.

◎ 남명의 官星은 자녀성이다. 官星이 月支 戊宮에 암장되었는데, 年支 辰土와 辰戊 沖하여 戊土 火庫가 開庫되어 丁火 偏官이 沖出되니 늦게 아들 하나를 둔 것이다.

◎ 財多하나 신약하지 않으니 재물복은 많은 것이다. 年干 甲木 正財는 상속의 財인데, 다시 時支 卯木에 財가 있으니, 이를 頭尾一貫(두미일관)의 財라 하여 상속

의 財를 바탕으로 가산이 증가되는 암시가 있는 것이다. 길하며 재물복이 많은 것이다.

⊙ 庚金대운은 용신인 年, 月干의 甲木을 충극하니 명예퇴직하게 된 것이다.

⊙ 辰土대운의 운을 문의한 것이다.

- 辰土는 본시 구신이다. 年, 月支의 辰戌과는 辰辰 自刑殺과 辰戌의 沖殺이 되니 흉하다. 辰戌土 印星의 형충이니 부모님에게 예기치 않은 사고, 질병수가 발생할 수 있고, 印星은 문서, 계약 등으로도 논하니 이와 연관하여 흉함이 발생하는 것이다.
- 日支 亥水와는 辰亥 怨嗔殺(원진살)이 되어 흉한데, 日支宮은 처궁이니 처에게 예기치 않은 흉화가 발생할 수 있는 것이다.

⊙ 用神

- 戌月의 辛金은 戌宮의 戊土가 사령하니 정히 母旺子相의 象이다. 따라서 壬水로 洗淘(세도)하여 貴器(귀기)를 드러내게 한다.
- 戊土가 투출했거나, 土가 후중하면 먼저 甲木으로 疏土(소토)하고 다음에 壬水로 洗淘한다.
- 지지에 水가 중중한 경우라면 甲木으로 納水(납수)하고, 태중하여 水底金沈(수저금침)의 상황이라면 甲木을 용하여 납수함이 무력해지니, 戊土로 制水하고 辛金을 도와야 한다.
- 상기는 辛金이 戌月에 생하여 왕하고, 다시 二位의 庚金이 투출하여 부조하니 日主가 태왕해진 것이다. 旺神宜洩(왕신의설)이라 했으니 年干 壬水를 용하여

왕한 金氣를 洩하면 중화를 이룰 수 있는 것이다.

用神 : 壬水
喜神 :　金
忌神 :　土
閑神 :　木
仇神 :　火

◉ 日, 時支 巳寅이 刑殺이 되니 처자식과의 연이 박한 것이다.

◉ 日支에 巳火 正官이 있으니, 성품이 근면성실하고 맡은바 임무에 충실한 명조이다. 다만 時支 寅木과 刑殺이 되니 직업, 직책과 연관하여 시비구설이나 음해가 많이 따를 것임이 암시되는 것이다.

◉ 용신이 年柱에 있으니 조상대에 발복이 있었음을 알 수 있는 것이다.

◉ 年, 時支 寅木이 財星인데, 戌月의 寅木은 死木이니 재물복이 많지 않은 것이다. 따라서 자영업의 길을 가지 못하고 봉급생활을 하고 있는 것이다. 이것은 비록 身旺하나 財旺하지 못한 까닭이다.

◉ 月柱가 庚戌로 劫財와 正印이다. 부모 대에 이복형제 문제가 나오고, 外家가 몰락했음을 암시하는 것이다.

◉ 초년의 亥子丑운은 용신운이니 부모의 보살핌 속에 매사 무탈했음을 알 수 있다.

◉ 중년의 寅卯辰운은 한신운이니 무애무덕한 운이다.

◉ 丙火대운의 운을 문의한 것이다.

• 丙火는 본시 구신으로 庚金 희신과는 상극되고, 日主 辛金과는 丙辛 반합수국의 용신운이 되니 일희일비의 운이다.

• 치매에 걸린 노모 문제로 인해 처와 형제자매들과의 갈등이 많은 것이다. 처는 시어머니를 요양원에 모시기를 바라는 것이고, 시댁식구들은 반대하니 갈등의 골이 깊어진 것이다.

• 처가 직장생활을 하고 있으니 시어머니를 돌보기가 어려운데, 시댁시구들은 이제 퇴직하고 집에 있기를 바라는 것이다.

• 甲辰세운은 命主의 母胎인 月柱와 비교시, 甲庚 沖과 辰戌 沖되어 月柱 上下가 모두 손상되니 이제 모태의 기둥이 파괴되므로 어머니의 命이 보존되기 힘든 것이다.

• 어머니의 命이 3~4년 남았으니 가족끼리 논의하여 현명한 판단을 내리기를 바라는 것이다.

⊙ 用神
• 원국에 戊己土가 중중하니 土多金埋(토다금매)의 형국이다. 甲木을 용하여 疎土(소토)하고 壬水로 洗淘(세도)하면 貴氣를 드러낼 수 있는 것이다.
• 甲木과 壬水가 불투하니 日支 亥宮의 中氣인 甲木과 正氣인 壬水를 끌어다 용하는 것이다.
• 甲壬이 모두 불투하고 암장되었으니, 두뇌가 총명하고 매사 일에 진취적인 면이 많으나 성과는 적었던 것이다.

    用神 : 壬水
    喜神 : 金
    忌神 : 土
    閑神 : 木
    仇神 : 火

⊙ 원국에 戊己土 官星이 중중하니 직장과의 연이 적고, 직업의 변동이 많았던 것이다.
⊙ 月柱 戊戌이 상하 正印이니 통변상 偏印으로 바뀌었다 판단한다. 따라서 두뇌가 총명하고, 학교성적이 뛰어났으나, 종국에는 학문으로 성공하지는 못했던 것이다.
⊙ 원국에 戊己土 印星이 중중하니 多印無印이라 논한다. 문서로 인한 손재수가 다발하게 되는 것이다. 따라서 문서, 계약 등과는 연이 적으니 부동산 등과 연관된 사안은 본인 명의로 해놓지 않음이 좋은 것이다.

⊙ 원국에 印星이 중중하니 어머니 혹은 할머니가 두 분인 것이다.

⊙ 日支는 처궁인데 亥水가 중중한 戊己土의 극제를 받으니 처와의 연이 박한 것이다.

⊙ 재물운은 財星의 길흉 여부와 용신의 왕쇠 및 운로의 길흉으로 판단하는데, 日支 亥宮의 甲木이 財星이다. 亥水는 중첩된 戊己土의 극제를 받으니 손상된 것이고, 亥宮의 甲木 財星도 역시 손상되어 재물복도 박한 것이다.

⊙ 年, 月干의 丙戊는 正官과 正印으로 투출하였고 또한 月令 戊土에 통근되어 있으니 본시 공직자의 명조이다. 그러나 아쉬운 것은 戊己土 印星이 중중한 것이 病이 되어 오히려 印星을 써먹을 수 없게 된 것이고, 年干 丙火 官星은 月支 戊土에 墓宮이라 무덤에 갇혀 있는 격이니 역시 활용할 수 없게 된 것이다. 공직의 길로 가지 못하고 국영기업체에 근무하게 된 것이다.

⊙ 지지의 辰未戌丑은 십이포태운성의 "墓(묘)"에 해당한다. 日干 기준하여 지지에 "墓"가 없다 하더라도, 辰未戌丑 중 二位 이상이 있으면 "墓"로 논하여, 장남 여부와는 별개로 집안의 葬墓(장묘)와 연관된 일을 맡아 하게 됨을 암시한다.

⊙ 時柱는 자녀궁인데, 己丑土로 기신에 해당하니 자식들과의 연은 돈독하지 못하다 판단한다.

⊙ 比劫인 金이 희신이니, 동료, 동창, 동료직원들과는 붙임성이 많고 유대관계가 좋다 판단한다.

⊙ 구신이 火니 혈관계질환이 염려되고, 기신이 土니 위장계통의 질환이 염려되는 것이다.

⊙ 日柱가 辛亥로 金水傷官이니 巧智(교지)하고, 詭計(궤계)가 있으며, 자만심이 많고, 은근히 남을 깔보는 성향이 있다.

⊙ 年支 丙火는 月支 戊土 기준하여 天月二德에 해당된다. 正官이 天月二德을 대동하니, 통솔력과 추진력이 있고, 또한 丙火는 만물을 비추는 象이니 일처리에 있어 남의 모범이 되려고 노력하는 성향이다.

⊙ 乙巳대운은 日柱 辛亥와 공히 상하 상충되니 예기치 않은 사고, 질병 등의 흉액이 염려된다.

◎ 用神

• 戌月의 辛金은 戌宮의 戊土가 사령하여 辛金을 생하니 母旺子相의 相이다. 土
多하면 辛金이 埋金(매금)될 염려가 있는 것이다. 따라서 먼저는 甲木으로 疎土
(소토)해야 하고 다음은 壬水로 洗淘(세도)하여 귀기를 드러나게 한다.

• 상기는 年干에 戊土가 출간하여 지지 戌未土에 통근하니 그 기세가 왕강하다.
따라서 이제는 甲木으로 厚重한 土를 疎土(소토)함이 먼저고, 다음은 壬水로 洗
淘(세도)하여 貴器(귀기)를 드러나게 해야 한다. 印星多에 要見財星인 것이다.

• 천간에 甲木이 불투하니 時支 寅宮의 甲木을 용신으로 잡는다. 용신 甲木은 戌
月에 失氣한 것이니 용신이 왕하지 못한 것이다.

  用神 : 甲木
  喜神 :   水
  忌神 :   金
  閑神 :   火
  仇神 :   土

◎ 局에 印星이 중중하여 본시 두뇌가 총명한데, 지지 未寅宮의 丁丙火 官星은 戌未
刑破와 寅申 沖되어 未土와 寅木이 손상되니, 동궁한 丁丙火 역시 손상된 것이라
官星이 무력해져 공직과의 연은 없는 것이다.

◎ 용신이 木으로 財星에 속하니 財를 추구하게 되는데, 時柱가 庚寅으로 傷官生財
하니, 재능과 기술을 활용하여 財를 추구하는 것이라 치과의사의 길을 간 것이
다. 이는 局에 土氣인 印星이 중중하니 偏印이라 논하고, 日干 辛金은 가공한
금속으로 수술칼에도 비유되니 의사의 직업과 연관되는데, 土는 인체의 배속에
서 치아와도 연계하니 치과의사의 길을 가게 된 것이다.

◎ 時支 寅木 財는 戌月에 失氣했고, 처궁인 日支 未土는 戌未 刑破되어 손상되니

처와의 연은 돈독하지 못한 것이다.

⊙ 卯木대운에 신축한 4층 건물의 임대 건이 잘 마무리 될지 문의한 것이다.

* 卯木은 본시 용신이다. 月支 戌土와는 卯戌 육합화국의 한신운이고, 日支 未土
  와는 卯未 반합목국의 용신운이 된다.

* 年, 月은 사안의 應期(응기)가 빠르고, 日, 時는 사안의 응기가 늦다 판단하니,
  卯木대운 중 상반기는 임대 건의 완료가 불가하고 하반기에 임대가 모두 완료
  될 것이라 판단하는 것이다.

⊙ 用神

* 戌月의 辛金은 戊土가 사령하니 母旺子相의 형국이다. 따라서 먼저 壬水를 용
  하여 洗淘(세도)하여 辛金의 貴器를 드러냄이 필요하다. 만약 厚土의 경우라면
  甲木의 疏土(소토)가 필요하다.

* 戌月은 金旺之節이고 日, 時支에 酉巳 반합금국이 있어 日主를 부조하니 신왕
  하다. 왕한 金氣를 洩하는 壬癸水가 필요한 것이다. 壬水가 불투하고 癸水가
  투출했으니 이를 용신으로 잡는다. 癸水는 辛金을 세도함에 역량이 부족하니
  사주가 貴格이 되지 못한다.

* 辛金은 한번 煆煉(하련)을 거친 귀금속이니 丙丁火를 用하는 경우가 드물다.

  用神 : 癸水
  喜神 : 金
  忌神 : 土
  閑神 : 木
  仇神 : 火

◎ 辛酉日柱 특성
 • 깔끔하고 지기 싫은 성격에 고집이 센 편이고, 실속을 차리며 기분에 따라 돈을
  잘 쓴다.
 • 단순한 게 흠이고, 몸이 빠르며, 자신의 속마음을 잘 드러내지 않으며 참을성이
  있으면서, 급한 일면도 지니고 있다.
 • 정의로운 성격이며 불의를 못 참는다.
 • 운동선수, 기자, 사업가, 기술직공무원 등의 직업이 많다.
◎ 局에 火金이 성하면 무관직의 명조가 많은데, 金보다 火가 더 盛하면 군인, 소방
 직 등이 많고, 火보다 金이 더 盛하면 정보계통, 경찰직 등에 많이 종사한다. 상
 기는 지지에 巳酉 반합금국이 있고, 午戌의 반합화국이 있어 火金이 盛하니 무관
 직의 명조다. 다만 月令이 戌土라 午戌 반합화국이 실기한 것이니, 火보다 金이
 더 盛한 것이라 군인직이 아닌 경찰직의 길을 간 것이다.
◎ 투출된 甲木 財星은 한신이며 또한 戌月에 무력하다. 따라서 재물복과 처복이
 박할 것이라 판단한다.
◎ 庚辰대운의 승진운을 문의한 것이다.
 • 庚金대운은 庚金이 본시 희신이나 천간의 甲木과 충되어 손상되니 흉운이다.
 • 辰土대운은 辰土가 본시 기신이나, 月支 戌土와는 충하여 開庫되어 戌宮의 辛
  丁戊가 튀어나와 辛金을 용할 수 있으니 불리하지 않다. 日支 酉金과는 辰酉
  육합금국의 용신운이니 길운이다.
 • 辰土대운에 승진할 것이라 판단되는 것이다.

⊙ 辛金 戌月
- 戌月의 辛金은 壬甲을 떠나 용신을 생각하기 힘들다. 上半月(寒露~霜降)은 辛金이 사령하니 洗淘(세도)하는 壬水가 더욱 유용하고, 下半月(霜降~立冬)은 戌土가 사령하니 埋金(매금)의 우려가 있어 甲木이 더욱 유용하나 구성형태를 잘 살펴보아 均用(균용)해야 한다.
- 戌月의 辛金은 戌宮의 戌土가 사령하여 日主를 생하니 母旺子相하다. 먼저는 壬水를 용하여 왕한 金氣를 洩하고, 다음은 甲木을 취하여 疎土(소토)해야 한다.
- 壬水와 甲木이 투출하고 지지 水局이면 국가고시에 합격하여 일신상의 榮達(영달)이 기약된다.
- 壬水가 투출하고 甲木이 없고 지지에 戌土가 두 개이면 평범하다. 그러나 甲木이 있어 制土하면 小富貴한다.
- 甲木이 투출하고 壬水가 암장되고 戌土가 중중하면 異途功名(이도공명)이다. 만약 甲木이 二位 투출한 경우라면 制土가 가능하니 富는 크고 貴는 작다. 異途로 功名을 얻는다.
- 癸水가 二~三位 투출한 경우라면 辛金을 세도하지는 못하도 淸하게 한다. 따라서 노력하여 小富貴한다. 그러나 甲木이 투출하고 戌土의 투출이 없으면 富貴格을 이룬다.
- 己土가 투출하고 壬水대신 癸水가 있으면 滋潤(자윤)하여 生金하니 작은 쓰임이 있어 小富貴 하나, 만약 己土가 중중하면 貪財(탐재)하고 吝嗇(인색)한 수전노이다.

⊙ 用神
- 庚金이 투출하고 지지에 酉丑 반합금국의 부조가 있으니 日主 辛金의 勢가 왕하다. 壬水를 용하여 왕한 金氣를 洩하면 중화를 이룰 수 있다.
- 壬水가 불투했으니 부득이 日支 丑宮의 癸水를 용신으로 잡는다.
- 戌月은 亥子丑의 水旺之節로 進氣하는 시점이니 용신 癸水가 태약한 것은 아니다.
  用神 : 癸水
  喜神 :　金

```
忌神 :    土
閑神 :    木
仇神 :    火
```

⊙ 年, 月支는 卯戌의 육합화국이며 丁火가 투출했고, 日, 時支는 丑酉의 반합금국
으로 庚金이 투출하였다. 火와 金이 상호 대립되어 火金相爭의 경우이다. 또한
弔客殺(조객살), 囚獄殺(수옥살), 喪門殺(상문살), 絞神殺(교신살) 등의 흉살이 중중하
니 일반인들 보다는 神氣가 왕한 것이다. 항시 머리가 맑지 못하고 잡다한 꿈을
자주 꾸게 되는 것이다.

⊙ 日柱 辛丑은 甲午旬 中으로 辰巳가 공망이다. 印星과 官星이 공망이니 공직이나
봉급생활직과의 연이 적은 것이다.

⊙ 용신 水가 食傷에 해당하니, 기술 및 예체능계통에 소질이 많아 요가강사를 하고
있는 것이다.

⊙ 여명 辛日干은 丙火가 夫이고 丁火가 偏夫이다. 지지 巳火는 천간의 丙火인데,
巳火가 공망이니 丙火 夫 역시 공망된 것이다. 또한 火氣가 구신에 해당하고 夫
인 丙火가 불투하고 偏夫인 丁火가 투출했으니 부부연이 박하다 판단한다.

⊙ 丑土대운의 결혼운을 문의한 것이다.

• 천간에 투출한 偏夫 丁火는 月支 戌宮에 통근하고 있다. 年支 卯木과 卯戌 合을
이루어 묶이니 결혼연이 늦었던 것이다. 丑土대운에 丑戌 刑하여 卯戌 合을 깨
뜨리니 偏夫 丁火가 出하게 되어 결혼하게 되는 것이다.

• 年支 卯木 偏財는 상속의 財이다. 卯戌 합국되어 묶이었으니 내가 활용할 수
없었던 것이다. 丑土대운이 도래하며 月支 戌土와 丑戌 刑하여 역시 합을 깨뜨
리니 이제 내가 활용할 수 있는 財가 된 것이다. 부친이 운용하는 당구장이 성
황을 이루고 잘되었는데, 이제는 본인과 남편이 맡아서 하게 된 것이다.

• 局의 土氣가 기신인데, 丑土가 도래하며 丑戌 刑하니, 기신의 역할에 장애가
생겨 오히려 흉변길의 운이 된 것이다.

• 丑土는 본시 기신이나, 지지 卯戌 합되어 왕해진 구신을 丑戌 刑하여 합을 깨뜨
리니 오히려 흉변길이 된 것이다.

• 時支 酉金은 본시 희신인데, 대운 丑土와 酉丑 반합금국의 희신운으로 化되니
길하다. 역시 결혼하게 되는 것이다.

- 여명의 官星은 남편성인데 火로 구신에 해당하고, 또한 局에 官星이 중중하니 부부연에 금이 가지 않도록 상호간 노력함이 필요하겠다.

⊙ 辛丑日柱 通辯

- 日支 丑土는 암암리에 巳酉丑 金局을 형성하니 金庫이며 庚金이 대표하고 日干 辛金과는 同氣이니 身庫인 것이다. 여명 辛日干의 祿星은 酉金이고 女兒는 癸水이며 食神이고 祿星이 子水이다. 母女의 祿星이 상호 子酉 破하니, 이는 女兒를 낳은 후 母에게 사고, 질병 등의 문제가 대두되고 또한 손재수도 발생할 것이 암시된다.

- 日支 丑土는 金庫이며 日干이 辛金이니 身庫인 것이다. 丑土가 弔客殺(조객살)을 대동하고 月支 戌土와 丑戌 刑하니 弔客殺이 동하여 身庫에 이르게 된 것인데, 弔客殺은 神氣와 연관된 흉살이라 神氣가 다소 왕해질 것임이 암시하는 것이다.

⊙ 辛金 亥月

- 亥月의 辛金은 때가 小陽節의 시기이니 陽氣가 태동하고 寒氣(한기)는 漸退(점퇴)하는 시점이다. 먼저는 壬水를 용하여 辛金의 貴器를 드러내고 다음은 丙火를 용하여 온난케 한다.

- 亥宮엔 壬, 甲이 있는데, 甲木이 壬水의 水氣를 納水하니 水勢가 태왕하다 판단하지 않는다.

- 亥月은 小陽의 시점이니 木氣인 亥宮의 甲木이 내적으로 動하기 시작한다.

- 辛金 日主가 壬水와 丙火가 있으면 金白水淸(금백수청)이라 칭하고 十月이므로

發越(발월)하는 것이다.

- 壬水와 丙火가 출간하면 국가고시에 합격하여 일신상의 영달함이 기약된다.
  丙火가 투출하고 壬水가 암장되면 小富貴하며 異途功名(이도공명)이다.
  丙火가 암장되고 壬水가 투출하면 富는 크나 貴가 작다.
  丙火와 임수가 모두 暗藏(암장)되면 단지 秀才(수재)이다.
- 丙火가 없고 壬水와 戊土가 있으면 富格이다.
- 壬水가 중중한데 戊土가 없으면 金水汪洋(금수왕양)이라 하여 빈천한 命이다.
  壬水가 중중한데, 戊土가 있어 制水하면, 국가고시 합격에 준하며 官運이 많다. 戊土가 지지 寅巳에 암장된 경우라면 단지 秀才에 불과하다.
- 壬水가 중중한데 戊土가 암장되면 단지 衣祿이 있을 뿐이다.
- 甲木이 많고 戊土가 적으면 예술로 致富한다.
- 局에 壬癸水가 중중한데 戊土와 丙火가 없으면 漂流之命(표류지명)이다.

⊙ 用神
- 辛金이 亥月에 生하여 寒金이며 地支에 亥子水가 重重하니 水多金弱이다.
- 時干 甲木은 亥月에 甲木萌芽(갑목맹아)라 약변강으로 논하나 旺한 水氣를 納水하기가 역부족이고, 年干 戊土는 亥月에 絕地이니 無力하나, 지지 亥午에 戊己土의 微根(미근)이 있으니 旺한 水의 제방을 쌓는데 一助를 할 수 있다. 따라서 부득이 年干 戊土를 용신으로 잡아야 한다.

> 用神 : 戊土
> 喜神 :　火
> 忌神 :　木
> 閑神 :　金
> 仇神 :　水

⊙ 辛亥日柱 특성
- 성실하고 똑똑하며 이성적이고 매사 일에 중용을 지키는 성격이다. 피부가 맑고 깨끗하며, 구설이 따르고, 비교적 착실하고 똑똑하다.
- 사람을 피하는 편이며 명예를 중히 여긴다.
- 기관지질환, 신경질환, 해소, 천식에 걸리기 쉽고, 여자는 냉증이나 복통에 시달리는 경우가 있다.

- 서예가, 문필가, 기술자교육자, 항해업, 운수업, 식품업, 공업자, 유흥업 종사자가 많다.

⊙ 상기는 흉한 胎夢(태몽)을 꾼 命造이다. 어머니의 꿈에 이미 죽은 남편 친구가 나타나 큰 물고기를 건네주는데, 물고기가 배가 갈라져 피를 흘리고 있는 태몽을 꾼 것이다. 短命(단명)의 흉조가 있는 태몽이다.

⊙ 原局의 甲戊午가 무력하여 旺한 水氣를 제압하지 못하니 偏枯(편고)된 명조이다. 丑大運은 地支와 亥子丑의 방합수국을 이루어 水氣가 太旺해지니, 이른바 辛金이 물에 잠기는 水底金沈(수저금침)의 형국이라 命을 보존하기가 어려울 것이다.

⊙ 用神
- 亥月은 小陽이라 하여 陽氣는 점점 오르기 시작하고 寒氣(한기)는 점점 쇠퇴해지는 시점이다. 따라서 땅속에서는 온기가 돌아 씨앗이 발아를 준비하나, 밖은 寒하여 추위가 맹렬해지는 冬節의 시작인 것이다.
- 陽氣가 생하기 시작하니 먼저는 壬水를 용하여 洗淘(세도)하여 貴器(귀기)를 드러내게 하고, 다음은 丙火의 온난함이 필요한 것이다. 辛金은 귀금속에도 비유되므로 冬節이라 차가우면 착용함에 불편함이 있는 것이다.
- 지지에 巳火가 중중하니 투출한 丁火는 丙火로 化된 것이라, 局에 火의 온난함은 충족된 것이므로, 이제는 壬水를 용하여 洗淘(세도)하여 불순물을 제거하여 貴器를 드러냄이 필요한 것이다. 壬水가 불투하니 용신은 時干 癸水로 잡는다.

　用神 : 癸水
　喜神 :　 金
　忌神 :　 土

閑神 :　　木
仇神 :　　火

◎ 局에 巳火 官星이 중중하니 多官은 無官이라 남편과의 연은 적은 것이다.

◎ 巳火 기준하여 亥水는 驛馬殺(역마살)이다. 巳亥 상충하니 走馬加鞭格(주마가편격)
으로 驛馬가 動한 것이니 몸과 마음은 분주하나 火가 구신이니 재물이 따르지
않는 것이다. 만약 驛馬가 財를 대동했다면 금전의 입출이 많았을 것이고 다소의
재물도 얻을 수 있었을 것이다.

◎ 局에 丁巳火 官星이 있어 官殺이 혼잡되고, 또한 역마살이 있으니 부동산중개업
을 하고 있는 것이다. 관살혼잡이 있는 명조는 남녀 공히 직업의 변동이 많고,
巧智(교지)한 면이 있고, 남을 잘 설득하여 자신의 이득을 취하는 소질이 있으니
부동산중개업이 가한 것이다.

◎ 亥月은 小陽節이라 얼음이 얼기 전이다. 年干의 乙木은 亥宮의 甲木에 통근하고
있으니 약변강의 세를 갖고 있는 것이다. 따라서 財는 약하지 않으나 日主 辛金
이 月令 亥水에 沐浴地(목욕지)이고, 좌하 巳火에 死地이니, 왕하지 못하여 재물
복은 많지 않은 것이다.

◎ 局에 官星이 중중하니 남편과의 연도 길하지 못한 것이다.

◎ 壬水대운에 부동산사무실 이전의 길흉을 문의한 것이다.

• 壬水는 본시 용신이나 月干 丁火와 丁壬 합목의 한신운이 되니 무애무덕하다.

• 이사방위 구궁법과 생기복덕 구궁법을 적용하여 이사하기 길한 방위와 이사하
기 좋은 달을 선택하여 실행하면 금상첨화일 것이다. (실전사주비결 실전편의 "택일
과 이사방위" 참조)

◎ 食傷이 용신이니 자녀들은 발전이 있을 것이라 판단한다.

⊙ 用神

- 亥月의 辛金은 小陽節이라, 陽氣는 점승하고 寒氣는 점점 퇴기하는 시점이니, 먼저는 壬水를 용하고 다음은 丙火가 보조다.
- 壬水와 丙火가 倂透하면 국가고시에 합격하고 영달함이 기약된다.
- 日主 辛金이 壬水와 丙火가 투출함을 보면 金白水淸(금백수청)이라 하여 명조가 길하다.
- 상기는 辛金이 亥月에 생하여 金水食傷格이다. 時干 壬水는 月令에 建祿을 得하니 得氣한 것이라 그 기세가 왕하여 능히 지지에 영향을 미칠 수 있다. 따라서 月, 日支 亥丑은 時干 壬水를 끌어와 암암리에 亥子丑의 방합수국을 형성하고, 年, 時支의 申辰 역시 時干 壬水를 끌어와 암암리에 申子辰의 삼합수국을 형성하니 지지가 전부 水局을 형성하고 있다. 따라서 이 명조는 日主가 부득이 왕한 食傷의 勢를 좇아야 하니 從兒格(종아격)으로 논하여 時干 壬水를 용신으로 잡는다.

     用神 : 壬水
     喜神 :   金
     忌神 :   土
     閑神 :   木
     仇神 :   火

⊙ 통변 요약

- 日主 辛金이 冬月인 亥月에 생하니 寒金冷金이다. 본시 辛金은 한번 火의 煆鍊(하련)을 거친 金이라 火氣가 더 이상 필요치 않으나 冬月은 寒하니 丙火의 따뜻함이 필요한 것이다. 사주가 종아격을 이루어 귀격이나, 사주에 일점 火氣가 없으니 꽃 봉우리가 탐스럽게 開花하지 못할까 염려스럽다.
- 지지가 亥子丑, 申子辰의 水局을 형성하고 壬水가 투출하여 秀氣를 發하여 아름답고, 年, 月干의 甲乙이 藤蘿繫甲(등라계갑)을 형성하여 納水하니 水氣가 유행되어 貴格이나, 한점 火氣가 없으니 寒水와 寒木이라, 지혜와 재능은 출중할 것이나 세상이 알아주지 못할까 안타깝다.
- 사주에 官星이 없다. 官星은 나를 통제하고 억제하고 조직의 일원으로 가두어 두고 명령을 부여하는 길격인데, 全無하니 조직사회에서 근무하는 연이 적은

명조이고, 傷官生財하니 사업가의 길을 택함이 좋은 명조이다.

⊙ 부모운

月柱와 印星으로 부모운의 길흉을 논하는데, 상하 상생하니 부모덕은 있을 것으로 보나, 日, 時支의 丑辰土 印星이 혼잡되었고, 특히 辰土 正印이 墓宮에 있으니 본 어머니와의 연은 적을 것이라 판단한다.

또한 印星인 土가 기신에 해당된다. 운의 흐름으로 보아 초년운은 子丑의 용신운으로 흘러 부모덕이 있을 것이나 중년 이후는 寅卯辰의 한신운이니 크게 기대할 바가 없는 것이다.

⊙ 형제운

형제자매의 길흉은 月柱 오행의 길흉과 比劫의 길흉으로 논한다. 月柱가 상생의 관계이고 比劫이 희신이니 형제자매간은 우애가 있을 것이라 판단한다.

⊙ 부부연

부부연은 財星의 길흉과 日支 오행의 길흉으로 판단한다. 正, 偏財 財星이 투출하고 혼잡되었으니 부부연은 길하지 못하다 판단한다. 아울러 日支宮이 처궁인데 偏印이 동주한다. 처의 자리에 시어머니가 앉아 있으니 고부간의 갈등 요소가 들어오는 것이다.

⊙ 재물운

時干 壬水 傷官이 秀氣(수기)를 發하며 투출하였고 藤蘿繋甲(등라계갑)을 이룬 財星을 생하여 傷官生財하니 富格이다. 중년 이후 희신, 용신운에 크게 발복할 것이다.

⊙ 직업운

직업운은 용신과 천간에 투출한 오행, 사주의 격국으로 논한다. 용신인 壬水 傷官이 투출하여 秀氣를 發하니 기술직, 예체능, 무역업 등과 연관된 직업에 종사하게 될 것이다.

⊙ 성격

성격은 용신과 日主와 사주의 격국으로 논한다. 日主가 辛金이니 내성적인 성격이고, 용신이 水니 주변 환경의 변화에 적응이 빠른 성격이며, 財星이 투출했으니 이해득실의 계산이 빠르고 목적하는 바가 있으면 기민하게 행동하는 성격이다.

⊙ 건강

구신이 火니 나이 들어 혈관계질환이 염려되고, 기신이 土니 脾胃(비위)와 연관된 질병이 발생할 소지가 많다. 또한 사주에 火氣가 全無하여 局이 차니 혈액순환과 연관된 질병의 발생소지도 많을 것이다.

⊙ 신살 풀이

• 年支 申宮에 落井關殺(낙정관살)이 同柱하고 있다. 申宮은 壬水의 長生地이고 落井關殺은 실족하여 발을 다치거나 물에 빠져 흉액을 당하는 殺이므로 각별히 조심하여야 한다.

• 月柱는 부모형제자매궁이다. 沐浴殺(목욕살)과 亡神殺(망신살)이 同柱하고 있다. 목욕살은 실패와 좌절의 흉살이고. 망신살은 입원, 官災, 주색 등으로 나의 본분을 잃어버리는 흉살이니, 부모 및 형제자매 등과 연관지어 이러한 일들이 발생할 수가 있는 것이다.

• 月支에 孤鸞殺(고란살)과 孤神殺(고신살)이 있다. 이것은 고독박명의 흉살이다. 부모와의 연이 박할 수 있고, 형제자매와도 연도 박할 수 있다.

• 月支에 幻神殺(환신살)과 弔客殺(조객살)이 있다. 조상 중에 狂症(광증)이 있었거나 자살한 조상이 있는 것이다. 이러한 흉살이 있으면 예기치 않은 질병, 사고가 발생할 수 있으니 원거리 여행시 조심하고 상가 집 출입을 자제해야 한다.

• 日支에 偏印과 십이포태운성의 養이 동주한다. 正, 偏印이 혼재되어 있으면 正印은 본 어머니, 偏印은 서모라 논하나, 正印이 없고 偏印만 있는 경우는 편인을 본 어머니로 논한다. 상기는 印星이 혼잡된 경우로 偏印이 養과 동주하니 조상 중에 이복형제문제나 양자문제가 있는 것이다.

• 日支에 五鬼殺(오귀살)이 있다. 오귀살은 일명 독수공방살이라 하니 日支에 있는 경우엔 처와의 연이 박한 경우가 많다.

• 時支 正印과 십이포태운성의 墓가 동주하고 있다. 墓는 무덤이고 正印은 본 어머니이니 본 어머니와의 이별수나 椽(연)이 박하게 되는 경우가 발생할 수 있는 것이다.

- 時支에 空亡이 동주하고 있다. 時支宮은 자식궁인데 공망이 있는 경우엔 자식과의 연이 적거나 자식을 두지 못하는 경우도 발생한다.
- 時支에 飛刃殺(비인살)이 동주하고 있다. 비인살은 양인살 보다는 흉함이 적지만 예기치 않은 흉액이 발생하는 殺이다.
- 時支에 急脚殺(급각살)이 있다. 급각살은 다리를 다치는 殺로써 時宮에 있으니 나이 들어 말년에 교통사고 등으로 인한 흉화 등을 조심해야 한다.

◉ 대운
- 丙子대운은 丙辛 간합수국과 子水의 용신운이니 부모의 보살핌 속에 무탈하게 지낼 것이다.
- 丁丑대운은 丁火는 구신운, 丑土는 기신운이니 학창시절로써 학업에 정진하지 못할까 염려스럽다. 특히 丁火가 陰金인 日主 辛金을 극하니 예기치 않은 사고, 질병이 걱정된다.
- 戊寅대운은 戊土는 기신운, 寅木은 寅申 沖과 寅亥 合木의 한신운이다. 寅申 沖은 희신을 충하는 것으로 혹 이 이전에 결혼했다면 이혼수가 들어오고, 寅亥 합목은 용신이 합이 되어 한신으로 바뀌니 큰 발전은 기대하기 힘들다.
- 己卯대운은 甲己 간합토국의 기신운, 卯申 怨嗔殺(원진살)과 卯酉 沖의 대체로 흉운이다. 甲己의 경우는 甲木 正財가 합되어 기신으로 바뀌니, 처나 재물 등과 연관된 손상이 들어올 것이고, 卯申 怨嗔은 형제자매나 동업자간, 동료간에 분쟁의 소지가 발생할 것이고, 卯亥 반합목국은 한신운으로 바뀌니 큰 발전을 기대하기 어렵다.
- 庚辰 대운은 모든 것이 길운이다. 乙庚 합금하여 희신운이고, 辰土는 庚金을 생하여 上下 有情하고 용신인 壬水를 부조하니 도약과 번영을 기대하는 길운이다. 특히 辰土운은 암암리에 申子辰의 삼합수국을 형성하여 용신운으로 들어오니 사업가에겐 사업번창의 대길운이다.
- 辛巳대운은 辛金이 희신이나, 乙辛 沖하여 乙木 偏財를 손상시키니 사업상 재물의 손재가 염려되고, 巳亥 相沖하여 月支를 손상시키니 사업상 대변혁과 과감한 수술시기가 도래할 것이며, 月干과 月支가 공히 대운과 상충하니 잘못하면 치명적인 흉액이 도래 할 수 있다.

- 壬午, 癸未대운은 辛巳대운의 위기를 잘 넘기면 이후 終命할 때까지는 무탈한 운이다.

⊙ 用神
- 亥月은 小陽春의 시점이니 陽氣가 태동하기 시작하고 寒氣는 점차 하강하는 때이다. 따라서 먼저는 壬水를 용하여 洗淘(세도)하고 다음은 丙火의 온난함을 더해야 한다.
- 상기는 亥月의 辛金이라 金水食傷格이다. 원국에 지지 巳丑 반합금국과 庚申金의 부조가 있으니 金氣가 왕하여 癸水의 洩氣(설기)로는 역부족이고, 火를 용하여 왕한 金氣를 극제해야 中和를 얻을 수 있는 것이다. 月干 丁火가 용신이다.
- 丁火는 亥月에 失氣했으나 胎元(태원)이 戊寅이라 寅宮의 丙火가 부조하니 태약한 것은 아니다.
- 壬水, 丙火가 출간했으면 국가고시 합격 등의 영화로움이 있었을 것이나, 癸水, 丁火가 출간하니 格이 떨어져 아쉬움이 많은 명조이다.

  用神 : 丁火
  喜神 : 木
  忌神 : 水
  閑神 : 土
  仇神 : 金

⊙ 辛丑日柱 특성
- 개척심이 부족하고, 깐깐하고 고집이 세며 깔끔하다.
- 남에게 지기 싫어하고 자기주장이 강하다.

- 재능은 많은 편이며 외유내강의 성격이나, 말수가 적으며 구두쇠 기질이 있고, 잠이 많으며 게으르다.
- 타인의 손에서 양육되는 경우가 많고, 부부연이 박하다.
- 잔병치레가 많고, 비만증, 기관지염, 신장계통의 질환에 걸리기 쉽다.
- 예술가, 미용업, 종이나 의류관련업, 기술자 등의 직업에 많이 종사한다.

⊙ 丁火 官星이 용신이고 胎元(태원)에서 부조하니 용신이 쇠하지 않아 남편복이 많은 명조이다. 남편이 법조인으로 변호사로 활동하고 있다.

⊙ 酉金대운은 원국의 巳丑과 巳酉丑 삼합금국의 구신운이니 몸이 쇠약해져 잔병치레가 많았다.

⊙ 甲木대운은 희신운이니 이때 결혼한 것이다.

⊙ 未午巳대운은 용신운이니 매사 순탄하고 건강문제도 무탈하게 넘어갈 것이라 판단한다.

⊙ 用神
- 辛金日干이 亥月에 生하여 失氣하였고, 다시 天干에 二位의 壬水가 투출했으니 신약한 것이다.
- 水氣가 太旺하나 胎元(태원)이 壬寅이라 암암리에 寅卯辰의 방합목국을 형성하여 旺水를 納水하니 水의 汪洋(왕양)함은 제지된 것이다. 다만 亥月의 辛金은 寒金冷金(한금냉금)이니 따뜻한 火氣가 없이는 용하기 어려운 것이다. 調候(조후)가 급한 것이다. 年支 午中의 丙火를 용신으로 잡는다.

　　用神 : 丙火

```
            喜神 :    木
            忌神 :    水
            閑神 :    土
            仇神 :    金
```

◎ 辛卯日柱 특성

•이해타산이 빠르고, 날카로운 성격이며, 맺고 끊는 것이 분명하고 깐깐하다.

•대인관계는 담백한 편이고 정의로운 성격이다.

•신약사주면 다소 우유부단하고, 재성이 많으면 여색에 빠질 염려가 있다.

•대체로 건강한 편이나 호흡기계통의 질환에 걸리기 쉽다.

•서점, 문구업, 예술가, 의류업, 미용업 등에 종사하는 경우가 많다.

◎ 상기는 木氣가 없다면 水底金沈(수저금침)의 상황이 되어 短命을 면하지 못했을 것이다. 水가 太旺하여 病이 된 것이니 신장, 방광계통과 金이 구신이니 대장계통의 질병이 예견되는 것이다.

◎ 평생에 疾病(질병)과 災厄(재액)이 多發하는 명조는 다음과 같이 요약된다.

•오행이 심히 偏枯(편고)된 경우

•干支 上下가 相戰하여 일점 和解의 기미가 없는 경우

•寒暖燥濕(한난조습)의 調候(조후)가 심하게 불균형을 이루었거나, 오행의 生剋制化가 調和(조화)를 이루지 못한 경우

•日主가 심히 太弱하고 기신이나 구신에 해당하는 오행이 太旺한 경우

•지지 전체가 交叉하여 剋, 刑, 破, 沖, 害, 怨嗔 등으로 이루어졌고, 다시 運路에서 기신이나 구신으로 진행되는 경우.

•五運六氣(오운육기)에서 入胎(입태)시점의 天氣가 심히 不調和된 경우

◎疾病 발생시점은 다음과 같다.

•乙木대운에 乙木 희신이 月, 日干의 辛金과 상극되니 大腸을 일부 잘라내는 대수술을 받았다.

•辰土大運은 年支 午火만 제외하고, 亥水와는 怨嗔殺(원진살), 卯木과는 害殺, 辰土와는 自刑殺로 지지를 전부 손상시키니 大腸의 病이 재발하여 다시 재수술을 받았다.

•巳火대운은 비록 용신운이나 偏官으로 月支 亥水와 相沖되어 偏官이 動하고

손상되니 다시 대수술을 받은 것이다.

⊙ 用神
- 亥月은 천지가 寒하지만 땅속에서는 陽氣의 태동이 있는 것이라 小陽春이라 한다. 入冬 後 7日에 생하여 甲木이 當令하니 月干 乙木에 힘을 실어주어 능히 年, 月의 亥水의 왕한 水氣를 納水할 수 있는 것이다.
- 또한 年干 己土는 亥月에 본시 무력하나, 지지 亥丑에 통근하여 작은 힘이나마 制水함이 있으니, 원국의 水氣가 태왕 함은 막은 것이다.
- 지지에 水氣가 중중하여 天寒地寒의 象이니, 辛金이 寒하여 온난케 하는 丙火가 없으면 무용지물이 되는 것이다. 局에 丙火가 없으니 胎元(태원)을 적용한다. 胎月(태월)이 丙寅이니 丙火를 끌어다 용신으로 잡는 것이다.
- 酉亥丑은 陰濁(음탁)의 象인데, 局에 亥丑이 있어 陰氣(음기)가 盛(성)하고 사주를 濁(탁)하게 하니 丙火의 暖燥之氣(난조지기)가 없으면 무용지물의 명조가 되는 것이다.

  用神 : 丙火
  喜神 : 　木
  忌神 : 　水
  閑神 : 　土
  仇神 : 　金

⊙ 천간의 乙己는 財星과 印星으로 財破印星하니 印星이 손상된 것이다. 胎元(태원)의 丙火 官星과 年干 己土 印星이 있어 전문대학 교수로 재직하였으나 印星이 破되니 교수직을 계속할 수 없었던 것이다.

⊙ 日支 丑土 기준하여 亥水는 驛馬殺(역마살)에 해당한다. 年, 月支의 亥水 역마가 중첩되어 自刑殺이 되니 이제는 외국이민을 생각하게 되는 것이다.

⊙ 辛未대운에 未土와 원국의 亥水 驛馬殺과 卯木이, 亥卯未 삼합목국의 희신운으로 도래하니 이때 캐나다로 이민을 간 것이다.

⊙ 己巳대운에 영구적 귀국을 문의한 것이다.

　• 己土는 한신운이고, 巳火는 본시 용신이나 원국의 亥水와는 상충되어 손상되고, 丑土와 巳丑 반합금국의 구신이 되니 크게 길하지 못한 것이다.

　• 日支가 丑土 偏印이다. 처의 자리에 시어머니가 자리하니 고부간의 갈등이 내재되어 있는 것이고, 남명의 偏財는 父로 논하는데 絕地에 해당하니 부친과의 연도 박한 것이다. 의견충돌이 잦았던 것이다. 심사숙고해야 할 것이다.

⊙ 年支 亥宮에 甲木 正財가 있어 상속의 財가 있는 것이다. 다만 時干 比肩이 투출하여 구신에 해당하니 이제는 爭財의 象이 암시되는 것이다. 부친께서 장남이 외국이민 가는 것을 못마땅하게 여겨 다른 자식들에게 모든 재산을 다 상속한 것이다.

⊙ 辛金 亥月

　• 亥月은 小陽節이라 아직 얼음이 얼지 않았고, 陽氣가 잠복되어 있으니 寒氣가 盛하지 않은 시점이다. 따라서 壬水로 용신을 잡고 寒水이니 丙火의 따뜻함이 필요한 것이다.

　• 丙火가 있으면 金暖水溫(금난수온)하고 壬水가 있으면 金白水清(금백수청)을 이루어 길하다.

- 壬水와 丙火가 병투하면 국가고시에 합격하고 영달함을 얻을 수 있다.
  壬水가 투출하고 丙火가 암장되면 富는 크나 貴가 적다.
  壬水가 암장되고 丙火가 투출하면 지방의 유력자이며 異途(이도)로 功名을 얻는다.
  壬水와 丙火가 모두 암장되면 才士에 불과하다.
- 壬水가 중중한데 戊土가 없으면 金水汪洋(금수왕양)이라 하여 빈천하다. 戊土의 출간함이 있으면 制水 할 수 있으니 국가고시 합격에 준한다. 만약 戊土가 지지 寅巳의 지장간에 있으면 단지 才士이다.
- 甲木이 많으나 戊土가 적으면 예술방면으로 재물을 모은다. 이는 土가 辛金의 광채를 가리기 때문에 공직과는 거리가 먼 것이다.

◉ 用神
- 상기는 水氣가 중중하니 辛金이 水底金沈(수저금침)이 될까 두려운 것이나, 坐下 酉金에 통근하니 禍厄(화액)은 면한 것이다.
- 水가 태왕하니 戊土로 制水하여 日主 辛金이 침몰됨을 막아야 한다. 용신은 時支 巳宮의 戊土이다. 戊土가 투출하지 못했으니 貴格을 이루지는 못했다.

用神 : 戊土
喜神 :　火
忌神 :　木
閑神 :　金
仇神 :　水

◉ 局에 食傷이 왕하니 예체능이나 기술계통의 직업이 좋다.
◉ 남명에서 正財는 妻星이고 偏財는 父星으로 논한다. 원국에서 財星이 亥宮의 甲木인데 기신에 해당하니 처와 부친과의 연이 적다 판단하는 것이다.
◉ 초년대운은 戌酉申의 한신운이니 매사 썩 잘 풀려나가질 못했다.
◉ 중년대운 이후는 未午巳의 희신운이니 매사 잘 풀려나가는 길운이다.

◎ 辛金 子月

- 子月의 辛金은 天寒地凍(천한지동)이다. 子中의 癸水가 세력을 잡아 눈과 얼음이 되니 얼어붙는 것을 꺼리며 解凍(해동)하는 丙火가 尊貴(존귀)해지는 것이다.

- 丙火로 解凍制寒(해동제한)하고 壬水로 辛金을 洗淘(세도)하여 貴器(귀기)를 드러내게 하면 貴格이다.

- 壬水, 丙火가 투출하고 戊土, 癸水가 없으면 국가고시에 합격하여 높은 관직에 오른다.

- 丙火가 투출하고 壬水가 지지 申亥에 暗藏(암장)되면 衣祿(의록)이 있다.

- 壬水가 많은데 戊土가 있어 制水하고, 丙火, 甲木이 出干하면 국가의 祿을 얻는다.

- 壬水가 많고 丙火, 戊土가 없으면 洩氣(설기)함이 많은 것이니 가난한 선비다. 壬水가 많고, 甲乙木이 중중하고, 丙火가 없으면, 日主가 無氣하고 傷官과 財星이 旺하며 寒氣(한기)가 태중한 것이니 반드시 貧寒(빈한)하다.

- 지지 水局이고 丙火가 투출하고 戊土가 二位 투출하여 制水하면 大富貴格을 이룬다.

- 地支에 亥子丑의 방합수국이 있고, 天干에 庚辛金이 투출하고 丙戊가 없으면, 日主가 旺한 水氣를 좇아야 하는 것이니 "一行得氣格(일행득기격)"中 "潤下格(윤하격)"으로 논하며 富貴雙全(부귀쌍전)이다.

- 庚辛金이 없고, 甲乙木이 出干하고 丙火, 戊土가 없으면 반드시 僧道(승도)이다. 이는 比劫이 없고, 財星이 투출하고, 官과 印이 없는 경우를 말하며 出家之人(출가지인)의 命인 것이다.

- 지지 金局이고 丁火가 투출하고 甲木의 생조가 있으면 국가고시에 합격한다. 運은 金水(서북)運이 吉하다.

⊙ 用神
- 子月의 辛日은 엄동지절이라 調候(조후)가 급하다. 지지에 子辰의 반합수국이 있고 壬水가 투출하니 심히 寒凍(한동)하다. 다행인 것은 年干 甲木이 투출하여 納水하고, 時支 辰宮의 戊土가 制水하니 水의 汪洋함은 막은 것이다.
- 調候(조후)가 급한데 月干에 丙火가 투출하였으니 이를 용신으로 잡는다. 年干 甲木이 생조하나, 局에 水가 중중하니 甲木이 濕木(습목)이라, 丙火를 생함에 결함이 있는 것이니 용신이 왕하지 못한 것이다.
- 용신 丙火가 辛金과 가까이 있어 간합하려는 것도 결함이 되는 것이다.

　用神 : 丙火
　喜神 :　木
　忌神 :　水
　閑神 :　土
　仇神 :　金

⊙ 중년 이후의 운은 未午巳로 용신운이니 무탈할 것이라 판단한다.
⊙ 午火대운의 건강에 대해 문의한 것이다.
- 午火는 본시 용신운이다. 그러나 月支 子水와는 沖되고, 日支 卯木과는 破되니 흉함이 도래하는 것이다.
- 月, 日支가 沖破되어 子水와 卯木이 손상되니 이에 해당하는 신체의 장기에 문제가 발생하는 것이다.
- 子水가 손상되니 혈관계질환이 발생하는 것이고, 卯木 역시 손상되니 신경계통의 질환이 발생하는 것이다. 상기 명조자는 항시 몸이 차고, 木은 간담에 비유되니 담즙 분비의 이상으로 소화가 잘 되지 않고 몸이 마르는 질병이 있었던 것이다.
- 壬寅세운은 歲支 寅木이 지지 卯辰과 寅卯辰 방합목국의 희신운으로 바뀌어 왕한 水氣를 納水(납수)하여 기신인 水의 태동을 차단하게 되니, 의사와 상담하며 치료를 이어 나가면 완치될 것이라 판단한다.
⊙ 여명의 食傷은 자녀인데, 食傷인 水가 태왕하여 기신이니 자녀들과의 연은 돈독하지 못할 것이라 판단하는 것이다.

⊙ 用神

- 子月은 癸水가 當令하여 冬節의 눈과 얼음이 되니 천지가 寒凍(한동)한 계절이다. 解凍(해동)함이 없으면 만물이 무용지물이니 調候(조후)가 급하여 丙火가 尊貴하다.

- 또한 壬水가 있어 辛金을 세도하여 貴器를 드러내게 하면 그 가치가 유용해지는 것이다. 만약 水氣가 중중하면 戊土의 制水가 필요하나 먼저 丙火의 해동이 있어야 한다.

- 丙火, 壬水가 투출하고, 戊土, 癸水가 없으면 국가고시에 합격하여 높은 관직에 오르게 된다.

- 상기는 천간에 二位의 壬水가 투출하여 日主의 氣를 洩함이 심하다. 戊土의 制水가 필요하나 子月은 寒凍之節(한동지절)이니 解凍(해동)한 후에야 가능한 것이다. 解凍이 되지 못하면 얼음 위에 흙을 갖다 붓는 격이니 무용지물인 것이다. 日支 巳宮의 丙火를 用한다.

　　用神 : 丙火
　　喜神 :　木
　　忌神 :　水
　　閑神 :　土
　　仇神 :　金

⊙ 여명의 正官은 남편성인데 日支에 자리하니 자신의 위치에 있는 것이다. 아쉬운 것은, 月令 子水의 극을 받고, 年支 寅木과는 寅巳 刑殺이 되어 손상되니 남편성이 온전치 못한 것이다. 사별한 것이다.

⊙ 時柱가 戊戌土로 正印이 중첩되어 同柱하니 그 성질은 偏印으로 化되는 것이다. 두뇌가 총명하나 학업과의 연이 길지 못한 것이다. 또한 華蓋殺(화개살)을 대동하

니 불교, 토속신앙, 역술학 등에 관심이 많은 것이다.

◎ 여명의 자녀운은 食傷의 길흉으로 판단하는데, 水氣인 食傷이 기신에 해당하니 자녀들의 운세는 길하지 못한 것이다.

◎ 時柱의 正印이 중첩되어 偏印으로 化되니 두 어머니 문제가 나오고 이복형제 문제가 나오는 것이다.

◎ 천간에 二位의 壬水 傷官이 있으니, 성격은 본시 남에게 베풀기를 좋아하나, 한편으론 고집이 세고, 자기주장이 강한 편이다.

◎ 日支에 巳火 正官이 있으니 맡은 바 책임감이 강하고, 또한 巳火가 용신에 해당하니 본인 代에 자수성가하려는 의욕이 많은 것이다.

◎ 比劫이 구신에 해당하니 형제자매 간의 우애는 적을 것이라 판단한다.

◎ 역술공부의 성취여부를 문의한 것이다.

　• 時支 戌土 正印이 華蓋殺(화개살)과 鬼門關殺(귀문관살)을 대동하니 역술학 공부와 연관이 깊다.

　• 중년 이후는 未午巳의 용신운이니 공부를 계속하면 다소의 성취가 있을 것이라 판단된다.

　• 日, 時支가 巳戌로 正官과 正印에 해당하니 남을 가르치는 교육사업도 可하다 판단한다.

◎ 운로에서 申金이 도래할 시는 원국과 寅巳申 三刑殺이 되니 예기치 않은 사고, 질병 등으로 인한 大禍(대화)를 조심해야 할 것이다.

◎ 用神

　• 子月의 辛金은 癸水가 司令하여 겨울철의 눈과 얼음이 되어 辛金은 寒金冷金(한

금냉금)이다. 먼저 丙火로 解凍(해동)하고 壬水로 洗淘(세도)하면 貴格을 이룬다.

• 丙火와 壬水가 併透(병투)하고, 戊土와 癸水가 없으면 국가고시에 합격하여 영
달함이 기약된다.

丙火가 투출하고 壬水가 암장되면 衣祿이 있다.

• 丙火, 甲木이 출간하고, 壬水가 많은데 戊土가 있어 制水하면 國祿을 얻어 小貴
한다.

• 壬水가 많아 洩氣됨이 심한데, 戊土의 制水가 없고 丙火도 없으면 가난한 선비
이다.

• 比劫이 없고 財星이 투출하고, 官과 印이 없는 경우에는 僧道(승도)이다.

• 상기는 金水食傷格으로, 辛金이 子月에 생하여 寒凍(한동)의 상태이다. 調候(조
후)가 급하니 解凍(해동)하는 月干 丙火를 용신으로 잡아야 한다.

用神 : 丙火
喜神 :　木
忌神 :　水
閑神 :　土
仇神 :　金

◉ 丙火와 壬水가 투출하여 길한 명조이나, 丙火가 日主 辛金과 가까이 있어 丙辛
의 간합수국으로 化되고, 또한 年干 己土가 時干 壬水를 탁하게 하니 길한 중
흉함이 있는 것이다.

◉ 年支의 酉金 比肩은 손위 형제자매로 논한다. 月支 子水와 子酉 破되니, 손상된
형제자매가 있을 것임이 암시되는 것이다. 오빠가 단명한 것이다.

◉ 年柱에 偏印과 比肩이 있으니 祖父 代에 이복형제가 있는 것이다.

◉ 여명의 官星은 남편성인데, 月干 丙火는 日干 辛金과 간합수국으로 化되고, 日支
巳火 官星은 月支 子水에 受剋되니 손상됨이 있는 것이라 남편과의 연이 박하다
판단하는 것이다.

◉ 時柱는 자녀궁이다. 時支 辰土 正印이 飛刃殺(비인살)을 대동하니 제왕절개로 자
식을 낳은 것이다. 아울러 時柱에 印星이 있으니 그 자식들은 효심이 있을 것이
라 판단한다.

◉ 여명에서는 용신을 남편으로 논한다. 年, 月柱에 용신이 있으면 조혼하는 경우가

많고, 日, 時柱에 있으면 결혼이 다소 늦는 경우가 많다. 용신 丙火가 月柱에 있으니 조혼인 경우인데, 寅木대운에 寅木이 용신 丙火의 長生地이니 이때 결혼한 것이다.

◎ 辰土대운에 미용실 개업의 길흉을 문의한 것이다.
- 사주에서 食傷은 예체능과 이공계통의 직업과 연관된다. 壬水 傷官과 子水 食神이 있으니 미용업과 연관됨이 있다.
- 미용업은 머리를 가다듬어 남들에게 보여주는 기능이니, 물상에 비유하면 丙火가 천지를 비추고 따뜻하게 하여 만물에게 이득을 줌과 같은 맥락이다. 丙火가 용신이니 미용업도 可하다 판단한다.
- 辰土는 본시 한신이나, 月支 子水와 辰子 반합수국의 기신운으로 化되니 흉운이다. 운이 길하지 못하니 심사숙고할 것을 권유한 것이다.

◎ 辛金 丑月
- 丑月의 辛金은 寒金凍金(한금동금)이라 조후가 급하므로 반드시 먼저 丙火를 쓰고 뒤에 壬水를 쓴다. 丙火가 없으면 解凍(해동)이 어렵고, 壬水가 없으면 씻어내질 못하니 丙火, 壬水가 出干하면 국가고시에 합격한다.
- 丙火와 壬水가 倂透하면 국가고시에 합격하여 높은 관직이 기약된다.
  壬水와 丙火 중 어느 하나라도 투출하면 衣祿(의록)은 있다.
  壬水가 있고 丙火가 없으면 僧道(승도)나 빈천하다.
  丙火가 있고 壬水가 없으면 富는 있으나 貴가 없다.
  丙火가 중중하고, 壬水가 없고, 癸水가 있으면, 辛金을 洗淘(세도)하는 역량이 부족하니 재능은 있으나 商業(상업)으로 발달한다.
- 局에 火氣가 중첩되면, 日主 辛金을 핍박함이 심하니, 癸水, 己土로 火를 억제함이 우선이고, 丙丁火가 보조이다.

◎ 用神
- 辛金이 丑月에 생하여 寒凍(한동)한데, 辛金은 한번 煆煉(하련)을 거친 상태이니 丁火를 용하면 鎔金(용금)하게 되어 破格이 된다. 丙火를 용하여 온난케 함이 중요하다.
- 年, 月에 土가 중중하니 甲木의 疎土(소토)를 생각해 볼 수 있으나, 丑月은 천지가 寒하고 결빙상태이니 火의 온난함이 없으면 무용지물인 것이다.
- 丁火는 辛金을 鎔金(용금)하게 되니 불용하고 丙火를 용하여 온난케 함이 시급한 것이다. 時支 午宮의 火를 용해야 하는데 지장간 중 餘氣(여기)인 丙火는 微力(미력)하지만 부득이 이를 용해야 한다. 다행인 것은 지지 午未 合이 丙火에 힘을 실어주니 용신이 태약한 것은 아니다.
- 다음으론 원국에 土氣가 중중하니 甲木의 疎土(소토)가 있어야 한다.

> 用神 : 丙火
> 喜神 :　木
> 忌神 :　水
> 閑神 :　土
> 仇神 :　金

◎ 辛未日柱 특성
- 외유내강의 성격이며 남에게 드러내길 싫어하고, 예술적 재능이 풍부하다.
- 까다롭고 자존심이 강하며 재주는 있으나 남의 인정을 받지 못한다.
- 단순하면서도 이기적이고 이해심이 부족하며, 자기주장을 굽히기를 싫어한다.
- 사주에 木이 많으면 호탕하고 풍류를 즐기는 성격이 많고, 三刑殺(삼형살)이 있으면 속이 좁고 너그럽지 못하며, 예기치 않은 사고나 질병을 조심해야 한다.
- 사주에 水가 많으면 잔병치레가 많고, 폐나 기관지계통의 질병에 걸리기 쉽다.

◎ 土氣가 중첩되니 日主 辛金은 土多金埋(토다금매)의 상황이다. 다행인 것은 時干에 甲木이 투출하여 疎土(소토)의 역할을 하니 단명수는 면한 것이다.
◎ 印星이 중중하니 두뇌는 총명하나 학업과의 연은 적은 것이다.

⊙ 亥水대운에 부모가 방문하여 딸이 학교가기를 싫어하고 결석이 잦으니 연유를 문의한 것이다.

• 亥水는 기신이다. 辛金이 丑月에 생하여 천지가 얼어붙은 상황인데, 다시 水氣를 더하니 亥水대운에는 발생의 象이 적게 된 것이다.

• 年支 辰土 기준하여 亥水는 鬼門關殺(귀문관살)을 대동하고 있다. 기신에 해당하는 亥水가 귀문관살을 대동하고 도래하니 神氣가 태동하여 학업운을 방해함을 암시하는 것이다.

• 사주에 幻神殺(환신살), 絞神殺(교신살), 喪門殺(상문살) 등의 神氣(신기)와 연관된 흉살이 많은데, 亥水대운에 鬼門關殺을 더하니 神氣가 旺動하여 등교하기를 거부하게 된 것이다.

• 원국과 대운 및 세운에서 도래하는 흉살을 制殺하면 무탈할 것이며 정상적인 학교생활을 할 것이라 조언한 것이다.

⊙ 用神

• 丑月은 진흙토가 더욱 얼어붙은 형국이며 천지가 寒凍(한동)하니 辛金은 寒金冷金(한금냉금)이다. 먼저는 丙火로 解凍(해동)하고 다음은 壬水로 洗淘(세도)하여 貴器(귀기)를 드러내게 하여야 한다.

• 土重하면 甲木을 용하여 疎土해야 하나 이럴 경우에는 凍土를 解凍(해동)한 다음에야 가능하니 천간에 丙火가 출간해야 한다. 따라서 丑月은 丙火가 많으면 좋은 것인데, 또한 日主와 가까이에 있어 간합 됨을 忌하는 것이다.

• 상기는 己丑土가 중중한데 丙火의 투출이 없고 또한 木氣가 전무하니 厚重한

土氣를 소토하지 못한다.

- 丑月에 천지가 寒凍하여 解凍하는 조후가 긴급하니, 年支 午宮의 餘氣(여기)인 丙火를 용하는 것이다. 대체로 餘氣인 경우에는 전월의 勢가 당월까지 이어진 것이라 勢가 유약하여 쓰임이 많지 않으나, 상기의 경우는 立春 前 4日에 생하여 三陽이 생하는 寅月로 進氣하는 시점이니, 年支 午宮의 餘氣인 丙火의 氣를 부조하여 丙火가 약변강의 세를 지니게 되니 능히 解凍의 역할을 할 수 있는 것이다.
- 또한 年, 時干에 庚金이 투출했으니 이를 鎔金(용금)하여 貴器(귀기)를 만드는 丁火가 필요하나 불투했으니 아쉬움이 많은 명조이다.

  用神 : 丁火
  喜神 : 木
  忌神 : 水
  閑神 : 土
  仇神 : 金

⊙ 천지가 寒凍한 丑月에, 解凍하는 丙火가 불투하고, 또한 辛金을 세도하는 壬水 역시 불투하니, 사주가 귀격이 되지 못한다.

⊙ 印星과 比劫이 중중하니 기술직의 명조로 컴퓨터공학을 전공한 것이다.

⊙ 印星이 중중하니 본시 두뇌는 총명하나, 학창시절의 운이 辛卯로, 辛金은 구신이고, 卯木은 희신이나 濕木(습목)에 해당하여, 年支 午火 용신과는 午卯 破殺로 丁火의 불을 끄니, 용신의 역할을 하지 못하여 흉한 것이다. 학업성적이 뛰어나지 못했던 것이다.

⊙ 지지에 鬼門關殺(귀문관살)과 桃花殺(도화살), 病符殺(병부살)이 있다. 丑土의 鬼門關殺은 조상묘의 墓頉(묘탈)과도 연관 지으며 또한 도화살과 병부살은 神氣가 다분히 많은 명조라 판단하는 것이다.

⊙ 중년의 未午巳 대운은 용신운이니 매사 순탄하게 풀려나갈 것이라 판단한다.

⊙ 用神

• 丑月의 辛金은 寒凍(한동)함이 심하므로 調候(조후)가 급하다. 먼저는 丙火를 써
서 解凍(해동)하고, 다음은 壬水를 써서 洗淘(세도)하여 貴器(귀기)를 드러내게
한다.

• 丙火, 壬水가 併透하면 국가고시에 합격하여 관직에 들어 영달하게 된다.

• 丙火와 壬水 중 하나라도 투출하면 衣祿은 있게 된다.

丙火가 있으나 壬水가 없으면 富는 있고 貴는 없다.

丙火가 없고 壬水가 있으면 빈천하거나 僧道이다.

丙火가 중중한데 壬水대신 癸水가 있으면 制火함이 부족하니 평범한 명이나
상업으로 발전한다.

• 상기는 지지에 巳酉丑 삼합금국이 있어 日主를 부조함이 태다하니 從旺格으로
논한다. 日主의 旺氣를 설하는 오행이 있으면 이를 용신으로 잡아야 하는데,
壬水가 불투하고 癸水가 투출했으니 부득이 이를 용신으로 잡으나 格이 떨어지
는 것이다.

用神 : 癸水
喜神 : 金
忌神 : 土
閑神 : 木
仇神 : 火

⊙ 壬水가 불투하여 癸水를 용신으로 잡으나, 초년 대운이 子亥의 용신운으로 흘러
길하다. 일본에 유학 가서 명문대를 졸업하고 일본의 대기업에 취직한 것이다.

⊙ 남명의 용신은 아들에 비유하고, 희신은 처에 비유하는데, 운로가 戌酉申의 희신
운으로 도래하니 길하다. 자녀복과 처복을 모두 겸전했다 판단하는 것이다.

제9장 / 壬水 日干

⊙ 壬水 寅月

• 寅月의 壬水는 汪洋(왕양)한 象이니 능히 百川의 물을 모은다. 그러나 寅宮의 甲木이 당령하여 納水하니 水性이 미약하므로 먼저는 水源(수원)을 發해주는 庚金이 좋고, 다음은 寅月의 壬水는 前月인 丑月의 寒氣가 남아있으니 丙火로 寒氣(한기)를 제거해 줌이 좋다. 또한 원국에 水氣가 중중하면 범람의 우려가 있으니 戊土로 제방을 쌓아 壬水의 奔蕩(분탕)함을 막으면 汪洋無道(왕양무도)까지는 가지 않는다.

• 庚金, 戊土 丙火가 출간하면 국가고시에 합격하고 국가의 요직을 맡게 된다.
  庚金, 戊土가 출간하고 丙火가 寅宮에 암장되면 富貴格이다.
  庚金, 戊土가 암장되고 丙火의 출간이 있으면 衣祿이 있다.
  庚金, 戊土가 암장되고 庚金이 一位만 출간하고 破되지 않으면 功名은 있다.

- 局에 比劫과 羊刃이 없는 者는 대체로 戊土를 불용하고 庚金과 丙火를 쓴다.
- 壬癸水와 庚辛金이 중중하면 생조 받음이 많으니 戊土의 制水가 필요하고, 이리되면 국가고시에 합격하여 영달함이 기약된다.
  만약, 戊土가 암장되면 단지 秀才이고 異途功名(무관직 기술직..)하게 되나 조업을 잇지 못한다.
- 辛金, 丙火가 출간하고 간격되어 丙辛의 간합이 없게 되면 奇異(기이)한 명조이다.
- 지지에 土氣가 중중하면 官殺이 왕한 경우인데, 甲木이 출간하여 疏土(소토)하면 이를 一將當關(일장당궐)이라 하며 사악한 무리가 스스로 굴복하는 것이다.
  또한 光明磊落(광명뇌락=공명정대한 기상)한 기상이니 권세가 百官의 위에 이른다.
- 지지 火局이면 水火旣濟(수화기제)의 功이 있으나 壬水가 때를 만나지 못했으니, 비록 명성과 지위가 높아도 모두 허상이고, 표리부동하고, 단지 문장으로 이름을 얻을 뿐이다.

◎ 用神

壬水가 木旺之節인 寅月에 生하고, 天干에 甲丁이 투출하여 日主를 쇠약하게 하니 身弱하다. 印星을 用하여 日主를 生助하면 中和를 이룰 수 있다. 용신은 日支 申宮의 庚金이다.

    用神 : 庚金
    喜神 : 土
    忌神 : 火
    閑神 : 水
    仇神 : 木

◎ 壬申日柱 특성

- 차갑고 냉정하나, 경우에 맞을 경우 돈을 잘 쓰고, 매사에 조급성이 있어 실수가 잦다.
- 착하고 인자한 면도 있으며, 호기심과 관찰력이 뛰어나며, 끈기가 있는 반면 아집이 강하나, 지적이며 남들과 잘 어울린다.
- 사주가 신약(身弱)이면 자기주관이 뚜렷치 못하고, 財星이 많으면 여색(女色)을 밝히는 경향이 있다.

• 시력, 청력 등에 이상이 올 수 있고, 중년 이후에는 신장계통의 질환에 조심해야 한다.

공직이나, 상업계통의 종사자가 많고, 직업의 변동은 적은 편이다.

◉ 月柱가 甲寅이라 木旺하니 年時의 丑未가 受剋되어 無力하다. 月·日의 寅申 沖은 寅木이 未土 木庫에 숨어들고, 申金은 丑土 金庫에 숨어들어 손상되지 않을 것 같으나, 年時가 丑未 沖으로 이미 開庫된 상태인 것이니 숨어 몸을 보존할 곳이 없는 것이다. 寅申은 內요 丑未는 外니 이른바 內爭外鬪(내쟁외투)의 형국이라 地支가 모두 손상되어 흉한 것이다.

◉ 夫星인 丑未 正官이 寅月의 旺木에 受剋되어 손상되니 결혼연이 없는 것이다. 辰土대운 희신운에 결혼했으나 임신한 상태에서 남편과 死別하였고, 이후 運路가 巳午未의 기신운이니 결혼연이 없었던 것이다.

◉ 日支 申金 偏印이 母親이다. 申金이 梟神殺(효신살)을 대동하고 寅申 沖되어 旺木에 손상되니 모친과의 緣이 없는 것이다. 어머니가 자신을 낳고 나서 얼마 지나지 않아 산후병으로 사망한 것이다.

◉ 여명의 食傷은 자식이다. 대체로 食神은 딸이고, 傷官은 아들로 논하는데, 月柱에 食神이 중첩되니 傷官으로 변하여 아들로 논하는 것이다. 遺腹子(유복자)로 태어난 자식이 아들인데, 子女星인 食傷 木이 기신에 해당하니 자식과의 연이 적은 것이다. 자식의 脫線(탈선)으로 인해 마음고생이 많은 것이다.

◉ 상기는 胎元이 乙巳이다. 따라서 巳火가 原局의 寅申과 寅巳申 三刑殺을 이루니, 부모형제자매, 남편, 자식과의 연이 적고 인생에 苦가 많은 命造인 것이다. 또한 三刑殺은 권세, 형벌, 폭력, 의약, 사고, 질병 등과 연관되며, 日支에 申金 偏印이 있으니 간호사의 직업을 갖게 된 것이다. 原局에 官印이 아름답다면 의사의 길을 갔을 것이나 손상됨이 많으니 吉格이 되지 못한 것이다.

◉ 庚申大運 이후의 말년운은 용신운이니 苦盡甘來(고진감래)가 될 것이다.

⊙ 用神
- 寅月은 木旺之節이라 日主 壬水의 洩氣(설기)가 태다하니 水性이 유약해지는 시점이다. 따라서 壬水의 水源(수원)을 發하는 庚金이 있어야 하겠고, 또한 寅月은 前月의 寒氣가 남아 있으니 丙火도 참작해야 한다. 水가 중중한 경우라면 戊土의 제극이 있으면 汪洋無道(왕양무도) 함에는 이르지 않는다.
- 지지가 寅卯辰의 방합목국을 형성하고 年干에 甲木이 투출했으니 從格을 의심해볼 수 있으나, 時干 癸水가 年支 辰土에 통근하고 日主 壬水를 부조하니, 壬水 日主는 왕한 木의 勢를 좇으려 하지 않는 것이다. 따라서 從兒格(종아격=從食傷格)으로 논할 수 없고 假從格(가종격)으로 논한다. 따라서 용신을 잡는 방법은 억부법에 준하여 판단한다.
- 木의 勢가 태강하여 日主의 氣를 洩함이 심하니, 時干 癸水로는 부조의 氣가 태부족이다. 印星이 긴요한데 원국에 전무하니 胎元(태원)을 적용한다. 胎元(태원)이 丁巳라 巳宮의 庚金을 끌어다 용하는 것이다.

　　用神 : 庚金
　　喜神 :　土
　　忌神 :　火
　　閑神 :　水
　　仇神 :　木

⊙ 食傷이 중중하여 자연 官星을 극하니 직장과의 연이 적어 자영업을 하게 된다. 택배기사로 배달업을 하고 있다.
⊙ 局에 印星이 전무하고, 胎元인 巳宮의 庚金이 있어 미약할 뿐이니 부모와의 연이 박한 것이다.
⊙ 未土대운의 운을 문의한 것이다.

- 未土는 본시 희신이나, 時支 卯木과 卯未 반합목국의 구신(仇神)으로 化되니 운이 길하지 못하다.
- 未土 官星이 入되며 日支 寅木과 비교시 鬼門關殺(귀문관살)을 대동하는 것이다. 이런 경우는 직업과 연관하여 예기치 않게 발생하는 시비다툼과 음해 및 구설을 조심해야 할 것이다.

◉ 局에 食傷이 왕하니 기술직 및 예체능과 연관된다. 미술에 소질이 많았으나 잘 풀려나가질 못했다.

◉ 壬申대운 이후는 용신운이니 매사 순탄하고 안락한 말년을 보낼 수 있을 것이다.

◉ 用神
- 寅月의 壬水는 汪洋(왕양)한 象이니 능히 百川의 물을 모으나, 前月의 寒氣(한기)가 남아 있으니 丙火도 필요하다. 또한 木旺之節이라 水性이 약하니 庚金이 있어 水源을 만들어주면 길하다.
- 지지에 申子의 반합수국이 있고, 二位의 壬水가 투출하였으니 壬水가 왕해져 奔蕩(분탕)의 勢를 이루는 것이다. 다행인 것은 立春 後 6日에 생하여 戊土가 當令하니, 이를 용하여 壬水의 旺함을 제압하면 汪洋無道(왕양무도)함에 이르지는 않고 中和를 얻을 수 있는 것이다. 용신은 時支 戌宮의 戊土이다.

用神 : 戊土
喜神 :   火
忌神 :   木
閑神 :   金
仇神 :   水

⊙ 사주가 전부 陽干支으로 구성되니 성격이 활달하고 매사 적극적인 면이 있다. 다만 陰陽의 부조화가 있으니 고집이 센 면이 많은 것이다.

⊙ 여명의 看命(간명)은 官星과 食傷을 위주로 판단하는데, 官星이 용신이니 남편과의 사이에 화기애애 함이 있다 판단하는 것이고, 자녀성인 食傷이 기신이니 자녀들과의 사이에는 돈독함이 적을 것이라 판단한다.

⊙ 酉金대운의 전반적인 운세 및 공인중개사 사무실 개업의 길흉을 문의한 것이다.

　• 酉金은 본시 한신이다. 원국의 酉戌과 申酉戌 방합금국의 한신운이니 무애무덕 할 것이라 판단한다.

　• 壬子水 比劫이 중중한데, 財星은 지지 寅戌에 丙丁火가 암장되어 있으니 財星이 무력한 것이며 群劫爭財(군겁쟁재)의 상황이다. 따라서 재물복은 적은 것이고, 다시 운에서 比劫運이 도래할 시는 예기치 않은 사고, 질병 등의 흉액이 염려되는 것이다. 만약 대운과 세운 공히 비겁운이 도래시는 命을 보존하기가 힘든 것이다.

　• 酉金은 한신으로 年支 子水 기준하여 桃花殺(도화살), 鬼門關殺(귀문관살), 絞神殺(교신살)을 대동하고 있다. 자녀궁인 時支 戌土와는 酉戌 害殺이 되니 이들 흉살들이 흉하게 태동하여 이제는 자녀에게 흉화가 대두되는 것이다. 長女가 학교 가기를 거부하고 독서실 생활을 고집하니 출석일수가 모자라 졸업을 못하게 되는 문제에 직면하게 된 것이다.

　• 태동한 흉살들을 제살하면 무탈 할 것이라 조언한 것이다.

⊙ 申金대운은 한신운이다. 원국의 子水와 申子 반합수국의 比劫운이 도래하니 예기치 않은 흉액을 조심해야 할 것이다.

⊙ 말년 未午대운은 용신과 희신운이니 안락할 것이라 판단된다.

◎ 壬水 卯月

• 卯月의 壬水는 寒氣(한기)가 모두 제거되어 水暖(수난)하며 물이 깊고 맑다. 따라서 戊土로 제방을 쌓고, 辛金으로 水源(수원)을 發하고 庚金으로 보조한다.

• 戊土, 辛金이 併透(병투)하면 국가고시에 합격하여 높은 관직에 오르게 된다.
戊土가 투출하고 辛金이 酉宮에 암장되면 衣祿은 있다.
戊土, 辛金이 암장되고, 甲木, 丁火가 불투하면 단지 秀才(수재)이다.

• 지지 木局인데 庚金이 투출하면 국가고시에 합격하여 영달함이 있다.
지지 木局에 庚金이 암장되면 異途功名(이도공명=무관직. 문필직, 기술직..)이다.

• 지지에 木火가 중중하면 木盛火炎(목성화염)의 형국이다. 이리되면 日主가 쇠약해지므로 壬癸水의 부조가 있으면 日主가 有氣해져 길해지므로 富貴格을 이룬다.

• 水가 중중한데 戊土가 있으면, 戊土가 제방을 쌓아 물길을 막으니 복록과 수명이 온전하다. 만약 戊土가 없으면 水泛木浮(수범목부)의 형국이니 일생이 困苦(곤고)하고 貧賤夭死(빈천요사)한다.

• 甲乙木이 중중하고 比劫이나 印星이 없으면, 洩氣가 태다하여 日主가 無氣하니 일생이 困苦하고 寒儒(한유)이다.

• 卯月 壬水는 먼저 戊土를 용하고, 다음은 辛金으로 水源을 發하고, 庚金으로 보좌함이 정법이다.

◎ 用神

• 壬水가 卯月에 생하여 死地라 실기했으며 다시 卯戌 합화의 財星局과 丑戌의 官星이 중하니 신약하다. 日干 壬水를 생하는 印星인 庚金으로 용신을 잡는다.

• 日干인 壬水가 陽干이니 투출된 庚辛金 중 陽干인 時干 庚金을 용신으로 잡는 것이다. 이는 지지에 卯戌의 火局이 있으니 陰干인 辛金은 생조의 역량이 부족

하여 용하지 못하는 것이다.

　　用神 : 庚金
　　喜神 : 　土
　　忌神 : 　火
　　閑神 : 　水
　　仇神 : 　木

⊙ 壬戌日柱 특성
　• 활발한 성품에 활동적이고 꾀가 많으며 겉으로 큰소리치나 좌절이 따르고, 강
　　약이 교차되며 노력보다 공과가 적다.
　• 자기주장이 강하여 모임이나 단체에서 두각을 나타나게 되나, 파란이 많으며
　　고집이 세다.
　• 자존심이 강한 반면 사교적이나, 자신과 코드가 맞는 사람들을 편애한다.
　• 신약사주면 침울하고 개방적이지 못하다.
　• 무관직, 사업가, 기술직 등의 종사자가 많다.
⊙ 천간에 印星이 중중하여 印星混雜(인성혼잡)의 경우이다. 나타내는 암시는 다음과
　같다.
　• 多印은 無印이라 논하니 본인 명의로 문서를 취득하거나 계약관계는 하지 않음
　　이 좋다. 그렇지 않으면 이로 인한 손재수가 발생하게 되는 것이다.
　• "印"은 "刃"으로도 논하니 多印인 경우에는 평생에 예기치 않은 사고나 질병으
　　로 인한 수술 건이 다발한다.
　• 印은 父母星인데 多印이니 오히려 부모와의 연이 적은 것이다.
　• 印은 官이 生하는 것이다. 따라서 문서를 동원하여 권력을 행사하려는 의도가
　　있는 것이다. 그런데 多印인 경우에는 권력의 남용으로 논하는 것이다. 따라서
　　이로 인한 남의 음해와 시비구설이 태동하는 것이다.
　• 印은 日主인 "我"를 生하는 것이다. 多印이면 我가 埋되게 되니 남에게 의존성
　　이 강하고 불로소득을 취하려는 성향이 많다.
　• 印은 財와 相剋의 관계이다. 財는 妻와 재물로 논하는데 多印이면 예기치 않은
　　손재수가 다발하고 처와의 연도 박하게 된다.
⊙ 천간에 庚辛金이 투출하여 이른바 "金多水濁(금다수탁)"의 상황이다. 金이 印星에

해당하니 이리되면 권모술수에 능한 면도 있는 것이다.

⊙ 胎元(태원)이 壬午이다. 잉태시점의 天氣에 壬水 比肩이 있는 것이다. 또한 庚辛
金 印星이 중중하게 투출되어 있으니, 암시되는 바는 이복형제 문제와 어머니의
再嫁(재가)문제가 발생하는 것이다. 어머니가 전 남편과의 이혼 후 자식을 데리고
再嫁한 것이다.

⊙ 己丑대운은 상하 공히 희신운이다. 己土는 日主 壬水를 극하고 丑土는 日支 戌土
를 刑하여 開庫시킴으로, 戌宮의 辛金 한신과 戌土 용신을 사용하게 되어 길한
데, 日主를 공히 剋과 刑하니 이동수가 발생하는 것이다. 고등학교를 마치고 어
머니가 계신 일본으로 유학을 떠나 그 곳에서 대학을 마치게 된 것이다.

⊙ 기신이 火니 평생에 혈관계질환 및 小腸의 질환이 염려되고, 구신이 木이니 간담
질환이 염려되는 것이다.

⊙ 乙酉대운의 건강문제를 문의한 것이다.

• 乙酉는 月柱 辛卯와 상하 공히 沖되고 있다. 月柱는 명조자의 母胎에 비유되는
데 상하 공히 刑沖 받으면 예기치 않은 사고와 질병이 발생되고, 다시 세운에서
도 공히 月柱 간지를 刑沖하면 命을 보존하기가 어려운 것이다.

• 기신인 火에 해당하는 심장에 문제가 발생하여 치료를 받았고, 金에 해당하는
대장질환으로 수술을 받게 된 것이다.

⊙ 用神

• 지지 申子辰 삼합수국은 卯月이라 비록 失氣했다 논할 수 있으나, 천간의 丙辛
간합수국과 壬水가 二位 투출했으니 水氣가 중첩되어 태왕한 것이다. 比劫이

태왕한 것이니 從旺格(종왕격)으로 논해야 한다.

- 從旺格의 경우 이를 洩氣시키는 오행이 있으면 이를 용신으로 잡아 중화를 얻을 수 있는 것이다.
- 태왕한 水氣를 洩하는 甲乙木이 천간에 투출하지 못했으니 부득이 月支 卯宮의 乙木을 용신으로 잡아야 한다. 용신이 투출하지 못했으니 크게 길하지는 못한 것이다.

  用神 : 乙木
  喜神 : 水
  忌神 : 金
  閑神 : 火
  仇神 : 土

◎ 乙木은 物象(물상)에서 전표, 주식, 지폐, 종이조각 등으로 논하기도 한다. 따라서 壬水는 주식시장이요 용신 乙木은 株券(주권)에 비유되니 주식투자자인 것이다.

◎ 乙木대운은 용신운이니 주식투자를 전문적으로 시작한 것이다.

◎ 未土대운은 月令 卯木과 卯未 반합목국의 용신운이 되니 주식투자로 다소의 성공을 거두었던 것이다.

◎ 丙申대운의 주식자금의 추가 투입 건에 대한 길흉 여부를 문의한 것이다.

- 원국에서 年干의 丙火 偏財는 상속의 財로도 논하니, 상속받을 재산이 있다고 판단하는 것이다.
- 대운 丙火가 도래하며 원국의 年干 丙火 偏財에 힘을 실어주니 이제는 상속의 財가 動하게 되는 것이다.
- 부친께서 자녀 삼남매에게 재산을 골고루 상속해 주니, 이중 현금으로 받은 것을 주식에 투자하려 하는 것이다.
- 대운 丙申의 천간 丙火는 원국의 月干 辛金과 丙辛 간합수국의 희신운이 되고, 지지 申金은 지지의 辰子와 삼합수국의 희신운이 되니 주식자금의 추가 투입도 可할 것이라 판단하는 것이다.
- 2020년 동학개미들의 주식투자 열기에 힘입어, 주식매매 과정에서 수억 원의 이득이 있었던 것이다.

◎用神
- 卯月은 寒氣(한기)가 제거되고 陽의 기운이 漸昇(점승)하는 시점이니, 壬水가 물이 깊고 맑다.
- 壬水의 세가 왕하면 戊土로 제방을 쌓고, 洩氣(설기)가 太多하여 신약이면 庚辛金을 용하여 壬水의 水源을 마련해주어야 한다.
- 月柱가 乙卯로 日主 壬水의 氣를 洩하고, 土氣가 중중하여 日主를 핍박함이 심하니 신약한 것이다. 印星을 용하여 水源을 마련함이 급하니 용신은 年支 申宮의 庚金이다.

    用神 : 庚金
    喜神 :   土
    忌神 :   火
    閑神 :   水
    仇神 :   木

◎壬辰日柱 특성
- 총명, 영리하나 때로는 엉뚱한 일을 벌인다.
- 속이 깊고 생각이 많으며, 곤경에 처하면 염세적인 생각을 많이 한다.
- 침착한 듯하나 불굴의 정신이 강하고 고집이 세다.
- 간혹 엉뚱한 일을 일으키고, 자존심이 강하고 박력은 있으나 속전속결에 지구력이 약하다.
- 보통은 건강한 체질이나, 예기치 않은 사고나 질병이 평생에 걸쳐 자주 발생한다.
- 무관직이나 해운업, 농수산물 유통업 등에 종사하는 경우가 많다.

◎食傷이 중중한데 財星이 전무하다. 이런 경우에는 자신의 기술과 재예를 활용하여 財를 창출하려는 의도가 남들보다 강한 것이다. 따라서 得財處(득재처)를 찾아

부지런히 정보를 탐색하는 투기꾼으로서의 성향이 짙은 것이다.

⊙ 木, 土의 勢가 강하니 드러나는 物象은 건축, 토목, 조경업과 연관하여 財를 창출하려는 것이다. 부동산개발 및 투기업에 종사하고 있다.

⊙ 乙木이 출간하여 坐下 月令 卯木에 통근하고 있다. 乙木 傷官의 역할이 커진 것이다. 따라서 재능이 많고, 자존심이 강하고 일처리에 능수능란함이 있는 것이다.

⊙ 乙木 傷官이 출간하여 年干 戊土 官星을 극하니 傷官見官된 것이라, 먼저는 남편과의 연이 적은 것이고, 다음은 직장생활과 연이 적으니 개인사업을 해야 하는 것이다.

⊙ 여명의 月柱 傷官은 본인이 家長의 역할도 해야 함을 암시하는 것이다.

⊙ 官星이 중중하고 日, 時支 辰土가 墓宮(묘궁)이며 다시 辰辰 自刑殺이 되니 남편과 자식과의 연이 박한 것이다.

⊙ 月支 卯木 傷官이 鬼門關殺(귀문관살)을 대동하니, 보통의 사람들보다는 神氣가 다분히 많다 판단한다.

⊙ 日, 時支의 辰土는 偏官으로 辰辰 自刑殺이 되니 시비다툼과 관재구설이 암시되는 것이다. 부동산투기와 연관되어 크고 작은 소송 건에 연루됨이 많은 것이다.

⊙ 財星이 전무한데도 수십억의 재산을 유지함은 무슨 연유일까? 이는 용신이 왕하고 운로가 용신운이기 때문이다. 年支 申金은 戊辰土의 생을 받아 약하지 않으니, 申宮의 庚金 용신 역시 약하지 않은 것이다. 그리고 대운이 戊酉申의 용신운으로 도래하니 재물복이 많은 것이다.

⊙ 子水대운은 月令 卯木과 子卯 刑殺이 되고 있다. 月柱는 부모형제자매와 연관되는데 이들 중 命을 재촉하게 되는 禍厄(화액)이 발생하는 것이다.

⊙ 亥水대운에 月令 卯木과 亥卯 반합목국의 食傷運이 되어 官星을 극하니 이 때 남편과 이별수가 있었던 것이다.

⊙ 戊酉申대운은 용신운이니 말년은 안락할 것이라 사료된다.

◉ 用神
- 壬水 日主가 春分이 5日 지나 生하였으니 木氣가 극왕한 시점이다. 日支 子水는 子卯 刑殺과 子丑 合土 됨이 있으니 時支 辰土와는 子辰의 반합수국이 형성된다 논할 수 없다. 따라서 水氣가 왕한 것은 아니다.
- 甲木이 壬水의 氣를 洩하고, 年干 丁火가 丁壬 합목을 형성하니 壬水 日主는 신약한 것이다. 따라서 壬水의 水源을 發하는 庚辛金을 용해야 중화를 이룰 수 있다. 庚辛金이 불투했으니 年支 丑宮의 辛金을 용신으로 잡아야 한다.

　　用神 : 辛金
　　喜神 :　土
　　忌神 :　火
　　閑神 :　水
　　仇神:　　木

◉ 壬水 日主가 卯月에 생하니 水木傷官格이다. 그리고 時干 甲木이 食神으로 혼탁한 물인 日主 壬水의 水氣를 洩하며 불순물을 제거하여 淸하게 하니, 이제는 甲木이 세상에 행세하고자 나서는 것이다. 행세하려는 것이 食神으로 밥그릇에 비유되니 평생 먹고 살 걱정이 없는 것이고, 食神은 남에게 베푸는 것과도 연관되니 성격상 선심성이 많은 것이다.

◉ 甲乙木의 食傷은 비교, 다툼, 경쟁 등과 연관된다. 食傷은 日主의 氣를 洩하는 것이니, 직업상 재능, 재예, 기술 등과 연관되어 운동선수가 암시되는 것이다. 나무는 키가 크지 못하면 큰 나무의 그늘에 가려 도태되는 것이라, 甲乙木의 食傷은 암암리에 치열한 경쟁의 의도가 숨겨져 있는 것이다. 상기인은 柔道人(유도인)으로 이 재능과 연관된 도장운영, 교육, 제자 양성, 접골관련 등의 직업과 관련이 있는 것이다.

◎ 年干 丁火 일점 財星은 처와 재물에 비유된다. 月令 卯木은 濕木(습목)이라 丁火 를 發火시키지 못하고, 다시 月干 癸水에 受剋되니 丁火가 무력해진 것이다. 따라서 처와의 연이 박했고, 평생 먹고 살 걱정은 없었으나 재물복은 풍족하지 못했던 것이다.

◎ 用神
• 卯月의 壬水는 木氣가 當令하여 壬水의 氣를 洩시키니 신약하다. 먼저는 辛金 으로 水源을 發하고, 다음은 戊土로 제방을 쌓아야 한다.
• 年, 月支가 未卯 반합목국을 이루어 日主의 氣를 洩시키고, 다시 丁火 財星과 戊土 官星이 있어 日主의 氣를 衰하게 하니 신약하다. 印星을 용하여 日主를 생조해야 中和를 이룰 수 있다. 時干에 庚金이 투출했으니 이를 용신으로 잡는다.

　　用神 : 庚金
　　喜神 :　土
　　忌神 :　火
　　閑神 :　水
　　仇神 :　木

◎ 庚子대운 중 己巳세운
• 壬水 日干이 卯月에 死地이니 신약하다. 坐下 申金에 長生을 득하나, 年, 月의 未卯 반합목국의 왕한 木氣와 상극되니, 申金이 손상되어 日主 壬水를 扶助(부조)함에 무력한 것이다.
• 대운의 지지 子水는 壬日干의 羊刃에 해당된다. 羊刃은 칼날 "刃"과 연관되는

흉살이다. 月支 卯木은 日干 壬水의 母胎이고, 수명과 연관되는 正印인 辛金의 絕地라 단명수가 있는 것이다. 대운에서 子卯 刑하니 命을 재촉하는 흉사의 조짐이 있는 것이다.

- 己巳세운은 歲支 巳火가 壬日干의 祿星인 亥水와 巳亥 상충되고, 日支 申金과는 巳申의 刑合이 되는데 先刑後合이라 먼저는 刑殺을 맞으니 命을 재촉하게 된 것이다.

- 歲支 巳火는 火氣다. 日支 申金과는 巳申의 육합수국이 되는 것이라, 알코올과 물이 주성분인 술과 연관된다. 술을 마시고 운전하다 차량사고로 사망한 것이다.

⊙ 用神

- 卯月의 壬水는 寒氣(한기)가 모두 제거되니 물이 깊고 맑다. 그러나 卯月은 木旺之節이라 壬水의 氣를 洩氣(설기)시켜 약하게 하니 辛金으로 水源(수원)을 發하고 庚金으로 보좌한다.

- 水氣가 중한 경우에는 戊土로 제방을 쌓아야 하고, 土氣가 重하여 日主 壬水를 핍박함이 심하면 甲木의 疏土(소토)가 있어야 한다.

- 辛金과 戊土가 투출한 경우에는 국가고시에 합격하여 관직에 들고 영달하게 된다.

- 상기는 지지에 亥卯의 반합목국이 있어 日主 壬水의 氣를 洩시키고, 日, 時支의 辰土가 壬水를 핍박하니 먼저는 辛金으로 壬水의 水源을 發하고 다음에는 庚金으로 보좌한다.

- 원국에 金氣가 全無하니 운로에서 金을 끌어와 용신으로 잡아야 하는데, 중년 이후 辛酉, 庚申운으로 흐르니 辛金을 용하는 것이다.

  用神 : 辛金
  喜神 :　土
  忌神 :　火
  閑神 :　水
  仇神 :　木

⊙ 용신 辛金은 卯月에 絕地이니 失氣한 것이라 왕하지 못하다. 크게 영달함을 기약할 수 없는 명조이다.

⊙ 月干 丁火 正財는 財星이요 처성이다. 坐下에 卯木인 濕木을 깔고 있으니 丁火의 불꽃이 꺼질까 염려되는 것이다. 따라서 재물복과 처복을 기대하기 힘든 것이다.

⊙ 丁火가 財星인데 火氣에 해당하니 주유소를 운용하고 있는 것이다.

⊙ 천간에 甲木 食神과 丁火 正財가 투출하여 食神生財格으로 논하는데, 木火가 구신과 기신에 해당하니 大財와는 거리가 멀고 단지 衣食이 足할 뿐인 것이다.

⊙ 日, 時支가 辰辰으로 自刑殺이 되니 자식과의 연도 박하다 판단된다.

⊙ 지지의 戌亥는 九宮八卦(구궁팔괘)의 乾宮에 배속되며 "天門"에 해당하고, 辰巳는 巽宮에 배속되며 "地戶"에 해당된다. 원국에 亥와 辰이 있으니 역술학에 관심이 많으며 또한 佛家와의 연도 깊은 것이다.

⊙ 庚金대운의 운세를 문의한 것이다.

  - 庚金은 본시 용신이니 길한 운이다. 時干 甲木이 食神으로 밥그릇인데, 甲庚 沖하니 밥그릇이 손상되는 것이라, 그동안 운영하던 주유소사업을 접고 새로운 사업을 모색하고 있는 것이다.

  - 배속된 세운이 庚子. 辛丑, 壬寅, 癸卯, 甲辰의 구신운으로 흐르니 심사숙고할 것을 권유한 것이다.

◎ 用神
- 卯月의 壬水는 三陽이 지난 시점이라 더욱 온난해져 寒氣(한기)가 모두 제거되니 물이 깊고 맑다. 戊土로 제방을 쌓고 辛金으로 水源을 發하며 庚金으로 보조하면 貴格의 명조이다.
- 상기는 壬水 日主가 無根이고 지지에 木氣가 왕하니 洩氣가 태다한 것이다. 따라서 身弱하니 辛金으로 水源을 發하여 日主를 생조하면 중화를 이룰 수 있다. 용신은 年支 酉宮의 辛金이다.

  用神 : 辛金
  喜神 :　土
  忌神 :　火
  閑神 :　水
  仇神 :　木

◎ 年干 己土가 正官으로 남편성인데, 비록 희신에 해당하나 月令 卯木에 受剋되고 失氣했으며, 日主 壬水를 탁하게 하니 남편과의 연이 박한 것이다.
◎ 丁壬의 干合이 있으니 연애결혼이라 판단한다.
◎ 食傷이 왕하니 예체능, 기술직과 연관된 직업인데, 마사지와 미용 관련 가게를 운영하고 있는 것이다.
◎ 壬水 日主가 좌하에 食神이 있으니, 남에게 베풀기를 좋아하고, 성격이 후덕하며, 미식가이며 음식솜씨가 좋다.
◎ 月干 丁火 財星은 坐下 卯木 濕木(습목)에 손상되니 재물복은 박하다 판단한다.
◎ 壬水 日主가 지지에 食傷이 중중하다. 미모일 것이라 판단한다. 寅卯木 食傷은 壬水의 불순물을 제거하는 것에 비유되니 壬水가 맑아지기 때문이다. 같은 이치로 食傷이 중중한 경우 암시되는 象은, 성형수술과 연관되는 것이다. 보기 싫은

부분을 제거하는 것에 비유되기 때문이다.

⊙ 未土대운은 月, 時支의 卯木과 卯未 반합목국의 구신운이니 이때 남편과 이혼한
것이다.

⊙ 申金대운의 운을 문의한 것이다.

•申金은 용신운이니 가게 운영상 발전이 있는 것이다. 다만 月, 時支 卯木 傷官
과 상극되니, 傷官은 수하직원이라 이들과의 사이에 갈등요소가 다소 있을 것
이라 판단하는 것이다.

•申金이 日支 寅木을 沖去하고 있다. 암시하는 象은, 여명의 日支는 남편궁인
데, 寅木을 충거한다는 것은 새로운 남자친구가 생긴다는 것이고, 또한 용신에
해당하니 재혼하고자 하는 의도로 들어오는 것이다.

•재혼의 성사 여부와 길흉 여부는 두 사람의 궁합을 보는 것에 준하여 판단하면
오류가 적다.

⊙ 酉金대운은 年支 酉金과는 自刑殺, 月支 卯木과는 沖殺, 日支 寅木과는 怨嗔殺
(원진살), 時支 卯木과는 沖殺로 지지 전체와 충돌하여 상호 손상되니, 예기치 않
은 사고, 질병, 시비구설의 흉액이 염려되는 것이다.

⊙ 壬水 辰月

•辰月의 壬水는 戊土가 사령하니 壬水를 메울까 두렵다. 따라서 먼저 甲木을 용
하여 疏土(소토)시키고, 다음에는 庚金으로 水源(수원))을 발해야 한다. 甲木과
庚金이 간격되어 있어 상호 극제하지 않아야 좋다.

•庚金, 甲木이 투출하면 국가고시에 합격하여 영화로움이 있게 된다.

甲木이 투출하고 庚金이 암장되면 秀才(수재)이고 명성이 높다.

庚金이 투출하고 甲木이 지지 寅亥에 암장되면 衣祿이 있게 된다. 이 경우 癸水가 투출하여 甲木을 滋潤(자윤)하면 異途(이도)로 功名을 얻어 높은 관직에 오르게 된다.

庚金이 투출하고 甲木이 암장되면 衣祿(의록)은 있다.

- 甲木이 없으면 강폭한 무리이고, 庚金이 乏絕(핍절)되면 우둔하고 고집이 세다.
- 時干에 丁火가 出干하면 化合하여 火를 돕고 水를 돕지 않으니 평범한 命인데, 庚辛金이 있으면 좋다.
- 地支에 四庫(사고=辰未戌丑)를 이루고 甲木이 부족한 者는, 殺重身輕(살중신경=官殺이 왕하고 日主가 약함)이니 終身(종신)토록 빈천하고 困苦(곤고)하다.
- 辰月은 戊土가 당왕한데 己土가 출간한 경우에는, 甲木이 두 개 있어 厚重(후중)한 土를 疎土(소토)해야 한다. 이때 甲己는 떨어져있어야 化合하지 않는다.
- 水가 旺하고 庚金이 중중하면 보잘 것 없으나, 丙火의 제극이 있으면 길함이 있다.
- 지지 木局이면 庚金이 있어 왕한 木氣를 극제하고 壬水를 생해야 길하다.
- 지지 水局이면 戊土로 制水함이 있어야 길하다.

⊙ 用神
- 壬水가 辰月에 생하여 墓宮(묘궁)이니 失氣한 것이며, 또한 未丑의 土가 重하니 신약한 것이다.
- 원국에 未辰丑의 土氣가 중중하니 먼저는 甲乙木의 소토가 급하고 다음에는 庚辛金으로 壬水의 水源(수원)을 만들면 사주가 중화를 이룰 수 있다.
- 용신은 甲木인데 不透하니 부득이 月支 辰宮의 乙木으로 잡아야 한다.

　　用神 : 乙木
　　喜神 :　水
　　忌神 :　金
　　閑神 :　火
　　仇神 :　土

⊙ 月干 丙火 財星은 좌하 辰土에 沐浴地(목욕지)이니 처와 재물운은 썩 길하지 못한 것이다.

- 지지 未辰丑이 官星이니 관살혼잡이 되었다. 그러나 묘한 것은 月支 辰土는 墓宮이라 행세를 못하고, 또한 다행인 것은 年, 時의 未丑은 원격되어 沖殺의 禍가 미미하여 官星의 손상됨이 적으니 官星을 사용할 수 있는 것이다.

- 辛金 正印이 투출되고, 지지 正官인 丑未는 중첩되니 偏官으로 化된 것이다. 따라서 관인상생의 길격이 되어 지방 시청의 국장을 역임한 것이다.

- 辛金 正印은 두뇌, 학문, 문서 등을 나타내는데 구신에 해당하니, 비록 두뇌는 총명했으나 학업과의 연은 길하지 못했다. 초년대운이 용신운이라 공부는 잘하였으나 학업의 길로 성취됨은 없었던 것이다.

- 辛亥대운은 辛金이 月干 丙火와 간합수국의 희신운이고, 亥水대운은 원국과 亥子丑 방합수국의 희신운을 형성하니 이 시기에 거듭 승진하게 된 것이다.

- 庚戌대운의 官運을 문의한 것이다.
  - 庚金대운은 기신운이나 月干 丙火의 극제가 있으니 무탈했고, 戌土대운은 구신운이며 원국의 未丑과 丑戌未 三刑殺을 이루니 흉하다. 지방선거의 시장직에 도전했으나 낙마한 것이다.
  - 戌土대운은 年, 時支의 未丑과 丑戌未 三刑殺을 이루니 흉한 운이다.

- 用神
  - 官星인 戊己土가 重重하여 壬水를 메울까 염려된다. 먼저는 甲木을 용하여 疏土(소토)하고 다음에는 庚金으로 水源을 發하여 壬水를 생조하면 중화를 이룰 수 있다.
  - 중첩된 土氣를 疏土하는 甲乙木이 필요한데, 時支 卯木은 日支 戌土와 卯戌의

육합화국을 이루니 용할 수 없고, 年支 亥宮의 甲木을 용신으로 잡는다.

• 용신 甲木은 辰月에 辰土가 濕土(습토)이니 뿌리를 내릴 수 있어 태약하지는 않은 것이다.

> 用神 ： 甲木
> 喜神 ：　水
> 忌神 ：　金
> 閑神 ：　火
> 仇神 ：　土

◎ 官星인 土氣가 중중하여 官殺混雜(관살혼잡)된 경우이며 드러나는 특성은 다음과 같다.

• 교묘한 꾀와 궤변으로 남을 이용하여 자신의 이득을 취하려는 성향이 짙다.

• 多官無官이라 논하니 직장과의 연이 적고 또한 이직률이 높다.

• 관성이 중하면 편관이라 논하니 기술계통이나 무관직의 종사자가 많다. 또한 예기치 않은 사고, 질병, 시비다툼, 관재구설 등이 다발하게 된다.

• 남명에서 官星은 자녀성인데 중중한 경우라면 오히려 자식과의 연이 박한 경우가 많은 것이다.

• 중첩된 官星이 喪門殺(상문살), 弔客殺(조객살), 幻神殺(환신살), 絞神殺(교신살), 鬼門關殺(귀문관살), 病符殺(병부살), 華蓋殺(화개살) 등을 대동하고, 日主가 태약하거나 운로가 기신이나 구신운으로 도래하면 神氣가 태동하는 경우가 많다.

◎ 日支宮은 처궁인데, 戊土가 구신에 해당하고, 다시 月支 辰土와 충되니 처와의 연은 박한 것이다.

◎ 日支 戊宮의 丁火가 일점 財星인데, 月支 辰土와 충되어 손상되니 재물복이 박할 것이라 판단하는 것이다.

◎ 초년운은 卯辰의 용신운이니 印星은 태약하지만 학업의 연이 있어 대학을 마치게 되었다.

◎ 丑土대운은 본시 구신운이나, 日支 戊土와 丑戌 刑하여 開庫시키니, 戊宮의 丁火 財星을 용할 수 있어 이 대운에 결혼한 것이다.

◎ 子水대운은 희신운인데, 月支 辰土와 子辰 반합수국의 희신운이 되니 吉하다. 일본계 회사인 다이아몬드 가공회사에 근무하게 된 것이다.

- 亥水대운은 희신운이다. 年, 月支와는 亥亥 自刑殺과 辰亥 怨嗔殺(원진살)이 되어, 직장 내의 여러 음해에 시달렸으나, 時支 卯木과는 亥卯 반합목국의 용신이 되니 우여곡절 끝에 이사로 승진하게 된 것이다.
- 말년운인 戌酉申 대운은 기신운이니 크게 기대할 바가 없는 것이다.
- 천간의 比劫은 두 가지 직업에 연관됨을 암시하는 경우가 많은데, 時干에 劫財가 있으니 상기인은 퇴근 후에는 처의 음식점 영업에 관여하고 있는 것이다.

- 用神
  - 辰月은 戊土가 司令하니 日主 壬水를 핍박함이 심하다. 먼저는 甲木으로 疎土하고 다음에는 庚金으로 壬水의 水源을 發하면 중화를 이룰 수 있다.
  - 月干에 甲木이 투출했으니 이를 용신으로 잡는데, 月令 辰土와 日支 寅木에 통근하니 甲木이 쇠약함은 면한 것이다.

    用神 : 甲木
    喜神 : 　水
    忌神 : 　金
    閑神 : 　火
    仇神 : 　土

- 時柱는 명조자 인생의 귀결점이다. 따라서 時柱로 말년운과 직업, 그리고 유아기 때의 길흉을 논하기도 하는데, 辛丑은 상하가 正印과 正官으로 官印相生되니 공직자의 명조인 것이다.
- 年柱 丁巳火 財星은 처성인데 한신이니 처와의 결혼 연은 무애무덕하다 판단한다.
- 庚子대운에 근무처의 이동 가능 여부를 문의한 것이다.

- 현재의 근무처는 선거관련 업무를 맡고 있는 지방의 공직처인데, 적성에 맞지 않으니, 고향과 가까운 국립대학교와 연관된 공직처로 이동이 가능한가를 문의한 것이다.
- 庚金대운은 기신운으로 용신 甲木을 극하니 흉하다. 이동이 성사되지 않는 것이다.
- 子水대운은 본시 희신운이다. 月支 辰土는 偏官으로 본시 구신에 해당하는데, 子辰 반합수국의 희신운으로 바뀌니 흉변길이 되는 것이다. 이때 이동이 가능할 것이라 판단된다. 다만 염려되는 것은, 子水가 時支 丑土와는 子丑 육합토국의 구신운이 되어 흉하니 이동은 가능하되 원하는 부서는 아닐 것이라 판단한다.

◉ 壬水 巳月

- 巳宮의 丙火가 司令(사령)하니 水性이 태약하다. 먼저는 壬水 比肩으로 日主를 부조하고, 다음은 辛金으로 水源(수원)을 發해야 한다. 만일 丙火와 暗合(암합, 丙辛 合水)하면 庚金으로 보좌한다.
- 壬水, 庚金이 併透(병투)하면 국가고시에 합격한다.
- 癸水, 辛金이 併透하고 다시 甲木이 出干하면 衣祿(의록)이 있다.
- 癸水, 甲木이 투출하였는데 甲木이 없으면, 巳 中의 戊土를 극제하지 못하니 富屋貧人(부옥빈인)이다.
- 庚金이 투출하고 壬癸水가 없으면, 巳宮의 丙火를 제어하지 못하니 평범한 命이다.
- 庚金과 壬癸水가 없으면 빈천한 命이다.

- 甲乙木이 많은데 庚金이 出干하여 制伏(제복)함이 있으면 貴하게 된다. 庚金이 없는 者는 平凡하다. 혹 地支에 水局을 이루면 大貴한다.
- 火가 중중하고 水가 적으면 棄命從財格(기명종재격)이 되니 妻로 인해 富를 축재한다. 이때 癸水가 出干하면 激火之炎(격화지염)되어 殘疾(잔질)이 많다.
- 丁火가 없고 壬癸水가 많으면 총명하고, 다시 지지에 水局이 있으면 壬水가 弱變强(약변강)이 되어 巳宮의 丙火와 戊土가 용신이 되니 大貴格을 이룬다.

◎ 用神
- 壬水가 巳火節에 생하여 絶地라 失氣한 것이고, 천간에 甲己의 간합토국이 있어 受剋되니 태약한 것이다
- 立夏 後 5日에 생하여 戊土가 사령하여 時干 癸水를 극하니 癸水를 용신으로 잡을 수 없고, 日主 壬水의 水源을 發하는 庚辛金을 용해야 한다. 일점 月令 巳宮의 庚金은 동궁인 丙火의 剋을 받아 무딘 金이 됐지만 부득이 이를 용해야 하는 것이다. 다행인 것은 胎元(태원)이 庚申이라 申宮의 庚金이 힘을 보태니 용신이 태약함은 면한 것이다.

  用神 : 庚金
  喜神 :   土
  忌神 :   火
  閑神 :   水
  仇神 :   木

◎ 壬水 日干이 좌하 子水에 羊刃殺(양인살)을 대동하고 다시 時支 卯木과는 刑殺이 되니 매우 흉하다. 예기치 않은 사고, 질병 등이 다발하는 것이다. 아울러 年, 月支는 寅巳 刑殺이 되어 결국 지지 전체를 刑殺로 흔들어 놓으니 흉함이 태중한 것이다. 刑殺은 정신질환과도 연관되어 幻神殺(환신살), 弔客殺(조객살), 桃花殺(도화살) 등 흉살을 대동하는 경우에는 神氣가 태동하는 경우가 많다.

◎ 月干 己土 正官이 日主 壬水를 탁하게 하니 己土濁壬(기토탁임)이다. 남편성인 正官이 日主 壬水를 혼탁하게 하는 것이니, 남편으로 인해 결혼생활이 파탄이 나게 됨을 암시하는 것이다.

◎ 己土가 正官이고 다시 甲己의 간합토국의 官星局이 되니 결혼연은 있었던 것이

다. 그러나 寅木대운에 기신인 火를 생하여 용신 庚金을 극하게 되니 흉하게 작
동하여 이 때 이혼한 것이다.

⊙ 丙寅대운은 기신과 구신운이니 흉화가 많았다. 남자 형제는 무탈했으나 여자 형
제 중 한명은 자살했고, 한명은 神氣가 태동하여 정신질환을 앓게 된 것이다.

⊙ 乙丑대운은 乙木이 구신운이고, 丑土는 본시 희신이나 원국의 巳酉와 巳酉丑 삼
합금국의 기신운이 되니 흉함이 많았다. 건강문제가 대두된 것이고 병명을 모르
는 질환을 앓게 된 것이다. 일종의 神氣가 태동한 것이다. 丑土는 陰土로 간명상
조상의 묘소와도 연관되므로 합되어 기신이 되니 墓頉(묘탈)이 난 것이라 판단되
는 것이다.

⊙ 甲子대운의 본인과 가족의 운을 문의한 것이다.
  • 甲木은 기신이나 月干 己土와 갑기합토의 희신운이 되니 무애무덕하다.
  • 子水대운은 子水가 月支 巳火와 상극되는데, 巳火가 劫殺과 太白殺을 대동하
    고 있다. 따라서 부모형제자매 중 흉액을 겪는 사람이 있게 될 것이다. 또한
    時支 卯木과는 子卯 刑殺인데 卯木이 傷官이다. 傷官은 조카들과 비유되니 이
    들에게 흉액이 도래하게 될 것임을 암시하는 것이다.

⊙ 用神
  • 壬水가 巳火節에 생하여 絕地이니 日主가 극약하다. 먼저는 壬水로 부조하고
    다음에는 辛金으로 水源을 發하도록 한다.
  • 壬水, 辛金이 倂透(병투)하면 국가고시에 합격하여 높은 관직에 오르게 된다.
  • 상기는 立夏 後 6日에 생하여 月支 巳宮의 中氣인 庚金이 當令하여 日主 壬水

를 생함이 있으니, 日主가 태약 함은 면하게 되어 먼저는 壬水를 용하여 부조하고 다음이 辛金이다.

　用神 : 壬水
　喜神 :　金
　忌神 :　土
　閑神 :　木
　忌神 :　火

◉ 천간에 辛壬이 倂透하니 행정고시에 합격하여 공직자로 도청에서 근무하고 있다.
◉ 지지 辰寅 사이에 卯木이 拱되었다. 卯木은 簾幕貴人(염막귀인)에 해당하는 晝天乙貴人(주천을귀인)을 대동하니 拱貴格(공귀격)이다. 또한 月支 巳火는 夜天乙貴人에 해당하여 貴人의 도움이 있으니 사주가 길하다.
◉ 子水대운의 승진운을 문의한 것이다.
　• 子水는 본시 용신이니 길한 운이다. 月支 巳火 夜天乙貴人과는 상극되니 貴人의 도움을 받지 못하고 자력으로 승진해야 함을 암시하고 있는 것이다.
　• 日支 辰土는 본시 기신이라 흉한데, 子辰 반합수국의 용신으로 化되니 흉변길이 된 것이며, 강하게 용신운으로 도래하는 것이라 승진이 可하다 판단하는 것이다.

◉ 用神
　• 巳火節의 壬水는 丙火가 司令하니 水性이 극약한 것이다. 比劫인 壬癸水로 보조하고 辛金으로 水源을 發하면 사주가 중화를 이룰 수 있는 것이다.
　• 상기는 丙火가 투출하여 지지 午巳에 통근하니 火氣인 財星이 태왕하여 財多身

弱의 명조이다. 따라서 比劫인 壬癸水로는 부조가 미력하니, 水源을 發하는 時干 辛金을 용하여 日主 壬水를 생조해야 하는 것이다.

用神 : 辛金
喜神 :　土
忌神 :　火
閑神 :　水
仇神 :　木

⊙ 年干 丙火 財星이 月令 巳火에 得祿하니 왕하고 또한 상속의 財가 되는 것이다. 상속 받은 조상들의 논밭이 도시 개발사업으로 인해 땅 값이 크게 오른 것이다.

⊙ 財多身弱하니 富屋貧人(부옥빈인)으로 논하며, 형제자매들 및 처와의 연이 돈독하지 못한 것이다.

⊙ 辛金 正印이 용신이니 본시 두뇌는 총명하나, 초년운이 午未丙의 기신운으로 흐르니 학업에서 두각을 나타내지는 못했다.

⊙ 酉金대운의 통변
　• 酉金은 印星으로 문서가 動한 것이다. 지지의 巳火 財星과 丑土 官星과 삼합하여 巳酉丑 金局의 印星局으로 化하니 나에게 문서 건이 유리하게 작동하는 것이다.
　• 月支 巳火 財星이 動하니 부모와 조상들의 財가 動한 것이고, 時支 丑土 官星이 動하니 내 자신이 제어할 수 권리가 생긴 것이고, 대운의 酉金 印星이 動하여 용신이니 문서화 되어 나의 소유가 됨을 암시하는 것이다. 이 때 상속을 받게 된 것이다.

⊙ 戊土대운의 사업운을 문의한 것이다.
　• 상속받은 건물에 빵가게 체인점을 개업하고자 하는 것이다.
　• 戊土는 본시 희신이나 月干 癸水와 戊癸 간합화국의 기신으로 化되니 길하지 못하다.
　• 개업한지 3년도 못되어 가게 문을 닫은 것이다.

⊙ 偏財인 年干 丙火는 太陽 火에 비유되며 사업상의 財인 것이다. 丙火가 坐下 辰土에는 晦火(회화)되니 밝음이 가려지는 것이고, 月干 癸水에는 雲霧(운무)에 둘러싸인 형국이니 財가 명쾌하게 드러나지 않는 것이다. 이런 경우는 財를 바탕으로

사업을 하면 할수록 손재수가 발생하게 되는 것이다.

◉ 時柱가 辛丑으로 印과 官이니 본시 官印相生의 공직자의 명조이다. 초년대운의 학업운이 기신에 해당하니 자연 학업을 멀리하게 되어 공직과의 연이 끊어진 것이다.

◉ 중년 이후 亥子丑의 한신운은 무애무덕한 운이 될 것이다.

◉ 壬水 午月

• 午火節의 壬水는 午宮의 丁火가 사령하여 壬水가 약하니 庚金으로 壬水의 水源을 發하고, 午宮의 丁火와 日干 壬水와의 간합 됨을 막아야 하니 癸水를 용하여 丁火를 制火하면 中和를 이룰 수 있는 것이다.

• 午火節의 壬水는 庚金과 癸水가 투출하면 가장 吉하고, 辛金과 癸水가 투출해도 역시 淸하여 좋다.

• 庚金, 癸水가 倂透하면 국가고시에 합격한다.
  庚金이 있고 癸水가 없으면 평범하다.

• 壬水가 용신인 경우에 사주에 合沖이 없고 運路(운로)가 용신운이면 벼슬이 極品(극품)에 오른다.

• 庚金, 壬水가 투출하면 午中 丁火를 극제하지 못하니 大貴하지 못하고 재략과 권세만 따른다. 이는 巳火節은 丙火가 司令하니 극제하는 壬水의 투출이 필요한 것이고, 午火節은 丁火가 司令하니 극제하는 癸水가 투출해야 大貴하는 것이다.

• 지지 火局인데 金水가 없으면 從財格으로 논하지 않고, 財多身弱格으로 논하

니 富屋貧人(부옥빈인)이다.

- 원국에 甲乙木이 많으면 日主의 氣를 洩氣(설기)함이 많으니 僧侶(승려)의 命이다.

◎ 用神

壬水가 午火節에 生하여 江河의 水가 고갈될 지경이니 調候(조후)가 급한 것이며 日主 壬水의 水源(수원)을 마련해주어야 사주가 中和를 얻을 수 있다. 용신은 月干 庚金이다.

> 用神 : 庚金
> 喜神 : 土
> 忌神 : 火
> 閑神 : 水
> 仇神 : 木

◎ 원국에 庚酉申 印星과 二位의 己土 正官이 있으니, 印星과 官星이 모두 混雜(혼잡)된 것이다. 이러한 사주는 官印을 용하기 어려우니 공직과의 연이 적고 또한 직장과의 연도 적은 것이다. 印星이 重重하니 남을 가르치는 직업인 대학입시학원 강사가 된 것이다.

◎ 壬申日柱 특성

- 차갑고 냉정하나, 경우에 맞을 경우 돈을 잘 쓰고, 매사에 조급성이 있어 실수가 잦다.
- 착하고 인자한 면도 있으며, 호기심과 관찰력이 뛰어나며, 끈기가 있는 반면 아집이 강하나, 지적이며 남들과 잘 어울린다.
- 사주가 身弱(신약)이면 자기주관이 뚜렷치 못하고, 財星이 많으면 女色(여색)을 밝히는 경향이 있다.
- 시력, 청력 등에 이상이 올 수 있고, 중년 이후에는 신장계통의 질환에 조심해야 한다.
- 공직이나, 상업계통의 종사자가 많고, 직업의 변동은 적은 편이다.

◎ 印星이 重重한 경우에는 오히려 문서, 계약, 학업 등과 연관하여 연이 적고, 매사 수동적이며, 시비다툼, 관재구설 등이 발생하는 경우가 많다.

◎ 月支에 午火 正財가 있으니 妻德은 있으나 財星을 生하는 食傷이 暗藏(암장)되었다. 이리되면 財의 根源(근원)이 숨은 것이니, 오히려 財를 더욱 貪(탐)하게 되어,

不勞所得(불로소득)을 선호하게 되거나 投機性(투기성)의 財를 貪(탐)하게 되어 賭博(도박) 등에 쉽게 빠지게 되는 경우가 많은 것이다.

◉ 원국의 二位의 己土 正官은 偏官으로 바뀐 것으로 논하니, 이제는 여러 官災口舌과 시비다툼이 예상되는 것이다.

◉ 甲子대운은 月干支 庚午와 甲庚 沖과 子午 沖되어 日干의 母胎인 月柱가 손상되니 흉하다. 官災와 損財 등의 凶禍가 많았다.

◉ 時柱는 말년운과 자식운을 나타내는데 己酉는 正官과 正印이다. 官印相生되니 말년운은 安寧(안녕)할 것이고, 자손들에게도 發展이 있을 것이라 판단된다.

◉ 用神
- 壬水가 午月에 生하여 失令했고, 다시 月干에 丙火가 투출했으니 火勢가 旺하다.
- 財旺하고 身弱하니 印星이 要되는데 원국에 없으니, 比劫을 用하여 형제자매에게 재물을 골고루 분배해주면 분쟁의 소지가 없어지는 것이다. 이른바 "得比理財(득비이재)"인 것이다. 용신은 年干 壬水이다.

    用神 ： 壬水
    喜神 ：　金
    忌神 ：　土
    閑神 ：　木
    仇神 ：　火

◉ 壬子日柱 특성
- 속이 깊고 이해심과 포용력이 있으며 활발한 성격에 돈을 잘 쓰고 지략이 뛰어나다.

- 대중적이면서도 방랑성이 강하다.
- 과묵하고 화를 잘 내지 않으나, 간혹 물불 안 가리고 저돌적인 성격을 드러낼 때가 있다.
- 신장계통과 혈관계질환을 유의해야 한다.
- 요식업, 유흥업, 생선가게, 운수업, 전기업 등의 직업이 많고, 사주가 귀격이면 법조계, 군 고위직, 의사 등의 직업을 갖는다.

◎ 상기는 武官으로 출발하여 지방자치단체장이 된 명조인데, 辰土 偏官이 月柱 丙午 財星의 生을 받아 유력해졌기 때문이다. 武官의 길로 들어선 것은 殺印相生의 이치인데 원국에 印星이 없는데 어떻게 가능했던 것인가? 이는 胎元(태원)이 丁酉로 酉金이 印星이기 때문이다.

◎ 壬水가 용신이니 丙午火 財星은 기신이다. 財星이 기신이니 財와 연관된 사안에서는 흉함이 발생할 수 있는 것이다.

◎ 壬子대운은 용신운이지만 月柱 丙午와 干支가 상호 相沖되니 용신의 역할을 하지 못해 지방단체장선거에서 뜻을 이루지 못한 것이다.

◎ 癸水대운은 용신운으로 원국의 壬子 比劫의 扶助(부조)를 받으니 지방자치단체장 선거에서 당선된 것이다.

◎ 丑土대운은 기신운이다. 먼저 年支 辰土와는 丑辰 破하여 辰土 偏官을 손상시키니 직업, 직장, 직책의 손상이 예견되는 것이다. 다음 午火 正財와는 丑午 怨嗔(원진)으로 역시 財星이 손상되니 재물과 연관되어 陰害(음해)가 발생하는 것이다. 다음 日支 子水와는 子丑 합토의 기신이니 日主 壬水를 濁(탁)하게 하여 瀆職(독직) 사건이 발생한 것이다. 다음 時支 卯木은 傷官으로 수하인에 비유되는데 丑土와는 상호 상극 관계이니 凶하게 작동하여 직책상 수하인과 연관된 뇌물 사건으로 인해 불명예 퇴직하게 된 것이다.

◎ 甲寅대운에 再起(재기)할 수 있을 것인가?
甲木은 한신이고, 寅木은 원국의 午火와는 반합화국의 구신운이 되고, 다시 原局의 卯辰과는 寅卯辰 방합목국의 한신운이 되니, 용신과 희신운이 되지 못하니 뜻을 이루지 못할 것이라 판단된다.

◎ 공직운이 짧았던 것은 무슨 연유인가?
용신 壬水 官星의 水源을 마련해주는 庚辛金 印星이 全無했기 때문이다.

◎ 用神
- 지지에는 午火와 다시 午戌의 반합화국이 있으니 火勢가 맹렬하다. 천간은 二位의 壬水가 있으나 月令에 통근하지 못하고 단지 時支 子水에 뿌리를 두니 水氣는 쇠약한 것이다. 따라서 사주가 중화를 이루기 위해서는 天干의 壬水에 힘을 실어주어 水氣를 하강시켜 지지의 왕한 火氣를 대적하게 해야 한다. 즉, 滴天髓(적천수)의 通神論(통신론)에서 논한 "坎離相持(감이상지)"이론 중 "降(강)"에 해당하는 이론을 적용하는 것이다.
- 時干 庚金을 용하여 壬水를 생하여 지지의 왕한 火勢를 대적해야 하는 것이다.
- 용신 時干 庚金은 태약한 것 같으나, 年支 戌宮에 微根(미근)이 있고, 胎元(태원)이 丁酉라 암암리에 酉金의 부조가 있으니 태약함은 면한 것이다.

    用神 : 庚金
    喜神 :　土
    忌神 :　火
    閑神 :　水
    仇神 :　木

◎ 壬午日柱 특성
- 남명은 아내를 억누르려 하는 기질이 있으나 그러면서도 가정과 아내를 아낄 줄 알고, 여명은 남편에게 재정적인 면에 있어서 도움을 준다.
- 타산적이고 꾀를 잘 부리며, 낙천적이며 사람과 재물을 잘 다룬다.
- 구두쇠 기질이 있으나, 온화하고 덕성스러운 편이며, 활동적이고 지혜가 많다.

◎ 局에 財星이 중중하니 多財無財라, 처와의 연은 박하다 판단하는 것이다. 庚金대운은 용신운이니 결혼수가 들어왔으나 본시 처와의 연이 박하니 이혼 경력이 있는 여자와 정식 결혼을 하지 않고 동거생활을 시작했으나 3년도 안 돼 파탄이

난 것이다.

⊙印星이 용신이니 두뇌가 총명하다. 다만 官星이 태약하니 공직자의 길을 가지 못한 것이고, 局에 財星이 중중하니 財多身弱의 명조로 봉급생활자의 길을 간 것이다. 컴퓨터 게임프로그램 개발과 연관된 회사에 근무하고 있는 것이다.

⊙戊土대운의 운을 문의한 것이다.

• 戊土는 본시 희신이나 지지의 午火와 午戌 반합화국의 기신이 되니 흉하다. 戊土는 印星에 해당하니 문서, 계약 등과 연관한 흉사가 발생하거나, 예기치 않은 사고, 질병 등이 발생할 수 있고, 또한 印星은 모친이니 모친에게 흉사가 발생할 수 있는 것이다.

• 戊土는 偏官으로 여러 운송수단의 조종과 연관하기도 한다. 戊土가 지지의 午火 財星과 합되어 기신으로 化되어 나타내는 象은, 戊土는 도로사에 비유되니 본인의 차량운전과 연관된 예기치 않은 사고로 흉화나 손재수가 발생하는 것이다.

⊙용신이 時柱에 있으니 말년은 안락할 것이라 판단한다.

⊙지지의 辰未戌丑은 墓(묘)와 연관되는데, 年支 戊土 官星이 華蓋殺(화개살)을 대동하고 있다. 이는 조상들의 묘와 연관하여 길흉 간 여러 사안들이 발생할 것임을 암시하는 것이다.

⊙壬水 未月

• 未土月은 三伏生寒(삼복생한)의 시점인데 己土가 司令하니 겁이 많고 유약해진다. 따라서 辛金을 용하여 壬水의 水源을 發하고 甲木으로 己土를 제극해야 한다. 火氣가 점퇴하는 시점이나 未宮의 丁火가 아직 氣盡(기진)한 것이 아니니

丁火의 氣가 왕하면 癸水로 制火해야 한다.

- 上半月(小暑~大暑)은 午火節과 같이 논하니 水源을 發하는 庚金과 午宮 丁火의 氣를 제하는 癸水가 필요하고, 下半月(大暑~立秋)은 金水가 進氣하는 시점이나 己土가 當權(당권)하니 甲木의 疎土(소토)가 필요한 것이다.
- 未月의 壬水는 먼저는 辛金을 용하고 다음은 甲木이며 나중은 癸水이다.
- 辛金, 甲木이 출간하면 국가고시에 합격하고 富貴가 淸高하다.
  辛金이 출간하고 甲木이 암장되면 衣祿이 있는 생원이다.
  甲木이 출간하고 辛金이 암장되면 異途功名(이도공명=무관직. 기술직..)이다.
- 甲木, 壬水가 출간하고 庚金의 보조가 있으면 水의 傷함이 없으니 고위관직에 오른다.
  甲木이 암장되고 壬水가 출간하여 破됨이 없으면 才略이 있다.
- 壬水가 출간하고 庚金이 암장되고 刑沖이 없으면 秀才이다.
  壬水가 출간하고 庚金이 암장되었는데 火가 있어 剋金하면 淸高하나 곤궁하다.
- 지지에 火土인 財와 官이 중중하면 淸貧(청빈)하다.
- 己土가 중첩되면 假殺重重(가살중중)의 상황인데, 이런 경우는 계략을 잘 꾸미고 간사하며 빈곤하다. 그러나 甲乙木의 투출이 있어 疎土하면 구제를 받아 衣食은 있게 된다.
- 지지 木局이면 洩氣가 지나치니 金水를 쓰면 才藝(재예)가 출중하고 妙함이 있다.

◉ 用神
- 壬水 日主가 지지에 辰未戌丑의 四庫를 깔고 있으니 제극 당함이 심하여 신약하다.
- 印星을 용하여 日主를 생조하면 사주가 중화를 이룰 수 있다. 용신은 時干 辛金이다.

    用神 : 辛金
    喜神 : 土
    忌神 :   火
    閑神 :   水
    仇神 :   木

◉ 지지가 辰未戌丑의 四庫地인 명조는, 용신이 왕하거나 稼穡格(가색격)이 되면 부

귀를 얻을 수 있으나 그렇지 못하면 크게 발복을 기대할 수 없는 것이다.

⊙ 年, 月干의 丙火 偏財와 乙木 傷官이 月令 未土에 통근하니 勢가 왕하다. 傷官生
財格을 이루니 得財할 수 있는 명조다.

⊙ 용신 辛金이 時柱에 있으니 말년과 자식대의 발복이 기대되는데, 時柱의 干支가
辛丑으로 官印相生을 이루니 자식 대에 높은 관직에 오를 공직자가 나올 것임을
암시하는 것이다. 다만 아쉬운 것은 時支 丑土가 空亡地라 時干 辛金은 空陷(공
함)된 것이니, 이런 경우에는 조상 墓의 蔭德(음덕)이 있어야 가능한 것이다.

⊙ 用神

•未土月은 三伏生寒의 시점으로 己土가 당권하니 丁火는 자연 退氣하게 된 것이
다. 水勢가 약하면 辛金으로 水源(수원)을 發하고, 土가 厚重(후중)하면 甲木으
로 疎土(소토)하고, 火勢(화세)가 약하지 않으면 癸水로 부조한다.

•月柱 己未土 官星은 年支 巳火의 생을 받아 왕하고, 천간의 壬癸水 印星은 日支
申宮에 통근하여 역시 약하지 않다. 다만 寅申 沖하여 뿌리가 상호 손상되니
투출한 壬癸水가 태왕한 것은 아니다.

•時支 寅宮의 甲木을 용하여 왕한 己未土 官星을 극제하고, 다시 왕한 壬癸水
水氣를 納水(납수)하면 사주가 자연 중화를 이룰 수 있는 것이다.

用神 : 甲木
喜神 : 水
忌神 : 金
閑神 : 火
仇神 : 土

- 年, 月支 巳未 사이에 午火가 呑陷(탄함)되었다. 따라서 年, 月支가 암암리에 巳(午)未 남방화국의 財星局을 형성하여 왕하고, 日主 壬水 역시 왕하니 身旺財旺格으로 富格의 명조이다.

- 時支 寅木 食神이 驛馬殺(역마살)을 대동하여 日支 申金과 相沖되니, 일찍이 미국으로 건너가 의류업을 시작으로 사업적으로 성공했던 것이다. 運路(운로)가 午巳辰卯寅의 한신과 용신으로 흐르니 運路에서 부조가 있었던 것이다.

- 癸水대운에 정계진출 여부를 문의한 것이다.
  - 癸水가 희신이니 운세가 약한 것은 아니나 세운을 참작해야 한다.
  - 癸水대운에 배속된, 丁亥, 戊子, 己丑, 庚寅, 辛卯세운은 크게 길하지 못하다. 亥子丑 세운은 희신운이니 운세가 크게 왕하지 못한 것이고, 寅卯세운은 비록 용신운이나 寅木은 원국의 巳申과 寅巳申 三刑殺이 되어 손상되고, 卯木은 日支 申金과 상극되어 손상되니, 운세가 강하지 들어오지 못하는 고로 심사숙고함을 당부했던 것이다.

- 年支 巳火 偏財가 天乙貴人(천을귀인)을 대동하니 사업적으로 조상의 蔭德(음덕)이 있다 판단한다.

- 用神
  - 壬水가 未土月에 생하여 養地(양지)에 해당하니 失氣한 것이다. 다시 천간에 丁壬 합목의 洩氣와 年支 寅木의 洩氣가 있으니 신약하다. 印星을 용하여 日主를 생조하면 중화를 이룰 수 있다. 용신은 日支 申宮의 庚金이다.
  - 月支 未土는 본시 沙土이나 천간 壬水의 영향으로 濕土(습토)로 바뀐 것이다.

따라서 日支 辛金은 未土의 생조를 받고, 다시 時支 酉金의 부조가 있으니 용신이 약하지 않다.

> 用神 : 庚金
> 喜神 :　土
> 忌神 :　火
> 閑神 :　水
> 仇神 :　木

⊙ 日支 申金이 偏印이다. 남편자리에 시어머니가 있는 격이니 고부간의 갈등 요소가 내재되어 있는 것이다.

⊙ 時柱는 자녀궁인데 상하가 官印相生되니 길하다. 공직생활을 하게 되거나 사회에서 출세할 수 있는 자식을 두게 되는 것이다. 또한 時支에 正印이 있으니 자식들은 성품이 유순히고 부모에게 효도를 할 자식과 연이 많은 것이다.

⊙ 月, 時干의 財星과 官星이 月令 未土에 통근하여 왕하다. 財官을 활용해야 하는 것이니, 재물복도 있고 사회단체에서의 리더십도 있는 것이다.

⊙ 지지에 申金 偏印과 酉金 正印이 있으니 印星混雜(인성혼잡)인 것이다. 인성혼잡은 다음과 같은 운명적 암시가 있다.

　• 두뇌는 총명하나 학업과의 연이 적다.

　• 印은 刃에 비유되니 예기치 않은 사고, 질병 등과 연관하여 수술 건이 다발한다.

　• 여명의 印星은 결혼 후에는 시어머니로 논하니, 혼잡되면 시어머니와의 연이 적은 것이다. 남편과의 이혼수가 나오는 것이다.

　• 印은 문서와도 비유되니 인성혼잡이면 문서와의 연이 적은 것이다. 따라서 되도록 자신 명의 문서를 남겨놓지 않음이 좋다.

　• 인성혼잡은 매사 적극적이지 못하고 수동적인 성향이 많다.

⊙ 천간에 丁壬의 간합이 있으니 연애결혼이 암시된다.

◎ 用神

• 未月의 壬水는 己土가 當令했으나 쇠약하다. 따라서 辛金으로 水源을 發하고 甲木으로 己土를 제극하면 중화를 이루게 된다.

• 上半月(小暑~大暑)은 午火節과 같이 논하여 印星인 庚辛金과 比劫인 壬癸水가 있어야 하고, 下半月(大暑~立秋)은 秋冬節인 金水로 進氣하는 시점이나, 己土가 當令하여 己土濁壬(기토탁임) 됨이 염려되니 甲木으로 불순물을 洩시켜야 한다.

• 辛金과 甲木이 併透(병투)하면 국가고시에 합격하여 富貴가 기약된다.
辛金이 투출하고 甲木이 암장되면 衣祿이 있다.
辛金이 암장되고 甲木이 투출하면 異途功名(이도공명)이다.

• 庚金과 壬水가 併透하고 손상됨이 없으면 재능이 많고 衣祿도 있다.

• 상기는 지지에 午未 합이 있어 火勢를 더하니, 日主 壬水가 심히 쇠약해지는데, 생조하는 印星인 庚辛金이 불투하고 比劫인 壬水가 투출했으니 부득이 이를 용신으로 잡아야 하고, 時支 申宮의 庚金으로 보조해야 한다.

　　用神 : 壬水
　　喜神 : 金
　　忌神 : 土
　　閑神 : 木
　　仇神 : 火

◎ 時柱가 戊申이다. 偏官과 偏印으로 殺印相生되어 본시는 공직자의 명조이나, 丁午 財星이 왕하여 印星인 申金을 破하니 교육직으로 가지 못하고 어린이집을 운영하는 원장이다.

◎ 局에 官星이 중중하니 多官은 無官이라 남편과의 연이 적어 이혼한 것이다.

◎ 寅木대운에 재혼의 길흉을 문의한 것이다.

- 寅木은 본시 한신으로 사주의 중첩된 土氣를 제극하니 길하다.
- 日支 午火는 남편궁인데 寅午 합되니 암시되는 象은 결혼하자는 남자가 나타나는 것이다. 그러나 반합화국의 구신운이 되니 길하지 못한 것이다.
- 심사숙고할 것을 당부한 것이다. 여명의 官星이 기신인 경우에는, 특별히 궁합이 좋지 않는 한 재혼한다 해도 길함이 적은 것이다.

⊙ 여명의 財星은 결혼 후에는 시어머니로도 논하는데, 상기의 경우 丁午 財星이 丁壬과 午未와 같이 합되면 시어머니와의 연이 박하다 판단하는 것이다.

⊙ 用神
- 未土月은 火氣가 退氣하며 三伏生寒(삼복생한)의 시점이다. 寒氣가 생하니 丙火의 온난함이 필요하고, 土가 厚重하면 甲木의 疏土가 필요하고, 壬水가 고갈되면 辛金으로 水源을 마련하여 줌이 필요한 것이다.
- 상기는 "精·神·氣" 中 神이 중중하니 身弱한 것이다. 時干 庚金을 용하여 日主 壬水를 생하면 중화를 이룰 수 있는 것이다. 용신은 庚金이다.

    用神 : 庚金
    喜神 : 土
    忌神 : 火
    閑神 : 水
    仇神 : 木

⊙ 時柱가 偏印과 偏官이니 異途(이도=무관직. 기술직. 문장가..)이며 官印相生되니 공직자의 명조 중 무관직인 경찰직의 사주이다.
⊙ 용신 庚金이 印星이니 두뇌가 총명하다.

⊙ 천간의 乙丙은 月令 未土에 통근하여 왕하니 傷官生財格으로 富者의 명조이다.

⊙ 戊土대운 희신운에 결혼한 것이고, 財星인 丙火가 투출하였고 기신에 해당하니 부부연은 화기애애하다 논할 수 없다.

⊙ 日支에 印星이 있으니 고부간의 갈등이 암시되는 것이다.

⊙ 부모형제자매궁인 月支에 正官이 있으니 장남의 역할을 해야 할 것이며, 집안의 대소사를 맡아서 처리해야 한다.

⊙ 지지에 戌未土가 二位 있으니 조상 墓(묘)와 연관된 사안도 본인이 맡아 해야 하는 것이다.

⊙ 형제자매궁인 月令 未宮의 己土가 日主 壬水를 濁(탁)하게 하고, 日主 壬水는 坐下 申金에 통근하고 있는데, 申宮의 壬水는 同宮한 戊土의 극을 받아 역시 濁水(탁수)가 되니, 형제자매 중에 손상되거나 온전치 못한 사람이 있다 판단하는 것이다. 지체장애 형제가 있는 것이다.

⊙ 己土대운의 운을 문의한 것이다.
- 己土는 正官에 해당하며 희신이다. 승진수가 있는 것이다.
- 己土가 희신이나 日主 壬水를 극하여 혼탁하게 하니 이를 己土濁壬(기토탁임)이라 한다. 이런 경우는 승진과 연관하여 여러 시비구설이 발생하고 이로 인해 승진의 기회를 놓칠 수도 있으니 처신에 만전을 기해야 할 것이다.

⊙ 用神
- 壬水 日干이 未土月에 생하여 사주에 財와 官이 왕하니 신약하다. 따라서 日干을 부조하는 印星으로 용신을 잡아야 한다. 月干 辛金이 용신이다. 용신 辛金은

日支 申金의 지장간에 통근하고 있으니 약하지 않다.

- 천간에 丙火 偏財와 甲木 食神이 투출했고, 月令인 未土에 통근하고 있으니 "食神生財格"이라 판단한다.

  用神 : 辛金
  喜神 :　土
  忌神 :　火
  閑神 :　水
  仇神 :　木

◉ 학업운
  - 학업운은 대운의 흐름과 용신에 해당하는 오행으로 판단한다.
  - 月干 辛金 正印이 용신이니 머리가 총명하고, 학업운이 좋았을 것이라 판단한다. 대운이 申酉戌로 용신운이니 학창시절은 큰 탈없이 학업을 마쳤을 것이라 판단한다.

◉ 재물운
  - 상기사주는 "食神生財格"이라 본시 재물복은 많은 사주이다. 그러나 丙丁火인 財星은 기신에 해당하니 재물이 모아지지 않는다. 돈을 버는 만큼 그만큼 씀씀이가 많이 생긴다는 의미이고, 더군다나 月柱에 正印과 正官이 있으니 선천적인 직업은 공직자의 길을 택해야 하는 사주이다.
  - 만약 공직자의 길을 가지 못한다면 후천적인 직업으로는 時柱에 財星이 있으니 봉급생활자의 길을 가게 되는 것이다.
  - 재물복은 중상류층에 해당한다고 판단한다.

◉ 건강운
  - 건강문제는 혈압 및 혈관계질환이나 간질환 계통에 이상이 올 수 있다.
  - 丙火 대운(46세~50세)은 기신운이니 건강관리를 꾸준히 하여야 할 것이다.

◉ 결혼운
  - 財星이 기신이니 결혼생활은 순탄치 않다고 판단한다. 특히 日支 申金이 印星이라 고부간에 갈등이 있을 것으로 나오니 부모님과 떨어져 사는 것이 좋을 것이라 판단한다.

- 日支 申金은 처의 자리이다. 時柱 丙午火의 극을 심하게 받으니 처의 자리가 불안하다고 판단하는 것이다. 따라서 극진한 내조를 얻기는 기대하기가 힘들다고 판단하며 무애무덕하다고 판단하는 것이다.

◎ 자식운
- 자식운은 용신과 사주원국의 官星, 그리고 時柱의 길흉으로 판단한다.
- 첫째, 용신 辛金을 아들로 보는데, 日支 辛金에 통근하고 있으니 약하지 않다. 따라서 자녀운은 좋다고 판단하는 것이다.
- 둘째, 자녀를 의미하는 官星인 土氣는 희신이다. 따라서 자녀운은 좋다고 판단하는 것이다.
- 셋째, 時柱가 財星이다. 따라서 관직 보다는 사업가 쪽의 재물복이 많은 자녀들을 두게 될 것이다.
- 용신이 辛金이니 모두 제대로 자식을 낳았다면 자식들의 숫자는 4명이다. 모두 재물복이 좋다.

◎ 부모운
- 어머니 혹은 할머니가 두 분인 것으로 나온다. 이는 月干과 日支에 印星이 있기 때문에 그렇게 판단한다. 아니면 아버지 형제, 할아버지 형제분 중에서 양자나 양녀로 가신 분이 있을 것이다.
- 초년대운이 申酉戌로 용신운이니 良家의 자손이다. 부모의 극진한 보살핌이 있었다고 판단하는 것이다. 다만 日干 壬水와 時干 偏財가 충살이 되니 부모 중 한분이 일찍 돌아 가셨을 수도 있다.

◎ 형제운
- 형제들은 많지 않다고 본다. 많아야 3명이다.
- 이는 日干 壬水와 比肩, 劫財인 水氣가 왕하지 못해서 그렇게 판단하는 것이다. 사주 원국에서 水氣는 한신이니 형제자매들 간의 우애는 무애무덕하다고 판단하는 것이다.

◎ 직업운
年, 月支에 正偏官이 혼재되었다. 즉 "官殺混雜(관살혼잡)"된 것이다. 이런 경우 직장생활 중 예기치 않은 남들과의 충돌이나, 남들로 부터의 음해, 시기, 질투 등이 다반사로 발생한다. 이런 일들로 인해 정신적, 물질적인 손실이 따를 수 있고, 또한 사주에 印星이 왕하니 고집이 세다. 자존심을 굽히기 쉽지가 않다. 직장 상사들에게 아부를 잘하지 못하는 성격이니 나의 능력과 충정을 알아주는 상사가 없다면 직장 내에서의 높은 진급은 기대하기 힘들다고 판단한다.

⊙ 성격
• 壬水 日干의 성격은 일견 붙임성이 좋다고 볼 수 있으나, 상기와 같이 印星이 왕하니 고집이 세다. 正偏官이 혼재되어 있으니, 사리판단이 빠르고, 매사 능수능란하나 나를 이끌어 줄 수 있는 사람을 만나기 쉽지 않다.
• 日干과 時干이 干沖이 되니 간혹 충동적인 성격인 면도 있다. 그러나 곧 깨닫고 반성하고 후회하는 성격이다.
• 결론적으로 내면의 세계가 확고한 성격이라 외부 여건에 흔들림은 적으나, 자기주장이 강한 편이니 좀 더 남들과의 사이에 융화에 신경을 써야 할 것이라 판단한다.

⊙ 통변
• 직장 이동수
太歲 2010년 庚寅年은 歲干 庚金은 年干 甲木 食神과 干沖되고, 歲支 寅木은 日支 申金과 역시 충살이 되니 2010년에 이동수가 있다. 혹. 직장을 옮기거나 그만두는 문제가 발생할 수도 있다.
• 승진수
상기와 같이 예기치 않게 직장을 옮기는 문제가 없다면 승진수는 용신운으로 판단한다.
2010년 庚寅年은 상기와 같으니 승진수가 적다 판단한다.
2011년 辛卯年은 歲干 辛金이 時干 丙火와 丙辛 합수의 한신운이고, 歲支 卯木은 年支 辰土와 卯辰의 怨嗔殺(원진살)이 되고, 日支 申金과는 卯申의 害殺이 되니 역시 승진수가 적다고 판단한다.
2012년 壬辰年은 壬水가 時干 丙火와 干沖이 되나, 歲支 辰土는 대운 子水 와 日支 申金과 申子辰 삼합수국의 한신운이 되나, 日主 壬水를 왕하게 부조하니 승진수가 있다고 판단한다.

- 개인사업하는 시기

  51세 이후 子水대운에 子水가 月支 未土 正官과 상극되고, 時支 午火 財星을 沖하니 이때에 직장을 그만두고 개인사업을 할 수 있다. 그러나 운세의 흐름이 亥子丑의 한신운으로 흐르니 직장생활을 계속함이 좋을 것이라 생각된다.

- 재물운이 들어오는 시기

  사주상 재물복은 많으나 財星이 기신에 해당하니 大財를 모으기는 힘들 것이다. 時柱의 財星은 말년이니 51세 이후 재물이 쌓여지기 시작할 것이다. 그러나 日主가 약하니 大財를 감당하지 못하게 되니 재물에 큰 욕심은 내지 않음이 좋은 것이다.

◎ 壬水 申月

- 申月은 申宮의 庚金이 司令(사령)하니, 壬水가 月令 申에 長生을 얻어 왕강하고 源流(원류)를 이루게 되니 依母當令(의모당령)이라 한다.

- 申月의 壬水는 오직 戊土를 쓰고, 다음에 丁火를 取해 戊土를 돕고 庚金을 제지한다.

  다만 戊土를 用하는 경우에는 辰戌宮의 戊土를 쓴다. 申宮의 病을 가진 戊土는 쓰지 않는다.(申宮에 壬水와 戊土가 있어 서로 상극되고 혼탁해지므로 病이 된다는 의미)

- 戊土가 여럿 出干하면 甲木의 제극이 있어야 小貴한다. 甲木이 없으면 평범하다.

- 戊土와 丁火가 투출하면 국가고시에 합격하여 일신상의 영달이 기약된다.

  戊土가 투출하고 丁火가 암장되면 衣祿(의록)은 있다. 혹 癸水가 투출하여 合火

하면 흉하다.

戊土와 丁火가 암장되면 富 中 貴를 취할 수 있다.

• 甲木이 중중한데, 比劫인 壬癸水가 重하고 庚金이 없으면, 부모이별수가 있고 고향을 떠나 타 향을 전전하게 되나 衣食은 있게 된다. 만약 比劫인 壬癸水가 없으면, 고향을 떠나 친척집에 의탁하는 등 下賤格(하천격)이다. 申宮의 庚金이 있어도 救助(구조)를 못한다.

• 戊癸 合을 꺼리고 地支에 寅午戌 火局이고 年干에 丁火가 出干하면, 戌宮 戊土가 火氣를 洩하니 衣食은 足하다.

• 壬水가 중중하고 戊土가 투출되면 假殺爲權(가살위권)이라 하고 神仙(신선)처럼 안락하고 권위가 있다.

• 甲木이 중중하면 평범한데, 庚金이 투출하여 甲木을 制하면 富貴格이다. 庚金이 申宮에 암장되면 힘이 부족하니 衣食足(의식족)일 뿐이다.

• 戊土가 중중한 경우 甲木이 투출하여 疎土(소토)하면 작은 富貴가 있다. 만약 甲木이 없으면 일생이 困苦(곤고)하다.

◉ 用神

• 日主 壬水가 申月에 생하여 依母當令(의모당령)이니 壬水의 勢가 왕하다.

• 다시 천간에 二位의 壬水가 투출하여 月令 申金에 통근하니, 사주에 水氣가 중첩되어 신왕하다. 왕한 水氣를 納水하는 年干 甲木을 용해야 할 것 같으나, 甲木은 月令 申金에 絶地이니 무력하여 納水의 힘이 부족하다. 용할 수 없는 것이다.

• 지지의 申辰은 반합수국을 형성한다 하나, 月令을 子水가 차지하지 못하고 申金이 차지하니 반합수국이 失氣한 것이라 판단하는 것이다.

• 日主 壬水의 勢가 왕하니 이를 극제하는 日支 辰宮의 戊土를 용해야 中和를 이룰 수 있는 것이다.

　　用神 : 戊土
　　喜神 :　火
　　忌神 :　木
　　閑神 :　金
　　仇神 :　水

◉ 용신이 戊土 偏官이고, 比肩과 食神이 중중하니 이공계나 무관직이다.

⊙ 지지 申辰의 반합수국은 失氣한 것이나, 지지 申辰이 천간의 壬水를 끌어와 암암리에 申子辰의 삼합수국을 형성하려 하고 있는 것이다. 따라서 辰土 官과 申金 印을 정식으로 사용키 어려우니 공직자의 길은 아니고 이공계의 직업이며, 月令에 申金 偏印이 있어 왕하니 컴퓨터학과 교수를 지낸 것이다.

⊙ 日支는 처궁이다. 日支 辰土가 月令 申金과 申辰 반합수국을 형성하려 하니, 日支宮에 손상이 오는 것이라 처와의 연은 돈독하지 못한 것이다.

⊙ 子水대운은 구신운이다. 원국의 申辰과 申子辰 삼합수국의 구신운으로 왕하게 들어오니 흉액이 예상되는 것이다. 건강문제로 인해 대학교를 퇴직해야 했고, 이후 컴퓨터를 활용한 홈페이지 제작 등의 자영업을 시작했으나 여러 손재수가 많이 따랐던 것이다.

⊙ 丁火대운은 본시 희신운에 해당하나, 천간의 壬水와 丁壬 간합목국으로 化되어 기신운으로 들어오니 길하지 못한 것이다. 다단계와 관련된 일에 참여했으나 損財가 많았던 것이다.

⊙ 丑土대운은 본시 용신운이나, 年, 日支 辰土 偏官과 丑辰 破되니 용신의 역할을 하지 못하게 되어 길변흉이 되는 것이다. 偏官은 직업, 직장, 직책으로 논하는데 破되니 직업의 유지가 힘들어지게 되는 것이다. 또한 土는 道路事(도로사)와 연관되는데, 辰土가 偏官을 대동하고 刑破되면 예기치 않은 사고, 질병 등으로 인해 병원신세를 져야하는 문제가 발생하는 것이다. 또한 처궁인 日支 辰土를 破하니 처에게 예기치 않은 흉화가 암시되는 대운인 것이다

⊙ 時支 寅宮에 丙火 일점 財가 있는데, 원국에 水氣가 중중하여 群劫爭財(군겁쟁재)의 상황이 된 것이다. 따라서 인생 전반에 걸쳐 금전의 입출은 많으나 정작 내손에 쥐어지는 돈은 적은 것이다.

⊙ 기신이 木이니 간담의 질환이 염려되는 것이다.

⊙ 寅卯辰대운은 말년으로 구신운으로 도래하니 안락함을 기대하기는 어려운 것이다.

◎ 用神
- 壬水가 申月에 생하여 申宮의 壬水에 통근하고 庚金의 생을 받으니 依母當令 (의모당령)이라 하며 日主 壬水의 勢가 왕강하다. 먼저는 戊土를 용하여 制水하 고, 다음은 丁火를 용하여 當令한 庚金의 勢를 剋金하면 사주가 中和를 이룰 수 있는 것이다.
- 日主 壬水가 왕한데 다시 時干에 壬水가 투출하여 부조하고, 지지에 申子의 반 합수국이 형성되니 水勢가 태왕한 것이다. 水氣가 중중하니 戊土로 제방을 쌓 아 制水함이 긴급한 것이다. 戊土가 不透(불투)하니 용신은 日支 寅宮의 戊土이 다. 지지 申巳宮의 戊土는 寅巳 刑殺로 손상되어 용할 수 없다.

  用神 : 戊土
  喜神 :　火
  忌神 :　木
  閑神 :　金
  仇神 :　水

◎ 용신 戊土는 지지 寅巳에 암장되어 있으나, 年, 月, 日支가 寅巳申 三刑殺을 이루 니 암장된 戊土의 손상됨이 있는 것이라, 용신이 왕하지 못하여 길격이 되지 못 하는 것이다.
◎ 戊土가 용신이니 土와 연관되어 부동산중개 사무실을 운영하고 있는 것이다.
◎ 여명의 용신은 남편에 비유되는데, 용신 戊土가 왕하지 못하니 남편과의 연은 薄(박)하다 판단한다.
◎ 月干 甲木 食神이 日支 寅宮에 통근하였으나, 月, 日支가 寅申 沖하여 寅宮의 뿌리가 끊어진 것이니, 寅宮의 丙火 財星과 甲木 食神이 손상된 것이다. 食神生 財 되지 못하게 된 것으로, 이런 경우에는 得財하기 위해 분주히 활동하나 정작

손에 쥐어지는 돈은 많지 않은 것이다. 아울러 年支 巳火 財星이 空亡이니 재물과의 연도 박한 것이다.

⊙ 日主의 濁氣(탁기)를 洩하는 甲寅木의 食神이 있고, 時支 子水가 紅艶殺(홍염살)을 대동하니 美貌(미모)가 있는 것이다.

⊙ 여명은 食傷은 자녀성인데, 甲木 食神이 기신에 해당하니 자녀들의 발전은 크게 기대할 바 없다.

⊙ 己土대운은 己土가 본시 용신인데, 月干 甲木 기신과는 甲己 간합토국의 용신으로 化되니 길운이다. 때마침 불어 닥친 부동산경기의 활황에 힘입어 토지 매매건으로 다소의 이득이 있었던 것이다.

⊙ 丑土대운의 운을 문의한 것이다.

  • 여명 壬日干인 경우에는, 陽神인 戊土 偏官이 正夫이고 陰神인 己土 正官은 偏夫이다. 陰神인 丑土 正官이 偏夫로서 入되니 사귀자는 남자가 들어오는 것이다.

  • 丑土는 본시 용신이나 年支 巳火와는 巳丑 반합금국의 한신운이 되니 得財에 이롭지 못하다.

  • 時支 子水는 劫財에 해당하니 본업 외의 부업으로도 논하기도 하는데, 羊刃에 해당하니 암암리에 凶禍의 조짐이 암시되는 발생하는 것이다. 偏夫인 丑土가 入되어 子丑 육합토국이 되어 용신운이 되니, 나타내는 象은 사귀자고 들어오는 남자가 사업거리를 제공하려는 의도가 있는 것이나, 羊刃殺(양인살)과의 합이니 吉 中 凶함이 내재되어 있는 것이다.

  • 철두철미하게 검토하여 응한다면 큰 실패는 없을 것이라 판단한다.

⊙ 庚寅대운은 대운의 干支가 月柱 甲寅과 상하 공히 甲庚 沖과 寅申 沖으로 상호 상충되고 있다. 月柱는 日主의 母胎가 되므로 손상됨이 있으면 길하지 못한 것이다. 아울러 세운에서도 공히 月柱의 干支를 剋, 刑, 沖하는 運이 入되는 경우에는 命을 보존하지 못하는 경우가 많다.

◎ 壬水 申月

• 申月의 壬水는 申宮에 壬水와 庚金이 있어 부조하니 依母當令(의모당령)인 것이다. 日主 壬水가 月令의 생을 받아 왕하니 먼저는 戊土를 용하여 制水하고, 다음에는 丁火를 써서 申金을 제극해야 한다.

• 戊土가 투출하고 年干에 丁火가 투출하면, 국가고시에 합격하여 관직으로 나아가 영달함이 기약된다.

戊土가 투출하고 丁火가 암장되면 小富貴한다. 이 경우 癸水가 가까이 있어 戊癸 합화를 이루면 흉하다.

戊土와 丁火가 암장되면 小富貴 한다.

戊土가 있고 丁火가 없으면 단지 衣食이 있을 뿐이다.

戊土와 丁火가 없으면 빈천한 命이다.

丁火가 없고 戊土와 丙火가 지지 寅巳에 암장된 경우에는 약간의 衣祿이 있다.

• 甲木과 比劫인 壬癸水가 중중하고 庚金이 불투하면 고향을 떠나게 되나 衣祿은 있다.

庚金이 투출할 경우에는 甲木을 제극하니 富貴格을 이룬다.

◎ 用神

• 時干에 庚金이 투출하고, 지지에 申酉戌 방합금국의 印星局을 형성하니 從强格(종강격)이라 논할 수 있는데, 혐의가 되는 것은, 年干 己土가 지지 申戌의 지장간에 통근하여 日主를 극하니 眞從强格(진종강격)이 되지 못하고 假從强格(가종강격)이 된 것이다.

• 局에 金氣가 태중하니 月干 壬水를 용하여 洩시키면 중화를 이룰 수 있다.

用神 : 壬水
喜神 :　金

忌神 : 土
閑神 : 木
仇神 : 火

◉ 年干 己土는 日主 壬水를 濁(탁)하게 하니 己土濁壬(기토탁임)으로 病이 된 것이다. 己土가 正官으로 남편성이니 이혼한 것이다. 丁火대운에 丁壬 간합화목으로 己土를 극하기 때문이다.

◉ 局에 月支 申金이 申酉戌 방합금국의 印星局을 형성하니, 外家가 몰락했고, 단명한 사람이 있음을 암시하는 것이다.

◉ 局에 食傷이 없고, 日, 時支 戌宮에 일점 丁火 正財가 있을 뿐이다. 이런 경우는 재물에 대한 집착이 강하고, 구두쇠의 성격이며,, 得財를 위해 수단방법을 가리지 않는 경우가 많다.

◉ 印星과 比劫이 왕하니 직장과 직업의 변동이 많고. 문서, 계약 등과 연관하여 실패수가 많은 것이다.

◉ 丑土대운에 丑土가 日, 時支 戌土와 丑戌 刑되니 戌宮의 己土가 손상된다. 따라서 戌土에 뿌리를 박고 있는 年干 己土의 뿌리가 잘려나가 病이 된 부분이 제거되니 흉변길이 된 것이다. 오래전에 싸게 사놓았던 땅이, 시의 개발지역으로 편입되어 땅값이 올라 많은 시세차익을 많이 남긴 것이다.

◉ 壬水 酉月
• 酉月의 壬水는 酉宮의 辛金이 司令하여 金白水淸(금백수청)이니 사주에 土氣가 있으면 病이 되는 것이다.
• 戊己土가 있으면 사주가 濁(탁)해지는데, 甲木이 출간하여 제극하면 淸해져 학

자의 반열에 든다. 특히 甲木이 時干에 투출하면 공명현달한다. 그러나 庚金이 있어 破木되면 평범하고, 甲木의 破됨이 없으면 秀才(수재)이다.

- 지지에 申亥가 있어 壬水가 통근하여 沖奔(충분)하는 기세이면, 甲木을 쓰지 않고 戊土를 쓴다. 甲木을 不用함은 亥宮의 甲木이 申宮의 庚金에 손상되기 때문이다. 이런 경우에는 富가 많거나 才藝(재예)가 출중하다.

- 酉月의 壬水는 甲木을 용하여 納水하고 庚金으로 壬水의 水源을 發한다. 甲木은 壬水의 불순물을 걸러내니 水清하게 되는 것이다.

⊙ 用神
- 상기는 지지에 申酉가 있고 다시 庚金이 출간했으니 金氣가 왕하여 金多水濁(금다수탁)의 상황이다.

- 아울러 지지 申子의 반합수국이 있으니 壬水가 태왕해져 沖奔(충분)하는 기세를 띠니 戊土의 제극이 필요하나, 없으니 年支 寅宮의 甲木을 용하여 壬水의 旺氣를 洩해야 한다. 용신은 甲木이다.

    用神 : 甲木
    喜神 :   水
    忌神 :   金
    閑神 :   火
    仇神 :   土

⊙ 용신 甲木은 食神이다. 食傷은 재예와 연관되니 연극영화과를 나와 연예인의 길을 간 것이다. 아쉬운 것은 年支 寅木이 月, 日支의 酉申金과 상극되어 寅木의 뿌리가 손상되니 용신이 왕강하지 못하게 되어 연예인으로서의 활동 기간이 위축될까 염려되는 것이다.

⊙ 壬水 日干이 좌하 申宮의 庚壬의 부조를 받으니 身旺하다. 또한 年, 月干의 丙丁火 財星은, 坐下 寅酉에 長生을 득하니 약하지 않다. 따라서 身旺財旺한 것이니 재물복은 많다 판단하는 것이다.

⊙ 甲木대운 용신운에 TV드라마에 주연으로 발탁되어 연예인으로 이름을 알리기 시작한 것이다.

⊙ 午火대운은 한신운이나 이 대운 초기에는 원국의 年支 寅木과 寅午 반합화국으로 한신으로서의 勢가 왕해져 흉하지는 않아 광고모델로서 활약이 많았으나,

한신운이니 이어진 TV드라마 주연으로서의 발탁이 없었다.

⊙ 癸水대운은 희신운이나 月干 丁火와 丁癸 沖되어 손상되니 일희일비함이 있을 것이다.

⊙ 巳火대운은 한신운이나 원국의 寅申과 寅巳申 三刑殺을 이루니, 예기치 않은 사고, 질병, 남의 음해, 시비다툼, 소송 등이 발생하게 될 것이다.

⊙ 用神
- 酉金月의 壬水는 酉宮의 辛金이 司令하니 정히 金白水淸(금백수청)이다. 年, 月支 巳酉는 반합금국을 이루고 다시 月干과 時支의 辛酉金이 생조하고 年干 癸水가 부조하니 日主 壬水의 勢는 왕한 것이다.
- 壬水 日主가 지지에 申亥가 있어 통근한 경우라면, 壬水의 세가 태왕하니 戊土를 용해야 하나, 지지에 辛亥가 없어 통근하지 못한 경우라면 태왕하지 않으니 甲木을 용해야 하는 것이다. 상기는 甲木이 불투하고 印星이 중하여 日主가 勢가 약하지 많으니 年干 己土를 용하여 制水하면 중화를 이룰 수 있는 것이다.

  用神 : 己土
  喜神 :　火
  忌神 :　木
  閑神 :　金
  仇神 :　水

⊙ 局에 己戊土의 正官과 偏官이 있으니 官殺混雜(관살혼잡)되었고, 日支 戊土가 남편성인데 酉金과 酉戊의 害殺이 되니 부부연은 박한 것이다. 또한 己土 正官이 남편성인데 己土濁壬(기토탁임)으로 日主 壬水를 탁하게 하니 남편과의 情이 없는

것이다.

⊙ 年支 巳火 偏財는 상속의 財인데, 月支 酉金과 巳酉 반합금국이 되니 이를 私情
牽合(사정견합)이라 하며 日主와 가까워지니 이제는 내가 활용할 수 있는 財가 되
는 것이다.

⊙ 丑土대운은 年, 月의 巳酉와 더불어 巳酉丑 삼합금국의 印星局이 되며 한신운이
되었다. 巳火 財星과 酉金 印星과 丑土 官星이 합되는 象이니 내가 중심이 되어
음식점을 창업하게 된 것이다. 다만 한신운이니 실질적인 경영은 타인에게 맡기
는 형국이다.

⊙ 丙火대운은 본시 희신운이다. 月干 辛金과 丙辛 간합수국의 구신운이 되니 음식
점 운영에 이득이 크지 않았던 것이다.

⊙ 寅木대운

• 기신운이라 흉하다.

• 寅木은 食神으로 여명의 食神은 자녀성이니 자녀문제가 대두되는 것인데, 기신
에 해당하며 다시 자녀궁인 時支 酉金과 상극되니 흉함이 발생하는 것이다. 농
장을 운영하는 아들이 도박에 빠져 많은 재물을 탕진했던 것이다.

• 여명의 日支는 남편궁이다. 寅木이 日支 戌土와 寅戌 반합화국의 희신으로 化
되니 사귀자는 남자가 들어오는 것이다.

⊙ 丁火대운

• 丁火는 희신이나 日干 壬水와 丁壬 간합목국의 기신운이 되니 흉하다. 이때 남
편에게 情婦(정부)가 있음을 알게 되어 이혼한 것이다.

• 丁火는 財星으로 희신에 해당되며 入되니 財가 動한 것이라, 다른 지역에 다시
음식점을 창업한 것인데, 丁壬 간합목국의 기신운이 되니 번창하지는 못한 것
이다.

⊙ 戊辰대운 이후는 말년으로 용신운이니 매사 평안할 것이라 판단한다.

⊙ 壬水 戌月

• 戌月의 壬水는 冠帶(관대)를 得하고, 水旺之節(수왕지절)로 進氣(진기)하는 때라, 水勢(수세)가 점점 왕성해지는 시점이다. 따라서 왕한 水氣를 甲木으로 納水(납수)하고, 또한 當令(당령)한 土氣를 疏土(소토)해야 한다. 아울러 戌月은 寒氣(한기)가 漸昇(점승)하는 시점이니 丙火로 보좌하고, 水勢(수세)가 왕한 경우에는 戊土 역시 參看(참간)한다.

• 壬水가 중중한데 甲木을 보면 왕한 水氣를 納水하게 되고, 다시 月令 戌宮의 戊土를 제극하여 中和를 이룬다. 만약 戊土가 出干하면 丙火를 쓰게 되니 淸貴(청귀)가 지극하다. 고로 一將當關(일장당궐)과 같은 의미이다. 戊土, 丙火가 없으면 妙(묘)함이 없다.

• 壬水가 중중한데 지지에 子水 羊刃이 있고 戊土가 一位 출간하면 殺刃相制(살인상제)되어 길해진다.

• 壬水가 중중한데 戊土도 중중한 경우라면 身强殺旺(신강살왕)의 형국인데, 甲木이 있어 制土하면 食神制殺格이 되어 역시 길한 명조가 된다.

• 丁火가 出干하고 甲木이 있으면, 丁火로는 온난케 하는 힘이 부족하니 小貴에 그친다.

• 庚金이 투출하면 日主가 왕하여 대체로 甲木 食神을 용하는데, 庚金의 破木이 염려되니 丁火가 있으면 小富貴한다. 丁火가 없으면 빈천하다.

• 戊土가 중첩되었는데, 時干에 甲木이 투출하고 己庚이 있되 雜亂(잡란)하지 않으면, 군왕을 가까이서 모시는 淸貴함이 있다. 만약 時干이 아닌 月干에 甲木이 투출해도 국가고시에 합격하여 높은 관직에 오르게 된다. 己土가 지지에 암장된 경우라도 衣祿은 있게 된다.

• 戌月의 壬水는 丙火가 없는데 戊土가 있으면 평범하다.

- 申月 壬水는 오직 甲木을 쓰고 다음으로 丙火를 쓴다.

◉ 用神
- 寒露 後 15日이 지나 생하였으니 戊土가 當令한 것이고 다시 천간에 戊土를 투출시키니 土氣의 勢가 왕강하다. 甲木을 용하여 旺土를 疎土(소토)함이 시급하다. 甲木이 불투하였으니 時干 乙木을 용신으로 잡는다.
- 용신 乙木은 月令 戊土에 墓宮(묘궁)이라 失氣했으나, 年支 卯木에 자리하고 日支 子水의 생을 받으니 태약함은 면한 것이다.

  用神 : 乙木
  喜神 : 水
  忌神 : 金
  閑神 : 火
  仇神 : 土

◉ 학업의 진로에 대해 문의한 것이다.
- 月, 年干에 官星과 印星이 출간하니 관인상생을 이루어 공직자의 명조라 할 만하다. 그러나 학업의 진로나 직업에 대해 논할 시에는 日, 時干의 오행과 六神을 참작함도 중요한 것이다. 時干 乙木이 傷官이니 예체능 분야로 진로를 선택함을 조언한 것이다.
- 乙木은 天氣로는 風(풍=바람)에 비유되니 무용에 소질이 많은 것이다.
- 운로가 亥子丑寅卯辰의 희신과 용신운이니 발전이 있을 것이라 판단하는 것이다.

◉ 用神
- 戌月은 金旺月로 점차 水旺之節로 進氣하는 시점이며 日主 壬水는 月令에 冠帶

(관대)를 得한 것이다.

- 戌宮의 戊土가 司令하니 먼저는 甲木의 疎土(소토)가 필요하고, 또한 때가 冬節로 진입하는 시점이라 천지가 寒하니 丙火도 필요하며, 水氣가 왕한 경우라면 戊土의 制水가 필요한 것이다.
- 지지가 전부 戌土로 구성되니 支辰一氣格(지진일기격)이다. 厚土(후토)를 疎土(소토)하는 甲木이 요긴한 것이다. 아쉽게도 甲木이 전무하여 疎土하여 중화를 얻을 수 없으니, 이제는 중첩된 戊土 官星을 印星을 용하여 殺印相生으로 化殺하면 중화를 얻을 수 있는 것이다. 용신은 時干 庚金이다.
- 戊土 官殺이 중첩되어 태왕한데 일점 甲木이 없어 制殺하지 못하니 사주가 아쉬움이 많은 것이다.

    用神 : 庚金
    喜神 :　土
    忌神 :　火
    閑神 :　水
    仇神 :　木

◎ 사주가 전부 陽의 간지로 구성되어 음양의 배합이 부조화 되니 運路에서 용신과 희신으로의 부조가 없는 한 일생에 풍파가 많은 명조이다.

◎ 지지 戊土가 華蓋殺(화개살)을 대동하니 종교적인 신심이 두텁고 두뇌가 총명하나 역술 계통의 학문에 심취할 수 있는 명조이다. 또한 戊土가 偏官으로 白虎大殺(백호대살)을 동반하니 예기치 않은 사고, 질병 등이 발생하여 수술 건이 발생할 것이고, 사업상 시비다툼으로 인해 관재구설 건이 多發하게 되는 것이다.

◎ 寅木대운은 본시 구신으로 지지 戊土와 寅戌 반합화국의 기신으로 化되니 이 때 사업과 연관하여 官災 件이 발생하여 심적인 부담이 컸던 것이다.

◎ 卯木대운에 커피숍 개점의 운세를 문의한 것이다.
- 卯木은 본시 구신이다. 지지의 厚重한 戊土와 卯戌 육합화국의 기신운이 되니 불리한 것이다.
- 局의 偏官에 해당하는 오행이 合되어 기신이나 구신으로 化될때에는 예기치 않은 사고, 질병, 시비다툼이나 관재구설이 발생하는 것이다.

◎ 辰土대운은 局의 厚重한 戊土와 辰戌 沖하여 戌宮이 開庫되어 丁火 財를 沖出시

키니 재물과 연관하여 다소 숨통이 트일 것이라 판단한다.

◉ 壬水 亥月
- 亥月의 壬水는 亥宮의 壬水가 當令하여 부조하니 沖奔(충분)하는 기세를 지닌 것이다. 따라서 旺함이 極(극)에 이른 것이니 戊土를 용하여 制水하고 丙火로 보좌해야 한다.
- 甲木과 戊土가 투출한 경우 庚金이 있어 甲木을 制止(제지)하면 戊土가 상하지 않고, 戊土와 庚金이 兩全(양전)하면 국가고시에 합격한다.
  甲木이 戊土를 극제하는 경우, 庚金이 없으면 救助(구조)가 없으니 곤궁한 命이다.
- 戊土와 庚金이 투출하고 甲木이 없으면 富貴格을 이루게 된다. 庚金의 투출을 요하는 것은 亥宮의 長生을 得한 甲木을 제지해야 하기 때문이다.
- 丙火와 戊土가 투출한 경우 火土運은 名利가 있다.
  丙火가 있고 戊土가 없으면 평범하다.
  戊土는 있고 丙火가 없으면 衣食(의식)은 있되 재물을 모으기가 힘들다.
- 지지 木局이고, 甲乙木이 출간하고, 또한 庚金이 출간하면 富貴하고, 庚金이 없으면 平凡하다.
- 지지 水局이고 戊己土가 없으면 一行得氣格(일행득기격) 중 潤下格(윤하격)이니, 서북 金水運은 좋고, 동남 木火運은 위태롭다. 運露가 金水運이면 大富貴格을 이룬다.

◉ 用神
- 亥月의 壬水는 亥宮의 壬水가 司令하니 母旺子相의 象이다. 水勢가 왕하니 먼

저는 制水하는 戊土가 긴요하고 다음은 亥月은 천지가 寒하니, 壬水가 寒水라 따듯하게 하는 丙火가 없으면 무용지물인 것이다.

• 상기는 천간에 水氣 일색이고, 月支와 年支의 亥丑은 천간의 癸水를 끌어와 암암리에 亥(子)丑의 방합수국을 형성하니 局에 水氣가 태왕하다. 比劫이 중첩되니 從旺格으로 논하여 왕한 水氣를 洩氣시키는 甲木을 용해야 할 것 같으나, 지지 丑亥申寅에는 전부 지장간에 土氣가 있고, 月支 亥水가 空亡되니 水의 汪洋無道(왕양무도)함은 제지가 된 것이다.

• 時支 寅宮의 戊土를 용하여 태왕한 水氣를 制水하면 사주가 중화를 이룰 수 있다.

用神 : 戊土
喜神 :　火
忌神 :　木
閑神 :　金
仇神 :　水

⊙ 六親關係(여명. 壬日干)

戊(偏官=夫)　→　壬(比肩=媤父)
　　　　　　　　丁(正財=媤母)
壬(日干=我)　→　丙(偏財=父)　→　庚(偏印=祖父)
　　　　　　　　　　　　　　　　乙(傷官=祖母)
　　　　　　　辛(正印=母)　→　甲(食神=外祖父)
　　　　　　　　　　　　　　　　己(正官=外祖母)
己(正官=偏夫)
甲(食神=男兒)
己(正官=兒媤)
乙(傷官=女兒)
庚(偏印=女婿)

⊙ 局에 比劫이 중중하니 官星인 戊己土가 쇠약해지고, 日支 남편궁의 申金은 時支 寅木과 寅申 沖되어 손상되고, 年支 丑土 正官은 月支 亥水와 암암리에 亥子丑의 水局인 比劫으로 化되어 무력해지니, 본시 남편과의 연은 薄(박)한 것이다.

⊙ 局에 水氣가 중중하니 여명의 경우에는 신진대사 및 생식활동이 왕성함을 암시하는 것이다.

⊙ 丁火대운에 丁火가 日干 壬水와 丁壬 합목의 기신운으로 入되니 부부싸움이 잦아 별거에 들어간 것이다.

⊙ 卯木대운에 별거중인 남편과의 재결합을 문의한 것이다.

　• 卯木은 본시 기신으로 空亡된 月支 亥水와 亥卯 반합목국을 형성하니 다시 기신운으로 化된 것이고, 또한 亥水는 亥卯 반합으로 인하여 脫(탈) 空亡된 것이다. 따라서 천간의 壬癸水가 힘을 받으니 구신인 水氣가 왕해져 아직 때가 되지 않았다 판단하는 것이다.

　• 丁卯대운 중 丙戌세운에 戌土가 용신운으로 들어오게 된다. 여명의 용신은 남편에 비유되니 사귀자는 남자가 생기는 것이다.

⊙ 여명에서 남자친구나 재혼한 경우의 남편은 偏夫로 논한다. 상기는 여명으로 壬日干의 己土가 偏夫이다. 壬日干의 祿星은 亥水이고, 偏夫인 己土의 祿星은 午火이다. 상호상극관계이니 현재 사귀고 있는 남자친구와는 장차 헤어질 것이 암시되는 것이다.

⊙ 여명 壬日干의 甲木은 食神으로 男兒이다. 壬日干의 祿星은 亥水이고, 男兒 甲木의 祿星은 寅木이다. 상호 寅亥 합목되니 이는 母子간 和合이 있는 것이라, 혹, 부모의 이혼수가 있더라도, 母가 男兒를 양육하게 됨을 암시하는 것이다.

⊙ 여명 壬日干의 祿星은 亥水인데 空亡이다. 이는 여명 본인이 생산적인 활동을 하며 돈을 버는 것과는 거리가 멀 것임을 암시하는 것이다.

⊙ 戊辰대운은 干支가 모두 용신운으로 들어오니 재결합이 가능하리라 판단된다.

⊙ 壬水 子月

　• 壬水 日主가 月令 子水에 羊刃殺(양인살)을 佩身(패신)하니 더욱 왕강하다. 먼저는

戊土를 取해 제방을 쌓고 다음은 丙火를 써서 寒水를 따뜻하게 하면 유용하다.

• 戊土, 丙火가 투출하면 부귀겸전이다.

   戊土가 있고 丙火가 없으면 衣祿은 있다.

   戊土가 없고 丙火가 있으면 만사불성이다.

• 지지 水局에 戊土가 출간한 경우, 丙火가 없으면 戊土가 得所하지 못하여 평범하다.

• 戊土, 丙火가 암장되더라도, 戊土로 제방을 쌓고, 丙火로 解凍(해동)시키니, 運路에서 火土대운이 도래시는 부귀공명을 이룬다.

• 지지 火局이면 身旺財旺하니 大富格이다.

• 壬癸水가 있는데 丁火가 一位 출간하면 평범하다.

   壬癸水가 있는데 丁火가 二位 출간하면 丁壬의 爭合이 되니 名利를 얻기 힘들다.

◎ 用神

• 壬水가 子月에 생하여 羊刃(양인)을 득한 것이니 身强하고 다시 辰子의 반합수국을 더하니 日主의 勢가 太强한 것이다.

• 먼저는 戊土를 用하여 汪洋한 물줄기의 제방을 쌓고, 다음은 丙火로 寒水(한수)를 따뜻하게 하면 유용함이 있는 것이다.

• 戊土가 없고 時干에 己土가 투출했으니 역량이 부족하나 부득이 이를 용신으로 잡는다.

   用神 : 己土
   喜神 :　火
   忌神 :　木
   閑神 :　金
   仇神 :　水

◎ 子月의 壬水는 戊土와 丙火가 투출하여 지지에 통근하고 있으면 부귀겸전이다. 戊土가 있고 丙火가 없으면 寒水라 無用하니 단지 衣祿이 있을 뿐이고, 丙火가 있고 戊土가 없으면 壬水의 제방을 쌓지 못하니 만사불성이다.

◎ 상기 명조는 丙火가 있고 戊土가 없고 己土가 있으니 역량이 태부족하다. 따라서 약간의 衣食만 있는 것이다.

◎ 己土는 비록 용신에 해당하나 日主 壬水를 濁(탁)하게 한다. "己土濁壬(기토탁임)"

인 것이다. 己土가 正官이니 이런 경우에는 시비다툼과 관재구설이 多發하게 되
는 것이다.

⊙ 丙火는 財星으로 처성이다. 희신에 해당하니 처의 내조가 있다 판단한다.

⊙ 月, 日支의 子水는 比劫에 해당된다. 比劫은 동업관계로도 논하니, 동업관계로
인한 재산의 손실이 암시된다.

⊙ 寅卯辰 대운은 기신운이니 학업운도 좋지 못했고 매사 잘 풀려나가지 못했다.

⊙ 巳火 대운은 財星으로 희신운에 해당하니, 원국의 旺水의 극을 받음이 심하나 건
축폐기물관련 사업으로 약간의 발전이 있었다.

⊙ 壬午대운의 재물운을 문의한 것이다. 壬水는 구신으로 희신인 月干 丙火를 沖剋
하고, 午火는 비록 희신이나 원국의 旺한 子水의 沖剋을 받으니 희신의 역할을
하지 못하여 길하지 못하다. 특히 月, 日支의 子水는 양인살에 해당되어 칼날로
인한 위험성을 내포하고 있는데, 대운 午火와 相沖되니 양인살로 인한 흉화가
태동됨을 암시하는 것이다. 예기치 않은 질병, 사고 등의 禍厄(화액)이 염려되는
것이다.

⊙ 用神
• 日主 壬水가 子月에 羊刃(양인)을 得하고 庚金의 생조를 받으니 신강하다. 또한
지지에 申子의 반합수국이 있어 水氣를 더하여, 水勢가 태왕해지니 먼저는 戊
土를 용하여 制水하고 다음은 丙火로 온난케 해야 한다.
• 戊土가 不透(불투)하니 日支 戌宮의 戊土를 용해야 하나, 時支와 戌未 刑破되어
손상되니 용신이 왕하지 못한 것이다.

用神 : 戊土
喜神 :　火
忌神 :　木
閑神 :　金
仇神 :　水

⊙ 지지에 申子 반합수국의 比劫이 있고, 時柱가 丁未의 財官으로 형성되니 사업가의 명조이다. 戊土가 용신이니 토목사업을 하고 있는 것이다.

⊙ 천간의 丙丁火 財星이 희신이니 처와의 緣(연)은 무애무덕하나, 丙丁火가 月令 子水에 失氣했으니 재물복은 많지 않은 것이다.

⊙ 용신이 土로 官星에 해당하니 자식들대에는 발복이 있을 것이다.

⊙ 巳火대운 말기의 사업운을 문의한 것이다.

　• 巳火는 본시 희신이다. 그러나 年支 申金과 巳申 합수로 刑合이 되어 구신으로 化되니 길변흉이 된 것이다.

　• 巳火가 日支 戊土 偏官과는 怨嗔殺(원진살)이 된다. 시비다툼과 관재구설이 들어오는 것이다. 시청과의 토목사업 수주과정에서 남의 음해로 곤욕을 치룬 것이다. 종국에는 사업권을 따내지 못했던 것이다.

　• 토목사업을 접을 계획이었으나 1년 뒤인 丙火대운은 길운이니 사업을 계속 끌어 갈 것을 권유했던 것이다.

　• 丙火대운의 丙火는 본시 희신이다. 日主 壬水와는 丙壬 沖으로 손상됨이 있으나, 배속된 세운이, 庚寅, 辛卯, 壬辰, 癸巳, 甲午로 희신과 용신에 해당하니 길하다 판단한 것이다.

　• 시청의 담당자가 바뀌어 분위기가 호의적으로 전환되어 재기의 발판을 마련했던 것이다.

　• 午火대운 이후는 용신운이니 사업이 매사 순조로울 것이라 예상된다.

⊙ 천간의 丙丁火는 偏財와 正財로 財星混雜(재성혼잡)된 것이다. 이리되면 대체로 여러 손재수가 따르고 女難(여난)이 발생하는 경우가 많다. 다행인 것은 丁火 正財가 日主 壬水와 간합하나 合而不化의 상황이라 기반된 것이니, 丙火 一位만 남게 되어 大禍(대화) 없이 무탈하게 넘어갔던 것이다.

◎ 壬水 丑月

- 丑月은 二陽이 생하는 때이니 땅 속에서는 陽氣가 漸昇(점승)하는 시점이다. 上半月(小寒~大寒)은 丑宮의 癸辛이 當令(당령)하므로, 아직 寒氣가 왕하니 오직 丙火를 쓴다. 下半月(大寒~立春)은 丑宮의 己土가 當令하나 쇠하므로 丙火를 쓰고 甲木으로 보조한다.

- 丑月의 壬水는 丙火가 출간하여 解凍하면 명리가 높다.

- 丙火, 壬水가 출간하면 국가고시에 합격한다.
  丙火가 없고 壬水가 출간하면 빈천고독하다.

- 丙火, 甲木이 출간하면 국가고시 합격에 준하나 壬水가 불투해야 한다.

- 甲木, 壬水가 출간하고 丙火가 암장되면 평범하나, 戊土가 制水하면 衣祿은 있다.

- 壬水가 중중한데 戊土의 투출이 있으면 衣食足이다.

- 지지 金局에 丙丁火가 없으면 빈천하다.

- 丁火가 時干에 있어 丁壬 간합목국을 이룬 경우, 丑宮의 癸水가 丁火를 破하지 않으면 富貴格을 이룬다.

- 丑月 壬水는 먼저 丙火를 취하여 解凍(해동)하고 다음은 丁火이며 甲木으로 보조한다.

◎ 用神

- 壬水 丑月의 物象은, 얼어붙은 폭포 안으로 세찬 물줄기가 바닥으로 낙하하고 있는 형국이다.

- 천간에 丙火가 通根(통근)되어 火勢가 旺하여 解凍(해동)이 가능하지 않는 한 억부법을 적용하는 경우가 드물다. 해동시켜주는 調候(조후)가 급한 것이다. 日支

寅中의 丙火를 用한다.

用神 : 丙火
喜神 : 木
忌神 : 水
閑神 : 土
仇神 : 金

◎ 壬寅日柱 특성
- 미식가이며, 음식을 잘 먹고, 마음이 너그럽고, 몸집과 성격이 후덕하며, 남에게 베풀기를 좋아한다.
- 명랑하고 능동적이며 박력이 있고 온순하고 조용한 성격이다. 사주가 파격이면 사납고 저돌적이다.
- 대체로 건강하나 폐질환이나 예기치 않은 사고로 인한 흉터가 생기기 쉽다.
- 무관직, 교육자, 요식업, 유흥업, 서비스업, 토목업, 운수업 등의 직업이 많다.

◎ 지지 子丑戌은 징검다리에서 亥水가 吞陷(탄함)되었다 판단한다. 따라서 지지는 戌(亥)子丑과 같아, 암암리에 亥子丑의 방합수국을 형성하고 있어 比劫이 太旺하다고 판단하는 것이다. 따라서 두 어머니 문제가 나오고 이복형제 문제가 나오는 것이다.

◎ 천간 壬癸水가 암암리에 지지에 형성된 亥子丑에 통근하니 이른바 群劫의 상황이다. 財星이 천간에 투출되었다면 群劫爭財(군겁쟁재)되어 命을 재촉할 수 있겠지만, 寅戌 지장간에 丙丁火 財星이 暗藏(암장)되어 있으니 단명은 면한 것이나 재물과 처와의 연은 적은 것이다.

◎ 丑月의 庚金은 冬金이다. 冬金喜火(동금희화)로 火勢가 入됨을 기뻐하지만 寅中의 丙火는 旺水에 受剋되어 無力하니 庚金 印星이 무용지물이 되는 것이다. 학업과의 연이 적어 공업고등학교를 졸업했고 또한 친어머니가 일찍 돌아가신 것이다. 冬金은 先丙後丁이다. 먼저는 丙火로 온난케 하고 나중은 丁火로 鎔金(용금)해야 貴器(귀기)를 만들 수 있는 것이다. 이른바 官殺併用(관살병용)인 것이다.

◎ 丑戌의 正・偏官이 있으니 官殺混雜(관살혼잡)이다. 잔꾀가 많고, 의타심이 많고, 직장과의 연이 적으며, 매사 용두사미이다. 포클레인 중장기 기사로 회사생활을 하다 사고로 퇴직하고, 여러 영업직을 전전했지만 성과가 적었다.

- 比劫이 重重하니 형제가 많은 것인데 이복형제 포함 6명의 형제자매가 있는 것이다.
- 초년 甲寅대운은 희신운이니 庶母(서모)의 보살핌 속에 유년시절을 보낼 수 있었던 것이다.
- 丙火대운은 용신운이나 群劫爭財(군겁쟁재)되니 포클레인 작업 중 안전사고로 인해 퇴직하게 된 것이다.
- 辰土대운은 한신운이나 지지 丑戌과는 破와 沖되니 戌土의 白虎殺(백호살)을 대동한 官殺이 흉하게 태동하는 것이다. 차사고로 중상을 입어 3개월간 병원에 입원해야 했다.

- 用神
  - 壬水日干이 丑月에 生하여 천지가 차다. 寒水(한수)로는 만물을 소생시킬 수 없으니 調候(조후)가 급하다. 아울러 地支는 巳酉丑 삼합금국이 형성되었으니 印星이 태다하다.
  - 古書에 "印星多에 要見財星"이라 했으니 火를 용신으로 잡아야 한다. 調候(조후)로 보나 抑扶法(억부법)을 적용하나 丙火가 필요하니 용신은 日支 午中의 丙火를 용신으로 잡는다.

    用神 : 丙火
    喜神 :　木
    忌神 :　水
    閑神 :　土
    仇神 :　金

⊙ 通辯 要約

- 지지에 巳酉丑 삼합금국의 印星局을 형성하고 천간에 財와 官이 투출했으니 貴格의 좋은 사주이다. 옛 문헌에 印星이 왕하면 의사, 법조인, 기자, 역술가 쪽의 길을 택하는 경우가 많다고 했으니, 의사의 길을 가고자 하는 것은 사주와 합치되는 직업을 선택한 것이라 판단된다.

- 본시 印星의 "印"은 칼날 "刃"과 발음이 같아 동일하게 생각하는 것이니, 법조인은 법률로써, 의사는 執刀(집도)로써, 냉철하고 또한 칼날과 같이 예리하게 판단하여, 병든 부위를 제거하는 수술하는 작업과 같은 것이다.

- 19세 부터 23세 까지는 대운이 亥水이다. 亥水는 年支의 巳火와 相沖되므로 용신이 沖이 되는 것이니, 생각대로 만사 잘 풀리지 않고, 주변 여건과 잘 융화되지 못하고, 작은 불협화음들이 발생하게 되는 것이다. 24세 이후 甲木 대운부터는 만사 순탄하게 풀려 나갈 것이라 사료된다.

- 사람들이 마시는 술은 오행상 물과 같은 액체의 성질이지만 사주풀이에서는 火로 보고 판단한다. 용신이 丙火이니 즉 불인 것이다. 상기 명조자와 같이 용신이 火인 사람이 술을 못한다는 것은 아직 술에 익숙해지지 못해서 그런 것이지, 사주로 보나 용신으로 보나 본시 술이 맞지 않아서가 아니다. 단지 日干이 壬水니 水火相爭으로 물과 불이 부딪치는 경우처럼 초기단계에서 체질적으로 거부하는 관계이기 때문으로, 이런 경우 아주 소량씩 술을 자주 음미하면 점차 술이 늘게 되는 것이다. 사람의 체질은 환경에 대한 적응력이 뛰어나다. 따라서 술에 자꾸 익숙해지려는 노력을 하면 극복해내리라 판단된다.

- 壬水가 日干인 명조는 대체로 키가 큰 편이 아니다. 이는 壬水가 물이므로 물은 넓게 퍼지고 아래로 아래로 흐르려는 성질이 있으므로, 대체로 키가 큰 편이 아닌 경우가 많다. 노력 여하에 따라 다소 키를 더 키울 수는 있겠지만 큰 기대는 하지 않는 것이 좋겠다.

- 상기 명조는 단적으로 고독한 사주이다. 이는 오행의 이치로 보기도 하고, 地支에 있는 神殺들로 보기도 한다. 지지에 五鬼殺(오귀살), 鬼門關殺(귀문관살), 華蓋殺(화개살) 등이 있으니, 조용한 곳을 좋아하고, 고독을 즐기고, 山寺 방문하기를 좋아하는 성격이며, 종교에 빠지면 깊이 심취하는 그런 사주인 것이다. 따라서 대인관계가 원활하지 않을 수 있고. 또한 사주의 흐름상 나에게 좋지

않은 운이 23세 까지 들어 온 것이 원인이기도 하다.

또한 사주에 印星이 강하면 연구하거나, 어떤 일에 몰두하거나, 분석하는 학자 타입의 성격이기도 하다. 그러므로 좋은 운이 들어오는 24세 까지는 참고 인내 하며 학교생활을 하는 것이 바람직한 것이다.

- 24세 이후의 甲木대운 즉 희신운이 들어오면 주변에 있는 모든 사람들이 나에 게 도움이 되고, 나와 속칭 코드가 맞는 사람들이 모이게 되니 큰 문제는 없을 것이라 생각된다.

- 외국에 가서 공부하는 것은 사주상, 용신이나 희신운이 들어오거나, 사주에 驛 馬殺(역마살)이나, 地殺(지살)이 있는 경우는 외국유학 운이 있다고 판단하는 것 이다.

年에 地殺이 있으니 외국 유학운은 있다고 판단된다. 그러나 외국유학도 좋은 운이 도래해야 큰 탈 없이 잘 학업을 마칠 수 있는 것이니 24세 이후 생각해 보는 것이 좋을 듯하다.

- 月干에 正財가 투출했으니 현모양처를 얻을 사주이다. 즉 妻福(처복)이 있을 것 이라 판단하는 것이다. 19세 부터 23세 까지의 亥水 대운은 나의 사주에 폐해가 되는 기신운이니 이성문제가 활발하게 일어나지는 않았을 것이다.

- 2010년 庚寅年은 寅木이 희신운으로 들어오니 여자 친구가 생길 운이다. 봄이 지나 여름에 다다르면 성격적으로 어울리기도 하고, 혹은 상부상조하고, 흉금 을 터놓고 이야기를 나눌 수 있는 이성을 만나게 될 것이다. 좀 더 기다려 보면 좋을 것 같다.

- 2010년도 庚寅年은 상반기는 흉운이고 하반기는 반길반흉의 운이다. 이런 경 우는 준비하고 기다리는 해라고 판단하면 정확한 것이다. 여자 친구는 하반기 에 좋은 벗으로 나타날 것이라 예상된다.

- 2011년도 辛卯年은 아주 좋은 해이다.

이제까지 묶이고 저체됐던 사안들이 하나하나 매듭 풀어지듯이 풀려 나갈 것이 다. 대인관계, 이성문제, 학업의 진로문제, 외국 유학 문제 등이 모두 잘 풀려 나갈 것이다.

- 24세 이후 아주 좋은 길운이 들어오니 군대를 가는 것보다는 학업을 계속하는 것이 좋을 듯싶다. 이런 좋은 운이 33세 까지 계속된다. 이 기간 동안 많은 것을

이루도록 노력해야 할 것이다.

외국 유학 문제도 이 기간 동안 하도록 인생의 설계를 잘 세웠으면 좋겠다.

⊙ 用神(男命)

• 丑月의 壬水는 얼어붙은 폭포수 안으로 흐르는 물줄기가 강바닥으로 수직낙하
하는 형국으로 논한다. 따라서 먼저는 解凍(해동)하는 丙火가 필요하고 다음은
물줄기의 제방을 쌓는 戊土가 필요한 것이다. 그러나 상기 명조는 지지 전체가
酉丑 반합금국과 辰酉 육합금국의 印星局을 형성하니 왕한 金氣를 從할 수밖에
없어 從强格(종강격)으로 논한다. 용신은 月干 辛金이다.

　　　用神 : 辛金
　　　喜神 : 　土
　　　忌神 : 　火
　　　閑神 : 　水
　　　仇神 : 　木

⊙ 用神(女命)

• 月柱가 甲寅木의 官星이고, 다시 지지에 寅亥 합목의 官星局을 형성하니 官星
의 勢가 태왕한 것이다. 印星을 용하여 官印相生시키면 사주가 중화를 이룰 수
있는 것이다. 용신은 日支 巳宮의 丙火를 용한다.

　　　用神 : 丙火
　　　喜神 : 　木
　　　忌神 : 　水
　　　閑神 : 　土
　　　仇神 : 　金

◉ 癸水 寅月

- 寅月의 癸水는 三陽이 開泰(개태)하는 시점이니 하늘의 雨露(우로)에 비유되나 水性이 매우 약하다. 따라서 먼저는 辛金으로 癸水의 水源(수원)을 만든다. 만일 辛金이 없으면 庚金을 쓰지만 丙火가 적을 수 없다. 그 이유는 寅月은 아직 前月인 丑月의 寒氣(한기)가 남아 있으니 丙火로 따뜻하게 해주어야 하기 때문이다.

- 辛金, 丙火가 倂透(병투)하면 국가고시에 합격하고 富貴가 非常(비상)하다.

- 辛金이 우선이고 庚金은 다음이다. 고로 丙火가 많으면 丙辛 合水되니 적어야 좋다. 만약 庚辛金이 없으면 丙火가 있어도 下賤人(하천인)이다.

- 丙火가 투출하고 辛金이 酉丑에 암장이면 小富貴한다.

 辛金과 丙火가 없으면 빈천하다.

 辛金이 투출하고 丙火가 암장되면 국가의 은덕을 입어 貴格을 이룬다.

辛金과 丙火가 모두 암장되면 富 中 貴를 얻는다.

- 지지 火局이고 辛金이 투출하면, 辛金이 困(곤)해지니 壬水가 있으면 부귀격을 이룬다. 壬水가 없으면 빈천하다.
- 천간에 丙丁火가 투출하고 比劫이 없으면 從化格(종화격)을 이루어 刑沖이 없으면 富貴가 크나, 刑沖이 있을 시는 평범한 命이다.
- 지지 水局이고 丙火가 투출했는데 壬水가 없으면 평범하나 衣祿(의록)이 있고, 丙火가 중중하면 국가고시에 합격은 못하더라도 政·財界의 名士가 된다.
- 火.土가 많으면 日主를 극제함이 심하니 疾病(질병)을 면치 못한다.

◎ 用神

- 癸水가 寅月에 생하여 沐浴地(목욕지)이니 失氣했는데, 다시 甲寅木이 있어 癸水의 氣를 洩함이 심하니 日主가 심히 태약한 것이다.
- 壬水의 부조로는 역량이 부족하고, 印星인 庚辛金이 있어야 신약한 日主를 생조하여 중화를 이룰 수 있는 것이다.
- 辛金이 불투하니 時支 戌宮의 辛金을 용신으로 잡는다. 日, 時支 未戌은 刑破되어 손상되는 것 같으나 月支 寅木이 未土를 극하여 戌未 刑破됨을 방해하니, 戌宮의 辛金은 손상됨이 적은 것이라 용할 수 있는 것이다.

```
用神 : 辛金
喜神 :   土
忌神 :   火
閑神 :   水
仇神 :   木
```

◎ 용신 辛金은 寅月에 실기했으니 용신이 왕강하지 못한 것이다.
◎ 年干 戊土는 正官으로 남명에서는 자녀성으로도 논하고, 또한 직업, 직장, 직책으로도 논하는데, 月干에 甲木 傷官이 있어 傷官見官되니, 正官의 길성이 손상되는 것이라, 직장 및 자식과의 연이 박할 것이라 판단하는 것이다.
◎ 地支 寅宮의 丙火가 財星인데, 암장되어 있고 또한 기신에 해당하니, 재물복과 처복이 적다 판단하는 것이다.
◎ 戊戌土 官星이 중중하고 甲寅木 食神 역시 중중하니 기술직이나 무관직의 직업을 택함이 좋은 것이다. 다만 사주에 官印이 무력하니 공직의 길보다는 기술직의

길을 가게될 것이라 사료된다.

⊙ 丙火대운은 기신운이니 매사 풀리지 않았다. 대학공부도 중퇴하게 된 것이고, 또한 丙火가 財星이니 계획하는 일마다 어긋나고 그에 따른 손재수가 발생했던 것이다.

⊙ 辰土대운은 희신운이다. 辰土가 官星으로 직업, 직장과 연관되니 취직이 되거나, 마음을 잡고 다시 공부를 계속하는 계기가 될 것이다.

⊙ 巳午未대운은 火運으로 기신운에 해당하니, 인생에 여러 난관에 봉착하게 될 것이다.

⊙ 庚申대운 이후의 말년운은 용신운이니 매사 평탄할 것이라 전망된다.

⊙ 用神
- 癸水 日干은 하늘에서는 안개와 이슬비요 감로수이고, 땅에서는 澗溪水(간계수)요 논밭의 물이요, 도랑의 물이요, 정원의 물이니 항시 물의 근원이 끊어지지 않게 하는 庚辛金과, 冬月의 경우에는 解凍을 시켜 물의 흐름을 원활하게 해주는 丙丁火를 떠나서는 용신을 잡기가 힘들다.
- 생일이 1월 18일이라 지장간의 餘氣, 中氣, 正氣 中 正氣인 甲木으로 기운이 넘어가고 있다. 따라서 年, 月干의 庚辛金과 日支에 酉金이 있더라도, 月令 寅木의 지장간에 甲木이 當令하고 있으니 庚辛金 즉 印星이 왕한 것은 아니다. 局의 己未土 偏官이 약한 것이 아니어서 日干 癸水의 물줄기를 끊으려하니 癸水의 水源을 만들어 주는 것이 제일 급하다.
- 따라서 용신은 辛金이다. 寅月의 日干 癸水는 유약하니 庚金을 用하게 되면 생

해줌이 왕해져 澗溪水(간계수)가 흘러넘치는 것이다. 따라서 辛金을 용신으로 쓸 수밖에 없다.

用神 : 辛金
喜神 : 土
忌神 : 火
閑神 : 水
仇神 : 木

◎ 선천 직업운
- 사주상 印星과 官이 旺하니 공직자의 길이고 특히 교육직이 좋겠다.
- 공직의 길을 가지 못한다면 학원 강사, 또는 남을 가르치는 직업도 좋겠다.

◎ 재물운
財星은 이 사주에서 火인데 月支 寅中에 丙火가 암장되어 있어 약하지는 않다. 그러나 官과 印이 왕하면 財가 꺾이게 되니 큰돈을 탐하는 것은 좋지 않고 명예와 官을 추구함이 좋겠다.

◎ 학업운
- 현재 18세의 나이는 壬辰 대운에 속한다. 壬水는 한신이고 辰土는 희신이니 전반적으로 학업운이 좋은 대운이다.
- 2008년도 戊子年은 상반기는 戊土가 본래 희신이지만 日干 癸水와 戊癸 간합 화국의 기신운으로 흐르니 학업의 성취도가 낮아지지 않을까 염려된다. 하반기는 子水가 대운의 辰土와 子辰 반합수국의 한신운으로 흐르니 나쁘지 않다.
- 2009년도 己丑年은 고3이 되는 해인데 己土는 희신이고, 丑土는 日支 酉金과 酉丑 반합금국으로 용신운으로 흐르니 아주 좋은 운으로 성적이 많이 오를 것이다.

◎ 건강
평생에 걸쳐 조심해야 하는 질병은 火가 기신이니 심장질환이고, 木이 구신이니 간질환도 역시 조심해야 한다. 따라서 혈압과 혈관계질환도 염려된다.

◎ 형제자매운

比劫이 한신에 해당하니 형제자매간의 우애는 돈독하지는 못할 것이나 무애무덕한 편이다.

◎ 대운

• 11세~20세 壬辰 대운은 壬水가 한신이고 辰土는 日支 酉金과 辰酉 육합금국으로 용신운으로 바뀌니 길운이다. 전반적으로 길운이면 학업운도 역시 좋은 것이다.

• 21세~30세 癸巳 대운은 癸水는 한신운이고 巳火는 月支 寅木과는 寅巳 刑殺이니 건강문제나 신변의 이동수가 생기고, 日支 酉金과는 巳酉 반합금국의 용신운으로 바뀌니 결혼과 취직 등의 길운이 기대된다.

• 31세~40세 甲午대운은 상반기는 甲木이 庚金과 沖이 되어 용신을 충극하니 계약, 문서, 손재수, 사고수, 우환, 건강문제 등이 생길 수 있다.
  하반기는 午火가 月支 寅木과 寅午 반합화국이 되어 기신운으로 흐르니 하반기 5년 동안은 예기치 않은 우환 등 여러 가지 걱정거리가 많이 생길 것이다.

• 41세~50세 乙未대운은 상반기 하반기 모두 용신과 희신운이니 집안에 경사가 생기고 비약적인 발전이 기대된다.

• 51세~60세 丙申 대운은 丙火가 年干 辛金과 丙辛 간합수국이 되어 한신운으로 바뀌고 지지 申金은 용신운이니 역시 집안에 좋은 운이 가득한 해가 될 것이다.

• 61세~70세 전반적으로는 길운이지만 건강문제가 대두된다.

◎ 신살 풀이

• 사주에 印星과 官星이 왕하니 결혼은 필히 늦게 함이 좋다. 일직하게 되면 이혼수가 있으니 30세 전후에 함이 좋겠다.

• 梟神殺(효신살)이 있으니 어려서 7세 까지 남의 손에 키우는 것이 좋다. 이렇게 해야 凶殺을 제거할 수 있어 凶禍를 예방 할 수 있다.

• 印星이 왕하니 점차 나이가 들면서 잔병이 많이 생길 수 있다. 몸에 칼을 대야 하는 문제(수술)가 생길 수 있고, 産厄(산액)이 있을 수 있다. 특히 수술 건은 아주 큰 수술 건이 될 수 있으니 많은 조심이 필요한 것이다.

• 地支에 偏官과 傷官이 있어 서로 相剋이 되니 부부간의 다툼은 자주 있을 것이다.

- 月支 寅木에 鬼門關殺(귀문관살)이 있다. 이것은 神氣와 연관된 것으로 꿈을 꾸게 되면 잘 들어맞고, 히스테리성도 있다. 한편으론 종교에 정도이상으로 심취할 수 있으니 부모의 올바른 인도가 필요하다.
- 弔客殺(조객살), 喪門殺(상문살) 등은 원한을 갖고 죽은 조상으로 인한 아주 흉한 흉살이다. 예기치 않은 흉사를 발생시키게 되므로, 결혼 전에 이 殺들을 제거시키고 결혼을 시켜야 이혼수나 사고수 등이 줄어들 것이다.
- 月支와 日支에 흉살이 많고 또한 怨嗔殺(원진살)이 되니 부모형제자매와의 연은 돈독하지 못할 것이라 판단한다.
- 사주는 전반적으로 上格에 속한다. 반면에 흉살도 많으니 공덕을 많이 쌓도록 하고, 喪門殺(상문살), 弔客殺(조객살), 鬼門關殺(귀문관살), 寡宿殺(과숙살) 등은 흉살이니 制殺하여 줌이 필요하다.

⊙ 癸水 卯月
- 卯月의 癸水는 약하지도 않고 강하지도 않다. 乙木이 司令하므로 癸水의 元神을 洩弱(설약)하게 하므로, 水源을 發하는 庚金이 우선이고, 다음에는 辛金으로 卯木을 破하는데, 이는 卯宮의 乙木이 庚金과 相合됨을 억제해야 하기 때문이다.
- 庚辛金이 투출하고 丁火가 不透하여 剋金하지 않으면 국가고시에 합격하고 富貴한다.
  庚辛金이 없으면 빈천한 命이다.
  庚金이 출간하고 辛金이 암장되면 異途(이도)로 功名을 얻는다.
  辛金이 출간하고 庚金이 암장되면 小富貴한다.

庚辛金이 모두 암장되어도 富 中 小貴하고, 異途로 功名을 얻는다.

- 庚辛金이 중중한데 己土와 丁火가 출간하면 大貴格이다.
  庚辛金이 중중하면 癸水가 약변강이 되니, 壬水가 출간하지 않은 한 戊土를 쓰지 않고, 己土와 丁火를 용하는 것이다.
- 지지 木局이고 다시 月, 時에 木氣가 출간하면 從兒格(종아격)인가를 살펴보아야 하고, 그렇지 않으면 洩氣가 太多하니 겁이 많고, 우둔하며 곤궁빈천하다. 비록 대운에서 서방의 金運이 도래한다 해도 보조하지 못한다.
- 만약 印星과 比劫이 없어 從兒格을 이루게 되면 부귀가 틀림없다.

◎ 用神
- 癸水가 卯月에 생하고 다시 卯未의 반합목국이 있어 洩氣가 태다하니 日主가 衰한데, 다시 財官의 출간이 있으니 신약한 것이다.
- 다행인 것은 辛金이 출간하여 지지 酉丑 반합금국에 통근하니 태약함은 면한 것이다. 용신은 日主를 생조하는 時干 辛金이다.

  用神 : 辛金
  喜神 :   土
  忌神 :   火
  閑神 :   水
  仇神 :   木

◎ 癸丑日柱 특성
- 소심하고 소극적이고 공상이 많고 총명하며 활달하다.
- 비판적인 면이 많고, 남과 조화가 잘 안되고 지나치게 완고하다. 술과 여색에 탐닉하기 쉽다.
- 고집이 세며 준법정신이 좋고, 지구력은 있으나 숨은 근심이 많고, 세상을 비관하는 것이 흠이다.
- 간장질환, 당뇨, 火傷(화상)의 염려가 있다.
- 항해업, 수산업, 농수산물관련업, 부동산, 운수업 등의 직업이 많다.

◎ 천간에 己土와 辛金이 투출하여 殺人相生을 이루니 공직자의 명조이다.

◎ 천간에 財官印이 모두 투출하여 사주가 귀격인데, 己土 偏官이 月令에 失氣했으니 貴가 높지 않았던 것이다.

- 卯月은 陽氣가 점증하는 시점이라 火氣가 꼭 필요한 것은 아니며, 月干 丁火가 辛金을 극하니 길 중 흉함이 된 것이다.

- 卯月의 癸水는 庚辛이 모두 유용하므로 庚金이 출간했으면 丁火가 유용하나 辛金이 출간했으니 이제 丁火는 기신의 역할만 하게 된 것이다.

- 辛金 偏印은 坐下 酉金에 建祿을 득하여 왕하나, 月令 卯木이 亥卯 반합목국으로 왕해져 酉金과 상극되니, 酉金의 뿌리가 손상되어 투출한 辛金 역시 印星의 역할이 쇠약해지는 것이다.

- 상기 명조는 己土 官星과 辛金 印星이 모두 왕하지 못하니 小貴에 그친 것이다. 지방자치단체의 국장직을 역임했다.

- 辛酉대운 중 己亥세운의 운을 문의한 것이다.
  - 대운 酉金은 용신운으로 길하다. 다만 歲支 亥水가 본시 한신이나 원국의 月令 卯木과 亥卯 반합목국으로 구신이 되니 길 중 흉함이 있는 것이다.
  - 지방 자치단체의 시장직 출마를 고려한 것인데, 運이 왕하지 못하니 재삼재사 숙고하라고 권한 것이다. 후에 당의 공천을 받지 못해 출마가 좌절되었다.

- 用神
  - 사주를 中和시키기 위해서 필요한 것이 용신인데 이 사주에는 무엇이 필요한가?
  - 우선 日干 癸水는 澗溪水(간계수=산골짜기의 물)라 하고, 논밭의 물, 도랑물, 이슬비, 안개로 본다. 따라서 음력 二月인 卯月은 木旺之節이라 나무가 물을 잔뜩 필요로 하는 때이니, 癸水의 물의 근원을 만들어주는 印星 즉 金의 기운이 필요하다.

- 또한 卯月 月令은 年支 未土와 日支 未土와 卯未의 반합목국이 되어, 月令에서 當令하여 木이 왕한 외에도, 반합목국으로 木의 기운이 한층 더 왕해지니 木의 기운을 剪伐(전벌)하여주는 金의 기운이 필요한데, 庚辛金을 용신으로 잡아야 한다.

- 따라서 日干이 癸水인 경우에는 一月과 二月은 木旺之節이라 왕한 木을 剪伐(전벌)해줌과 동시에 日干을 생조하는 印星 즉 金을 용신으로 잡고, 두 번째로는 丙火로서 대지를 따뜻하게 하여 만물이 소생할 수 있는 기틀을 만들어 주어야 한다.

- 局에 金氣가 전무하니 胎元을 적용한다. 胎元(태원)이 庚午이니 庚金을 용하는 것이다.

  用神 : 庚金
  喜神 :　土
  忌神 :　火
  閑神 :　水
  仇神 :　木

- 사주에서 용신은 자식으로 논하는데, 먼 곳인 胎元에서 용신을 끌어와 용신이 약하니 자식 代에서는 발복됨이 적을 것이라 판단된다.

◎ 재물운

時干 丙火 正財는 年干 乙木과 月支 卯木의 생을 받아 재물운이 많은 것처럼 보이나, 時干 丙火 正財는 기신이고, 日干 癸水와 日支 未土. 時支 辰土에 洩氣됨이 많으니 미약하다. 財星이 기신이고 설기됨이 많으니 겉은 화려하나 내적으로는 부실하다. 평생에 돈은 떨어지지는 않겠지만 큰돈을 모으기는 어렵다.

◎ 직업운

천간에 食神과 偏官과, 正財가 투출됐으니 사업가의 命이 분명하다. 단지 丙火 正財, 財星이 기신이니 외양은 화려하나, 들어오는 것만큼 빠져나가는 것도 많다. 내실을 기함이 필요할 것이다.

◎ 부부연

- 부부연의 길흉을 논하는 문제는, 대체로 사주원국의 財星의 길흉과, 日支宮의

오행의 길흉으로 논하는 방법이 있고, 또는 사주상 용신과 희신을 찾아 용신을 생해주는 것이 희신이므로 희신의 왕쇠로 판단하기도 한다. 이는 용신을 자식으로도 논하는데, 자식을 생하는 것은 처가 되므로 처를 희신으로 보는 것이다. 따라서 희신의 旺相休囚死로 처복을 판단하기도 한다.

• 남자사주를 판단함에는 財星과 官星을 위주로 판단한다.

正官은 명예, 직책, 관록을 의미하는 吉星인데, 一位만 있고 刑, 沖, 破, 害, 怨嗔殺(원진살) 됨이 없으면 길격이다. 만약 二位면 下格으로 바뀌고 三位 이상이면 偏官 즉 七殺로 간주하기 때문에 賤格으로 본다. 이 사주는 偏官이 四位가 있으니 財生官이 되었다 하더라도, 偏官은 洩氣나 극제를 받아 純化되어야 길격으로 논하는데, 洩氣시키는 金이나 극제하는 木이 없으니 사주가 중화되지 못하여, 평생동안 관재구설, 손재수, 사고 건 질병 건 등이 多發 했던 것이다.

• 時干 丙火는 正財인데 기신이다. 이런 경우 본처와 평생해로 하기는 힘들다고 판단한다. 아니면 부인은 평생 질병을 몸에 달고 사는 경우가 많다. 正財가 기신인데 오행이 火다. 불은 쉽게 盛하고 쉽게 꺼지는 성질이 있으므로, 사주상 正財가 火인 명조의 사업가라면 대체로 성공과 실패의 부침이 다단하다.

• 年干에 食神과 偏官이 동주하는 경우, 그 조상은 대체로 상업계통에 종사했던 경우가 많다.

⊙ 자녀운

자식들의 運을 보는 것은 용신과 時柱를 참고하고, 남자의 경우 正官과 偏官을 위주로 보는데, 이 사주는 時柱에 正財와 偏官이 있으니 財生官 되어 자식들의 운이 막힘은 적다고 보나, 자식을 의미하는 용신이 매우 미약하므로, 집안을 일으키기는 힘들 것이라 판단한다.

⊙ 通辯(통변) 요약

• 사주에 正官과 偏官이 混雜(혼잡)되면 官殺混雜(관살혼잡)이라 하여 그 사람은 謀事(모사)를 잘 꾸미고, 남을 이용해서 자기한테 득을 얻으려는 생각이 많은 사람이다.

• 癸水 日干은 陰干이고 부피와 규모가 작은 물을 의미하므로, 항시 고갈의 위험이 있어, 끊임없이 물길을 연결해주는 水源이 필요하므로, 주변 사람들의 도움

으로 일어서는 경우가 많다. 또한 성격이 외고집이고, 타협을 잘 모르고, 독단적인 행동과 생각으로 주변 사람들과 마찰을 빚는 경우가 많다.

- 日干 癸水가 日支에 乾土요 모래토인 未土를 깔고 있어 折脚(절각)이 됐으니, 癸水는 흙에 다 빨려 들어가 癸水의 水氣는 고갈됐다고 보아진다. 이런 경우 잔병을 앓는 경우가 많고, 선천적으로 질병을 타고나서, 평생 알게 모르게 고통을 받는 사람들이 많다.
- 이 사주에서 水는 육신상 比劫이고 또한 한신이니 형제자매의 도움을 받기는 어려운 사주라 논한다.

⊙ 자식의 數
- 예전에는 십이포태운성법을 적용하여 자식 數를 판단했다. 그러나 허점이 많고, 요즈음에는 자식들을 많이 낳지 않기 때문에 이 방법을 잘 쓰지 않는다. 요즈음은 용신을 자식으로 논하기 때문에 용신으로 판단한다. 河圖(하도)의 數를 인용한다.
- 木이면 3.8에 해당되므로 아들은 셋이다.
  火이면 2.7에 해당되므로 아들은 둘이다.
  土이면 5.10에 해당되므로 아들은 다섯이다.
  金이면 4.9에 해당되므로 아들은 넷이다.
  水이면 1.6에 해당되므로 아들은 하나이다.
- 이는 용신이 왕상의 경우이고, 剋을 받음이 심하거나, 休, 囚, 死되거나, 刑, 沖, 破, 害, 怨嗔이 되면 그 數는 반감하여 판단한다.

⊙ 家運(가운)
- 가운의 흥망성쇠 중 어느 代에서 자수성가하여 집안을 일으킬 것인가를 아는 방법이 있다. 이것도 용신을 위주로 판단한다.
  ·年柱에 있으면 그 조상대에 가업을 일으킨 것이다.
  ·月柱에 있으면 아버지 대에서 가업을 일으킨 것이다.
  ·日主에 있으면 본인 대에서 자수성가한 것이다.
  ·時柱에 있으면 자식 대에서 가업을 일으킬 것이라 논한다.
  다만 용신이 약하면 그렇게 판단하지 않는다.

- 사주에 偏官이 一位만 있고 길격이면 무관직이나, 기술직에 종사한다. 만약에 사주에 편관이 二, 三位면 七殺이 極旺하므로 洩氣시키거나, 제극시키는 오행이 사주에 있어야 길한 사주가 된다.

  만약 偏官이 제극되어 길격을 갖추고, 印星이 아름답고 羊刃이나 魁罡殺(괴강살)이 있으면 대운이 좋을 때 大權을 장악하는 경우도 있다.

- 사주에서 선천적인 처의 姓氏나 띠(생년태세)를 아는 방법이 있다. 적중률이 뛰어나지는 않다 하더라도 참고할 점이 있어 기술해 본다. 이는 사주에서 正財와 희신을 놓고 판단한다.

◉ 띠(생년태세)로 추론하는 방법

- 남명의 正財

  午火면 午는 寅과 戌과 三合이므로 범띠, 말띠, 개띠다.

  卯木이면 亥와 未와 三合이므로 돼지띠, 토끼띠, 양띠다.

  이렇게 추론한다.

- 姓氏(성명)를 아는 방법 남명의 희신으로 추론한다.

  木이면 音오행상 가씨, 김씨, 구씨,기씨, 고씨…등이다.

  火이면 音오행상 나씨, 남씨, 노씨…등이다.

  土이면 音오행상 하씨, 허씨, 이씨, 인씨…등이다.

  金이면 音오행상 소씨, 사씨, 손씨, 전씨, 지씨…등이다.

  水이면 陰오행상 마씨, 모씨, 방씨, 반씨, 피씨…등이다.

◉ 대운

- 戊寅대운은 戊土가 日干 癸水와 간합되어 火局 기신운으로 바뀌고, 寅木은 局의 지지 卯辰과 寅卯辰 방합목국의 구신운으로 도래하니 초년에는 집안이 어려웠을 것이다.

- 丁火대운은 본시 기신운이고 日干 癸水와 丁癸 沖殺이 되니, 학창시절엔 공부에 전념하지 못했을 것이고, 예기치 않은 사고, 질병 등이 발생할 수 있다.

- 丑土대운은 본시 희신운이나 年支, 日支 未土와 沖殺, 時支 辰土와 破殺이 되니 내 뜻대로 잘 풀리지는 못했을 것이다.

- 丙火대운은 기신운이니 이때 직장생활을 하지 않고 개인사업을 했다면 손재수

그리고 결혼을 했다면 이혼수가 있다.

- 子水대운은 年, 日支 未土와 害殺(해살)과 怨嗔殺(원진살)이 되고, 月支 卯木과 刑殺이 되니 이때 부모형제자매 중에 일찍 죽은 사람이 나올 수 있다.
- 乙木대운은 구신운이다. 일신상에 흉한 일이 많이 발생할 수 있고, 매사 뜻대로 풀리지 않았을 것이다.
- 亥水대운은 亥水가 지지 卯未와 亥卯未 삼합목국이 되어 구신운으로 바뀌니 이때 관재구설, 이혼수, 손재수, 사고 건이 발생할 수 있다.
- 甲木대운은 月干 己土와 甲己 간합토국이 되어 희신운으로 바뀌니 이때부터는 다소 숨통이 튀어나갔을 것이다.
- 戌土대운은 年支, 日支 未土와 刑殺, 破殺이 되고, 月支 卯木과 卯戌 육합화국이 되어 기신운으로 바뀌고, 時支 辰土 正官과는 辰戌 沖殺이 되니, 인생에 있어서 흉운을 맞이 할 것이고, 사업체가 붕괴되거나 처와의 이별수를 벗어날 수가 없다.
- 癸水대운은 한신운으로 대략 정리정돈을 하고 쉬어야 하는 시기이다. 이때 건강문제가 발생할 수 있다.
- 酉金대운은 용신운인데 月支 卯木과 충살이 되어, 즉 食神 밥그릇과의 충이 되니 직업의 변동이 있을 수 있고, 時支 辰土와 辰酉 육합금국의 용신운으로 바뀌니, 사업체를 바꾸어서 운영하게 되면 得財할 수가 있을 것으로 판단한다.
- 壬水대운은 時干 丙火 劫財와 충살이 되니 부인이 죽느냐 본인이 죽느냐 하는 문제가 발생 할 수 있다.

◎ 丁亥세운(2007년) 풀이
- 歲干인 丁火는 日干 癸水와 丁癸 沖殺이 된다. 日干 癸水가 局의 중중한 土氣에 受剋되어 무력한데 다시 干沖되니 흉화가 발생하게 된다.
  · 건강문제가 발생한다.
  · 손재수, 사고 건이 발생한다.
  · 처에게 예기치 않은 흉액이 발생하거나 이혼수가 있다.
- 歲支 亥水와 지지를 비교해 보면 年支 未土와, 月支 卯木과, 日支 未土가 亥卯未 삼합목국의 구신운으로 바뀐다. 다음과 같은 암시가 있다.

· 동업자, 동료들과 연관하여 배신당하는 문제가 생길 수 있다.

· 未土가 偏官이니 직장이나 직업, 직책을 내놓게 되는 경우가 있다.

· 卯木이 食神이니 직장을 잃게 되거나 돈이 빠져 나가는 문제가 발생한다.

• 세운을 판단하는 가장 중요한 문제는, 세운과 대운과의 생화극제 문제, 세운과 대운이 합이 되어 용신이나 기신으로 바뀌는 경우, 세운과 지지가 형, 충, 파, 해, 원진살이 되는 경우 등을 종합적으로 판단해야 한다.

◎ 배우자 될 사람이 동향인가? 타향인가?를 알아보는 방법이 있다.

역시 사주상의 正財에 해당되는 오행을 보고 판단하는데, 기문둔갑의 九宮八卦를 보고 판단한다.

內卦면 同鄕 − 正財에 해당되는 오행이 巽, 震, 艮, 坎宮이면 동향

外卦면 他鄕 − 正財에 해당되는 오행이 離, 坤, 兌, 乾宮이면 타향

◎ 用神

• 卯月의 癸水는 乙木이 司令하므로 癸水의 氣를 洩氣시켜 유약하게 하므로 庚金을 써서 日主를 생조하고 辛金으로 보조한다.

• 庚辛金이 투출하고 이를 극하는 丁火가 불투한 경우에는 국가고시에 합격하여 관직에 들어 영달함이 기약된다.

• 상기는 庚金이 불투하고 辛金이 투출하여 부득이 이를 용신으로 잡아야 하는데, 역량이 부족한 것이다. 더욱 아쉬운 것은 투출한 辛金이 時支 丙火와 간합하려 하니 용신의 역할에 손상이 발생하는 것이다.

用神 : 辛金
喜神 :   土

忌神 : 火
閑神 : 水
仇神 : 木

⊙ 원국의 時支 辰土 正官이 鬼門關殺(귀문관살)을 대동하고 다시 病符殺(병부살), 弔客殺(조객살) 등 神氣와 연관된 흉살이 중중하니 무속인의 길을 간 것이다.

⊙ 午火대운에 역술공부를 시작할 경우 그 성취여부를 문의한 것이다.

• 투출한 辛金이 偏印으로 용신에 해당하나, 月令 卯木에 絶地라 失氣했으니 역술공부와의 연이 많다 할 수 없다.

• 時支 辰土 正官이 鬼門關殺(귀문관살)을 대동하니 역술공부에 취미는 많을 것이나, 年, 月支가 亥未의 반합목국을 형성하여 時支 辰土를 극함이 심하니 官星이 손상되어 역술공부로 명성을 얻기는 힘들다 판단한다.

• 午火가 기신에 해당하여 運路에서의 부조됨이 적으니, 인내심을 갖고 공부하기가 힘들 것이라 판단된다.

⊙ 月支와 日支가 卯巳로 食神과 正財에 해당되어 食神生財格이다. 또한 巳火가 晝天乙貴人, 卯木은 夜天乙貴人으로 簾幕貴人(염막귀인)에 해당하니 암암리에 貴人들의 도움이 있어 衣食은 足할 것이라 판단한다.

⊙ 丙申대운 이후는 말년운으로 申酉戌의 용신운이 도래하니 안락한 여생을 보낼 것이라 판단된다.

⊙ 用神

• 卯月은 木旺之節이다. 乙木이 司令하므로 日主 癸水의 原神을 洩시키어 유약

하게 만드니 庚金으로 水源을 發하고 辛金으로 보좌한다.

- 庚辛金이 투출하고 이를 극하는 丁火가 불투하면 국가고시에 합격하여 관직으로 나아가나, 庚辛金이 없는 경우에는 빈천한 命이 된다.

- 月柱가 木氣라 日主 癸水를 洩氣하니 쇠약하고, 다시 年干에 戊土가 투출하여 制水하니 日主가 심히 약한 것이다. 印星을 用하여 신약한 日主를 생조하면 중화를 이룰 수 있는 것이다. 용신은 時干 庚金이다.

- 용신인 庚金이 正印으로 時干에 투출하여 坐下 申金에 통근하니 용신이 태약하지는 않다. 그리고 年干 戊土 官星이 투출했으니 관인상생을 이루어 공직자의 명조이다. 다만 月干 乙木 食神이 약하지 않고, 年干 戊土 官星을 극하니 관직이 높지는 못했던 것이다.

      用神 : 庚金
      喜神 :   土
      忌神 :   火
      閑神 :   水
      仇神 :   木

◉ 庚金대운에 庚金 용신이 구신인 月干 乙木과 乙庚 간합금국으로 化되어 다시 용신운이 되니 매우 길하다. 이때 지방 시청의 사무관으로 승진했던 것이다.

◉ 申金대운에 승진운을 문의한 것이다.

- 申金은 본시 용신이다. 年支 子水와는 子申 반합수국으로 化되어 金氣가 洩되고, 月支 卯木과는 상호 상극되어 金氣가 손상되고, 日支 巳火와는 巳申의 육합수국으로 化되어 金氣가 洩되니, 申金이 용신으로서 본연의 임무에 전력하지 못하게 만들어 승진의 뜻을 이루지 못했던 것이다.

- 辛巳세운은 기신운이니 뜻을 이루기 어렵다.

- 壬午세운은 기신운이니 뜻을 이루기 어렵다.

- 癸未세운은 戊癸 합화의 기신운, 卯未 합목의 구신운이 되니 뜻을 이루기 어렵다.

- 甲申세운은 甲木은 구신운, 申金은 본시 용신이나 月支 卯木과 상극되어 손상되니 뜻을 이루기 어려운 것이다.

- 乙酉세운은 歲干 乙木은 乙庚 간합금국의 용신운, 歲支 酉金은 본시 용신이나 月支 卯木과 상충되어 손상되니 아쉽게 뜻을 이루지 못한 것이다.

⊙ 원국에 子卯 刑殺과 巳申 刑殺이 있으니 지지 전체가 손상되고 있는 것이다. 이런 경우에는 시비구설과 남의 음해에 연루됨이 많아, 비록 두뇌가 총명하고 일처리가 능수능란 했으나 관직운이 적은 것이다.

⊙ 用神
  • 卯月은 木旺之節이라 日主 癸水의 原神을 洩氣시키니, 먼저는 庚金으로 水源을 發하고 다음에는 辛金으로 보좌한다.
  • 卯月은 火氣가 점증하는 시점이라 丙丁火가 투출하여 火勢가 약하지 않고 또한 己辰土의 극제가 있으니 신약하다. 따라서 日主를 생조하는 印星이 필요하므로, 日支 酉宮의 辛金을 용신으로 잡는다. 日支 酉金은 時支 辰土와 辰酉 육합 금국이 되어 용신이 왕해지니 사주가 길한 것이다.

    用神 : 辛金
    喜神 :   土
    忌神 :   火
    閑神 :   水
    仇神 :   木

⊙ 여명에서는 용신과 日支宮과 官星을 놓고 남편성의 길흉을 판단한다. 상기는 용신인 金氣가 왕하고 日支宮에 용신이 居하며 다시 官星이 희신에 해당하니 남편 복이 많은 것이고 또한 부부연이 길연이라 판단하는 것이다.
⊙ 庚金대운의 결혼운을 문의한 것이다.
  • 庚辛金이 용신에 해당하니 반드시 결혼하게 될 것이라 판단하는 것이다.
  • 庚金대운 중 庚子세운은 庚金이 용신이고, 子水는 한신이니 이 시점에 결혼수

가 유력한 것이다.

⊙ 年支 巳火 正財가 天乙貴人을 대동하니, 상속의 財도 得하게 되는 것이고, 또한 재물복도 많을 것이라 판단한다.

⊙ 月柱가 丁卯로 상하 상생하니 부모형제자매 사이는 무애무덕하리라 판단된다.

⊙ 時柱가 丙辰으로 財와 官으로 상생되니, 자식 代에는 사업가로서 큰 재물을 모을 자손이 있을 것임을 암시하는 것이다.

⊙ 日, 時支가 辰酉 합금의 印星局이 되니 두뇌가 총명한 것이다. 다만 초년운이 巳午火운의 기신운으로 도래하니 학업으로 성공하지 못한 것이다.

⊙ 比劫인 癸壬水가 한신이다. 比劫은 동료, 동창, 형제자매로 논하니 이들과의 사이는 무애무덕할 것이라 판단한다.

⊙ 日, 時支는 酉辰 육합금국의 印星局, 年, 日支는 巳酉 반합금국의 印星局이 되니, 결국 印星이 중중한 것이다. 正印은 모국어 偏印은 외국어로 논하는데, 印星의 합이 된 것이니 어학에 소질이 많다 판단하는 것이다. 영문과를 나와 외국인 회사에 근무하고 있는 것이다.

⊙ 말년 申酉戌대운은 용신운이니 매사 잘 풀리고 안락할 것이라 판단한다.

⊙ 用神

• 卯月은 乙木이 司令하고 지지에 卯未 반합목국을 이루니 日主 癸水의 氣를 洩함이 심하고 아울러 丁巳의 財星 또한 있으니 신약한 것이다. 따라서 癸水의 水源을 發하는 庚金이 요긴하고 다음으로 辛金으로 보좌한다.

• 食傷과 財星이 왕하여 신약이니 印星을 용하여 衰한 日主의 氣를 생조하면 사

주가 중화를 이룰 수 있는 것이다. 용신은 時干 庚金이다.

- 용신 庚金은 좌하 申金에 祿星地이나, 申金이 日支 巳火와 刑合되어 손상됨이 있는 것이고, 다시 月令 卯木과는 십이포태운성의 胎에 해당하니 失氣한 것이라 용신이 왕강하지 못한 것이다. 여명의 용신은 夫星에 비유하니 남편과의 연이 적은 것이다.

  用神：庚金
  喜神：　土
  忌神：　火
  閑神：　水
  仇神：　木

⊙ 年干 己土 偏官 역시 夫星인데, 지지 卯未 반합목국의 극을 심히 받으니 무력해지는 것이다. 남편관의 연이 적은 것이다.

⊙ 庚金 印星이 용신이니 두뇌가 총명하고, 부모의 보살핌을 잘 받고 청소년시절을 보낸 것이다. 다만 丁巳火 財星이 약하지 않아 財破印綬하니 학업의 길로 성공을 거둘 수 없었던 것이다.

⊙ 천간에 己庚의 官印이 있어 본시는 공직자의 명조라 논할 수 있지만, 月干 丁火가 지지 卯未 반합목국의 생을 받아 왕해져, 용신인 時干 庚金 印星을 극하니 공직자의 길로 들어서지 못한 것이다. 月干 丁火 財星이 왕하니 캐나다로 유학가서 국제공인회계사 자격증을 취득한 것이다.

⊙ 巳火대운은 본시 기신운이나 時支 申金과 巳申 合水의 한신운으로 바뀌니 무탈하게 지낸 것이다.

⊙ 庚金대운은 용신운이니 캐나다로 유학가서 공부하며 국제공인회계사 자격증을 취득한 것이다.

⊙ 午火 대운의 건강문제를 문의한 것이다.

- 상기 명조는 胎元이 戊午이다. 따라서 年支 未土, 日支 巳火와 암암리에 巳(午)未의 남방화국의 기신운이 되니 매우 흉하다.

- 용신 庚金이 왕한 火氣에 수극되어 印星이 무력해지고, 日支 癸水가 炎炎한 火勢에 고갈될 지경이니 건강에 큰 문제가 대두된다. 火가 기신이니 小腸에 생긴 혹이 종양으로 발달하여 대수술을 받게 됐다.

◉ 辛金대운 중 庚寅세운에는 歲支 寅木이 入되며, 日. 時支 巳申과 寅巳申 三刑殺이 되니 또한 매우 흉하다. 이 해에 두 번째 수술을 받게 된 것이다. 이후에는 건강문제가 호전되어 이때 결혼한 것이다.

◉ 辛金대운 중 甲午세운은 매우 흉하다. 甲木이 구신, 午火는 局의 巳未와 巳午未 남방화국으로 태왕해저 기신운으로 들어오니 命을 보존하기가 힘들었던 것이다. 이는 세운에서 午火가 入되며 胎元(태원) 戊午의 午火를 引通(인통)시키니 火勢가 더욱 왕해져 日主 癸水의 水源을 發하는 庚金을 끊고, 또한 日主 癸水를 고갈시켰기 때문이다. 이 시기에 소장의 종양이 췌장으로 전이 되어 췌장질환을 앓다 사망하게 된 것이다.

癸	癸	癸	丁	(男)
丑	巳	卯	亥	

乙	丙	丁	戊	己	庚	辛	壬
未	申	酉	戌	亥	子	丑	寅

◉ 用神
  • 癸水 日干이 卯月에 생하여 비록 長生을 득했으나, 지지에 亥卯의 반합목국을 이루어 洩氣가 태다하니 身弱하다.
  • 月, 時干의 癸水는 雨露(우로)에 비유하니 부조가 부족하고 時支 丑宮의 辛金을 용신으로 잡아 日主를 생조하면 사주가 중화를 이룰 수 있다. 용신은 辛金이다.

    用神 : 辛金
    喜神 : 土
    忌神 : 火
    閑神 : 水
    仇神 : 木

◉ 癸巳日柱 특성
  • 정의로운 성품이며 원칙을 준수하고, 계산이 빠르고 실속을 차리며, 치밀하게

장부정리를 잘하고, 내부관리도 잘한다.

- 가정적이고 내성적인 성격으로 인정은 있으나 자기 밥그릇은 잘 챙기는 날카로운 면도 있다.
- 남명은 아내를 억누르려 하는 기질이 있으나, 가정과 아내를 아낄줄 알고, 여명은 남편에게 재정적인 면에 있어서 도움을 준다.
- 신장질환의 염려가 있고, 시각장애나 청각장애가 나타날 수 있다.
- 외교관, 통신관련업, 교통관련업, 의사, 약사, 회계사무, 기술직 등의 종사자가 많다.

◉ 年支 亥水부터 時支 丑土까지 順生하니 힘이 丑土 偏官에 모아지고, 巳丑 金局과 丁火가 있어 火金이 盛하니 무관직의 명조인 것이다.

◉ 지지 亥卯巳丑은 십이지지를 순서대로 연결해보면 亥(子)丑(寅)卯(辰)巳와 같이 子寅辰 一位씩이 탄함되어 있다. 징검다리에서 돌 하나씩이 빠진 것이다. (子)水는 比劫에 해당하니 형제자매 중 1명이 일찍 죽은 것이고, (寅)은 傷官에 해당하니 부하직원의 음해로 직장생활에 위기가 있었고, (辰)은 正官으로 자식 중 남명에서는 딸에 비유하니 딸자식이 췌장암으로 요절한 것이다.

◉ 癸水 日干의 巳火는 晝天乙貴人에 해당하는데 夜時生이니 이를 簾莫貴人(염막귀인)이라 하며 밖으로 드러나지 않는 貴人의 도움이 있는 것으로 논한다. 따라서 승진운과 재물운에 길함이 있었던 것이다.

◉ 日支宮의 正財는 처의 내조가 많은 명조인데 다시 天乙貴人을 대동하니, 결혼 후부터 家門의 발전이 있기 시작한 것이다.

◉ 지지 巳丑이 반합금국을 이루어 印星局이 되니 두뇌가 비상하다. 경찰조직에서 기획과 창의력을 인정받아 일취월장하여 경찰서장을 역임했다.

◉ 사주팔자가 陽이 없고 모두 陰만 있는 純陰之氣(순음지기)로 이루어져 陰陽의 부조화됨이 있다. 이런 경우는 직장생활에서 음으로 양으로 남의 음해요소가 다발하게 되는 것이며, 이로 인해 승진, 승급에 불리함이 많게 되는 것이다.

◉ 丁酉대운은 月柱 癸酉와 干支가 상호 상충하니 흉하다. 부하직원의 잘못으로 인해 승진에 제동이 걸린 것이다.

◉ 丙火 대운은 기신운이다. 용신인 金과 상극되니 疾病(질병)에서 金에 해당하는 폐암수술을 받은 것이다.

◎ 癸水 辰月

- 穀雨(곡우) 前에는 火氣가 왕하지 않으니 丙火를 쓰고, 穀雨(곡우) 後에는 丙火를 쓰되 辛金, 甲木으로 보조해야 한다. 丙火는 財로, 甲木은 辰月에 土重하므로 疎土(소토)해야 하고, 辛金은 日主 癸水의 水源을 마련해주어야 한다.
- 辰月의 癸水는 丙火, 辛金이 모두 있어야 한다. 하나라도 없으면 貴를 이루지 못한다.
- 지지에 辰未戌丑의 四庫가 있는데 甲木이 투출한 경우라면 부귀격을 이룬다.
- 지지 水局에 己土, 丙火가 투출하고 甲木이 없으면 假殺爲權(가살위권)이라 하여 貴格을 이룬다.
- 지지 木局에 印星인 金이 없으면 傷官生財格인데 재주와 衣祿은 있으니 재물을 모으지 못하고, 만약 金이 있으면, 日主 癸水의 水源이 마련되니 貴格을 이룬다.

◎ 用神

- 지지 辰子는 子水 대신 辰土가 月令을 차지하여 辰子 반합수국이 失氣한 것이라 판단한다.
- 月, 日의 辰酉는 반합금국이고, 다시 酉戌 金의 類神(유신)이 있으니 지지는 金氣가 왕한 것이다. 또한 천간에 二位의 庚金이 투출했으니 金氣가 태다한 것이다.
- 따라서 時干 壬水로는 왕한 金氣를 洩함이 부족하므로 火를 용하여 왕한 金氣를 극제하여야 사주가 중화를 이룰 수 있는 것이다. 용신은 時支 戌宮의 丁火이다.

  用神 : 丁火
  喜神 :　木
  忌神 :　水
  閑神 :　土

仇神 :　　金

◎ 癸酉日柱 특성
 •음주를 즐기는 편이고, 혼자 조용히 어떤 일에 몰두하거나 공상을 잘하며, 남을 잘 의심한다.
 •이중적인 성격이 있고, 매사 싫증을 잘내며, 끈기가 부족하고 시기심이 많고 호색(好色)하는 면이 있다.
 •위장과 신장계통의 질환에 걸리기 쉽다.
 •귀격이면 머리가 명민하여 이름을 날리나, 파격이면 단순기능직이나 역술계통에 종사 하기 쉽다.

◎ 印星이 태다하니 多印은 無印인 것이다. 두뇌는 총명했으나 학업과의 연은 없는 것이다.

◎ 印星이 중중하니 자연 財星과 상극되어 처와의 연은 돈독하지 못하다.

◎ 辰戌은 본시 正官인데 중첩되니 偏官으로 化된 것이다. 같은 이치로 천간의 庚金도 본시 正印이나 偏印으로 化된 것이다. 따라서 천간과 지지가 殺印相生되니 본시 무관직의 길을 가야하나 뜻을 이루지 못하고 武道人(무도인)의 길을 간 것이다.

◎ 초년 巳午未대운은 용신운이니 부모의 도움으로 고등학교를 마칠 수 있었다.

◎ 申金대운은 원국과 申子辰 삼합수국과 申酉戌의 방합금국의 기신운과 구신운이 도래하니 체육관을 크게 운영했으나 과잉투자로 인해 경영에 실패하여 損財가 많았다.

◎ 乙酉대운은 乙庚 간합금국과 辰酉 육합금국으로 모두 구신운이니 매사 하는 일마다 실패가 많았다.

◎ 丙戌대운은 丙火와 月干 庚金이 상극되어 丙庚殺이 되고, 戌土와 月支 辰土가 상충되어 母胎인 月柱를 손상시키니 命에 위험요소가 대두되는 것이다. 알코올 중독으로 장기간 치료를 받아야 했다.

◎ 丁亥, 戊子대운 말년운도 크게 기대할 바가 없는 것이다.

⊙ 用神
- 辰月은 다음의 巳午未 火旺節로 進氣하는 시점이라 火氣가 점승하나, 아직 논밭의 稼花에 햇빛을 더해야 잎과 꽃이 무성해지는 것이다.
- 上半月(清明~穀雨)은 아직 火氣가 왕하지 않으니 丙火를 쓰고, 下半月(穀雨~立夏)은 丙火도 필요하나, 신약이면 辛金으로 癸水의 水源을 發하고, 土가 厚重하면 甲木으로 疎土한다.
- 辰月의 癸水는 丙火와 辛金이 倂透(병투)해야 貴格을 이룬다. 丙癸가 투출한 경우라면 국가고시에 합격하여 높은 관직에 오르고, 하나가 투출하고 하나가 암장되면 다만 衣食이 足할 뿐이다.
- 상기는 천간에 二位의 壬水가 투출하고, 지지에 辰子의 반합수국이 있으니 水氣가 群劫의 象을 이룬 것이다. 여러 형제들이 적은 財를 차지하려 다투는 형국이니, 財를 더하여 재산을 골고루 분배하면 쟁탈의 禍(화)는 면할 수 있는 것이다.
- 年干에 丙火가 투출하니 이를 용신으로 잡는다. 혐의가 되는 것은 癸水의 水源을 發하는 庚辛金이 전무하니 복록이 장구하지 못할 것임이 아쉬운 것이다.

    用神 : 丙火
    喜神 :   木
    忌神 :   水
    閑神 :   土
    仇神 :   金

⊙ 午火대운에 年支 寅木과는 寅午 반합화국의 용신운, 日支 未土와는 午未 합되어 火勢를 더하니 용신이 왕강해져 행정고시에 합격한 것이다.
⊙ 乙木대운의 결혼운을 문의한 것이다.
- 乙木은 희신이니 배속된 세운의 기간에 결혼운이 있다 판단한다.

• 남명에서 용신은 아들, 희신은 처로 논하니, 희신운이 도래 할 시는 결혼운이
  있는 것인데, 상기 명조는 群劫爭財(군겁쟁재)의 象이라 결혼연이 장구하지 못할
  것임이 염려된다.
◎ 申酉戌 대운은 중년으로 구신운이니, 여러 저해요소가 많이 발생할 것이라 판단
  되며, 공직과의 연이 끊어질까 염려스럽다.

◎ 癸水 巳月
 • 巳火節의 癸水는 火旺節에 衰渴(쇠갈)하니 水源을 發하는 辛金을 專用(전용)한
   다. 辛金이 없으면 庚金을 쓴다. 庚金을 쓰는 者는 富는 있으나 貴가 없고 異途
   功名(이도공명)이다.
 • 巳月에는 丙火인 財가 旺하여 日主가 쇠약하니 庚辛金의 생조가 필요하다.
 • 辛金이 出干하고, 丁火가 없고, 壬水가 투출하면, 大富貴하고 名振四海(명진사
   해)한다.
   만약 丁火가 암장되었으면 庚辛金을 극하여 破格(파격)이 되어 困苦(곤고)하나,
   壬水가 있다면 救濟(구제)된다.
 • 辛金이 暗藏(암장)되고 丁火가 없으면 小富貴한다.
   癸水가 丁火를 극제하면 衣祿(의록)은 풍족하나 丁火는 財星이니 妻를 극하게
   된다.
 • 火土가 太多한데 辛金이나 壬癸水가 없으면, 癸水가 핍박당하니 眼疾(안질)과
   精氣(정기)가 손상되나 惡疾(악질)까지는 가지 않는다. 巳宮의 庚金은 丙火의 핍
   박으로 水를 생하지 못한다.

- 巳月의 癸水는 金인 印星과 水인 比劫 중 하나라도 없으면 흉하다.
- 庚金 印星과 壬水 劫財가 투출하면, 火를 극제하고 土를 滋潤(자윤)하니 이를 "劫印化晉格(겁인화진격)"이라 하며 大富貴格을 이룬다. 그러나 丁火가 있으면 庚金을 극하고 壬水와 干合하여 印星을 무력화시키니 廢人(폐인)이 된다.

◎ 用神
- 癸水는 田畓(전답)의 물이요 澗溪水(간계수)이다. 巳火節에 생하여 고갈되어 심히 신약한데, 다시 乙卯木이 중중하여 洩氣가 태다하며 丁火의 투출이 있으니 日主가 태약한 것이다. 생조하는 印星이 없으면 사주가 중화를 이룰 수가 없다.
- 庚辛金의 투출이 없으니 부득이 月支 巳宮의 庚金을 용한다. 巳宮의 庚金은 同宮한 丙火의 극을 받아 무딘 金이 되어 용하는 경우가 드물지만, 상기의 명조는 胎元(태원)이 丙申이라 申宮의 壬水가 있어 암암리에 扶助의 氣가 있으니 이를 용하는 것이다.

　　用神 : 庚金
　　喜神 ;　土
　　忌神 :　火
　　閑神 :　水
　　仇神 :　木

◎ 年干 丁火 偏財가 月令 巳火에 통근하니 正格으로는 偏財格이고, 천간에 食神과 財星이 투출했으니 食神生財格이기도 하다. 따라서 理財에 밝고 사업수완이 뛰어난 것이다.
◎ 月支 巳火는 正財로 驛馬殺(역마살)을 대동하고 있는데 空亡이다. 원국에 年支 亥水와 巳亥 상충되니 脫(탈) 空亡된 것이고, 이제 驛馬가 動하여 走馬加鞭格(주마가편격)으로 發財하게 되는 것이다. 단지 신약하니 大財와는 거리가 멀고 역마살이 있으니 운수업으로 돈을 번 것이다.
◎ 食神이 중중하여 신약하니 어려서 잔병치레가 많았던 것이다.
◎ 亥水대운의 運을 문의한 것이다.
- 亥水는 본시 한신이다.
- 年支 亥水 劫財와는 自刑殺이 되니 동료, 동창, 동업관계의 일로 손재수가 발생하는 것이다.

- 月支 巳火 正財와는 상충되는데, 財를 동반한 驛馬를 沖하니 주마가편격으로 사업상 비약적 발전이 기대되는 것이다.
- 日, 時支 卯木과는 食神과의 합으로 亥卯 반합목국의 구신운이 된다. 食神은 밥그릇으로 논하니 대운과의 합이 기신이나 구신으로 化되면, 예기치 않은 사고, 질병 등으로 인해 병원신세를 지게 되거나, 처자식과 연관되어 손재수가 발생하기도 한다.

◎ 用神
- 巳月의 癸水는 巳宮의 丙火가 司令하니, 癸水가 胎地(태지)에 臨(임)하여 쇠약하여 庚辛金 印星과 壬癸水 比劫이 필요하다. 庚辛金은 쓰임이 같으나 陰日干이니 辛金이 유용하고, 壬癸水도 쓰임이 같으나 역시 癸水가 유용한 것이다.
- 지지 巳酉丑 삼합금국은 月令이 巳火라 세력이 있어 化金하려 하지 않으니 삼합금국이 失氣한 것이라 판단한다.
- 局에 財官이 중중하니 신약한 것이다. 따라서 日主 癸水를 생하는 日支 酉宮의 辛金을 용신으로 잡는다. 용신 辛金은 지지에 巳酉丑 삼합금국이 失氣한 것이니 金의 부조가 미약하니 용신이 왕하지 못한 것이다.

        用神 : 辛金
        喜神 :   土
        忌神 :   火
        閑神 :   水
        仇神 :   木

◉ 총평

　*사주에 官星과 印星이 왕하니 官印相生되어 국가의 祿을 먹을 사주이다. 공직
　이나 국영기업체 근무의 길을 가면 매사 순탄하게 풀려나갈 것이다.

　*결혼은 28세 이후 申金대운이 좋으니 늦게 하는 것이 좋을 것이다.

◉ 재물운

　사주에 財星이 왕하나 구신에 해당하니, 본시 재물복은 타고났으니 大財를 취득
　하기는 어려움이 있는 명조이다.

◉ 학업운

　• 印星인 辛金이 용신이 두뇌가 총명하다.

　• 초, 중, 고, 대학교를 마칠 때까지 대운의 흐름이 辛未, 壬申의 용신운이니 학
　업에 성취가 있을 것이다.

◉ 건강

　• 局의 火와 木이 기신과 구신에 해당하니 혈관계질환과 간담질환이 예상된다.

　• 사주에 五鬼殺(오귀살)과 羊刃殺(양인살)이 있으니 자라면서 잔병치레가 있을 수
　있다. 특히 7세 이전까지 그러한 경향이 많을 것이니 각별히 아이 건강에 유의
　해야 한다.

　• 나이 들어 丙丁火의 기신운이 도래하니 심장과 혈압에 이상이 올수 있다.

　• 또한 예기치 않은 사고나 질병이 평생에 한두 번 닥칠 수 있다.

◉ 기타

　• 사주에 華蓋殺(화개살)과 將星殺(장성살)이 있으니 조상의 음덕과 부처님의 공덕
　으로 태어났다고 논한다. 틈나는 대로 사찰에 가서 공덕을 쌓으면 아이의 발전
　에 큰 도움이 될 것이다.

　• 사주에 梟神殺(효신살)이 있으니 가능하다면 7세까지는 외가에서 키우는 것도
　좋으리라 사료된다.

◎ 用神

- 癸水는 하늘의 감로수인 雨露(우로)요, 전답의 물이요, 澗溪水(간계수)에 비유된다.
- 癸水가 火氣가 왕한 巳火節에 생하니, 전답과 간계의 물이 전부 고갈될 지경이다. 水源을 발하는 庚辛金 印星이 없이는 사주가 中和를 득할 수 없는 것이다.
- 局에 火氣인 財星이 중하면 먼저는 比劫인 壬癸水를 용하여 制火하고, 다음은 庚辛金의 印星이 필요하나, 官星이 왕한 경우에는 日主를 핍박함이 심하니 印星을 용하여 왕한 官星의 氣를 洩시키고 쇠약한 日主를 생조하면 中和를 이룰 수 있는 것이다.
- 상기는 月, 日의 巳未가 암암리에 午火를 끌어와 巳(午)未 남방화국을 형성하니 火勢가 태왕하다. 먼저는 壬癸水를 용하여 制火함이 급하고, 다음은 壬癸水의 水源을 發하는 庚辛金이 필요한 것이다.

      用神 ： 壬水
      喜神 ：　金
      忌神 ：　土
      閑神 ：　木
      仇神 ：　火

◎ 年, 月支가 巳亥 상충하니 부모 代에 고향을 떠나 타향에서 정착함을 암시한다.

◎ 月支 巳火 財星이 암암리에 官殺混雜(관살혼잡)된 日, 時支 未戌의 官星을 생하니, 色情(색정)이 왕성함을 알 수 있다.

◎ 용신인 水가 年柱에 있으니 무年(조년)에 결혼할 命이다.

◎ 癸未대운 중 甲午세운

- 대운 癸水는 용신이다. 여명의 용신은 남편에 비유되니 결혼하려는 남자가 나타나는 것이다.

- 대운 未土는 官星으로 남편성인데, 年支 亥水와 亥未 반합목국이 되어 年干 乙木 食神을 부조하니 자녀성이 왕하게 되어 결혼하여 자식도 낳고 가정을 꾸리려는 의도가 있는 것이다.
- 歲干 甲木은 한신으로 歲支 午火를 생하고, 午火는 지지의 巳未와 巳午未 남방화국을 형성하여 官星인 戌土 正官을 생하니 남편성이 왕해져 이 해에 결혼한 것이다.

⊙ 甲申대운 중 丙午세운
- 대운 甲木은 한신으로 官星인 戌未 土를 극하니 官星인 남편성에 손상이 발생하는 것이다.
- 대운 申金은 본시 희신이나 巳火 財星과 巳申의 刑合 水局을 형성한다. 財星인 巳火가 水로 化되니 戌未土 官星을 생해줌이 끊어지는 것이고, 年支 亥水와는 申亥 害殺로 용신인 水氣가 손상되는 것이다.
- 歲干 丙火는 본시 구신인데, 月干 辛金 印星과 丙辛 간합의 水局으로 化되니 수명과 연관된 印星의 손상이 오는 것이다.
- 歲支 午火는 지지의 巳未와 巳午未 남방화국의 구신운이 되고, 다시 時支 戌土 官星과 午戌 반합화국의 구신운이 되니 흉한 것이다. 未土 偏官과 戌土 正官이 합되어 財星으로 化되어 官星의 역할을 하지 못하게 되니 이 해에 남편이 사망한 것이다.

⊙ 癸水 午月
- 癸水가 午火節에 생하여 絶地라 태약하다. 癸水는 澗溪水(간계수)인데 炎旺之節

을 만나 고갈될 지경인 것이다.

- 庚金, 壬水, 癸水를 용한다. 午火節은 午宮의 丁火가 사령하니 庚金을 핍박함이 심하여, 比劫인 癸壬으로 왕한 火氣를 억제하고 庚金으로 水源을 發해야 하는 것이다.

- 庚辛金이 투출하고 다시 壬癸水가 투출하면 貴가 極品(극품)에 오르게 된다. 庚辛金이 투출하고 지지에 申子辰의 삼합수국이 있으면, 일찍 국가고시에 합격하고 높은 관직에 오르게 된다.
  庚辛金이 투출하고, 壬癸水가 不透하고, 지지에 一位의 水가 있으면 단지 富者에 불과하다. 즉, 水源會夏(수원회하=물줄기가 여름을 만남)면 富는 있으나 貴는 없는 것이다.

- 金水會夏天(금수회하천=하월에 金水가 출간한 경우)의 경우라면 富貴가 무궁하다. 다시 運路가 火土運이면 몸이 신선과 같이 안락평온하다.

- 지지 火局인데 壬水가 불투하여 日主를 부조하지 못하면 財多身弱이니, 運路에서의 부조가 없으면 富屋貧人(부옥빈인)이며 僧侶(승려)의 팔자이다.

- 지지 火局인데 원국에 金水의 부조가 없다 해도 從財格을 이루지 못한다. 이는 胎元(태원)이 丁酉라 酉金의 생조가 있으니 有根이라 암암리에 日主를 생하는 氣가 있기 때문이다. 만약 戊土가 가까이 출간하면 戊癸 化火를 이루니 從化格(종화격)을 이루게 된다.

- 一位 庚金과 二位의 壬水가 출간하면 富貴功名(부귀공명)을 누린다.

- 己土가 중중하고 比劫인 壬癸水가 없고, 甲木이 출간하여 疎土(소토)함이 없으면, 從殺格(종살격)을 이루어 大貴한다.

- 午火節의 癸水는 金水인 印星과 比劫에 의존해야 하기 때문에 福祿(복록)이 반드시 조상의 蔭德(음덕)에서 나오는 것이다.

⊙ 用神

- 癸水가 午火節에 생하여 失氣했고, 丙火와 甲乙木의 출간이 있어 "精·神·氣" 中 神이 왕하니 신약한 것이다.

- 火旺之節이라 調候가 급한 것이며, 癸水의 水源을 만들어주는 印星이 용신이다. 年支 申宮의 庚金을 용신으로 잡는다. 日支 酉金은 卯酉 沖하여 뿌리가 손

상되니 용하지 못하는 것이다.

用神 : 庚金
喜神 : 土
忌神 : 火
閑神 : 水
仇神 : 木

⊙ 丙火 正財가 年干에 출간했으니 正財格이며, 變格으로는 食神生財格이라 논하며 부자의 명조이나, 癸水의 뿌리가 약해 身旺하지 못하니 大財를 획득하지는 못한 것이다.

⊙ 年, 月의 申午 사이에는 午(未)申 하여 未土 官星이 呑陷(탄함)되어 있는 것이다. 따라서 此 命造는 午火 財星이 未土 官星을 생하고 未土 官星이 申金 印星을 생하여 順生되니 官印을 활용하고자 하는 의도가 있는 것이다. 따라서 공무원의 길로 들어섰고, 다만 원국에 財星이 왕하여 財破印綬(재파인수)하니 印星이 손상되어 높은 직책에 오르지는 못했다.

⊙ 時干 乙木 食神은 좌하 卯宮에 建祿을 得하니 왕하다. 食傷은 예체능, 재예 등으로 논하니 서예 및 동양란과 연관하여 재능이 많았던 것이다.

⊙ 財星이 기신이고, 처궁인 日支宮에 偏印이 있어 고부간의 갈등이 암시되는 것이라, 부부간 화목함은 적었던 것이다.

⊙ 運路가 申酉戌亥子丑의 용신과 한신운이니 정년퇴직까지 직장생활을 하는 동안 매사 무애무덕했던 것이다.

⊙ 子水대운에 年支 申金과 申子 반합수국의 한신운으로 왕하게 들어와, 기신인 火勢를 억제하니 이때 사무관으로 승진했던 것이다.

⊙ 癸水 午月

- 癸水가 火旺之節인 午火節에 생하여 火勢(화세)가 炎炎하니 日主 癸水가 고갈될 지경이다. 庚辛金을 용하여 癸水의 水源을 發함이 긴요한 것이다.

- 月令 午宮의 丁火가 當令하니 庚辛金이 丁火를 감당할 수 없는 것이다. 따라서 比劫인 壬癸水가 있어 制火해야 사주가 중화를 이룰 수 있는 것이다. 印星과 比劫을 함께 취해야 하는 것으로 劫印化晉(겁인화진)인 것이다.

- 庚辛金과 壬癸水가 투출하면 국가고시에 합격하고 고위관직에 올라 朝廷(조정)의 중신이 된다.

  庚辛金이 투출하고 지지에 申子가 있으면 衣祿은 있게 된다.

  庚辛金이 투출하고 지지에 水가 적으면 富는 많으나 貴가 적다.

- 局에 金水會局하고 운로가 火土運이면 大富大貴格을 이룬다.

- 午火節의 癸水는 지지에 火局을 이루어도 胎元에서 부조가 있으니 炎上格(염상격)이라 하지 않는다. 壬癸水가 없으면 僧道(승도)나 고빈한 命이다.

⊙ 用神

- 癸水 日干이 午火節에 생하여 失氣했고, 月柱가 丙午火로 火勢가 炎炎하니 日主 癸水가 고갈될 지경이다. 水源을 發하는 庚金이 용신이다. 아울러 當令(당령)한 丁火가 庚金을 극하니 癸水가 있어 制火하면 중화를 얻을 수 있는 것이다.

- 庚辛金이 불투하니 日支 酉宮의 辛金을 용신으로 잡는다.

- 용신 辛金은 月柱의 왕한 火氣에 受尅되니 용신이 왕하지 못하여 吉格의 명조가 되지 못한다.

      用神 : 辛金
      喜神 :　 土
      忌神 :　 火
      閑神 :　 水
      仇神 :　 木

⊙ 年柱 壬水는 암암리에 丁壬 간합목국을 이루는데 甲木이 대표한다. 이는 壬水 劫財와 丁火 偏妻의 합인데, 化된 甲木은 傷官으로, 沐浴(목욕)과 桃花(도화)가 子水에 있어, 癸日干의 祿星에 해당되는 것이다. 일생동안 풍류와 여자문제가 떠나지 않는 것이다.

⊙ 日支宮은 처궁으로 酉金이 있다. 酉金은 처성인 丁火 偏財의 長生에 해당되고, 또한 偏夫인 壬水의 沐浴과 桃花에 해당된다. 이것이 암시하는 바는 결혼에 결격이 있는 여자와 결혼하게 되거나 이혼하게 됨을 의미한다.

⊙ 月干 丙火가 正財로 남명 陰日干의 경우는 본시 偏妻이나 천간에 투출했으니 이를 본처로 간주하는 것이다. 年干과 時干의 壬水 劫財에 受剋됨이 심하고, 癸日干의 祿星 子水와, 偏妻 丙火의 祿星 午火와 상충되니, 이는 처가 남편과 떨어지지 않으면 흉화가 닥칠 것임을 의미하는 것이다.

⊙ 時支宮은 자녀궁으로 戊土가 空亡이다. 이는 육친과 자식과의 연이 없음을 의미한다.

⊙ 祿星(建祿)은 평생의 享福(향복)과 연관되는 것이라, 刑沖되거나 空亡됨을 최고로 기피하는 것이다. 상기는 祿星이 年支 子水인데 月支 午火와 상충되니, 祿星의 길함이 손상되는 것이라 흉하다.

⊙ 六親關係(남명. 癸日干)

    癸(日干=我) → 丙(正財=父) → 庚(正印=祖父)
                辛(偏印=母)   乙(食神=祖母)
     丁(偏財=妻) → 庚(正印=丈人)
              乙(食神=丈母)
     丙(正財=偏妻)
     己(偏官=女兒)
     甲(傷官=女婿)
     戊(正官=男兒)
     癸(比肩=兒媳)

⊙ 空亡 通辯

• 癸酉 日柱는 甲子旬 中으로 戊亥가 空亡이다.

• 丁火 본처와 丙火 편처의 天乙貴人이 亥水로 空亡이다. 이는 부부에게 예기치 않은 난관이 발생시 주변에 구원의 손길을 받을 수 없는 것이다.

• 辛金은 偏印으로 沐浴, 桃花에 해당하는 亥水가 공망이다. 이는 모친의 바람기와 바깥 외출이 잦음을 알 수 있다.

• 壬水는 劫財로 형제자매인데 祿星인 亥水가 공망이다. 이는 손상된 형제자매가

있음을 의미한다.

- 甲木은 傷官으로 長生이 亥水이며 공망이다. 이는 재물을 모으려 노력하나 손에 쥐어지는 재물이 없는 것이다.

- 戊土는 火庫地로 공망인데, 암암리에 寅午戌 삼합화국을 형성하니, 처성인 丙火, 丁火에서 보면 妻庫에 해당하는 것이다. 이는 父와 처가 항상 바깥출입이 잦음을 의미한다.

- 戊土는 공망으로 寅午戌의 삼합화국으로 財星局을 형성하니 壬水와 癸水에서 보면 財庫에 해당된다. 이는 항시 돈을 벌려고 노력은 하나 손에 쥐어지는 금전이 없음을 의미한다.

⊙ 日支 酉金은 암암리에 巳酉丑의 삼합금국을 형성하는데 庚金이 대표한다. 庚金은 偏母로 長生이 巳火이고, 祿星이 酉金이니 나타내는 象은 두 명의 어머니가 있게 됨을 암시하는 것이다.

⊙ 癸日干의 長生은 卯木이고, 女兒인 己土 偏官의 長生 酉金과는 상충된다. 이는 夫가 낳은 女兒를 탐탁하지 않게 여기는 것이고, 아울러 祿星과도 상충되니 이는 父女간의 연이 없음을 의미한다.

⊙ 己土(女兒)와 甲木(女婿)이 간합토국을 형성하는데 이는 己土 七殺로 대표되며 日干 癸水를 극하는 것이다. 己土(女兒)의 財는 水이며 財庫는 辰土이며, 이는 癸日干의 身庫인 것이다. 이는 女兒가 夫의 財를 원치 않는 것이다.

⊙ 처궁인 日支 酉金은 처인 丁火의 長生이고, 또한 壬水 偏夫의 沐浴, 桃花에 해당된다. 丁壬의 正配合이 되니, 이는 妻가 早婚(조혼)이면 필히 이혼하게 되고 再嫁(재가)함을 암시한다.

⊙ 癸日干은 戊土(男兒)와 干合되어 財星局이 된다. 戊土(男兒)의 祿星은 巳火이고, 이는 丁火 偏財의 帝旺이 되고 丙火 正財의 祿星이 된다. 따라서 이는 男兒를 낳은 후 재물운이 형통하게 됨을 의미한다.

◉ 用神
- 局에 土氣가 중중하다. 官殺이 混雜(혼잡)되어 日主 癸水를 핍박함이 심하고, 지지에 午戌과 午未의 合火됨이 있으니 財星이 중중한 것이라 신약하며 調候(조후)가 급한 것이다.
- 癸水는 澗溪水(간계수)이며 雨露(우로)에 비유되는데, 중중한 土에 受剋되어 태약하니 水源을 發하게 하는 庚辛金 印星이 시급한 것이다.
- 年支 戌宮의 辛金을 용하는데, 다행인 것은 胎元(태원)이 己酉라, 酉金이 용신 辛金을 부조하니 용신이 태약한 것은 아니다.

　　用神 : 辛金
　　喜神 :　土
　　忌神 :　火
　　閑神 :　水
　　仇神 :　木

◉ 癸未日柱 특성
- 나약하고 실패가 많으며 남에게 이용을 잘 당하고, 겁이 많아 좋은 기회를 놓치고 움추리고 사는 타입이다.
- 순한 듯하나 고집이 세고, 때로는 욱하는 성격과 난폭한 면도 있으며 의처증이 있기 쉽다.
- 대체로 건강하나 신장, 방광, 당뇨, 허리 등의 질환에 조심해야 한다.
- 농수산물 유통업, 청소업, 폐기물, 토목건축, 부동산업 등과 연관된 직업을 갖는 경우가 많다.
◉ 官殺이 혼잡하고 태왕한데, 이를 제극하는 食傷이 암장되고 衰하니, 시비다툼과 구설이 많았던 것이다.

- 官殺이 혼잡되니, 직장과의 연이 적고, 교묘한 꾀가 많아 주변의 불리한 상황을 자신에게 유리하게 변화시키는 재주가 많고, 자식들과 형제자매간 연이 薄(박)한 것이다.

- 지지에 午戌과 午未의 合火됨이 있어 財星이 왕하고 身弱한 것이니, 금전의 입출은 많으나 정작 자신의 손에 쥐어지는 금전은 많지 않은 것이다. 또한 身衰財旺한 경우에는 금융계통이나 세무계통, 대부업 등에 종사하는 경우가 많은데, 상기인은 세무관련 업종에 종사하고 있는 것이다.

- 年柱가 戊戌土로 正官이니 설혹 장남이 아니더라도, 집안의 대소사를 관장해야 하는 장남의 역할을 해야 하는 것이다.

- 月令이 財星에 해당하니 처의 내조가 많은 명조이다. 다만 원국에 午未와 午戌 합의 財星의 합됨이 있고, 또한 財星이 重하니, 부부간 화기애애함은 적은 것이다. 단지 직업과 연관하여서는 처의 내조가 많은 것이다.

- 자식대의 운은 남명은 官星의 길흉과 時柱의 길흉을 위주로 살펴보는데, 官星은 중중하여 관살혼잡되어 흉하고, 時柱는 丙火 財星이 출간하여 기신이니 자식대의 발복은 크게 기대할 바가 없는 것이다.

- 초년 未土 대운은 月令 午火와 午未 합의 火氣를 띠니 기신운이라 가정형편이 넉넉하지 못했던 것이다.

- 庚申, 辛酉, 壬戌 대운은 용신운이다. 상업고등학교를 마치고 일찍 세무관련 직업에 종사하며 매사 순조롭게 풀려나갔던 것이다.

- 亥子丑 대운은 말년운으로 한신운이니 무탈하고 안락한 인생을 마칠 수 있을 것이다.

辛	癸	己	戊	(男)
酉	卯	未	申	

丁	丙	乙	甲	癸	壬	辛	庚
卯	寅	丑	子	亥	戌	酉	申

◉ 癸水 未月

• 印星인 庚辛金과 比劫인 壬癸水를 쓴다.

• 上半月(小暑~大暑)에는 午火節과 같아 火氣가 왕하므로 金이 쇠약해져 比劫인 壬癸水로 부조하고, 下半月(大暑~立秋)에는 金旺之節(금왕지절)로 進氣(진기)하기 때문에 比劫을 쓰지 않아도 좋다.

• 庚辛金이 투출한 경우 丁火가 있으면 富貴格을 이루나, 丁火가 투출하여 剋金하거나 未宮에 암장되어 있으면 평범하다.

◉ 用神

• 戊己土 官星이 중중하여 日主 癸水를 핍박함이 심하니 신약하다. 印星을 용하여 日主를 생조하면 官印相生을 이루게 되고, 日主가 약변강의 勢가 되니 중화를 이룰 수 있는 것이다.

• 천간에 官印이 투출하여 본시 공직자의 명조이나, 戊己土 官星이 투출하여 官殺混雜(관살혼잡)되니 결함이 있어 공직자의 길을 가지 못하고 국영기업체에 근무하게 된 것이다.

• 時干 辛金은 용신으로 月令 未土에는 衰地라 失氣했으나, 坐下에 建祿을 得하니 용신이 쇠약하지 않다.

```
用神 : 辛金
喜神 :   土
忌神 :   火
閑神 :   水
仇神 :   木
```

◉ 남명의 財星은 처성이다. 月令 未宮에 일점 丁火 財星이 있으나 未土가 墓宮(묘궁)에 해당하니 財星의 역할이 무력하다. 본시 月支의 財星은 처의 내조가 많은 명조로 논하는데 墓宮(묘궁)에 居하니 처의 내조를 기대하기 힘든 것이다. 이울러 財星을 재물로 논하면 같은 이치로 판단하여 재물이 무덤 속에 갇힌 격이니 수전노와 같은 사람이 되고 財를 활용한 理財(이재)에는 밝지 못한 경향이 많다.

◉ 子水대운에 승진운을 문의한 것이다.

• 子水는 본시 한신이다. 月令 未土와는 受剋되어 희신의 역할이 손상되고, 日支 卯木과는 刑殺이 되니 길하지 못하고, 時支 酉金과는 破되어 용신 金이 손상되

니 길하지 못한 운이다.

- 月支 未土는 偏官으로 子水와 怨嗔殺(원진살)로 상극되니 시비구설이 들어오는 것이고, 日支 卯木과는 刑殺인데 卯木이 傷官으로 수하직원에 해당하니 수하 직원들과 연관하여 陰害(음해)가 따르는 것이고, 時支 酉金과는 破殺이 되는데 酉金은 印星으로 문서, 계약관계로 논하니 직책을 수행하는 과정에서 이들과 연관하여 불리함이 대두되는 것이다. 종합하면 승진명단에 이름은 거론되나 승 진의 뜻을 이루기는 힘들다 판단하는 것이다.

◎ 局의 土氣가 官星으로 자녀성에 해당되는데 희신에 해당하니 자녀들에게는 발전 이 있을 것이라 판단하는 것이다.

◎ 日支와 時支가 卯酉로 상충되니 처자식과의 연은 돈독하지 못하다 판단하는 것 이다.

◎ 丙寅대운 이후의 말년운은 기신과 구신운이니 예기치 않은 사고, 질병 등의 흉화 에 각별히 조심하여야 할 것이다.

◎ 癸水 申月

- 申月의 癸水는 月令 申宮에 庚壬이 있어 日主를 生扶하니 母旺子相이다. 癸水 가 申月에는 십이포테운성의 死地이나, 庚金이 있어 생조하니 약변강의 勢가 되는 것이다. 丁火를 용해야 하는데 이는 月令이 申月이라, 申宮의 庚金이 司令 (사령)하여 보조가 지나치기 때문이다. 또한 丁火는 午戌未 地支에 통근됨을 좋 아한다.

- 丁火가 투출하고 午火를 보면 建祿을 득한 것이니, 獨財格(독재격)이라 하겠으

니 金玉滿堂(금옥만당)하고 富貴兼全(부귀겸전)이다.

- 丁火가 불투했으나 未宮에 암장된 경우에도 富 中 貴를 취할 수 있다.
- 만약 丁火가 불투하고 戌未의 四庫(사고)에 있으면 평범하나, 대운이나 세운에서 沖되면 開庫(개고)되어 丁火를 자연 드러내니 발전이 있다. 그러나 戌未가 重重하면 沖되도 무력하니 이에 해당되지 않는다.
- 丁火가 투출하고 甲木이 있어 생조하면 역시 富貴한다.
- 丁火가 투출하고 甲木이 없고, 庚金이 한두 개 있으나, 壬癸水가 丁火를 극제하지 않으면 衣祿(의록)이 크다. 이때 丁火가 하나 더 있어 庚金을 극제하면 吉하나, 金이 많은데 극제하는 丁火가 없으면 빈천한 命이다.
- 丁火가 戌土에 암장되어 있어도 沖되면 발전이 있다. 이때 甲木이 많으면 戌土를 破하여 戌中 丁火를 손상시키니, 비록 天干에 壬癸水가 없어도 평범한 命이 된다.

⊙ 用神

- 月令이 申金이니 지지의 申子辰 삼합수국은 失氣한 것이다. 日主 癸水는 申宮의 庚金의 생을 받으니 母旺子相한 것이고, 月令의 보조가 지나친 것이니 억제하는 丙丁火를 용해야 한다.
- 丁火가 불투하고 丙火가 투출했으니 부득이 이를 용신으로 잡으나 丙火는 剋金하는 힘이 부족하니 사주가 길하지 못한 것이다.
- 천간에 丙火가 三位 투출했으나, 지지에 통근함이 미약하니 丙火의 勢가 虛靈(허령)한 것이다.

  用神 : 丙火
  喜神 : 木
  忌神 : 水
  閑神 : 土
  仇神 : 金

⊙ 여명의 日支宮은 남편궁인데 墓宮(묘궁)에 해당하니 부부연이 박한 것이다.

⊙ 水가 기신이고, 지지에 申子辰 삼합수국이 있어 日主가 태왕하니 부모와의 연이 박하다.

⊙ 時支 辰土는 華蓋殺(화개살)인데 다시 絞神殺(교신살)을 대동하니 神氣가 많다 판

단하는 것이다.

◎ 중년 이후는 辰卯寅의 희신운이니 큰 어려움은 없을 것이라 판단한다.

◎ 用神

• 申月의 癸水는 申宮의 庚金이 사령하여 日主 癸水를 보조함이 지나치니 丁火를
용하여 庚金을 극제하고 甲木으로 丁火를 보좌한다.

• 상기는 日干 癸水가 申月에 生하여 생조 받음이 많고, 다시 年支 巳火와 巳申
육합수국되니 日干 癸水가 旺하다. 丁火를 용하여 月支 申金이 日干 癸水를
生해줌을 극제하여 中和를 이루어야 한다. 그러나 丁火가 不透하고 時干 丙火
가 투출했으니 이를 용신으로 잡는다.

　用神 : 丙火
　喜神 :　木
　忌神 :　水
　閑神 :　土
　仇神 :　金

◎ 상기는 대학교 교직원의 명조이다. 2019년 庚子세운 이후에 전개될 인생의 진로
에 대해 간략하게 요약하여 설명해 줄 것을 요청한 것이다.

• 天干에 甲乙木의 食傷이 투출하였고 時干에 丙火 正財가 있으니 재예가 출중하
고 재물복도 많다. 다만 月支가 학문과 지혜를 담당하는 正印이라 교육계에 몸
을 담고 있는 것이다.

• 月支 申金 正印은 年支 巳火와는 巳申 刑合되고, 日支 卯木과는 卯申 怨嗔(원
진)되니 남의 음해를 많이 받고 예기치 않은 시비구설에 휘말리는 경우가 많을

것이니 처세에 각별히 유의해야 한다.

• 자식은 時柱로 판단하는데, 時干 丙火는 正財이고 時支 辰土는 正官이니 財와 官을 용하게 되므로, 자식 代에 집안을 일으킬 자손이 있을 것이라 판단한다.

• 2019년(55세) 己亥세운은 亥水가 기신운이다. 또한 年支와는 巳亥 相沖되고, 月支와는 申亥 害殺이 되고, 時支와는 辰亥 怨嗔되니 길하지 못하다. 움직이지 않고 守舊(수구)함이 좋겠다.

• 2020년(56세) 庚子세운은 月支 申金과는 申子 반합수국의 기신운이고 日支 卯木과는 子卯 刑殺이 되니, 신변의 변동수가 들어오는데 이것은 타의에 의해 발생되는 것이니 묵묵히 자신의 갈 길을 감이 좋겠다. 또한 예기치 않은 문서관련, 계약관련, 건강, 사고 등이 발생할 수 있다.

• 2021년(57세) 辛丑세운은 辛金이 丙火와 丙辛합수의 기신운이니 길하지 못하다. 2019년 己亥年, 2020년 庚子年, 2021년 辛丑年 3년간은 靜中動(정중동) 함이 좋을 것이라 사료된다.

• 2022년~2026년은 58세~62세로 대운은 寅木이 사주를 관장하며, 59세, 60세, 61세, 62세까지 5년간이다. 寅木이 年支 巳火와 月支 申金과 寅巳申 三刑殺이 형성하니 매우 흉하다. 시비구설, 사고, 질병, 음해, 다툼 건 등이 발생할 수 있으니 매우 조심하여야 하겠다.

• 2022년은 58세이며 세운은 壬寅이다. 寅巳申 三刑殺이 되니 사고, 질병, 남의 음해, 시비구설 등이 발생할 수 있다.

• 2023년은 59세이며 세운은 癸卯이다. 卯木이 時支 辰土 正官을 극하니 명예손상이 따르는데, 자의반 타의반으로 이직수가 나오나 좀 더 참고 근무함이 좋겠다.

• 2024년은 60세이며 세운은 甲辰이다. 歲支 辰土가 月支 申金과 申辰 반합수국의 기신운이고, 時支 辰土 正官과는 辰辰의 自刑殺이 되어 흉하니 정년퇴직 후 靜中動(정중동)함이 좋겠다.

• 2025년은 61세이며 세운은 乙巳이다. 巳火가 月支 申金과 巳申의 刑合되어 기신운이니 건강문제가 발생할 것이다.

• 2026년은 62세이며 세운은 丙午이다. 용신운이다. 다시 재도약의 시기가 온 것이다. 유관업체에서 스카웃 제의도 들어올 것이고, 교육관련 사업을 시작해도 좋을 것이다.

- 2027년~2031년은 63세~67세로 丁丑대운으로 들어서며 丁火가 용신이니 5년 동안은 매사 사안이 길하게 작동하기 시작한다.
- 올해 2019년 己亥年부터 운세가 점차적으로 하향세로 들어가니 명퇴나 새로운 사업체 모색은 不可하다. 守舊(수구)함이 좋은 것이다.
- 63세에는 지인들로부터 스카웃 제의가 있을 테니 이때 제2의 인생을 위한 도약을 도모함이 좋겠다.

⊙ 癸水 酉月
- 酉月의 癸水는 酉中 辛金이 虛靈(허령)하고 金白水淸(금백수청)한 때이니 辛金으로 생조하고, 寒氣(한기)가 盛(성)하니 丙火로 조후하면 水暖金溫(수난금온)하니 귀격을 이룬다.
- 辛金, 丙火가 倂透(병투)하면 국가고시에 합격하여 일신상의 영달을 기할 수 있다. 風水가 불급한 경우라도 異途로 功名을 잃지 않는다. 이때에는 丙辛이 간격됨을 요하고, 가까이 있으면 丙辛이 합수국이 되니 丙火가 손상되어 길하지 못하다.
- 丙火가 투출하고 辛金이 암장되면 衣祿(의록)이 있을 뿐이다.
- 水를 제극하는 土氣가 많으면 福祿(복록)이 중간 정도이다.
- 酉月 癸水는 食傷과 財星이 중하면 印星을 취하고, 印星이 중하면 食傷과 財를 취함이 正法이다.

⊙ 用神
- 지지에 寅亥 합목을 이루고 甲木이 투출하여 日主 癸水의 氣를 洩함이 심하고, 다시 月干 己土에 受헀되니 日主가 신약하다. 따라서 月令 酉宮의 辛金 印星을 용하여 日主를 생하면 중화를 이룰 수 있다.
- 年干 壬水가 신약한 日主 癸水를 부조하나, 壬水는 坐下 寅木에 病地이고, 月支 酉金부터 時支 寅木까지 생생되니 寅木의 勢가 왕강한 것이라 水氣를 納水(납수)함이니 壬水는 무력하다 판단하는 것이다.

    用神 : 辛金
    喜神 : 土
    忌神 :   火
    閑神 :   水
    仇神 :   木

⊙ 癸亥日柱 특성
- 매사에 침착하며 외모는 얌전하나, 속마음은 개방적이고 활달하고 유능하다.
- 겉으로는 무능한 척하면서, 내면적으로는 자기 실리를 챙기는 일면이 있다.
- 사주가 탁(濁)하면 가짓말을 잘하고 술과 여색을 탐한다.
- 운전직, 기술직 종사자가 많고, 사주가 귀격이면 법조계, 교육자, 의사 등의 직업으로 명성이 높다.

⊙ 月柱가 己酉로 관인상생되니 본시 공직자의 命인데, 月柱 己土가 偏官으로 이를 생하는 財星이 미약하니 偏官이 무력해져 공직자의 길로 가지 못하고 대학교의 日語교수를 하고 있는 것이다.

⊙ 月干 己土가 偏官으로 남편성인데, 지지 寅亥 합목에 심하게 핍박을 받으니 부부연은 돈독하지 못한 것이다.

⊙ 지지 寅宮의 丙火가 財인데 구신에 해당하고, 寅亥 합목되어 食傷으로 바뀌니 재물복이 박한 것이다. 남편이 추진하는 여러 사업과 연관하여 손재수가 많았던 것이다.

⊙ 時柱 甲寅木이 傷官으로 자녀성인데 구신에 해당하니 자녀들에게서 큰 발전을 기대하기는 힘든 것이다.

⊙ 말년운은 辰卯寅의 구신운이니 발복을 기대하기 힘든 것이다.

⊙ 用神

- 酉月의 癸水는 酉宮의 辛金이 當令하여 癸水를 생조함이 미약하니 그 勢가 虛靈(허령)하다. 辛金으로 日主를 생하고, 丙火로 온난함을 더하면 貴格을 이룰 수 있다.

- 상기는 局에 偏官인 己未土가 중중하여 日主를 극함이 심하니, 印星을 용하여 殺印相生하면 사주가 中和를 이룰 수 있는 것이다. 용신은 月支 酉宮의 辛金이다.

    用神 : 辛金
    喜神 :　土
    忌神 :　火
    閑神 :　水
    仇神 :　木

⊙ 평생운

- 상기사주는 偏官과, 偏印이 뚜렷하니 국가의 祿을 먹을 사주임이 틀림없다. 사주상에 官殺을 의미하는 偏官이 많으니, 군인, 경찰, 법조계, 기자, 혹은 기술 계통의 길을 가면 성공한다.

- 용신은 辛金이라 偏印에 해당하니 머리가 명석하고, 공부도 곧잘 하였을 것이다. 다만 27세 이후는 나의 사주에 필요 없는 즉 기신에 해당하는 午火運이 들어오니 호사다마라 뜻대로 풀리지 않음이 많았을 것이다.

- 사주상 희신에 해당하는 土가 偏官이니 남을 리드하고, 통솔하는 성격이 뚜렷하다. 다만 제극받음이 적으니 中和가 적게 되어 갑자기 욱하는 성질도 있으나, 성정을 잘 다스리면 앞으로 높이 오를 수 있다.

- 32세 이후 51세 까지는 용신과 희신운이니 무난하게 큰 탈 없이 풀려 나갈 것으

로 보인다.

⊙ 성격

- 7월의 癸水 日干은 陰干이라 성격은 다소, 내성적이고, 탐구하는 성격을 갖추었을 것이다.
- 다만 상기에 설명한 것처럼 순간적으로 폭발하는 성질도 있으니, 극기하는 수양을 쌓아야 한다.
- 남을 조종하는 능력과 모사를 꾸미는 능력도 있으니 참모로서의 역할도 충분하리라 본다.

⊙ 건강

- 건강상 탈이 날 수 있는 요인은 심장과, 소장이다.
- 또한 나이 들어 고혈압과 혈관계질환으로 고생할 수 있다.
- 간 기능의 저하도 염려된다.
- 평생에 한두 번 사고나 질병 등으로 몸에 칼을 대야하는 즉 수술을 해야 액땜을 하고 넘어갈 것이니, 항시 조심토록 해야 한다.

⊙ 재물운

- 국가의 祿을 먹는 官祿의 命이라 재물복은 많은 편은 아니다.
- 재물을 탐하면 건강상의 큰 탈이 날 수 있다.

⊙ 결혼운

- 결혼은 2009년도 己丑年 이후 5년간이 좋다고 본다.
- 나이 차이가 많이 나지 않는 閨秀(규수)와 결혼하게 될 것이다.
- 처덕은 많다고 볼 수 없으니, 서로 각자의 직업을 갖고 있는 閨秀(규수)와 결혼함이 좋다고 본다.

⊙ 형제운

- 형제간의 아주 돈독한 우정은 적다고 본다.
- 따라서 혼자 스스로 만사를 영위해 가는 집념과 의지가 필요하다.
- 형제자매가 사주상 4명 이상이 돼야 되나, 그렇지 않다면 애들을 부모님이 더

이상 낳지 않으려 했을 것이다.

⊙ 학업운. 시험운
  ♦ 2007년도 丁亥年은 丁火가 月干, 日干과 沖殺을 이루니 마음의 안정이 되지 않아, 들뜬 상태에서 공부와 시험을 치르게 되니 큰 성과를 기대하기 어렵다. 아울러 지지의 亥水는 대운 27세부터 31세 까지 해당되는 午火와 水火相爭이 되니, 학업이나 시험운을 기대하기 어렵다.
  ♦ 2008년도 戊子年은 戊土가 月干과 日干의 癸水와 戊癸 합화가 되어 나의 사주에 흉이 되는 火로 바뀌니 운이 좋지가 않다. 또한 지지의 子水는 대운 27세-31세 까지의 午火와 상충되니 학업과 시험에 큰 성과를 기대하기 어렵다.
  ♦ 2009년도 己丑年은 이때가 되서야 나에게 필요한 좋은 운이 들어오니 성취할 수 있으리라 본다. 2년 정도 더 노력하는 연마의 시간이 필요하리라 본다.
  ♦ 상기사주가 국가의 祿을 먹을 사주임에는 틀림없으나 사주에 喪門殺(상문살), 梟神殺(효신살), 隔角殺(격각살), 囚獄殺(수옥살) 등의 흉살이 많으니 이러한 흉살들을 制殺해주어야만 뜻대로 풀릴 것이고, 제갈 길을 갈 수 있으리라 본다.

⊙ 수명
  ♦ 52세 이후 건강상 한 번의 고비가 올 것이다.
  ♦ 76세가 正命이나, 살아감에 공덕을 많이 쌓으면 수명이 연장될 수 있다.

⊙ 신살 풀이
  ♦ 年柱에 偏官과 飛刃殺(비인살)이 있으니 異途功名(이도공명)의 집안이다.
  ♦ 아버지 할아버지 代에 養子로 간 사람이 있거나, 두 어머니를 모셔야 되는 팔자이니, 조상들이 두 집 살림을 했을 수도 있다.
  ♦ 月支 酉金이 喪門殺(상문살), 囚獄殺(수옥살)을 대동하니 아버지 형제자매 중에 단명한 사람이 있거나, 자살한 사람이 있거나, 예기치 않은 흉액을 당해 죽은 사람이 있다 판단한다.
  ♦ 局에 未土 華蓋殺(화개살)이 중중하니 조상 중에 山神을 극진히 위하거나, 사찰에 극진히 공양을 올린 분이 계시다. 이분들의 음덕으로 그래도 자손이 풀려나갈 것이니, 제사를 올려드림에 소홀함이 없도록 함이 좋겠다.

- 局에 未土 偏官이 중중한데 飛刃殺을 대동하니 예기치 않은 사고, 질병 등으로 수술건이 발생할 것임이 암시되는 것이다.

◎ 用神
- 酉金月의 癸水는 酉宮의 辛金이 虛靈(허령)하고 金白水淸(금백수청)한 때이다. 癸水를 생해줌이 미진하니 辛金으로 日主를 생조하고, 또한 寒氣(한기)가 점승하는 때이니 丙火로 온난케 하면 水暖金溫(수난금온)하여 貴格을 이룬다.
- 辛金이 용신인 경우에는 丙火가 가까이 있으면 합하여 局을 이루려 하니 떨어져 있음을 요한다.
- 상기는 月令에 酉金 印星이 있고, 局에 水氣가 중첩되니 水勢가 왕한 것이다. 月干 乙木은 坐下 酉金에 絕地라 失氣했으나, 年支 卯木에 建祿(건록)을 득하고, 亥水에 통근하니 약하지 않다.
- 旺神宜洩(왕신의설)이라 했으니 왕한 水氣를 洩하는 月干 乙木을 용해야 한다.

　　　用神 ： 乙木
　　　喜神 ：　水
　　　忌神 ：　金
　　　閑神 ：　火
　　　仇神 ：　土

◎ 比劫이 중중하여 日主 癸水가 왕하고, 乙木 食神 역시 태약하지 않으니, 食神이 有氣한 것이라 길한 명조이다.
◎ 巳火대운 한신운에 도시 변두리의 야산을 수천 평 매입하였는데, 주변에 공업단

지가 들어서며 땅 값이 급등하여 수백억 재산가가 되었던 것이다.

⊙ 癸水 戌月

• 戌月의 癸水는 戌宮의 戊土가 司令한 때라 受剋됨이 심하니 무력한 것이다.

• 辛金, 甲木, 壬癸水를 쓴다.

• 戌月은 戊土가 司令(사령)하여 癸水를 메우니 辛金을 용하여 신약한 日主를 생
  조하고, 壬癸水 比劫을 要함은 甲木을 도와 疏土(소토)시키고자 함이다. 甲木으
  로 月令 戊土를 疎土(소토)하면 癸水 日主가 자연 왕해진다.

• 癸水가 戌月에 생하면 衰地라 때를 잃어 失氣한 것이고, 戊土가 세력을 장악하
  고 있어 수극됨이 심하여 신약하니, 辛金으로 水源(수원)을 發하고, 比劫으로
  甲木을 滋養(자양)하고, 이로써 戊土를 疎土(소토)하면 자연 中和를 이루게 된다.

• 辛金과 甲木이 투출하고, 地支에 子中 癸水를 보면 立身揚名(입신양명)한다.

• 辛金과 癸水와 甲木이 모두 투출하면 大富貴한다.

• 甲木이 투출하고 癸水 대신 壬水가 있으면 秀才(수재)의 命이다.

• 甲木, 辛金이 있고 癸水가 없더라도 朝廷(조정)의 臣下(신하)는 된다.

• 癸水, 甲木이 있고 辛金이 없으면 富는 크나 貴는 작다.

• 甲木이 있고 辛癸 대신 庚壬이 있는 경우에는 衣祿은 있게 된다..

• 癸水, 甲木이 있고 火土가 없으면 학문에 재능이 있고 長壽(장수)한다.

• 甲木이 있고 癸水와 辛金이 없으면 平凡한 命이다.

• 甲木과 辛金이 모두 없으면 下賤(하천)이다.

⊙ 用神

• 戌月은 水旺之節인 冬節로 進氣하는 시점이라 암암리에 생조의 氣가 있으니 日主 癸水의 勢는 쇠약한 것이 아니다. 또한 천간의 壬癸水 比劫이 時支 子水에 통근하고 扶助(부조)하니 이제는 日主가 약변강의 勢를 지니게 된 것이다.

• 月令 戌宮의 戊土가 司令하여 日主 癸水를 극제하니, 木을 용하여 戊土를 疏土(소토)하고, 局의 왕한 水氣를 納水하면 사주가 자연 중화를 이루게 된다. 용신은 日支 卯宮의 正氣인 乙木이다. 餘氣(여기)인 甲木은 세가 약하니 용하기 어려운 것이다.

  用神 : 乙木
  喜神 : 水
  忌神 : 金
  閑神 : 火
  仇神 : 土

⊙ 癸卯日柱 특성

• 음식솜씨가 좋고, 조용하게 담소하는 것을 좋아하고, 문학과 예술에 소질이 있다.

• 인정이 많고 봉사정신이 있는 순수한 편이며, 춤과 노래도 좋아한다.

• 대체로 건강하고 식욕이 왕성한 편이다.

• 교사, 숙박업, 목욕탕, 낚시가게 등의 직업이 많고, 소득면에서는 중산층을 이룬다.

⊙ 局에 比劫이 중중하니 8명의 형제자매가 있는 것이다.

⊙ 月支 戌土 正官이 남편성인데, 年, 月의 卯와 卯戌의 육합화국의 財星으로 化되어 손상되니 남편과의 연은 薄(박)하다 판단하는 것이다.

⊙ 지지 卯戌의 합은 爭合이라 하며 二女爭男의 象이다. 두 여자가 한 남편을 놓고 다투는 象이니 남자문제가 발생할 것임을 암시하는 것이다.

⊙ 지지 卯戌은 合火되어 財星으로 化된다. 日主 癸水가 태약하지 않으니 재물복이 있는 명조이다.

⊙ 丁火대운의 운을 문의한 것이다.

• 丁火는 財星에 해당하며 본시 한신이다. 月干 壬水와는 丁壬 간합목국의 食傷으로 化되니 재물이 빠져나가는 것이다.

- 여명에서 용신은 남편으로 논하기도 한다. 丁壬의 간합목국이 암시하는 象은, 남자가 서로 사귀자고 들어오는 것이고, 이 사람과 연관되어 손재수가 발생하게 됨을 암시하는 것이다.

⊙ 중년 이후의 卯辰巳午未대운은 용신과 한신운이니 무애무덕하리라 판단한다.

⊙ 用神
- 戌月의 癸水는 戊土가 司令하여 癸水를 메우니 신약한 것이다. 辛金으로 水源을 發하고, 土氣가 왕하면 甲木으로 疎土(소토)하면 중화를 이룰 수 있다. 土가 厚重(후중)하면 壬癸水로 甲木을 滋養(자양)하여 土를 대적하게 한다.
- 따라서 辛金, 甲木, 壬癸水를 떠나 용신을 잡을 수 없는 것이다.
- 辛金, 甲木, 癸水가 투출하면 立身揚名(입신양명)하게 된다. 癸水대신 壬水가 투출하면 단지 秀才(수재)의 命이다.
- 辛金, 甲木이 투출하고, 癸水가 不透한데 지지에 子中의 癸水를 얻으면 국가의 祿을 먹을 命이다.
- 상기는 지지에 土가 중중하니, 먼저는 甲木으로 疎土(소토)해야 하는데. 甲木이 불투하니 부득이 日支 未宮의 乙木을 용해야 하나, 혐의가 되는 것은 月, 時支 戌土와 戌未 刑破되니 未宮의 乙木 역시 손상되어 용할 수 없는 것이다.
- 甲乙木을 용할 수 없으니, 旺神宜洩(왕신의설)이라 왕한 土氣를 洩하는 月干 庚金을 용신으로 잡아야 한다.

      用神 : 庚金
      喜神 :   土

忌神 :　火
閑神 :　水
仇神 :　木

◉ 丑土대운은 지지 戌未와 丑戌未 三刑殺이 되어, 日支 처궁과 자식궁인 時支가 모두 손상되니 이들과의 연이 길하지 못한 것이다.

◉ 甲木대운은 甲木이 月干 庚金 용신과 甲庚 沖되어 용신이 손상된다. 甲木대운은 구신운이라 썩 길함이 없는 운인데, 남명의 용신은 자식에 비유되어 자식문제가 거론되는 것이며, 용신이 손상되니 흉한 사안인 것이다. 이혼 후 양육문제가 대두되어 소송으로 비화된 것이다.

◉ 寅木대운의 양육권 소송문제에 대해 길흉을 문의한 것이다.
- 1심 재판에서는 판사가 前 妻의 손을 들어주어 전 처가 승소하여 양육권을 갖게 된 것이다.
- 남명에서 官星은 자식으로 논하는데, 상기와 같이 土氣가 중중하여 官殺混雜 (관살혼잡)된 경우라면 자식과의 연은 적다 판단한다.
- 寅木이 본시 구신이나, 원국의 戌土와 寅戌 반합화국의 기신운으로 化되니 2심 재판에서도 좋은 결과를 얻기 힘든 것이다.
- 어머니의 손자에 대한 양육권문제의 집착으로 인해 2심 재판을 진행하는 것인데, 運路가 흉운이니 승소하기가 힘들다 판단하는 것이다.

◉ 癸水 亥月
- 亥月의 癸水는 月支에 帝旺을 得하여 왕하나 亥宮에 甲木이 있어 長生을 得하

여 納水하니 왕한 즉 약함이 있는 것이다. 따라서 庚辛金을 용하여 水源(수원)을 만들며 한편으론 甲木을 극제하고자 하는 것이다.

- 庚金, 辛金, 戊土, 丁火를 쓴다.
- 亥月은 壬水가 當令(당령)하여 水勢가 약하지 않은데, 庚辛金을 용하는 경우라면 水를 도와 水勢(수세)가 汪洋(왕양)하기에 戊土로 제압하여야 한다. 만일 또 金이 重하면 丁火를 써서 金을 제압하는 것이 좋다.
- 庚辛金이 투출하고 丁火의 剋金이 없으면 국가고시에 합격하여 부귀격을 이르게 된다.
- 지지 木局이고 庚辛金이 있는데 丁火가 出干하면, 剋金하여 庚辛金이 水를 生하지 못하므로 孤貧(고빈)하다. 만약 丁火가 없는 경우라면 金運이 도래할 시 異途功名(이도공명=무관직. 기술직. 한의학. 문장가..등)이다.
- 局에 壬子가 중중한 경우 戊土가 없으면 冬水汪洋(동수왕양)이라 하여 늙도록 곤궁하다. 이런 경우에 만약 己土가 투출하고 戊土가 암장되었거나, 己土 대신 戊土가 투출한 경우라면 淸貴하며 富가 있는 命이다.
- 사주에 火가 많으면 財多身弱(재다신약)이니 富屋貧人(부옥빈인)이다. 그러나 火가 많아도 印星과 比劫이 있어 癸水를 생조하면 大富格을 이룬다.
- 庚辛金이 중중한 경우에 丁火가 투출하면 富貴雙全(부귀쌍전)하나, 丁火가 없으면 僧道(승도)나 孤貧(고빈)한 命이다. 丁火 대신 丙火가 있을 시는 역량이 부족하여 길격이 되지 못하다.

◎ 用神
- 二位의 辛金이 투출하고, 지지에 亥水가 중중하니 日主 癸水는 身旺한 것이다.
- 亥月은 小陽의 계절이며 아직 천지가 寒凍(한동)함이 심하지 않으니 水氣가 왕한 경우에는 洩氣시키는 甲乙木이 있으면 이를 용신으로 잡아야 한다.
- 甲乙木이 불투하나, 月支 亥宮에는 中氣에 甲木이 있어 長生을 得하여, 왕한 日主 癸水의 水氣를 洩시키니 이를 용신으로 잡는다. 旺神宜洩(왕신의설)인 것이다.

　　用神 : 甲木
　　喜神 :　 水
　　忌神 :　 金

閑神 :　火
仇神 :　土

⊙ 年, 月干에 偏印과 偏官이 투출하여 殺印相生을 이루니 무관직이다. 女軍장교로
복무했던 것이다. 己土 偏官이 亥月에 失氣했으니 공직과의 연이 장구하지 못한
것이다. 퇴직한 후에는 年, 時干에 辛金 偏印이 출간했으니, 辛金은 수술칼이나
침으로도 논하므로 한의학을 공부하여 한의원을 개원한 것이다.

⊙ 지지에 酉亥의 陰濁(음탁)한 기운이 중중하니 성격은 내성적이고 다소 음울한 성
격이다.

⊙ 지지에 亥水 劫財가 중중하니 群劫(군겁)의 상황인데, 火氣인 財星이 전무하니 群
劫爭財(군겁쟁재)가 되지 않아 단명수는 면한 것이다.

⊙ 月干 己土 偏官은 남편성이다. 구신에 해당되고 亥月에 胎地(태지)라 쇠약하니 남
편과의 연은 薄(박)하여 화기애애함이 적은 것이다.

⊙ 辰土대운은 辰土가 年, 月, 日支 亥水를 극하고, 時支 酉金과는 辰酉 반합금국의
기신운이 되니 흉화가 암시된다. 먼저는 친정 및 시댁 부모님들께 예기치 않은
흉화가 예상되고, 다음은 時支 酉金을 수술칼로 논하는데 偏印을 대동하니 사고,
질병 등이 암시되는 것이다. 또한 辰土는 道路事(도로사), 酉金은 차바퀴로 논하
기도 하는데 합되어 구신으로 化되니, 나타나는 象은 교통사고로 인한 수술 건이
암시되는 것이다.

⊙ 用神
　• 亥月의 癸水는 亥宮의 壬水가 司令하여 日主 癸水를 부조하나, 또한 亥宮에

甲木이 納水하니 癸水는 洩氣 당함이 있어 신약한 것이다. 水氣가 왕한 경우가 아니면 庚辛金이 水源을 發하여 줌이 필요하다.

- 상기는 지지 亥丑 사이에 암암리에 子水를 끌어와 亥(子)丑의 방합수국을 형성하니 水氣가 태왕한 것이다. 아울러 庚辛金의 생조가 있으며 局 전체가 水氣로 둘러 쌓인 것이다. 局에 比劫이 중첩되니 신왕하여, 태왕한 水氣를 洩氣시키는 月支 亥宮의 甲木을 용신으로 잡는다.

  用神 : 甲木
  喜神 : 水
  忌神 : 金
  閑神 : 火
  仇神 : 土

⊙ 局에 水氣가 중첩되고 月干에 일점 丁火 財星이 있으니 群劫爭財(군겁쟁재)의 상황이다. 적은 財를 많은 형제들이 차지하려고 다투는 상황이니, 형제간의 우애가 돈독하지 못하고, 재물복이 적을 것이고, 運路에서 比劫이 도래할 시는 命을 보존하지 못하는 경우가 많다.

⊙ 평생운
- 상기사주는 한 가지 이상의 기술을 습득해서 직업으로 삼거나, 남을 가르치는 학원계통의 직업을 찾음이 좋다.
- 사주에 偏財와 正印이 천간에 투출했으니 본시 머리가 좋게 태어났으나, 노력을 많이 해야 하는 사주이다.
- 41세 壬水대운 이후에는 물고기가 물을 만난 것처럼 자기 뜻을 펼 수 있으리라 본다.
- 群劫爭財(군겁쟁재)의 상황이니 처와의 연은 화기애애하지는 못할 것이라 판단한다.

⊙ 성격
- 亥月의 癸水 日干은 陰干이라 성격은 다소 내성적이고, 고집이 다소 센 성격을 갖추었을 것이다.
- 매사 독불장군식이고 남의 말을 잘 듣지 않고, 타협하기 힘드니 남과의 유대관

계에 각별한 노력이 필요하다.

- 예체능계통을 선호할 수 있으나 그 길은 아니다.
- 父와 성격상 충돌이 잦을 수 있으나, 나이 들어 점차 화합하게 될 것이다.

⊙ 건강

- 건강상 탈이 날 수 있는 요인은 폐와 대장질환 그리고 위장질환이다.
- 또한 나이 들어 신장, 방광, 허리 및 혈관계질환 등으로 탈이 생길 수 있으니 건강관리에 힘써야 한다. 이는 局에 水氣가 태왕하여 水火相爭하기 때문이다.
- 평생에 한두 번 사고나 질병 등으로 몸에 칼을 대야하는 즉 수술을 해야 액땜을 하고 넘어갈 것이니, 항시 조심토록 해야 한다. 이는 水가 旺하여 몸이 차기 때문이다.

⊙ 재물운

기술과 아이디어를 바탕으로 한 사업으로 다소의 재물을 모을 수 있다. 다만 분에 넘치는 큰 재물을 탐하는 것은 삼가야 한다.

⊙ 직업운

- 연구하고 발명하는 재간이 많다. 공부를 계속할 수 있는 여건이 된다면 교수나 연구원계통의 직업에 종사하거나, 대기업이나, 공직사회에서의 연구직 업무도 좋다고 본다.
- 食傷인 木이 용신이니, 설계, 인테리어, 건축, 토목 등과도 연관된다.

⊙ 부부운

- 결혼은 寅木대운 용신운에 可하다고 판단한다.
- 처궁인 日支宮의 丑土는 구신이다. 또한 암암리에 亥子丑의 방합수국으로 化되어 타오행으로 바뀌니 부부연은 길하지 못한 것이다.

⊙ 형제운

- 형제간의 우애나 우정은 적다고 본다.
- 따라서 남의 도움을 받지 않고 혼자 스스로 만사를 영위해 가는 집념과 의지가 필요하다.

◎ 학업운. 시험운

• 사주에 偏官과 正印이 있어서 국가의 祿을 받는 직업을 택할 수도 있으나, 연구
직이나, 기술계통의 길을 감이 좋을 것으로 생각된다.

• 학원 운영이나 교육공무원 등의 길도 가능하다.

• 세운으로는 2007년 丁亥年보다는 2008년 戊子年이 좋다. 취직이나, 시험운 등
모두 좋으니 현재 진행 중인 사항이 있으면 1~2년간 더 노력함이 좋겠다.

• 45세 까지는 직장생활을 함이 좋겠다. 그 이후 혹 독립할 수 여건이 조성이 된
다면 인생의 새 직업을 시도해 봄도 좋다.

◎ 수명

• 辰土대운 구신운에 건강상 큰 고비가 온다. 사고나 질병 등으로 올 수 있으니
각별한 조심이 필요하고, 여행 등의 원거리 이동은 평생 조심해서 행동해야 한다.

• 巳火대운도 財星이 入되며 중첩된 比劫과 爭財(쟁재)의 탈이 생길 수 있으니 흉
화가 도래할 것이다.

• 正命은 80세이나, 살아감에 공덕을 쌓으면 연장될 수 있다.

◎ 神殺 풀이

• 年柱에 正印이 있으니 벼슬하던 집안이 틀림없다.

• 아버지 할아버지 代에 養子로 간 사람이 있거나, 두 어머니를 모셔야 되는 팔자
이니, 이복형제 문제가 있다.

• 局에 弔客殺(조객살), 幻神殺(환신살) 등이 있으니 예기치 않은 흉액을 조심해야
한다.

• 학연이나, 지연으로 얽힌 주변의 나이차 적은 사람들로 인해서 음해를 당하거
나, 내가 모함을 당하거나 해서, 예기치 않은 정신적, 금전적 피해를 입을 경우
가 인생에 많으니, 각별히 조심을 하여야 한다. 이는 사주에 陰錯殺(양착살), 幻
神殺(환신살), 弔客殺(조객살) 등 원한 맺혀 죽은 조상들로 인해 그렇게 될 수 있
으니, 행동거지에 각별한 조심과 돌출행동으로 남과 충돌이 발생하는 것을 자
제해야 한다.

◉ 用神

- 亥月의 癸水는 亥宮의 甲木이 있어 納水하니 癸水가 왕하지 못하다. 다시 지지에 木局을 이루면 水氣가 洩되어 日主가 쇠약해니 庚辛金으로 水源을 發해야 한다.

- 壬水가 출간한 경우에는 月令 亥宮에 得氣하여 태왕해지니 戊土의 제극이 있어야 汪洋無道(왕양무도)하지 않는다.

- 庚金과 辛金이 倂透하고 丁火의 受剋됨이 없으면 국가고시에 합격한다.

- 庚辛金이 투출하고 丁火가 투출했는데 지지에 木局을 이루면 木旺火相(목왕화상)하여 庚辛金을 극하게 되어 癸水의 水源을 發하지 못하니 심히 孤貧(고빈)한 命이 된다.

- 庚辛金이 투출하고 丁火가 없고 지지에 木局을 이루면 異途功名(이도공명)이다.

- 상기는 지지에 亥卯의 반합목국이 있어 癸水의 氣를 洩시키고, 다시 戊土가 투출하여 制水하니 日主가 强變弱(강변약)의 勢를 이룬 것이다. 癸水의 水源을 發하는 庚辛金을 용해야 한다.

- 庚辛金이 불투하니 부득이 年支 戊宮의 辛金을 용하는 것이다.

　　　用神 : 辛金
　　　喜神 :　土
　　　忌神 :　火
　　　閑神 :　水
　　　仇神 :　木

◉ 六親關係(남명. 癸日干)

　　　癸(日干=我) → 丙(正財=父) → 庚(正印=祖父)
　　　　　　　　　　　辛(偏印=母)　　　乙(食神=祖母)

丁(偏財=妻)　→　庚(正印=丈人)
　　　　　　　　　乙(食神=丈母)

己(偏官=女兒)
戊(正官=男兒)
丙(正財=偏妻)

◎ 癸卯日柱　通辯

- 甲午旬 中으로 辰巳가 空亡이다. 辰土는 申子辰 삼합수국을 형성하니 壬水가 대표하며 辰土는 壬水의 水庫에 해당된다. 따라서 日主 癸水는 身庫가 되는 것이며 공망된 것이다. 이런 경우에는 집안에 머무름이 적고 밖으로 돌며 거처가 불분명한 경우가 많다.

- 癸日干의 長生은 卯木으로 암암리에 戊土와 卯戌의 육합을 이루고 있다. 戊土는 寅午戌 삼합화국을 형성하니 火庫이다. 戊土는 財星인 丙火 偏妻(편처)와 丁火 正妻의 身庫에 해당되므로, 나타내는 象은, 妻가 열심히 금전을 모아 남편에게 보태주는 象이다. 이는 癸日干의 財星은 丙丁火이며 妻인데, 처의 身庫가 戊土로 日干 癸水의 長生 卯木과 合을 이루기 때문이다.

- 丙火 偏妻의 長生은 寅木이다. 寅亥 합목을 이루는데 亥水는 劫財로 偏夫인 壬水의 祿星이다. 이것은 외적으로 有夫女(유부녀)와 많이 만남을 의미하고, 이들의 도움을 많이 받고 있는 것이다.

- 癸日干의 祿星은 子水로 丑土와 合을 이루는데, 丑土는 巳酉丑 삼합금국을 형성하며 金庫이며, 丙丁火 妻星에서 보면 또한 財庫인 것이다. 子丑의 合土는 七殺인 己土로 化되며 日干 癸水를 극하는 것이다. 이는 夫의 입장에서 妻의 환심을 사서 돈독함을 유지함이 긴요한 것이고, 처와 反目(반목)하게 되면 불리함이 많은 것이다.

◎ 空亡　通辯

- 丁火 偏財의 帝旺은 巳火로 역시 공망이다. 商業(상업)과는 연이 적은 것이다.
- 壬癸水의 天乙貴人이 巳火로 공망이다. 일생 貴人의 조력을 얻기가 힘든 것이다.
- 戊土 正官의 祿星은 巳火인데 공망이다. 戊土는 男兒인데 공망되니 자식과의 연이 박한 것이다.
- 丙火는 正財로 처성인데 祿星이 巳火로 공망이다. 결혼연이 적은 것이다.

- 庚金은 正印으로 偏母이다. 長生이 巳火로 공망되니 항시 집을 비우고 외출함이 잦은 것이다.

⊙ 日干 癸水의 長生 卯木과 丁火 正妻의 長生인 酉金과 相沖되고 있다. 이는 부부 간 연이 薄(박)하고 이혼수가 많음을 의미한다.

⊙ 日干 癸水의 長生이 卯木으로 처궁에 居하고 있어 처에 의지하고 있는 象이다. 또한 처궁의 卯木이 天乙貴人이니 결혼 후 처의 도움을 많이 받게 됨을 의미한다.

⊙ 처궁인 日支宮 卯木과 妻星인 丁火의 女兒인 己土의 長生 酉金과 상충되고 있다. 이는 처에게 유산이나, 낙태, 난산 등이 있을 것임이 암시된다.

⊙ 日支 卯木이 사방의 水氣에 둘러 쌓여있어 水泛木浮(수범목부)의 상황이다. 이는 표류인생이고, 또한 水氣는 생식능력과 연관되니 外房子息(외방자식)과 女難(여난)이 많다 판단하는 것이다.

⊙ 女難(여난)과 外房子息(외방자식)의 통변
  - 癸日干의 長生이 卯木인데, 이는 丙火 偏妻의 沐浴과 桃花에 해당하는 卯木에 坐하고 있다. 따라서 바람기가 많다 판단하는 것이다.
  - 癸日干의 沐浴에 해당하는 寅木은 丙火 偏妻의 長生地이다.
  - 처궁인 日支宮의 卯木은 암암리에 亥卯未 삼힙목국을 형성하는데, 亥卯未의 桃花殺은 子水에 있으며 子水는 癸日干의 祿星인 것이다. 따라서 주변에 여자가 많은 것이다.
  - 甲木은 傷官으로 沐浴殺과 桃花殺이 子水에 있는데, 子水는 癸日干의 祿星에 해당되고, 偏妻인 丙火에는 胎地(태지)에 해당된다.
  - 甲木은 傷官으로 日主 癸水의 本性과 本分을 지키게 하는 官星을 剋하는 것이다. 甲木의 祿星이 寅木인데 이는 丙火 偏妻의 長生이 되므로, 나타내는 象은 正妻 이외의 여자와 緣分(연분)이 많은 것이다.
  - 戊土가 男兒인데 長生이 寅木에 있으며, 戊土의 祿星이 巳火로 공망이나, 木生火하여 脫(탈) 공망되는 것이다. 寅木은 丙火 偏妻의 長生도 되므로, 나타내는 象은 다른 여자에게서도 男兒를 두게 된다는 것이다.
  - 상기의 사항을 종합하면 風流過客(풍류과객)이며 外方자식이 많음이 암시되는 것이다.

◎ 癸水 子月

• 子月의 癸水는 寒凍(한동)한 계절에 생한 것이니, 丙火의 解凍(해동)이 없으면 무용지물이라 調候(조후)가 급한 것이다.

• 丙火, 辛金을 專用(전용)한다. 丙火로 解凍(해동)하고 辛金으로 水源(수원)을 發해준다.

• 丙火, 辛金이 출간하고 壬水가 없으면 국가고시에 합격한다.

• 壬癸水가 중중한데 丙火가 없으면 빈천한 선비의 命이다. 그러나 대운이 火旺地로 흐르면 길하다. 그러나 이 경우에도 지지에 壬水가 많으면 구제받지 못한다.

• 戊土가 중중한데 癸水가 생조받지 못하면, 殺重身輕(살중신경)하여 빈천하거나 天死(요사)한다.

• 지지 金局에 丙火가 없으면 下賤(하천)이다.

◎ 用神

• 癸水가 子月에 생하니, 澗溪(간계)의 水와 田畓(전답)의 水가 모두 얼어붙은 형국이다. 調候(조후)가 급하므로 丙火의 해동이 없이는 水를 유용하게 활용할 수 없으니 丙火가 尊貴(존귀)하다.

• 月干 丙火를 용하나 子月에 失氣했고, 지지에 無根이니 용신이 심히 무력하다.

　　用神 : 丙火
　　喜神 :　木
　　忌神 :　水
　　閑神 :　土
　　仇神 :　金

◎ 官星은 남녀 공히 직업, 직장, 직책으로 논하며, 또 한편으론 그 자신 본연의 본성을 통제하고, 주어진 운명대로 살아갈 수 있도록 삶의 인도자 역할도 겸하는

것이다. 따라서 사주의 官星이 刑沖 등으로 인해 손상되거나, 空亡되거나, 합되
어 凶神(忌神. 仇神)으로 바뀌거나, 中和를 잃었거나, 또한 風水가 不及한 경우에
는 본성을 통제하는 역할에 결함이 생겨 神氣가 태동하거나 정신질환이 발생되
기도 한다.

⊙ 상기는 辰土 官星이 空亡되고 본시 한신이나, 月支 子水와 子辰 반합수국이 되어
脫 空亡되어 기신으로 化된 것이니, 官星의 역할에 손상됨이 있는 것이고, 局에
絞神殺(교신살), 華蓋殺(화개살), 桃花殺(도화살), 病符殺(병부살) 등의 神氣와 연관
된 흉살이 중중하니 神氣가 태동하여 무속인이 된 것이다.

⊙ 申金대운은 본시 구신운이나, 지지의 子辰과 申子辰 삼합수국으로 化되어 왕하
게 기신운으로 들어오니 이때 神을 받아 무속인의 길을 간 것이다.

⊙ 중년 이후의 未午巳 대운은 용신운이니 財와 명성을 얻을 것이라 판단한다.

⊙ 癸水 丑月

• 丑月은 비록 二陽이 생하는 시점이나, 천지가 寒凍(한동)하고 진흙토가 더욱 얼
어 붙은 상황이니 丙火의 解凍(해동)이 없으면 만물이 무용지물이다. 丙火가 많
을수록 좋은 것이다.

• 丙火, 丁火를 쓴다. 丙火를 용하는 경우에는, 丙火가 通根(통근)되어야 하기에
지지에 巳午未戌이 있으면 더욱 좋다.

• 丙火가 一位 투출하고 壬水가 다수 암장되었는데, 다시 時干에 壬水가 투출하
고 月干에 丁火가 不透한 경우라면, 水輔陽光格(수보양광격)이 되어 국가고시에
합격하여 고관대작을 지내게 된다.

- 癸水와 己土가 중중한데 年干에 丁火가 투출하면 이름을 雪夜燈光(설야등광)이라 하니, 밤에 태어난 者만 貴를 한다.
- 지지 水局이고 丙火의 暖燥之氣(난조지기)가 없으면 貧賤(빈천)하다. 戊己土가 있어도 벗어나지 못한다. 그러나 지지가 火局을 이루면 庚辛金을 쓰는 것도 무방하다.
- 지지 金局이고, 丙火가 出干하고 지장간에 丙火가 있으면, 家門이 빛나고 學界(학계)에 이름을 얻는다. 혹 丙火가 불투하고 암장되어 있다면 調候(조후)가 부족되어 破格(파격)이니 학문적 재능은 뛰어나나 실속이 없는 秀才이다.
- 지지 火局인데 庚壬이 투출하지 않으면 妻子를 건사하기 힘들다. 그러나 金水가 각 一位씩 투출하면 衣祿은 있다.
- 지지 木局이고 金이 없으면 殘疾(잔질)이 많다. 金이 있으면 비록 학업으로 성취하지는 못하나, 丙火가 있을 경우에는 자수성가한다.
- 丙火가 年.時干에 나오고 壬水가 出干하고, 戊土가 暗藏(암장)되면 水輔陽光(수보양광)이니 국가고시에 합격하고 大貴格을 이룬다.

⊙ 用神
- 丑月의 癸水는 천지가 寒凍하여 꽁꽁 얼어붙은 상태의 물이라 調候(조후)가 급하여 丙火를 용하는 경우가 많다. 丙火가 불투하여 丁火를 용하려 하나, 상기의 경우는 日柱 癸丑은 甲辰旬 中으로 寅卯가 공망이다. 年, 時支의 卯木이 공망이고, 時干 乙木은 空陷(공함)되었으니 무력하다. 따라서 月干 丁火가 無根이고 부조의 氣가 全無하니 丁火를 용할 수 없는 것이다.
- 日主 癸水가 무력하고 年干 己土 偏官이 투출하여 月, 日支 丑土에 통근하니 偏官의 氣가 태왕하니, 日主 癸水는 부득이 이를 從(종)할 수밖에 없는 것이다. 從殺格(종살격)으로 논하며 용신은 年干 己土다.

        用神 : 己土
        喜神 :　 火
        忌神 :　 木
        閑神 :　 金
        仇神 :　 水

⊙ 六親關係(남명. 癸日干)

　　　癸(日干=我)　→　丙(正財=父)　→　庚(正印=祖父)
　　　　　　　　　　　　辛(偏印=母)　　　乙(食神=祖母)
　　　丁(偏財=妻)　→　庚(正印=丈人)
　　　　　　　　　　　　乙(食神=丈母)
　　　丙(正財=偏妻)
　　　己(偏官=女兒)
　　　甲(傷官=女婿)
　　　戊(正官=男兒)
　　　癸(比肩=兒媳)

⊙ 年干 己土가 七殺로 용신인 경우에는, 富貴한 명문가의 자손임을 알 수 있다.

⊙ 空亡 通辯(공망 통변)

　•日主 癸丑은 甲辰旬 中으로 寅卯가 空亡이다.

　•辛金 偏印이 母인데 天乙貴人에 해당하는 寅木이 공망이다. 모친은 어려움에 봉착할 경우 貴人의 도움을 기대하기 힘든 것이다.

　•癸日干의 沐浴(목욕), 桃花(도화)에 해당하는 寅木이 공망이다. 命主가 風流(풍류)를 즐김을 알 수 있다.

　•甲木 傷官의 祿星이 寅木으로 공망이다. 傷官은 官을 극하는 육신인데 공망되니, 흉변길이 되어 일생동안 관직에 있으며 소인배를 멀리 했다.

　•父인 丙火 正財의 長生인 寅木이 공망이니 부친이 離鄉(이향)함을 알 수 있다.

　•男兒인 戊土 正官의 長生이 寅木으로 공망이니, 外房子息(외방자식)임을 알 수 있고, 貴하게 키움에 어려움이 있는 것이다.

　•癸水 比肩과 壬水 劫財의 天乙貴人이 卯木인데 공망이다. 형제자매가 난관에 봉착시 貴人의 도움을 받기가 어려운 것이다.

　•男兒인 戊土 正官과 父인 丙火 正財의 沐浴, 桃花가 卯木으로 공망이다. 父子가 모두 풍류를 즐김을 알 수 있다.

　•乙木 食神의 祿星인 卯木이 공망이다. 經商(경상)과 得財와는 거리가 먼 것임을 알 수 있다.

　•癸日干의 長生이 卯木으로 공망이다. 이는 어려서 夭折(요절)의 조짐이 있거나 혹은 이사를 많이 다녔음을 알 수 있다.

◎ 癸丑日柱 通辯

- 癸日干 坐下에 丑土가 있다. 丑土는 父인 丙火의 財庫地로, 癸日干의 祿星인 子水와 암암리에 子丑 육합토국을 이루어 七殺인 己土로 化되며 日干 癸水를 극하는 것이다. 이는 부친에게 금전적 도움을 받으려 하지만 오히려 훈시만 받는 격이다.

- 처궁인 日支宮 丑土는 암암리에 巳酉丑의 삼합금국을 형성하고 있다. 巳火는 庚金 祖父와 丈人의 長生이고, 酉金은 辛金 母의 祿星인데, 丑土는 父인 丙火의 財庫인 것이다. 이는 부친이 풍류를 즐기고 처첩이 많거나, 집 밖에 큰 저택을 소유하고 있음을 알 수 있는 것이다.

- 癸日干의 坐下에 丑土가 있는데, 丑土는 암암리에 巳酉丑 삼합금국을 형성하니 母인 辛金의 身庫에 해당된다. 丑土는 癸日干의 祿星인 子水와 子丑 육합토국을 이루니, 이는 母子가 한 집안에 기거하며 子가 효도함을 알 수 있는 것이다.

- 日干 癸水는 男兒인 戊土 官星과 戊癸 간합을 이루어 財星局이 된다. 癸日干의 坐下에 있는 丑土는 男兒인 戊土 官星의 天乙貴人이다. 이는 男兒를 낳은 후 관직이 오르고 家産(가산)이 늘어났음을 알 수 있는 것이다.

참고문헌

淵海子平

命理正宗

三命通會

子平眞詮

窮通寶鑑

命理約言

造化元鑰

滴天髓

吳俊民 著, 『命理新論 上』, 대만 : 三民書局, 1987.

吳俊民 著, 『命理新論 中』, 대만 : 三民書局, 1987.

吳俊民 著, 『命理新論 下』, 대만 : 三民書局, 1987.

吳俊民 著, 『命理新論 實例』, 대만 : 三民書局, 1981.

鄭照煌 著, 『乾部六十甲子命例實典』, 대만 : 進源文化事業有限公司, 2020.

鄭照煌 著, 『坤部六十甲子命例實典』, 대만 : 進源文化事業有限公司, 2020.

劉賁 編著, 『神煞不神煞-神煞透析』, 대만 : 進源文化事業有限公司, 2021.

劉天煌 著, 『八字實戰精細神』, 대만 : 進源文化事業有限公司, 2019.

胡一鳴 著, 『胡一鳴 命例實錄』, 대만 : 瑞成書局, 2017.

저자 **김갑진**

• 단국대학교 졸업
• 역술학 강의 이력

　단국대학교 천안 평생교육원 2007년~2018년
　　• 기문둔갑　　　　• 육임
　　• 주역　　　　　　• 사주초급
　　• 사주고급　　　　• 실전사주
　　• 사주통변술　　　• 관상학

　중앙대학교 안성 평생교육원 2017년~2019년
　　• 사주(초급·중급)　• 풍수지리

　나사렛대학교 평생교육원 2018년~현재
　　• 동양미래학　　　• 기문둔갑
　　• 생활풍수인테리어　• 육임

• (현)구궁연구회 회장
• (현)구궁연구회 상담실 운영(1991년 ~)
• 홈페이지 : www.gugung.kr
• 연락처　041-552-8777 / 010-5015-9156

실전사주비결 [용신편]

2022년 6월 29일 초판 1쇄 펴냄

지은이 김갑진
펴낸이 김흥국
펴낸곳 도서출판 보고사

등록 1990년 12월 13일 제6-0429호
주소 경기도 파주시 회동길 337-15 보고사
전화 031-955-9797(대표)
　　　02-922-5120~1(편집), 02-922-2246(영업)
팩스 02-922-6990
메일 kanapub3@naver.com
http://www.bogosabooks.co.kr

ISBN 979-11-6587-337-0　94180
　　　978-89-8433-551-6　세트
ⓒ 김갑진, 2022

정가 40,000원